BULLETIN CRITIQUE

DIXIÈME ANNÉE

— 1889 —

Tome X

BULLETIN CRITIQUE

PUBLIÉ SOUS LA DIRECTION

DE MM

BEURLIER, DUCHESNE LESCŒUR, THÉDENAT

DIXIEME ANNÉE

— 1889 —

TOME X

PARIS

ERNEST THORIN, EDITEUR

Libraire du Collège de France de l Ecole normale supérieure
des Ecoles françaises d Athènes et de Rome

7 RUE DE MÉDICIS, 7

1889

BULLETIN CRITIQUE

SOMMAIRE. 1. Dr Friedrich GOESSLING. L Isagoge d Hadrien, P. Batiffol. — 2. A. GUYOT. Géographie comparée. — 3. G. de la Noe. Les formes du terrain. — 4. A. E. NORDENSKIOLD. La seconde expédition suédoise au Groenland, J. M. Bordes. — 5. H. CARRÉ. Le Parlement de Bretagne après la ligue, E. Chenon. — 6. Henri HOUSSAYE. 1814, H. Welschinger. — 7. G. LYON. L idéalisme en Angleterre au dix-huitième siècle, Eug. Beurlier. — CHRONIQUE. — ACADÉMIE DES INSCRIPTIONS ET BELLES LETTRES.

1 = ADRIAN'S ΕΙΣΑΓΩΓΗ ΕΙΣ ΤΑΣ ΘΕΙΑΣ ΓΡΑΦΑΣ, aus neu aufgefundenen Handschriften herausgegeben, übersetzt und erläutert, von Dr Friedrich Goessling. Berlin, Reuther. 1887. Un vol. in 8 de 140 pages. M. 3. 20.

Voici un travail solidement fait et qui, s il n a pas l intérêt du livre de M. H. Kihn sur Théodore de Mopsueste et Junilius, mérite d en être rapproché, car il le complète heureusement comme un nouveau chapitre de l histoire de l exégèse ancienne (1). L introduction comprend l histoire du texte et une étude théologique et littéraire de l Isagoge. A la suite vient le texte lui même, accompagné d une traduction allemande en regard. Quelques observations de détail. Pag. 2 les renseignements donnés sur Hoschel sont très incomplets : il etait indispensable de dire que son édition de l Isagoge (1601) etait le complément de l édition donnée par lui en 1602 de la Bibliothèque de Photius. La notice consacrée à Hoschel par Niceon (Mémoires, XXVIII, 127 et suiv.) était bien préférable à celle de Jöcher dont se sert M. G. Mêmes desiderata au sujet de Lollini (p. 5). M. G. paraît avoir ignoré que Lollini possedait personnellement une collection importante de manuscrits grecs qu il légua en mourant au pape Urbain VIII, et dont l ancien inventaire existe encore (on le trouvera dans les Catalogi Vaticanae graecae antiqui). Le manuscrit dont s est servi Lollini pour faire sa traduction de l Isagoge (1630) et que M. G. n a pas retrouvé est le Vatican gr. 1908. Pour ce qui est du texte établi par M. G., il y a des réserves à faire. La classification des manuscrits adoptée par lui ne me paraît pas suffisamment tirée au clair,

---

(1) Je regrette de n'avoir pas sous la main l article sur Adrien paru en même temps que le travail de M. Goessling, et publié par le Jahrbucher fur protestantische Theologie (1887).

l'importance donnée au latin de Lollini est exagérée, la filiation des huit autres manuscrits est traitée superficiellement. S'il est vrai que le *Laurentianus* représente le plus ancien état du texte, on devait en faire la base de l'édition : pourquoi s'en tenir au texte de Hoschel (pag. 3 not. 2), quitte à mettre au rez-de-chaussée les variantes des manuscrits et à indiquer dans le texte par des crochets les suppressions et les additions à faire ? Pourquoi rendre l'appareil critique plus touffu en y introduisant, à l'occasion des citations bibliques, les variantes de la Bible de Tischendorf ? Je ne parle pas des fautes typographiques qui ont échappé à M. G. Telle qu'elle est, la partie critique me paraît être la partie faible de son livre.

Qui est cet Adrien (pag. 9-13) ? Photius qui mentionne brièvement son *Isagoge* l'ignore et Cassiodore qui recommande le livre, ne nous apprend rien de l'auteur. *Ad introductores scripturae divinae redeamus*, dit-il, *id est Ticonium donatistam, sanctum Augustinum de doctrina christiana Hadrianum* (1), *Eucherium, Junilium*. M. G. voit dans cette énumération de Cassiodore un ordre chronologique et place ainsi la mort d'Adrien entre celle de St Augustin (430) et celle d'Eucher (452) : la raison est peu convaincante. Il en est de même de l'identification que M. G. fait de notre Adrien avec le moine du même nom auquel est adressée une lettre de St Nil le Sinaïte. Et il reste à dire avec dom Ceillier que l'on « ne sait point au juste en quels temps Adrien fleurissoit ». Mais, et c'est le point intéressant et neuf du travail de M. G., il est impossible de ne point rattacher Adrien à l'école exégétique d'Antioche. Il s'y rattache en effet par sa façon ironique de traiter les allégoristes (p. 35) et de distinguer du sens littéral « qui est le corps », l'allégorie « qui n'est que l'apparence que revêt le corps » (p. 34) Il s'y rattache surtout par d'étroites relations avec Théodore de Mopsueste et Théodoret. On peut même aller jusqu'à dire que certains passages de ces deux auteurs dépendent de l'*Isagoge* (p. 44-48). M. G. a donc raison de voir dans Adrien un grammairien exégète de Syrie, que nous placerions volontiers à la fin du quatrième siècle ou au commencement du cinquième. Les relations que M. G. croit trouver entre Adrien et St Jean Chrysostome, St Grégoire de Nazianze, St Basile, St Augustin, n'ont pas la même consistance, il s'en faut.   Pierre BATIFFOL

---

2. — 1° **Géographie physique comparée**, considérée dans ses

---

(1) On peut se demander à propos du passage de Cassiodore s'il n'y a pas eu de version latine ancienne de l'*Isagoge*. Le fait est vraisemblable et l'on regrettera que M. G. ne l'ait point discuté.

rapports avec l histoire de l humanité, par Arnold Guyot, in-12, 328 p , Hachette 1888

3 — 2° **Les formes du terrain** par G de La Noë, lieutenant-colonel du génie au service géographique avec la collaboration de E. de Margerie Texte et planches 2 vol in 4 Imprimerie nationale, dé pot librairie Hachette,

4 — **La seconde expédition suédoise au Groenland,** par A E Nordenskiöld traduction de G Rabot 1 vol 492 p avec 139 gravures et 5 cartes Hachette 1888

Je veux imiter Ritter le grand maître dans la science du globe, qui sur la première page de ce livre avait tracé en grandes lettres soulignées ces mot *excellent! excellent! excellent!* Après l avoir lu, on trouvera l eloge parfaitement justifié

Ecrit en français ce travail fut publié à New-York dès 1849 sous le titre de Earth and Man l Allemagne et la Suède eurent leurs traductions seul le grand public de langue française était privé de cette lecture L edition actuelle n est que la reproduction du manuscrit de Guyot « Respectueux envers le texte original nous dit M Ch Faure, nous avons préféré le laisser tel quel, et n insérer qu en appendice les morceaux ajoutés »

Elève de Ritter et de Humboldt Guyot comprit que la géographie ne devait pas se borner à une simple description de la terre à une nomenclature aride et sans intérêt « Il ne s agit pas pour elle de décrire seulement, mais de comparer et d interpréter, pour remonter au *pourquoi* et *au comment* des phénomènes décrits Il ne suffit pas pour elle de faire froidement l *anatomie* du globe, en se bornant à prendre connaissance de l ordonnance des diverses parties qui le constituent il faut qu elle cherche a saisir les actions mutuelles incessantes des diverses formes de la nature physique les unes sur les autres, de la nature inorganique sur les êtres organisés sur l homme en particulier et sur le développement successif des sociétés humaines en un mot, étudiant l action réciproque de toutes les forces dont le jeu perpétuel constitue ce qu on pourrait appeler de la vie du globe il faut si nous osons ainsi parler qu elle en fasse la physiologie L entendre autrement c est priver la geographie de son principe vital, c est la réduire à un assemblage de faits partiels, sans signification c est lui imprimer à jamais ce caractère de sécheresse qu on lui a reproché si souvent avec raison car d où vient l aridité dans une science, si ce n est de l absence des principes fondamentaux, des idées et des ré sultats généraux, seuls et véritables aliments des esprits bien constitués » (P. 27.)

On pressent le nombre et l'importance des problèmes qui s'imposent à la science géographique ainsi comprise. Guyot a essayé de les resoudre en cherchant à établir : 1° Que les formes, l'arrangement et la distribution des continents, en apparence accidentels, révèlent un plan dont le developpement de l'histoire nous donne l'intelligence, *historia sine geographia nulla*. 2° Que les continents sont faits pour le développement des sociétés humaines, comme le corps est fait pour l'âme. 3° Que chacun des continents du Nord, ou historiques, est plus particulièrement propre par sa nature à jouer un rôle spécial qui correspond aux besoins de l'humanité dans l'une des grandes phases de son histoire. Ainsi ajoute-t-il, la nature et l'histoire, la terre et l'homme sont dans les relations mutuelles les plus etroites et ne forment qu'une grande harmonie. Tout est ordre, dit-il ailleurs, tout est harmonie dans l'univers parce que l'univers entier est la réalisation d'une pensee de Dieu ; il nous apparaît comme un ensemble d'organismes dont chacun n'est qu'une partie intégrante d'un ensemble plus grand encore. Dieu seul les contient tous sans faire partie d'aucun d'eux. (p. 39, 97, 313.)

Ce livre est à ce point instructif et interessant qu'il doit être le *Vade mecum* de tous nos élèves de l'enseignement secondaire et avec M. Vivien de Saint-Martin, je crois qu'il peut être « aussi un repère auquel peuvent revenir fructueusement tous les esprits sérieux. »

Le travail du savant colonel de la Noë s'adresse à un public plus restreint : les géographes et les geologues seuls peuvent lui faire le bon accueil qu'il mérite. C'est un remarquable traité de dynamique terrestre externe. Je dis externe, car le but de cette étude est de montrer que les formes topographiques actuelles dont l'ensemble constitue le *modélé* des continents, peuvent s'expliquer presque toujours par la seule intervention de l'érosion pluviale et fluviale.

Dans une première partie, la plus longue, l'auteur s'occupe des formes élémentaires du sol et montre qu'elle dépend essentiellement du tracé et de l'inclinaison des cours d'eau.

La seconde partie est consacrée aux causes qui ont déterminé ce tracé lui-même. Le tracé general des cours d'eau s'explique par la simple consideration de l'ecoulement des eaux à la surface des continents au moment de leur emersion ; mais, ajoute notre auteur, les details de ce tracé et le groupement des cours d'eau sont modifiés par la nature des roches sous-jacentes, le climat et le degré de permeabilité du sol.

Quelques pages sur les causes étrangères à l'erosion subaerienne terminent le volume.

On n'a pas ménagé les planches plus de 140 coupes ou plans facilitent l'intelligence du texte, ce ne sont pas les spécialistes qui s'en plaindront

— Voilà déjà longtemps que les Scandinaves cherchent à atteindre par la pleine mer la partie de la côte orientale du Groenland située au sud de l'Islande Dès 1606 Ha'l et Lindenow allaient au Groenland à la recherche des gisements d'argent Actuellement les expéditions ont un autre but ce sont des naturalistes Danois et Suédois qui explorent ces régions polaires et en rapportent des documents de plus haut intérêt pour toutes les branches de la science Le Groenland est bien une terre pleine de surprises et de promesses pour l'historien le naturaliste et l'ethnographe Le récit de cette seconde expédition recevra certainement du public le même accueil que le voyage de La Vega

Laissant de côté la partie simplement pittoresque du voyage j'emprunterai à Nordenskiöld un résumé des résultats de l'expédition D'abord l'exploration de l'Inlandsis (désert de glace de l'intérieur) et le débarquement sur la côte orientale du Groenland « Nous avons réussi à mouiller dans une baie de la côte orientale au sud du cercle polaire, entreprise qui avait été vainement tentée depuis des siècles Depuis le cap Dan jusqu'au cap York et du cap York à l'Ingolfsfjell, nous avons exécuté des dragages et des sondages étudié la composition de nombreux échantillons d'eau de mer pris des séries très complètes de températures D'après ces observation le courant froid qui longe la côte orientale du Grønland n'a qu'une profondeur très faible et qu'une minime étendue même *dans le voisinage de la côte* il coule à la surface d'une masse d'eau chaude provenant du Gulf-Stream Les dragages faits dans le détroit de Danemark, à une grande profondeur nous ont procuré une magnifique collection d'animaux marins, notamment de gigantesques éponges M Kolthoffi a en outre recueilli de nombreux spécimens nouveaux de la faune terrestre et fluviatile du Groenland Le docteur Berlin a collectionné sur l'Inlandsis toute une flore minuscule

Les collections vraisemblablement les plus importantes sont celles des plantes fossiles recueillies par le docteur Nathorst dans le nord ouest du Groenland, dans la zone des basaltes si riche en empreintes végétales De plus les séries de plantes tertiaires collectionnées en Islande par M Flink sont beaucoup plus riches que toutes celles qui ont été récoltées jusqu'ici dans cette île

L'expédition a rapporté de magnifiques collections des minéraux rares, que l'on trouve notamment à Kangerdluarsuk et à Ivigtut Nous avons recueilli sur l'Inlandsis de nombreux échantillons de *cryokonite* Une étude attentive de cette poussière prouvera je l'espère qu'elle est en partie d'origine cosmique et donnera de nouveaux renseignements sur l'importante question de l'origine de notre globe. Enfin on a pu former chez les indigènes du cap York une très intéressante collection ethnographique. »

Un chapitre des plus instructifs est consacré aux Eskimos du Groenland et de la côte septentrionale de l'Amérique, il termine cette importante relation de voyage.

J. M. BORDES

---

5. — H. CARRÉ **Le Parlement de Bretagne après la Ligue** (1598-1610). Paris, Quantin, 1888, in-8, viii-570 p.

L'ouvrage dont nous venons de transcrire le titre est une thèse de doctorat ès-lettres et cela s'aperçoit vite. La manière dont l'auteur a divisé son sujet et les expressions techniques qu'il emploie à contretemps (1), montrent suffisamment qu'il n'est pas très familier avec les matières juridiques. — Au lieu de traiter successivement de l'histoire de l'organisation, des attributions et de la procédure du Parlement de Rennes, plan logique qu'un jurisconsulte de profession n'eût pas manqué de suivre, M. Carré divise son ouvrage en cinq parties ainsi disposées : I. Origines du Parlement de Bretagne ; — II. Personnel du Parlement ; — III. Usages et règlements concernant le personnel de la Cour, privilèges des magistrats, leurs devoirs, leurs relations entre eux ; — IV. Compétence judiciaire du Parlement ; — V. Rôle du Parlement en matière politique et dans la police générale de la province.

Dans la première partie, M. C. donne quelques renseignements historiques sur le Parlement dont il s'occupe, mais seulement à partir de l'ordonnance de création rendue en 1553 par Henri II, c'est-à-dire qu'il néglige complètement, en dépit de la rubrique du chapitre, les *origines* mêmes du Parlement. Il ne faut pas croire, en effet, que les Parlements aient été créés de toutes pièces par les rois de France. Ils ont toujours été précédés par quelque autre juridiction, dont ils ne sont qu'une transformation. C'est ainsi que le Parlement de Rennes n'est que la transformation des *Grands jours* de Bretagne, qu'il eût été intéressant d'étudier et que M. C. mentionne à peine. C'est une lacune regrettable.

Dans le chapitre II, M. C. étudie tour à tour les différents personnages qui faisaient partie du Parlement ou lui servaient d'auxiliaires. Il y a

---

(1) Exemple : « En 1556 dit M. C. (p. 5) un plaideur ayant perdu son procès présenta à la Cour une *requête civile* où il remontrait que les « conseillers de France » qui avaient pris part au jugement n'entendaient pas la coutume : son avocat fut assez hardi pour plaider dans ce sens et pour conclure à la *cassation* du jugement. » Il faut être hardi en effet pour conclure à la *cassation* d'un jugement sur *requête civile* !

bien des longueurs dans ce chapitre, bien des choses qui ne sont pas spéciales au Parlement de Rennes et sur lesquelles l'auteur eût pu être bref. A quoi bon notamment une si longue dissertation sur les « offices en général » et sur leur vénalité, surtout quand on oublie de faire entre la *fonction* et la *finance* cette distinction à laquelle les anciens auteurs tenaient tant ! A quoi bon même tant de renseignements sur le personnel, surtout quand il doit en être question pendant tout le chapitre III ?

Ce qu'il y a de plus important dans l'histoire d'une juridiction c'est l'indication de ses attributions. M. C. aborde ce sujet seulement au *chap.* IV, à la page 323 de son livre ! Ce chap. IV contient un tableau de « la compétence judiciaire » et ensuite « un aperçu de procédure » le tout étudié sous la rubrique « Compétence judiciaire du Parlement » ! Comment M. C. qui ne redoute pas les longs titres a-t-il pu mélanger sous cette simple rubrique deux choses aussi distinctes que la *compétence* et la *procédure* ? Il eût été si facile de les séparer et de ne pas se laisser soupçonner de n'avoir pas saisi le sens précis du mot *compétence*. Ce soupçon renaît quand on lit le début du chapitre. L'auteur étudie d'abord ce qu'il appelle « la compétence générale du Parlement » et ensuite « la compétence particulière des chambres ». Nous comprenons fort bien cette dernière expression : chaque chambre de Parlement avait en effet sa compétence particulière, plus ou moins respectée dans la pratique. Mais que peut bien être « la compétence *générale* du Parlement » ? S'agit-il d'affaires pouvant être portées indistinctement devant l'une quelconque des chambres, en un mot d'une compétence commune? Non, une pareille compétence n'existait pas et ce que l'on trouve sous la plume de M. C. ce sont simplement des « généralités » sur la compétence du Parlement. Ce n'est pas la même chose. — Je passe sur « l'aperçu de procédure ». Il est dénué d'intérêt et l'auteur s'y montre insuffisamment préparé.

Dans son chapitre V, M. C. revient à la compétence du Parlement, non plus en matière judiciaire, mais en matière politique et administrative. Il y traite, entre autres choses, du droit d'enregistrement et de remontrances, et du rôle joué par le Parlement dans la police générale de son ressort sous Henri IV. Cette dernière partie est la plus intéressante.

L'ouvrage se termine par une *conclusion* qui n'est qu'un simple résumé (1). — L'auteur n'ajoute aucun renseignement sur l'histoire du Parlement au delà du règne d'Henri IV. On peut le regretter, mais non

(1) Un *appendice* donne le tableau fort intéressant des juridictions royales soumises au Parlement de Bretagne. Mais quel sens M. C. attache-t-il aux expressions « Moyennes juridictions » et « Petites juridictions » ?

le lui reprocher. Le titre qu'il a choisi montre en effet qu'il n'a pas eu l'intention de nous donner une « Histoire du Parlement de Bretagne ». Cette histoire reste donc à écrire.

On voit par ce qui précède que l'ouvrage que nous venons d'analyser n'est pas exempt d'imperfections. Nous n'osons parler du style dans lequel il est écrit : il s'agit d'une thèse de doctorat ès lettres et nous serions sans doute mal venu à la critiquer sous le rapport littéraire. Mais pour finir par un éloge, nous devons dire que, malgré ses taches, le livre de M. C. est loin d'être à dédaigner. Il témoigne d'un dépouillement consciencieux d'un grand nombre de documents fidèlement cités. Il fourmille de faits, et renferme une riche mine de matériaux tout préparés pour le futur historien du Parlement de Bretagne.

Émile Chénon.

---

6 — **1814**, par Henry Houssaye. Perrin et Cie, in-12, 1888 (147 pages, avec carte).

J'avoue que, lorsque j'ai lu dans la presse quotidienne de nombreux éloges sur le « 1814 » de M. Henry Houssaye, je n'en ai pas été fort surpris, car cet ouvrage contenait une foule de recherches curieuses. Mais là où l'étonnement s'est un peu emparé de mon esprit, c'est lorsque divers écrivains ont affirmé qu'avant le jeune et savant auteur de « l'histoire d'Alcibiade » on ignorait ou l'on connaissait mal les détails précis de l'invasion de 1814. Ainsi, on avait à peine étudié le congrès de Châtillon, la capitulation de Soissons, les batailles de Bar-sur-Aube, de Craonne, de Laon, etc. Comment avait-on pu passer sous silence de tels événements ? Pour moi, je me souvenais vaguement qu'entre autres M. Thiers, le baron Fain et Napoléon lui-même avaient écrit quelque chose là-dessus. Peut-être avais-je tort de penser à ces ouvrages, vieillis, et devais-je admettre sans discussion que ce qui vient de paraître est seul décisif et nouveau ?

Je n'ai toutefois aucune peine à reconnaître le mérite du travail minutieux de M. Henry Houssaye. Ce qui le distingue surtout, c'est une érudition à faire mourir d'envie un historien allemand. Pas une page sans notes et à certaines pages les notes débordent le texte. Cela est parfois gênant. Cela me rappelle le mot de Louis Veuillot qui, au milieu d'une lecture de ce genre, s'écria impatienté : « Cet auteur m'intéresse, mais pourquoi donc à chaque minute, me tire-t-il par la manche ? »

Les sources de « 1814 » sont des plus sûres et des plus précieuses : Archives Nationales, Archives des Affaires étrangères, Archives de la guerre, Archives des départements, Archives topographiques de Saint-

Petersbourg, Mémoires des contemporains, rapports de police, correspondances des préfets, journaux français et étrangers, dépêches, protocoles, instructions, ordres, lettres, registres et journaux de divisions, carnets, livrets, rapports de généraux, plans d'attaque et de défense, relations, etc, etc., M. Henry Houssaye a tout lu, a tout vu. Une grande place a été accordée par lui aux historiens étrangers, un peu au détriment des nôtres. C'est ainsi que nous avons vu défiler Bernhardi, Beitze, Bogdanowitch, Baumgarten, Clausewitz, Droysen, Danilewsky, Damitz, Koch, Lowenstein, Lynch, Muffling, Nikitin, Plotho, Richter, Schels, Schulz, Thielen, Varnhagen, Wagner, et j'en oublie plusieurs. Ou plutôt ce n'est pas moi. C'est M. Henry Houssaye qui a négligé Rodriguez, Peltoratzki et Krasnokoustkoy.

Il est certain que ce long étalage de noms étrangers indique à lui seul une somme de recherches et d'études considérables. J'aurais désiré cependant que M. Henry Houssaye rendît plus de justice à ses prédécesseurs. Le baron Fain, qui avait raconté sans fracas « ce qu'il a vu et entendu », avait droit à quelque hommage. Il n'avait oublié ni l'invasion, ni la merveilleuse résistance de l'Empereur, ni l'abdication. Sa carte pour n'avoir pas été dressée par lui n'est pas plus mauvaise que la carte de M. Henry Houssaye. De plus l'ouvrage du baron Fain contient des tables détaillées, fort utiles à consulter. Il méritait mieux que quelques mentions sommaires au bas des pages.

Quant à M. Thiers, qu'on attaque un peu trop et qu'on ne défend plus guère, le dix-septième volume de son *histoire du Consulat et de l'Empire* a pourtant une certaine valeur. Ne relate-t-il pas avec soin les grandes lignes de 1814, l'invasion, Brienne et Montmirail, la première abdication ? Quel lecteur a oublié la page superbe qui commence ainsi : « Napoléon assistait tout vivant à sa propre fin... » et le récit des dernières heures de Fontainebleau et la conclusion philosophique qui porte sur l'ensemble de quatorze années de règne ?

Je ne suis pas ennemi de ces considérations élevées. (On me trouvera peut-être « vieux jeu » mais le vieux jeu avait du bon. Ces considérations me paraissent plus agréables que les phrases courtes et hachées, les petits détails secs et froids. Si je voulais chercher une dernière chicane à M. Henry Houssaye je lui dirais que son titre « 1814 » n'est point assez justifié. Son volume devrait s'appeler « la *Campagne de France* », car l'année 1814 comprend outre l'invasion et la défense du territoire, la restauration des Bourbons, le commencement du règne de Louis XVIII et du congrès de Vienne. Il est de plus une assertion que je désirerais voir rayer de la prochaine édition (la 7 je crois). Il s'agit de l'entrée des alliés à Paris. « Le 31 mars, affirme M. Henry Houssaye, ce

« furent les prostituées qui donnèrent aux femmes de la noblesse
« l'exemple de la décence publique » (P. 562.) Quoiqu'en dise l'auteur, cela manque de « crédibilité ». Je n'insisterai pas à cet égard, parce qu'il me répugnerait de chercher à défendre « les femmes de la noblesse » contre une pareille accusation. Enfin, je regrette qu'après la 644° page de son volume, M. Henry Houssaye n'ait point placé un résumé, une vue d'ensemble. Il est vrai que c'eût été imiter M. Thiers.

Malgré ces critiques, je me plais à relever dans le travail de M. Henry Houssaye des recherches considérables et des découvertes nouvelles. Et cela suffit pour le recommander au lecteur.

HENRI WELSCHINGER.

---

7. — L'Idéalisme en Angleterre au dix-huitième siècle, par Georges LYON, ancien élève de l'École normale supérieure, professeur de philosophie au lycée Henri IV, docteur ès-lettres. — In-8, 481 pages, 7 fr. 50. Paris, Félix Alcan.

Lecteur qui croyez fermement à l'existence de la matière et qu'on voit sans doute sourire au seul nom des philosophes qui nient la réalité des corps, voulez-vous suivre depuis sa naissance jusqu'à son plein développement l'hypothèse immatérialiste, prenez pour guide M. Georges Lyon et méditez *l'Idéalisme en Angleterre au XVIII° siècle*. Nul historien n'a retracé avec plus de finesse et de clarté les phases qu'à traversées la philosophie de l'idée ; nulle œuvre n'insinue d'une façon plus aimable et plus discrète une doctrine contre laquelle, au dire d'esprits sérieux et pénétrants, s'élèvent des difficultés d'ordre spéculatif non moins que les exigences de la vie pratique et les protestations du sens commun.

L'Idéalisme revêt deux formes principales. Tantôt il se borne à concevoir « au-dessus du monde actuel tout un autre univers que nos pensées composent et dont un esprit omniprésent, le nôtre peut-être, fournit le théâtre » ; tantôt il considère « le réel prétendu comme signe et symbole, et ce sont désormais les pensées avec leurs lois inflexibles, leur inépuisable variété de formes et de contours, qu'il estime seules de véritables existences ». Au vrai, ce sont là comme les deux étapes d'un même système. Lorsque l'idéalisme prend nettement conscience de lui-même, lorsqu'il va jusqu'au bout de la psychologie et de la logique, il aboutit à cette conclusion nécessaire : « l'existence d'un monde matériel est une hypothèse inutile et les objets de la pensée constituent tout le réel. »

C'est à la philosophie anglaise du XVIII° siècle que revient l'honneur d'avoir donné à l'immatérialisme cette rigueur et cette expression achevée. Mais l'antiquité témoignait déjà pour cette conception une faveur marquée : la pensée grecque l'avait connue et caressée avec Parmenide, Platon et les Alexandrins. Le Moyen Age au contraire ne soupçonna point le système, et l'on peut dire qu'il reçut le réalisme avec la foi. Aussi faut-il arriver jusqu'à Descartes pour voir la subtile doctrine pousser de nouveau des racines qui ne devaient se développer que sur le sol anglais.

Oui, l'immatérialisme est une philosophie d'origine française, et M. G. Lyon se fait un patriotique devoir de revendiquer pour notre pays la gloire d'avoir inspiré une opinion qui lui est chère. Il montre sans peine que le système cartésien, malgré ce dualisme où la pensée et l'étendue, irréductibles l'une à l'autre, conservent leur réalité substantielle, devait forcement aboutir à la négation de la matière. Avec lui nous assistons au solennel débat que l'auteur des *Méditations*, déjà assuré de son existence propre et en possession du criterium de l'évidence, institue entre les deux thèses adverses de la réalité extérieure et de la subjectivité de la matière. Après tout, ces choses corporelles dont il révoquait l'existence en doute en même temps que la sienne propre, ne se résolvent-elles pas en idées ? Or qui garantit qu'elles correspondent à des objets situés en dehors de l'esprit ? Est-ce l'inclination naturelle qui nous porte à ajouter foi au témoignage des sens ? Mais on sait combien trompeuses sont nos tendances. La morale prouve suffisamment qu'elles nous mènent au mal non moins qu'au bien ; elles peuvent aussi nous présenter le faux pour le vrai. — Est-ce la nécessité d'expliquer par des causes extérieures les idées sensibles qui se produisent en l'esprit sans le consentement de la volonté ? Mais peut-être y a-t-il en cet esprit quelque faculté capable de produire ces idées sans l'aide d'aucune chose extérieure, bien qu'elle ne soit pas encore connue ? — Est-ce la faculté que l'on trouve à rendre compte des actes de l'imagination et des perceptions sensibles par le corps qui est uni à l'âme ou par l'impression de corps étrangers ? Mais l'existence de ces corps est hypothétique et encore une fois l'esprit ne les connait que par ses idées. D'ailleurs l'expérience journalière ne nous fait-elle pas constater le peu de véracité des sens ? On s'attendrait évidemment, après une telle critique de tous ces arguments, à ce que Descartes conclue à la non-existence des corps. Il n'en est rien. Comparant les idées de matière et d'âme, il lui suffit qu'elles diffèrent du tout au tout pour affirmer qu'elles représentent deux sortes de substances hétérogènes. Le même critérium de l'idée claire lui permet d'être certain qu'il y a d'autres corps que le sien, car l'évidence lui montre en sa pensée « une faculté passive de sentir, c'est-à-dire de recevoir et de connaître les idées des choses sensibles ». A cette faculté passive doit correspondre une faculté active capable de produire ces idées. Où sera cette dernière ? En lui ? Nullement, puisqu'il ne contribue en rien à la production des idées qu'elle présente ? En Dieu ? Pas davantage autrement l'Être parfait qui nous incline à croire à la réalité des corps serait trompeur. Reste que les corps existent véritablement.

Le cartésianisme fut accueilli de bonne heure en Angleterre. Mais ni ses fervents et sincères admirateurs comme Henry More, Cudworth, Hobbes, ni ses adversaires comme Locke ne dégagèrent les virtualités idéalistes qu'il recelait dans son sein. Richard Burthogge dont les vues rappellent si souvent les principes du criticisme Kantien semble bien près de s'arrêter au doute transcendantal. Subjectivité des sensations et des notions de l'entendement, ainsi peut se résumer sa philosophie. — Mais, par une inconséquence, le concept de cause garde à ses yeux sa valeur objective. Grâce à cette exception la substance matérielle est sauvée. Burthogge peut construire une méthaphysique réaliste et mystique, et l'Idéalisme, une fois de plus, recule devant la logique.

C'est Malebranche qui le premier, recueillit et fit germer les semences d'immatérialisme contenues dans la doctrine du maître. Non pas qu'il repousse l'objectivité des corps : l'orthodoxie catholique lui interdit une pareille négation. Mais il a soin de construire son système de telle sorte que les corps n'y jouent aucun rôle et de tout expliquer comme s'ils n'existaient pas. Et chose curieuse à noter, c'est le principe causal, la grande machine avec laquelle les réalistes portent les plus rudes coups à l'immatérialisme, qui lui sert à montrer l'incapacité où nous sommes de savoir par l'expérience si la matière est réelle. En effet selon le théoricien de la *Vision en Dieu* les causes secondes sont dénuées de toute efficacité : elles sont pour Dieu cause première et unique l'occasion de nous découvrir l'étendue intelligible dans la mesure où cela nous est utile. Dieu seul agit. En lui nous percevons tout ce que notre intelligence connaît.

Les corps restent inaccessibles à notre raison comme à nos sens. N'est-ce pas là le pur idéalisme ? Sans doute, mais la Bible enseigne le dogme de la création, et le pieux oratorien se soumet au dogme révélé.

Plus hardis dans leur interprétation des saintes lettres les philosophes anglais ministres de la religion anglicane « allégeront le système de ce fardeau d'une matière inutile et par eux le système idéal libre de tout regagnera les hauteurs ». Taylor traduit la *Recherche de la vérité* admire l'éthique et la physique du Platon français et fait de nombreux emprunts à sa philosophie. Norris greffe un idéalisme platonicien sur la théorie de la vision en Dieu dans son *Essai de théorie d'un monde idéal* il montre d'une manière abondante l'existence d'archétypes dont les êtres sont les copies. Il ruine toutes les preuves invoquées en faveur de l'objectivité des corps, conteste que les sens, la raison ou la foi nous l'assurent, et l'historien de la philosophie s'étonne après cela de l'entendre soutenir la réalité d'une substance à ce point vide, pauvre, obscure, invisible et inintelligible.

Dans la *Clavis Universalis* d'Arthur Collier nous trouvons enfin la première exposition franche et sans arrière-pensée du monisme absolu. Oui, le monde de la matière existe, nous dit le recteur de Langford Magna, mais il n'est pas situé en dehors de nous ; oui, les corps sont indépendants de l'esprit, mais cela ne signifie pas qu'ils soient distincts des perceptions que l'esprit en a ; oui la matière tient toute son existence de l'esprit, mais cette réalité purement subjective n'entraîne pas la destruction des corps dès que nous ne pensons plus à eux, car « il y a la Grande Idée mondaine de la Matière créée par laquelle toutes les choses sont produites, où plutôt par laquelle le grand Dieu donne des sensations à toutes ses créatures pensantes et par laquelle les choses qui n'existent pas sont maintenues et mises en ordre de la même manière que si elles étaient » — Au reste, que les corps n'aient point d'existence hors de l'esprit, c'est ce que nous montrent assez et la spéculation métaphysique et la pratique. Personne ne doute que les conceptions de l'imagination ne soient de pures modifications mentales. Or rien n'empêche de supposer que l'intensité de l'image spirituelle puisse augmenter au point de ressembler à la perception. En quoi prouvera-t-elle alors l'existence extérieure de son objet ? En outre, c'est un fait reconnu de tous : nos sensations sont entièrement subjectives ; puis en définitive, malgré la diversité de leurs théories, les philosophes s'accordent à leur insu à défendre cette vérité, que la matière extérieure est au moins pour nous invisible, et conséquemment que la matière visible n'est pas extérieure. Opposera-t-on à cette doctrine le consentement universel ? Plaisante philosophie que celle qui établit la vérité à coups de suffrages !

Alléguera-t-on que le toucher nous informe de l'extra-existence du monde visible ? Mais voir et toucher sont des sensations très différentes ; d'ailleurs si l'on veut les confondre, la subjectivité incontestée de la vision démontre celle du toucher ! Enfin recourra-t-on à la croyance naturelle ? Mais l'instinct ici n'a aucune force. Autant vaudrait glorifier le scepticisme et la déraison !

Aussi bien s'il existait un monde extérieur ni les sens, sources de modifications subjectives, ni la raison qui ne connaît que de l'éternel et du nécessaire ne nous le révèlerait. On ne saurait non plus faire cette supposition indigne de Dieu, que sa sagesse a créé un univers invisible et inhabitable. Considérons ensuite qu'un tel univers serait contradictoire, car il devrait à la fois être fini et infini, divisible et indivisible à l'infini, subsistant par soi quoique créé, soumis au mouvement alors que le mouvement y serait inconcevable, indépendant de Dieu à moins que Dieu ne se matérialise. Telle serait cette matière dont les réalistes sont bien empêchés de donner une définition ! Mais il y a le témoignage de l'Écriture ! Collier n'en est guère embarrassé ! La libre exégèse lui permet de plier les textes au sens que réclament ses théories.

Certes, la philosophie dont nous venons d'esquisser les grandes lignes à la suite de M. G. Lyon est bien l'idéalisme en toute sa rigueur. Ce n'est cependant pas au nom de Collier, mais à celui de Berkeley qu'est attachée la gloire de l'avoir fondé. Le profond mais lourd et scolastique auteur de la *Clavis universalis* a été rejeté dans l'ombre par l'élégant écrivain des dialogues d'*Hylas et Philonous*. Tous les ouvrages de l'illustre évêque de Cloyne constituent une démonstration de l'Idéalisme absolu. Dans l'*Essai sur la vision*, il commence par établir l'incapacité de la vue à nous rien apprendre par elle-même de l'espace et de la distance. *Les principes de la connaissance* sont consacrés à la thèse de la subjectivité de tous les sens et à l'explication de l'universel symbolisme des perceptions sensibles qui composent l'idiome que nous parle Dieu lui-même. Des esprits et des idées voilà toute la réalité. A quoi bon admettre des originaux dont nos idées seraient les copies? Une idée ne saurait ressembler qu'à une idée. Mais avec la suppression de la matière, la philosophie de la nature et les lois de la science ne sont-elles pas fort compromises? En aucune façon, car nos perceptions ne dépendent point de notre volonté, leur ordre, leur cohésion, leur fixité servent à nous apprendre la marche de la nature. Bien plus, elles ne sont pas détruites avec nous d'une manière absolue, puisque de pareilles idées subsistent en d'autres esprits et en Dieu. A vrai dire nos idées nous révèlent Dieu.

Cette méthodique et souple déduction, les *Dialogues* la recommencent en une exposition plus littéraire et plus familière. Le *De motu* poursuit de nouveau la notion de matière sous le déguisement qu'elle avait revêtu par suite de l'influence d'une physique qui parlait sans cesse de tendances, de forces, d'attractions, de gravitation. A l'âme seule est restituée le pouvoir d'agir ou de pâtir. Enfin la *Siris* nous présente l'idéalisme de Berkeley élargi, soucieux des notions supérieures de l'entendement et capable de s'élever à l'aide de l'idée de cause jusqu'à la connaissance des esprits différents du nôtre et jusqu'à cet esprit divin qui se sert du subtil Éther comme d'une cause instrumentale pour nous dispenser les biens nécessaires à la vie sensible.

L'Immatérialisme trouva dans la Nouvelle-Angleterre d'ardents propagateurs. On sait qu'au début de sa carrière ecclésiastique, Berkeley avait entrepris de fonder aux Bermudes un collège en vue d'élever les indigènes d'Amérique. Ce noble dessein échoua, mais le philosophe ne perdit pas entièrement son temps et ses peines. Il fit la rencontre et conquit l'amitié d'un jeune et distingué prêtre de l'Église épiscopale que ses écrits avaient déjà rempli d'admiration. Par Johnson, l'immatérialisme fut implanté dans l'Amérique. Nommé président du collège de New-York, l'admirateur et l'ami de Berkeley donna dans ses *Eléments de philosophie* une exposition de l'idéalisme destinée aux jeunes esprits qu'il dirigeait.

C'est encore l'immatérialisme que nous retrouvons dans les notes laissées par Jonathan Edwards, le sombre théologien, le dur prédicateur qui prenait volontiers « les mystères de la vengeance divine pour thème désespérément uniforme de ses discours ».

Cependant le Berkeleyisme n'eut pas en Angleterre le succès que son auteur s'était flatté d'obtenir. De vives contradictions s'étaient élevées contre lui, et durant tout le XVIII° siècle il eut à subir les incessantes discussions de l'école écossaise. Avec Hume ses principes subissent une nouvelle évolution. S'attaquant au principe causal, l'auteur du *Traité de la nature humaine* remplace l'idéalisme de l'évêque de Cloyne par le pur phénoménisme.

Nous avons achevé le compte rendu bien incomplet, quoique trop long peut être, de la thèse qui a valu à M. Lyon le titre de docteur. Nous avons presque regret de l'avoir entrepris. Comment en effet un résumé nécessairement froid et sec donnerait-il une idée des minutieuses et délicates analyses que M. Lyon offre à ses lecteurs des œuvres qu'il étudie? Comment surtout rappellerait-il le charme du style dans lequel est écrite cette œuvre considérable d'une période intéressante et mal connue jusqu'ici de l'histoire de la philosophie? En vérité la langue que parle M. Lyon mériterait une étude à part, langue singulièrement remarquable par les qualités diverses qu'elle réunit, élégante et raffinée en son tour, précise en son vocabulaire, familièrement expressive en ses simples métaphores, quelque peu recherchée sans doute, mais en somme d'une grâce et d'une distinction extrêmes. Nous ne doutons pas que les amis de la philosophie ne prennent plaisir à lire le livre de M. Lyon. Nous sommes même convaincus qu'ils se sont déjà empressés de le faire.

Eugène BEURLIER

CHRONIQUE

1. Le numéro de décembre du *Bulletin de correspondance hellénique* contient entre autres articles intéressants : 1° un mémoire de M. Ch. Diehl sur les peintures byzantines des grottes érémitiques dans la région de Brindisi (quatre planches); 2° une note de M. Homolle sur une signature d'artiste gravée au bas d'une statue de Délos. Cette signature est celle de Fifikartidès de Naxos, c'est la plus ancienne que l'on connaisse; 3° une série d'inscriptions

votives du temple de Zeus Panamaros, toutes relatives à des consécrations de chevelure, publiées par MM. G. Deschamps et G. Cousin. 4. *Discours de Néron prononcé à Corinthe pour rendre aux Grecs la liberté*. Ce texte, dont la découverte a eu un retentissement bien mérité, est publié et commenté par M. Holleaux, le jeune savant à qui l'Ἀγαθὴ Τύχη avait réservé ce bel ἕρμαιον.

2. M. Lecoy de la Marche a réuni en un petit volume qui vient de paraître chez Letouzey un certain nombre d'études détachées sur divers points d'histoire. Le titre *La guerre aux erreurs historiques* et les convictions bien connues de l'auteur suffisent à faire prévoir qu'il s'agit surtout ici de questions où la vérité historique a eu à souffrir des préoccupations anti-religieuses. Elles sont assez nombreuses, hélas! pour qu'un livre qui leur est consacré comporte beaucoup de variété. Aussi la lecture de celui-ci présente-t-elle, de ce côté, autant d'intérêt, que par l'entrain avec lequel M. Lecoy a mené sa petite « guerre ».

3. Le fascicule III, 3-4 des *Texte und Untersuchungen* mérite une mention toute spéciale. Il contient la traduction complète des « homélies » d'Aphraate dit le Sage persan. Ces homélies ou plutôt ces petits traités rédigés sous forme épistolaire, ont été écrites de 336 à 345 par un évêque de la Mésopotamie persane, de Ninive ou des environs. On les connaissait depuis le siècle dernier par une version arménienne, mais l'original syriaque n'avait été que partiellement traduit soit en allemand, soit en latin. M. Georg Bert nous en donne ici une traduction allemande absolument complète précédée de la lettre de Georges, évêque des Arabes (v. 700) au prêtre Jésus sur les écrits du Sage persan. La traduction est accompagnée d'un petit nombre de notes explicatives; l'index ne contient que les références à l'Écriture sainte.

A la suite d'Aphraate vient un petit mémoire de M. Ad. Harnack sur les actes des martyrs Carpus, Papylus et Agathonicé publiés il y a quelques années par M. Aubé. M. Harnack a revu le manuscrit et il donne ici une nouvelle édition du texte. Suivant lui, ces martyrs et leurs actes appartiendraient au deuxième siècle. Il présente à l'appui de cette date plusieurs raisons qui, considérées isolément, n'auraient peut-être pas une très grande valeur. Ainsi il voit un trait d'archaïsme dans l'action d'Agathonicé qui, entraînée par l'exemple de Carpus et de Papylus, se jette sur leur bûcher et meurt avec eux. Mais ce cas s'est représenté bien plus tard; on le retrouve au IV siècle dans l'histoire des quarante martyrs de Sébaste, sauf la différence du bûcher à l'étang glacé. Les hagiographes du temps de Valens et de Théodose n'ont pas plus hésité que l'auteur de la passion des SS. Carpus et Papylus à célébrer l'enthousiasme du martyre spontané. Malgré cette réserve, je conviens très volontiers que le document réédité par M. Harnack a une saveur fort antique et que rien ne s'oppose à ce qu'on le rapporte au deuxième siècle. Ceci soit dit en rectification de l'opinion que j'avais exprimée d'abord en rendant compte de la publication de M. Aubé (*Bull. Crit.*, t. II, p. 468).

Les fascicules V, 2 et 3 contiennent 1° un mémoire de M. E. Nœldechen sur la chronologie des écrits de Tertullien; 2° un recueil de citations nouvelles des livres perdus de Papias, Hégésippe et Pierius par M. C. de Boor; 3° une étude de M. Rudolf Handmann sur l'Évangile des Hébreux.

4. Le tome XVIII du *Corpus scriptorum ecclesiasticorum latinorum* contient le texte inédit des œuvres de Priscillien, dont nous avons signalé la découverte il y a deux ans (t. VII, p. 415). Nous reviendrons prochainement sur cette importante publication.

5. M. Salomon Reinach continue le cours de ses entreprises philanthropiques. Frappé de la difficulté des études d'archéologie figurée pour les personnes qui n'ont point à leur disposition les grandes collections d'ouvrages à planches, il s'est proposé de vulgariser ces grandes collections elles-mêmes, de les ramener à un format commode et à un prix accessible. Ce dessein suppose autant d'audace que de dévouement. Mais il y a beau temps que M. S. Reinach a pris l'habitude de l'un et de l'autre. Le plan de sa *Bibliothèque des monuments figurés grecs et romains* publiée par la maison Didot comprendra la reproduction en gravure de tous les grands recueils, périodiques et autres, de planches relatives à l'archéologie figurée. Aucune tentative de classification ne sera faite par l'éditeur. Il se bornera à donner de bonnes tables qui permettront de se retrouver dans la multitude des monuments. Le premier volume de cette utile publication vient de paraître. Il contient les planches de topographie, de sculpture et d'architecture du *Voyage archéologique* de Lebas, au nombre de plus de 300. Chacune d'elles est accompagnée d'indications sommaires empruntées souvent aux notes de Lebas lui-même, mais toujours complétées par le nouvel éditeur. Dans les volumes suivants nous aurons, entre autres, les planches des *Monumenti* et des *Annali* de l'institut archéologique du Capitole. — On ne saurait trop recommander de telles publications et trop louer le dévouement désintéressé dont elles sont le fruit. M. Reinach dépense là des ressources de travail et d'intelligence qu'il ne serait pas embarrassé d'appliquer à la production d'œuvres originales. C'est au bien des autres qu'il travaille et non pas au sien. « La *Bibliothèque des monuments figurés* veut être avant tout une œuvre utile, et celui qui l'entreprend ne regrette pas d'avoir surtout écrit des livres qui, par leur nature même, sont plus souvent consultés que cités. »
L. D.

6. Le dernier fascicule (1888) de la *Römische Quartalschrift* contient la suite et fin de l'article de dom Germano sur les fouilles de la basilique des SS. Jean et Paul, une étude de M. Stevenson *junior* sur le cimetière de Sainte-Christine à Bolsène où l'auteur a relevé, parmi quelques inscriptions païennes du temps de Commode et de Septime Sévère, plusieurs inscriptions chrétiennes d'un très beau style métrique, environ du v° siècle, la suite et la fin de l'étude de M. Nürnberger sur les rapports de Paul V et de la république de Venise, un article de M. Pflugk-Harttung sur la reglure dans les anciennes bulles pontificales, enfin un recueil de bulles inédites publiées par M. Baumgarten: plusieurs se rapportent à l'abbaye de Saint Pierre de Remiremont et autres établissements de Lorraine.

7. M. A. Busiri Vici publie une désertation intitulée *La Colonna santa del Tempio di Gerusalemme ed il sarcofago di Probo Anicio prefetto di Roma. Notizie storiche con documenti a disegni* (Rome 1888). L'auteur, qui est architecte de la Fabrique de Saint-Pierre, a joint à sa dissertation de très-intéressantes planches, une reproduction du plan de la basilique par Tiberio Alfarano (1605), des phototypies du sarcophage et de la colonne, enfin une restauration du sarcophage.

8. La *Revue philosophique* (lib. Alcan) vient de publier une table générale des matières contenues dans les douze premières années (1876-1887). — Voici les titres de quelques-uns des principaux articles des derniers numéros. Herbert Spencer, *La morale de* Kant (juillet); Ch. Secrétan, *Questions sociales. Le luxe* (Septembre); Malapert, *L'amour intellectuel de Dieu d'après Spinoza* (Septembre); Paul Janet, *La science et la croyance en philosophie* (Octobre); Fouillée, *Philosophes français contemporains. M. Guyau* (Novembre); Durkeim, *Suicide et natalité* (Novembre); Sorel, *De la cause en physique* (No-

vembre) Tannery *La notion du temps* (Décembre). Reynaud *Le Verbe, ses antécedents et correspondants logiques* (Décembre).

9. Principaux articles de la *Science sociale* (lib. Firmin Didot). Demolins *Les populations minières* (Août, Septembre, Novembre, Décembre). Pinot *Monographie du Jura bernois* (Août à Décembre). Saint Romain *L'abolition de l'esclavage en Afrique* (Août). Moustier *Le rôle de l'école* (Septembre). de Tourville *Une nouvelle colonie normande en Normandie* (Octobre). de Routiers *La réforme du gouvernement local en Angleterre* (Novembre). *La renaissance physique* (Décembre). A. de Preville *Le continent africain : la chasse* (Décembre).

10. Le dernier n. du *Zeitschrift für katholische Theologie* (1888, fasc. 4) contient entre autres choses un travail de P. Duhr sur le divorce et le second mariage du Napoléon I. M. H. Kellner y termine son mémoire sur « les gouverneurs de Syrie et de Judée au temps du Christ et des Apôtres »

11. La mission archéologique anglaise à Chypre vient de publier deux rapports sur les fouilles opérées par elle pendant l'hiver et le printemps derniers. L'un est dû à M. Er. Gardner, directeur de la mission, l'autre à M. Elsey Smith, architecte. Les fouilles ont eu pour objet principal l'exploration du grand temple d'Aphrodite à Paphos. Elles ont duré du 3 février au 5 mai.

Le temple construit d'abord par les Phéniciens subit peu de changements de la part des Grecs. Deux fois détruit en partie par des tremblements de terre sous la domination romaine au premier et au second siècle après Jésus-Christ il fut magnifiquement restauré, mais on conserva le plan général de l'édifice. Plusieurs médailles romaines le représentent et ont guidé dans les recherches.

Au midi s'élève une aile qui est la partie la plus ancienne qui soit restée de ce monument, elle consiste en une large cour fermée à l'ouest par un beau mur composé de blocs massifs, au nord un grand quadrilatère de construction plus récente qui contient plusieurs cours et plusieurs chambres, entre ces deux parties de l'édifice on a trouvé les restes de plusieurs chambres et de piliers que l'on suppose avoir formé une triple avenue qui conduisait à la grande cour de l'aile du sud.

En pénétrant du côté du sud, on trouve d'abord un vestibule qui s'étend dans toute la largeur de l'édifice et au milieu duquel règne d'un bout à l'autre une rangée de colonnes.

Tout le long du mur, à l'intérieur, à deux pieds au-dessus du sol règne une large plateforme, le petit mur qui la soutient forme une série de petites niches, le plancher consiste en une mosaïque de marbres formant des dessins géométriques.

Sous ce plancher on a trouvé plusieurs inscriptions, une tête de marbre d'Eros et différents fragments de bronze et de terre cuite.

On arrive ensuite à la salle centrale, qui est aussi de construction romaine et est adossée au mur nord du vestibule, il ne reste que peu de chose de ces constructions, on a pu cependant constater qu'elles appartenaient à l'ordre dorique. La salle centrale est beaucoup plus petite que le vestibule.

A l'est se trouvent des chambres d'une plus haute antiquité et dont les murs sont formés par des pierres régulièrement taillées et assemblées sans mortier, c'est dans ces chambres qu'habitaient sans doute les prêtres du temple, enfin au nord de la grande cour découverte se trouve un autre vestibule plus petit que celui du sud et dépourvu de colonnes, le sol y est aussi formé par une mosaïque, mais beaucoup plus grossière.

Sur l'emplacement même du temple, on a trouvé environ 150 inscriptions, trois ou quatre plus ou moins incomplètes sont en caractères cypriotes deux tablettes de marbre sont fort intéressantes l'une reproduit une lettre d'Antiochus a Ptolémée Alexandre l'autre la liste de ceux qui ont participé à une fête religieuse désignée sous le nom d'Elaiochristion, une autre tablette rappelle que la ville a été fortifiée sur la demande du roi Nicoclès qui conspira avec Antigone contre Ptomélée vers 310 avant Jésus-Christ

La plupart des inscriptions se trouvent sur les piédestaux de statues consacrées dans le temple à l'époque des Ptolémées les titres des corporations qui les ont élevées et des personnages en l'honneur desquels elles ont été faites jettent une grande lumière sur la constitution de la société cypriote à cette époque Les dignitaires de ces corporations sont désignes comme *parents du roi* et stratèges les fonctions de grand prêtre et d'amiral sont quelquefois associées avec celles de gouverneur militaire

On a trouvé aussi plusieurs statues d'Aphrodite assez grossières et d'un dessin primitif et quelques morceaux appartenant à l'art grec le plus pur entre autres une petite tête de marbre de style archaïque remontant environ au cinquième siècle, et la tête d'une statue de marbre de grandeur naturelle représentant un enfant

ACADÉMIE DES INSCRIPTIONS ET BELLES-LETTRES

Séance du 26 octobre — M. VIVIEN DE SAINT MARTIN écrit à l'Académie pour lui offrir le manuscrit de son *Grand dictionnaire de géographie ancienne* M. BRÉAL a cette occasion fait ressortir l'importance de l'œuvre à laquelle M. Vivien de Saint Martin a travaillé pendant vingt ans C'est le dépouillement complet de tous les renseignements géographiques qu'on trouve dans les auteurs anciens tant européens qu'orientaux depuis le commencement de l'histoire jusqu'à la fin de l'époque byzantine Une moitié de ce travail est rédigée l'autre est encore en fiches Pour donner une idée de l'étendue de ce grand ouvrage M. Bréal fait remarquer que la partie relative à l'Asie forme trois volumes in 4 Tout le monde doit souhaiter que ce dictionnaire pour lequel l'auteur renonce généreusement à ses droits de propriété littéraire ne reste pas sans emploi Non seulement il sera consulté souvent mais il est à désirer qu'il se trouve soit à l'Académie soit au dehors un savant à même d'en entreprendre la publication, en le mettant au courant des progrès de la science C'est le vœu de M. Vivien de Saint Martin et la raison de son présent MM. L. DELISLE DELOCHE DURUY BARBIER DE MEYNAR G. PERROT ET WALLON insistent sur l'importance du présent fait à l'Académie et sur la nécessité de prendre des mesures pour que le manuscrit puisse être communiqué le plus tôt possible aux lecteurs de la bibliothèque de l'Institut Au nom de tous ses confrères M. D'HERVEY DE SAINT DENYS président exprime la reconnaissance de l'Académie pour le don qui lui est fait M. DELISLE fait remarquer que des mesures doivent être prises pour que dès maintenant il ne soit rien perdu du manuscrit dont il est fait donation à l'Académie Cette question est renvoyée à l'examen de la commission littéraire — L'Académie met au concours les sujets suivants Pour le prix BORDIN (concours prorogé) 1890 *Etude critique sur les ouvrages en vers et en prose connus sous le titre de Chronique de Normandie* Pour le prix BORDIN 1891 *Etude sur les travaux entrepris à l'époque carlovingienne pour rétablir et reviser le texte latin de la Bible* Pour le prix ordinaire *Étudier la tradition des guerres médiques déterminer les éléments dont elle est formée en examinant le récit d'Hérodote et les données fournies par d'autres écrivains* — L'examen des titres des candidats à la place de membre ordinaire laissée vacante par la mort de M. BERGAIGNE est fixé au 30 novembre — M. SIMEON LUCE lit un mémoire intitulé *La nationalité et l'origine provinciale de Jeanne d'Arc.* Une ancienne tradition dont Villon s'est fait l'écho, regarde Jeanne d'Arc comme Lorraine :

Et Jehanne la bonne Lorraine
Qu'Anglais brûlèrent à Rouen.

Cependant elle est Champenoise. En effet, le territoire de Domrémy était traversé par le ruisseau des Trois-Fontaines, dont la rive gauche appartenait à la châtellenie de Vaucouleurs, qui relevait du fief de Champagne : or la maison où naquit Jeanne est située sur cette rive gauche. On vient de découvrir aux archives municipales de Vaucouleurs des documents d'où il résulte que le village de Domrémy n'était pas compris dans la cession de la seigneurie de Vaucouleurs, faite en 1335 au roi de France, Philippe VI. On ignore donc à quelle date précise Domrémy a été réuni à la couronne de France. M. Longnon fait observer que au xv siècle on appelait Lorraine la portion de l'est du royaume de France qui formait autrefois la Lorraine carlovingienne. Ultérieurement plusieurs parties de cette Lorraine primitive furent annexées au duché de Bar et à la Champagne. Néanmoins le peuple continua pendant longtemps à appeler Lorraine ces parties annexées. C'est ainsi que Jeanne d'Arc, quoique née en Champagne, fut appelée la Lorraine. — M. Heiss commence la lecture d'un mémoire intitulé *Essai sur les monnaies frappées en Espagne par les Suèves.* — M. Edmond Le Blant présente de la part du P. Delâtre, les photographies de quatre lampes chrétiennes trouvées à Carthage.

Séance du 2 novembre. — L'Académie procède à la désignation de deux candidats à la place de Directeur de l'*École française de Rome* en remplacement de M. Le Blant, dont les pouvoirs expirent cette année. A cette occasion M. le président remercie M. Le Blant des communications intéressantes qu'il n'a cessé d'adresser à l'Académie pendant son séjour à Rome. L'Académie désigne en première ligne M. Geffroy membre de l'Académie des sciences morales et politiques et en seconde ligne M. Homolle professeur au Collège de France. — M. A. Heiss achève la lecture de son mémoire intitulé *Essai sur les monnaies frappées en Espagne par les Suèves.* C'est à Bracara en Galicie que les Suèves firent leurs premières émissions (411-430). Après avoir conquis la Lusitanie, ils transportèrent le siège de leur gouvernement à Emerita et y frappèrent des tiers de sou d'or (430-457). En 457, les Suèves ayant perdu la Lusitanie rétablirent leur atelier de Bracara et y frappèrent monnaie jusqu'en 584 date de la fin de leur domination en Espagne. Les Suèves imitèrent d'abord les monnaies romaines, puis à partir de 550 environ les monnaies visigothes. — M. G. Benedite élève de l'*École archéologique du Caire* attaché au département des antiquités égyptiennes au *Musée du Louvre* rend compte d'une mission archéologique qui lui a été confiée dans l'île de Philœ. Il a spécialement étudié un pavillon situé à l'extrémité nord-ouest de l'île et qui d'après une inscription aurait été réédifié ou restauré par Nectanèbe II. Ce pavillon a du être suivant M. Benedite l'embarcadère de la déesse Isis quand on l'amenait en Éthiopie, usage mentionné par Priscus et par d'autres textes anciens.

Henri Thédenat.

BULLETIN CRITIQUE

SOMMAIRE. — 8. A. SICARD. Les deux maîtres de l'enfance : le prêtre et l'instituteur, L. Lescœur. — 9. E. PICAVET. Traduction de la Critique de la raison pure de Kant, C. B. — 10. R. v. IHERING. L'esprit du droit romain dans les diverses phases de son développement, traduit par O. de Meulanaere, P. Louis Lucas. — 11. Jules POIRET. Essai sur l'éloquence judiciaire à Rome, E. Perrard. — 12. Ph. TAMIZEY DE LARROQUE. Lettres inédites de Ph. Fortin de la Hoguette, G. Audiat. — 13. J. FORBES S. J. L'Église catholique en Angleterre au xvi⁰ siècle, L. Lescœur. — 14. Chan. ALLEGRE. Le code civil commenté, A. Boudinhon. — 15. T. COUVREUR. Le microscope et ses applications, J. M. Bordes. — CHRONIQUE. — ACADÉMIE DES INSCRIPTIONS ET BELLES LETTRES. — PUBLICATIONS NOUVELLES.

8. — **Les deux maîtres de l'enfance, le prêtre et l'instituteur**, par l'abbé Augustin SICARD, un vol. in-12, 324 p. Paris, à la librairie académique.

Ce livre est peut-être le meilleur et le plus complet de ceux qu'ait publiés son auteur, déjà deux fois couronné par l'Académie française pour des ouvrages d'éducation. M. l'abbé Sicard se propose de mettre en parallèle les deux systèmes d'éducation qui se font aujourd'hui la guerre : l'éducation chrétienne et l'éducation sans Dieu ou, pour mieux dire, l'éducation et ce qui est le contraire, le contrepied de l'éducation. Sa savante étude se partage en trois livres. Dans le premier, M. Sicard fait le tableau de l'éducation religieuse. Il montre comment elle élève l'esprit, forme la conscience, la volonté, le cœur et prépare sérieusement l'enfant à devenir un homme capable d'affronter victorieusement la lutte de la vie. Le second livre, avec les mêmes divisions, montre ce que l'éducation sans Dieu fait des élèves qui lui sont confiés, aux mêmes points de vue de l'esprit, de la conscience et du cœur. Le troisième livre, qui est peut-être le plus important, est intitulé *Les leçons de l'expérience*. Il invoque successivement les enseignements de l'histoire, l'autorité des hommes d'État et enfin la pratique de tous les peuples pour démontrer avec une évidence qui ne laisse place à aucune réplique, combien le système d'éducation qui prévaut aujourd'hui en France et dans ce pays seul parmi toutes les nations civilisées — si on excepte le Mexique et le Japon —, nous mène fatalement à une barbarie sans nom, à cet état où était la France au sortir de 1793 et dont Napoléon disait à Fontanes : « L'homme sans Dieu je l'ai vu à l'œuvre depuis 1793

Cet homme-là, on ne le gouverne pas, on le mitraille. De cet homme-là, j'en ai assez » (p. 305).

En attendant que la France trouve que « nous en avons assez », et pour hâter ce moment, ce que nous pouvons souhaiter de plus heureux et de plus salutaire à quiconque est père de famille, c'est de lire et de méditer le livre si concluant de M. Sicard. Que les hommes de bon sens et de bonne foi, même ceux qui ne sont pas chrétiens, pèsent les témoignages écrasants réunis par l'auteur en faveur de l'éducation chrétienne, et empruntés aux auteurs les plus divers et les moins suspects de cléricalisme, Michelet, Victor Hugo, Jouffroy, Guizot, Cousin, Robespierre, je n'en veux pas davantage pour les amener à conclure, avec l'auteur, en présence du débordement inouï d'insanités criminelles qu'on met aujourd'hui en pratique sous prétexte d'éducation, qu'il est plus que temps « d'en appeler de Philippe ivre à Philippe, à jeun ».

Je ne puis m'empêcher de citer, en terminant une page vraiment magnifique de Victor Hugo, invoquée très à propos par l'auteur. C'était en 1850 à l'Assemblée nationale. « L'enseignement religieux, disait-il, est, selon moi, plus nécessaire aujourd'hui qu'il ne l'a jamais été. Plus l'homme grandit, plus il doit croire. Il y a un malheur dans notre temps, je dirai presque il n'y a qu'un malheur, c'est une certaine tendance à tout mettre dans cette vie. En donnant à l'homme pour fin et pour but la vie terrestre, la vie matérielle, on aggrave toutes ses misères par la négation qui est au bout; on ajoute à l'accablement des malheureux le poids insupportable du néant et de ce qui n'est que de la souffrance, c'est-à-dire une loi de Dieu, on fait le désespoir. Notre devoir à tous, législateurs ou évêques, prêtres ou écrivains, publicistes ou philosophes, c'est de combattre la misère et, en même temps, de faire lever toutes les têtes vers le ciel, c'est de diriger toutes les âmes, c'est de tourner toutes les attentions vers une vie ultérieure, où justice sera faite et où justice sera rendue » (p. 180).

Quand le législateur aura compris que, sur le point signalé par Victor Hugo, — et qui l'avait été par Robespierre! — il ne saurait y avoir de dissentiment ni de contradiction de langage entre l'instituteur civil et le curé, la querelle sera finie, l'éducation sans Dieu aura disparu, et le beau livre de M. Sicard aura obtenu sa plus belle récompense.

L. LESCŒUR.

---

9 — **Critique de la raison pratique** par Emmanuel KANT. Nouvelle traduction française avec un avant-propos sur la philosophie de Kant en France de 1753 à 1814, des notes philologiques et philoso-

phiques par F. Picavet, agrégé de philosophie, in-8°, xxxvii — 223 pages.

La traduction française des œuvres de Kant présentait une lacune depuis que la traduction de la Critique de la raison pratique de Barni était épuisée pour la combler, la librairie Félix Alcan publie une version nouvelle de cette œuvre importante, due à la plume de M. Picavet.

Le traducteur nous expose lui-même la méthode qu'il a suivie dans son travail « Nous avons eu sous les yeux l'excellente traduction latine de Born, la traduction française de Barni, la traduction anglaise d'Abbot. Comme il n'y a pas dans deux langues différentes deux mots correspondants qui expriment et éveillent exactement les mêmes idées chez ceux qui sont le plus habitués à en faire usage, nous avons souvent essayé de rappeler toutes les idées élémentaires que réunit un mot allemand en citant les mots français, anglais ou latins, qui en éveillent chacun un certain nombre. Nous avons fait tous nos efforts pour profiter des travaux de nos prédécesseurs et rendre le texte d'une façon aussi exacte que possible, en évitant les fausses interprétations qui peuvent provenir de l'emploi d'un même terme pour rendre deux mots différents, en remplaçant par les noms auxquels il se rapportent, les nombreux pronoms qui donnent souvent lieu à des équivoques chez Kant, en coupant, quand on pouvait le faire sans inconvénient pour le sens, les longues phrases surchargées d'incidentes. » M. Picavet est parvenu ainsi à offrir aux amis de la philosophie le moyen de lire sans trop de difficultés une œuvre dont le texte n'est pas sans effrayer quelque peu ceux-là même qui sont assez familiers avec la langue allemande. Nous lui ferons cependant un reproche. Pourquoi a-t-il mis entre parenthèses tant de mots allemands? Les citations faites dans une excellente intention d'exactitude gênent le lecteur qui a plus de peine à suivre des phrases trop souvent obscures par la faute du philosophe lui-même.

Des notes philosophiques éclairent certains passages de la Critique, établissent des rapprochements intéressants entre elle et les autres ouvrages du père du Criticisme, et nous montrent souvent l'origine de ses idées.

Ajoutons qu'un avant-propos contient l'histoire du Kantisme en France de 1773 à 1814, faite à l'aide de documents inédits.   E. B.

---

10 — **L'esprit du droit romain dans les diverses phases de son développement** par M. R. von Ihering, professeur ordinaire

(1) *Principes du droit Civil* t. II p. 40

de droit à l'Université de Goethingen — Traduit, avec l'autorisation de l'auteur, par M. O. de Meulanaere, Conseiller à la Cour d'appel de Gand, 3 éd. revue et corrigée, Paris Chevalier-Marescq 1886-1888, 4 vol. in-8°.

« Il n'y a pas d'étude plus nécessaire au jurisconsulte que le droit romain, a fort justement écrit M. Laurent (1). Les défauts mêmes qu'on lui reproche, en font un instrument admirable pour l'éducation juridique. Les ouvrages des jurisconsultes romains sont les chefs d'œuvre du droit, comme les écrits de Platon et de Démosthènes resteront toujours les chefs-d'œuvre de la philosophie et de l'art oratoire. Et qui oserait prononcer ce blasphème, que les chefs d'œuvre de l'esprit humain sont inutiles, parcequ'ils ne sont pas cotés à la bourse? » Tous ceux qui ont encore le culte du droit romain, — et ils sont plus nombreux que ne le pensent ses détracteurs — ont de tout temps été pénétrés de la vérité de ces paroles, et ils n'ont jamais cessé de s'emparer, avec un soin jaloux, de toutes les occasions favorables qui leur étaient offertes de le prouver. Le grand et légitime succès qu'obtint en France, dès les premiers jours de son apparition, l'excellente traduction de l'*Esprit du droit romain* de l'éminent professeur M. d'Ihering vient à l'appui de cette assertion et la succession rapide de ses trois éditions ne fait que la confirmer davantage. Il faut d'ailleurs reconnaître que depuis le grand ouvrage de Savigny, l'École historique allemande n'avait pas produit une œuvre de généralisation comparable à celle-ci; aussi bien en la faisant passer dans notre langue et en rendant accessibles à un plus grand nombre de lecteurs les richesses de l'ouvrage allemand, M. le Conseiller de Meulanaere a-t-il droit à toute notre gratitude pour ce signalé service. L'*Esprit du droit romain* est en réalité, une œuvre de haute portée philosophique. Elle projette sur tous les commentaires des Institutes et des Pandectes la vive lumière de la généralisation. Et l'on peut affirmer sans crainte de démenti, que la lecture de ce livre profond et original s'impose impérieusement à tous ceux qui veulent aborder l'étude sérieuse de la philosophie de la législation romaine. Cette lecture est au surplus, remplie d'attrait. Elle ne se borne pas à provoquer et à captiver l'attention avec une irrésistible puissance, à ouvrir une foule d'horizons imprévus et d'aperçus ingénieux; elle a encore le double mérite de communiquer une réalité vivante à des notions qui, restant isolées, sont sans couleur et d'apprendre beaucoup surtout à ceux qui savent le droit romain dans sa lettre et qui le connaissent dans ses monuments authentiques.

Notre but n'est pas à vrai dire, d'analyser par le menu le remar-

---

(1) *Principes du droit civil* t. II p. 40.

quable ouvrage dont nous signalons aujourd'hui la 3e édition française, ce serait nous exposer à répéter ce que connaissent dès longtemps déjà les amis du droit romain : nous nous contenterons donc ici simplement d'en rappeler à grands traits la physionomie générale.

Montrer les institutions comme des organismes vivants, faire, comme il le dit, la physiologie du droit, dégager l'esprit qui anime toutes les institutions d'un peuple, soit lors de leur formation primitive, soit dans la suite ininterrompue de leurs transformations, envisagées dans la série multiple et variée de leurs péripéties et de leurs vicissitudes, caractériser et peindre les mœurs, voilà ce qu'a voulu faire M. d'Ihéring et voilà ce qu'il a fait. Pour opérer une semblable résurrection il fallait joindre, à une érudition immense, une imagination féconde, une force de conception puissante et l'art consommé de la construction esthétique. Ces qualités diverses se retrouvent à chaque pas, au plus haut degré, dans la vaste et large synthèse dont il a doté la science. Sans doute parmi les idées émises, toutes curieuses, toutes séduisantes, il en est de conjecturales ; sans doute encore pourrait-on rencontrer des observations justes, qui sont à tort généralisées, et des théories exactes dans leur point de départ, qui finissent par s'exagérer ; sans doute, enfin, une vérité partielle devient-elle parfois la base d'un système trop absolu ; mais que sont ces légères critiques ou ces petites réserves à côte de ces deux qualités maîtresses, d'avoir répandu à flots la lumière sur des points obscurs et d'avoir fait apparaître d'une façon plausible, la raison des choses ?

Pas plus que ses aînées, la troisième édition française ne termine l'ouvrage de M. d'Ihéring, qui est encore inachevé et dont la suite est attendue avec la plus vive impatience ; mais elle réalise sur elles certains progrès : d'abord elle est plus correcte, le traducteur ayant soumis son travail à une révision attentive ; d'autre part elle contient quelques modifications ou additions que nous aurions souhaitées plus nombreuses ; à peine est-il besoin d'ajouter qu'elle comprend tout ce qui a paru de l'œuvre originale et que, comme dans les précédentes éditions, le dernier tome est accompagné d'une table analytique complète de toutes les matières renfermées dans les quatre premiers volumes. — Il ne nous reste plus maintenant que nous venons de la présenter, qu'à lui souhaiter de parcourir en aussi peu de temps que les deux premières l'heureuse carrière du succès. Chez nous il lui sera facile : des noms aussi appréciés et aussi dignes de l'être que ceux du professeur de Goethingen et du Conseiller de Gand en sont les plus sûrs et les meilleurs garants.

P. Louis-Lucas,
Professeur agrégé à la Faculté de droit de Dijon.

11. — **Essai sur l'éloquence judiciaire à Rome pendant la République**, par Jules POIRET, docteur ès lettres. Paris, Thorin, in-8, 300 p.

Cet ouvrage, qui est une thèse de doctorat, est-il bien original? On peut en douter, et rien qu'à l'énoncé du titre il me semble que je vois se dérouler une longue liste d'ouvrages à consulter sur ce sujet. Tout ce qui traite de l'État romain, des institutions romaines, des orateurs célèbres, et en particulier de Cicéron, renferme les éléments de la thèse. M. Poiret n'a pas été effrayé d'entrer en concurrence avec un si grand nombre d'érudits. Il a lu et il cite les principaux; mais de préférence il a eu recours aux textes anciens, et c'est avec eux surtout qu'il a construit un livre assez court, mais nourri, clair, et résumant dans une langue vive et spirituelle ce que l'on peut dire de mieux sur un sujet assez étendu. M. Boissier a donné le modèle de cette sorte d'ouvrages.

L'Essai sur l'éloquence judiciaire est bien composé: ce qui est un mérite. Mais pour arriver à ce résultat, l'auteur a trop simplifié. Pour l'ordre, pour la perspective, il groupe toute son étude autour de Cicéron. C'est là le plus grave reproche qu'on peut lui faire. Il est question dans son livre, de Virginius, de Caton, des Gracques: y voit-on suffisamment comment étaient organisés les tribunaux romains aux diverses époques marquées par ces noms? Nous ne le croyons pas. Aussi dans certains chapitres, dans tous même, une marche plus didactique, en permettant de distinguer les époques, aurait augmenté la précision, sans nuire à l'unité. On s'en rendra mieux compte en passant en revue la table des matières.

Après un préambule sur l'importance de l'éloquence judiciaire, qui à Rome se confond bien surtout avec l'éloquence politique (ch. I), M. Poiret décrit le forum romain au temps de Cicéron. Sa « restitution » est assez vraisemblable. Mais nous reprocherons à M. Poiret l'inélégance et l'exiguïté du plan qu'il a joint à sa thèse.

Après ces préliminaires, les chapitres se suivent dans un ordre très logique: nous pouvons étudier le président et l'organisation des hautes cours de justice criminelle, — les juges, — l'accusé et l'assistance, — les orateurs et spécialement le défenseur. Ce chapitre, un des plus curieux et des plus « renouvelés », sinon des plus neufs, renferme une intéressante comparaison de l'éducation d'un orateur grec Démosthènes avec celle d'un orateur romain Cicéron. La fameuse définition de l'orateur, *vir bonus dicendi peritus*, est discutée historiquement. M. Poiret ne croit pas que Caton lui-même l'ait prise à la lettre. « L'épithète de *vir bonus*, dont les écrivains latins se montrent fort prodigues, ne suppose pas chez celui qu'on en gratifie une vertu sans défaillance. Il serait inique de mettre notre *homme de bien habile à parler* dans l'alternative que présente, chez Aristote, une prêtresse à son fils, pour le détourner d'être orateur « Si tu dis la vérité tu recueilleras la haine des hommes sinon, celle des dieux. » C'est du jansénisme avant Jésus Christ Mais Caton, qui était un homme pratique et qui, comme les *viri boni* du vieux temps distinguait sans doute pour se la permettre la bonne tromperie, *dolus bonus*, de la mauvaise *dolus malus*, Caton aurait penché du côté des casuistes qui admettaient que la fin justifie les moyens, » (p. 164) Nous avons cité ce passage pour donner une idée du ton de bonne humeur de tout le livre Nul pédantisme, M Poiret a l'air de s'égayer beaucoup au sujet qu'il traite « Ma chère dirait Madelon, c'est le caractère enjoué » Pour notre part nous n'y voyons pas d'inconvénient à ce genre d'écrire

Après le défenseur M Poiret nous présente l'accusateur et quelques personnages secondaires (ch. VII) puis il nous fait un tableau animé des débats que clôt la sentence (ch. VIII) enfin il termine par deux excellents chapitres sur les caractères de l'éloquence qu'on préférait à Rome notamment sur *l'urbanitas* et la *gravitas*. Ces chapitres éclaircissent nombre de passages du *Brutus* et des autres traités de rhétorique. Et à ce propos, un reproche à M Poiret en finissant Pourquoi n'avoir pas donné à la fin du livre le relevé des passages cités? Pourquoi n'avoir pas ajouté deux tables l'une de tous les mots latins expliqués, *altercatio comperendinatio, monitores* etc, etc l'autre des orateurs et des discours étudiés ? La table des chapitres est insuffisante faudra-t-il pour retrouver un mot ou un nom propre, feuilleter tout le livre ? M Poiret a perdu une belle occasion de rendre sa thèse aussi utile qu'agréable

E PERRARD

1º — Philippe FORTIN DE LA HOGUETTE **Lettres inédites**, publiées et annotées par Ph. TAMIZEY DE LARROQUE (*Publication de la Société des Archives historiques de la Saintonge et de l'Aunis*) La Rochelle, Texier 1888. gr in 8 de 215 p.

M Tamizey de Larroque vient de jouer un assez méchant tour au nommé La Hoguette Célèbre de son vivant pour avoir écrit un livre, qu'on ne lit guère il me semble, et que je n'ai plus du tout l'envie de connaître, le bon Philippe Fortin de la Hoguette dormait en sa terre de Chamouillac, inconnu oublié, ce qui est après la mort la meilleure façon de rester tranquille, et d'avoir cette paix, que sur la terre il aima plus que personne Et voilà que M Tamizey de Larroque, mettant sa grande réputation et son crédit dans le monde des lettres au service de sa mémoire publie un joli livre, bien imprimé, comme tout ce qu'édite la

Société des Archives de la Saintonge, très séduisant d'aspect, et fort intéressant — pendant vingt pages pour le moins. Ces vingt pages, c'est la préface que M. Tamizey de Laroque a consacrée au seigneur de Chamouillac, et c'est là la trahison dont je me plains. Elle est charmante tout à fait, cette préface, spirituelle et amusante d'abord, intéressante ensuite et nous attachant à ce soldat assez indépendant pour protester contre la domination partiale et tyrannique du duc de Luynes, — à ce brave père de famille qui écrivit de si bons *conseils à ses fils*, qu'on lui confia les jeunes princes de Longueville — à ce litérateur modeste mais moral, que goûtait Ménage, et qui eût de nos jour obtenus de l'Académie au moins un prix de vertu. Et cette préface, morceau très réussi d'érudition solide et agréable à la fois, comme on les aime aux *Archives de Saintonge*, (je rends volontiers cette justice à la Société), ce petit chef-d'œuvre vous met en goût, et l'on tourne la feuille, — et l'on entame la Correspondance de la Hoguette.

Il faut bien être franc: l'auteur y fait triste mine. Honnête homme tant qu'on voudra, mais capitaine peu brillant!

Il est à Brouage, tandis qu'on se bat à l'île d'Oléron et autour de La Rochelle, et il semble que ce qui l'intéresse le moins, ce sont les nouvelles de la guerre. Ce qui l'intéresse le plus, ce dont il parle le plus volontiers, c'est de son argent d'abord, et de sa santé ensuite. Dans chacune de ses lettres (j'en compte au hasard, en feuilletant, une quinzaine: lettres IV, V, VII, XIII, XIV, XVI, XXV, XXVII, XXXII, XXXVII, XXXVIII, XLI, XLIII etc.) il y a des lamentations sur ses appointements qui ne sont pas payés régulièrement, ou qu'on diminue, et sur *la nécessité où il est de vivre du bien acquis*. Être aussi exigeant en temps de guerre, c'est peu crâne, et tout au moins monotone!

Aussi soupire-t-il après la paix d'une façon qui devient, j'en demande pardon à son *introducteur*, quelque peu agaçante. Est-il en garnison à Brouage, il regrette Paris et la société des frères Dupuy, leur *académie* à laquelle vont tous ses souvenirs, tous ses désirs. Est-il en campagne, il pense à cette vie de garnison, qui du moins *était réglée*, tandis que *la vie de campagne est déréglée, laborieuse et stérile* (l. XLIII). Et tout le temps qu'il passe devant La Rochelle, il s'impatiente de voir se prolonger un siège qui le retient loin de Paris. Ses lettres en deviennent même intéressantes, car alors il est à l'affût des moindres bruits. « *Le désir « que j'ay de me voir hors des misères de la guerre me fait tirer de « toutes sortes d'accidents des renseignements de paix, comme la « peur de Panurge lui faisait tirer de toutes choses des conséquences « de coquuage.* » Vingt fois en effet il annonce sur les indices les plus insignifiants que les huguenots sont à bout et que la paix est proche.

autant de fois il est vrai, il se désespère et convient en gémissant qu'il s'est trompé.

Aussi, après l'ennui de la maladie (j'ai dit que sa santé lui était fort à cœur, et qu'il donnait volontiers les détails les plus minutieux sur ses fièvres et ses lavements, Voir *lettres* XXV LXI, etc.), quelle joie d'avoir été malade et de pouvoir sous ce prétexte quitter le camp! Dans la lettre qu'il écrit en novembre 1628 (l. LXII) quoique encore convalescent, il est déjà presque gai : et cela est rare chez lui.

C'est encore un de mes griefs contre La Hoguette : il n'a pas la résignation facile. Peu fait il l'avoue sans peine (p. 144) pour le métier des armes, *vieux poltron plutôt que vieux soldat* (p. 191), il est toujours morose et grognon. Si l'on avait en ce temps là connu la politique et le parlementarisme, il eut été de ceux qui veulent toujours renverser le ministère. Il avait combattu Luynes, et quoiqu'il accorde ici ou là des éloges à Richelieu il n'en trouve pas moins que tout va mal. — On ne défend pas assez sérieusement Ré ; Oléron est mal gardé ; on oublie Brouage, — et les appointements du capitaine! (l. XXVII) Entreprendre de secourir Casal est folie : *les troupes seront fatiguées en arrivant ; il n'y a pas un seul village ni une seule ville qui ne soit infectée de la peste sur tout ce chemin là ; joint aussy que les maladies se seront augmentées dans l'armée par la contagion des malades, par la longueur des nuits, et la nécessité des vivres ; la cavalerie manquera de fourrages ; il y aura de la difficulté de trouver un passage sur le Pô etc.* (l. LIX) — Le réquisitoire est complet comme on voit : un mois après, l'armée française faisait lever le siège de Casal.

Très simple est le système de tactique proposé par le *vieux poltron* : *attendre que les ennemis s'ennuient de la guerre et qu'il se face une bonne paix, laquelle je demande à Dieu généralle et chés moy avec un peu de pain de chapitre, car je suis lassé de manger du pain de munition.* »

Cette mauvaise humeur qui le rend si aveugle qui le fait s'ennuyer partout où il est, à Blaye comme à Brouage (v. *lettres* LXXII, et LXXVI en note), se tourne une fois ou deux en déclamation misanthropique et paradoxale. La lettre XXIX est curieuse à ce titre : originale, non point, mais bizarre : l'effort d'un esprit grincheux qui fait du pessimisme avant Schopenhauer et les décadents. Le thème est vieux : l'homme est plus misérable que le plus misérable des êtres : mais les preuves sont extravagantes. Il en est qui sont de telle nature qu'il faudrait pour les exprimer décemment se servir du latin. En voici une plus présentable. On gagne la goutte à trop manger : « la mienne sans doute procède de « quelque excès. Il n'y a guère d'animaux qui en deviennent ma- « lades, ni les pourceaux mesmes qui gardent quelque modéra-

« tion jusques dans le saloir, où ils ne tirent de sel que ce qui leur
« en faut quelque grande quantité qu'il y en aye ce disent nos
« mesnagers » — Ce dernier trait me dispense n'est-ce pas de citer
les autres ? Un homme qui vous écrit des lettres sur ce ton s'appelle
— en mauvais français — un *raseur* !

Y a-t-il malgré tout des détails intéressants au point de vue historique
dans ces lettres d'un soldat qui vit de si près les guerres de Richelieu ?
— Pas dans toutes. On dirait qu'il fait tout ce qu'il peut pour ne rien nous
dire. Il va en Angleterre, voit Bacon, et de ce voyage et de cette visite
qu'a-t-il retenu ? — Les lettres écrites de Brouage sont pour plus de la
la moitié très brèves et très sèches. « *N'attendez point de moy de nou-*
« *velles bien véritables que quand je seray à l'armee celles qui s'é-*
« *crivent sur la foy d'autruy sont trop subjectes à caution* (l. XI) Et par
défiance il ne dit rien C'est d'un sage mais nous, que le journalisme a
gâtes, qui voulons tout savoir, en nous réservant d'ailleurs le droit de ne
croire à rien, nous aimerions mieux moins de prudence — Et cet
homme défiant demande ensuite qu'on lui envoie des nouvelles de la
cour ! « *Car nous savons icy aussy peu ce qui se passe que si nous*
estions du Jappon » (p. 19)

La descente de l'île de Ré est racontée en trois lignes c'est maigre
Même quand il est au camp où il parle davantage on le voudrait moins
réservé, aussi bavard que lorsqu'il comparait son sort à celui des pourceaux dans le saloir !

Je n'y mets pourtant aucun parti pris et j'ajoute bien vite qu'il y
a des lettres pleines d'intérêt, par exemple celle où il fait connaître et
juge le rôle du maréchal de St-Luc à la prise des Iles (l. VII) — la lettre
XLII, où il se fait une part très modeste dans une descente à l'île de
Ré, et par contre rend d'éclatants hommages à l'énergie de Richelieu,
au courage de Toiras au mérite de Bassompierre les lettres XLIV à
LX écrites devant La Rochelle, et remplies de détails souvent nouveaux
sur la discipline vigoureuse du Cardinal, sur les souffrances des assié-
gés, sur les opérations militaires.

J'allais oublier (en les cherchant, j'en trouve maintenant beaucoup à
citer) la juste appréciation portée par La Hoguette sur le *Cid*, qu'il joua
lui-même à Blaye trois mois après la première représentation (l. LXXIV)
— et l'amusante histoire du pendu, qui ressuscite pour mourir une seconde fois (l. XCI) — et la dernière du recueil consacrée à l'histoire
du polyglotte et somnambule Lefeure.

La Hoguette est devenu plus gai, depuis qu'il a cessé d'être capitaine,
et qu'il *aligne* au lieu de soldats *les jardins et les fossés* de sa terre de
Chamouillac (l. XC), ce moraliste tourne même à l'épicurien « *je re-*
« *nonce à toute autre pauvreté*, écrit-il à propos du livre de théologie

« d'un capucin, *qu'en celle qui consiste en la modération de mes dé-*
« *sirs et pour la chasteté le P. Yves ne me la sçaurait si bien con-*
« *seiller que je la pratique mes huy par impuisssance.* » (I, XCIII.)

Instructif ou amusant, tout cela n'est pas seulement bon pour les Sain-
tongeais, curieux de trouver dans ce livre des noms connus d'eux : c'est
d'un intérêt général ; — et voilà pourquoi je signale ce volume aux lecteurs du *Bulletin Critique*.

Qui douterait d'ailleurs que dans un livre publié par M. Tamizey de
Larroque il n'y ait beaucoup à prendre ? Quand le poisson est maigre, cet
habile metteur en œuvre fait la sauce plus longue, plus épaisse et plus
piquante. Je n'ose pas louer son érudition : ce serait pour me servir d'un
de ses traits, *apporter des huîtres à Marennes*. Mais pouvoir à chaque
nom propre écrire une notice pleine de détails, de faits précis, de rectifications, connaître tous les plus menus personnages de toute une
époque et tous les livres, tous les journaux, tous les moindres écrits,
discuter une étymologie aussi bien qu'une date, être philologue, historien, critique littéraire tout à la fois, citer Lucrèce, Marc Aurèle, Montaigne aussi bien que les Grammaires et les Dictionnaires de médecine,
aussi bien que les Mémoires, les Correspondances et mêmes les documents inédits : c'est d'avance être sûr d'intéresser n'importe qui avec
n'importe quoi.

La Hoguette a reçu à Blaye la visite de Richelieu et de la Reine, et il
oublie de nous en causer comme nous voudrions : M. Tamizey de Larroque est là qui en sait plus que La Hoguette, qui nous donnera des détails pris partout, dans la *Chronique bordelaise*, dans le *Mercure*, dans
le *Recueil Avene'* jusque dans une brochure du docteur Gélineau sur
l'*Angine de poitrine* ! Et cela est fait lestement, avec esprit, avec bonne
grâce pour ceux dont on relève les erreurs, avec complaisance pour tous,
pour ceux à qui il faut tout dire, même le sens du mot fortune (p. 37) et
que les Sables d'Olonne sont en Vendée (p. 34).

Aussi, et bien sans flatterie, quoi que j'aie pu dire sur ce pauvre La
Hoguette, le livre que nous offre son éditeur est intéressant aux trois
quarts. On en pourrait seulement changer le titre et écrire, si la Société
des Archives de la Saintonge qui n'admet que les vieux textes inédits le permettait : *Notes et causeries de M. Tamizey de Larroque à
propos de la correspondance d'« UN VIEUX POLTRON », capitaine aux
armées de Louis XIII*.

Gabriel AUDIAT.

13 — **L'Église catholique en Angleterre au XVI siècle** — Mémoires du Père John Gerard S. J. missionnaire catholique en Angleterre sous le règne d'Elisabeth, traduits et annotés par le R. V. James Forbes de la Compagnie de Jésus, 2ᵉ édition, Paris, Palmé et Ferrand 1888, 1 vol. in-12 de 282 pages.

Les *Mémoires* du Père Gerard sont un de ces livres qui se recommandent eux-mêmes, par leur seul titre et par le nom de leur auteur. Quoi de plus intéressant que le récit des persécutions, toujours habiles, souvent cruelles, parfois atroces, dont le catholicisme a été l'objet en Angleterre, sous la fille d'Henri VIII ? Mais lorsque l'auteur qui les raconte nous présente sa propre histoire, nous fait assister aux dangers multipliés qu'il a courus et quelquefois miraculeusement évités, nous raconte avec des détails d'une précision, et par là même d'une éloquence singulière, les tortures auxquelles on l'a soumis, pour lui extorquer des aveux contraires à sa conscience. Quand on assiste à cette évasion audacieuse de la tour de Londres, qui formerait la page la plus intéressante mais non la plus vraisemblable d'un roman d'Alexandre Dumas ou de Paul Féval, il est impossible de ne pas remercier chaudement le savant traducteur de l'œuvre du Père Gerard, à qui nous devons de si poignantes et si salutaires émotions. En dehors de l'intérêt particulier qu'ont ces mémoires pour tous les catholiques, à cause des héroïques exemples qui s'y rencontrent, à chaque page, à la gloire de la véritable Église et d'elle seule au monde, le Père Forbes a raison de dire qu'ils forment un document historique de premier ordre. « J'en crois, disait Pascal, des témoins qui se font égorger. » Le Père Gérard est de ceux-là, et aucun des panégyristes de la *grande* Elisabeth, aucun des défenseurs de l'établissement d'Henri VIII ne pourra jamais en contester une syllabe. Nous en avons dit assez pour donner à nos lecteurs le désir de se procurer ce livre déjà parvenu à sa seconde édition, et une fois qu'ils l'auront ouvert à la première page, ils feront comme nous, ils le liront d'un trait jusqu'au bout.

L. Lescœur.

---

14 — **Le Code civil commenté** à l'usage du clergé, dans ses rapports avec la théologie morale, le Droit canon et l'économie politique, par M. le chanoine Allegre. 2 vol. in-8 en quatre parties, 751 et 94, 1054 pages. — Paris, Delhomme et Briguet, 1888.

Ainsi qu'il en avertit son lecteur, M. Allègre a repris en sous-œuvre et développé le célèbre commentaire du Code civil publié autrefois par le cardinal Gousset. Le nouvel ouvrage s'adresse au même public que l'ancien, d'une part, le clergé à qui une connaissance au moins sommaire de la législation civile est toujours utile, parfois nécessaire, de l'autre, les hommes de loi catholiques à qui il importe de connaître les enseignements de l'Église sur une foule de questions qu'ils ont eux-mêmes à traiter.

Tous les titres du Code civil n'intéressent pas au même degré le théologien et le canoniste, aussi le commentaire devra-t-il en être très inégal. Sur les matières qui relèvent uniquement de la législation civile, M. Allègre s'est borné avec raison à un résumé exact mais sobre; il s'est étendu, au contraire, plus longuement sur les points qui peuvent facilement devenir l'objet de cas de conscience ou même de conflit entre les deux autorités, entre les deux législations, civile et ecclésiatique. C'est ainsi que l'auteur traite longuement des successions, des contrats et surtout du mariage et du divorce.

Quelles que soient les questions étudiées, M. Allègre suit une marche uniforme: il fait précéder le *commentaire des articles* de dissertations plus ou moins développées qu'il range sous la rubrique *Préliminaires*. D'abord l'état de la question indiqué par les mots *idées générales* puis un résumé historique renfermant les solutions diverses données au problème par le droit romain, l'ancien droit français et le Code civil, sans oublier à l'occasion la législation ecclésiastique, et de trop rares références aux codes étrangers. Enfin l'auteur formule dans une *conclusion* les critiques et les observations qui lui paraissent utiles; il signale les réformes à introduire, en particulier celles que réclament, sur certaines matières mixtes, les jurisconsultes catholiques. Ainsi préparé, le commentaire des articles peut se réduire à de courts éclaircissements.

Cette méthode ne mérite que des éloges, et si elle expose l'auteur à se répéter, l'inconvénient me paraît presque inévitable. Je dois dire cependant qu'en plusieurs cas M. Allègre aurait pu éviter d'assez inutiles répétitions, en particulier à propos du mariage et du divorce.

Il est sans doute très utile d'avoir à portée de la main, sous un volume assez réduit, le texte de notre Code civil avec des notes bien choisies, des résumés historiques exacts et surtout des appréciations sages et modérées de nos lois dans leurs rapports avec la théologie, les lois de l'église et de la conscience. Aussi l'ouvrage de M. Allègre a-t-il déjà reçu et reçoit-il du clergé un accueil favorable. Mais le succès aurait été plus grand, si l'auteur avait su se borner et si son œuvre avait été plus équilibrée et proportionnée. M. Allègre me paraît faire les livres comme on fait un numéro de journal ou comme on dresse un dossier. Beaucoup de bonnes choses sont juxtaposées, elles ne sont pas fondues et l'on ne sent pas assez le travail personnel de mise en œuvre. Signale-t-on à l'auteur une citation, une référence, une heureuse modification, il s'empresse de lui faire place, entr'ouvrant délicatement une phrase, écartant avec précaution deux alinéas, allongeant démesurément un paragraphe, mais rompant ainsi l'unité et l'équilibre de son travail.

M. Allègre avait publié récemment une bonne *synopsis impedimentorum matrimonii*; il s'est dit que ce résumé serait sans doute utile aux ecclésiastiques qui achèteraient son grand ouvrage; il a raison, mais était-il nécessaire d'en publier une troisième édition comme appendice au *Code civil* alors que la moitié au moins de cette *synopsis* avait été distribuée dans les différents titres relatifs au mariage? Depuis la deuxième édition, la cour d'Amiens a rendu son célèbre arrêt relatif au mariage civil des prêtres catholiques; aussitôt la brochure de 80 pages s'augmente du discours du procureur général d'Amiens et d'une plaidoirie de M° Robinet de Cléry à la cour de cassation, soit 18 pages. De même pourrait-on trouver disproportionnés de longs extraits de mandements épiscopaux relatifs au mariage et au divorce, quelques remarquables qu'ils soient par eux-mêmes.

Ces réserves faites, je me plais à reconnaître que le *Code civil commenté* peut rendre de très grands services; que la doctrine (je parle comme canoniste) en est sûre et exacte; que les solutions des cas de conscience sont sages et bien motivées, que l'auteur a puisé aux meilleures sources et que les fautes d'impression ne sont pas trop nombreuses.

A. BOUDINHON

---

15. — **Le Microscope et ses applications,** par E. COUVREUR, in-12, 348 p. 112 figures. J.-B. Baillière et fils, Paris, 1888.

Si le microscope pouvait parler à d'autres qu'à ceux qui l'interrogent, croyez-vous que M. Taine eût jamais osé écrire : « L'idéal manque au naturaliste. Il dissèque aussi volontiers le portier que le ministre. Pour lui, il n'y a pas d'ordures. Il comprend et manie des forces; c'est là son plaisir, il n'en a pas d'autre. Il ne dit pas : Le beau spectacle! mais : Le beau sujet! De pureté, de grâce, il ne s'en inquiète guère; à ses yeux un crapaud vaut un papillon; la chauve-souris l'intéresse plus que le rossignol. Si vous êtes délicat, n'ouvrez pas son livre; il vous décrira les choses telles qu'elles sont, c'est-à-dire fort laides, crûment, sans rien ménager, ni embellir. » Ces littérateurs! Ils oublient Linné, Buffon, Bernardin de Saint-Pierre; ne faudrait-il pas, pour leur plaire, que la science prît les grelots de l'imagination? Ils oublient que les naturalistes possèdent un merveilleux petit instrument, le microscope, qui embellit toutes choses, les grossit à volonté; fait découvrir des mondes nouveaux, des organes mystérieux, des structures ravissantes. L'imagination rend-elle pareils services aux littérateurs et aux poètes? Et puis, bien manié, le microscope ne ment jamais, il est fidèle au curieux qui cherche un problème à résoudre, un mystère à dévoiler, une beauté à découvrir.

Mais il y aura toujours des profanes, il faut s'en consoler. A côté des indifférents il y a bon nombre de personnes qui veulent se tenir au courant de la science contemporaine et en particulier des applications du microscope à l'étude de l'histoire naturelle. C'est pour elles que M. Couvreur a écrit un livre clair, facile à lire présentant les notions les plus essentielles et les plus pratiques.

Nous possédons déjà un certain nombre d'ouvrages du même genre, le *manuel du microscope* de Mathias Duval mais il ne s'adresse qu'aux médecins, le *cours de Biologie* de Huxley et Martin, le manuel de *Physiologie générale* de Foster et Langley, le *Monde invisible dévoilé* de Ph. Adam et bien d'autres dont le plan a été inspiré par l'ouvrage de Rolleston Forms of animal life. C'est en effet une idée excellente de mettre le débutant ou l'amateur en face de la nature et de lui faire acquérir pratiquement les notions exactes que le microscope bien manié, peut lui révéler sur l'organisation d'un petit nombre de plantes et d'animaux choisis de façon à représenter les principaux groupes du règne organique.

Le plan de ce travail est très simple il comprend trois livres. Dans le premier on étudie le microscope simple et composé, les réactifs les plus usuels et le montage des préparations. Le second livre est consacré à la botanique générale et spéciale, le troisième à la zoologie.

Du premier livre je ne dirai rien les conseils sont bons, mais rien ne vaut la pratique. Peut-être l'auteur aurait-il bien fait de donner un devis de l'outillage indispensable à l'amateur dans le genre de celui que Prieur a placé comme introduction à l'ouvrage de Foster.

Je conviendrais que les deux autres livres sont un excellent manuel de Botanique et de Zoologie si l'on voulait biffer les pages 246 à 249. Quel travail utile nous aurions là pour les élèves de philosophie.

En lisant à la page 264, que pour plus de détails sur les Grégarines on pouvait consulter l'ouvrage de Lanessan sur les Protozoaires, j'ai craint de voir apparaître le Bathybius et les généalogies de Haeckel. M. Couvreur ne décrivant que ce que montre le microscope il semble qu'on puisse absolument s'en rapporter à tout ce qu'il dit, il n'en est rien cependant et la preuve c'est qu'il fait dire au microscope ce qu'il n'a jamais dit à personne « que les Protistes ne différant pas des Myxomycètes nous serons conduits non plus seulement à l'idée d'une forme primitive végétale unique et d'une forme primitive animale unique, mais encore à l'idée d'une forme primitive unique pour les deux règnes » p. 348. Cela prouve que pour bon micrographe que l'on soit, on n'est pas à l'abri des *mouches volantes*.

J.-M. Bordes.

CHRONIQUE

12 — M. Boutmy a fait à l'Académie des sciences morales et politiques une communication sur *la conception populaire de la royauté en Angleterre*. L'auteur commence par établir que le fonctionnement parlementaire comporte plusieurs abstractions qu'il n'est pas donné au vulgaire de comprendre bien nettement, tandis que l'autorité d'un souverain se conçoit sans définition. Un écrivain anglais a dit que lorsque le prince Louis Napoléon mit le peuple français en demeure de choisir entre lui et l'Assemblée, il lui indiqua un choix à faire entre le clair et l'obscur, entre quelque chose de défini qui était l'autorité d'un seul et quelque chose de vague qui était une Chambre délibérante. C'est ce qui fit le succès du second empire. C'est encore ce qui fait aujourd'hui en Angleterre la popularité de la monarchie.

Pour la plupart des paysans anglais, la Chambre est une réunion de délégués de la reine, chargés par elle de lui donner leur avis; pour eux l'ordre public est encore la paix de la reine, c'est elle qui le maintient.

Cette notion primitive et instinctive de la royauté s'altère et se modifie à mesure qu'on s'habitue aux abstractions. Les meetings opèrent peu à peu ce travail psychologique; ils sont en effet des copies du Parlement, ils sont aux Chambres ce qu'une petite machine à vapeur est à une machine de grandeur naturelle. En voyant fonctionner le modèle réduit, les masses finissent par comprendre le mécanisme. Cette notion en s'accentuant pourra bien, dit M. Boutmy, porter un rude coup à la fiction monarchique.

La royauté a encore cependant de sérieuses conditions de durée. L'égalité, conception philosophique qui substitue l'individu aux catégories, n'a pas sur les esprits anglais la même influence dominante qu'en France. Le Français s'irrite de la supériorité sociale, l'Anglais l'admire comme une représentation théâtrale, il est fier, comme d'un avantage personnel, du luxe et de l'éclat de ses gouvernants. L'égalité est le résultat d'une analyse du corps social que l'esprit n'admet pas; en trop analysant il craindrait de détruire; l'individu lui apparaît comme une désagrégation de la masse, il lui préfère la hiérarchie qui assure la cohésion nationale.

Les Anglais considèrent aussi la monarchie comme la plus sûre garantie de leur puissance coloniale. Le pouvoir royal, admis sans contestation par toutes les colonies, les maintient sous l'autorité de la métropole. Si ce pouvoir venait à disparaître, chacune d'elles tendrait sans doute à une complète autonomie et pour ne pas sembler la conquête et la propriété d'un peuple dominateur, marcherait promptement à une sécession finale.

Toutefois M. Boutmy signale en même temps un côté de la question tout différent. L'Angleterre, dit-il, est insulaire au moral comme en géographie, il tient plus que tout autre peuple à rester à l'abri des influences extérieures. Voilà pourquoi le schisme d'Henri VIII a eu chez les Anglais un si prodigieux succès; il leur donnait un culte national, un pape à eux, une église à eux, un roi qui ne se connaissait pas de supérieur au dehors. Rien ne pouvait plaire davantage à leur patriotisme ombrageux.

La royauté anglaise doit encore à cette conception une partie de sa force et de son prestige. Aujourd'hui cependant la question religieuse ne passionne plus autant, et l'Église anglicane n'est plus la représentation unique et exclusive des croyances nationales. Le Parlement est peuplé de membres de toutes les Églises, de toutes les confessions et l'Église d'Irlande est séparée de l'État. La royauté n'est plus la représentation suprême d'une religion officielle unique; à ce titre une portion considérable de la population lui devient étrangère et lui échappe.

Tout cela dit M. Boutmy en terminant montre que l'Angleterre n'éprouve plus au même degré le besoin de la suprématie royale. Cette atténuation de son rôle théocratique pourrait bien être pour la monarchie anglaise le commencement de son déclin.

13. La quatrième livraison de la *Bibliographie des travaux historiques et archéologiques* publiée par MM. Robert de Lasteyrie et Eugène Lefèvre Pontalis vient de paraître. Le *Bulletin Critique* s'es a deux reprises (années 1886 p. 113 et 1888 p. 332) occupé de cette publication et en a signalé l'utilité et le mérite. Le présent fascicule termine le tome I; il comprend la suite du département de la Haute-Garonne et les départements qui suivent dans l'ordre alphabétique jusqu'à la Gironde inclusivement. Dans un supplément les auteurs mettent au courant jusqu'au 31 décembre 1888 le dépouillement des travaux publiés depuis l'impression du tome I par les sociétés savantes des départements compris entre les lettres A G. Le tome I de la *Bibliographie des travaux historiques et archéologiques* se compose de 706 pages et de 21396 numéros ou titres de mémoires. Ces chiffres permettent d'apprécier le travail considérable auquel les auteurs se sont livrés et la reconnaissance qui leur est due.

H. T.

14. Depuis longtemps déjà M. le lieutenant Espérandieu publie dans la *Revue poitevine et saintongeaise* le recueil des inscriptions du Poitou. De ces mémoires va sortir un *Recueil des Inscriptions du Poitou et de la Saintonge antérieures au XI siècle*. Le tome 1 consacré aux inscriptions romaines est sur le point de paraître; il sera accompagné d'un atlas de 60 planches. Le tome II complètement indépendant du premier comprendra les inscriptions chrétiennes. On souscrit dès maintenant au tome I et à l'atlas (Clouzot 12 rue des Halles Niort Deux-Sèvres) pour 6 fr. 50; exemplaires sur papier de Hollande 10 francs. On voit que la *Revue poitevine et saintongeaise* est fidèle aux principes qui l'ont dès son origine, placée au premier rang parmi les revues locales.

H. T.

15. *Des monuments primitifs en Quercy* par E. Castagné (in-8 60 p. 14 p.). — C'est sur la partie du Quercy qui forme le département du Lot que M. Castagné a étudié les monuments mégalithiques encore très nombreux dans ces régions. Pour n'être qu'un recueil d'observations locales ce travail n'en mérite pas moins l'attention des archéologues. Des faits observés on peut tirer les conclusions suivantes: ici les dolmens occupent toujours les hauteurs jamais les vallées; on n'en rencontre point à proximité des cours d'eau ni dans le voisinage des cavernes primitivement habitées. Rien n'indique que les dolmens aient servi d'autels; ils n'ont pas tous la même ancienneté, et il semblerait que ceux dans lesquels on ne trouve que des vases en poterie grossière et mal cuite ont été les premiers érigés. Dans les dolmens on ne rencontre plus les outils, les armes et les instruments en os qu'on trouve dans les cavernes; la sculpture et le dessin ont également disparu. Les armes en pierre, les haches polies, les pointes de lance de javelots et de flèches finement retaillées sur les deux faces abondent. L'ensevelissement est général sous les dolmens; la crémation y est très rare; les corps sont toujours orientés.

Le bronze apparaît dans les dolmens; la forme des premiers bronzes rappelle celle des objets similaires des âges précédents; les sépultures dans lesquelles on le rencontre contiennent en même temps la pierre polie; le même rite funéraire y a été observé; le bronze ne constitue pas un âge proprement dit; ce sont des objets de luxe que l'éclat du métal rendait très précieux importés dans nos régions par la voie du commerce.

Le fer ne s'y trouve point. Les tumulus dolmens marquent la transition entre les dolmens proprement dits et les tumulus. Dans le département du Lot, d'après M. Castagné, il y aurait encore de cinq à six cents dolmens repartis sur plus de 150 communes.

Les tumulus isolés ou groupés sont également nombreux dans le Quercy. Leur étude conduit aux conclusions suivantes. Les tumulus, quelle que soit leur destination, ont la même forme, la plupart sont des tombeaux, un certain nombre n'offrent pas trace de sepulture. Les restes humains qu'ils contiennent ont été inhumés, les corps ont constamment la face tournée contre terre et les membres écartés du corps, les crânes sont ronds, plus développés mais moins épais que ceux trouvés dans les dolmens, le bronze et le fer y regnent exclusivement. L'absence de monnaies dans les tumulus permet de croire qu'ils ont cessé d'être en usage trois ou quatre siècles avant notre ère. Les tumulus à galerie sont inconnus dans le Quercy. Avec les tumulus cesse l'inhumation. J. M. B.

16. Le *Bulletin critique* (année 1888, p. 297) a rendu compte des trois premiers fascicules du *Dictionnaire géographique et administratif de la France et de ses colonies*. Les fascicules se sont regulierement succedé tous les mois et le septième vient de paraître; il s'arrête au mot Ariège. Les fascicules 4-7, contiennent, outre le texte, les cartes des départements des Hautes-Alpes, des Alpes Maritimes, de l'Ardèche, des Ardennes et de l'Ariège, de nombreuses gravures représentant des monuments, des sites et des types des différentes populations.

17. M. C. H. Hoole publie (Londres, Macmillan, 1888) sous le titre *The Classical element in the New Testament* une étude destinée à montrer comment les éléments classiques contenus dans le N. T. peuvent servir à en établir l'authenticité. Ces éléments classiques sont distribués en quatre groupes : 1. les noms propres grecs et romains ; 2. les titres officiels et autres expressions légales ; 3. les citations d'auteurs classiques ; 4. les inscriptions. Cette dernière catégorie ne contient qu'une pièce, la dédicace de l'autel au dieu inconnu. Vient ensuite un appendice contenant : 1. les plus anciennes citations du N. T. ; 2. les mentions du christianisme dans les auteurs classiques ; 3. les principaux documents sur la formation du canon ; 4. des spécimens d'apocryphes soi-disant du premier siècle. — Ce livre représente plutôt un passe-temps d'amateur qu'une étude originale et approfondie. On y relèverait plus d'une erreur grave. Par exemple la liste des légats de Syrie donnée à la p. 72 ne contient pas les noms d'Aelius Lamia et d'Ummidius Quadratus qui gouvernèrent la province plus de dix ans chacun.

SOCIÉTÉ NATIONALE DES ANTIQUAIRES DE FRANCE

Seance du 28 novembre. — M. DE BOISLILE continue la lecture de son mémoire sur les statues de Louis XIV élevées en province. — M. l'abbé THÉDENAT communique les photographies de deux fragments d'inscriptions trouvés à Esserois (Côte d'Or) d'après lesquels il établit que la divinité honorée dans ce lieu était Appolo Vindonnus. — M. RAVAISSON présente un buste du Musée du Louvre où il reconnaît par la comparaison avec les médailles l'image du grand Pompée. — M. l'abbé THÉDENAT lit un mémoire de M. MAXE WERLY sur des vases à inscriptions bachiques. — M. COURAJOD communique des moulages exécutés sur des masques que l'on appliquait sur les statues des défunts dans les tombeaux du commencement du XVIe siècle.

ACADÉMIE DES INSCRIPTIONS ET BELLES LETTRES

Seance du 9 novembre. — M. GEFFROY écrit à l'Académie pour la remercier de l'avoir élu Directeur de l'École française de Rome. — M. LUCHAIRE rit pour poser sa candidature à la place de membre ordinaire laissée vacante par la mort de M. Bergaigne. — M. Wallon fait connaître les questions que l'Académie met au concours pour les prix suivants : 1. Prix Delalande Guerineau à décerner en 1890. *Étude sur le voyageur et géographe arabe Moukaddessi. Donner une analyse détaillée de ses relations et apprécier la valeur de ces renseignements en les comparant à ceux des géographes contemporains.* 2. Prix Brunet à décerner en 1891. *Dresser le catalogue des copistes des manuscrits grecs, indiquer les copies qui peuvent être attribuées à chacun d'eux, ajouter des indications chronologiques, biographiques et paléographiques relatives à ces copistes.* M. Hauvette, maître de conférences à la faculté des lettres, lit plusieurs fragments d'une étude sur la géographie d'Hérodote. On a accusé Hérodote d'avoir fait reculer la science en repoussant des faits exacts sous prétexte qu'ils reposaient uniquement sur la tradition. M. Hauvette s'attache à démontrer que les traditions qui avaient cours au temps d'Hérodote étaient dépourvues de valeur et devaient par conséquent être rejetées par la critique. — M. Louis Havet, professeur au collège de France, lit une étude concernant l'épisode du supplice de Phlégyas dans le livre VI de l'Énéide. Quelques vers de cet épisode (616-620) sont peu intelligibles à l'endroit où nos manuscrits les placent. M. Louis Havet croit qu'ils doivent être insérés entre les vers 601 et 602, endroit où M. Ribbeck avait justement signalé une lacune. La transposition provient d'une erreur de copiste qui au vers 602 a écrit *quos super* au lieu de *quo super*. Le changement proposé par M. Havet dans le texte adopté aujourd'hui donne un sens beaucoup plus satisfaisant. Du reste la manière dont Valerius et Stace (*Argonautiques*, l. II, v. 188; *Thébaïde*, l. I, v. 712) ont imité cet épisode ne permet pas de mettre en doute la transposition commise par les copistes de Virgile. La transposition a été postérieure à Valerius et à Stace, mais antérieure à Servius qui écrivait au IV° siècle.

Séance du 16 novembre. — L'Académie avait mis au Concours pour le prix Delalande Guerineau la question suivante : *Étude sur le voyageur et géographe arabe Moukaddessi. Donner une analyse détaillée de ses relations*, etc. Le prix Delalande Guerineau ne comportant pas un sujet spécial, l'Académie annule cette décision. Le prix sera décerné en 1890 au meilleur ouvrage relatif aux études orientales qui sera envoyé au Concours. M. Haureau fait une communication sur un traité intitulé *De copia verborum* et attribué à Sénèque. Il démontre que l'auteur de ce traité est un écrivain du III° ou du IV° siècle, le même qui a fait les fausses lettres de saint Paul à Sénèque et de Sénèque à saint Paul. Ce faussaire dans le *De copia verborum* a employé un double procédé : tantôt il imite Sénèque sans le copier, tantôt il a fait une mosaïque de fragments extraits des œuvres authentiques de Sénèque. Un autre opuscule intitulé *De quatuor virtutibus*, également attribué à Sénèque, est l'œuvre du même faussaire ; c'est un simple remaniement du livre *De copia verborum*. Martin, évêque de Braga, se l'est approprié et lui a donné un nouveau titre : *Libellus de formula honestae vitae*. C'est sous ce titre et avec le nom de Braga que cet opuscule a été imprimé. — M. Levasseur lit un mémoire extrait de son ouvrage sur la population de la France au XIV° siècle, en prenant pour base un rôle d'impositions qui date de l'an 1328. Après avoir discuté les opinions de divers auteurs, il croit que le nombre des habitants de la France était au XIV° siècle de 22 millions d'habitants. — M. Foucart, directeur de l'École française d'Athènes, donne la traduction du discours de Néron aux Grecs, découvert par M. Holleaux dans les fouilles d'Acraephiae : « Ordre de César Auguste. Voulant remercier la très noble Grèce de sa piété et de son affection envers moi, j'invite les habitants de cette province à venir en aussi grand nombre que possible à Corinthe le 4, avant les calendes de décembre » La multitude s'étant réunie, l'empereur a prononcé dans l'assemblée les paroles suivantes : « Vous ne pouviez vous attendre, citoyens de la Grèce, à la faveur que je vous accorde, bien que chacun pût l'espérer de ma grandeur d'âme. Cette faveur est si grande que vous n'auriez pas osé la demander, vous tous Grecs qui habitez l'Achaïe et le pays appelé jusqu'ici le Péloponèse. Recevez la liberté et l'exemption de tribut, biens que vous ne possédiez pas tous, même dans les temps les plus heureux, car vous étiez asservis aux étrangers ou les uns aux autres. Ah! que j'aurais voulu accorder cette faveur à la Grèce dans sa prospérité, afin qu'un plus grand nombre jouisse de mes bienfaits; aussi j'en veux au temps qui d'avance en a amoindri la grandeur. Et maintenant le bien que je vous fais n'est pas dû à la compassion, mais à l'affection. Je remercie aussi vos dieux dont j'ai éprouvé la protection constante et sur terre et sur mer, je les remercie de m'avoir donné les moyens de vous accorder un bienfait aussi considérable. En effet, d'autres chefs eux aussi, ont rendu la liberté à des villes; Néron seul l'a rendue à une province. » Suit un décret par lequel la ville d'Acraephiae décide d'élever un autel à Néron et de l'associer aux dieux de la cité, sous le nom de *Jupiter libérateur*. M. Foucart entretient ensuite l'Académie des fouilles que M. Jamot, membre de l'*École française d'Athènes*, dirige sur l'emplacement du temple des Muses, près de Thespies. Ces fouilles ont amené la découverte du soubassement du temple, de fragments de bronze, de terres cuites et d'inscriptions.

HENRI THÉDENAT

PUBLICATIONS NOUVELLES

M. A. GEORGES RAWLINSON. Les religions de l'ancien monde, trad. par C. DE FAYE, in-12, avec vignettes, 3 fr. 50, Paul Monnerat. — DUPONT-VERNON, L'Art de bien dire, in-18, 3 fr., Ollendorff. — GABRIEL MARCEL. La Pérouse, son expédition et sa mort, in-18 jésus, ill. de grav. et cartes, 3 fr. 50, Librairie illustrée. — LE R. P. BARBIER, S. J. La discipline dans quelques écoles libres, manuel pratique du surveillant, in-12, 2 fr., V. Palmé. — MAXIME DU CAMP. Paris bienfaisant, in-8, 7 fr. 50, Hachette. — M. C. ROUZÉ. Nouvelle grammaire classique de la langue latine, 1 vol. in-12, 2 fr., Belin. — LUDOVIC CARRAU. Cours de morale pratique, 1 vol. in-18, 3 fr., Quantin. — EUGÈNE BOUCHET. Précis des littératures étrangères anciennes et modernes, 1 vol. in-18, 3 fr., Hetzel. — D. BONNEFON. Les écrivains modernes de la France ou biographie des principaux écrivains français depuis le 1er empire jusqu'à nos jours, 1 vol. in-12, 4 fr., Fischbacher. — J. MICHELET. Extraits choisis et annotés par M. SEIGNOBOS, 1 v. in-18 jésus, 4 fr., A. Colin. — A. PUECH. La vie de nos ancêtres d'après leurs livres de raison, ou les Nîmois dans la seconde moitié du XVIIIe siècle, d'après des documents inédits, 1 vol. in-8, 7 fr., Nîmes, Grimaud. — DE TERRIER SANTANS. Campagnes d'Alexandre Farnèse, duc de Parme et de Plaisance (1591-1592), Aumale, Cailly, Caudebec, 1 vol. in-4, 5 fr., Berger-Levrault. — LOUIS SCHNEIDER. L'Empereur Guillaume I, souvenirs intimes, trad. de l'allemand par CH. RABANY, 3 vol. in-8 raisin, 24 fr., Berger-Levrault. — A Paris pendant le siège, par un anglais, traduction, notes et documents divers par FÉLIX SANGNIER, 1 vol. gr. in-18, 3 fr. 50, Ollendorff. — THÉODORE TARBÉ. Recherches historiques et anecdotiques sur la ville de Sens, sur son antiquité et ses monuments, illust. de 10 pl., 1 vol. in-4, 15 fr., Quentin. — BARBEY D'AUREVILLY. Le théâtre contemporain, tom. II, 1 vol. in-18, 3 fr. 50, Quantin. — Mémoires et correspondance du comte de Villèle, tome III, 1 vol. in-8, 7 fr. 50, Perrin.

Le Gérant : E. THORIN

BULLETIN CRITIQUE

SOMMAIRE. — 16. L. J. TIXERONT. Les origines de l'église d'Édesse. L. Duchesne. — 17. E. Beaussire. Les principes du droit. H. Baudrillart. — 18. N. Valois. Étude historique sur le conseil du roi. H. G. — 19. R. Lipsius. Theologischer Jahresbericht. P. B. — Chronique. — Publications nouvelles.

16. — **Les origines de l'église d'Édesse et la légende d'Abgar**, étude critique par L. J. Tixeront. Paris, Maisonneuve, 1888, in 4° de 203 pages.

L'église d'Édesse est le foyer d'où l'Évangile a rayonné sur tout l'Orient en dehors de l'empire romain. C'est à elle que l'église de Perse doit son origine, cette église qui, au moyen âge, étendit tellement ses missions qu'elle compta jusqu'à vingt-cinq métropoles, de Nisibe à Bombay et à Pékin. Il est donc peu de centres chrétiens dont l'histoire soit plus importante à étudier, dont les origines offrent un intérêt plus vif.

Ici comme ailleurs, celui qui s'occupe des origines doit tenir compte à la fois de l'histoire et de la légende.

M. Tixeront a commencé par l'histoire, qui se réduit à peu de chose. Quelques faits, quelques noms permettent de constater que peu après le milieu du deuxième siècle, le christianisme avait pris pied à Édesse; que vers la fin du même siècle, il y était assez florissant.

Comment s'y était-il introduit? Ici l'histoire est muette; il faut interroger la légende. De celle-ci il nous reste plusieurs rédactions en diverses langues. M. Tixeront en fait d'abord le classement, puis il en discute la valeur et en étudie la formation. La plus ancienne est celle qu'Eusèbe avait sous les yeux quand il écrivait le premier livre de son Histoire ecclésiastique. M. Tixeront la désigne par le nom d'*Acta Edessena*. Le texte syriaque de ces actes, qui est le texte primitif, est perdu depuis le quatrième siècle; on ne peut en juger que par l'analyse et les citations d'Eusèbe. Vient ensuite ce qu'on appelle la *Doctrine d'Addaï*, rédaction syriaque postérieure à la précédente, publiée depuis une trentaine d'années. Les savants ne sont pas d'accord sur la relation de ces deux textes. Il y en a qui les identifient; d'après eux, Eusèbe aurait eu sous les yeux la *Doctrine d'Addaï*, telle que nous la connaissons. D'autres les distinguent, comme le fait ici M. Tixeront, et pensent que la *Doctrine d'Addaï* ne représente qu'un remaniement de la légende primitive. Cette dernière opinion me paraît être la seule admissible.

Il ne faut pas croire, toutefois, qu'il y ait une grande différence entre les deux rédactions. Sauf les deux épisodes de la sainte image et de l'invention de la vraie croix, dont le dernier n'est qu'imparfaitement rattaché au récit, la *Doctrine d'Addaï* coïncide presque partout avec les *Acta Edessena*. On peut donc considérer ces deux pièces comme l'expression de la croyance répandue à Edesse, aux environs de l'an 300, sur les débuts de la chrétienté locale.

Tout le monde sait que ces débuts sont rattachés à un échange de lettres entre le roi d'Edesse, Abgar, et Jésus-Christ lui-même. Les deux lettres existaient du temps d'Eusèbe, qui les a prises pour authentiques. Dans celle du Christ le Sauveur promet à Abgar de lui envoyer un de ses disciples. Après l'Ascension, l'apôtre Judas-Thomas, chargé de ce soin, envoie à Edesse un des soixante-douze disciples, Addaï ou Thaddée, qui convertit le roi et le royaume, fonde le siège épiscopal et en devient le premier titulaire. Il a pour successeurs immédiats ses disciples Aggaï et Palout. Celui-ci fut ordonné par Sérapion évêque d'Antioche.

Ici nous nous buttons à une grosse difficulté chronologique. Abgar, Thomas, Addaï, Aggaï, Palout sont, dans ce récit, des contemporains de l'empereur Tibère. Palout, d'autre part, ayant été en rapport avec Sérapion d'Antioche, a dû vivre sous Septime Sévère, aux environs de l'an 200. Comme il n'est pas admissible que ces personnages aient vécu deux siècles, il faut de toute nécessité, sacrifier l'une des attaches chronologiques, renoncer à Sérapion ou à saint Thomas. Ce dernier parti est bien dur, mais, si l'on tient compte des tendances familières aux légendes d'origine, c'est le parti le plus sûr. Aucune préoccupation de gloriole patriotique n'a dicté la mention de l'évêque d'Antioche. Sérapion n'est pas un de ces ancêtres que l'on se donne après coup, en vue de s'illustrer. S'il est ici question de lui, c'est que la tradition orale ou écrite, avait conservé son souvenir avec quelque netteté (1).

Il est vrai que la mention de Sérapion ne se présente que dans la

---

(1) Sérapion est l'auteur de plusieurs lettres énumérées par Eusèbe (H. E. V, 19, VI, 12) le seul auteur qui paraisse les avoir lues. Au point de vue littéraire son prédécesseur Théophile a plus d'importance. Mais le souvenir de l'un et de l'autre pâlit devant celui des martyrs Ignace et Babylas. On ne comprendrait guère qu'un auteur qui eût procédé arbitrairement n'eût pas choisi saint Ignace comme consécrateur de Palout. La vraisemblance des dates se fût ici ajoutée à l'éclat du patronage. — On ne peut tirer argument de ce que Sérapion figure dans l'ancien martyrologe syriaque. D'abord ce martyrologe n'est qu'une traduction du grec et ne témoigne pas spécialement des traditions mésopotamiennes, ensuite il contient, outre le nom de Sérapion ceux de sept autres évêques d'Antioche, Ignace, Babylas, Zébinus, Maximin, Héros et deux autres plus difficiles à déchiffrer. Sérapion n'y a aucune situation particulière.

Doctrine d'Addaï et qu'elle ne figurait peut-être pas dans le texte connu d'Eusèbe. Elle n'est donc pas aussi bien documentée que la mission d'Addaï et la correspondance entre Abgar et Jésus-Christ. Mais ce qui lui manque de ce côté est largement compensé par sa concordance avec un fait dont témoigne un discours de saint Ephrem. Au quatrième siècle, on savait à Edesse que les hérétiques y avaient autrefois traité les catholiques comme des dissidents et les avaient appelé *Paloutiens* du nom de leur évêque Palout. Ceci suppose trois choses : d'abord que le souvenir de Palout n'était nullement obscur ; ensuite que cet évêque avait dû avoir une influence particulière sur la constitution de l'église d'Edesse ; enfin qu'il avait vécu en un temps où les hérétiques étaient d'assez vieille date, organisés en sectes séparées de l'Eglise catholique et dénommées d'après leur fondateur. Ceci n'est pas du premier siècle : saint Ignace, qui a beaucoup combattu les hérétiques, ne leur connaît point encore cette organisation. Il y a donc une harmonie très remarquable entre le renseignement ajouté au IV° siècle à la légende d'Addaï et l'état des souvenirs traditionnels conservés alors au sujet de l'évêque Palout. Bien que ce renseignement ne nous soit pas parvenu dans un document aussi ancien matériellement que celui que nous offre la première forme de la légende d'Abgar, il trouve dans cette concordance avec une tradition locale parfaitement indépendante de lui, une confirmation qui le recommande à l'attention. Je ne parle pas de sa vraisemblance intrinsèque, comparée à celle des fameuses lettres, du portrait de Jésus-Christ, de l'identification entre les apôtres Judas et Thomas, toutes choses étranges qui sont le fond même de ce que l'on voudrait faire passer pour une tradition authentique.

Palout reporté aux environs de l'an 200 attire à lui toute la série épiscopale. Addaï et Aggaï se placent non plus sous Tibère et Néron, mais dans la seconde moitié du deuxième siècle.

Telle est en somme le raisonnement de M. Tixeront : les conclusions qui s'en déduisent sont tellement naturelles que son livre n'a que dans une faible mesure le mérite de la nouveauté. Les personnes qui apprécient la fidélité aux opinions communes seront sûrement satisfaites en le lisant. Cependant on peut dire que sur certains points de détail, il a introduit une précision plus grande ; que partout il a repris sur les textes originaux l'étude de son sujet ; que ses informations, en ce qui regarde les travaux antérieurs au sien, paraissent absolument complètes ; qu'enfin son livre est d'un bout à l'autre une œuvre de critique solide, de bon sens et de bonne foi. Il a, je crois, l'intention de diriger ses études du côté de l'histoire ecclésiastique de la Mésopotamie et de la Perse. Il ne pouvait commencer autrement que par Edesse, et, à Edesse, autrement que par les origines.

Après avoir traité l'essentiel de son sujet, qui était de débrouiller les origines obscures de l'église d'Édese et de la légende d'Abgar, il a cherché à déterminer la date de celle-ci. Comme elle est d'une part antérieure à Eusèbe, d'autre part remplie d'anachronismes dont plusieurs atteignent des personnages de la fin du deuxième siècle, il est naturel de placer son origine au troisième siècle, plutôt vers la fin que vers le commencement. C'est la solution admise par M. Tixeront ; elle est assez solidement établie sur les bases que je viens d'indiquer et qu'il a indiquées lui-même, sans qu'il fût besoin de compléter la démonstration en rattachant la légende d'Abgar à la translation des restes de saint Thomas.

De cette translation, la date n'est marquée que dans une rédaction latine de la passion de l'apôtre, rédaction assez tardive, mais pourtant antérieure à Grégoire de Tours. Il est dit dans cette pièce (1) que les Syriens obtinrent d'Alexandre Sévère, vainqueur des Perses, qu'il envoyât réclamer aux rois de l'Inde le corps de leur apôtre national. Le fait est bien peu vraisemblable et l'autorité de la *Passio Thomae* est assez faible. Cependant M. R. Ad. Lipsius, après avoir écarté cette histoire dans sa première étude sur les actes de saint Thomas, s'est décidé à l'admettre, sur les représentations de M. Noldeke (2). Ce qui paraît avoir influé sur le jugement de ces savants, c'est la concordance entre le témoignage du passionnaire sur la victoire d'Alexandre Sévère et les assertions analogues des historiens du quatrième siècle. Malheureusement cette victoire n'est rien moins que certaine. M. Mommsen, qui a étudié les choses de plus près, la transforme en défaite ; c'est aussi l'impression de M. Duruy. On ne doit donc pas faire grand fond sur le renseignement de la *Passio Thomae*. M. Tixeront aurait pu s'en passer (3), d'autant plus qu'il n'ajoute rien à sa démonstration. L'usage qu'il en fait a en outre l'inconvénient d'aborder par le petit côté une très grosse question, celle de l'origine du culte de saint Thomas à Édesse.

Cette question n'a point encore été étudiée sérieusement ; j'en voudrais dire un mot ici et indiquer la solution que je crois devoir lui donner.

Avant tout, je vais signaler rapidement les traditions qui circulaient

(1) Denique supplicantes Syri ab Alexandro imperatore Romano veniente victore de Persidis praelio Xerxe rege devicto impetrarunt hoc ut mitteret ad regulos Indorum ut redderent defunctum civibus. *Acta Thomae* éd. Max Bonnet, p. 159.

(2) Lipsius, *Apokr. Apostelgeschichten*, t. II, part. I, p. 225 ; part. II, p. 418.

(3) C'est une faute assez vénielle chez un jeune ecclésiastique que d'accepter une solution conservatrice fortement motivée après tout de la main de savants ordinairement peu tendres aux légendes. On ne conçoit guère qu'on ait pu trouver là un prétexte à le turlupiner comme on l'a fait avec plus de passion que de bon goût dans les derniers numéros d'une revue de Lille, la *Revue des sciences ecclésiastiques*.

en Orient, au IIIᵉ et au IV siècle sur l'apostolat de saint Thomas dans les pays situés au-delà de l'Euphrate et en dehors de l'empire romain.

L'auteur des *Actes des Apôtres* (II, 9) signale comme ayant entendu la première prédication de saint Pierre, le jour de la Pentecôte « des Parthes, des Mèdes, des Élamites et des habitants de la Mésopotamie ». Il ne dit pas que ces personnes figurèrent parmi les convertis, ni surtout qu'elles se firent elles-mêmes missionnaires de l'Évangile dans leurs pays respectifs. — Deux cents ans plus tard, l'auteur du *Livre des Lois et des Contrées*, c'est-à-dire Bardesane ou l'un de ses disciples, parle de chrétiens établis dans la Parthie, la Médie, la Perse, la Bactriane. Il est difficile de récuser son témoignage. Le christianisme avait donc été prêché dans l'empire iranien dès avant le temps des Sassanides (**226**).

Qui l'y avait porté ? Dès le troisième siècle, on désignait saint Thomas comme l'apôtre de ces pays ; Eusèbe, s'inspirant peut-être ici d'un texte d'Origène, enregistre cette tradition dans son Histoire ecclésiastique ; elle figure aussi dans les Recognitions clémentines, dans un passage (1), emprunté au Livre des Lois et des Contrées, mais retouché par l'auteur du roman : tout ceci nous reporte bien au troisième siècle.

Cette tradition est en somme faiblement documentée. Toutefois, à s'en tenir au point de vue littéraire, elle semble indépendante des Actes de saint Thomas : dans ceux-ci, bien que leur théâtre soit un pays qui dépendait de l'empire parthe, le nom des Parthes n'est pas prononcé une seule fois. C'est toujours dans l'Inde et à des Indiens que l'apôtre est censé prêcher.

Cette légende de saint Thomas est un roman gnostique des plus curieux. L'action se développe au sein d'un merveilleux qui rappelle les Mille et une Nuits ; çà et là sont insérées des hymnes à Sophia Hachamoth qui viennent en droite ligne de quelque recueil de poésies sacrées à l'usage d'une secte gnostique, peut-être des Bardesanites d'Édesse. Le plus ancien texte que nous en possédions (2) est encore bien hérétique ; ce n'est cependant qu'un remaniement d'un original antérieur. Il est très difficile de fixer des dates. La première rédaction, à cause du bardesanisme qui paraît être ici un péché tout-à-fait originel, ne saurait remonter au delà des premières années du IIIᵉ siècle ; quant aux textes qui nous sont parvenus, ils sont sans doute notablement postérieurs. Dans

(1) Il donnerait plutôt le contraire à entendre, car il représente un peu plus loin les convertis comme groupés autour des apôtres et vivant avec eux à Jérusalem (II, 37, 47).

(²) Eusèbe, *Prep. ev.* VI, 10 ; cf. *Recogn. Clem.* IX, 29 ; texte syriaque dans Cureton, *Spicileg. syriacum*. — Les trois premiers termes Parthie, Médie, Perse coïncident avec les trois premiers termes de l'énumération contenue dans le passage des Actes. Il semble que celui-ci ait inspiré le second. Cependant la Bactriane est propre au Livre des Lois.

cette légende saint Thomas confondu avec l'apôtre Jude et qualifié de frère jumeau du Christ (1) est mis en rapport avec Gundaphoros, roi des Indiens. Ce Gundaphoros est un personnage historique qui vécut en réalité au premier siècle de l'ère chrétienne. Ses états s'étendaient du cours supérieur de l'Oxus et de l'Iaxarte (Bactriane) jusque vers les bouches de l'Indus, comprenant ainsi l'Afghanistan actuel (2).

Le personnage complexe de Judas Thomas se présente aussi dans la légende de fondation de l'église d'Édesse. Il n'y joue, il est vrai, qu'un rôle très restreint. Abgar s'est mis personnellement en rapports avec le Sauveur, qui lui a promis de lui envoyer, après son départ de ce monde, un de ses disciples chargé de lui annoncer la bonne nouvelle et de le guérir. Jésus-Christ étant remonté au ciel, le disciple en question, Addaï ou Thaddée, est désigné par l'apôtre Judas-Thomas. C'est tout. Judas Thomas ne va pas de sa personne à Édesse, il ne reparaît plus dans la suite de l'histoire.

Ainsi au commencement du IV siècle, il circulait trois traditions au sujet de saint Thomas : la première lui attribuait l'évangélisation de l'empire Parthe ; une autre le faisait voyager dans un pays vassal de cet empire et appelé Inde ; une troisième rattachait à lui, par un lien fort léger, il est vrai, la fondation de l'église d'Édesse. Quelle que soit la genèse de ces traditions et la réalité des faits qu'elles racontent, il est sûr que dès le milieu du quatrième siècle, on montrait à Édesse le tombeau de saint Thomas et qu'il y était entouré d'une vénération extraordinaire qui alla sans cesse en grandissant. Le sanctuaire de saint Thomas devint bientôt un des principaux lieux saints d'Orient. Le vieux roman gnostique des « Voyages de Thomas » s'accréditait de son côté, en dépit de toutes les proscriptions de l'autorité ecclésiastique. Peu à peu de judicieuses expurgations en retranchèrent ce qui choquait par trop l'orthodoxie et le sens commun ; il finit par devenir un livre à peu près recommandable. Entre temps, on s'était occupé de le concilier avec l'existence du tombeau d'Édesse. Suivant la fable primitive, l'apôtre était mort martyr dans son pays de mission (3). On le transféra. D'une rédaction à l'autre, la narration se précise. Des fidèles volent son corps pour l'emporter « en Occident », « en Mésopotamie », « à Édesse ». Cette translation subreptice ayant cessé de paraître suffisante, on fit intervenir le gouvernement. Alexandre Sévère, l'empereur ami des chrétiens, fut chargé comme on

---

(1) Θωμᾶς μὲν ὡς ἡ παράδοσις περιέχει τὴν Παρθίαν εἴληχεν, Ἀνδρέας τὴν Σκυθίαν, Ἰωάννης τὴν Ἀσίαν κ. τ. λ. A la fin du paragraphe il se réfère à Origène, mais il peut se faire que ce soit seulement pour les derniers nommés, saint Pierre et saint Paul.

(2) *Acta Thomae* publié par M. Max Bonnet. Leipzig. 1883.

(3) A cause de son surnom Didyme.

l'a vu plus haut, de procurer aux Édesséniens les reliques de l'apôtre.

Tout cela est l'invraisemblance même. Il n'est cependant pas douteux que les Édesséniens aient entouré d'un culte éclatant un tombeau d'apôtre et il serait aussi insensé qu'irrévérencieux de supposer qu'une telle dévotion ait pu s'égarer sur un fantôme, ou, si l'on veut, sur un cénotaphe. Ici je ferai observer que le premier évêque d'Édesse, son apôtre spécial saint Addaï ou Thaddée, n'y avait nulle part un tombeau distinct et apparent. Les récits sont assez divergents sur les circonstances de sa mort, absolument flottants sur sa sépulture. On connaissait la tombe de son successeur Aggaï; elle se trouvait bien en vue, à l'intérieur de l'église principale (1). Quant à Addaï lui-même (2), un récit l'enterre dans la sépulture des rois d'Édesse, un autre en Arménie, un troisième le fait transporter jusqu'à Rome, où naturellement on n'en eut jamais le moindre vent. Un monument apparent eût fait cesser ces incertitudes. En somme on ne montrait pas, à Édesse, le tombeau d'Addaï et on ne pouvait le montrer (3). Pourquoi ? — Que l'ange de l'église d'Édesse me le pardonne, mais je conjecture que c'est parce que ce tombeau était devenu celui de saint Thomas.

Et je ne crois pas qu'il faille ici crier à la supercherie. Que l'on songe à la série d'identités suivante. Addaï est déjà appelé Thaddée par Eusèbe. Bien que les *Acta Edessena* cités par Eusèbe et la tradition édessénienne fassent de ce Thaddée un des soixante-douze disciples, il n'en est pas moins vrai que son nom figure dans les catalogues des apôtres que donnent les évangiles de saint Matthieu et de saint Marc, et que, sa place étant occupée dans ceux de saint Luc par *Judas Jacobi*, il n'est pas douteux que Judas et Thaddée ne soient la même personne (4). D'autre part, la légende de saint Thomas et celle d'Addaï s'accordent à identifier saint Jude et saint Thomas.

Je reconnais que cette solution est à moitié contredite par la légende d'Addaï, qui, si elle ne parvient pas à indiquer le tombeau de ce personnage, persiste cependant à le distinguer de Judas Thomas. Il faut admettre, dans mon système, que la légende d'Addaï ne représente pas toutes les formes de la tradition locale, et que, à côté de ceux qui distinguaient les deux apôtres, il y en avait, vers le déclin du IIIe siècle ou le commencement du siècle suivant, qui les réunissaient en un seul et même personnage; ou si l'on veut, que le rédacteur de la légende édessénienne

---

(1) Mommsen, *Rom. Geschichte*, t. V, p. 351 et suiv.
(2) Héracléon, auteur valentinien du deuxième siècle, range expressément saint Thomas parmi les apôtres qui n'ont pas été martyrs. Clément d'Alexandrie (*Strom.* IV, 9) rapporte cette assertion sans la contredire.
(3) Tixeront, p. 145.
(4) *Ibid.* p. 43, 66, 67.

fit exprès (1) d'égarer dans la sépulture royale les restes d'Addaï, pour laisser se déployer sur son tombeau véritable l'auréole légendaire de saint Thomas (2).

On remarquera que, dans cette hypothèse, le sanctuaire d'Édesse n'est nullement diminué. Le saint Thomas de la légende, qui prêche aux Indes les rêveries du gnosticisme, qui tue les pauvres gens, qui fait parler les ânes, ce saint Thomas que des romanciers ont fabriqué en fondant ensemble deux apôtres historiques, qu'ils ont donné, en dépit des plus élémentaires convenances du dogme chrétien, comme un frère jumeau de Jésus-Christ, j'en fais volontiers le sacrifice. Mais l'apôtre d'Édesse, Addaï, Thaddée, ou quel que soit son véritable nom, le serviteur de Dieu qui a fondé cette noble église, celui-là je le retiens, et je suis heureux de savoir que son tombeau a été jadis entouré d'honneurs. Ce tombeau est au christianisme oriental, aux églises de Mésopotamie, d'Arménie, de Perse, de l'Inde, de la Chine, ce qu'est le tombeau de saint Pierre à la chrétienté latine, une pierre angulaire (3).

L. DUCHESNE.

---

17. — **Les Principes du droit**, par M. E. Beaussire, de l'Institut. Paris, Félix Alcan, 1888, un vol. in-18°.

On répète souvent que les questions de principes sont épuisées. Il paraît difficile d'être de cette opinion, si on se fie au nombre des livres que l'on continue à consacrer aux principes des sciences sociales, notamment de la morale et du droit. Je ne sais même s'il en a jamais paru davantage. Quoique d'inégale valeur, plusieurs ont un vrai mérite. Si l'originalité va rarement jusqu'à renouveler le fonds des idées, elle peut se trouver dans telles parties de l'œuvre, dans tels aperçus neufs et féconds. On ne saurait guère du reste, en métaphysique et en morale, innover que dans certaines limites. Tout roule au fond sur deux systèmes. L'un

---

(1) La pèlerine Silvia, qui a vu tant de choses à Édesse comme ailleurs et qui visita en particulier la nécropole royale des Abgar, ne parle pas du tombeau d'Addaï.

(2) Saint Jérôme, l'auteur des Actes de Thaddée publiés par Tischendorf (*Acta app. apocr.*) ne connaissent qu'un seul Thaddée l'apôtre proprement dit, qu'ils présentent comme le fondateur de l'église d'Édesse.

(3) Les clercs d'Édesse ont donné d'assez notables entorses à la vérité pour qu'un tel soupçon ne soit pas excessif. Leur mesure de bonne foi s'est très bien conciliée non seulement avec la production de la légende locale, certainement apocryphe, mais encore avec la fabrication de la sainte lettre et de la sainte image. Les honneurs si longtemps rendus à ces reliques ont pu leur donner une consécration, mais ils ne prouvent pas que ce soient des reliques authentiques. Leur fabrication, qui est une œuvre moralement injustifiable, se place précisément au temps que l'on considère ici.

explique tout par l'expérience sensible, l'autre repose sur des principes qu'il déclare supérieurs à l'expérience même. Il ne manque pas de personnes pour en conclure que la philosophie tourne dans un cercle sans progrès. Ce serait aller trop loin. Le cercle s'élargit. Certaines idées prennent un développement qui ressemble à une création. Il en est qui sont de plus en plus approfondies par les efforts persévérants de l'analyse. Je n'entreprends pas de le démontrer pour la métaphysique. Mais il est, je pense, difficile de le nier pour les études morales et sociales. Voyez par exemple la philosophie qui se fonde sur l'utile. On pouvait croire que Bentham en avait tiré à peu près tout ce qu'elle pouvait donner. Il n'est guère contestable pourtant que John Stuart Mill y ait apporté de nouveaux développements, et après lui surtout que Herbert Spencer n'y ait introduit des éléments nouveaux.

Les doctrines spiritualistes sont-elles condamnées à ne faire que se répéter? On les en accuse et elles pourraient y prêter par leur prétention même, selon nous très légitime, de s'appuyer sur des principes fixes et absolus. Nous sommes heureux de pouvoir constater qu'il n'en est rien. Ces doctrines, elles aussi, admettent la loi du développement. Ainsi la psychologie, outre les progrès qu'elle a pu accomplir pour son propre compte, est entrée en rapport avec la physiologie; et quant aux théories morales et sociales, elles n'en sont plus à apprendre qu'il y a lieu d'y tenir compte du progrès des idées qui s'y manifestent sous bien des formes.

C'est un des mérites de M. Beaussire, un des plus distingués adeptes de cette grande école, de l'avoir compris et de nous en donner la preuve. Bien qu'il intitule son livre *Principes de droit*, on ne trahirait pas sa pensée en ajoutant l'épithète de « moderne ». On y rencontre en effet à chaque instant des conceptions de droit qui auraient assez étonné Platon et même les philosophes et les jurisconsultes de l'époque romaine la plus avancée. Bien que M. Beaussire reconnaisse un élément absolu dans le droit, il y fait si bien la part du progrès que nous pourrions citer telles démonstrations très solides, où l'idée moderne n'est pas seulement le développement de l'idée antique, où elle en est la contradiction.

L'auteur qui a écrit antérieurement un livre sur les *Principes de la morale* devait, abordant ce nouveau sujet, à la fois distinguer le droit de la morale et l'y rattacher. Il est certain que tout ce que la morale défend ne saurait être matière de législation et de pénalité sans aboutir à la plus complète tyrannie. D'un autre côté, il y a à faire une part aux idées morales dans le droit. Je n'ai pas à suivre M. Beaussire sur le terrain des principes de la morale. Pourtant, puisqu'il y fait un retour au couronnement de son livre sur quelques points essentiels, je demanderai la permission de dire un mot sur un de ces points qui ne me paraît pas pouvoir passer sans objection. M. Beaussire est loin, tant s'en faut, de rompre le lien de la morale avec l'idée divine. Mais, d'accord avec une grande partie de son école, il fait de cette idée la sanction et le commencement de la morale dont il cherche la base exclusivement dans les données fournies par la nature humaine, allant jusqu'à prétendre fonder la morale sans le secours de la métaphysique. Cette prétention qui, je le répète, ne lui est pas spécialement propre, me paraît soulever d'assez fortes difficultés. Toute morale, en effet, ne suppose-t-elle pas une métaphysique au moins implicitement ? Je défie le matérialisme d'établir par exemple le principe de *l'obligation*. Il en est la négation même. Cette élimination de l'idée divine à la base de la morale, pour en faire seulement « le sommet » comme parle l'auteur, ne risque-t-elle pas de rendre inexplicable l'autorité de cette *obligation* qui, le mot l'indique, a un caractère impératif. Si l'homme la tire de lui-même, si elle ne porte pas cette marque divine que Descartes voyait dans certaines de nos idées, comment peut-elle constituer une vraie loi ? Il nous semble bien que Rousseau n'était que l'organe des grands spiritualistes anciens et modernes lorsqu'il s'écriait : Conscience ! conscience ! instinct *divin*, immortelle et céleste voix ! Or, qu'est-ce que cela sinon mettre Dieu à la *base* de la morale, et non pas l'ajourner à la sanction ultérieure, à la conclusion finale ? Aussi bien, cet ajournement me paraît assez arbitraire. Si Dieu est, il enveloppe, pénètre tout, et la distinction du fondement et du sommet, dans la vie morale, me paraît faire courir de grands risques à cette intervention. Le Dieu caché ne risque-t-il pas de n'être plus un Dieu vivant ?

Je demande pardon aux lecteurs et à M. Beaussire lui-même de cette ingérence dans le domaine sacré de la métaphysique, même touchât-t-elle de bien près à la morale. Je ne puis que rendre hommage, dans toutes ces questions de droit, à la pureté et à la hauteur des principes qu'il développe avec une grande fermeté de raison et de style dans une série de fortes et lumineuses discussions. Comment ne pas louer la dialectique sûre et fine avec laquelle il combat les définitions du droit qui relèvent du positivisme, ou qui, tout en gardant un caractère spiritualiste, ont quelque chose d'incomplet et d'inexact ?

Celle qu'il propose offre un caractère moral fort élevé. Elle aide à résoudre bien des questions. Les résout-elle toutes ? Je me permettrai d'en douter. Voyons d'abord comment l'auteur réfute ses adversaires. Et d'abord est-il vrai, comme on le prétend si souvent aujourd'hui, que le droit naisse du besoin et même du « besoin social » formule plus générale qui est celle de M. John Stuart Mill ? L'auteur la discute, il la réfute par des arguments très sérieux que le défaut d'espace nous empêche de reproduire. Il établit aussi qu'on reste dans l'incomplet en définissant le droit avec Kant « l'accord des volontés » et avec M. Franck « *la liberté sous la règle du devoir.* » Il se refuse de même à le définir par « l'égalité », comme l'a fait M. Littré, à l'exemple d'Aristote. Chacune de ces définitions n'en contient pas moins selon lui une part de vérité : il pense qu'il n'est pas impossible de les faire entrer dans une formule nouvelle qui exprime son propre point de vue. Pour le mieux faire comprendre, il me paraît tout à fait nécessaire de citer l'auteur : « Le droit, écrit-il, est d'après sa définition, chez celui qui le possède un titre pour imposer à autrui certains devoirs. Or, quel autre titre que ses propres devoirs une personne peut-elle avoir pour empiéter sur la liberté d'une autre personne son égale dans l'ordre moral ? Si on nous doit quelque chose, c'est à nos devoirs qu'on le doit ; c'est à la loi commune de tous les hommes, au nom de laquelle on ne peut rien exiger d'autrui qu'il ne doive exiger de lui-même. La loi morale, dans ses prescriptions particulières s'adresse individuellement à chacun de ceux qui sont obligés de les accomplir ; mais elle implique des garanties générales qu'elle doit assurer à chacun de ses sujets, et que par conséquent ils doivent s'assurer entre eux dans l'intérêt de leur soumission commune à ses commandements. C'est dans ces garanties que consistent proprement les droits de l'homme ; ils embrassent tout ce que chacun a besoin de faire ou de posséder pour accomplir librement la morale. Ils se rapportent à des besoins ; mais ces besoins ont pour objet le seul devoir. » Cette définition ou plutôt cette explication pourra sembler subtile. Je ne la trouve ni sans profondeur ni sans vérité. J'ai dit qu'elle permet à l'auteur d'expliquer bien des choses ; je pense aussi qu'il y a fait rentrer des explications qui ne la justifient que d'une manière peu acceptable : on le verra plus loin. Je veux dire d'abord en quoi cette définition me paraît heureuse. Elle va directement, aussi directement que possible contre la théorie des droits séparés des devoirs. En ne reconnaissant d'existence qu'aux droits « qui nous permettent d'accomplir nos devoirs » on limite singulièrement le droit à l'insurrection. On éprouvera à l'écrire le même scrupule si on songe aussi aux droits acquis que ne manquent pas de léser les révolutions violentes.

M. Beaussire n'a pas prétendu d'ailleurs déterminer où commence et où finit le droit de faire une révolution. Ce redoutable sous-entendu de toutes les constitutions humaines ne comporte pas peut-être des indications fort précises. En tout cas nous en sommes encore à les attendre.

Les sentiments de sympathie et l'approbation générale que nous donnons au livre de M. Beaussire nous mettent à l'aise pour lui adresser telles objections que nous croyons fondées. Ainsi, la distinction entre les droits parfaits et les droits imparfaits ne nous laisse pas sans quelque doute sur des limites fort délicates à fixer. Ce qu'il appelle droit imparfait ne nous apparaît pas toujours comme un droit. Par exemple nous sommes peu disposé à admettre le *droit à l'assistance*, même avec les expli cations atténuantes dans la pratique que nous donne l'auteur. *Titres* à l'assistance, oui, sans doute; mais droit, nous ne saurions y souscrire. Reconnaître un tel droit, c'est, quoi qu'on dise, reconnaître à la société une responsabilité qu'on ne peut toujours lui imputer dans les malheurs individuels; c'est, quoi qu'on fasse, armer l'individu d'une sorte d'action à exercer contre cette même société qui ne peut satisfaire à ces revendications d'une manière constante ou suffisante.

Aux divisions du livre en *droit public* et en *droit privé* correspondent de nombreuses et importantes questions que nous ne prétendons même pas indiquer toutes. Nécessairement l'auteur examine la nature et la limite des droits de l'individu et de l'État. Il le fait dans l'esprit le plus libéral, n'admettant la substitution de celui-ci à l'individu et à l'association ni en matière de religion et d'enseignement, ni en matière de travail et d'industrie. Il discute la grande question de la souveraineté et examine la théorie de droit divin, celle de la souveraineté du peuple et ce que les doctrinaires appelaient la souveraineté de la raison. L'esprit conciliateur de l'auteur trouve à s'y manifester dans des essais de combinaisons qui, sans sacrifier le nombre, donneraient à la raison plus de garanties qu'elle n'en trouve. On aimerait à le suivre avec une entière confiance dans ces combinaisons ingénieuses. Nous parlions de progrès au commencement de ce compte rendu. Le chapitre étendu sur le droit pénal nous en fournira des preuves. On n'admet plus le talion, ni la torture, ni l'arbitraire législation qui règle la peine sur la condition du coupable ou de la victime. La part très délicate à faire à l'idée d'expiation est examinée avec beaucoup de tact et de discernement par l'auteur qui discute plusieurs opinions contemporaines. Tout en estimant qu'il se tient dans la juste mesure, nous avons peine à admettre que le droit de punir s'explique par la théorie générale des droits, garantie des devoirs, lorsqu'il affirme que le fondement de la peine est dans le devoir que le coupable a d'expier. La tendance actuelle est de n'admettre que l'élément de l'utile dans la détermination de la pénalité. On aurait tort pourtant de rejeter les idées morales. Ainsi la préméditation, le degré de pénalité de l'acte, comptent certainement en dehors des considérations tirées de l'utilité sociale. C'est à celle-ci pourtant qu'il faut se référer pour juger la question de la peine de mort. Nous renvoyons aux importantes considérations sur les parties qui forment avec la peine l'ensemble du code pénal, à savoir l'incrimination, l'instruction et le jugement.

Le droit des gens ne porte pas moins la trace d'une révolution complète dans les idées, et la part qui en revient à l'influence du christianisme même ne saurait être contestée. Nous laissons ce que dit l'auteur du droit d'intervention, si délicat à déterminer, des traités de paix, etc. On lira avec fruit, malgré tant de dissertations antérieures, ses sages et généreuses observations sur la guerre, qu'il regarde d'un tout autre œil que le philosophe Hegel et que M. de Moltke, et qu'il croit conforme à tous les principes de limiter le plus possible, notamment par l'arbitrage.

Il faudrait indiquer aussi tout ce que renferme ce titre général : le *droit privé*. Le mariage, la famille, reçoivent les solutions les plus conformes à la tradition qui ne concède aux idées modernes que ce qui s'accorde avec la morale la plus irréprochable. Nous acceptons tout ce que M. Beaussire présente d'observations très solides au sujet de la propriété. Mais ici encore nous éprouvons quelque embarras à le suivre sur son terrain, lorsqu'il essaye de fonder le droit de propriété sur sa théorie générale du droit. Dire que « la propriété favorisant le travail, l'économie, la prévoyance qui sont des devoirs, y trouve le fondement de sa légitimité » c'est aller beaucoup trop loin. Ce sont de bonnes raisons en faveur de la propriété, ce n'en est pas le fondement.

Nous avons laissé quantité de questions traitées avec un remarquable talent. Qu'il nous suffise de dire que ce traité qui roule sur les principes peut être considéré comme complet. Aucun sujet sur lequel M. Beaussire ne fournisse des indications nettes, précises, utiles à consulter, et des jugements réfléchis. L'élévation morale du livre ressort de ce que nous venons d'en dire. Personne n'avait plus d'autorité que l'auteur pour parler du droit. Il l'a défendu en toutes circonstances, et particulièrement contre la Commune avec un courage qu'on ne saurait oublier. Son ouvrage porte l'empreinte d'une conviction profonde. Et quelle meilleure preuve en donner que d'écrire des livres sur de tels sujets, dont un auteur qui n'a plus rien à demander à la politique et aux honneurs académiques ne peut attendre que la haute satisfaction d'exprimer et de répandre ce qu'il croit être la vérité. Henri BAUDRILLART

---

18. — **Étude historique sur le Conseil du Roi.** Introduction à l'Inventaire des arrêts du conseil d'État, par M. NOEL VALOIS, docteur ès lettres, archiviste aux Archives Nationales. Paris, imprimerie Nationale, in-folio.

Le Conseil du roi, véritable centre de l'administration sous l'ancien régime, avait été jusqu'à présent une des institutions les plus délaissées par les érudits qui se voyaient arrêtés dans leurs recherches faute de matériaux suffisamment complets et ordonnés. L'obstacle a été levé par l'*Inventaire des arrêts du Conseil d'État* que publie la Direction des Archives Nationales, et les travaux qui suivront cette publication trouveront désormais un modèle et un appui dans l'introduction placée en tête du recueil par M. Noel Valois.

M. Valois n'avait pas attendu la mission officielle qui lui est aujourd'hui confiée pour faire d'utiles et fructueuses incursions sur le domaine du conseil d'État. Les articles, parus dans la Revue Historique et dans la Bibliothèque des écoles des Chartes sur le *conseil du roi* pendant la captivité de Jean le Bon, sur les origines du *grand conseil*, réalisaient des progrès considérables, éclairant et rectifiant les notions traditionnelles et confuses que l'on possédait jusqu'à présent. On doit se féliciter de ce que ses fonctions mêmes ont amené M. Valois à relier entre elles ses premières études, et à suivre le développement d'une institution qu'il connaît si bien. Il faut surtout remercier l'auteur d'avoir cherché moins à faire valoir son érudition qu'à rendre service, et d'avoir écarté de son exposé forcément très rapide — l'introduction compte 148 pages — les discussions qui pouvaient en altérer la clarté, les questions sur lesquelles il était impossible de conclure. De ce nombre était la question des origines que M. Valois a posée à peine, préférant sacrifier une partie de son sujet plutôt que de présenter des résultats incertains. Pour éviter de résoudre à la hâte des problèmes obscurs ou de refaire dans des proportions trop étroites l'histoire des deux derniers siècles, qui a été déjà écrite par des contemporains éclairés, M. Valois a délimité son étude du règne de Philippe le Bel à la mort de Henri IV. Plus tôt les documents font défaut pour l'histoire du conseil, comme pour la plupart des institutions monarchiques; plus tard les traités, écrits par des conseillers eux-mêmes, et facilement abordables remplacent en quelque sorte les pièces d'archives et montrent le fonctionnement régulier d'une institution bien établie. La période intermédiaire, pleine d'hésitations, de désordres et malgré tout de progrès, importe à l'histoire générale et réserve assez de surprises pour qu'on sente la nécessité de suivre un guide sûr et prudent qui sache mettre en lumière les découvertes acquises et signaler les obscurités persistantes.

M. Valois étudie successivement les attributions du conseil et ses divisions, son personnel, l'ordre de ses séances, les écritures qui sont la matière de l'inventaire auquel il travaille. Les attributions du conseil retiennent le plus longtemps son étude, car le conseil Royal, apte à tout au début, n'a jamais voulu se dessaisir entièrement d'une partie quelconque de son pouvoir. S'il venait à se décharger de quelque juridiction civile, financière ou domaniale sur une cour souveraine sortie de son sein, il s'efforçait presque aussitôt de revenir sur cette abdication et de reprendre, en la confiant à une section nouvelle, l'autorité qu'il avait cédée. Le roi lui-même aurait stimulé l'ambition du conseil, à supposer que celui-ci en eût besoin, car un des caractères du pouvoir absolu est de retirer fréquemment à lui l'autorité qu'il délègue, et de soumettre l'indépendance des grands corps de l'État à la souveraineté capricieuse d'un conseil qu'il compose à son gré. De là ces dédoublements et ces doubles emplois du

Grand Conseil avec le Parlement, du conseil des parties avec le grand conseil, du conseil secret sous Philippe VI avec la chambre des comptes. L'existence du conseil secret du XIV⁵ siècle est pour la première fois signalée par M. Valois. Ce n'est pas la seule nouveauté produite dans son ouvrage si court et si substantiel. La carrière et les mémoires de Sully, par exemple, interprétés à l'aide des documents du conseil des finances, montrent d'une manière convaincante le conflit souvent renouvelé entre le conseil et les ministres vraiment puissants qui ne l'ont presque jamais été qu'au détriment des conseillers, leurs collègues.

Les écritures, procès-verbaux et arrêts du conseil Royal sur lesquelles M. Valois fonde son étude, ont été jusqu'ici la partie la plus négligée de nos archives. Irrégulièrement tenues, partagées comme une propriété privée entre les membres et les trop nombreux secrétaires des conseils, elles avaient été au XVIII siècle l'objet d'un essai de récolement et de classement qui n'a pas eu de suite. La direction des Archives prenant sur ce point une initiative méritoire, a décidé de faire figurer dans son inventaire non seulement les actes qu'elle possède, mais les papiers fort nombreux que le hasard des temps a fait échouer à la Bibliothèque Nationale. On rétablit ainsi dans leur cadre naturel les éléments dispersés d'une collection partagée entre nos deux grands dépôts de documents, et les deux administrations, parfois rivales dans les questions de propriété, se réconcilient dans une collaboration féconde.

H. G.

---

19. — **Theologischer Jahresbericht,** herausgegeben von R. A. Lipsius. VIIer Band enthaltend die literatur des Jahres 1887. — Leipzig, Reichardt, 1888. Un vol. in-8°, 558 pag., 10 m.

Le répertoire bibliographique et critique publié par M. Lipsius est un répertoire très connu en Allemagne, et qui est indispensable en France à quiconque s'occupe de littérature biblique ou ecclésiastique. Il est inévitable que les théologiens allemands et luthériens qui le rédigent y mettent la marque de leur esprit et de leur secte : les travaux français sont généralement négligés, la théologie catholique est maltraitée ou inconnue, des branches importantes de la théologie comme l'archéologie liturgique, l'hagiographie ne paraissent à peu près point exister à Iéna. Par contre tout ce qui concerne la Sainte Écriture et l'ancienne littérature chrétienne est traité avec une exceptionnelle compétence.

Voici la division du livre : — 1. Publications concernant l'Ancien Testament, par le prof. Siegfried, d'Iéna. — 2. Publications concernant le Nouveau testament, par le prof. Holtzmann, de Strasbourg. — 3. Histoire de l'Église avant Nicée, par le prof. Ludmann, de Berne. — 4. Histoire de l'Église, de Nicée à la Réforme, par M. Böhringer, de Bâle. — 5. Histoire de l'Église, de 1507 à 1700, par le prof. Benrath, de Bonn. — 6. Histoire de l'Église en général et depuis 1700, par M. Werner. — 8. Littérature *interconfessionnelle* (*die infaillibilistische Geschichtschreibung Philosophie Naturforschung Jurisprudence, die jesuitische Pädagogik die neujesuitische Weltauschaung, des Martyrium des Altktholicismus, etc¹*), par le prof. Nippold d'Iéna. — Histoire des religions par M. Furrer. — 10. Encyclopédie philosophique de la religion, apologétique polémique symboles dogmes par M. Lipsius. — 11. Morale par M. Murbach. — 12. Pastorale par M. Ehless. — 12. Droit canonique et droit public ecclésiastique par M. Woltersdorf. — 13. Œuvres, par M. Kind. — 14. Prédication par M. Dreyer. — 15. Art chrétien par M. Hasenclever.

Les chapitres 1-4, 9 10, 15 seront très précieux à consulter.

P. B.

CHRONIQUE

18. GAZETTE ARCHÉOLOGIQUE. An. 1888, n. 7 8. H. DEGLANE, *Le palais des Césars sur le mont Palatin* (*suite*). 2. Constructions d'Auguste, maison d'Auguste, temple d'Apollon Palatin, temple de Vesta Palatine, bibliothèque d'Apollon Palatin. 3. Constructions de Tibère et de Caligula. Le palais impérial jusqu'à l'avènement des Flaviens, palais de Tibère, palais de Caligula, crypto-portique, palais de Néron et de ses successeurs jusqu'à Vespasien. 4. Le palais des Flaviens, palais de Domitien, description du tablinum du lararium de la basilique des tribunes (*à suivre*). Planches XXII XXIII, figures. L. — COURAJOD, *Une sculpture de l'église de la Chaise-Dieu*. Figure de prophète datant du XIV siècle, cette sculpture d'une grande beauté et d'un style magnifique est un argument en faveur des origines françaises de la Renaissance. Planche XXIV. — ED. POTIER, *Études sur la céramique grecque*. 1. Les vases à signatures d'artistes, additions et rectifications au bon catalogue de Klein (*Die Griechischen Vasen mit Meistersignaturen* 2 edit. 1887). 2. Acquisitions du musée du Louvre, vases et figurines de style d'Asie Mineure, de style de Crète, de style de la Cyrénaïque, de style grec et de style italiote. Planches XXV XXVI. — DIEULAFOY, *Notes sur les coudées étalons perses et chaldéennes*. Planche XXVII. — L. COURAJOD. Description des dernières acquisitions du département de la sculpture et des objets d'art du Moyen Âge et de la Renaissance au musée du Louvre. Figures.

N. 9 10. J. SIX, *Vases polychromes sur fond noir de la période archaïque*. L'auteur veut démontrer que ces vases forment un groupe distinct, dont les commencements se rapprochent plus encore du type à figures noires que ne le font les premiers vases à figures rouges, ce groupe appartenant à un art athénien et non provincial a dans son origine précédé les figures rouges et s'est bientôt perdu dans l'imitation servile des vases à figures rouges. Description et étude très détaillées de vases de cette série (*à suivre*). Pl. XXVIII XXIX figures. — H. DEGLANE. *Le palais des Césars sur le mont Palatin* (*fin*). Suite de la description du palais de Domitien, péristyle, anciennes salles enfouies sous le péristyle, triclinium, nymphéum, vestiges de la Roma Quadrata. Bibliotheca. Academia. Stade de Domitien. Tribune impériale. Portique. Arène. Thermes. Planche XXX. Figures. — COLLIGNON. *Plaques funéraires en terre cuite peinte.* Ces plaques, de fabrique attique, sont de la fin du vi siècle ou des premières années du v av. J.-C. elles ont été trouvées en 1872 dans un tombeau près de l'orphelinat de Hatzi Kosta à Athènes. Leur intérêt est capital pour l'étude du rituel funéraire attique: les cérémonies des funérailles y sont représentées avec un développement qu'on chercherait en vain sur les peintures céramiques de la même époque connues jusqu'ici. Description et explication des sujets figurés sur quelques-unes de ces plaques. Planche XXXI. figures. — JOIN-LAMBERT. *Les inscriptions de l'église de Saint-Grégoire-du-Vièvre (Eure).* Bizarres inscriptions rédigées en forme d'énigmes ou plutôt de rebus: les mots étant tantôt écrits, tantôt figurés par des dessins. L'auteur donne un essai d'interprétation. Planches XXXII-XXXIII. — A. DE CHAMPEAUX et P. GAUCHERY. *Les travaux de sculpture exécutés pour Jean de France duc de Berry (suite).* Le tombeau du duc de Berry. Planche XXXIV. — D. A. Vercoutre. Note sur une poterie bilingue trouvée à Sousse. Fragment de plat en terre: sur le fond intérieur on lit l'estampille de potier PHERI, et sur le fond extérieur un graffite que l'auteur croit néopunique. Figures.

H. T.

19. BULLETIN MONUMENTAL, an. 1888, n. 3. L. DUHAMEL. *Les œuvres d'art du monastère des Célestins d'Avignon (fin).* Suite des pièces justificatives. — Baron DE RIVIÈRES. *Quelques inscriptions campanaires du midi de la France.* Onze inscriptions relevées dans différentes localités du midi sur des cloches des xiv, xv, xvi, xvii et xviii siècles. — L'abbé A. BOUILLET. *Eglise Sainte Foix de Conches (Eure) et ses vitraux (fin).* Suite de l'étude détaillée des vitraux. L'auteur termine en critiquant les diverses opinions émises sur la date des vitraux et sur le nom de l'artiste auquel il convient de les attribuer. 5 planches en héliogravure. figures.

H. T.

— *Mémoires de la Société nationale des Antiquaires de France* 5 série t. VIII. J. ROMAN. *Sigillographie des gouverneurs du Dauphiné.* Description de dix-sept sceaux des années 1346 à 1503. Planches I-IV. — ERNEST PETIT. *Chartes de l'abbaye cistercienne de Saint Serge de Giblet en Syrie.* Chartes du xiii siècle conservées dans les archives de Saône et Loire: textes précédés d'une courte introduction historique. — E. G. REY. *Chartes de l'abbaye du mont Sion.* La principale de ces pièces est une bulle du pape Alexandre III datée du mois de mars 1178 et contenant l'énumération de toutes les possessions de l'abbaye du mont Sion en Syrie, en Arménie, en Sicile, en Italie, en France et en Espagne. Dans son introduction M. Rey donne une liste plus complète que les précédentes des abbés de N. D. du mont Sion. Les documents publiés ou utilisés par M. Rey sont conservés aux archives du Loiret. — L'abbé É. BEURLIER. *Les courses de taureaux chez les Grecs et chez les Romains.* Étude des textes d'auteurs et des inscriptions relatifs à ce genre de jeux (cf. *Bulletin critique* 1888 p. 338).

— AURES. *Étude des dimensions de deux chapiteaux gallo-grecs du Musée de Nîmes.* L'auteur conclut que les habitants du littoral méditerranéen de la Gaule se servaient avant l'arrivée des colonies grecques dans leur contrée d'une unité métrique linéaire ou pied divisée comme notre pied de roi en 12 pouces et 144 lignes et ayant aussi exactement que possible la même longueur que lui: l'influence des colonies grecques n'a pas amené les Gaulois à modifier leur système métrique. Planches V-IX. — Marquis de FAYOLLE. *Note sur un dessin de Barthélemy Prieur sculpteur au xvi siècle.* Dessin à la plume d'une cheminée monumentale exécutée pour Robert de la Vieuville et destinée au château de Sy dans les Ardennes. Ce dessin est conservé à l'Albertine de Vienne — Charles RAVAISON MOLLIEN *Pages autographes et apocryphes de Léonard de Vinci* Planche X et fac similés — L MAXE-WERLY *Note sur des objets antiques decouverts à Gondrecourt* (Meuse) *et à Grand* (Vosges) 1 Gondrecourt coffret de l'époque romaine renfermant des ustensiles et des bijoux romains et francs découvert dans un cimetière franc 2 Grand vases en terre et en bronze scie a main cadenas et surtout fragment d'un très curieux cadran destiné à marquer la longueur des jours le tout d'époque romaine Description avec dessin et excellent commentaire de ces très interessantes trouvailles Planches XI XII figures — Baron J de BAYE *Bijoux vandales des environs de Bone Afrique* Ces bijoux sont conservés au Musée britannique (cf *Bulletin crit* 1888 pag 277) Planche XIII — L COURAJOD *La polychromie dans la statuaire du Moyen Age et de la Renaissance* Longue et intéressante étude destinée à établir que la polychromie fut une règle absolue de la statuaire dans l'occident de l'Europe aux grandes époques de l'art moderne c'est à dire au Moyen Age et à la Renaissance » L'auteur déclare que dans cette étude il ne veut pas prendre partie dans la « question brulante de la polychromie plastique contemporaine» Nombreuses planches et figures — J de LAURIERE et E MUNTZ *Le tombeau du pape Clément V à Uzeste* Description de ce qui reste de ce beau monument profané et mutilé par les Calvinistes en 1577 Textes relatifs a ce tombeau Cette étude est précédée d'une recherche des œuvres d'art auxquelles est attaché le nom de Clément V Figures — L'abbé Henri THÉDENAT *Memoire sur les milliaires de l'embranchement de la voie Aurelienne qui allait a Riez* Recherche des milliaires et textes des inscriptions (cf *Bulletin critique* 1888 p 434) — L'abbé E RABIET *Inscriptions antiques trouvées à Cadenet Vaucluse* Corpus des inscriptions de Cadenet avec commentaire le n 7 I O M CORDIVS V S L M manque dans le t XII du *Corpus inscript latin* paru pendant l'impression du mémoire de l'abbé Rabiet Figures — L'abbé Henri THEDENAT *Lettre de Calvet à Fauris de Saint-Vincent sur des antiquités trouvées à Cadenet* (Vaucluse) Document inédit qui complète quelques uns des renseignements donnés dans le mémoire précédent H T

20 Dans le *Zeitschrift fur katholische Theologie* (1889 n 1) le P Grisar consacre une étude approfondie et methodique au volume récemment paru de M de Rossi *Inscriptiones U R christianae* t II On y trouve aussi un article du P Duhr sur les jésuites allemands considérés comme historiens

21 Ehrard achève dans le *Quartalschrift* de Tubingue (1888 n 4) son mémoire sur le traité de l'Incarnation attribué à saint Cyrille et qui est en réalite de Théodoret (!!) Dans le même numéro, étude de M Henle sur le culte de Men et de Mithra en Phrygie

22 *Analecta Bollandiana* t VII fasc 4 — Vie de saint Swithun évêque de Winchester par Goscelin moine de Swithun publiée par M l'abbé Sauvage C'est une pièce du XII siècle *verba et voces* — La vieille vie de saint Géry (Gaugericus) évêque de Cambrai au VII siècle a un tout autre intérêt elle est à peu près contemporaine du saint et contient entre autres quelques details liturgiques dérivés de l'usage gallican le Trisagion (*Aius*) l'acclamation *Dignus* à l'ordination — Quel préjugé ont donc les bons pères Bollandistes contre les notes explicatives ? Ils nous régalent d'une énorme masse de variantes mais ils ne nous font pas la charité de quelques mots de leur prose pour nous apprendre par exemple, ce que c'est que l'*Eposium castrum* pour indiquer les dates des évêques des princes mentionnés dans le récit Je soupçonne bien ici quelque *lex operis* — *Dura lex*! Et d'ailleurs puisque d'autres (l'abbé Sauvage par exemple) s'en dispensent pourquoi n'y ferait on pas soi-même quelques petites infractions ?

23. *Revue historique.* — M. Paul Viollet publie dans le n° de janvier une étude sur *La politique romaine dans les Gaules après les campagnes de César.* C'est un chapitre détaché d'une histoire des institutions politiques et administratives de la France que l'auteur doit publier prochainement.

24. Derniers fascicules parus de la *Bibliothèque de l'École des Hautes Études*.

1. Réédition de la grammaire grecque vulgaire de Simon Portius (Paris 1638) avec un commentaire de M. W. Meyer d'Iéna, et une introduction de M. J. Psichari.

2. Étude sur les relations politiques du pape Urbain V avec les rois de France Jean II et Charles V, par M. Maurice Prou.

3. Édition des lettres de Servat Loup (Loup de Ferrières) par M. G. Desdevise du Dezert (v. le *Bulletin* du 15 décembre dernier).

4. Étude sur le papyrus (égyptien) d'Orbiney par M. W. N. Groff.

25. M. l'abbé Félix Vernet vient de publier comme thèse de doctorat en théologie à la Faculté catholique de Lyon une *Étude sur les sermons d'Honorius III* (Lyon, Vitte et Perrussel.)

26. Dans les *Theologische Studien und kritiken* (1889 1° fascicule) à signaler une importante étude de M. Draseke intitulée *Athanasiana*. Les deux traités de s. Athanase *Contra Apollinarium* s'ils étaient de s. Athanase appartiendraient aux dernières années de sa vie « anno circiter 372 », dit Montfaucon c'est-à-dire à l'extrême limite. Mais sont-ils de s. Athanase ? M. Draseke avance 1° que les deux traités ne sont pas d'un seul et même auteur, 2° que s. Athanase n'est l'auteur ni de l'un ni de l'autre. Il se peut que le premier dépende des lettres de s. Athanase à Épictète à Adelphios et à Maxime plus que M. Draseke ne l'accorde mais le second en est indépendant. Tous deux s'appliquent à réfuter le *de incarnatione* d'Apollinaire de Laodicée le même dont nous avons une réfutation par s. Grégoire de Nysse. Or en quelle année Apollinaire a-t-il publié son *de incarnatione* ? En 374 s. Jérôme paraît avoir été son hôte en 376 s. Basile est en communion avec lui et témoigne de sa considération pour lui dans une lettre à un évêque à la même date s. Épiphane n'attaque pas sa doctrine. D'où l'on peut conclure que le *de incarnatione* est postérieur à 373 et à s. Athanase. M. Draseke veut voir dans les deux traités *Contra Apollinarium* deux productions de l'école d'Alexandrie et propose d'attribuer le premier à Didyme le second à Ambroise disciple de Didyme, mais cette partie-ci de son étude est toute conjecturale. Il n'en est pas moins vrai que la partie critique en est à retenir tant pour l'histoire littéraire de s. Athanase que pour celle d'Apollinaire. On se rappelle peut-être que c'est M. Draseke qui a attribué le premier à Apollinaire le *de veritate ad Graecos* qui figure parmi les œuvres de s. Justin.

27. On avertit les personnes qui s'intéressent à l'histoire de la liturgie et qui penseraient trouver quelque chose dans le petit volume de M. Wohlfart intitulé *Perikopen und Textbuch* (Gotha 1888) qu'elles n'y trouveront rien.

PUBLICATIONS NOUVELLES

Antony Réal, le théâtre antique d'Orange 1 vol in-18 1 fr Lemerre — Jean Kaulek, Papiers de Barthélémy (1792-1797) t. III 1 vol in-8 raisin 18 fr Félix Alcan — Camille Daux (l'abbé) Histoire de l'Église de Montauban depuis les premiers temps jusqu'à nos jours 2 vol gr in-8 raisin 12 fr 50 Souille — M. Liberatore (Rev P.) Le droit public de l'Église trad de l'italien par Aug Onclair 1 vol in-8 6 fr Retaux Bray — Ségur (Marquis de) la bonté et les affections naturelles chez les Saints 1 vol in-18

Jésus, 3 fr. 50. Retaux-Bray. — BEAURON (L'ABBÉ P.) Les rives Illyriennes, Istrie, Dalmatie, Monténégro, 1 vol. gr. in-8, 7 fr. Retaux-Bray. — Catalogue général de la librairie française depuis 1840, XI et dernier vol. gr. in-8, 30 fr. O. Lorenz. — CH. L. THASSIN. Les élections et les cahiers de 1789, tome II, 15 fr. Quantin. — J. BONNEL. Éléments généraux de morale dans la philosophie, 1 vol. in-8, 2 fr. Quantin. — E. L. G. CHARVET. Enseignement de l'art décoratif, 1 vol. gr. in-4 de 276 pag. ill. de 1029 gr. 25 fr. Motteroz. — PITRA (CARDINAL J. B.) Analecta sacra et classica spicilegio solesmensi parata, 1 vol. in-4, 15 fr. Roger et Chernoviz. — Le livre des Psaumes, texte latin et traduction française par M. L'ABBÉ GLAIRE, avec introduction et notes par M. l'abbé VIGOUROUX, 1 vol. pet. in-12, 3 fr. Roger et Chernoviz. — Lettres de Servat Loup, abbé de Ferrières, textes, notes et introduction par G. Desdevises du Dezert, 1 vol. gr. in-8, 5 fr. Vieweg. — HIPPOLYTE MAZE. Le général F. S. Marceau, sa vie, sa correspondance, 1 vol. in-8, 7 fr. 50. Librairie d'éducation de la jeunesse. — IMBERT DE ST AMAND. La duchesse de Berry et la révolution de 1830, 1 vol. in-18 jés. 3 fr. 50. Dentu. — ALBERT RÉVILLE. La religion chinoise, 1 vol. in-8, 12 fr. Fischbacher. — CH. SEALSFIELD. Le Vice Roi ou le Mexique en 1812, trad. de l'allemand par G. REVILLOD, 2 vol. petit in-8, 7 fr. Fischbacher. — CHATELAIN (D.) La folie, causeries sur les troubles de l'esprit, 1 vol. in-16, 3 fr. Fischbacher. — CH. YRIARTE. Les Borgia, César Borgia, sa vie, sa captivité, sa mort, 2 vol. gr. in-8, 20 fr. Rothschild. — H. PIGEONNEAU. Histoire du commerce de la France, tome I, depuis les origines jusqu'à la fin du XV siècle, 1 vol. in-8, 2 édition, 7 fr. 50. Cerf. — FELIX DAHN. Frédégonde, trad. de EDMOND DE PERROT, 1 vol. in-8, 3 fr. 50. Hinrichsen. — JEAN PIERRE ROSSIGNOL. De l'éducation et de l'instruction des hommes et des femmes chez les anciens, in-8 br. 6 fr. Labitte. ANATOLE FRANCE. La vie littéraire, 1 vol. gr. in-18, 3 fr. 50. Calmann Lévy. — L'épopée serbe, chants populaires héroïques, Serbie, Bosnie et Herzégovine, Croatie, Dalmatie, Monténégro, trad. par AUG. DOZON, 1 vol. in-8, 7 fr. 50. Leroux. — NEROUTSOS BEY (D.) L'ancienne Alexandrie, étude archéologique, 1 vol. in-8, 6 fr. Leroux. — DESROUSSEAUX. Mœurs populaires de la Flandre française, 2 vol. in-8, 7 fr. 50. Lille Quarré. — THOUMAS (GÉNÉRAL) Autour du drapeau (1789-1889) campagnes de l'armée française depuis cent ans, 1 vol. in-8 colomb. ill. 60 fr. Le Vasseur. — H. DURAND. Molière, 1 vol. in-8, 1 fr. 50. Oudin. — PAUL DESJARDINS. Esquisses et impressions, 1 vol. in-18 jés. 3 fr. 50. Oudin. — HENRI WALLON. Les représentants du peuple en mission et la justice révolutionnaire dans les départements en l'an II (1793-1794), tome 1, la Vendée, un vol. in-18 br. 7 fr. 50. Hachette. — ALFRED FOUILLÉE. La philosophie de Platon, 2 édition, 2 vol. in-16, 7 fr. Hachette. — GEORGES PICOT. Le Centenaire de l'assemblée de Vizille (21 juillet 1788) broch. pet. in-16, 0 fr. 40. Hachette. — JEAN JANSSEN. L'Allemagne depuis le commencement de la guerre politique et religieuse jusqu'à la fin de la Révolution sociale, trad. de l'allemand par E. PARIS (1525) 1 vol. in-8, 8 fr. Plon. — M. COSTA DE BEAUREGARD. Prologue d'un règne, la jeunesse du roi Charles Albert, 1 vol. in-8 elz. 7 fr. 50. Plon. — JULES ZELLER. Histoire résumée de l'Allemagne et de l'Empire germanique, leurs institutions au moyen âge, 1 vol. in-16, 4 fr. Perrin. — DAMPIERRE (M. DE) La Saintonge et les seigneurs de Plassac, le duc d'Épernon (1554-1642) 1 vol. in-8, 7 fr. 50. Picard.

Le Gérant E. THORIN

BULLETIN CRITIQUE

SOMMAIRE. 20. A. WESTPHAL. Les sources du Pentateuque. *A. Loisy*. — 21. J. COZZA LUZI. Novae P. P. Bibliothecae t. IX. *A. Tougard*. — 22. Célestin PORT. La Vendée angevine. *P. Bonnassieux*. — 23. A. BEAUSSIRE. L'athéisme et le code civil. *L. Lescœur*. — 24. P. DESJARDINS. Esquisses et impressions. *A. Baudrillart*. — NÉCROLOGIE. Le cardinal Pitra. *L. Duchesne*. — CHRONIQUE. — SOCIÉTÉ NATIONALE DES ANTIQUAIRES DE FRANCE. — ACADÉMIE DES INSCRIPTIONS ET BELLES LETTRES. — PUBLICATIONS NOUVELLES.

20. — **Les sources du Pentateuque**, étude de critique et d'histoire, par Alexandre WESTPHAL, licencié en théologie. Tome Ier, *Le problème littéraire*, Paris, Fischbacher.

M. Westphal est de ceux que la question biblique préoccupe et inquiète : il se demande, et avec juste raison, ce que deviendra la foi quand les conclusions de la critique moderne auront été vulgarisées parmi les masses croyantes. « Le jour vient, dit-il, où deux Bibles seront en présence : la Bible du fidèle et la Bible du savant. Ce jour-là le choc se produira violent, car le réveil des troupeaux sera un réveil d'indignation. » (Préf. p. 1.)

L'auteur a surtout en vue ses coreligionnaires protestants ; mais l'exégète catholique ne peut pas davantage échapper à ces tristes prévisions. Bien que dans l'Église romaine l'attention des fidèles soit moins attirée vers l'Écriture que dans les sectes chrétiennes sorties de la Réforme, et que la règle de la foi, l'autorité de l'Église, ne soit pas attaquée directement par les nouveaux critiques, le péril n'est guère moins grand pour le catholicisme que pour le protestantisme orthodoxe.

Il est donc nécessaire, il est urgent, puisque les Reuss, les Kuenen, les Wellhausen, les Renan appuient leurs assertions sur la critique des textes, de soumettre ces mêmes textes à une étude minutieuse, et de contrôler ainsi par un sérieux examen, les opinions des interprètes modernes. Pour triompher des adversaires, il faut les attaquer sur leur terrain. Mais ce moyen, outre le défaut qu'il a de n'être pas à la portée de tous, ne laisse pas d'être dangereux. M. Westphal, qui en a fait l'essai, a été gagné par les raisons de l'ennemi et il accepte de sa main le Pentateuque, décomposé selon la formule de Reuss et de Graf, complétée par Kuenen et Wellhausen.

Disons-le bien vite, l'apologiste protestant n'admet pas d'emblée toutes les conclusions de l'école rationaliste. « Quant à la question littéraire, dit-il, nous pensons... qu'il faut accepter dans l'ensemble les résultats acquis à la critique indépendante » (Préf., p. xxvii.) Mais la question historique serait encore ouverte : il serait permis de contester la date assignée par les critiques à chacun des documents originaux qui sont entrés dans notre Pentateuque, la valeur de leur témoignage resterait intacte, le livre morcelé serait même plus facile à défendre que si on le regarde comme un tout homogène. « Quel est donc le résultat de ces hardis travaux dont l'Église s'alarme et dont l'incrédulité s'applaudit ? D'avoir mis trois livres à la place d'un livre, une série de témoins à la place d'un seul témoin. On expulsait les patriarches du domaine de l'histoire, sous prétexte que les renseignements étaient contradictoires et les faits mal documentés : maintenant, nous avons, de l'aveu même de la science, trois ou quatre récits de la vie des patriarches, d'où les contradictions ont disparu... Comment ne pas montrer notre reconnaissance envers les patients chercheurs qui ont dégagé les documents dont la confusion faisait la faiblesse et dont l'union fera la force ? Ils ont, malgré eux et malgré nous, fourni la plus brillante apologie des premières pages de l'histoire sainte, en mettant en lumière par la découverte des sources du Pentateuque, *l'harmonie des Évangiles de l'ancienne alliance* » (Préf., p. xxix-xxx.)

Certes, la manœuvre est hardie pour un apologiste d'aller planter son drapeau sur la forteresse même de l'incrédulité en disant : « La maison m'appartient, c'est à vous d'en sortir. » Le coup sera beau s'il réussit. Mais d'abord il me semble que M. Westphal se presse un peu de chanter victoire et je ne vois pas que « l'harmonie des Évangiles de l'ancienne alliance » soit en train de se faire ailleurs que dans sa préface. Les documents que les anciens commentateurs arrivaient avec un peu de bonne volonté à mettre d'accord ensemble lorsqu'ils étaient réunis dans le Pentateuque, se contredisent ouvertement lorsqu'ils sont séparés. Ainsi « d'après le premier élohiste Jacob fut enterré dans la caverne de Macpela, d'après le second à Sikem, et d'après le (premier) jéhoviste, dans le tombeau de Rachel. Il n'était pas facile de concilier trois traditions si différentes. Le rédacteur a sacrifié les deux dernières à la première. » (P. 265.) Pauvre rédacteur, il a dû être bien embarrassé, aussi embarrassé que le serait M. Westphal, s'il lui fallait décider en quel endroit Jacob a été réellement enterré. Dans cette circonstance et dans beaucoup d'autres semblables il y aura au moins deux *évangélistes* qui se seront trompés et comme la plupart du temps on ne saura pas qui a raison, la plus élémentaire prudence conseillera de les suspecter tous les trois. J'avoue que pour des événements plus importants tels que la sortie d'Égypte les divergences ne porteraient que sur les détails, mais la liberté avec laquelle on verrait traiter les points secondaires rendrait certainement moins croyables la substance du récit et le caractère miraculeux des faits.

A pareille exégèse il faut une théologie complaisante. Pour « faire cesser l'incompatibilité introduite par les hommes entre la Bible telle que l'a faite la science et la Bible telle que la veut la foi », il est nécessaire de ne pas « confondre la divinité de l'Évangile avec l'infaillibilité des dogmes façonnés d'après l'Évangile. La vérité ne se trouve nulle part toute faite, pas plus dans les formules d'un canon que dans les décrets d'un concile, elle nous est proposée par Dieu comme le prix d'un labeur opiniâtre éclairé par toutes les lumières du savoir, soutenu par toutes les ardeurs de la foi, et dont l'irrésistible élan nous pousse sans relâche de la lettre à l'esprit, de l'humain au divin, de la Bible à Jésus-Christ » (Préf. p. xi). Il faut dégager la vérité divine contenue dans l'Écriture de l'enveloppe humaine et imparfaite qui la recouvre. « Chaque livre de la Bible appelé à son tour devra marquer sa place dans l'histoire et révéler à la conscience spirituelle son degré d'inspiration. »

Voilà une doctrine qui peut tout concilier, car une foi sans symbole sera difficilement contredite, mais à s'en tenir au point de vue apologétique où se place l'auteur, il me semble que de tels principes sont une garantie certaine d'insuccès. Cette adhésion vague à une révélation indécise convient à certains esprits qui sont devenus rationalistes et qui veulent rester chrétiens. Les autres demanderont d'abord ce qu'on veut leur prouver, et il sera bien difficile de le leur dire, puisqu'on ne le sait pas au juste.

Mais il est temps de quitter la préface pour parler du livre. M. Westphal, dans le présent volume, expose les opinions qui se sont produites depuis les temps bibliques jusqu'à nos jours touchant l'origine du Pentateuque. Il s'est plu à mettre en relief les témoignages anciens qui atténuent la rigueur de la donnée traditionnelle, puis il a analysé dans le détail l'évolution de la critique depuis la Renaissance, en passant par les premiers réformateurs, Spinoza, Richard Simon, Astruc, Eichhorn, Ilgen, de Wette et Ewald, pour arriver à Hupfeld et aux critiques contemporains. Les développements sont faciles à suivre. Il est regrettable pourtant que l'auteur n'ait pas fait une démonstration plus rigoureuse et plus complète du système de Reuss-Wellhausen, puisqu'il juge à propos de l'adopter. Il s'arrange, il est vrai, de façon à le présenter comme la synthèse de ce qu'il avait de bon dans les théories antérieures, mais des indications plus abondantes et un solide résumé de preuves n'auraient pas été de trop pour un lecteur non persuadé d'avance. M. Westphal nous réserve-t-il un supplément d'informations dans le second volume? En attendant, après avoir vu défiler dans celui-ci tant d'hypothèses bruyantes qui ont été successivement abandonnées, il nous est encore permis d'espérer que la dernière, celle dont on nous dit : « C'est la meilleure ! c'est la vraie ! » pourra bien passer comme les autres.

A. LOISY.

---

21. — **Novae PP. Bibliothecae** ab Ang. card. Maio collectae tomus IX editus a Josepho Cozza-Luzi S. R. E. vice bibliothecario, complectens in parte I et II S. P. nostri THEODORI studitae parvae et magnae Catecheseos sermones, in parte III S. PETRI episcopi Argivi historiam et sermones. Rome, Spithover, 1888. gr. in-4 de XLVI-318-217-81 pp.

Voici une édition *princeps* trop longtemps désirée. Pendant que les érudits multipliaient leurs *anecdota* pour y servir au public des poèmes de douze vers et des scholies de quatre mots, depuis plus de trois siècles tous ceux qui s'intéressent aux études ecclésiastiques réclamaient instamment la publication de ces catéchèses, véritable code monastique du moyen âge grec, improvisées au jour le jour par l'intrépide abbé que le judicieux docteur Kurth a pu parfaitement comparer à saint Athanase. Et par une sorte de fatalité, cette partie capitale de ses œuvres restait enfouie sous la poussière de nos grands dépôts publics, malgré les veilles de D. Toustain et de D. Tassin, les auteurs du *Nouveau Traité de Diplomatique*, et des cardinaux Mai et Pitra, à ne parler que des plus illustres travailleurs.

Ce fut donc une pensée à tous égards excellente d'inscrire au programme des fêtes jubilaires de S. S. Léon XIII l'impression de ces *instructions* par excellence pour lesquelles la discipline monacale reprit une qualification demeurée sans emploi depuis saint Cyrille de Jérusalem. On allait ainsi compléter ou peu s'en faut l'édition du plus grand défenseur de la foi catholique contre les erreurs iconoclastes, dont les œuvres sont malheureusement disséminées dans trois collections diverses : le volume XCIX de la *Patrologie grecque* qui réunit tous les travaux antérieurs, le premier volume des *Analecta Spicilegio Solesmensi* pour trente-cinq pièces liturgiques, et enfin le tome VIII de la *Nova PP. Bibliotheca*, pour deux cent quatre-vingt seize lettres.

Au premier coup d'œil, le nouveau volume, bien que d'un format plus haut, semble inférieur au précédent. Le tome VIII, paru en 1871, sortait des presses de la Propagande : un beau grec à ligatures s'y détachait admirablement sur papier fort à grandes marges émaillées de ces manchettes auxquelles nos imprimeurs modernes ont eu tant de peine à revenir. Au tome IX, imprimé par Armanni, l'impression est plus compacte, le papier plus terne et moins solide.

Usant en outre trop librement du privilège que se sont arrogé les éditions originales, ces volumes ne sont accompagnés d'aucune note ni de ces tables que le XVIe siècle dressait déjà si patiemment et que les traditions bénédictines ont maintenues en honneur jusqu'à nos jours dans les publications sérieuses. Ici du moins nous avons une version latine, composée par le cardinal Mai. Elle l'emporte sur celle de Livineues (ce qui n'est pas un éloge) et se recommande par une exactitude scrupuleuse, au lieu que pour les lettres du tome VIII certaines phrases de la traduction sont discutables. Cette version donne lieu à une remarque essentielle : il est aisé de voir, en effet, que Mai a traduit sur des manuscrits qui diffèrent parfois de l'imprimé, et lui sont préférables.

Pour n'être pas contraint à faire suivre de sa propre interprétation celle du cardinal Mai, le P. Cozza a réservé pour le volume suivant la fin de la grande Catéchèse (c'est-à-dire cent trente sept pièces). Ce scrupule, tout honorable qu'il est pour l'éditeur, comme pour son prédécesseur, a l'inconvénient de morceler une fois de plus les écrits du Studite.

Pas une note, avons-nous dit. Nous devons ajouter : pas une variante. C'est vraiment bien peu, et je crains fort que les lecteurs modernes n'estiment par trop vieille cette méthode qui nous recule en pleine Renaissance, où l'on n'avait souci que de mettre l'inédit en lumière ; encore faut-il reconnaître, pour ne calomnier personne, que Henri Estienne, par exemple, se plaisait au milieu de ses immenses travaux, à enregistrer *ad calcem* les variantes qu'il avait recueillies au cours de l'impression. Quant au procédé sommaire qui consiste à ne pas établir la moindre comparaison entre les divers manuscrits qui sont la base même de cette édition, nous n'aurons pas le courage de le qualifier.

Sans doute il y a une circonstance atténuante : la nécessité, où l'éditeur s'est trouvé, de paraître à échéance fixe. Nous la signalons bien volontiers.
A. Tougard.

22 — **La Vendée angevine. Les Origines. L'Insurrection** (Janvier 1789-31 mars 1793), d'après des documents inédits et inconnus, par Célestin Port, membre de l'Institut, archiviste de Maine-et-Loire. Paris, libr. Hachette, 2 vol. in-8, 1888 (Tome I, 1-xv et 1-447 pages, tome 2º, 1-409 pages.)

La présente publication est due au désir d'établir enfin sous son vrai jour un des événements les plus importants et les moins bien connus de la Révolution française. L'histoire de la Vendée angevine n'avait encore fait l'objet d'aucune étude sérieuse s'appuyant sur les documents. Il appartenait au savant archiviste de Maine-et-Loire de chercher à combler cette lacune. Nos lecteurs savent, pour la plupart, par quelle somme énorme de travaux sur l'Anjou M. Célestin Port avait acquis le droit d'entreprendre cette tâche difficile. Il s'est heureusement tiré de la plupart des difficultés semées sur sa route et l'œuvre nouvelle peut, croyons-nous, être placée près de l'admirable *Dictionnaire historique de Maine-et-Loire*.

Dans la *Vendée angevine* cependant, tout ne nous plaît pas également, qu'il nous soit permis de le dire librement, avec la cordiale franchise due à un auteur de cette valeur. Et d'abord, nous regrettons un peu la prolixité de la narration. Deux volumes *in-octavo* pour raconter les origines de la Vendée, et seulement de la Vendée angevine, c'est beaucoup, c'est peut-être trop, même pour un lecteur angevin ! Le récit d'une seule journée absorbe plus d'une fois un chapitre entier (1) ! Combien de chapitres et de volumes ne faudrait-il pas, à ce compte, pour écrire l'histoire même de la Vendée et pour en raconter, le moment venu, avec le détail qu'elles méritent, les grandes journées ! M. Port est, ce semble, entraîné malgré lui par la richesse de ses souvenirs, par l'abondance de ses documents. Il connaît trop bien les hommes et les lieux, les mœurs et les faits, il ne peut se résigner à de suffisants sacrifices dans le tableau qu'il trace de sa chère province.

Un autre regret que nous demandons la permission d'exprimer, c'est que l'auteur ne se soit pas méfié davantage des périls que présentait pour un narrateur désireux de rester toujours impartial le récit d'événements encore si rapprochés de nous. Justement irrité par certaines assertions téméraires des historiens royalistes de la Vendée, dont il pouvait mieux que personne apprécier le mal fondé ou l'exagération, il s'est trouvé parfois emporté lui-même par une réaction fort involontaire dans le sens inverse. S'il a remis à leur place ces chouans dont la légende avait fait des géants, il a peut-être en même temps élevé maintes fois outre mesure leurs adversaires. Dans cette malheureuse guerre de Vendée, c'étaient des Français qui se battaient des deux côtés. M. Port ne nous paraît pas s'en être assez souvenu. Nous n'avons pas trouvé dans son récit la pitié affectueuse que dans une pareille lutte, le vaincu mérite toujours, quel qu'il soit, pitié que la morale recommande d'ailleurs, cette morale surtout, la seule que connaissait en 1880, le savant éditeur des *Souvenirs d'un nonagénaire* qui « convie tous les honnêtes gens à s'entr'aimer » (2).

Ajoutons-le, les convictions intimes de notre auteur, convictions sincères autant que passionnées, se laissent quelquefois entrevoir dans le texte. Elles tendent à porter l'historien à se montrer indulgent pour

---

(1) Si nous ouvrons par exemple la table du tome 2, nous y voyons (p. 402-403) « Chapitre V. L'Insurrection dans les Mauges, mardi 12 mars. — « Chapitre VI. Jallais — Chemillé, mercredi, 13 mars. — Chapitre VII. Cho- « let, jeudi 14 mars. » Trois chapitres pour trois journées !

(2) V. *Souvenirs d'un nonagénaire* publiés et édités par C. Port. I, p. IX. Paris, 1880, 2 vol. in-8°.)

les uns, sévère pour les autres, à atténuer les fautes ou les insuccès de ceux là, à diminuer les mérites de ceux-ci. Pour les troupes républicaines, si elles se laissent battre, « ce sont des soldats improvisés de « la veille, sans cohésion, sans discipline, sans pratique » (t. II, p. 164, 167). Pour les chouans, en pareille aventure, pas de semblables réserves, ils les mériteraient pourtant aussi bien. En somme, et pour résumer d'un mot notre pensée, l'auteur de la *Vendée angevine* raconte volontiers dans le texte les excès ou les crimes des insurgés, et seulement en note ceux des patriotes (1).

Examinons maintenant les causes que M. Port attribue à l'insurrection et voyons si nous pouvons accepter sans réserves ce qu'il en dit.

L'installation du clergé constitutionnel et la résistance des prêtres réfractaires commencèrent le schisme déplorable qui devait déchirer la nation française. Notre auteur estime que, livrée à ses seules forces l'insurrection déclarée en août 1792 eût été facilement apaisée. C'est le parti aristocratique encouragé et aidé par l'émigration, qui s'empara, assure M. Port, du mouvement. C'est lui et non le clergé qui a fait la Vendée. Nous avons peine, en ce qui nous concerne à nous ranger à cette opinion ; il nous paraît bien difficile, sinon impossible, d'attribuer à l'émigration, à un moment quelconque, une sérieuse influence soit sur la politique intérieure de notre pays, soit sur la conduite des affaires de l'Europe. Les documents du temps, les mémoires contemporains, les récentes publications, notamment celles de M. Sorel, nous semblent mettre fortement en évidence la constante nullité de l'action militaire ou politique des émigrés. Nous n'avons rien trouvé, en tout cas, dans la *Vendée angevine*, qui puisse nous faire changer d'avis là dessus (2).

Non, dans l'Anjou comme dans le Maine, ce n'est pas une influence étrangère, c'est l'atteinte portée aux croyances religieuses des paysans et dans une proportion infiniment moindre, l'appréhension du service militaire qui ont fait le soulèvement. « Ils veulent rester catholiques et « ne pas servir. » Ces mots si concis et si justes qui ont été dits des Manceaux peuvent s'appliquer aussi aux Angevins soulevés.

Une fois la question du serment posée, question délicate à laquelle plus d'un bon prêtre put d'abord hésiter à répondre, il faut voir dans la

---

(1) En veut-on un exemple? A la page 138 du tome 2, notre auteur fait savoir qu'on transfère à Saumur « pour leur sûreté » des parlementaires chouans et ce n'est qu'au bas de la page (V. la note 1) qu'il ajoute en note qu'ils y furent massacrés dès leur arrivée.

(2) Ni dans le texte ni dans les pièces justificatives nous n'avons rien trouvé de probant. Nous ne regardons pas comme telle la note 1 de la page 86 du tome 2 disant « Un des fils Deffault était rentré en février d'émigration »

Vendée angevine comment le pays l'entendit et quel accueil reçoivent partout en Anjou les prêtres assermentés. Les infortunés intrus doivent célébrer la messe, dans des temples qu'on regarde comme pollués par leur présence (t. I, p. 164-165), sans chantres, sans enfants de chœur, entourés d'hostilités (t. I p. 313). Sortent-ils de chez eux, ce n'est qu'armés (t. I, p. 320), les cris « *à l'intrus ! à l'hérétique ! au voleur de cure et de sacrements !* » saluent leur passage (t. I, p. 403), et les pauvres mêmes de la paroisse reculent à leur vue et dédaignent leurs aumônes (t. I, p. 425). Le *retour des bons prêtres*, tel est l'objet principal des soulèvements en Anjou (v. t. II p. 115, note 4). Les premiers rassemblements se sont faits au bruit des *ora pro nobis* et des chapelets (t. I p. 267) et c'est aux cris *En avant, pour la religion ! vive le roi, vivent les prêtres* ! qu'on entraîne plus tard les insurgés (t. II, p. 94 et 174-175).

Une fois constituée, l'armée de Stofflet reçoit le nom d'armée chrétienne et quand elle entre dans une ville, à Cholet par exemple, c'est au Calvaire du lieu qu'elle fait sa première station. La question religieuse inspire ainsi et domine toute la lutte.

L'horreur causée par l'établissement de la conscription fut aussi, mais à un degré bien inférieur, l'une des causes de l'insurrection. Les Angevins et surtout ceux qui habitent outre Loire la région des Mauges, ont peur de servir. « *Mourir plutôt qu'aller aux frontières !* » voilà ce qu'ils répondent aux citoyens qui leur demandent ce qu'ils veulent. Mais ils réclament en même temps des armes « *ou sinon on allait voir !* » « *c'est un roi, qu'il leur faut et leurs bons prêtres !* » (t. II, p. 83). Ils ont peut-être l'horreur de l'armée (1), nous nous refusons pourtant à croire qu'ils y voient « le rebut des villes, des bouges, des prisons ! » (t. II, p. 63) Nous répudions en tout cas de telles qualifications pour cette armée de la République qui sut, en face de l'étranger, se dévouer pour la patrie et sauver la France de l'invasion.

Après avoir dit les causes, les origines de l'insurrection, M. C. Port raconte les engagements, les luttes, les péripéties du drame sanglant qui commence. Que de renseignements précieux, que de détails curieux et nouveaux ne tire-t-il pas alors des documents qu'il connaît si bien ! Il les groupe dans un récit animé, écrit de ce style singulièrement personnel et vivant qui appartient à notre historien. Nous ne pouvons résumer même sommairement, le contenu de ces pages instructives, pleines de faits précis utiles pour contrôler tous ces mémoires contemporains où les souvenirs les plus sincères se confondent si fréquemment après

---

(1) L'auteur emploie quelquefois ce mot *l'armée* sans autre désignation pour indiquer l'insurrection, de là une certaine amphibologie, le même mot désignant généralement tous les patriotes.

1789. Notre auteur nous apprend, entre autres choses, que l'Anjou se trouvait au moment de la révolution dans un très misérable état (1). Les châtelains ne résidaient pas, les grands fiefs étaient « infréquentés » (t. I, p. 21) d'où la souffrance générale du pays qui favorise le soulèvement. L'état du sol, l'isolement impénétrable de certaines régions de l'Anjou, des Mauges notamment, permettent à l'insurrection de s'organiser librement. Les autorités locales sont du reste absolument abandonnées à elles-mêmes. Il n'y eut jamais durant les premiers temps « un seul « soldat de ligne dans les Mauges » et cent hommes seulement de ligne, assure M. Port, auraient au début contenu tout le pays (t. II, p. 110, note 1). Les paysans soulevés n'eurent ainsi devant eux que les gardes nationaux des villes (2).

Parmi les erreurs depuis longtemps accréditées que relève justement M. Port, l'une des plus saillantes est celle qui faisait jusqu'ici de Cathelineau le premier chef de l'insurrection. Tous les livres lui attribuent la pensée première, irréfléchie, toute d'inspiration et d'initiative personnelle du mouvement (t. II, p. 108, note 1). Cette légende, formée dès 1802, M. Port la renverse complètement. C'est Stofflet le garde-chasse qui mérite la place qu'un autre usurpait jusqu'ici. D'Elbée, Bonchamps (3) n'apparaissent qu'après Stofflet, et Cathelineau après eux.

L'ouvrage finit un peu brusquement par un morceau qui est moins une conclusion historique qu'une apostrophe poétique. Nous eussions aimé, à la fin du second volume, un rapide aperçu sur les événements qui suivirent, reliant ainsi, si sommaire qu'il fût, les grandes journées de la Vendée aux origines de l'insurrection.

De nombreuses (4) et curieuses pièces justificatives accompagnent chaque volume. Elles éclairent à merveille le texte et initient bien le lecteur à l'état de l'Anjou au début de la guerre de Vendée. Elles émanent à peu près toutes de source officielle c'est-à-dire de source républicaine. Il aurait été intéressant de contrôler par des documents de source royaliste ces lettres d'intrus, ces rapports de maires de villages ou de commissaires du département (5). Telles quelles cepen-

---

(1) Arthur Young avait constaté lui aussi au moment de la Révolution, qu'en Anjou la proportion « des landes et bruyères est immense » (V. éd. Guillaumin trad. Lesage Paris 1860 in-12 t. II p. 73).

(2) Alliés aux nobles les paysans attaquèrent volontiers les bourgeois des villes.

(3) D'Elbée et Bonchamps avaient figuré, chose curieuse à relever, le 12 octobre 1790 parmi les soumissionnaires des biens nationaux (t. I p. 109).

(4) Les pièces justificatives occupent les pages 373-439 du 1ᵉʳ volume et 181-387 du 2ᵉ volume. Une note fort importante sur la légende de Cathelineau se trouve à la suite des pièces justificatives du 2ᵉ volume (p. 388-400).

(5) On ne peut se fier évidemment qu'à demi à des renseignements de

dant et cette réserve admise, ces pièces justificatives seront lues avec grand profit — comme le texte d'ailleurs qui les précède — par tous ceux qui s'occupent d'études historiques. P. BONNASSIEUX.

---

23 — **L'athéisme et le code civil**, par A. DUVERGER, professeur de code civil à la Faculté de droit de Paris, avocat à la cour d'appel, un vol. in 12, 232 p. Paris Catillon.

L'orgie d'athéisme à laquelle nous assistons ne pouvait pas laisser indifférents les hommes chargés d'expliquer, d'interpréter les lois à notre jeunesse. Il saute aux yeux que si l'athéisme, soi-disant scientifique, est une vérité, si l'évolution fatale est le seul principe qui préside aux destinées de l'humanité, notre code civil est à effacer et à refaire. En effet, dit très bien M. Duverger, le principe du code c'est la notion du devoir étroitement obligatoire. or, « le devoir, selon l'esprit du code est l'obéissance à la loi de Dieu écrite par lui dans la conscience » (p. 87). Un de ses rédacteurs principaux, le plus célèbre de tous avec Napoléon, Portalis écrivait « qu'un législateur suprême est aussi nécessaire à la morale qu'un premier moteur au monde physique. Quelle étrange hypothèse que celle de certaines causes physiques qui auraient produit des êtres intelligents ! » (P. 91). Comme s'il eut prévu l'abus qu'on ferait de notre temps des découvertes scientifiques, Portalis signale dans Helvétius cette proposition familière à nos déterministes d'aujourd'hui « On n'agit point sans motif donc point de liberté » et cette autre de La Mettrie que nos modernes se sont également appropriée « Tout ce qui n'est pas phénomène, science des choses, tout ce qui n'est pas fondé sur l'observation et l'expérience est étranger à la philosophie » (p. 97-99). La réfutation fort solide que Portalis présente de ces prétendus axiomes prouve, tout au moins, que l'esprit dans lequel il a rédigé le code était le spiritualisme le plus pur, certains diraient aujourd'hui le plus arriéré. Le code, entre autres articles aussi explicites, donne une importance capitale à la religion du serment. Le serment suppose un Dieu vivant un Dieu témoin et vengeur. Que devient le serment avec le Dieu de M. Renan et de toute sa progéniture ce Dieu qui n'est qu'une idée, une formule, un « bon vieux mot »? Quel criminel tremblera jamais de se parjurer devant « un bon vieux mot »? Le grand ennemi du devoir c'est l'égoïsme. Les positivistes affirment volontiers, avec M. Littré, que l'*altruisme* est supérieur à

---

source unique. Les dires des prisonniers faits par les patriotes n'ont en particulier que peu de valeur à nos yeux surtout lorsqu'ils font savoir que ces paysans prisonniers n'ont marché que sur la menace des garde-chasses et anciens gabelous d'être fusillés (V. t. II, p. 7).

l'égoisme, et déclarent qu'en vertu de la loi de l'évolution « l'altruisme *doit* finir par l'emporter de plus en plus, au sein de l'humanité. » Ainsi parle la « biologie » (p. 178). Mais quand même la science la plus expérimentale du monde serait parvenue à démontrer (ce que je nie) la supériorité de l'altruisme, je cherche en vain, avec le savant professeur de droit, comment « le *fait* de la supériorité de l'altruisme sur l'égoisme pourrait jamais présenter à ma raison aucune *autorité*, et par suite aucune *obligation.* »

M. Fouillée qui fait une juste critique du positivisme pur au point de vue de la moralité, est-il plus heureux lui-même lorsqu'il s'agit de créer l'obligation du devoir, comme l'entend le code civil, comme l'a toujours entendu le sens commun? Pas le moins du monde. Pour lui, « la morale n'est pas obligatoire, elle est tout au plus persuasive. » Peut-être, dit-il, le suprême fondement du bien moral, qu'on a présenté jusqu'ici comme une vérité absolue et déjà en possession de la pleine existence est-il, pour notre intelligence et notre volonté un pur idéal. Étant tout hypothétique et problématique, l'idéal ne peut être que *restrictif* d'une part, *persuasif* de l'autre, il n'est pas proprement impératif (p. 198, 200).

Évidemment si c'étaient M. Renan, M. Littré, ou M. Fouillée, au lieu de Portalis qui eussent rédigé le code, en supposant qu'ils voulussent bien être conséquents à leur principe plus d'un article ne s'y lirait pas aujourd'hui. La société en serait-elle mieux assise? Que deviendra-t-elle si jamais, sous prétexte d'évolution et de progrès, un juge est réduit à dire au voleur ou à l'assassin: Malheureux, ne saviez-vous pas que l'altruisme est supérieur à l'égoisme? Ne saviez-vous pas que l'idéal « qui n'est peut-être pas une pure illusion » (ainsi parle M. Fouillée) est tout à fait opposé au vol et répugne complètement à l'assassinat? Ce que le voleur ou l'assassin répondra, nous le savons bien, il est inutile de le dire. Ce que deviendra pareillement une société où les voleurs et les assassins trouveront de tels juges, il n'est pas plus nécessaire d'en parler. Qu'il nous suffise de remercier le savant professeur de l'école de droit d'avoir si bien montré l'incompatibilité de l'athéisme idéaliste, matérialiste, évolutionniste, quelque soit son nom ou son déguisement, non seulement avec le code civil, mais avec toute notion de société humaine, avec la raison, avec le sens commun, et répétons avec lui cette parole d'espérance empruntée à Montesquieu: « La raison a un empire naturel, elle a même un empire tyrannique. On lui résiste, mais cette résistance est son triomphe; encore un peu de temps, et l'on sera forcé de revenir à elle. » (P. 219.)

L. LESCŒUR.

24 — Paul Desjardins. **Esquisses et Impressions.** Paris, Lecène et Oudin 1889. 1 vol. in-12 de 374 pages.

Nous demandons à nos lecteurs la permission de quitter pour une fois les sujets qui nous sont familiers afin de leur présenter un livre dont la lecture nous a causé le plus vif plaisir. C'est un ouvrage de critique sentimentale, est-il dit dans l'avant-propos, de critique spirituelle et imaginative, ajouterons-nous : le caprice et la fantaisie y sont mêlés à l'art et aux lettres pures ; de l'esprit sans sécheresse, de l'imagination sans enflure, du savoir sans pédantisme, et par dessus tout une sincérité que rien n'effraie : voilà les mérites de l'auteur, M. Paul Desjardins, un homme jeune, dont beaucoup de gens connaissent déjà le nom, presque un vieil ami pour les lecteurs des *Débats* et de la *Revue bleue*. Il va le devenir, grâce à ce volume, de tous ceux que ces feuilles n'atteignent pas.

On y verra réunies des études fort diverses : « *promenades* » à la campagne, à la mer, en forêt, dans la montagne, à Chantilly, à Heidelberg, à Florence ; promenades d'homme de lettres s'entend, et par quelqu'un qui ne veut pas l'être, ce qui est plus piquant. Après avoir bien couru le monde, l'auteur s'arrêtera, comme il est juste, à l'*Académie française*, » — un premier stage apparemment — et de peur que le brusque passage de l'action au repos ne vous cause quelque préjudice, il vous offrira fort à point les « conversations de bivouac » de M. Maxime Du Camp qui vous donneront sans vous fatiguer, l'illusion du voyage.

Au chapitre des « *Adieux* », vous reconnaîtrez cette page émue, grave et digne sur le Cardinal Guibert, qui fit jadis si grand et si bon effet dans le recueil indépendant où elle parut. Si vous avez connu M. Caro vous vous plairez aux traits délicats par lesquels une main respectueuse jusque dans ses hardiesses ressuscitera devant vous une figure aimée.

« *Au seuil de la Politique* » un morceau exquis vous accueillera, il a pour titre : « Les marchands d'honneur, fragment de comédie antique. » Nous voudrions pouvoir citer : c'est fin et c'est fort, c'est du pastiche et c'est original ; c'est sobre, léger, spirituel et vivant : Aristophane, auteur de paraboles.

Trois « *Études littéraires* » sont à lire d'un bout à l'autre. Avez-vous fait un cours devant des jeunes filles ? Si oui, recherchez dans « *les Jeunes filles et l'Art d'écrire* » vos propres impressions ; vous les y retrouverez exprimées avec une justesse et un charme que je vous souhaite, au cas où vous voudriez en faire part aux autres. Si non, lisez encore les portraits de la *couventine*, de la *lycéenne*, de la *dillettante* : vous raviront d'aise, je vous le jure.

Les articles consacrés au « *Bonheur* » de Sully Prudhomme, à « *Toute la Lyre* » de Victor Hugo sont, littérairement parlant, les maîtresses pages du livre Nulle part, à notre connaissance on n'a parlé de ces deux œuvres avec une aussi vigoureuse franchise et une plus parfaite liberté d'esprit, jointes à un jugement plus sain, un amour plus vif de la poésie, une connaissance plus exacte des auteurs Que pensez-vous de ce début sur « Toute la Lyre » c'est toute la guitare qu'il faudrait dire » ? Et ne croyez pas qu'il s'agisse d'un pamphlet Aux vérités amères se mêlent les réflexions les plus heureuses les vues les plus justes sur l'avenir de la poésie, beaucoup répondent aux secrètes espérances que chacun de nous, pour prosaïque qu'il soit, entretient au foyer poétique de son âme

Des études sur « *l'Art* » sauf celle sur Gustave Doré, qui est semée de mots et de traits brillants, nous ferions meilleur marché, à vrai dire, M Desjardins n'y paraît pas en son domaine propre

Mais où il prend sa revanche c'est avec la dernière partie de l'œuvre intitulée « *Rêverie et Sentiment* » Oh ! là je sais bien que tout le monde ne sera pas de notre avis, certaines personnes se refuseront à goûter telles pages d'une analyse un peu ténébreuse ou d'une psychologie presque maladive, d'autres estimeront qu'une imagination puissante, et peut-être trop mobile, un esprit scintillant, mais quelquefois peu sûr conduisent de temps en temps hors des limites du goût et de la sagesse D'autres enfin — et ne serions-nous pas du nombre ? — songeront avec inquiétude aux principes absolus que la religion, la morale voire jusqu'à cette pauvre philosophie leur font un devoir de n'oublier jamais Mais bast ! M Desjardins les comprendra et leur pardonnera, ce sont des barres de fer et son âme à lui est ondoyante et diverse du moins, quand elle prend contact avec la nôtre, nous la reconnaissons et nous l'aimons

Et puis combien seront conquis par cette sensibilité raffinée par ces subtilités de l'esprit et du cœur dont jouissent et souffrent alternativement tant de jeunes gens d'aujourd'hui par ces aperçus déjà si justes, bien que peu lumineux encore, sur l'état d'âme de nos contemporains et le sentiment religieux qui les envahit peu à peu aurore nécessaire d'un renouveau de la foi chrétienne auquel il nous sera donné d'assister ! Il nous semblait en lisant telle conversation avec « le Prieur d'Engelbert » qu'il devait y avoir dans ces quelques pages comme le prélude d'une œuvre plus importante où vivrait notre génération avec les ruines qu'elle a accumulées et les renaissances qu'elle espère Ce serait l'œuvre de longues années, elle est digne de tenter M Desjardins Qu'à de rares qualités instinctives à l'imagination qui voit, à l'intelligence qui comprend et qui juge, il sache joindre cette fermeté et cette cons

tance de l'esprit, qui ne paraissent pas toujours en son premier ouvrage,
— nul plus que lui ne saura la mener à bien. Alfred BAUDRILLART.

NÉCROLOGIE

LE CARDINAL PITRA

Le cardinal Pitra vient de mourir, à l'âge de soixante-dix-sept ans. Cette longue vie a été tout entière consacrée à la science et à la religion. Il débuta dans l'érudition par la publication d'une curieuse inscription grecque chrétienne, trouvée à Autun, où il résidait alors, comme professeur au Petit Séminaire. Peu après il entra à Solesmes, où il fut un des premiers compagnons de dom Guéranger. Pendant que celui-ci se dépensait dans des controverses incessantes qui devaient donner à la nouvelle congrégation bénédictine un pli assez fâcheux, dom Pitra se consacra tout entier à l'érudition ecclésiastique. Sous le ministère Falloux il reçut diverses missions scientifiques, qui lui permirent de visiter les bibliothèques de toute l'Europe, notamment de l'Angleterre, de la Hollande et de la Russie, et d'y recueillir une riche moisson de pièces inédites, grecques ou latines. C'est à cette tâche de glaneur utile et infatigable qu'il s'était senti appelé dès les premiers jours. Il a commencé par un Spicilège et fini par des *Analecta*. Le cardinal Maï l'avait précédé dans cette voie et cet exemple paraît avoir un peu influé sur sa vocation. Il avait entrepris dans un autre ordre d'études, un grand travail sur le droit canonique grec *Juris ecclesiastici Græcorum historia et monumenta*. Mais la plus méritoire de ses œuvres est peut être celle à laquelle un autre nom que le sien restera attaché, la *Patrologie* de Migne, dont la partie latine a été commencée sous ses yeux et son inspiration.

Si dom Pitra s'absorbait volontiers dans les recherches inédites, ce n'est pas qu'il ne s'intéressât aux choses de ce monde. Mais il les voyait en poète. Romantique inconscient, il était au premier rang de ces chrétiens optimistes, qui, parce qu'on s'était remis à étudier les vieilles chartes et à dire du bien des cathédrales, s'imaginèrent qu'ils allaient voir ressusciter le XIII siècle, et encore un XIII siècle de fantaisie, celui qu'ils trouvaient dans la *Vie des Saints* et la *Somme de saint Thomas*. Avec cet idéal en tête on est exposé à des chocs assez durs contre les réalités du temps présent. Le cardinal en fit l'épreuve. Il connut des jours amers. Mais il leur fit bonne figure. Quand on le vit par terre, les courtisans s'empressèrent contre lui. Il connaissait son devoir et ses classiques. Une fois accomplie l'exécution qu'il jugea nécessaire, il s'en tint là, se redressa et l'on vit que sous sa pourpre, il y avait un froc un vrai froc, et dans le froc un moine, un vrai moine. C'est dans cette attitude qu'il se souvint des vers de Juvénal où il est question de l'odieuse foule « qui hait les condamnés »

Celui qui écrit ces lignes n'est pas sans avoir eu quelques querelles avec le défunt. Mais cela ne sortait guère de la littérature, et encore le cardinal ne procédait-il pas directement. Il lâchait contre moi dom Chamard ou quelque autre confrère, et riait sous cape en regardant le pugilat. Les relations n'en étaient nullement altérées. Chaque fois que j'allais à Rome, je trouvais toujours bon accueil au couvent de San Callisto ou dans les divers évêchés occupés successivement par Son Éminence. J'ai surtout souvenance d'une grand'messe célébrée dans la cathédrale de Porto, une cathédrale bien modeste, installée dans un coin de la pauvre ferme qui constitue tout l'évêché et même toute la ville épiscopale. Le cardinal m'avait fait l'honneur de me prendre pour assistant à son trône pontifical, ce qui fit courir le bruit que j'étais devenu chanoine de Porto. Les clercs de sa maison chantaient l'office avec une pompe toute rustique. M. de Rossi formait l'assistance, flanqué des gens de la ferme, d'une demi-douzaine de chasseurs et de ceux des gamins de l'endroit que l'on n'avait pas transformés en Éliacins.

Pour moi, qui ne tiens pas aux splendeurs, c'était ravissant. Un père capucin nous régala d'un fort bon sermon sur saint Hippolyte. Au moment consacré, le prince de l'Église me donna le baiser de paix. *Pax tecum!* Et je lui répondis suivant le rituel *Et cum spiritu tuo!*

Il l'a maintenant la paix de l'esprit, cet homme droit, simple, désintéressé. Il est désormais à l'abri des réalités tristes, il n'aura plus le spectacle des compromis, des transactions nécessaires sans doute, mais à d'autres yeux que les siens. Il emporte les regrets des personnes capables d'estime pour une vie tout entière consacrée à la religion et à la science. Nos compatriotes qui l'ont connu à Rome, conserveront de lui un souvenir spécial. Dans un monde où nous ne sommes guère aimés, il sut rester toujours français de cœur. Notre École de Rome en sait quelque chose, il l'aimait et le lui faisait voir. Je ne suis pas le seul de ses membres qui ait été promené dans ses modestes équipages. Élie Berger, par exemple, en a usé bien plus largement. Il aimait à nous réunir à sa table, à nous voir autour de lui. Aussi était-il de tradition de le considérer comme une sorte d'ancêtre. Le premier jour de l'an, aux visites officielles que nous faisions en corps aux deux ambassadeurs, s'en joignait toujours une au cardinal Pitra.

Il fut un temps où il nous rendait nos visites. En ce temps-là, qui ne dura qu'une année, nous avions une petite maison que nous louait Mgr de Mérode, au fond d'un cul-de-sac, derrière la célèbre Consulta où M. Crispi rend maintenant ses oracles. Notre directeur, le bon et sage Albert Dumont, y avait installé le siège social. Muntz et moi nous y gîtions avec lui. De temps en temps, on voyait arriver le cardinal, qui profitait de nos ombrages — de très beaux ombrages, s'il vous plaît — pour réciter son bréviaire. Il était là chez lui : on ne l'abordait que s'il en manifestait le désir. Mais on le couvait des yeux. Muntz, qui a toujours été un hérétique très bien pensant, ne se possédait pas de joie en contemplant son cardinal. La calotte rouge circulant dans le vert des orangers et des pins, éveillait en lui je ne sais quel souvenir des Bessarion et des Bembo. Il était très flatté d'avoir chez lui ce revenant du temps de Léon X. Et notez qu'il ne se trompait pas de beaucoup. Le cardinal Pitra savait le grec, à lui seul, plus que toute la cour de Rome, et, quant au latin, il l'écrivait avec une aisance, un enjouement admirable.

Ces visites furent interrompues par notre installation au palais Farnèse. Le cardinal n'y aurait pas mis les pieds pour un empire, crainte de rencontrer le représentant de la France auprès de « l'usurpateur ». Un de ses collègues y logeait cependant, au même étage que nous, mais il dut se priver des visites de l'évêque de Tusculum : le cardinal Pitra était intransigeant, et intransigeant pratiquant.

Que d'autres jugent son attitude, ses idées, ses œuvres même. Il suffit qu'il ait été toute sa vie, sous la pourpre du cardinal comme sous le froc du moine, un chrétien consciencieux, un noble caractère, un fidèle ami de la science et de la patrie, pour que son nom reste honoré parmi nous.

L. DUCHESNE

CHRONIQUE

28. ROME. *Académie d'archéologie chrétienne,* séance du 27 janvier 1889 (pas de séance en décembre). — M. GAMURINI lit un mémoire sur les fouilles récemment exécutées à Nazareth et qui ont mis à découvert les restes d'une vaste grotte à moitié construite ; il voit dans cette grotte une citerne de l'époque romaine, le *fontem lucidissimum unde aquam in vasculis per trocheas in ecclesia extraunt* dont parle Pierre diacre et qui était immédiatement au dessous de l'église *ubi quondam fuerat domus in qua Dominus nutritus est infans* comme dit le même Pierre diacre d'après Sainte Sylvie et Bède. — M. BATIFFOL communique un itinéraire à Jérusalem et Bethléem qu'il extrait de la légende grecque de S. Macaire Romain, légende qu'il attribue au VI/VII siècle ; cet itinéraire mentionne entre autres lieux saints à Bethléem le puits où était tombée l'étoile des Mages, le « puits où chai l'estoile qui conduisoit les trois roys » comme dit un itinéraire français du XII siècle. — M. FICKER communique la collection des sarcophages chrétiens relevés par lui en Espagne à Ampurias, à Girone, à Barcelone, à Sarragosse, à Astorga, à Madrid, à Tolède, à Tarragone, à Talavera la Reina, à Ecija ; ce sont les mêmes sujets que l'on trouve dans les sarcophages romains, traités parfois avec un art tout autre ; la plupart sont de la belle époque du IV et du V siècles et viennent suppléer aux lacunes de l'épigraphie espagnole.

29. La soutenance des thèses présentées par les élèves de troisième année de l'École des Chartes a eu lieu dans la dernière quinzaine de janvier. Treize diplômes d'archiviste paléographe ont été accordés par le jury. Deux candidats ont été ajournés.

Voici, par ordre de mérite, les noms des nouveaux archivistes avec le titre des thèses soutenues par eux :

M. Leonardon, *L'intervention de Catherine de Médicis dans l'affaire de la succession de Portugal (1578-1583)*. — M. Eulart, *Étude sur les monuments religieux de l'architecture romane des anciens diocèses d'Amiens, Arras et Thérouanne*. — M. Picard, *Bureau de la Rivière, favori de Charles V et Charles VI (1330-1400)*. — M. Batiffol, *Jean Jouvenel, prévôt des marchands (1360-1462)*. — M. Portal, *Les Insurrections de Tuchins dans les pays de langue d'oc, vers 1382-1384*. — M. Richebé, *Essai sur le régime financier de la Flandre avant l'institution de la Chambre des comptes de Lille*. — M. Souchon, *Essai de géographie historique sur l'ancien diocèse de Beauvais aux XII et XIII siècles (1149-1217)*. — M. Michel, *Richard de Saint Victor*. — M. Nerlinger, *Pierre de Hagenbach et la domination bourguignonne en Alsace de 1469-1474*. — M. Eckel, *Étude sur le règne de Charles le Simple (893-929)*. — A été admis à titre d'élève étranger M. Aubert, auteur d'une thèse sur les *négociations des ambassadeurs de France auprès des Suisses pendant le règne de Henri III*. — Ont été admis hors rang deux élèves de promotions antérieures : M. Desplanches, *Le transport de Flandre, première réunion de la Flandre française à la France (1297-1369)*, — et M. Souillié, *La confédération des chapitres cathédraux de la province ecclésiastique de Reims (1234-1428)*.

30. La *Bibliothèque de l'enseignement des Beaux-Arts* publiée par la maison Quantin vient de s'enrichir de deux volumes nouveaux : Le *Manuel d'archéologie orientale* de M. Babelon et *l'Architecture grecque* de M. Laloux.

Le domaine que parcourt M. Babelon embrasse toutes les civilisations de l'ancien Orient, moins l'Égypte. Il s'étend aux Chaldéens, aux Assyriens, aux Perses avant Alexandre, aux Héttéens de Syrie, de Cappadoce et d'Asie Mineure, aux Juifs, aux Phéniciens, à Cypre même et enfin aux Carthaginois et à leurs colonies. Son intention, en présentant un tableau résumé de l'art oriental, est de montrer qu'il y a unité dans l'ensemble et que la diversité des peuples que nous venons d'énumérer n'empêche pas l'harmonie. Tout l'art oriental se réduit à la combinaison de deux éléments, l'élément égyptien et l'élément assyrien. Les arts locaux résultent de la variété dans les proportions du mélange des deux arts. C'est la démonstration de cette théorie qui est l'intérêt principal du livre. Il est inutile d'ajouter que le *manuel* de M. Babelon est au courant des dernières découvertes, notamment en ce qui touche l'art des Perses. — L'*Architecture grecque* de M. Laloux ne mérite pas moins d'éloges. L'auteur, à la fois architecte et archéologue, a mis à profit les travaux si nombreux faits depuis quelques années sur les constructions des Grecs. Il a su faire un choix judicieux au milieu de l'énorme quantité de matériaux qui s'offraient à lui et faire comprendre à ses lecteurs à la fois l'ordonnance des principaux édifices et la place qu'ils occupaient dans l'ensemble grandiose dont ils faisaient partie. Il remarque en particulier que l'étude des ordres démontre que les règles fixées par Vitruve n'ont rien d'absolu, mais qu'au contraire les rapports entre les dimensions étaient extrêmement variables et soumis au caprice des constructeurs. Nous devons le louer enfin du choix judicieux des gravures et de la sobriété avec laquelle il met à la portée des profanes les connaissances techniques indispensables pour comprendre l'importance et la nature des découvertes déjà anciennes et de celles qui sont faites chaque jour dans le domaine de l'architecture grecque.

E. B.

SOCIÉTÉ NATIONALE DES ANTIQUAIRES DE FRANCE

Séance du 5 Décembre. — La Compagnie procède au renouvellement de son bureau qui sera ainsi composé pour l'année 1889 : Président, M. G. Schlumberger ; 1ᵉʳ vice-président, M. Gaidoz ; 2ᵉ vice-président, M. Muntz ; Secrétaire, M. de Boislisle ; Secrétaire adjoint, M. Ulysse Robert ; Bibliothécaire archiviste, M. Pol Nicard ; Trésorier, M. Aubert ; Commission des impressions, MM. A. de Barthélemy, M. Collignon, abbé Thedenat, Heron de Villefosse, L. Courajod ; Commission des Fonds, MM. Longnon, Prost. — M. de Boislisle continue la lecture de son mémoire sur les statues de Louis XIV. — M. Mowat communique une inscription chrétienne trouvée à Malaga et un sceau en bronze avec la devise *Barbarine vivas*. — M. Durrieu présente la photographie d'une statuette de Vénus en albâtre appartenant à M. Em. George, juge au tribunal de Belfort.

Séance du 12 Décembre. — M. de Laigue, associé correspondant, présente une oreille de vase antique en bronze trouvé à Néris où sont figurés les jeux du cirque. — M. le baron de Baye communique l'empreinte d'une pierre gravée chrétienne provenant d'Alexandrie. — M. Courajod communique ou signale différentes imitations de l'antique exécutées au temps de la Renaissance, notamment un très beau buste en bronze faussement dénommé Euripide dont il a retrouvé l'original antique à Florence. M. Courajod présente ensuite un buste en bronze qu'on croit être le portrait de Louis III de Gonzague et qu'il est tenté d'attribuer à Baroncelli ou à Dominico de Paris. Ces deux bustes font partie de la collection de M. Edouard André. — M. Collignon lit un mémoire sur diverses têtes antiques trouvées dans l'île d'Amorgos.

Séance des 19 et 26 Décembre 1888. — M. de Laigue lit une note sur un groupe sculpté comprenant deux figures, l'une assise l'autre debout, trouvé à Néris. — M. le baron de Baye communique les photographies de plusieurs objets en métal trouvés à Harmignies en Belgique. — M. le Président annonce la mort de M. Aubert, trésorier de la Société. — M. Rey lit une note sur le lieu nommé *Ad Salinas* dans la Chronique de Gauthier le chancelier ; il identifie ce lieu avec le lac de Djabboul au sud d'Alep. — M. Muntz signale une conjecture de M. Valton au sujet d'un portrait des offices attribué à Boticelli. Il établit que ce portrait que l'on croyait représenter soit Pic de la Mirandole soit un inconnu est en réalité un portrait de Pierre de Médicis. — M. Durrieu communique une note sur le miniaturiste Henri d'Orquevaultz qui travaillait à Metz entre 1400 et 1440. — M. d'Arbois de Jubainville présente une série d'observations sur les noms de lieux dérivés de noms propres d'hommes.

ACADÉMIE DES INSCRIPTIONS ET BELLES LETTRES

Séance publique annuelle du 23 novembre. — M. le Marquis d'Hervey de Saint Denys, président, lit le discours d'usage. Hommage à la mémoire des académiciens décédés pendant l'année. Proclamation des prix décernés en 1888. Antiquités nationales : L'Académie décerne trois médailles : 1. Léon Cadier, *Les états de Béarn depuis leurs origines jusqu'au commencement du XVIᵉ siècle* ; 2. Allmer et Dissard, *Trion, antiquités découvertes en 1885, 1886 et antérieurement au quartier de Lyon dit Trion* ; 3. L. Legrand, *Les Quinze Vingt depuis leur fondation jusqu'à leur translation au faubourg Saint Antoine*. L'Académie décerne en outre six mentions : 1. F. Aubert, *Le Parlement de Paris de Philippe le Bel à Charles VII* ; 2. Lebègue, *Inscriptions antiques de Narbonne* ; 3. L. Guibert, *Chalucet* ; 4. Abbés Dehaines et Bontemps, *Histoire d'Iwuy* ; 5. Abbé Douais, *Cartulaire de l'abbaye de Saint Sernin de Toulouse* ; 6. Abbé Guillotin de Corson, *Pouillé historique de l'archevêché de Rennes*

Une mention hors rang est décernée au duc de la Trémoille pour les publications qu'il a tirées des archives de sa maison. PRIX DE NUMISMATIQUE DUCHALAIS. Arthur Engel et Ernest Lehr, *La numismatique de l'Alsace*. PRIX GOBERT. 1⁰ prix, Elie Berger, *Les registres d'Innocent IV*; 2⁰ prix, E. Cosneau, *Le connétable de Richemont, Arthur de Bretagne*. PRIX BORDIN. L'Académie avait proposé cette question: *Exposer méthodiquement la législation politique, civile et religieuse des capitulaires*. Le prix n'est pas décerné. M. L. J. Clotet obtient une récompense de 1500 francs. PRIX BRUNET. L'abbé Ulysse Chevalier, *Répertoire des sources historiques du Moyen âge*. PRIX STANISLAS JULIEN. G. Devéria, *La frontière Sino-Annamite*. PRIX DELALANDE-GUÉRINEAU. E. Pottier et S. Reinach, *La nécropole de Myrina*. PRIX DE LA GRANGE. Louis Demaison, *Aimeri de Narbonne*. FONDATION GARNIER. Les intérêts de cette fondation sont attribués cette année à trois missionnaires résidant en Afrique: Le R. P. Livinhac, vicaire apostolique du lac Nyanza; le R. P. Coulbois, provicaire apostolique de la mission du Haut Congo, sur la rive ouest du lac Tanganika; le R. P. Hautecœur, supérieur de la mission de l'Ounyanyambe a Tabora. Il leur est recommandé en général de s'occuper de toutes les questions de géographie, d'ethnographie, de linguistique, qui intéressent la science, et de rechercher s'il n'existerait pas dans ces contrées des voies commerciales accessibles aux Européens. M. le Marquis d'Hervey de Saint-Denys annonce ensuite les sujets de concours dont les termes expirent en 1888, 1889 et 1890. — M. Wallon, secrétaire perpétuel, lit une notice historique sur la vie et les travaux de M. Natalis de Wailly, membre ordinaire de l'Académie. — M. L. Delisle lit un mémoire intitulé: *Un grand amateur français du XVII⁰ siècle, Fabri de Peiresc*. — En exécution d'un arrêté du ministre de l'instruction publique rendu en 1883, l'Académie déclare que les élèves de l'école des Chartes qui ont été nommés archivistes paléographes par arrêté ministériel du 4 février 1888 sont: MM. Ebel (Arnold), Jacqueton (Jean Hugues), Finot (Louis), Dupont-Ferrier, Ledos (Eugène), Bourgeois (Louis), Spont (Alfred), Bonin (Charles), Ducom (André), Lhermitte (Julien), Thierny (Paul), Tissier (Jean). Les quatre derniers étant admis hors rang.

Séance du 30 novembre. — M. le Ministre de l'instruction publique envoie à l'Académie, de la part du R. P. Delattre, la liste des objets récemment volés au musée Saint-Louis à Carthage. Cette liste, qui occupe sept pages in-folio, est renvoyée à la commission de l'Afrique du Nord. — M. le Marquis de Vogüé expose à l'Académie les résultats des fouilles exécutées récemment par le R. P. Delattre. Les recherches ont porté sur deux points: la colline de Byrsa et la nécropole de Gamart. A Byrsa on a trouvé une série de sépultures qui datent des premiers temps de la Carthage punique. Parmi ces sépultures il y a un tombeau intéressant dont la construction a quelque analogie avec celui qu'on a déjà découvert près de la cathédrale actuelle. Il a l'avantage d'être intact; les cadavres sont couchés sur des lits funéraires accompagnés d'armes, de bijoux, de poteries, etc., particularités utiles pour l'étude de l'histoire de l'art à ces époques primitives; des fragments de poterie avec inscriptions phéniciennes permettent d'établir, de curieux rapprochements avec la céramique des Grecs. Les fouilles de la nécropole de Gamart ont prouvé qu'elle ne remonte pas à la haute antiquité qu'on lui avait attribuée, mais date de l'époque romaine et était destinée à la colonie juive. M. le marquis de Vogüé communiquera prochainement à l'Académie les plans, dessins et photographies du R. P. Delattre. — L'Académie se forme en comité secret pour discuter les titres des candidats à la place de M. Bergaigne; ce sont MM. Courajod, de Lasteyrie, Clermont-Ganneau, l'abbé Duchesne. M. Luchaire s'est désisté.

Séance du 7 Décembre. — M. le Secrétaire perpétuel lit une lettre par laquelle M. L. Courajod retire sa candidature. — L'Académie procède à l'élection d'un membre ordinaire en remplacement de M. Bergaigne.

	1 tour	2 tour
MM. Clermont-Ganneau	14 voix	16 voix
L'abbé L. Duchesne,	15 »	21 » élu
R. de Lasteyrie	8 »	0 »

L'élection de M. l'abbé Duchesne sera soumise au président de la République. — La place de M. Miklosich associé étranger décédé est déclarée vacante. — M. J. Flach professeur au collège de France fait une communication sur deux des mss. qui viennent de rentrer à la Bibliothèque nationale où ils avaient été volés par Libri. Ces deux manuscrits sont deux parties d'un même volume qui portait à la Bibliothèque nationale le n. 4719. C'est un recueil de droit romain composé du xi au xii siècle intitulé *Exceptiones legum romanarum* et attribué à un auteur nommé Petrus. M. Flach croit que cet ouvrage n'a pas été, comme on le croit, composé d'un seul jet. C'est une œuvre italienne complétée et augmentée plusieurs fois en France ou dans d'autres pays.

Henri Thédenat.

PUBLICATIONS NOUVELLES

Rennell Rodd. Frédéric III le prince héritier l'Empereur. 1 vol. gr. in-18. 3 fr. 50. Ollendorff. Aug. Lacaussade. Les poésies de G. Léopardi en vers français. 1 vol. in-18 jés. 3 fr. Lemerre. — Paul Bourget. Études et portraits (2 partie). 1 vol. in-18 jés. 3 fr. 50. Lemerre. — E. Picard. Discours parlementaires l'union libérale (1864-1869) tome II. fr. 50. Plon. — T. Mommsen et Marquardt. Manuel des antiquités romaines trad. de l'allemand par M. Gustave Humbert. tome VI (partie 1) et tome VIII chaque tome 10 fr. Thorin. — Lucien Schœne. Le jargon et jobelin de François Villon, suivi du jargon au théâtre. 1 vol. in-8. 20 fr. Lemerre. — Paul Bourget. Études et portraits (1 partie). 1 vol. in-18 jésus. 3 fr. 50. Lemerre. — Henri Joly. Le crime étude sociale, 1 vol. in-8. 3 fr. 50. Cerf. — Jeanroy Félix. Histoire de la littérature française sous la monarchie de juillet, 1830-1848. 1 vol. in-18. 5 fr. Bloud et Barral. — Ch. Blanc. La sculpture. 1 vol. in-8 écu br. 3 fr. 50. H. Laurens. — Jacquinet. Madame de Maintenon dans le monde et à St Cyr. 1 vol. in-12 br. 3 fr. Belin. — J. Labbé. L'art de composer et d'écrire. 1 vol. in-12 cart. 1 fr. 50. Belin. — *** Le livret de l'étudiant de Paris. 1 vol. in-18 br. 0 fr. 50. Delalain. — A. Pelissier. L'apogée de la monarchie française. 1 vol. in-8. 5 fr. Haton. — Franck Horhidge. La science de l'enseignement. 1 vol. in-18. 2 fr. 50. A. Rousseau. — Th. Ribot. Psychologie de l'attention. 1 vol. in-18. 2 fr. 50. Alcan. E. Joyau. Essai sur la liberté morale. 1 vol. in-12. 3 fr. 50. Alcan. — Félix Cellarier. Études sur la raison. 1 vol. in-18. 3 fr. Alcan. — J. T. Mahaffy. L'antiquité grecque. 1 vol. in-32. 0 fr. 60. Alcan. — L. Auge. Les spectacles antiques. in-16. 2 fr. 25. Hachette. — Dieulafoy (M™ Jane). A Suze in-4 br. 30 fr. Hachette. — E. Caro. Philosophie et philosophes. in-16, 3 fr. 50. Hachette.

Le Gérant : E. Thorin.

BULLETIN CRITIQUE

SOMMAIRE. — 25. L. Guibert. Le Graduel de la Bibliothèque de Limoges. *E. Misset.* — 26. R. Davidsohn. Philip II August von Frankreich und Ingeborg. *J. Guiraud.* — 27. C. de Gontaut Biron. Ambassade en Turquie de Jean de Gontaut Biron. *P. Pisani.* — 8. L. Pastor. Histoire des Papes depuis la fin du moyen âge (trad. par F. Reynaud). *P. F.* — 29. Emmanuel de Broglie. Mabillon et la société de Saint-Germain des Prés. *A. Pérate.* — 30. A. Prudhomme. Histoire de Grenoble. *R. D.* — 31. A. de Boislisle. Mémoires de Saint-Simon tome VI. *A. Ingold.* — 32. F. Bouillier. Nouvelles études de psychologie et de morale. *E. P.* — 33. Baron Hochschild. Désirée reine de Suède et de Norvège. *A. Baudrillart.* — Chronique. — Société nationale des Antiquaires de France. — Académie des Inscriptions et Belles Lettres. — Publications nouvelles.

25. — **Le Graduel de la Bibliothèque de Limoges.** Notice et extraits par M. L. Guibert. Rapport sur la communication de M. Guibert par M. Paul Meyer, membre de l'Institut. Paris. 1888.

Il existe à la bibliothèque de Limoges un manuscrit liturgique important. C'est un Graduel qui renferme des pièces farcies en langue d'oïl et un grand nombre de proses ou séquences latines. On lit sur la première page qu'il a été donné, le 7 Mai 1387, à l'église de Saint-Junien, au diocèse de Limoges, par Pascal Hugonot abbé de la Couture du Mans.

M. Guibert vient de décrire minutieusement ce manuscrit. Il a relevé en entier la liste des proses et publié *in extenso* le texte des morceaux farcis. Il a de plus, nous dit M. Paul Meyer « fait avec critique l'histoire du manuscrit. Il a parfaitement établi que pour avoir été donné à Saint-Junien, ce Graduel n'en était pas moins tout à fait étranger au Limousin. » — C'est absolument notre avis, et, si nous avons un reproche à faire à M. Guibert, c'est de n'avoir pas conclu assez résolument, c'est de n'avoir pas tiré de ses conclusions les conséquences très intéressantes, très précises qui en découlent.

Nul doute en effet que le Graduel n'ait été composé pour le diocèse de Poitiers. La prose spéciale en l'honneur de Sainte Radegonde le démontre suffisamment. Nul doute encore qu'il n'ait été composé pour une abbaye de femmes. Il contient deux proses en l'honneur de Sainte Catherine, deux proses en l'honneur des onze mille vierges, une prose en l'honneur de sainte Marguerite, une miniature qui représente des religieuses à genoux devant la Sainte Vierge, une note où il est dit que « Madame (c'est-à-dire l'abbesse) doit une pinte de vin » au copiste

Que peut on souhaiter de plus ? M. Guibert ne voit là qu'« une hypothèse qui s'appuie sur une base bien fragile ». C'est un excès de timidité.

En tous cas, continue-t-il, si l'on veut chercher quel était l'ordre « dont dépendait cette communauté, il n'est pas facile de relever au manuscrit les éléments d'une attribution sérieuse ». Essayons quand même. *Audaces fortuna juvat !* Le Graduel ne renferme pas moins de 38 proses en l'honneur de Notre-Dame. On trouverait difficilement un graduel, prosaire ou missel en renfermant autant. Cela n'indique-t-il pas une communauté placée sous le patronage tout spécial de la Sainte Vierge ? Or il existait dans l'ancien diocèse de Poitiers, sur les confins de l'Anjou, une abbaye singulière. Les religieux, afin d'honorer davantage la Mère de Dieu, y étaient soumis à une abbesse. « Madame » pouvait, sans rendre compte à personne, disposer de tout le temporel, et à plus forte raison d'« une pinte de vin ». Les religieuses de chœur avaient la Vierge pour patronne. C'était Fontevrault.

Le Graduel contient en outre deux proses en l'honneur de Saint Jean l'Évangéliste. L'une des deux ne prouve rien. C'est le fameux *Organicis* qui se trouve partout et qui existe à la Bibliothèque Nationale dans plus de quarante manuscrits. Mais l'autre est une prose toute particulière, unique, et par conséquent absolument caractéristique. *Praecelsa laude Jesu caro.* A elle seule elle indique une abbaye où saint Jean était l'objet d'un culte spécial. Or saint Jean l'Évangéliste était à Fontevrault le patron des religieux.

Les deux proses de Sainte Madeleine nous conduisent à la même conclusion. L'une est sans importance à notre point de vue. C'est le célèbre *Mane prima sabbati.* Il est peu de missels qui ne le renferment pas. Mais à la page 254, le Graduel contient une pièce spéciale en l'honneur de la pécheresse de l'Évangile. *Domum obedientiae dum intraret rex gloriae.* Or il y avait à Fontevrault un asile de filles repenties placé sous l'invocation de Sainte Marie Madeleine.

Ce n'est pas tout. Saint Thomas Becket, lui aussi, a dans ce graduel une prose qu'on ne retrouve nulle part ailleurs. M. Guibert l'a publiée en entier.

> *Dic Anglia,*
> *Cum matre, dic Ecclesia*
> *Alleluia !*

Or l'église de Fontevrault renfermait ce qu'on appelle encore aujourd'hui le « cimetière des rois ». Nombre de princes anglais y reposaient, (car Fontevrault était possession anglaise). Parmi eux se trouvait Henri II, le meurtrier de l'évêque de Cantorbéry. C'est auprès de son tombeau que les religieuses chantaient :

> *Immolatur dux gregis*
> *Ab ursis NOSTRI regis*

Le doute n'est donc pas possible. Si d'ailleurs on veut se reporter aux Missels imprimés en 1515, 1534, 1604 à l'usage de l'abbaye de Fontevrault, on y trouvera, au milieu de morceaux plus modernes, la plupart des proses du Graduel de Limoges, et en particulier les pièces caractéristiques que nous venons de signaler.

M. Guibert, j'en ai peur, a vieilli son manuscrit d'un siècle environ. Il l'attribue à la seconde moitié du XIII° siècle. (Je ne l'ai pas vu et par conséquent je n'en parle que sous toutes réserves.) Mais il renferme trop d'initiales fantaisistes, trop « de rinceaux, de lacs, de branchages, de fleurs, de motifs d'architecture, d'animaux et de personnages ». Le XIII° siècle était plus sobre. Il renferme en outre un certain nombre de morceaux que je n'ai jamais rencontrés que dans des manuscrits de la fin du XIV° siècle. Je signale spécialement la prose de Sainte Anne qui se lit à la page 276.

Mater Matris Domini

Elle est, au témoignage de M. Guibert, de la même main que l'ensemble du Graduel. S'il en est ainsi, la cause est jugée. La fête de Sainte Anne fut instituée en effet, à la demande des prélats d'Angleterre, par le pape Urbain VI, en l'an 1378. Le Graduel ayant été donné à l'église de saint Junien en 1387, c'est donc entre les années 1378 et 1387 qu'il conviendrait de fixer la date où il fut terminé.

La liste des proses dressée par M. Guibert dénote une certaine inexpérience liturgique, très explicable d'ailleurs chez un laïque. Il n'a pas vu, par exemple, que l'ordre de l'année ecclésiastique y est strictement observé, depuis le premier Dimanche de l'Avent, c'est à dire depuis le commencement de décembre environ jusqu'au 30 novembre. Il a attribué une prose de l'Assomption à saint Agapit et la célèbre prose de la Nativité *Alle caeleste* à sainte Sabine. La prose de Saint Thomas Becket, qu'il a éditée « à titre d'échantillon » est loin d'être exempte de fautes dans son manuscrit. Je lui signale : *mactavi* pour *mactant* (st 2), *granum mortuorum* pour *granum mortuum* (st 7), toute la strophe 6 où il donne *abit* pour *obit*, *obit* pour *ob id*, *sit* pour *fit*. Il a signalé lui-même les strophes 11 et 12, où il avoue ne rien comprendre. Elles doivent être ainsi rétablies :

NEC *scribae sic rei*
Nec sunt Pharisaei
Nec Judaeorum gens misera
AT HI AMORRHEI
Ut qui hostes ei
QUEM *genuit puerpera*

Malgré ces quelques critiques, le travail de M. Guibert est fort intéressant, M. Paul Meyer a eu raison de l'honorer d'un rapport et de le faire publier au *Bulletin du Comité des travaux historiques*.

E. MISSET.

---

26 — Philipp II August von Frankreich und Ingeborg, von D. Robert DAVIDSOHN. Stuttgart, Cotta, 1888, in-8, 337 p.

Voici un ouvrage d'actualité. Sans doute le titre ne semble guère l'indiquer. Comment les aventures conjugales de Philippe Auguste pourraient-elles passionner nos contemporains? Et cependant ceux qui auront suivi les péripéties du divorce royal serbe s'intéresseront aux luttes de Philippe Auguste contre Ingeburge. Ce livre aura d'autres lecteurs : quiconque voudra connaître la diplomatie de la France à cette époque, ses rapports avec la papauté, l'Angleterre, l'Allemagne et même le Danemark, devra le lire. Enfin aucun historien à la recherche d'une œuvre scientifique et vivante n'éprouvera de déception en lisant M. Davidsohn.

L'auteur ne s'est pas contenté des chroniques et des lettres qui sont publiées : il a mis à contribution les documents inédits de France et de Danemark ; il connaît à fond les archives et les archivistes des deux pays, bien qu'il place prématurément M. L. Delisle à l'Académie française. Ne croyez pas cependant que cet appareil scientifique imposant donne à cet ouvrage un air rebarbatif : il se lit avec plaisir. L'auteur a très bien dessiné les principaux personnages qui s'agitent dans son livre. Philippe-Auguste avec sa nature « aux nombreux replis » formée « de ruse et de force (p. 9). Ingeburge, dont M. D. se fait le défenseur, le chevalier servant : il nous décrit avec attendrissement sa constance dans les malheurs (p. 49), la délicatesse de ses sentiments (p. 66) ; il nous a montré gardant pieusement le souvenir de ce mari dont elle avait tant à se plaindre (chap. xv) et terminant sa vie dans la prière et les bonnes œuvres (pp. 271-283).

Lorsqu'un écolier étudie le règne de Philippe Auguste, on lui représente presque toujours le mariage de ce roi avec Ingeburge, son divorce, son mariage avec Agnès de Méranie, comme un épisode rattaché par des liens très lâches au reste de l'histoire ; c'est une anecdote qui montre combien les passions humaines nuisent à la sagesse des politiques, ajoute un digne professeur disciple de Plutarque. M. D. au contraire s'est appliqué à nous montrer l'importance qu'a eue la diplomatie dans les affaires matrimoniales de Philippe Auguste ; d'ailleurs le portrait qu'il nous avait tracé de ce roi dans le premier chapitre nous le faisait prévoir. Si Philippe-Auguste va chercher une femme en Danemark, c'est que la guerre contre les Anglais est sa principale préoccupation et qu'il a besoin pour la poursuivre de l'alliance danoise. « Quelle dot désire votre maître ? » demande aux ambassadeurs français le roi Knut VI. — « L'ancien droit des Danois sur l'Angleterre, répond l'évêque de Noyon » (p. 21). Pourquoi Philippe-Auguste épouse-t-il en 1196 la fille du duc de Méran ? c'est à cause de sa beauté, a-t-on l'habitude de répondre, et cette réponse n'en est pas une. M. D. nous explique l'importance politique de ce mariage. Par son divorce avec Ingeburge, le roi de France s'est fait des ennemis acharnés de ses anciens alliés, les Danois et les Guelfes du Brunswick, apparentés à la famille royale de Danemark. Or le seigneur de Méran, au contraire, est un des chefs du parti Gibelin. Abandonnant les Guelfes, Philippe-Auguste recherche les Gibelins. N'oublions pas d'ailleurs que l'empereur Henri VI, cousin d'Agnès, est le geôlier de Richard-Cœur de Lion, et nous verrons encore mieux quel intérêt Philippe-Auguste avait à cette alliance politique et matrimoniale avec les Hohenstaufen. Lorsque Innocent III, ennemi naturel des Gibelins, s'élève avec indignation contre le divorce et prend Ingeburge sous sa protection, l'alliance se resserre encore et le traité de Worms est signé le 29 juin 1298 par le roi de France et Philippe de Souabe (chapitre V).

Ces exemples ne montrent-ils pas quels rapports étroits il y a entre la diplomatie et les aventures conjugales de Philippe Auguste ? Sans doute il est difficile de tout expliquer par la politique. Le roi capétien épouse Ingeburge à Amiens le 14 août 1193, la fait couronner le 15 et pense le même jour à divorcer. Pourquoi ce changement si prompt ? Les chroniqueurs du temps l'attribuent à l'influence ténébreuse de sorcières. M. D. cherche à l'expliquer (p. 36) : peut-être est-ce une entreprise téméraire : les deux époux semblent avoir emporté avec eux leur secret !

Un peu plus loin (chap. VI et VII), il s'agit de ce gallicanisme dont on nous a fait dernièrement la théorie. Quelle fut l'attitude de l'Église gallicane dans ce grand débat qui s'engagea vers 1200 entre Philippe Auguste et Innocent III ? Ne voyant que son devoir (p. 76), le pape prend avec énergie la défense d'Ingeburge. L'église gallicane, au contraire, prononce le divorce : les mêmes évêques qui ont célébré le mariage à Amiens, le cassent à Compiègne : ils sont guidés par Guillaume, archevêque de Reims et par les autres prélats de la famille royale : d'ailleurs ils savent mal se défendre des présents (p. 45). Et lorsque, pour forcer le roi à se soumettre à une procédure régulière, le pape lance l'interdit, la majorité, dit M. D., des prélats gallicans résiste au Siège et obéit au roi. Quelle différence y a-t-il entre le chef de cette Église nationale, le puissant archevêque de Reims, Guillaume aux Blanches mains, et tel prélat byzantin ou tel métropolite serbe qui aujourd'hui attire votre attention ? Il faut avouer que ce sentiment d'indépendance nationale qui est, dit-on, un des traits de la théorie gallicane, a entraîné, dans la pratique notre Église, dans de singuliers errements.

Je ne suivrai pas M. D. dans le détail des négociations qui se prolongèrent si longtemps entre le roi et le pape ; c'est dans ces pages que l'on peut le mieux saisir le caractère politique, rusé, intrigant de Philippe Auguste ; je suivrai encore moins l'auteur dans les développements qu'il consacre aux dernières années d'Ingeburge ; comme elles n'ont aucun rapport avec l'histoire générale et ne sont que la biographie d'une personne retirée dans l'ombre, l'intérêt diminue beaucoup.

J. GUIRAUD.

27. — Cte Th. DE GONTAUT-BIRON. **Ambassade en Turquie de Jean de Gontaut-Biron**, baron de SALIGNAC (1605-1610). 1 vol. in-8, Paris, Auch, 1888, de LXXVI-170 p. (XVIe fascicule des *Archives historiques de la Gascogne*.)

Le comte Théodore de Gontaut-Biron nous donne sous ce titre de curieux extraits d'un manuscrit de la Bibliothèque nationale (fr. 18076) signalé dans la *Revue d'Aquitaine*, par M. Tamizey de Larroque. Déjà M. de Biron dans une étude consacrée à la politique de Henri IV dans le Levant, avait fait quelques emprunts à ce manuscrit ; mais que sont ces courtes citations, quand on pense que le manuscrit ne compte pas moins de quinze cents pages in-folio. M. de Gontaut lui-même a reculé devant une telle publication et s'est contenté de choisir fort judicieusement dans le récit quelques chapitres qui se rapportent plus particulièrement à son illustre ancêtre. Encore a-t-il préféré par moments au texte de son prolixe chroniqueur le texte moins surchargé d'un autre récit de la même ambassade qui se trouve, lui aussi à la Bibliothèque nationale, et qui a pour auteur un des compagnons de voyage de l'ambassadeur, M. d'Amgusse.

Quant à la relation d'où est tiré le fond du récit, elle a été composée par l'Écuyer Bordier, qui, rentré dans sa patrie, le Périgord, après la mort de son maître, en 1610, retourna ensuite « en Levant ». Le récit se termine seulement à Alep en 1626, et nous perdons la trace de l'auteur.

Les fragments que publie M. de Gontaut forment deux parties distinctes : le voyage et le séjour de l'Ambassadeur à Constantinople. Nommé en 1603 pour remplacer M. Savary de Brèves, Gontaut-Biron ne se dispose à rejoindre son poste que dans l'été 1604. Ses instructions que nous trouvons en appendice (p. 139-148) sont du 26 juillet ; elles lui prescrivaient d'aller s'embarquer à Venise. Envoyant sa suite devant lui par la voie de Lyon et Turin, l'ambassadeur prit la route d'Allemagne ; il traversa Nancy, Strasbourg, Stuttgard, Munich et le Tyrol, reçu partout avec distinction, fêté par les princes et acclamé par les peuples. Il visite en passant toutes les « rartes » du pays, non pas qu'il soit sensible aux beautés naturelles, qui au xvii° siècle, laissaient indifférents les esprits les plus délicats ce qu'il admire, ce sont les monuments et les ouvrages curieux à Augsbourg « une horloge d'ébaisne, très artificieuse et superlative » des fontaines « les plus belles et artificieuses de Chrétienté » On lui fit voir « à Insbruc » « les sépultures de Clovis premier roi chrestien de France et plusieurs autres » Enfint après ce long voyage il arriva à Venise le 9 octobre c'est là qu'il devait remplir la première partie de sa mission Il fut accueilli par du Fresne, ambassadeur français, qui le conduisit à l'audience du Doge trois semaines se passèrent ainsi entre les négociations et les fêtes

Le 1 novembre, il repart à bord d'un navire marseillais qu'il a frété et rempli d'une énorme quantité de provisions de toutes sortes Il s'arrête le 9 à Raguse où la France avait depuis peu d'années seulement un résident Nicolas Bourdin sieur de Vilaines L'accueil du Recteur et du Senat de Raguse fut des plus magnifiques les Ragusains voyaient avec satisfaction la France sortie d'une période de troubles reprendre en Orient la prépondérance que les Anglais et les Vénitiens avaient tenté de lui enlever

Le voyage se continue, semé des mille accidents qui entouraient alors surtout la navigation vents contraires calmes, tempêtes, échouages, apparition de Corsaires enfin après deux mois et treize jours de traversée l'ambassadeur jette l'ancre le 13 janvier, 1605, aux îles Rouges qu'on nomme aujourd'hui les Iles des princes

Les péripéties de ce voyage sont fort curieuses, mais la partie la plus importante de la relation a trait au séjour de l'ambassadeur à Constantinople Les détails que nous y trouvons sur la topographie de la ville et de ses environs, sur l'état des missions catholiques sur l'organisation administrative et militaire du gouvernement ottoman sont du plus haut intérêt Il faut noter particulièrement la cérémonie de l'audience solennelle donnée à M de Gontaut par le sultan Achmet I rien ne serait curieux comme d'en comparer le récit avec celui d'autres audiences accordées au siècle suivant par exemple au marquis de Villeneuve en 1728 et au général Aubert Dubayet en 1797 c'est un des chapitres les plus remarquables de l'ouvrage

Les négociations qui remplissent les cinq ans que dura la mission de M de Gontaut sont bien moins importantes que celles qu'avait suivies M Savary de Brèves L'affaire du Bastion de France détruit par les Algériens se termina à notre honneur Les affaires religieuses furent conduites énergiquement Gontaut huguenot sincèrement converti, appela les Jésuites les installa dans le couvent de St-Benoît, et eut fort à faire pour les défendre contre les Anglais et les Turcs il le fit avec un plein succès

Bordier nous donne une description minutieuse de cette église de St Benoît « qui ne se peut assez louanger pour être de toutes celles de « Galata la plus magnifique pour ce qu'elle contient, remplie, par le « dedans haut et bas des parois et murailles d'excellentes pintures ou « figures de mosaïque si dextrement et artificieusement elabourées que « toutes celles de S⁽ᵗᵉ⁾-Sophie n'a aucun avantage sur celle ci ». La description qui suit fait regretter que, suivant la destinée commune à tous les monuments de Constantinople cette église ait été complètement détruite par un incendie et il y a lieu de croire que tout Gascon qu'il est le chroniqueur n'exagère pas. Ainsi quand il décrit le panorama dont on jouit des fenêtres de l'ambassade incendiée elle aussi, mais reconstruite sur le même emplacement, on ne peut s'empêcher d'en reconnaître la scrupuleuse exactitude.

La « triste et désolée nouvelle », de la mort d'Henry IV atteignit Gontaut en plein cœur. Souffrant d'une maladie que les médecins ne savaient combattre, le serviteur ne survécut pas longtemps à son maître. Il s'éteignit le 11 octobre et fut enterré en grande pompe en l'église St Benoît. Il laissait la gestion de l'ambassade à son frère Jacques de Gontaut seigneur du Carla, qui mourut dans ce poste quelques mois plus tard. Il faut lire les pages touchantes où le fidèle écuyer raconte les derniers jours de son maître.

En résumé c'est là une publication qui offre un véritable intérêt historique et que les grâces d'un style naïf et élégant rendent d'une lecture fort attrayante.

La Préface contient une note historique assez étendue sur Jean de Gontaut « J'ai servy 42 ans sans intermission le feu Roy votre père écrivait-il le 4 Septembre 1610 au Roi Louis XIII sans « que la Contagion du siècle m'aye tant soit peu pu ebranler. C'est une tâche agréable que d'écrire une vie qui peut se résumer dans cette phrase qu'il me suffise de dire que M. le comte Th. de Gontaut Biron a su s'en acquitter d'une façon digne de son héros.

P. PISANI

---

28. — **Histoire des papes depuis la fin du moyen âge** ouvrage écrit d'après un grand nombre de documents inédits extraits des Archives secrètes du Vatican et autres par le docteur Louis PASTOR, professeur à l'Université d'Innsbruck traduit de l'allemand par Furcy Raynaud Paris librairie Plon 2 vol in 8° XLIII-376 pages et 473 pages.

Le *Bulletin Critique* a dit il y a quelque temps (1) tout le bien qu'il faut penser du premier volume (le seul paru) de l'*Histoire des papes*

---

(1) N. du 15 août 1887

depuis la fin du moyen âge, due au talent et à l'érudition du docteur Louis Pastor, professeur à Innsbruck. Ce volume vient d'être traduit en français par M. Furcy Raynaud ; la traduction forme deux volumes in-8°. Nous renouvelons bien volontiers l'expression des éloges que mérite le livre de M. Pastor et nous félicitons de le voir ainsi mis à la portée de tous les lecteurs français. Encore une fois nous recommandons sans hésitation cette œuvre aussi remarquable par la richesse des informations et l'impartialité des appréciations que par les qualités de composition et l'intérêt soutenu du récit. P. F.

99. — **Mabillon et la Société de l'Abbaye de Saint-Germain des Prés** à la fin du XVII° siècle, 1664-1707, par EMMANUEL DE BROGLIE. Paris, Plon, 1888. 2 vol. in-8°.

En écrivant sur *Mabillon et l'Abbaye de Saint-Germain-des-Prés*, M. Emm. de Broglie a voulu prouver qu'on pouvait intéresser et distraire les honnêtes gens avec une œuvre d'érudition retraçant la vie d'un érudit, une œuvre doctement nourrie de lettres inédites, appuyée de menues dissertations, relevée même d'un Index. Ouvrons le premier volume, et commençons à la première page :

« Vers la fin de 1664, on eut pu voir, se dirigeant du côté de l'imposante abbaye de Saint-Germain-des-Prés, un jeune religieux couvert de la robe noire des Bénédictins ; sur sa figure douce et bienveillante on lisait déjà les traces de la souffrance et du travail. » Voilà, semble-t-il, de l'érudition bien agréable ; quelque inquiétude serait même permise, si nous n'avions la Table des matières et ce copieux Index pour nous tranquilliser. L'ouvrage de M. de Broglie a donc l'attrait, le charme curieux que pourrait offrir un récit de voyage ou un roman (mais un roman du bon vieux temps, d'aimable et noble compagnie) ; seulement, comme les anciens récits et les anciens romans, avouons-le, il est un peu long. Deux volumes in-octavo, c'est beaucoup maintenant pour de pauvres lecteurs à qui la vie toujours plus rapide laisse toujours moins de loisirs. Et je suis sûr que l'auteur apercevait sa faute ; il la confesse malgré lui quand il écrit ici et là : « Il est inutile de répéter ce que nous avons déjà dit. » Mais au fond il ne se sent pas très coupable ; il est assuré que les bonnes, les intelligentes figures qu'il dessine nous réjouiront les yeux ; et nous le remercions d'avoir eu cette confiance.

Ce qui me plaît d'abord de ces volumes, c'est que dès le principe on y est conduit et installé intimement dans un milieu tout cordial et sympathique. Que j'aurais aimé être bibliothécaire en cette abbaye de Saint-Germain dont la bibliothèque devait être « bien exposée, aérée, les livres soigneusement époussetés » ! Lorsque le temps est sec et pur, disent les *Règles de la Congrégation de Saint Maur* « le bibliothécaire aura soin d'ouvrir bien grandes les fenêtres, et balayera lui-même toutes les semaines. » Le bon règlement et qui va droit au cœur de tout ami des livres ! C'est là, parmi ces livres respectables et accueillants, que le jeune Mabillon s'instruit, se mûrit, prépare cette érudition qui sera l'honneur du xvii° siècle. Se représente-t-on bien souvent le xvii° siècle érudit ? est-ce que son grand éclat littéraire et politique n'offusque pas une gloire plus modeste ? Il y avait cependant à côté de la cour du grand roi, parfois même dans cette cour, toute une société remuante de savants passionnés pour leur science qui s'écrivaient, se visitaient, se disputaient avec une charmante vivacité. M. de Broglie nous fait d'eux une foule de jolis portraits : voici les uns près des autres bénédictins, évêques et grands seigneurs : dom Luc d'Achery, le maître de Mabillon et Thierry Ruinart son élève préféré ; Du Cange et Baluze, ses rivaux et amis, Du Cange discret et mystérieux, Baluze épanoui débordant de verve plaisante ; d'Herbelot, les deux Valois et Cotelier et d'Hérouval et Longuerue, Renaudot petit fils du premier journaliste français et De la Roque, rédacteur de l'austère *Journal des Savants* ; des historiens et des géographes, l'abbé Fleury et Sanson ; le célèbre amateur d'autographes Gaignières, Pellisson et Tillemont, les cardinaux de Bouillon et de Coislin, Bossuet visiteur intime de l'abbaye où il venait se munir d'arguments pour ses grandes polémiques, et Le Tellier fils du chancelier, ce fougueux archevêque de Reims qui passe comme un tourbillon, tra tra tra, dans une des lettres les plus étincelantes de Madame de Sévigné.

Mabillon est bientôt connu, choyé de cette société sérieuse et illustre : son coup d'essai, l'édition de *Saint Bernard* publié trois ans après son entrée dans l'abbaye, le plaçait au nombre des savants du siècle ; il avait trente-sept ans. Les *Actes des saints de l'ordre de saint Benoît* qu'il commença de publier l'année suivante, surtout l'admirable traité de la *Diplomatique*, achevé en 1681, devaient mettre le comble à sa réputation.

Il faut lire dans le premier volume de M. de Broglie l'histoire si claire, si détaillée, si animée des travaux de Mabillon. Le plus attrayant, ce sont ses voyages, les excursions en Flandre, en Lorraine, en Bourgogne, l'*Iter Germanicum* surtout, le voyage d'Italie. Les précieuses lettres que M. de Broglie a tirées de la Bibliothèque Nationale donnent le meilleur commentaire possible des narrations latines très correctes, un peu froides aussi, où Mabillon a exposé ses trouvailles en pays inconnu.

On sait de reste que le xvii° siècle est l'époque du monde où l'on bougeait le moins de chez soi : quand Madame de Sévigné allait jusqu'en sa campagne bretonne, elle sentait avoir accompli un acte d'héroïsme. Les

Bénédictins cependant voyageaient sans fracas, leur petit paquet à la main, de monastère en monastère, de province en province, ils cheminaient tout paisiblement, non pas sans doute pour découvrir la belle nature, ils n'avaient point affaire de la nature, mais bien des antiques chartes, des manuscrits précieux à copier et collationner, parfois même à emporter, après achat en bonne forme. Le voyage d'Italie, entrepris officiellement au nom du roi par Mabillon et Michel Germain, nous apprend peu de chose sur un pays « déjà décrit par mille auteurs » mais il nous intéresse fort en nous montrant ce que nous ne connaissons guère, l'Italie lettrée, savante et vivante du XVII° siècle.

De Lyon par le Cenis, les deux bons Pères vont à Turin où leurs compagnons de route se précipitent à la cour, eux « courtisent les manuscrits ». Cela nous rappelle le voyage que, près de deux siècles plus tôt, l'érudit Érasme faisait en Italie (M. de Nolhac nous en parlait tout récemment (1)); mais que nos bénédictins savent mieux voyager ! Ils regardent autour d'eux sans mauvaise humeur, ils notent les usages, les solennités et les bouffonneries, leurs peintures de Milan, de Vérone, de Venise sont animées et vivantes, leurs lettres de Rome sont exquises, allez-y lire l'histoire de « l'incomparable Français » Dom Jovite (t. I p. 402) ou encore la description d'une chapelle papale (p. 413) avec ce portrait d'Innocent XI « Voici son air, il est le plus haut du Sacré Collège, il est menu, son visage m'a paru fort décharné, mais pourtant serein et vermeil, il a un maître nez, ses yeux, quoiqu'il pleure et s'essuie très souvent, sont vigoureux, fixes et marquent encore de la vie et de la résolution. » Il me semble que ces érudits ont la vue bien aiguisée !

J'aimerais encore parler de leur séjour à Naples, à Florence, aux Camaldules, des polémiques entre Mabillon et Rancé, après le retour en France, de la *Lettre sur le culte des saints inconnus*, et des dernières œuvres de Mabillon ; cependant je ne saurais m'attarder ici davantage, sans m'exposer à ce reproche de longueur qu'on ne peut plus faire à M. de Broglie sitôt qu'on est sous le charme de son récit. Mais je veux retenir de ce grand travail ce qui fait la beauté propre et l'originalité de la figure de Mabillon. M. de Broglie a pris soin lui-même de condenser à la fin de son ouvrage tous les éléments épars de cet aimable portrait. Il nous apparaît souriant et jeune, les yeux candides sous son noir capuchon. L'esprit d'un critique infaillible s'unissait en lui au cœur d'un enfant, il n'était ni triste ni sévère, il ne trouvait pas monotone son existence de moine qui se résumait en deux choses très simples, vive piété et labeur continu. Toujours humble, sans rien céder de ce qu'il croyait la vérité, c'est un digne disciple du saint auteur de l'*Imitation*,

(1) Voy. le *Bulletin* du 1°" mai 1888, page 173.

dont il avait renoncé à parler, « n'y ayant, disait-il, sur cette matière que trop de livres qu'on ne lira jamais ». Tout cela ne suffit-il pas pour mériter à Mabillon notre affectueux respect, à son biographe notre reconnaissance ?

André PÉRATÉ

---

30 — **Histoire de Grenoble**, par A. PRUDHOMME, archiviste de l'Isère. Grenoble, 1888, in-8°, xiv-633 pp.

L'histoire locale est aujourd'hui fort à la mode et il n'y aura bientôt plus de chef-lieu de canton qui n'ait sa monographie. Moins bien partagées cependant que de simples bourgades, les villes de France dont le passé offre le plus d'intérêt, les capitales de nos anciennes provinces ont rarement été l'objet d'un travail complet et définitif. La plupart attendent encore un historien qui, ne reculant pas devant la longueur et la difficulté des recherches, sache mettre en œuvre les richesses enfouies dans les archives départementales et communales.

En ce qui touche Grenoble, cette attente a pris fin, car nous aurons désormais mieux que l'essai hâtif de M. Pilot ou les notices plus originales, mais insuffisamment reliées entre elles, du même auteur, mieux surtout que deux ou trois compilations manuscrites, dépourvues, sauf une seule peut-être, de toute valeur historique. Préparé à la tâche qu'il avait entreprise par l'accomplissement même de ses devoirs d'archiviste, M. Prudhomme a pu renouveler entièrement un sujet à peine effleuré par ses devanciers. Il a condensé en un volume de près de 700 pages un nombre considérable de faits, dont beaucoup présentent de l'intérêt pour l'histoire des institutions et par conséquent pour l'histoire générale. Le détail insignifiant, de pure curiosité, ne vient jamais distraire l'attention et pourtant la tentation était grande de se montrer moins discret s'agissant d'une aussi riche matière. En un mot ce livre est bien conçu et bien ordonné : chaque chose y est à sa place et ses différentes parties conservent leurs justes proportions. Le style en est clair, facile, et il faut savoir gré à M. Prudhomme d'avoir compris qu'un bon livre, fût-il le plus savant du monde, est fait pour être lu et doit dès lors être d'une lecture agréable.

Si j'avais un reproche à adresser à l'auteur, je le chicanerais, au risque de me contredire, à propos de cette sobriété dont je viens pourtant de le louer. Peut-être, en analysant avec une exactitude minutieuse les documents de ses archives, s'est-il trop attaché à n'en extraire que la substance, certains développements qui n'eussent pas été parasites se trouvent ainsi écourtés ou manquent complètement. Pour faire toute la part de la critique, je signalerai encore des répétitions presque obligées (les mêmes événements se reproduisant à des intervalles rapproches inondations du Drac, pestes, etc.), mais dont quelques unes auraient pu être évitées.

On n'attend évidemment pas que je donne ici l'analyse, même la plus sommaire d'un livre aussi plein de faits, je ne puis qu'indiquer d'un mot les parties de l'ouvrage qui m'ont paru les plus neuves : origine de la souveraineté des comtes d'Albon et de Vienne dans le Graisivaudan — histoire du pouvoir temporel des évêques de Grenoble — guerres civiles du xvi siècle et renaissance religieuse du xvii — préliminaires de la Révolution française. Ce sont là d'excellents chapitres d'histoire provinciale, où l'on peut louer à la fois la sûreté et l'étendue des recherches, la clarté de l'exposition, l'impartialité des jugements.

R. D.

31. — A. DE BOISLISLE. **Mémoires de Saint-Simon** (collection des Grands écrivains) tome VI. Paris, Hachette, 1888, in-8 de 655 pages.

L'éloge de l'éditeur et de l'édition n'est plus à faire. Sans donc nous y arrêter, signalons tout de suite l'intérêt particulier que présente ce 6° volume. Je ne parlerai pas non plus du texte même de Saint-Simon, lequel, pour ces années 1698 et 1699 nous donne des détails curieux, quelques uns sur des événements les plus intéressants du règne de Louis XIV, par exemple les affaires du *Problème ecclésiastique*, de la condamnation des *Maximes des Saints*, de l'édition bénédictine de S. Augustin, etc., etc. tout le monde connaît la valeur des mémoires de Saint-Simon, mais voici comment le savant éditeur les a enrichies dans ce 6° volume. Un premier appendice nous donne quarante-cinq additions au *Journal de Dangeau* quelques-uns de ces morceaux, comme les notes sur Pontchartrain et Armand de Pomponne sont importants. Vient ensuite la suite de la savante étude de M. de B. sur les *Conseils du Roy* cette fois c'est du *Conseil des finances* qu'il est traité. Vingt-deux autres appendices, tous fort curieux, suivent cette étude. Nous y avons remarqué le 8 sur *Racine et la comédie* le 9 sur la bizarre histoire du maréchal de Salon, les 14 et 15 sur Pontchartrain etc., etc. Le volume se termine comme les précédents par quelques pages d'*Additions et corrections* et par les tables.

D'inexactitudes ou d'omissions de réelle importance, il est difficile d'en relever. Voici cependant quelques légères améliorations à introduire dans ce volume, lorsqu'on le réimprimera. P. 99 note 1. Saint-Simon se trompe lorsqu'il parle du *grand nombre* d'évêques qui auraient approuvé les *Réflexions morales* de Quesnel. Vialart de Châlon et son successeur Noailles seuls, recommandèrent, le premier l'édition de 1672, le second celle de 1696. — P. 183, note 5. La correspondance de Le Camus n'est pas encore publiée, elle le sera cependant prochainement. — P. 261, note 1.

M. de B. a raison de dire que la lumière n'est pas faite sur l'affaire de la suppression des Filles de l'Enfance. Mais se fera-t-elle jamais ? Je viens d'apprendre que les documents relatifs à cette curieuse histoire ont été acquis récemment par les Jésuites de Toulouse et transportés par eux en Espagne. — P. 433. A propos de l'exécution de M^m^ Ticquet on aurait pu citer la facétieuse oraison funèbre de cette dame composée par Gastaud, ex-oratorien.

La richesse et la sûreté des renseignements fournis par les six premiers volumes de cette édition de Saint-Simon en font une des publications les plus remarquables de notre époque. Puissions-nous ne pas avoir à en attendre trop longtemps la fin !

A. INGOLD

---

32. — **Nouvelles études familières de psychologie et de morale** par Francisque BOUILLIER, membre de l'Institut. Paris, Hachette in-12. 340 p.

Voici un livre qui n'est ni long ni difficile de présenter au public. La plupart de nos lecteurs, pour ne pas dire absolument tous, connaissent M. F. Bouillier qui est un philosophe psychologue et moraliste, qui a occupé de très hautes fonctions dans l'Université et qui a dit assez haut dans ces dernières années combien il désapprouvait les actes et les réformes de M. Jules Ferry. M. Bouillier quittant sinon les vastes pensées au moins les longs ouvrages écrit maintenant des études familières dans la forme, où il résume l'expérience qu'il a de la vie et des hommes, où il aborde encore d'importants problèmes philosophiques et où il dit leur fait à notre siècle et à nos gouvernants. Ce livre est, on le voit, un résumé complet de la vie de l'auteur, une sorte d'abrégé de ses idées et opinions.

Aussi si je voulais à mon tour faire la psychologie du livre de M. Bouillier, je dirais qu'on doit au philosophe l'étude sur *l'oubli*, celle sur *l'amour pour soi et l'amour pour les autres*, au penseur désabusé et mécontent *l'étude sur la lâcheté ou comment va le monde*, *la corruption de la langue par la mauvaise foi*, etc. C'est ainsi qu'il y a quelques années, de jeunes candidats au baccalauréat étaient invités à distinguer dans Plutarque le philosophe, le rhéteur et le savant. Et puisque le nom de Plutarque est tombé de ma plume, je ne le reprends pas. Les *moralia* de M. Bouillier, comme ceux de son devancier, ne manquent ni d'intérêt, ni d'érudition étendue, ni de science, ni d'expérience et d'à propos. Ils ont de plus une certaine verve qui vient de l'irritation de l'auteur (*facit indignatio versum*) et qui leur donne du piquant. Enfin le tout a un cachet de modernité qui fait plaisir. MM. Basly et Mesureur, le sergent Bobillot, toutes les célébrités contemporaines sont citées à côté de Malebranche et de Leibniz. Une petite critique seulement pour terminer : M. Bouillier, qui a tout un article sur les *noms des rues*, n'est pas toujours linguiste impeccable. La rue de l'Être qu'il cite (p. 266) n'a rien à voir à la fête de l'Être suprême. C'est un vieux mot qui vient du latin *atrium* et signifie quelque chose comme parvis. De même (p. 262) la rue de la Mortellerie à Paris pouvait avoir bien mauvaise réputation, n'empêche que son nom vienne des nombreux maçons qui l'habitaient (*mortarium mortella mortellaria* cf. du Cange) plûtot que de « mort » et « meurtre ».

E. Perrard

33. — **Désirée** Reine de Suède et de Norwège, par le baron Hochschild, 1 vol. in-16 de IV-78 pages. Plon. 1888.

Un joli volume de 78 pages, un ouvrage simple et agréable, — telle est en deux mots notre opinion sur la monographie que M. le Baron Hochschild vient de consacrer à la Reine Désirée. Contrairement à la plupart des biographes, il n'a pas cru devoir grandir démesurément son personnage ni accabler ses lecteurs du poids d'innombrables documents sur une femme qui n'a pas fait grand bruit dans le monde. Sa vie fut cependant un curieux roman. Fille d'un négociant de Marseille, M. Clary, fiancée dès l'âge de treize ans à Bonaparte, abandonnée par lui pour la beauté plus mûre et trop facile de Joséphine Beauharnais, elle épouse un soldat de fortune que son père quelques années auparavant avait refusé de loger, parce qu'il avait droit à loger des officiers, ce soldat est Bernadotte. Elle devient maréchale de France, princesse de Ponte-Corvo, princesse royale, puis reine de Suède et y fonde la dynastie qui règne encore en ce pays. Rien dans cette étrange fortune ne parvient à l'éblouir, moins encore à lui tourner la tête : bourgeoise elle est née, bourgeoise elle vit, bourgeoise elle meurt, ne haïssant qu'une chose : changer de place et d'habitudes. Aussi en change-t-elle le moins possible, même quand son mari court à travers le monde. Le Baron Hochschild a vécu dans l'intimité de cette femme que ses vertus privées et la singularité de sa destinée rendaient digne d'être connue ; il n'a eu qu'à se laisser aller à ses souvenirs pour rendre attachante la brève et modeste notice que nous présentons à nos lecteurs.

Alfred Baudrillart

CHRONIQUE

31. *Les époques préhistoriques et gauloises dans le Finistère* par C. du Chatellier. Ce travail porte comme sous-titre : Inventaire des monuments de

ce département, des temps préhistoriques à la fin de l'occupation romaine. Riche et merveilleux inventaire en effet comprenant 226 dolmens ou allées couvertes, 197 menhirs, 11 alignements, 11 cromlechs, 257 tumulus et 48 cachettes de fondeur. N'oublions pas une station moustérienne en plein air, une grotte magdalénienne, plusieurs camps retranchés et quelques rares grottes sépulcrales. L'auteur n'est pas un faiseur de synthèses, c'est la pioche à la main qu'il interroge ces débris des anciens âges, il le fait avec la passion du savant mais sans parti pris et sans que son siège soit fait d'avance. Il décrit, il classe, s'il constate des mélanges, il les enregistre laissant à d'autres le soin de tout unifier. Pour M. du Chatellier il n'y a pas eu en Bretagne un âge du bronze bien net et bien tranché. Il constate également dans trente cachettes de fondeur sur quarante-huit que le Morgien et le Larnaudien distincts ailleurs selon M. de Mortillet ont vécu côte à côte et sont contemporains en Bretagne.   J. M. B.

32. Le succès obtenu par la reproduction photolithographique du *Nouveau Testament provençal de Lyon* (1) a inspiré à M. Clédat professeur à la faculté des lettres de Lyon l'idée d'entreprendre une collection de reproductions semblables qui permettront de mettre les principaux manuscrits latins, provençaux et français à la portée des érudits et de les soustraire aux chances de destruction. Chaque reproduction sera accompagnée d'une étude qui sera confiée à l'un des savants les plus compétents. Comme cette publication n'est à aucun degré une entreprise commerciale, si le nombre des souscripteurs dépasse le chiffre en prévision duquel le prix de chaque volume aura été calculé, le prix sera abaissé. Après la clôture de la souscription le prix de chaque volume (dont il ne sera tiré qu'un très petit nombre d'exemplaires en plus) sera doublé. Le premier manuscrit reproduit sera un manuscrit de Catulle de la Bibliothèque nationale de Paris (n° 14137) le célèbre *Sangermanensis* daté de l'an 1375, celui que les savants reconnaissent comme le plus ancien et le moins fautif. M. E. Chatelain a bien voulu se charger d'écrire l'étude qui doit accompagner cette reproduction. Le volume sera vendu 7 fr. 50 aux souscripteurs (frais d'envoi en sus).

S'adresser pour les souscriptions à M. Clédat, professeur à la Faculté des Lettres, rue Saint-Maurice 30, Lyon. Par suite d'une entente spéciale avec l'éditeur de la *Reproduction photolithographique du Nouveau Testament provençal de Lyon* ce volume sera livré au prix de souscription (30 fr. au lieu de 50) aux premiers souscripteurs du *Manuscrit de Catulle* qui en feront la demande.

33. *L'homme préhistorique* par sir John Lubbock, 2 vols in-8, Alcan, Paris 1888. Voici la 3ᵉ ou pour mieux dire la cinquième édition d'un travail de longue haleine véritable arsenal où les anthropologistes ont puisé et puisent encore à pleines mains. L'ouvrage est trop connu pour qu'il soit besoin d'en faire une analyse, il suffit d'en indiquer les principaux chapitres : Age de bronze, emploi de ce métal dans l'antiquité. Age de la pierre, mégalithes et tumuli, habitations lacustres, Kjœhenmoiddings du Danemark, archéologie de l'Amérique septentrionale, mammifères quaternaires, les hommes des cavernes, graviers des rivières, ancienneté de l'homme, les sauvages modernes. — Plus complète que les éditions précédentes, celle-ci offre encore bien des lacunes et encore trop d'idées fantaisistes. La question de l'homme tertiaire est écourtée et Lubbock me semble trop facilement

---

(1) Voy. les articles ou notes de MM. Chabaneau (*Revue des langues romanes*) Groeber (*Zeitschrift für romanische philologie*) Foerster (*Gœttingische gelehrte Anzeigen*). Tous les critiques s'accordent à reconnaître la perfection du travail de MM. Lumière et le bon marché exceptionnel du volume.

oublier les discussions encore récentes, quand il dit : Je suis disposé à croire que dans la période miocène l'homme a probablement été représenté par des singes anthropoïdes nous ressemblant peut-être plus étroitement que ne le fait n'importe lequel des quadrumanes existants. Il est inutile, cependant, de nous attendre à en trouver les preuves en Europe. C'est peu obligeant pour nos paléoethnologues romantiques qui en avaient déjà trouvé trois au moins : celui de Thenay, celui du Cantal et celui de Portugal.

J. M. B.

34. M. E. Amélineau publie, dans les *Proceedings of the society of biblical archaeology*, t. X, 19ᵉ session, p. 391 et suiv., une étude sur les « Actes coptes du martyre de s. Polycarpe », avec le texte desdits actes, une traduction française et des observations critiques. M. A. « incline à penser, sans se prononcer d'une manière certaine, que la version copte nous a conservé des *actes* plus purs que le texte grec ». — Il y a en effet quelques différences, des phrases de texte grec manquant dans la version copte ou s'y trouvant abrégées. Mais ces différences sont justement celles qui distinguent du texte original la rédaction que nous en offre Eusèbe dans son histoire ecclésiastique ; le traducteur copte a donc traduit Eusèbe et non pas le *martyrium Polycarpi*. Il résulte de là que la nouvelle publication ne peut rien nous apprendre sur l'histoire de ce texte véritable. M. Lightfoot, qui a connu cette version copte, n'a pas jugé qu'elle méritât d'être éditée.

35. ROME. *R. Accademia dei Lincei.* — Notice des fouilles du mois de Décembre présentée par M. Fiorelli. Près de Padoue, une inscription funéraire latine à Sologne, des tombes chrétiennes ; à Forlimpopoli une inscription funéraire chrétienne ; à Urbin une tombe du IIᵉ siècle ; à Orvieto quelques tombes étrusques sans intérêt. A Rome, aux abords du temple d'Antonin et Faustine au Forum, de nouveaux fragments du plan de Rome ; aux abords du mausolée de Sainte-Constance quelques fragments d'inscriptions et quelques débris de sarcophages chrétiens ; près de la Polyclinique l'inscription d'un militaire et un grand pavé de marbre ; près des Trois-Fontaines un trésor de monnaies impériales du IIIᵉ siècle. A Ostie les ruines de thermes considérables ont été mises au jour ; près de Chieti de précieuses inscriptions latines ; à Svindisi deux inscriptions latines ; à Tarente quelques vases avec inscriptions votives à Dionysios ; à Reggio une tombe de l'époque grecque ; à Melilli en siècle des bijoux antiques.

P. B.

36. On ne saurait trop souvent répéter aux élèves de l'enseignement secondaire que la composition d'histoire est un véritable exercice littéraire. Ils seront toujours disposés à la transformer en une compilation massive ou bien à la traiter comme une composition de mémoire avec l'agrément de la diction en moins et des incorrections en plus. Aucun livre ne réagira d'une façon plus persuasive contre ces fâcheuses tendances que les *Sujets et compositions d'histoire*, dans lesquels M. Ammann, professeur au lycée Louis-le-Grand, donne tout à la fois le précepte et l'exemple d'une exposition historique régulière et intéressante. (Un vol. Paris, F. Nathan, 1888.)

Une centaine de plans et de développements de devoirs précédés d'une introduction de 32 pages, telle est la forme très simple de cet ouvrage éminemment pratique. L'introduction est un véritable petit *traité sur la manière d'écrire l'histoire*, quoiqu'elle ne soit nullement renouvelée de Lucien. C'est une œuvre bien personnelle, l'œuvre d'un professeur au goût délicat, à l'expérience aimable. L'auteur ne s'est pas interdit de faire appel aux souvenirs de la vieille rhétorique dont les règles, dépouillées de toute superfétation pédantesque, restent encore les guides les plus sûrs pour les débutants dans l'art d'écrire. La netteté des préceptes, les exemples d'une saveur bien moderne retiennent en la soulageant l'attention des jeunes lecteurs auxquels la leçon s'adresse « Les sujets développés que l'auteur a pu choisir parmi les compositions les plus distinguées de ses élèves montrent tout le profit que ceux ci ont retiré d'un enseignement aussi agréablement présenté. H. G.

SOCIÉTÉ NATIONALE DES ANTIQUAIRES DE FRANCE

Séances des 9 et 16 janvier 1889. M. l'abbé THÉDENAT donne lecture d'une note de M. l'abbé BRUNE sur trois cloches anciennes conservées dans des églises du Jura. — M. DURRIEU présente une miniature de Jean Fouquet provenant du livre d'heures de M. Étienne Chevalier et qui vient d'être acquis par le Musée du Louvre. — MM. le baron de GEYMULLER et Ch. RAVAISSON présentent quelques observations sur un croquis de Léonard de Vinci représentant un cavalier au combat. — MM. SAGLIO et COURAJOD communiquent deux statuettes en bronze du XV siècle trouvées en Vendée et acquises par le Musée du Louvre. M. Courajod établit qu'elles ont dû servir suivant un usage commun dans ce temps à la décoration d'un autel. — M. COLLIGNON communique une note sur une coupe attique du Musée du Louvre.

Séance du 23 janvier. — M. MUNTZ communique quelques documents sur les édifices élevés à Montpellier par les soins du pape Urbain V (1362-1370) et dont ce pontife confia l'exécution aux architectes du palais d'Avignon ainsi que la décoration aux ouvriers et artistes employés dans ce palais. — M. BABELON fait connaître deux découvertes numismatiques faites l'année dernière, l'une de monnaies grecques trouvées en Sicile, l'autre de lingots d'or romains trouvés sur la Bodza (Autriche-Hongrie). — M. MOWAT communique l'estampage d'une inscription romaine trouvée au hameau de la Folie (Aisne) et communiquée par M. Papillon vice président de la société archéologique de Vervins.

ACADÉMIE DES INSCRIPTIONS ET BELLES LETTRES

Séance du 14 décembre 1888. — MM. L. DELISLE de ROZIÈRE SCHEFER et WEIL sont élus pour former la commission chargée de présenter des candidats à la place de membre correspondant étranger devenue vacante par la mort de M. MIKLOSICH. — M. G. PERROT communique de la part de M. de la BLANCHÈRE directeur du service beylical des antiquités et des arts en Tunisie des renseignements sur les fouilles exécutées à Aïn Tounga (Thiganica) en Tunisie par le service beylical des antiquités. On a exploré les restes d'un temple qui était consacré à Saturne; en effet on y a trouvé 426 stèles votives sur lesquelles est représenté le sacrifice d'un bœuf, au dessous on lit une inscription dédiée par un personnage qualifié *sacerdos* et qui commence par les mots *Saturno Augusto sacrum*. Selon M. de la Blanchère ce Saturne est le dieu Moloch dont le culte avait survécu à la conquête de l'Afrique. Ces stèles figureront à la section tunisienne de l'exposition et seront offertes au Musée du Louvre par le bey. — M. Alois HEISS lit un mémoire intitulé *Note sur l'authencité des portraits de Gonzalve de Cordoue et sur la date de sa naissance*. Giorgione aurait suivant Vasari peint à Venise en 1500 ou 1501 Gonzalve de Cordoue alors âgé de 57 ou 58 ans. Mais il ne reste aucune trace de ce portrait; celui de Vienne attribué au Gorgione représente en effet un jeune homme. Le portrait miniature de Gonzalve à l'âge de 65 ans possédé par les ducs de Lerra est le plus authentique. Il offre une grande ressemblance avec le portrait de la fille de Gonzalve. Les uns font naître Gonzalve en 1443 les autres en 1453. Il ne reste aucun document généalogique qui permette d'éclairer cette question. La date de 1453 doit être repoussée comme ne concordant pas avec d'autres dates connues de la vie de Gonzalve de Cordoue. Celle de 1443 est la plus vraisemblable. — M. Salomon REINACH lit une note intitulée *Le Musée de l'empereur Auguste* il démontre qu'Auguste n'a pas fait de fouilles pour rechercher les antiquités préhistoriques. Comme ses contemporains il croyait que les armes en pierre polie étaient des *ceraunias* ou pierres lancées par la foudre, croyance qui a subsisté jusqu'au XVI° siècle. Auguste, en réunissant des armes de pierre polie et des ossements de grands animaux fossiles dans sa villa de Capri, croyait collectionner des antiquités regardées alors comme des armes de héros et des os de géants. — M. PHILIPPE BERGER fait une communication sur la célèbre inscription bilingue phénicienne et grecque de Malte qui a livré au siècle dernier à l'abbé Barthélemy la clef du déchiffrement de l'écriture phénicienne. Cette inscription a été donnée en 1 8 par le chevalier de Rohan, grand maître de l'ordre de Malte, à l'Académie des inscriptions et non, comme on le croit généralement, au roi Louis XVI. M. Berger a retrouvé dans les archives de l'Académie la lettre du grand maître écrite à cette occasion et la mention de cette donation dans la *Gazette de France* du 1 mai 1782. Cette inscription conservée à la Mazarine jusqu'en 1870 a été à cette date transportée au Musée du Louvre.

Séance du 21 décembre. — L'élection de M. l'abbé DUCHESNE ayant été approuvée par le président de la République, le nouvel élu est introduit en séance.

Le président annonce la mort de M. RIANT, membre ordinaire, et lève la séance en signe de deuil.

Séance du 28 décembre. — M. le président rend hommage à la mémoire du comte RIANT, membre ordinaire, dont la mort a été annoncée à la dernière séance. Le ministre de l'instruction publique invite l'Académie à lui désigner deux candidats pour la chaire de chinois à l'école des langues orientales vivantes devenue vacante par la mort de M. KLECZKOWSKI. L'assemblée des professeurs de cette école a proposé en première ligne M. JAMETEL et en seconde ligne M. DEVERIA. Le conseil de perfectionnement de l'école a présenté *ex aequo* les deux mêmes candidats. — Il est procédé à l'élection d'un président et d'un vice-président pour l'année 1889. M. BARBIER DE MEYNARD est élu président et M. SCHEFER vice-président. L'Académie procède ensuite à l'élection de diverses commissions qui donne les résultats suivants. *Commission des travaux littéraires* : MM. RAVAISSON, RENAN, MAURY, DELISLE, HAUREAU DE ROZIÈRE, PAVET DE COURTEILLE, GIRARD. *Commission des écoles d'Athènes et de Rome* : MM. DELISLE, GIRARD, HEUZEY, PERROT, WEIL, MEYER, BOISSIER, CROISET. *Commission des antiquités nationales* : MM. MAURY, DELISLE, HAUREAU DE ROSIÈRE, Gaston PARIS, A. BERTRAND, SCHLUMBERGER, HÉRON DE VILLEFOSSE. — *Commission du Nord de l'Afrique* : MM. RENAN, PAVET DE COURTEILLE, HEUZEY, DURUY, PERROT, MASPERO, HÉRON DE VILLEFOSSE, LE BLANT. *Commission administrative* : MM. DELISLE et DELOCHE. — *Commission du prix Gobert* : MM. HAUREAU, LUCE, d'ARBOIS DE JUBAINVILLE, l'abbé DUCHESNE.

Séance du 4 janvier 1889. — M. d'HERVEY DE SAINT DENYS, président sortant, prononce l'allocution d'usage et invite son successeur M. BARBIER DE MEYNARD à le remplacer au bureau. Sur la proposition du nouveau président, l'Académie vote à l'unanimité des remerciements au président sortant. — L'Académie procède à la désignation de deux candidats pour la classe de langue chinoise à l'École des langues orientales. Le second tour de scrutin donne les résultats suivants :

Candidat à présenter en première ligne

    MM. DEVERIA   30 VOIX
         JAMETEL,   4 —

Candidat à présenter en seconde ligne

MM. Jametel   8 voix
    Cordier   1 —
    Devéria   1 —

M. Devéria sera présenté en première ligne. L'Académie ne présente pas de candidat en seconde ligne. L'Académie procède ensuite à l'élection de diverses commissions. *Commission du prix ordinaire* (étude sur le théâtre hindou) : MM. Maury, Bréal, Oppert, Senart. *Commission du prix Allier de Hauteroche* (numismatique ancienne) : MM. Deloche, D'Hervey de Saint Denys, Schlumberger, de Barthélemy. *Commission du prix Bordin* (étudier les sources qui ont servi à Tacite pour ses Annales) : MM. Girard, Weil, Boissier, Croiset. *Commission du prix Stanislas Julien* : MM. Maury, Pavet de Courteille, D'Hervey de Saint Denys, Oppert. *Commission du prix Loubat* (histoire, géographie et archéologie de l'Amérique) : MM. Maury, D'Hervey de Saint Denys, Oppert, Maspero. — M. l'abbé Duchesne annonce au nom de la *Commission du prix Gobert* que cette commission a arrêté la liste des ouvrages admis à prendre part au concours de l'année 1889.

PUBLICATIONS NOUVELLES

H. Carré, Recherches sur l'administration municipale de Rennes au temps de Henri IV, 1 vol. in-8, 3 fr., Quantin. — G. Perrot et Ch. Chipiez, Histoire de l'art dans l'antiquité, tome V, par livraisons à 0 fr. 50, Hachette. — E. Weyl, La marine militaire 1888-1889, 1 vol. in-18, 3 fr. 50, Plon. — Sicotière (L. de la), Louis de Frotté et les insurrections normandes 1793-1833, 3 vol. in-8, 20 fr., Plon. — Badoureau, Les sciences expérimentales en 1880, 1 vol. in-16, Quantin. — P. Paris, La sculpture antique, 1 vol. in-4, 3 fr. 50, Quantin. — P. Boiteau, Etat de la France en 1789, 2 édit., 1 vol. in-8, 9 fr., Guillaumin. — E. Petit, François Mignet, 1 vol. in-16, 3 fr. 50, Perrin. — A. Romini Sebati, Psychologie, t. II, 1 vol. in-8, 8 fr., Perrin. — E. Hamel, Histoire du règne de Louis-Philippe, tome I, 1 vol. in-8, 8 fr., Jouvet. — H. Brosselard, Les deux missions Flatters au pays des Touareg Azdjer et Hoggar, 2 édit., 1 vol. in-16, 2 fr. 25, Jouvet. — Chevillard (abbé), Siam et les Siamois, 1 vol. in-18, 3 fr. 50, Plon. — Mas Latrie (Comte de), Trésor de chronologie, d'histoire et de géographie pour l'étude et l'emploi des documents du moyen âge, 1 vol. in-folio, 100 fr., Palmé. — E. Hennequin, Études de critique scientifique, écrivains francisés, 1 vol. in-16, 3 fr. 50, Perrin. — Vidal Lablache, États et nations de l'Europe autour de la France, 1 vol. in-12, 4 fr., Delagrave.

Le Gérant : E. Thorin

BULLETIN CRITIQUE

SOMMAIRE. — 34. Th. MOMMSEN et J. MARQUARDT. Manuel des antiquités romaines, traduction française. Tome I. Le droit public romain (P. F. Girard) ; tome X. De l'organisation financière chez les Romains (A. Vigié). H. Thédenat. — 35. E. Du Boys. Les correspondants de l'abbé Nicaise. Lettres inédites de E. Spanheim. A. Fabre. — VARIÉTÉS. Un manuscrit important des Septante. P. Batiffol. — CHRONIQUE. — SOCIÉTÉ NATIONALE DES ANTIQUAIRES DE FRANCE. — ACADÉMIE DES INSCRIPTIONS ET BELLES LETTRES.

34. — **Manuel des antiquités romaines**, par Th. MOMMSEN et J. MARQUARDT, traduit sous la direction de M. G. HUMBERT.
Tome I. **Le droit public romain**, par Th. MOMMSEN, traduit par P. F. GIRARD, t. I, XXIV-434 pages. Paris, Thorin, 1887, in-8 raisin. Prix : 10 fr.
Tome X. **De l'organisation financière chez les Romains**, par J. MARQUARDT, traduit par A. VIGIÉ. 1 vol. de IV-406 pages. Paris, Thorin, 1888, in-8 raisin. Prix : 10 fr.

L'éloge ni la critique des deux éditions du *Handbuch der roemischen Alterthumer* ne sont plus à faire. Elles ont, l'une et l'autre, traversé victorieusement l'épreuve de la critique et l'épreuve plus redoutable du temps et de l'usage. La première édition publiée par W. Ad. Becker et J. Marquardt (1843-1867) a été maintes fois consultée et mise à contribution par tous ceux qui, il y a quelque trente ans, ont étudié les institutions et les antiquités romaines. Plus heureux qu'eux, nous avons eu une seconde édition, ou plutôt sous le même titre une autre œuvre traitée d'après un plan nouveau et avec plus de développement par Th. Mommsen et J. Marquardt. Deux éditions et une troisième en préparation de ce coûteux et volumineux ouvrage prouvent son utilité et les services qu'il a rendus.

Les deux auteurs se sont ainsi partagé le travail. M. Th. Mommsen a traité le *Droit public romain*. M. J. Marquardt, l'*Organisation de l'Empire*, les *Finances et l'Armée*, le *Culte*, la *Vie privée* (1). Chacun d'eux a apporté à sa tâche des qualités diverses.

Juriste, épigraphiste, numismatiste, philologue, historien, M. Th. Mommsen n'ignore rien de ce qui concerne Rome et son histoire ; génie puissant, esprit doué d'une rare pénétration, il voit, d'un seul coup

---

(1) La seconde édition des volumes de M. J. Marquardt, mort à la fin de 1882, a été publiée avec de nombreuses additions, par MM. Dessau, von Domasewski, Wissowa et Mau.

d œil, toutes les faces d'une question, toutes les conséquences d'un fait. Dans son ouvrage et c'est là son principal mérite, la Royauté, la République et l'Empire forment un tout d'une merveilleuse unité. Mieux que personne il en a, dans une lumineuse synthèse, mis en relief l'enchaînement et le développement logique. Là où les ténèbres sont plus denses, il découvre souvent la vérité comme par un don merveilleux de divination, et si parfois ses théories, trop hardies, doivent être ramenées en arrière, elles sont toujours très suggestives et n'en ont pas moins fait faire à la science un pas ou plutôt un bond en avant. Certains astronomes étudient les faits pour en dégager les lois qui les régissent, d'autres se contentent d'observer et d'enregistrer les phénomènes si l'on admet en histoire deux catégories semblables, M. Mommsen appartient à la première.

Marquardt au contraire, appartenait à la seconde catégorie. La synthèse effraye son esprit, timide malgré la sûreté de son érudition, il ne saurait faire un pas sans s'appuyer sur un texte s'il veut regarder l'horizon, il commence par s'adosser à un monument. Mais quels trésors d'observations ! Quelle mine inépuisable de textes et de faits ! Quel musée de monuments merveilleusement classés ! Comme, sur toute question, il recherche, rapproche et éclaircit, l'un par l'autre, les documents qui y ont trait !

Cet ouvrage, quoique écrit en allemand, et dans un allemand qui n'est pas toujours facile à saisir, a été très apprécié en France et très souvent cité dans les travaux des savants français. Une traduction qui le met dans notre pays à la portée de tous sera donc accueillie avec reconnaissance, d'autant qu'il n'existe chez nous aucune œuvre semblable. Il a bien paru en France, ces dernières années, deux manuels des institutions romaines, d'un mérite très inégal. Celui de M. J.-B. Mispoulet, intitulé *Les institutions politiques des Romains* (1) est le premier en date. Très au courant des travaux antérieurs et des découvertes récentes, juriste d'une incontestable autorité, bon épigraphiste, l'auteur a écrit un excellent traité. Son plan est dans plus d'une partie, neuf et original ; souvent aussi ses conclusions. Même après le *Handbuch*, il a su faire faire à la science plus d'un progrès sur plusieurs points importants il oppose aux opinions de M. Th. Mommsen des critiques heureuses qui mériteraient d'être reproduites en note par le traducteur du *Droit public romain*. Mais son plan le titre l'indique assez, n'est pas aussi vaste que celui du *Handbuch* dont, dans sa préface, M. Mispoulet est le premier à réclamer une traduction. Les *Institutions politiques des Romains* ne sauraient donc suppléer le *Hanbduch*, pas

(1) Paris, G. Pédone Lauriel, 2 vol. in 8, 1882 1883.

plus d'ailleurs que la traduction en français de ce dernier ne saurait rendre inutile le savant traité dont M. Mispoulet prépare déjà la seconde édition. Un autre manuel des institutions romaines (1), publié en 1886 par M. Bouché-Leclerq n'a pas répondu à l'attente générale. La connaissance du droit romain, indispensable cependant pour l'étude des institutions romaines, y fait partout défaut d'une façon lamentable. Si certaines parties sont bonnes, celle par exemple où il est traité des sacerdoces sujet familier à l'auteur, les erreurs graves sont si fréquentes dans l'ensemble de l'ouvrage, qu'on ne saurait le recommander comme un guide sûr, aux jeunes étudiants auxquels il est cependant destiné.

La publication considérable entreprise par la librairie Thorin est donc des plus opportunes. Elle ne comprendra pas moins de quatorze volumes et est poussée avec une activité qui nous promet que bientôt on en verra la fin.

M. Frédéric Girard, professeur à la Faculté de droit de Montpellier, a été chargé de la traduction du *Droit public romain* de M. Th. Mommsen. Le premier volume a paru. Il comprend la première partie de la théorie générale de la magistrature. Notion du magistrat et des pouvoirs qui lui appartiennent (*imperium potestas*) théorie des conflits de pouvoir (*par majorve potestas*) idée de collégialité. Diverses attributions qui résultent de la magistrature, en tant qu'elles comportent une étude générale, auspices *imperium* militaire, droit de coercition, juridiction criminelle, administrative et civile, droit d'agir avec le peuple et droit d'agir avec le sénat, droit de se nommer des collègues, des successeurs et des auxiliaires, droit général de représenter le peuple sous le rapport politique et économique, droit d'interdire ou de casser l'acte fait par un autre magistrat en vertu de ses pouvoirs. Emoluments affectés à la magistrature, conseil du magistrat, personnel mis sous les ordres des magistrats. Ici s'arrête le premier volume de la traduction. Dans le second volume qui comprendra la fin de la théorie générale de la magistrature, il sera traité des insignes du magistrat et des honneurs qui lui sont accordés, des conditions de capacité, du commencement et de la fin des fonctions, de la responsabilité et de la représentation des magistrats. La traduction du *Droit public romain* formera sept volumes.

La traduction de M. Girard est excellente, le style en est clair et précis, et l'on est heureux en lisant ce premier volume, de penser que les six autres volumes du *Droit public romain* auront le même traducteur.

— Le tome X de l'édition française du *Manuel des antiquités romaines* a été confié à M. Vigie Doyen de la Faculté de droit de Montpellier. Il a pour titre *De l'organisation financière des Romains*. Le principe que

---

(1) *Manuel des institutions romaines*, Paris Hachette, 1 vol in 8, 1886

la traduction du *Handbuch* devait être l'œuvre exclusive de professeurs des facultés de droit étant admis, il est tout naturel que la partie relative aux finances ait été attribuée à M. Vigie dont l'Institut a couronné un mémoire sur *Les impôts indirects chez les Romains*. Ce volume se divise en quatre parties : 1° Monnaies et mesures, commerce de l'argent ; 2° les dépenses de l'Etat ; 3° les recetttes de l'Etat ; 4° Administration des impôts.

On ne pourrait, sans injustice, donner à la traduction de M. Vigie les mêmes éloges qu'à celle de M. Girard. M. Vigie a adopté un système de traduction dont les résultats sont loin d'être toujours heureux : les mots sont traduits en français, mais souvent, les phrases sont simplement décalquées. Voici quelques exemples pris au hasard.

Page 8 : « *Que si Mommsen, d'après les pesées antérieurement faites, est arrivé à cette conclusion que l'or lourd avait été émis avec un poids de 9 à 10 onces, c'est-à-dire environ 272 grammes, cette solution, d'après les faits aujourd'hui établis et d'une manière spéciale après la découverte faite en 1852 du trésor de Cervetri qui contenait 1575 as lourds, 130 semis et seulement 3 as réduits, doit être modifiée d'une manière essentielle* » Oui !

Page 144, note 3 : « *Que ce ne fut pas seulement aux personnes pauvres (comme le dit Plutarque, C. Gr. 5) mais au contraire à tous les citoyens que le blé fut vendu à ce prix c'est ce qu'établit Appien.* »

Page 268 : « *Introduire une loi qui portait une si grave atteinte au droit de la famille, Auguste s'en préoccupa sans succès pendant trente-six ans* »

Puis nous avons des phrases divisées par les expressions : *d'un côté*... *d'un autre côté*..., *de même*... *de même*... des infinitifs fréquemment employés comme sujet principal, etc. etc. Toutes choses manifestement hostiles à ce qu'on appelle le génie de la langue française.

Ces phrases, en effet, tout en cessant d'être allemandes, ne sont pas encore françaises : elles sont dans une sorte d'état intermédiaire et pénible ; retenues sur les bords du Rhin, elles rappellent ces tristes ombres condamnées à errer sur les rives du Styx, faute d'avoir reçu de la piété d'un ami l'obole due à Caron.

Si j'ai cru insister sur ce grave défaut, ce n'est pas pour le vain plaisir de critiquer une œuvre utile, dont les auteurs ont droit à toute notre reconnaissance. Mais cette œuvre est encore à son début ; un peu d'attention, une révision plus sérieuse peuvent faire disparaître ces taches avant l'impression si elles devaient reparaître dans d'autres parties. D'ailleurs, le volume traduit par M. Vigie n'en sera pas moins consulté et cité. Certaines phrases devront être lues deux fois avant d'être comprises : souvent le lecteur sera tenté de s'impatienter, mais le volume n'en atteindra pas moins son but et n en rendra pas moins les services qu on est en droit d attendre

Une simple observation pour terminer MM Girard et Vigié se sont abstenus d ajouter à leur traduction des notes complémentaires A cela, il est vrai, M Girard peut répondre que M Th Mommsen a bien voulu revoir les épreuves de sa traduction et la faire ainsi profiter des améliorations qui seront apportées à la troisième édition allemande, en préparation Un volume publié par MM P L Lucas et Wess, tout recemment paru, contient au contraire un imposant appareil de renseignements complémentaires ajoutés par les traducteurs Sans se prononcer en ce moment sur le mérite respectif de ces deux modes de traduction ne peut on exprimer le regret qu une œuvre d ensemble, publiée sous une même direction, ne soit pas executee d après un plan uniforme ?

HENRI THÉDENAT

---

35 — **Les Correspondants de l'abbé Nicaise** — I Un diplomate érudit au XVIIe siecle, Ezéchiel SPANHEIM Lettres inédites (1681 1701), publiées par E Du Boys Paris Picard, 1889 in-8

Sous ce titre, M Emile Du Boys, connu déjà par plusieurs publications interessantes faites dans le *Bulletin du Bibliophile*, nous donne aujourd hui une serie de lettres inédites d Ezechiel Spanheim adressées au savant abbé Claude Nicaise de Dijon Ce qu étaient les deux correspondants, le diplomate allemand et le chanoine de la Sainte-Chapelle de Dijon, nous n avons pas à le dire On trouvera les renseignements necessaires dans les ecrivains anciens et nouveaux Le Clerc Moréri, E Caillemer, Jacquet, C -D Schefer, membre de l Institut, auteur d une excellente notice sur Spanheim, placée en tête de la *Relation de la Cour de France en* 1690 Ces lettres de l envoye de l Electeur de Brandebourg sont tirées de la correspondance de l abbé Nicaise, conservée à la Bibliothèque nationale, Fonds français, N° 9359 à 9363

« Les lettres qu on va lire dit avec raison M Du Boys, nous montrent dans Spanheim l érudit donnant libre cours à ses goûts, laissant aller sa plume comme quelqu un qui sent que le terrain ne trahira pas sa course Nous assistons à l élaboration de ses savants travaux, aux péripeties de leur publication ou de leur reimpression, car plusieurs avaient paru avant l époque où commence notre correspondance, notamment le plus important de tous, les *Dissertationes de Praestantia et usu numismatum antiquorum* (1) Il se confie à cœur ouvert à son correspondant

---

(1) Ouvrage paru à Rome 1664 et Amsterdam, 1671 Voy Schefer, *Relation de Spanheim* Introduction p IV

dijonnais, et, dans le cours de ses pérégrinations érudites, lui fait part des nouvelles littéraires qu'il a pu apprendre sans négliger parfois les faits politiques et diplomatiques dont il peut l'entretenir, et de ses impressions personnelles sur les ouvrages des érudits ses contemporains. »

Excellent résumé et qui, sans la moindre exagération, donne une juste idée de ces lettres, qui n'ont qu'un défaut, celui d'être trop peu nombreuses. Spanheim parle de tout dans sa correspondance, de sa famille, de ses amis, de ses voyages, de ses travaux, de ses goûts, de ses ouvrages et de ceux des savants de son temps.

A Leyde, où son père était professeur, il eut pour maîtres deux grands érudits, Daniel Heinsius et Saumaise. Malgré certains dissentiments survenus entre son père et l'illustre critique, Spanheim garda toujours pour lui de vifs sentiments d'estime et d'admiration. « Je suis bien aise d'apprendre, écrit-il le 26 avril 1684, que M. de la Mare nous donnera bientôt la *Vie* de M. de Saumaise. Le plus qu'il y joindra de ce grand homme sera toujours le meilleur. »

Le 25 juin 1697, il écrit de Berlin à Cl. Nicaise, et réclame la publication de cette vie rédigée par de la Mare, et demeurée manuscrite jusqu'à ce jour. « J'espère, dit-il, que la vie de M. de Saumaise, écrite par notre défunt ami, M. de la Mare, ne tardera pas à être envoyée à M. Graevius, et à être mise en lumière par ses soins. Je me souviens qu'il y touchoit en passant quelque démêlé qu'il y eut entre ledit Saumaise et feu mon père, mais dont le premier avoit sans doute tout le tort, qu'il reconnut lui même avant le décès de mon père et depuis, et qui n'eut pas d'autre suite. Aussi je l'ai toujours regardé comme le héros de notre siècle en érudition, non comme celui qui a le plus écrit, mais qui savoit le plus. »

Spanheim eut les relations les meilleures et les plus suivies avec une multitude de personnages distingués de France, d'Angleterre, d'Italie et d'Allemagne. Huet, Graevius, les cardinaux Noris, Barberin et Pallavicini. « Ayez la bonté, écrit-il de Berlin le 25 août 1691, de me conserver dans le souvenir et les bonnes grâces de messieurs le Prés. Bignon, Ménage, Derbelot, Du Cour, Vaillant, et sans oublier M. et Mme Dacier. »

Orientaliste, numismatiste, philologue habile à débrouiller un texte comme à déchiffrer une inscription, Spanheim est un savant aimable, homme du monde, qui n'aime pas les mauvaises querelles et que la contradiction n'irrite pas comme tant d'autres. Ce bon ton, cette tenue, il en est redevable à sa fréquentation de la cour, à cette société polie par excellence au milieu de laquelle il vécut à Paris, à Fontainebleau ou à Saint Germain.

Aussi désapprouve-t-il ces querelles violentes entre savants, dont Sau maise le P. Petau, Jacques Gronovius donnèrent jadis l'exemple. « On ne s'étoit attendu, écrit-il de Berlin à l'abbé Nicaise, que le P. Sirmon eut travaillé sur le *Pomponius Mela* et si l'ouvrage eût déjà paru, je doute fort qu'il eût echappé la critique outrée et peu décente de M. Gronovius le fils, qu'il fait paroître dans l'edition qu'il a donné (*sic*) l'an passé dud. Mela, et où à chaque pose il dit de grosses injures à feu Isaac Vossius, et le traite de fol et d'ignorant. Mais c'est un genre d'ecrire familier à ce personnage. »

Le 10 septembre 1699, il annonçait à son correspondant de Dijon, que J. Gronovius allait attaquer Dodwell sur quelques points de géographie ancienne. « Sur quoi, écrivait Spanheim, on mande de Hollande que ce dernier se prepare d'écrire un livre contre ledit Dodwell, et lequel suivant le caractere de l'auteur, sera plein d'invectives. Je remercie toujours Dieu entre les grâces qu'il m'a faites, de m'avoir donné autant d'eloignement pour les écrits contentieux et indignes des gens de lettres. »

Entre autres particularités litteraires renfermées dans cette correspondance de Spanheim, nous releverons l'une des plus intéressantes. Il s'agit du projet qu'un savant ami, Thomassin de Mazaugues avait conçu dès 1697 de publier les *Lettres* de Peiresc. Mais le projet en demeura là, et c'est tout récemment que M. Tamizey de Larroque vient de le mettre à execution. Le savant editeur des *Lettres de Chapelain* nous promet onze ou douze volumes de l'immense correspondance du célèbre magistrat provençal. Le premier volume a paru, il y a quelques mois à peine, dans la collection des documents inédits *Lettres de Peiresc aux frères Du Puy*, 1888.

Voici donc ce que Spanheim écrit de Berlin, à la date du 1er février 1697. « Mais au lieu de vous entretenir de mes occupations litteraires, il vaut mieux vous temoigner le gré particulier avec lequel j'ai appris de vos lettres, l'edition qui se fait à Geneve de celles des savants à feu M. de Perreisc (1) et de celle qu'on peut esperer des lettres elites de ce rare personnage. C'est à quoi vous devez, s'il vous plaît, contribuer de toute votre force auprès de votre ami (2), qui en est chargé, et l'assurer de l'entiere reconnoissance qu'il en doit attendre du public. »

Le 25 juin de la même année il revenait sur le double projet, en parlant de Saumaise. « Le regal des lettres de lui et d'autres savants à M. de Peyresc, qui s'impriment à Geneve, disait-il, ne pourra que m'être tres considerable. Celles de M. de Peyresc même ne feront pas moins d'honneur au public. »

---

(1) M. Tamizey de Larroque a entrepris aussi la publication de ces lettres, sous ce titre : *Les Correspondants de Peiresc*.

(2) Thomassin de Mazaugues.

M. Émile Du Boys nous annonce que sous ce titre *Les Correspondants de l'abbé Nicaise*, il publiera d'autres fascicules renfermant des lettres inédites de Charles Caton de Court, d'Emeric Bigot, de Nicolas Thoynard et de Michel Bégon. A propos d'Emeric Bigot, le savant helléniste de Rouen et grand ami de Ménage, M. Du Boys écrit : « Nous nous occupons de la *Correspondance* du savant normand, conservée pour la majeure partie à la Bibliothèque nationale, dans les vol. 13024 du *Fonds français* et 1343 des *Nouvelles acquisitions françaises*, correspondance des plus intéressantes pour l'histoire littéraire du XVIIe siècle. »

On le voit, c'est une série ; comme nous avons les *Correspondants de Peiresc*, nous allons avoir les *Correspondants de l'abbé Nicaise*. Les vrais amis des lettres accueilleront avec plaisir cette publication. Pour nous, nous saluons joyeusement une entreprise qui nous promet tant de documents nouveaux, précieux sur l'histoire du grand siècle, politique, biographie, littérature, bibliographie, etc. MM. Édouard de Barthélemy, Caillemer, Pelissier, Isaac Uri, et au-dessus d'eux tous, M. Tamizey de Larroque, ont bien mérité de l'érudition française. M. Du Boys entre aujourd'hui dans la lice, et tout annonce qu'il sera digne de ses devanciers.

Son érudition est sûre et puisée aux bonnes sources. Des publications anciennes ou récentes, se rapportant à ses travaux, il n'ignore rien. Comme M. Tamizey de Larroque, son maître et son modèle, dont il aime à invoquer l'autorité, il éclaircit le texte, l'enrichit d'un commentaire précieux, abondant, presque toujours exact. Dans ce champ rocailleux de l'érudition, *salebrosus* comme disaient les latins, où il est si facile de broncher à chaque pas, où la simple interversion d'une lettre, d'un chiffre, peut vous faire dire une énormité, où la bonne volonté et le courage ne suffisent pas, où le flair est nécessaire, ce que Bacon appelle si bien *odoratio quaedam venatica*, M. Du Boys marche d'un pas ferme, avec une grande sûreté, sans ombre de tâtonnement.

La *Nouvelle Biographie générale* ne donne pas la date de la mort de Lantin, conseiller au parlement de Dijon, et l'un des grands amis de Spanheim. M. Du Boys confirme la date du 4 mars 1695 déjà donnée par M. E. Caillemer, à l'aide d'une lettre inédite de B. de La Monnoye, écrite à Thoynard, le savant érudit orléanais, le 12 mars 1695 (P. 12.)

P. 13, M. Du Boys parle des *Plinianae exercitationes* de Saumaise. La première édition parut en 1629, à Paris chez Drouart, 2 vol. in-fol. La seconde édition parut en 1689, Utrecht, Jean Wandewater, in-fol. 2 vol. Le savant éditeur relève à ce propos la malheureuse interversion du *Trésor des livres rares* de Graesse « qui, après avoir parlé de l'édition de Wandewater en 1689, signale une *réimpression en 1629* chez Drouart, à Paris. »

P. 18. D'après M. Caillemer, la dissertation de Spanheim *De nummo Smyrnaeorum seu de Vesta et Prytanibus Graecorum*, aurait été publiée en 1672, comme annexe du traité des médailles de Pierre Seguin. Cette dissertation, *Diatribe*, remarque M. Du Boys, n'avait pas encore paru au mois de novembre 1683. A cette date, Spanheim écrit à Nicaise : « On réimprime les *Selecta Numismata* de feu M. Seguin, avec diverses additions où on a voulu que j'ajoutasse quelques explications qui les regardent, et qui m'ont donné lieu à une *Diatribe de Vesta et Prytanibus* qui s'y trouve jointe, et qui s'imprime. »

M. du Boys relève aussi bon nombre d'erreurs de dates de la *Biographie générale* de Didot. A sa place, nous aurions été plus tranchant. C'est donner un mauvais conseil à l'aimable et savant éditeur des *Lettres* de Spanheim; mais on ne saurait trop tenir les lecteurs en garde contre les dates fournies par la plupart de ces *Dictionnaires*. Erreurs ou transposition de chiffres, ils fourmillent de fautes et trompent ainsi les naïfs qui vont y chercher des renseignements précis. Il faut donc crier gare ! C'est rendre service à tous, et faire œuvre de préservation littéraire. Voici la note de M. Du Boys : « Charles Caton de Court (Spanheim dit *du Court*), né à Pont-de-Vaux (Ain) en 1654, mort le 6 août 1694 suivant M. Caillemer, et le 16 suivant la *Nouvelle biographie générale*. » L'éditeur ajoute, dans un excès de bienveillance : « Il y a *peut-être* quelque part une erreur d'impression. » Sûrement, et nous parierions bien que ce n'est pas la *Biographie générale* qui est dans le vrai. Trois fois sur quatre, quand il y a conflit, on est sûr d'avoir raison en prononçant contre les Dictionnaires, qui se répètent les uns les autres et perpétuent religieusement les erreurs de leurs devanciers. Nous en avons fait l'expérience plus d'une fois, et souvent à nos dépens. Voici une note que je recueille dans M. Caillemer, *Lettres de divers savants à l'abbé Claude Nicaise*, p. 275, elle n'est pas pour infirmer notre observation : « Nous avons dit, p. 183, que Begon mourut le 4 mars 1710 : cette date est acceptée par la *Biographie générale* et par le *Dictionnaire historique de la France*. Mais M. Tamizey de Larroque prouve, en s'appuyant sur l'acte d'inhumation, que Begon est mort le 14 *mars* 1710. »

P. 26. A propos d'un certain *Edouard* Bernard, astronome et philologue anglais, M. Du Boys met en note : « Né en 1638, mort, dit la *Biographie générale*, le 22 janvier 1697, et suivant M. Caillemer d'après Chaufepié, le 12 *janvier* 1696. » Les deux autorités ne sont pas égales, et sauf la preuve du contraire, il vaut mieux se ranger à l'avis de M. Caillemer.

P. 11. *Jear-Baptiste* Lantin, le savant ami de Spanheim, et conseiller au parlement de Bourgogne, naquit en 1620, à Dijon, d'après la *Biographie générale*; à Chalons, d'après M. Jacquet. *La vie littéraire dans une ville de province sous Louis* XIV, Paris, Garnier, 1886. N'hésitez pas, sauf plus ample informé, adoptez l'opinion de M. Jacquet : vous avez dix chances pour une d'être dans le vrai.

M. Du Boys veut-il nous permettre quelques observations ? Il y a, dans ce premier fascicule, nombre de fautes d'impression, de simples négligences, qui nuisent à la correction du texte. Nous prenons la liberté d'appeler sur ce point l'attention de M. Du Boys. Dans la publication de documents, destinés à servir pour des travaux ultérieurs, on ne saurait apporter trop de scrupule et de soin. Nous indiquons ces rectifications en quelques mots. Pag. 18 *Syrmnaeorum*, au lieu de *Smyrnaeorum*. — P. 71 *Constinianeum*, au lieu de *Constintinianeum*. — P. 72 *Heautontimouromenos*, au lieu de *Heautontimoroumenos*. P. 75 *Proetantia*, au lieu de *Praestantia*. — P. 65 « In orbe roman*a*, » au lieu de « In orbe roman*o* ».

Presque constamment dans les citations latines oe est employé indifféremment pour ae. P. 50 « Civitatis roman*oe*, au lieu de civitatis roman*ae*. — P. 54 Patriarch*oe*, au lieu de Patriarch*ae*. — P. 64 Proestantia au lieu de Praestantia.

P. 18, 50, 72, le nom de Graevius est écrit tantôt Graevius, et tantôt Groevius.

P. 40, 44, 56, le savant orientaliste Barthélemy d'Herbelot est appelé successivement Derbelot et Dherbelot ; on aimerait savoir quelle orthographe M. Du Boys adopte définitivement.

P. 6, 55 et 59 le savant auteur de la *Bibliothèque choisie* est appelé tour à tour Jean *Leclerc* et *Le Clerc*.

P. 66 M. Du Boys parle d'une édition de Grégoire-le-Grand par *Daniel* Blondel. En note, il l'appelle *David* Blondel ; ce qui semble d'ailleurs être son véritable nom.

P. 53. Le conservateur de la Bibliothèque nationale, dont « les habitués de la salle des *Manuscrits* » se plaisent en effet à louer l'extrême obligeance, s'appelle M. *Deprez* et non *Depret*.

P. 18. Une note de Groesse, *Trésor des livres rares*, est inexactement reproduite. Groesse parle des *Selecta numismata* de Pierre Seguin et indique le prix de l'ouvrage : « 2 sc. 20 b. Gallarini » c'est-à-dire deux écus 20 baiocchi. M. Du Boys met « 2 sc. 206 *Gallarini*, » ce qui est inintelligible.

P. 74. Il est question d'un voisin de l'abbé Nicaise que M. Du Boys ne semble pas reconnaître : « Je ne vous dis rien sur le sujet de votre voisin, M. de Perley (?) écrit Spanheim à la date du 10 septembre 1699, et au fond il n'y avoit aucune obligation à m'envoyer du vin d'Aubigny. Comme le vin de votre province et entr'autres de vos bons vins de Nuys et de Baulne doit être excellent cette année et en quantité, je souhaiterois de savoir par qui, en vos quartiers, j'en pourrois faire quelque petite emplette »

Mais comment M. Du Boys n'a-t-il pas reconnu, dans ce *M. Perley* le personnage dont Spanheim faisait mention un peu plus haut ?

Page 62, celui-ci parle d'un *M. Percey* à qui il demande aussi du vin de Bourgogne. Le 10 décembre 1698, il écrit à l'abbé Nicaise : « J'ajouterai ici avant que finir, lui dit-il, qu'il y a quelque temps qu'un gentilhomme de vos quartiers et de vos amis, Mons. de Mornay du Percey, m'honora de sa visite. Il me parut non seulement fort honnête et obligeant en mon endroit, mais d'ailleurs fort curieux et instruit de bien des choses, et entr'autres des livres et de l'histoire littéraire. Nous tombâmes de là sur les discours des vins de Bourgogne, et sur quoi il eut la bonté de m'offrir de m'en envoyer les prix des meilleurs, s'entend des vins nouveaux et dès que ceux-là seront réglés. »

P. 27 et 31, se trouvent quelques citations grecques. Les trois quarts des mots sont sans accentuation, ce qui leur donne une physionomie étrange.

P. 16, 30, 53, 75 se rencontrent divers renvois. Mais ils ne sont d'aucun secours, parce qu'ils sont tous demeurés en blanc. Voici la note mise au nom de Dodwell : « Nous avons vu plus haut, p. et note, sa querelle avec Gronovius le fils. »

P. 69, la *note 2* où est nommé le successeur de Huet à l'evêché d'Avranches, *Roland François* de Kerhoen de Coetenfau, serait mieux à sa place, page 70. D'un autre côté, la *note 1* de la page 70, nous parle du P. Antoine Pagi, tandis que le texte de Spanheim nous parle de Huet.

P. 6. Dans l'*Avertissement* placé en tête de cette correspondance, M. Du Boys écrit : « M. Tamizey de Larroque a publié une longue lettre de Chapelain à Spanheim, du 6 avril 1659. *A M. Spanheim gouverneur du jeune prince palatin à Heidelberg* »

Si nous comprenons bien, il semblerait par ce passage qu'il n'y a dans la correspondance de Chapelain, que cette lettre du 6 *avril* 1659. Mais, il y en a encore bon nombre d'autres, du 21 décembre 1659, du 23 octobre 1660, etc., dont il eût fallu tenir compte.

Enfin, nous terminerons ce petit *errata*, en disant que « privati *sont* n'est pas latin » et que « M. Hyde, *le Bibliothèque* Oxfort, sçavant en langue persique, » ne se comprend pas. C'est peut-être la leçon du manuscrit de Spanheim, mais alors une courte annotation eût été nécessaire. Tout indique qu'il faut lire *bibliothécaire*.

Ces quelques observations n'ôtent rien à la valeur réelle de cette publication, à l'intérêt de ces lettres, au mérite incontestable et à la compétence du savant éditeur.

Elles témoignent seulement de l'attention avec laquelle nous avons étudié ce premier fascicule des *Correspondants de l'abbé Nicaise*. Elles prouvent aussi, ce que nous disions plus haut, qu'en matière d'érudition il ne faut pas aller trop vite, qu'il faut marcher avec précaution, réviser avec soin, minutieusement, pour donner au public des documents corrects que l'on pourra citer plus tard avec une entière confiance. M. Émile Du Boys n'en est pas à faire ses preuves ; aussi attendons-nous avec une curiosité impatiente la suite d'une publication dont nous ne saurions trop le féliciter.

S'il nous le permet, nous lui adresserons une prière. Puisque les *Correspondants de l'abbé Nicaise* vont paraître successivement par fascicules séparés, qu'il garde, s'il le peut, les mêmes caractères d'impression et le même papier qui sont excellents. Mais surtout, qu'il garde le même format, un format absolument semblable, afin qu'il soit possible de donner à la reliure ce précieux recueil. Plus tard, le volume sera de grand prix, nous n'en doutons pas. Comme le *Dubernard* de M. Tamizey de Larroque, dont parle M. Du Boys, ces divers fascicules seront alors introuvables.

A. FABRE

VARIÉTÉS

D'UN IMPORTANT MANUSCRIT DES SEPTANTE, A PROPOS DE L'ÉDITION DE CAMBRIDGE

Tout est à louer dans l'édition de la Bible grecque que publie M. Swete : la méthode critique, l'exécution matérielle, l'utilité pratique. M. Swete expose son plan en ces termes (p. xi) : « Il y avait place, dit-il, pour une édition qui donnât le texte de l'un des grands onciaux avec la précision que l'on peut y apporter aujourd'hui et à côte de ce texte un *apparatus* contenant les variantes des autres manuscrits, au moins de ceux dont nous avons une édition critique. Le besoin se faisait sentir, en effet, d'un texte qui pût servir de sûr *standard of comparison* et qui fût accompagné de notes textuelles capables de permettre à tout savant de s'orienter dans de nouvelles recherches. » Ce plan avait été tracé par M. Scrivener ; l'exécution en a été confiée à M. Swete, déjà connu par une édition distinguée du commentaire sur saint Paul, de Théodore de Mopsueste (1). Il s'est appliqué à nous donner le texte du *Vaticanus*, « qui dans son ensemble présente de la version des Septante la forme

---

(1) THE OLD TESTAMENT IN GREEK ACCORDING TO THE SEPTUAGINT edited for the Sindics of the University Press by Henry Barclay Swete honorary fellow of Gonville and Caius College. — Vol. I Genesis IV Kings. — Cambridge University Press 1887. Un vol. in-8 de XXVII-827 pages.

relativement la plus ancienne. Les lacunes du *Vaticanus* ont été suppléées par l'*Alexandrinus*. En note nous avons les leçons de l'*Alexandrinus* et du *Sinaiticus* auxquelles s'ajoutent les variantes de la Genèse de Londres, de la Genèse d'Oxford, de l'Hexateuque de Milan. Il est bien entendu que le texte du *Vaticanus* est accentué, corrigé, numéroté. Nous avons là une édition qui, sans réaliser par elle-même un progrès proprement dit du texte, résume d'une façon très remarquable les progrès acquis depuis un siècle par les travaux de Holmes, de Tischendorf, de Nestle, de M. Paul de Lagarde. Elle est appelée à constituer pour longtemps l'édition la plus commode des Septante.

Je demande la permission de profiter de l'occasion que me donne cette belle publication pour signaler un important manuscrit des Septante qui paraît avoir été perdu de vue par les biblistes depuis deux siècles. En parlant de l'édition Sixtine, M. Swete a rappelé justement que les éditeurs romains firent usage, concurremment avec le *Vaticanus*, d'un manuscrit que la préface de Pierre Morin désigne ainsi : « *Alter qui ex Magna Graecia advectus nunc est Carafae cardinalis.* » Pierre Morin ajoute une incidente bien importante, que M. Swete a omise et qui est celle-ci : « *qui liber cum vaticano codice ita in omnibus consentit ut credi possit EX EODEM ARCHETYPO DESCRIPTUS esse.* »

Chose singulière, personne n'a eu la curiosité de contrôler l'assertion de Morin et même, parlant de ce manuscrit, M. Nestle assure qu'on en a perdu la trace : « *Nondum identificatum est.* » Il est inscrit pourtant dans l'inventaire des manuscrits du cardinal Antoine Carafa et, à la mort du cardinal, il est entré à la Vaticane, où il porte le n° 1238 du fonds vatican grec.

C'est un gros livre de 377 feuillets, divisé aujourd'hui en trois tomes. Il ne renferme pas toute la Bible, mais seulement le Pentateuque, Josué, les Juges, Ruth, les quatre livres des Rois, le second livre des Paralipomènes ; à la suite viennent le livre apocryphe du Testament de Job et le Testament des douze Patriarches. Le texte est l'œuvre de plusieurs mains qui ont dû s'en partager la copie. De plus, la matière subjective n'est pas la même pour tout le volume : pour une partie on a employé du parchemin vierge, pour une autre du parchemin palimpseste (du XII siècle environ), pour une troisième partie des cahiers le parchemin alterne avec le papier, comme dans le *Codex Leicestrensis*. L'ensemble est des premières années du XIV siècle. En effet, sur un feuillet qui était libre, une main du temps mentionne en une inscription grecque d'une dizaine de ligne le jubilé de l'an 1300, « du temps du très saint Pape de Rome, Boniface », Boniface VIII. Au-dessous une main différente de la première mentionne la mort de l'empereur d'Allemagne Henri VII, « élu procureur de la chrétienté contre les Sarrasins et empoisonné par un frère mineur » en 1318. Ceci s'accorde bien avec ce que nous avait appris Pierre Morin, à savoir que le manuscrit avait été apporté de Grande Grèce *ex Magna Graecia advectus*. Ce qui suit va nous fixer mieux encore : je rencontre plus loin en effet l'obit du « serviteur de Dieu Hector évêque de Paléo-Castro ». Or on sait que Paleo-Castro était un siège épiscopal d'origine byzantine dépendant de Santa-Séverina, et que ce Paleo-Castro ou Castro-Vetere, mentionné par des diplômes grecs du XII et du XIII siècle (Trinchera, n. 192 et 288) est à identifier avec la petite ville actuelle non point de Belcastro mais de Caulonia, entre Stilo et Gerace. Notre manuscrit est donc bien d'origine Calabraise.

Le manuscrit a-t-il l'importance que lui attribue Morin ? Pour m'en rendre compte, j'ai collationné sur le texte de M. Swete les chapitres XLIX et L de la Genèse, I et II de Josué et le livre de Ruth, pris au hasard. La conclusion de mes observations est que le *Vatican* 1238 ne dépend pas du *Vaticanus B* en telle sorte qu'on puisse le dire *ex eodem archetypo descriptus*, mais qu'il nous donne en réalité un texte apparenté au *Vaticanus B*, et plus encore à l'*Alexandrinus*. Voici les variantes de Genèse XLIX et L où je désigne notre manuscrit de Carafa par la lettre *K*, *A* représentant l'*Alexandrinus*, *D* la Genèse de Londres, *F* la Genèse de Milan, le texte de *B* servant de texte de comparaison.

Je n'accentue que le texte de *B*.

Gen XLIX. 2 Ἀθροίσθητε AFK | om ακουσατε 3 AFK —3 αρχη]+των K 6 ἐρίσαι] ερεισθε K | ενευροκοπησαν] ενεβροκοπησαν K —7 εσκληρυνθη] εσκηρυνθη K - οἱ υἱοί] om οἱ FK —9 βλαστου] λαστου K | αυτον] αυτω K —10 ελθοι ω αποκειται K et om αυτω —12 ὑπέρ] απο ADK —17 ιππου] ιππων+αυτου K —18 περιμένων] αναμενων K —19 αὐτὸ δὲ περιπατευει αυτον]om K —20 διαδωσει AK | τροφην ADFK —21 Νεφθαλημ K | γενηματι] +αυτου K —22 μου] μοι K | ἀνάστρεφον] ανα K —24 χειρων ADK —25 καὶ εβοηθησέν σοι ὁ θεὸς ὁ ἐμός] om K | εξ ουρανου K | τα παντα K — 26 υπερισχυσας υπερ ευλογια K | θινων AFK | αιωνιων DFK | κεφαλης AK —27 διαδωσει ADK — 28 Ιακωβ]+ φυλας K | ὁ πατηρ ἑκαστον—ευλογησεν αυτους] om K — 30 διπλω τω] διπλω ο εστιν K | τη γη Χανααν AFK —31 και εκει εθαψαν Ισαακ ADFK | και εκει εθαψαν (Λιαν) ADFK | εν τη κτησει K —33 εξαρας]+ Ιακωβ ADFK | ποδας αυτου]om αυτου ADFK

Id. L — 1 Και κατεφιλη εν K | εκλαυσεν επ αυτον AK —3 επληρωσαν αυτου AFK | τεσσεράκοντα] τεσσαρακοντα BK | αριθμουνται K — 4 επειδη] επει FK | περὶ ἐμοῦ] om FK —5 ὁ πατηρ]+ μου AFK | λέγων]+προ του τελευτησαι AK +αυτον K | απελευσομαι] επελευσομαι AF επανελευσομαι K — 6 εἶπεν Φαραώ]+ τω Ιωσηφ AFK — 7 του οίκου αυτου και πάντες οι πρεσβύτεροι] om K | της γης Αιγυπτου] om της DK — 8 πατρικη αυτου] om αυτου K | την συγγενειαν ADK | αυτου 3 om K —9 om και 2 DFK — 10 εφ αλωνα AFK | εκοψαντο]+εκει K om αυτὸν | εποιη εν FK | —11 ειδον DFK | εστιν τουτο DFK | εκαλεσαν DK | του τοπου εκεινου AFK — 12 ουτως υιοι Ισραηλ AK + καθως ενετειλατο αυτοις ADFK | και εθαψαν αυτον εκει] om K — 13 οἱ υἱοί] om οἱ K | εις την γην DK | το σπηλαιον 2 om K | μνημείου]+ το παλαιον K — 14 και υπεστρεψεν K | συναναβάντες]+ παντες AK — 15 αυτου] Ιωσηφ K | ανταποδωσει ημιν ανταποδομα K — 16 παραγενοντο] παραγονομενοι K | λέγοντες] ειπον K | ειπαν A — 18 ειπον AK ημεις σου εσωμεθα οικεται K — 19 ειμι εγω AK — 20 ίνα] και K | τραφη] διατραφη AK — 21 και ειπεν AK — 22 και κατώκησεν] κατωκησε δε K — 23 παιδια Εφραιμ K — Subscr τελος της γενεσεως K

Dans ces deux chapitres le manuscrit de Carafa se distingue quatre-vingt fois du texte du *Vaticanus B*. Sur quatre-vingt leçons, il y en a quarante-deux qui lui sont propres, la plupart desquelles paraissent être des fautes de transcription; vingt neuf leçons lui sont communes avec *A*, dont neuf sont propres à *A* seul, vingt deux lui sont communes avec *F*, dont seulement quatre sont propres à *F*, quinze lui sont communes avec *D*, dont trois propres à *D*. Les autres passages que j'ai collationnés donnent les mêmes résultats. C'est dire que le manuscrit de Carafa se rapproche beaucoup plus de l'*Alexandrinus* que du *Vaticanus*, en se tenant dans la même tradition exceptionnelle qu'eux deux.

Serait-ce trop avancer que de présenter le *Vatican* de Gr 1238 comme la copie d'un manuscrit ancien d'une valeur considérable pour la constitution du texte des Septante, d'un manuscrit qui eût été à mettre sur le même rang que l'*Alexandrinus* dans la pléiade des onciaux de la Bible, et dont la copie quelle qu'elle soit, qui nous en reste, mériterait qu'on en donnât une collation intégrale?

Pierre BATIFFOL

CHRONIQUE

37. *Syllogue littéraire grec de Constantinople*. — Vient de paraître la tome XVIII (1883-84) de l'*Annuaire* de cette Société: ce volume (XXIV-232 pages in-4°) contient après les listes des membres, présidents, etc. de la Société une série de mémoires parmi lesquels se distinguent ceux qui se rapportent à la linguistique. P. 1, I. Karolidis *Damaiantia et Nalos*, p. 14 du même *Les comparaisons dans Homère*, p. 17 du même *La « fortune » des Romains*, p. 22 du même *Les rêves*, p. 25 D. C. S. Macri *Les ruines de l'ancienne Cyzique*, p. 34 procès verbaux des séances ordinaires et extraordinaires du Syllogue (16 mai 1883-13 mai 1884), p. 102 documents relatifs au concours Carapanos (publication de livres méthodiques d'enseignement à l'usage des écoles communales), p. 118 documents relatifs au concours Zographos (recueil de restes vivants de la langue grecque ancienne dans les dialectes populaires), p. 120 I. Parcharidis *Recueil de restes vivants de la langue grecque ancienne à Ophi* (près de Trébizonde), p. 179 G. Zékidis *Documents épirotes néohelléniques*, p. 228 errata, p. 229 table des matières.

Le Syllogue a encore tout récemment distribué le quatrième fascicule de la *Bibliothèque Mavrogordato* dont nous avons déjà analysé les premières livraisons (N° du 1 décembre 1886, p. 456 et du 1 mai 1887, p. 178). Nos lecteurs savent que cette importante publication confiée à un paléographe exercé M. Papadopoulos Kérameus est un inventaire des manuscrits grecs existant dans les bibliothèques de l'Orient. Elle comprend deux parties distinctes ayant chacune sa pagination propre. Dans la première partie nous trouvons le catalogue des manuscrits, dans la seconde un choix de textes inédits. Voici le sommaire du quatrième fascicule.

Première partie (catalogues). P. 141-145, mss. de la bibliothèque du gymnase de Lesbos (*suite et fin*). — P. 146-161, mss. du couvent de Saint-Jean l'Evangéliste à Lesbos. — P. 162-171, notes sur des manuscrits conservés à Lesbos dans différents endroits. — P. 171-177, inventaire de certains documents originaux conservés dans les archives du couvent de Leimôn. — P. 178-181, additions et corrections. — P. 182, explication des quatre planches chromolithographiées. — P. 183-212, index analytique et alphabétique du premier volume.

Deuxième partie (documents inédits). P. 79-85, documents relatifs à l'histoire et à la topographie de l'empire de Trébizonde (*suite et fin*). — P. 85-93, scholies à cinq homélies de saint Jean Chrysostome (ms. de Lesbos). — P. 94-105, écrits divers de Marc Eughéniakos (ms. de Kosinitsa, en Macédoine). — P. 106-122, scholies au *Plutus* et aux *Nuées* d'Aristophane (ms. de Halki). — P. 122-124, additions et corrections. — P. 125, table des matières.

En somme, dans le volume que nous avons sous les yeux, M. Papadopoulos-Kérameus ne nous a donné que les catalogues des mss. conservés dans les bibliothèques et archives de l'île de Lesbos; quant aux ἀνέκδοτα ils proviennent d'un peu partout. Nous aimons à espérer que ce volume n'est que le tome premier d'une collection d'inventaires comprenant les richesses paléographiques conservées dans les principaux centres de l'Orient. Ce travail a déjà été en grande partie achevé par M. Papadopoulos-Kerameus, qui a encore tout dernièrement fait en Palestine d'importantes recherches et découvertes dont il pense nous donner bientôt un aperçu.   A. L.

38. *Neues Archiv*, XIV, 2. — M. Th. Mommsen commence dans ce fascicule une série d'études historiques sur le gouvernement des rois Ostrogoths en Italie. Cette fois-ci il s'occupe de la nomination et de la publication officielle des consuls depuis le quatrième siècle. Son mémoire est un complément indispensable de la belle étude publiée sur le même sujet par M. de Rossi dans l'introduction du tome I de ses *Inscriptiones christianae U. R.* — M. W. Gundlach inaugure aussi une série d'articles sur le conflit entre les églises d'Arles et de Vienne au sujet de la primatie des Gaules. On sait que les documents de ce débat consistent en deux collections de lettres pontificales et autres, l'une authentique, l'autre apocryphe. La première, celle d'Arles, est conservée dans des manuscrits du ix⁰ siècle et il n'est pas difficile de prouver, comme l'a fait du reste M. Gundlach, qu'elle existait déjà au sixième. L'autre collection, celle de Vienne, fut publiée en 1605 à Lyon par un moine célestin Dubois en appendice de sa *Bibliotheca Floriacensis*. On n'en a signalé jusqu'ici aucun manuscrit et il suffit d'y jeter les yeux pour se sentir en présence d'une série de falsifications. Dans le prochain article, M. Gundlach nous renseignera sans doute sur l'origine de cette littérature. Pour le moment il s'évertue, avec un zèle digne d'une cause plus difficile à démontrer, que les lettres arlésiennes sont authentiques. On s'explique d'ailleurs qu'il procède dans toutes les formes et sans épargner aucune longueur. Il s'imagine en effet être dans la situation d'arbitre entre deux primats actuellement en fonctions et en conflit de préséance. « Aujourd'hui encore, dit-il, l'archevêque de Vienne porte le titre orgueilleux de Primat « des primats des Gaules » Hélas! Il y a beau temps qu'il n'y a plus d'archevêques ni à Vienne ni à Arles. — P. Kehr, important catalogue des diplômes impériaux conservés aux archives du Vatican. — E. Sackur, études sur Raoul Glaber.

39. A signaler dans le *Bullettino della commissione archeologica comunale di Roma*. — *Décembre*. Intéressant mémoire de M. O. Marucchi sur les dernières fouilles au cimetière de Saint-Valentin sur la voie Flaminienne, avec un plan des ruines de l'ancienne basilique. — *Janvier*. Note de M. R. Lanciani sur le forum d'Auguste. M. Lanciani rend compte de l'histoire du lieu et des fouilles qui s'y sont faites par le passé. Il montre que l'on peut espérer y trouver les statues (ou du moins leurs bases) des plus illustres généraux de la Rome républicaine érigées là par les soins du premier des empereurs.

40. *Revue historique*, n. de mars-avril 1889 (14° année). Martin Philippson, Études sur l'histoire de Marie Stuart, 5° *partie, fin*, les documents officiels. — Alfred Stern, Le club des patriotes suisses à Paris, 1790-91. — Ch. Lecrivain, Explication d'une loi du code théodosien. — Fr. Funck-Brentano, Documents pour servir à l'histoire des relations de la France avec l'Angleterre et l'Allemagne sous le règne de Philippe le Bel.

41. M. L. Delisle vient de publier chez Champion le catalogue des manuscrits des fonds Libri et Barrois récemment rentrés à la Bibliothèque nationale. En tête de ce catalogue figure une préface qui contient d'abord une histoire de Libri, de ses collections et de leurs vicissitudes, y compris le retour d'une partie d'entre elles au giron de la Bibliothèque nationale. Cette histoire n'est édifiante qu'en partie. Ni Libri, ni peut-être aussi les lords Ashburnham ne seront canonisés sur ce document. Mais on y voit bien d'autres choses, en particulier la façon dont étaient tenues jadis les bibliothèques communales de province. S'il y reste encore des manuscrits, ce n'est sûrement pas la faute des administrateurs locaux. Les municipalités ont toujours été peu difficiles sur le choix des bibliothécaires : un vieux professeur de cinquième au collège communal, un ancien chef de musique, le rédacteur de la feuille du cru, n'était-ce pas tout ce qu'il fallait pour empêcher les livres de s'en aller ? Malheureusement il passa quelquefois des Libri et des brebis se trouvèrent manquer au bercail. C'est à Lyon, à Tours, à Orléans que les ravages ont été le plus considérables. Maintenant que les manuscrits volés sont rentrés, non pas tous, mais en partie, grâce à la Bibliothèque nationale qui a fait les frais de la réacquisition, voici que les municipalités viennent réclamer leur bien. Mais elles trouvent à qui parler : M. Delisle les reçoit le code à la main, leur fait voir le mal fondé de leurs revendications et les gratifie par surcroît d'un sermon sur la négligence en matière de bibliothèques. *Prosit !*   L. D.

42. On annonce que l'administration du Musée Royal de Berlin va faire entreprendre des fouilles dans l'île de Chypre sur l'emplacement de l'antique Idalie. Au commencement de février M. Schliemann était dans l'île de Crète et négociait l'acquisition d'une colline située près de l'endroit occupé jadis par la ville de Cnosse. On sait qu'aux environs de cette ville se trouvait le fameux labyrinthe où, d'après la Fable, fut enfermé le Minotaure. Mais ce n'est pas le labyrinthe que M. Schliemann se propose de déterrer. Le bâtiment où il veut faire des fouilles, long de 44 mètres, large de 55 et rappelant le genre de construction du palais préhistorique de Tyrinthe était vraisemblablement un édifice public de Cnosse.

43. Une découverte d'un grand intérêt vient d'être faite sur l'acropole d'Athènes. On a exhumé une inscription qui contient une partie des comptes relatifs à la confection d'un des chefs d'œuvre de Phidias, la grande Minerve en ivoire et en or.

44. Les derniers numéros des *Mittheilungen* de l'Institut archéologique allemand de Rome contiennent les articles suivants : F. Dümmler, Débris de

vases de Cymé en Éolide. Etude sur les peintures de ces vases dont la plupart représentent des satyres ou des centaures. (Planches et figures dans le texte.) — A. Mau. Les Fouilles de Pompéi. Maisons particulières, petit établissement de bains avec palestre, peintures murales dans la palestre. (Plan.) Ch. Hulsey. Le site et les inscriptions de la Schola Xantha sur le Forum. (Plan. Appendice contenant la liste des noms d'esclaves et d'affranchis de la maison impériale classés d'après leur origine. Mélanges. Inscription de Kleophrades fils d'Amasis sur un vase peint (J. Six). — Le théâtre de Tauromenion (E. Petersen). — Représentation d'un dolmen sur une peinture de Pompéi (F. Rhohl). — G. Iatta. La dispute de Thamyris et des Muses (Planche). — A. Michaelis. Les antiquités de la ville de Rome décrites par Nicolas Muffel. Texte et traduction italienne de cette description faite en 1452 à la suite du voyage de l'auteur dans cette ville en compagnie de Frédéric III. — P. Studniczka. La statue archaïque d'Artemis de Pompéi (Planche.) Comparaison entre le marbre de Pompéi et plusieurs médailles de Sicile. — E. Petersen. Commode et les Tritons.

45. Sous ce titre *A companion to school classics*, M. James Gow vient de publier (Londres Macmillant un vol. in-18) un très bon petit volume destiné à donner aux écoliers des notions élémentaires sur les principales connaissances nécessaires à l'interprétation des classiques. L'auteur indique comment sont fait les manuscrits, où sont les principaux d'entre eux, ce qu'est la critique des textes. Il étudie ensuite la chronologie et les Institutions d'Athènes, de Sparte, de Rome. Il ajoute enfin quelques notions sur le drame grec et latin et sur la philosophie. Un certain nombre de planches sont jointes à l'ouvrage et représentent des monnaies, des fac-similés de manuscrits, des plans de Rome et d'Athènes, etc.

46. La publication de l'*Histoire de l'art* de MM. le Perrot et Chipiez interrompue depuis près d'une année, vient d'être reprise. Les premières livraisons du tome V (Phrygie, — Lydie et Carie — Lycie, Perse) viennent de paraître.

SOCIÉTÉ NATIONALE DES ANTIQUAIRES DE FRANCE

Séance du 30 janvier. — M. Alexandre Bertrand présente un rapport de M. Nicaise sur des objets découverts dans un cimetière gaulois aux Govats commune de Bussy-le-Château Marne. — M. Roman communique une petite statuette en bronze trouvée à Vienne en Dauphiné qui paraît être du III siècle et représenter une divinité de type oriental. — M. Ulysse Robert lit quelques fragments d'une étude sur les signes d'infamies dont le port était imposé aux juifs, sarrasins, hérétiques et lépreux durant le moyen âge. — M. Germain Bapst communique la photographie d'un mortier en bronze du XV siècle appartenant à la pharmacie de la ville d'Issoudun. — M. Babelon discute les diverses attributions qui se sont produites au sujet d'une tête de marbre du Cabinet des médailles prise à tort, selon lui pour celle de T. Quinctius Flamininus. — M. le baron de Geymuller, MM. Emile Molinier et Courajod présentent quelques observations sur l'emploi des plaquettes de Moderno et de Caradosso dans les décorations d'art du XV et du XVI siècle.

Séances des 6 et 13 février. — M. Frossard associé correspondant national présente le calque en couleur d'un carreau de verre émaillé de la fin du moyen âge provenant de l'église du couvent de l'Escaledieu (Hautes-Pyrénées). — M. Ulysse Robert termine la lecture de son mémoire sur les marques d'infamie dont le port était imposé aux cagots et aux femmes de mauvaise vie. — M. l'abbé Duchesne communique trois inscriptions chrétiennes provenant d'Afrique. — M. Emile Molinier signale deux dessins de Dominique Florentin pour le monument de Claude de Lorraine à Joinville, conservés dans les collections du Musée du Louvre.

Séance du 21 février. — M. Prost fait une communication sur l'instrument que tient à la main un esclave chassant un oiseau représenté dans une miniature de l'évangéliaire d'Ébon du IX siècle dont M. Aubert s'était occupé et dont des figures avaient été communiquées à la Société en 1883. Les instruments en question sont probablement des tisonniers. — M. Muntz signale la persistance dans l'art du XVI siècle de diverses légendes que l'on croyait généralement avoir disparu avec le moyen âge, la légende de Trajan, celles de Virgile, d'Aristote, de la papesse Jeanne, etc. — M. de Barthelemy signale à propos de la légende de Virgile la découverte dans l'ancien cellier du chapitre de Saint-Pierre de Troyes de deux carreaux dont l'un semble représenter Virgile en clerc ou maître d'école tenant une férule. — M. Bapst émet le vœu que les objets d'art des monuments nationaux ne soient pas déplacés à l'occasion de l'Exposition. Après un échange d'observations, on passe à l'ordre du jour. — M. Roman signale la découverte à Saint-Hilaire-la-Côte d'un Mercure, de deux colliers, de deux boucles, de deux pendeloques et de deux monnaies de Titus et de Vespasien, appartenant à M. Chaper de Grenoble et communique ces objets à la Société; l'enfouissement semble dater de l'époque de Commode.

ACADÉMIE DES INSCRIPTIONS ET BELLES LETTRES

Séance du 11 janvier. — M. Geffroy directeur de l'École française de Rome écrit qu'on a découvert dans le mur de soutènement d'un jardin situé derrière le palais Farnèse, 188 fragments nouveaux du célèbre plan de la ville de Rome gravé sur marbre sous Septime Sévère. Ce plan couvrait une paroi du *templum sacrae Urbis* au Forum. — M. Geffroy annonce ensuite la découverte sur la margelle d'un puits d'une inscription circulaire relative à un Popilius Menophilus. — L'Académie procède à la nomination de deux commissions pour l'année 1889. *Commission du prix de La Grange*: MM. Gaston Paris, Luce, Meyer, Gautier. — *Commission de la fondation Benoît Garnier* (exploration en Afrique et dans la haute Asie) MM. Renan, Pavet de Courteille, Senart, Maspéro. — M. d'Arbois de Jubainville lit un mémoire intitulé *Les noms de lieux d'origine romaine en France*. Il divise ces noms en trois classes: 1. Les noms composés comme *Augustodunum, Caesaro Magus*, etc. 2. Les noms de lieux identiques à des noms propres comme *Anicius, Afranius, Turnus*, ou à des noms communs, omme *Tres Tabernae, Tres arbores*. 3. Les noms dérivés de noms communs formés à l'aide du suffixe *etum* ou du suffixe *aria* comme *Roboretum, Asinaria* et les noms dérivés de noms propres formés à l'aide des suffixes *acus*, *o* tantôt de *gentilicia* comme *Marciacus, Albucio*, tantôt de *cognomina*, comme *Turnacus* de *Turnus, Caranto* de *Carantos*. Sous l'empire on a formé un assez grand nombre de noms dérivant de gentilices en *enus* ou *ennius*, comme *Avenacus* (auj. Avenay) du gentilice *Avenus* dérivé d'*Avius*, *Avennio* (auj. Avignon), du gentilice *Avennius* dérivé d'*Avenus*. — M. Maury fait remarquer que la terminaison *enus* ou *ennius* est d'origine étrusque. — M. Ravaisson commence la lecture d'un mémoire sur *les monuments funéraires des Grecs*.

Séance du 18 janvier. — M. Kremer écrit pour remercier l'Académie de l'avoir élu membre correspondant. — M. Le Blant lit un mémoire sur les monuments découverts par le R. P. Germano sous l'église dédiée sur le Celius à Rome aux saints Jean et Paul martyrisés au temps de Julien l'Apostat. Les fouilles ont mis au jour des chambres ornées de peintures du quatrième siècle rappelant par leur style celles des catacombes, on a trouvé aussi une vaste salle construite en briques et décorée au IX° siècle, de fresques dont il reste une partie. Au centre de la composition on remarque un christ byzantin tenant le livre des évangiles sur lequel on lit : *Lux ego sum mundi totius*. Ces découvertes prouvent que l'église élevée dans l'antiquité sur le lieu de la demeure et du martyre des saints Jean et Paul a continuée à être fréquentée au moyen-âge. — M. Révillout, conservateur adjoint au Musée du Louvre, fait une lecture intitulée : *Un nouveau discours d'Hypéride*. Depuis l'incendie par les Turcs de la Bibliothèque Mathias Corvin où était conservé un manuscrit des œuvres d'Hypéride, on ne possédait plus rien de lui. Quelques pages trouvées il y a plusieurs années sont actuellement en Angleterre. M. Révillout vient de faire acheter pour le Musée du Louvre un papyrus qui contient seize colonnes du discours contre Athénogène, un des plus célèbres plaidoyers prononcés par Hypéride, dans lequel, si l'on en croit Longin, l'orateur montre un talent supérieur à celui de Démosthène lui-même. M. Révillout espère pouvoir donner bientôt le texte complet de ce long fragment écrit sur un papyrus brisé en nombreuses parcelles qu'il faut rapprocher avec patience. Dans la communication qu'il a faite à l'Académie, il a surtout étudié cet important document au point de vue du droit comparé. — M. Ravaisson continue la lecture de son mémoire sur *Les monuments funéraires des Grecs*. Les scènes qui y sont figurées ont trait à la vie future et se passent dans l'autre monde. L'auteur en cherche une preuve dans le groupe a Villa Ludovisi où l'on a cru voir Oreste et Electre et dans le grand bas relief d'Eleusis.

Séance du 25 janvier. — La place de membre ordinaire de M. le comte RIANT est déclarée vacante. L'Académie procèdera le 22 février à l'examen des titres des candidats. L'élection aura lieu le vendredi suivant. — MM. BARBIER DE MEYNARD, de VOGUE et WALLON donnent des nouvelles de M. BÉNÉDITE, chargé d'une mission dans l'Arabie Pétrée pour recueillir des inscriptions sinaïtiques pour le recueil des inscriptions sémitiques. Dès son arrivée M. Bénédite a trouvé plus de 300 textes inédits. — M. d'ARBOIS DE JUBAINVILLE répond à une observation faite par M. A. Maury, à la séance du 11 janvier au sujet des noms de lieu en Gaule, formés de gentilices romains d'origine étrusque. Ces noms étrusques ont été adoptés et portés par les Romains. Ainsi en l'an 100 après Jésus Christ, nous voyons un édile d'Aricia qui porte le gentilice Vibenna. M. d'Arbois de Jubainville complète sa démonstration en citant des noms de lieu de la Gaule qui sont dérivés de noms d'origine non latine. Par exemple *Pontpoint* (Oise) et *Pompignan* (Gard) viennent des noms osques *Pomponius et Pomponianus*. *Filomusiacus* entre Besançon et Verdun, d'un gentilice *Philomusius* tiré du grec. *Chamouille* (Aisne), d'un gentilice *Camullius* provenant du dieu Gaulois *Camulus*. — M. VIOLLET commence la lecture d'un mémoire intitulé *Le système successoral appelé Tanistry et la fondation du Saint Empire romain de la nation germanique*. Le système successoral attribue à l'aîné de la famille, fils, frère ou oncle du défunt, son patrimoine et sa dignité. — M. RAVAISSON continue la lecture de son mémoire sur *Les monuments funéraires des Grecs*.

HENRI THÉDENAT

Le Gérant : E. THORIN

BULLETIN CRITIQUE

SOMMAIRE — 36. E. Muntz. Histoire de l'art pendant la Renaissance. *A. Bouillet* — 37. A. Chabrier. Les orateurs politiques de la France. *Henri Bernier* — 38. Jules Vuy. Adhemar Fabri, prince évêque de Genève. *André Perate* — 39. Green. Histoire du peuple anglais, trad. A. Monod. *Verstraete* — 40. P.-V. Delaporte. L'art poétique de Boileau commenté par Boileau et ses contemporains. *H. Margival* — Chronique — Société nationale des Antiquaires de France — Académie des Inscriptions et Belles Lettres.

36 — **Histoire de l'art pendant la Renaissance,** par Eugène Muntz, Conservateur de l'École nationale des Beaux-Arts. Tome I. Italie. *Les Primitifs.* Paris, Hachette, 1889, 1 vol. grand in-8 de xciii-744 pages, contenant 514 illustrations insérées dans le texte, 4 planches en chromotypographie et 8 en phototypie polychrome, une carte en couleurs et 21 planches en noir, en bistre et en bleu tirées à part.

Le mot Renaissance « signifie ce rajeunissement de l'esprit humain, cet affranchissement de la pensée, cet essor des sciences et ce raffinement de la civilisation, cette poursuite de la distinction et de la beauté, qui se sont affirmés en Italie vers le xv° siècle, sous l'influence des leçons de l'antiquité » (p. 1). Ce mouvement, qui fut peut être la plus grande révolution de l'esprit humain, présenta successivement deux formes bien distinctes : une première Renaissance, qui fut l'ère des Primitifs — celle dont nous avons à nous occuper ici, — et une seconde Renaissance qui, au xvi° siècle, porta l'art à sa perfection.

Florence fut vraiment le berceau et le foyer de la Renaissance. Elle le dut aux aptitudes de sa race jeune et bien douée, à une éducation et à des mœurs publiques favorables aux choses de l'esprit, à la continuité de l'effort, à l'initiation transmise par les aînés, augmentée de la part des progrès acquis. Les Médicis, dont la libéralité touchait à la prodigalité, et dont l'affection et la familiarité contribuaient à tirer les artistes de leur abaissement antérieur, furent à Florence les protecteurs nés des arts et des lettres. A leur exemple, les Strozzi, les Ruccellai, les Tornabuoni, les Martelli tinrent à honneur d'être les Mécènes des artistes et des humanistes. L'activité de la Seigneurie, des confréries et des corporations suscita aussi de nombreux chefs d'œuvre.

De Florence l'art se répand dans toute la Toscane : Prato, Empoli, Pistoie, Pise, Lucques, font appel à quiconque manie le compas, le pinceau ou le ciseau. Sienne finit par se soumettre au mouvement auquel elle avait d'abord résisté, et qui avait conquis droit de cité à Rome avec les papes Martin V, Eugène IV, Nicolas V et Pie II. Sixte IV, qui fit construire la chapelle Sixtine, vit sous son Pontificat la plus extraordinaire floraison de maîtres célèbres.

Dès 1443, la Renaissance pénètre avec les Florentins à Naples, où Alphonse d'Aragon et son fils Ferdinand Iᵉʳ présidèrent à son développement « qui a été brillant, sans cependant aboutir à la constitution d'une école indigène » (p. 108).

Cependant la Renaissance avait pour Mécènes : à Rimini Sigismond et Domenico Malatesta ; à Urbin, Frédéric de Montefeltro ; à Ferrare la famille d'Este, malgré ses cruautés et ses vices ; à Mantoue, les Gonzague ; à Bologne, les Bentivoglio.

Venise l'accepta tardivement, grâce à son isolement territorial, et absorbée qu'elle était par ses relations avec l'Orient et ses préoccupations commerciales. Pendant la période des Primitifs néanmoins, elle appela des artistes étrangers, Florentins, Paduans, Véronais, Lombards, Siciliens, Français même, auxquels s'ajoutèrent quelques indigènes en fort petit nombre.

Padoue tient le premier rang après Florence, et Donatello y élève la statue de Gattamelata et les bronzes de Saint-Antoine.

Vérone fournit à la première Renaissance des maîtres éminents.

A Milan les Sforza encourageaient les arts, et la fabrique du Dôme, en perpétuant la lutte entre le style classique et le style gothique, contribuait à donner à la Renaissance milanaise la saveur qui la distingue Toujours en Lombardie, Pavie, avec son magnifique château et son incomparable Chartreuse reprenait les traditions classiques qu'elle n'avait pas complètement oubliées.

Le mouvement, plus tardif dans le Montferrat et le Piémont, y inspira peu d'œuvres avant les dernières années du XVᵉ siècle. Les Mécènes y faisaient défaut. Enfin le xvᵉ siècle ne laissa pas de traces à Gênes, où le xviᵉ devait tant créer.

Telles sont bien succinctes et bien incomplètes les grandes lignes du premier livre de l'*Histoire de l'Art pendant la Renaissance*. Nul peut être n'était plus désigné ni mieux préparé, pour écrire un tel ouvrage, que le laborieux et érudit conservateur de notre École des Beaux Arts. Outre la *Renaissance en Italie et en France à l'époque de Charles VIII* maintenant introuvable, M. Eug. Muntz nous a donné déjà, dans le même ordre de travaux et d'idées, *les Arts à la cour des Papes, Donatello, Raphaël, les Précurseurs de la Renaissance*. Il préludait ainsi par avance au grand travail, — j'allais dire au monument, — dont il fait paraître aujourd'hui le premier volume.

Après avoir, pour ainsi dire, mis la Renaissance dans son cadre, et fait connaître les courants politiques, religieux, intellectuels et sociaux qui vont influer sur son développement, l'auteur aborde, dans son livre II, ce qu'il appelle *les Eléments constitutifs de la première Renaissance*

Il faut arriver au XI° siècle pour voir proscrire et détruire les œuvres d'art léguées par l'antiquité. Le Christianisme les avait déjà plus d'une fois prises sous sa protection, les Barbares eux-mêmes y avaient attaché un grand prix, et l'école byzantine, malgré sa prétendue opposition avec l'antiquité, lui avait souvent demandé son inspiration

Heureusement, lorsque vint l'époque du vandalisme l'emploi des matériaux antiques dans la construction et l'ornementation des édifices nouveaux fut, surtout à Rome la cause souvent irréfléchie de leur conservation. Aussi, pendant tout le moyen âge, retrouve-t-on sans cesse la préoccupation de l'antique, même « au milieu de l'enthousiasme de générations fières d'avoir inventé des moyens d'expression qui leur fussent propres » (p. 222)

Au XV° siècle l'étude de l'art antique, devient d'un bout à l'autre de l'Italie le mot d'ordre des novateurs. De là la copie des monuments, l'étude du nu, la mise à contribution du *Traité d'Architecture* de Vitruve récemment découvert par le Pogge, l'ornementation empruntée aux anciens, l'inspiration tirée des auteurs profanes et de la mythologie. Tout d'abord on copie les monuments antiques sans les comprendre, sans tenir compte du sujet, de la caractéristique des personnages, de leur costume et de leurs attributs. Puis les artistes se familiarisant davantage avec l'archéologie, reproduisent plus ou moins fidèlement les modèles que leur a légués l'antiquité toutefois la pratique du style leur fait encore défaut, et leurs compositions abondent en incorrections d'une naïveté charmante. Enfin l'assimilation est complète tant au point de vue de la forme qu'à celui de la conception, grâce aux sources d'inspiration et d'étude que fournissent la création des Musées, la découverte des œuvres d'art et leur diffusion par l'emploi de plus en plus répandu du moulage. Ajoutons à tout cela l'héritage laissé par le moyen âge c'est-à-dire la tradition chrétienne, et nous aurons tous les éléments qui constituent pour l'art de la première Renaissance un premier facteur

Il y en a un second c'est l'étude de la nature et du réel, s'affirmant pour la première fois dans la poésie avec Dante, Pétrarque et Boccace dans la sculpture avec Nicolas et Jean de Pise dans la peinture avec Giotto. On étudie les animaux, le paysage, l'anatomie, les types des races, les figures drapées, la perspective, la mise en œuvre des événements contemporains devient plus fréquente, les sujets religieux et mythologiques paraphrasent le plus souvent la vie réelle. C'est la ruine progressive de l'iconographie chrétienne léguée par le moyen âge, et, à brève écheance, l'introduction des tableaux de genre du grotesque et de la caricature, la representation des themes fournis aux amateurs du pittoresque par les brillantes ceremonies de la cour pontificale, l'étude du costume — vêtement, coiffure, chaussure — avec ses formes multiples et ses transformations successives.

Étude et influence de l'antique d'une part, de l'autre, etude et interpretation de la nature de la reunion de ces deux elements allait sortir l'art de la première Renaissance. Aussi il est vrai de dire, avec M. Eug. Muntz (p. 272), que « l'antique n'a inspire de chefs d'œuvre qu'en s'alliant à une forte dose de réalisme. En un mot, dit-il ailleurs non moins justement, l'antiquite a donne à la Renaissance le culte de la forme, la purete des lignes, la noblesse de la conception ; le naturalisme lui a donne son inspiration exquise, la fraicheur de ses sentiments, sa vision si libre et si fière » (p. 346.)

Cette formule resume admirablement le livre que je viens d'analyser et qui est la partie capitale de l'ouvrage, celle dont les autres ne sont, pour ainsi parler, que l'application et la mise en pratique. C'est à dessein que je m'y suis étendu, et encore ne dirai-je rien du dernier chapitre dans lequel l'auteur, etudiant l'education artistique au XV siècle, montre comment les artistes se formaient et utilisaient les ressources que leur fournissaient une formation toute nouvelle et une existence sociale inconnue à leurs devanciers. Simple rapporteur, je m'abstiendrai aussi de prendre parti dans la question de savoir jusqu'à quel point l'influence flamande a determine en Italie le mouvement de la Renaissance. Le terrain est brûlant, et il y aurait matière à de longues discussions.

Dans les trois livres suivants, M. Muntz passe en revue successivement l'Architecture, la Sculpture et la Peinture de la première Renaissance. Comme dans le premier livre et dans le meme ordre, il parcourt les provinces et les villes de l'Italie pour y constater la marche et les progrès des arts. Brunellesco acheve glorieusement le dôme de Florence, et construit les palais Pitti et Pazzi. Alberti, « le genie le plus universel de la première Renaissance », remanie pour les Malatesta l'église Saint-François à Rimini, et élève à Florence le palais des Ruccellai. Rome montre de cette époque le Palais de Venise. Urbin, son palais ducal ; Venise, son eblouissante Ca d'Oro ; Milan et Brescia, l'une son Grand-Hospice, l'autre sa Prison, œuvres de Filarete.

Si l'Architecture offre alors plus de distinction que d'originalité, plus de charme que de puissance, la Sculpture présente un monde de formes d'une richesse admirable. Citons au hasard les statues de Gattamelata et du Colleone, les portes de Ghiberti au Baptistère de Florence, les ornements de l'autel de Saint-Antoine à Padoue, les bustes de Donatello, les Madones de Desiderio et de Mino de Fiesole, les mausolées de Rossellino, les enfants dansants et les admirables terres cuites de Luca della Robbia.

La Peinture ne connaît pas les genres accessoires paysages, nature morte etc. « L'homme, sous toutes ses apparitions, l'âme humaine, tour à tour resignée ou vibrante, voilà le thème qui lui paraissait exclusivement digne d'occuper le pinceau d'un grand artiste et cela en France et en Allemagne aussi bien qu'en Italie » (p. 594.) Les peintres aiment les belles couleurs voyantes, les étoffes qui brillent au soleil, le coloris harmonieux, chaud et brillant. Ils peignent avec loyauté et limpidité, sans escamotage ni subterfuges. Sont-ils plus naturalistes que spiritualistes, nous avons Masolino, Masaccio, Paolo Uccello, Piero della Francesca. Pisanello sont ils « doués de plus d'imagination et de sensibilité que d'esprit critique » (p. 645) ils représentent le style de transition et se nomment Gentile da Fabriano, fra Angelico, fra Filippo Lippi.

Enfin le livre VI est consacré à la Gravure et aux Arts décoratifs — ouvrages en bronze, médailles et monnaies, orfèvrerie, ferronnerie, menuiserie et ébénisterie, miniatures, pavement, céramique, verrerie, tissage. — Tous ces arts suivent les errements et les progrès de l'Architecture et concourent à montrer que les quattrocentistes « recherchaient les progrès et la perfection n'importe où ils se trouvaient chez les Anciens aussi bien que chez les Allemands ou chez les Orientaux, ils ouvraient leur esprit, leur imagination, leur cœur et leur âme à toute impression vibrante pouvant se traduire par les arts du dessin, unissaient le culte ardent de la nature à un respect presque superstitieux pour la tradition classique et, combinant ces éléments si divers, ils en tirèrent un style moins pur et moins puissant que celui de l'âge suivant, mais à coup sûr plus pittoresque, plus nourri, plus savoureux et plus vivant » (p. 719).

L'*Histoire de l'Art pendant la Renaissance* est un livre d'une érudition considérable et d'une critique fine et sûre. Malgré un véritable luxe de détails malgré l'obscurité inséparable de l'histoire d'une époque où l'art tâtonnait et cherchait sa voie, il n'y a cependant pas de confusion et on distingue nettement les grandes lignes de l'ouvrage. Nous avons essayé d'en faire connaître l'économie, mais, ce que nous ne pouvons qu'indiquer imparfaitement, c'est l'abondance de sources d'information, de renseignements précieux et d'idées fécondes qui se rencontrent à toutes les pages, ce sont les indications bibliographiques qui accompagnent le texte à chaque pas, les détails et les renseignements techniques, les exemples qui coulent comme de source et arrivent en foule à l'appui de chaque assertion ; c'est l'analyse minutieuse de chaque œuvre indiquée. On sent que l'auteur parle de choses qu'il connaît mieux que personne, et qu'il se meut à l'aise sur un terrain qui lui est familier. Enfin les principaux artistes ne sont pas seulement connus par leurs œuvres. M. Muntz nous raconte leur vie et les événements qui ont pu influer sur leur talent ; il nous en donne de véritables monographies. Nous connaissons ainsi l'orfèvre Simone di Giovanni, les architectes Brunellesco et Alberti, les sculpteurs Donatello, Ghiberti, Luca della Robbia, les peintres Masaccio, Piero della Francesca, fra Angelico.

Que dire de l'illustration ? Il faudrait parcourir bien des villes et des Musées pour trouver tous les originaux reproduits dans ce volume. Outre la gravure sur bois, on a mis à contribution tous les procédés qui dérivent de la photographie. C'est dire que l'exactitude est absolue. Pourrait-on exiger une copie plus fidèle que les fac-similés de dessins tirés hors texte ? Quant aux gravures intercalées dans le texte, toutes sont intéressantes et exactes ; plusieurs cependant manquent de caractère artistique : c'est du procédé et ce n'est que du procédé.

On ne saurait trop louer l'idée d'avoir dressé une carte de *l'Italie artiste au* XV*e siècle*. C'est un heureux complément et un aide précieux.

En résumé, M. Eug. Muntz nous a donné encore une fois un excellent ouvrage, d'une lecture attrayante, où la forme captive autant que le fond. Grâce à lui, nous connaissons maintenant une époque dont l'histoire était à faire. L'année paraîtra longue, qui s'écoulera jusqu'à l'apparition du second volume. A. BOUILLET

---

38. — **Les orateurs politiques de la France**, 1302-1830, recueillis et annotés par Albert CHABRIER, professeur de rhétorique au Lycée Louis-le-Grand, Paris, 1888, in-12, 580 p.

Il existait déjà des recueils du genre de celui que nous annonçons, ceux de l'abbé Marcel, d'Amic et Mouttet, du Père Cahour ; et nos rhétoriciens pouvaient y lire de beaux discours de Mirabeau et du général Foy. Mais ces recueils sont aujourd'hui peu connus et difficiles à trouver. L'ouvrage de M. Chabrier a donc à peu près l'attrait de la nouveauté. Les extraits y sont nombreux, puisqu'ils commencent à Philippe le Bel et vont jusqu'en 1830. Les discours et fragments de discours cités sont encadrés dans des notices tirées des historiens ou auteurs de mémoires. L'ouvrage intéresse ainsi les jeunes historiens comme les jeunes orateurs. Dans la pensée de M. Chabrier, il a même une portée patriotique : il s'adresse indistinctement à tous les jeunes Français. « Comme il y a une littérature française, dit-il, il y a une politique française où se reflète, ou se marque l'esprit français. » L'auteur a donc réuni en un volume « quelques-unes des manifestations oratoires de l'esprit politique français, leçons à la fois d'histoire, de patriotisme et de bon langage » (Préface)

A ce passage de la Préface, une objection, ou plutôt la vue d'une difficulté m'a traversé l'esprit Difficulté telle, qu'à s'y heurter M Chabrier courait risque d'aller contre son propre dessein et de perdre une grande partie de la clientèle à laquelle il s'adresse Qu'est-ce que la politique française? me disais-je je crois le savoir, mais je ne suis pas persuadé que mon voisin répondrait comme moi à tous les points de cette vaste question Ces divergences d'opinion qui, pour notre malheur, sont passées à l'état aigu existent déjà chez nos fils, et cette sensibilité chatouilleuse des jeunes gens, dans un âge où l'esprit de parti ne « dirige » pas encore nos convictions, est infiniment respectable C'est du pur patriotisme un collégien de quinze ans se croit sincèrement juge infaillible de l'honneur et de l'intérêt de la France Mais plus ce sentiment est noble et délicat, plus on doit prendre garde de le blesser, de le faire dévier surtout et de le changer en passion politique L'auteur qui commettrait cette faute s'exposerait, pour le moindre châtiment, à voir ses livres, proscrits par les papas et les proviseurs, vieillir tristement en magasin

C'est ainsi que je philosophais sur la préface de M Chabrier, et, pour augmenter mes craintes, j'y lisais encore « Quiconque aura une fois, dans sa vie politique, représenté et défendu les vrais intérêts des traditions françaises, quiconque, portant en lui l'âme de la France, a été, ne fût ce qu'un jour, la voix de la patrie, celui là se place parmi les vrais orateurs français, dignes d'être lus et imités » Voilà donc mon patriotisme mis en demeure de tout approuver J'ai lu le livre, et mon patriotisme s'est regimbé

Tout d'abord j'ai été surpris d'une note de la page 1 M Chabrier, qui commence son ouvrage en 1302, écrit en note « Ce n'est pas que nous dations de 1302 l'avènement de la politique française, y a-t-il un roi plus français que saint Louis? mais la parole de saint Louis *c'est Joinville qui nous la transmet* » Je me dis d'abord que la raison est médiocre, et qu'on aurait pu citer de saint Louis, même transmises par Joinville, quelques belles paroles intéressant la politique française Mais probablement M Chabrier ne va donner que des discours bien authentiques, contenus dans des documents officiels Or je tourne la page et je trouve un discours très bref de Philippe le Bel d'après Guillaume de Nangis! Pourquoi Nangis et pas Joinville? La raison de cette préférence? — C'est que le discours de Philippe le Bel a été prononcé dans des États généraux, et que le roi s'y met en guerre ouverte contre le Pape Je n'ai pas aperçu cela tout de suite, dans ma candeur, mais plus tard, quand j'ai lu certains autres discours de la Constituante, quand j'ai vu qu'après

1302 M. Chabrier ne cite rien jusqu'aux Etats de 1412, cent dix ans après, quand j'ai parcouru la note où M. Chabrier parle des démêlés du roi et du pape, note dans laquelle est rapportée sans commentaire la lettre outrageuse de Philippe : « Que ta très grande fatuité sache que, pour les choses temporelles, nous ne sommes soumis à personne, etc. » Est-ce la politique française ? est-ce par de telles paroles accompagnées des actes que l'on sait, que doit s'exprimer le principe de l'indépendance de la couronne vis à vis du pape ? Mon patriotisme repousse cette idée et s'indigne contre celui qui me la suggère.

Il est un autre endroit du livre où l'auteur irrite ma sensibilité patriotique : c'est quand il cite les discours de Mirabeau sur la Constitution civile du clergé. Il est bien entendu, d'après la Préface, que ce discours, comme tous les autres, doit ajouter un trait de plus au tableau de la politique française.

Or, sur cette grave question de la Constitution civile qui aboutit, entre autres conséquences, à l'élection des pasteurs par le suffrage universel, citer deux violents discours de Mirabeau et traiter de sophismes les protestations éloquentes de l'abbé Maury (p. 263), c'est se faire le propagateur d'une odieuse doctrine. Comment, M. Chabrier vous n'êtes même pas concordataire ! Mais je puis vous avertir charitablement que votre ministre l'est encore avec tout son gouvernement, et vous prévenir, si vous l'ignorez, que la politique française n'est pas de violenter les consciences en imposant au clergé une nouvelle Constitution civile : ce second essai serait plus odieux et plus coupable que le premier, et il aurait à la fin du XIX° siècle beaucoup moins de chances de succès encore qu'à la fin du XVIII°.

Au contraire, M. Chabrier aurait dû, en stricte justice, citer le discours de Maury à côté de celui de Mirabeau. Car nous prétendons bien que cette fois Maury représentait l'équité et la raison et la vraie politique française, et il n'était pas de ces orateurs dont parle M. Chabrier « qui n'ont pu s'élever au dessus des intérêts, ou des nécessités de parti, ou des calculs d'une ambition plus égoïste encore » et qui méritent qu'on fasse « autour d'eux le silence et l'oubli » (Préface). L'atteinte que l'on porte à mes sentiments de Français rend ma critique plus exigeante et je n'admettrai pas qu'on se contente de présenter Maury aux jeunes générations par une péroraison de vingt lignes et par une interruption qui le rend ridicule. Il eut des réparties célèbres, et Mirabeau lui-même passa avec lui un mauvais quart d'heure dans la discussion sur la Constitution civile. Il citait avec exactitude pour le fond, mais avec quelque différence dans la forme, un argument de son adversaire : « Monsieur, s'écrie Mirabeau aux applaudissements de la gauche et des tribunes, ces ridicules paroles ne sont jamais sorties que de votre bouche ! » et il rectifie la citation. Maury, par un raisonnement serré, montre qu'il n'a fait que traduire sans la défigurer la pensée de Mirabeau. Puis il ajoute :

« Il est donc vrai que vous avez réellement dit ce que je vous ai attribué, et si votre phrase signifie autre chose, elle ne peut plus avoir aucun sens. Je ne dirai point alors, en discutant votre réponse, que ces ridicules paroles ne sont sorties que de votre bouche, mais je dirai, et cette assemblée dira comme moi, que votre proposition n'a pu sortir que d'une tête absurde.

« Remerciez à présent les tribunes des applaudissements flatteurs qu'elles vous ont prodigués, lorsque vous avez eu la charité de me dénoncer à leur savante désapprobation par votre désaveu. Si vous êtes tenté de répliquer, parlez, je vous cède la parole. — Vous ne dites rien. — Cherchez tranquillement quelque subtilité dont je puisse faire aussitôt une justice exemplaire. — Vous ne dites plus rien ? — Je poursuis donc, et après vous avoir restitué ces mêmes paroles que vous avez trouvées si concluantes dans votre bouche et si ridicules dans la mienne, j'attaque directement votre argument, etc. » (Discours du 27 novembre 1790.) Bien répondu ! n'est-il pas vrai, M. Chabrier ?

Ce passage, où éclate une ironie si aisée et une logique si pressante, me ramène à l'appréciation littéraire du livre. Dès lors l'éloge me devient plus facile. L'ouvrage renferme en somme (sauf l'oubli de Maury) les documents les plus nécessaires pour l'histoire de l'éloquence politique en France, de 1302 à 1830. Et combien elle est intéressante cette éloquence ! Elle a bien de la peine à naître pour deux raisons : d'abord les institutions de l'ancien régime ne la favorisaient pas absolument, ensuite et surtout, l'imitation de l'antiquité, le respect des traditions et de la *forme* ont longtemps arrêté son libre essor.

L'éloquence ne courait pas les rues sans doute, et ils étaient rares les jours où des orateurs de carrefour, montés sur quelque borne, tournaient et retournaient les esprits du bon peuple comme la bise les girouettes des toits pointus. Rares, disons-nous, et dangereuses ces occasions de libre éloquence. Mais on avait les États Généraux. Somme toute ils furent nombreux dans cette période de quatre siècles, quelques-uns durèrent longtemps, et presque tous s'occupèrent des plus graves questions. On avait aussi les Parlements qui auraient pu être le berceau et le foyer de l'éloquence politique. Mais les orateurs des États et encore plus ceux des Parlements, ont fait leurs classes : la dialectique leur est très bien connue, mais c'est une dialectique formelle, pesante et pédante. Puis l'antiquité étend sa domination tyrannique sur tous les esprits et l'éloquence plie sous le poids. Il se forme un genre de discours ample, étoffé, qui fait rêver de longues robes, de perruques et de mortiers, des discours parlementaires (au sens ancien du mot). En fait il n'y a eu jusqu'en 1789 à part l'éloquence religieuse qu'une éloquence parlementaire. Il faut savoir d'autant plus de gré aux orateurs que cite M. Chabrier qui, soulevés et soutenus par l'amour de la patrie, ont su donner à ces formes lourdes et froides un peu de vie et de chaleur. Mais quel plaisir aussi de lire, par contraste, certaines pages que M. Chabrier a eu grandement raison de citer, un manifeste de Jeanne d'Arc, des discours d'Henri IV une harangue de Richelieu et une lettre circulaire de Louis XIV aux gouverneurs de province. Ces personnages si divers que leur naissance, leur rang ou leur génie avaient préservés de la contagion, ont l'éloquence simple et forte qui convient aux débats politiques.

Cette éloquence naît enfin en 1789. Le contraste est frappant dès le premier discours de Mirabeau que cite M. Chabrier. Malgré son emphase, voilà bien la parole convenable dans une assemblée qui a beaucoup à faire et de grandes choses. Ces orateurs, plus nourris de Montesquieu et de Rousseau que de Cicéron et surtout de Démosthène retrouvent à l'occasion, et bien mieux que leurs prédécesseurs les accents de la tribune antique. Leurs successeurs n'ont point dégénéré, comme on peut le voir dans le livre de M. Chabrier, et depuis cent ans qu'elle est définitivement fondée en France, l'éloquence politique est devenue une des gloires des lettres françaises. On pourrait même, à l'occasion du grand Centenaire, faire un beau recueil des chefs-d'œuvre de nos orateurs depuis Mirabeau jusqu'à Mgr Freppel. Quoi qu'il en soit de cette dernière idée que j'abandonne aux éditeurs en quête d'actualité, celle de M. Chabrier est très louable, d'avoir voulu répandre dans nos classes la connaissance des orateurs politiques de la France. On peut suivre dans son livre, comme j'ai essayé de le montrer, le développement d'un genre aussi curieux que l'éloquence grecque ou romaine. Et quand on arrive aux temps modernes, quels rapprochements ou plutôt quelles différences instructives à établir! Nous les égalons, ces anciens, par la grandeur des conceptions, par la profondeur des convictions, par la logique, par l'esprit, par la force et l'éclat du style mais il manque à nos discours improvisés dans la forme, tiraillés en tous sens par les interruptions et les péripéties du débat, surchargés de documents et de chiffres il y manque souvent cette belle ordonnance, cette harmonie de l'ensemble ce soin du détail, qui font la parfaite œuvre d'Art.

Henri BERNIER

38 — **Adémar Fabri, prince-évêque de Genève,** par Jules Vuy, vice président de l'Institut national génevois Turin, Paravia, 1888, in-8°

« La liberté, a dit J.-J. Rousseau, ne germa que sous l'épiscopat, et les évêques que le peuple de Genève regarda comme les anciens tyrans de sa patrie, en furent en effet les pères et les bienfaiteurs » N'est-ce pas chose curieuse de voir le père de la Révolution française défendre le vieil épiscopat contre les républicains trop ardents de Genève ? Rousseau faisait mieux encore, il connaissait l'histoire de son pays et allait chercher dans les chartes de ces évêques du moyen âge les idées dont il enflammait son *Contrat social* L'idée hardie et terrible alors de la souveraineté populaire, de l'ordre suprême réalisé dans la volonté de tous, nous la retrouvons, moins distincte, il est vrai, dans les *Franchises* promulguées à Genève le 13 mai 1387, par le prince évêque Adémar Fabri et Rousseau ne craint pas de le reconnaître, à diverses reprises, dans ses *Lettres de la Montagne* Qu'était-ce que cet Adémar Fabri qui, cinq siècles avant la grande Révolution, établissait, selon l'expression du président Tronchin, un des plus fougueux adversaires de Jean-Jacques, « la loi fondamentale d'où devait dériver l'ochlocratie tumultueuse » ? Après avoir étudié, en trois savants *mémoires*, de 1878 à 1882, *l'Origine des idées politiques de Rousseau* un des meilleurs érudits et littérateurs de la bonne ville de Genève M. Jules Vuy a essayé, dans une intéressante petite brochure, de débrouiller l'histoire assez obscure du nom et de la famille d'Adémar Fabri Nous ne prétendons pas résumer ici sa discussion il nous suffit de signaler le complément d'un travail qui a été apprécié en son temps par l'Académie des sciences morales Le principal titre de M Vuy à l'attention des lettrés est une étude importante et originale sur la *Philothée de S. François de Sales* (1) Nous souhaitons que bientôt une nouvelle édition de l'excellent ouvrage nous permette d'insister comme il le faudrait sur la longue vie active d'un magistrat érudit, transformé parfois en aimable poète et qui dépose érudition et poésie aux pieds du meilleur, du plus charmant des saints

André PÉRATÉ

39 — **Histoire du peuple anglais,** par GREEN, trad de M Aug Monod Paris, Plon, 1888

L'histoire du peuple anglais de Green parue en Angleterre en 1876 est déjà l'un des ouvrages les plus estimés et les plus lus chez nos voisins d'outre Manche M Aug Monod a entrepris de la traduire pour

(1) 2 vol in-12 Paris, Palmé, 1878

la sortir du cercle trop fermé des amateurs de littérature étrangère, et la faire également connaître et apprécier en France. Il a mis au service de cet essai de vulgarisation toute la souplesse de son talent, et l'élégance et la fidélité de la traduction qu'il vient de publier lui en assurent le succès. Sa traduction a, d'ailleurs, comme autre élément de succès, l'attrait d'une très intéressante introduction, où M. G. Monod étudie le caractère de l'œuvre historique de Green, et en montre bien la pensée inspiratrice, pensée profonde et pure qu'anime l'amour de la vérité, mais qu'altère toutefois, à de certains moments, la passion exagérée du pays natal. M. G. Monod y étudie aussi pour son propre compte, en quelques pages mieux tournées peut-être que pensées, les causes qui ont creusé, puis élargi le fossé entre la France et l'Angleterre, en amenant le conflit permanent de leurs institutions et de leurs idées. Le cliché est vieux, mais M. Monod le reproduit avec habileté. Il le renouvelle presque en rejetant l'influence de la race qu'il se refuse à reconnaître. C'est quitter la grande route pour s'embourber dans un sentier, mais cela même est moins banal et plus intéressant. Ce n'en est pas moins un tort : la race a une influence évidente sur la formation des nations, elle explique en partie que des peuples également jeunes, ayant vécu d'abord d'une vie semblable, sous un climat pareil, poursuivent cependant leurs destinées dans des voies différentes. Mais laissons à M. G. Monod son opinion, sans même chercher s'il ne l'a pas adoptée, surtout parce qu'il l'a crue nouvelle. La recherche de la paternité ne serait pas plus indiscrète.

Pour revenir à Green, disons de lui qu'il est, avant tout, un homme sincère, épris de vérité, cherchant le vrai avec passion. S'il a quelques accès de partialité, on les pardonne à son patriotisme; il n'excite jamais ces susceptibilités internationales repliées et cachées au fond même des intelligences les plus ouvertes, les plus larges. On songe peu à le contredire, à lui en vouloir de ses opinions, tant il a de modération, de charme surtout dans son langage. C'est en effet plus qu'un sincère, c'est aussi un modéré, restant, même dans ses écarts, un enchanteur, séduisant toujours par son style où se glisse je ne sais quelle douce et compatissante poésie. Il est de l'élite des écrivains de race; il dépeint de verve le tableau de la vieille Angleterre et celui de l'Angleterre moderne, rajeunie et transformée, avec une précision et une clarté magistrales. Il est enfin un penseur; dans son livre si vivant et si passionné, il s'attache surtout à nous montrer l'histoire intime du peuple anglais, sa vie, ses mœurs, son éducation, ses transformations politiques et sociales, et il nous guide au travers de ce dédale avec la sûreté du savant et la passion du philanthrope et du patriote. Malheureusement son humanité parfois ressemble à son patriotisme, elle n'est pas continentale. Aussi ne pourrait-on pas lui appliquer sans restriction le vers de Terence

Homo sum et nihil humani a me alienum puto

Il est Anglais avant d'être homme

Il suffit d'ailleurs de lire la préface du livre pour pénétrer le caractère et l'esprit de l'œuvre de Green On y pressent, on y découvre même en partie tout le talent de l'auteur toute la puissance de son génie, et l'originalité profonde de sa conception de l'histoire Pour s'intéresser à l'histoire du peuple anglais, il faut lire cet ouvrage, il faut s'en inspirer pour la comprendre
VERSTRAETE

---

40 — **L'Art Poétique de Boileau,** commenté par Boileau et ses contemporains P V DELAPORTE, S J Desclée, Lille, 1888, 3 vol in 8

Boileau n'a plus rien à envier aux anciens ainsi qu'Horace et Juvénal, il a ses scholiastes et chacun de ses vers, savamment élucidé, est entouré de plus d'explications que telle sentence d'Aristote ou tel hexamètre de Perse Trop longtemps la docte antiquité a gardé le privilège des vastes commentaires et des gloses monumentales, l'ouvrage que nous annonçons défie les Scaliger et nargue les Saumaise

Mais là ne s'arrête pas la ressemblance entre ce nouveau *Corpus Commentariorum Boilei* et les plus précieux chefs d'œuvre des scholiastes anciens ou modernes Ceux-ci, en effet, n'avaient pas de plus haute ambition que de s'effacer eux-mêmes derrière les autorités qu'ils multipliaient avec une modestie au moins égale à leur patience Lisez le présent commentaire, ou du moins (car il ne faut pas être cruel), jetez les yeux sur ces pages érudites où les Rubis et les Tricaud les Robias d'Estoublon et les Caillieres, les Mourgues et les Carel de Sainte-Garde sont appelés à rendre témoignage à l'auteur de l'*Art poétique*, parcourez ces doctes citations empruntées à tous les régents de rhétorique gazetiers et versificateurs du grand siècle et dites si jamais commentateur a mis à se dérober derrière des textes plus inconnus, une modestie plus raffinée une humilité plus savante C'était encore une sorte de privilège établi en faveur des scholiastes que le droit de se répéter au cours d'un volumineux commentaire Aussi ne reprocherons-nous pas au présent ouvrage un défaut qui est en quelque sorte la loi du genre Toutefois, quand on a lu quatre ou cinq fois dans le premier volume l'anecdote de l'abbé de La Chambre qui ne fit jamais qu'un seul vers dans toute sa vie ou le mot de M^m de Sévigné sur Louis XIV « jouant au billard comme le maître du monde » on n'ouvre pas le second volume sans une secrète appréhension de trouver à ces traits, si intéressants soient-ils, un peu moins de charme et de nouveauté Les Scholiastes enfin n'ont jamais tenu pour une obligation d'observer une unité rigoureuse dans leurs élucubrations quelque peu bigarrées, et tout leur était bon qui, de près ou de loin se rapportait à leur thème. Il n'y a donc pas lieu de reprocher au nouvel ouvrage ce qui en fait la piquante variété. Il serait même juste de reconnaître que les plaisantes digressions de G. Budé dans ses commentaires, ne ménagent pas au lecteur des surprises plus inattendues que Tragaldabas et les Lakistes, les Parnassiens et Wagner dans ce commentaire de Despréaux.

Toutefois il est une importante différence dont il convient de tenir compte. On sait que les scholiastes ne se sont guère départis d'une admiration profonde à l'égard de leurs auteurs. C'étaient des commentateurs respectueux. L'auteur du nouvel ouvrage témoigne d'une liberté d'esprit qui frise parfois l'irrévérence : c'est un commentateur quelque peu narquois. Savez-vous au fait pourquoi tous ces textes plus ou moins obscurs ont été tirés de la poussière ? Pour établir que Boileau n'a fait qu'exprimer en vers bons ou mauvais les idées qui avaient cours, les règles de goût qui étaient universellement suivies parmi ses contemporains. Ainsi Boileau n'est rien de plus que le Vaugelas de la poésie et ce bon sens intrépide et hardi dont on lui a fait honneur, n'est pas autre chose qu'une humble docilité à enregistrer les arrêts de l'Usage.

Là-dessus les critiques ne manqueront pas de se récrier. Les uns objecteront que Boileau a passé sa vie à batailler soit contre les défenseurs du burlesque, soit contre les partisans du précieux ; les autres rappelleront que, par sa théorie du drame il n'a pas moins rompu en visière à Corneille et à son école qu'il n'a par sa conception du poème épique heurté de front la plupart des écrivains et des critiques de son siècle ; d'autres enfin protesteront que le goût n'a jamais été le partage du grand nombre et qu'il convient d'en faire un titre de gloire, même en plein dix-septième siècle à celui qui l'a possédé avec une si spontanée et si franche originalité. Quant à énumérer les critiques de détail qu'entraîneront ces objections les plus générales, nous en laissons le soin aux censeurs que n'aura pas désarmés de leur habituelle patience la lecture de ces trois gros volumes.

Mais peut-être avons-nous tort de nous alarmer des critiques plus ou moins vives que pourra soulever cet ouvrage. Si d'Alembert ne s'est pas trompé, les commentateurs sont de tous les écrivains ceux qui jouissent de la félicité la plus complète : leurs doctes recherches leur procurent les satisfactions les plus rares et les attaques de la malignité sont en même temps impuissantes à troubler leur profonde quiétude. A ce compte, il est difficile d'imaginer une sérénité plus parfaite que celle du nouveau commentateur de Boileau. Ces trois volumes de gloses sur l'*Art poétique* représentent une somme de jouissances qu'on ne peut s'empêcher de lui envier et la critique serait bien habile si elle réussissait à en troubler la douceur.

H. MARGIVAL.

CHRONIQUE

47. — M. Robert MOWAT vient de publier à part chez E. Leroux le rapport inséré par lui dans le *Bulletin archéologique du comité des travaux historiques et scientifiques* (année 1888). Ce rapport contient d'abord un historique très intéressant des phases diverses par lesquelles a passé le projet de publication d'un recueil des inscriptions de la Gaule. L'idée première appartient à Philippe Lebas, qui en 1835 avait proposé la publication de toutes les inscriptions jusqu'à nos jours. L'ordre suivi devait être l'ordre géographique. Après des péripéties diverses que raconte M. Mowat, on abandonna le *Corpus universale* pour se restreindre à l'époque gallo-romaine. Mais l'ordre géographique prévalait toujours, soutenu par Egger, secrétaire de la commission. En dernier lieu il fut décidé que le recueil ferait partie du *Corpus* de Berlin et serait rédigé par L. Renier. Quand celui-ci mourut le 11 juin 1885, M. Héron de Villefosse prit possession de ses papiers et M. Robert Mowat fut chargé d'en publier l'inventaire. Cet inventaire comprend : I. La bibliographie des projets de publication de recueils généraux d'inscriptions latines. II. Le projet d'un recueil manuscrit perpétuel à feuillets mobiles. III. L'inventaire sommaire des papiers de feu Léon Renier : fiches épigraphiques, brouillons de lettres et notes de L. Renier, lettres et notes de divers correspondants, copies et extraits divers, dessins autographes et calques, photographies, lithographies, photogravures, estampages. V. Documents relatifs à des pays autres que la Gaule. VI. Correspondance de Léon Renier d'après les brouillons des lettres retrouvées dans ses papiers. VII. Dissertation sur le rétablissement des noms de Philippe et d'Otacilie martelés dans une inscription de Rome. VIII. Choix d'inscriptions présumées inédites ou imparfaitement publiées. IX. Inscriptions indéterminées par manque d'indication de provenance.

E. B.

48. Dans la séance du 9 février M. le vicomte d'Avenel a lu à *l'Académie des Sciences morales et politiques* un mémoire sur les *États provinciaux sous Louis XIII*. Plus on explore attentivement les institutions présentes ou passées des différents peuples, dit M. d'Avenel, plus on voit que la somme de liberté dont ils jouissent ne tient pas tant à la forme des gouvernements qu'à leur action. Il n'y a dans l'apparence extérieure d'un organisme gouvernemental rien qui révèle son caractère intime : tel paraît socialiste, au premier abord, parce qu'il est autoritaire, mais comme son despotisme ne s'exerce, en fait, que dans une sphère haute et restreinte, les gens qui vivent sous lui jouissent dans la vie quotidienne d'une assez grande dose de liberté. Tel semble au contraire libéral à outrance parce qu'il a pour fondement des maximes justes et douces, mais comme il a été imprégné de vieille date d'idées socialistes sur le rôle du pouvoir central, que ces idées sont devenues en quelque sorte sa substance même, les maximes dont nous parlons restent à l'état décoratif et il continue à vivre sous l'empire de mœurs politiques que ses lois n'osent répudier. Quoique le gouvernement de la Russie, par exemple, soit le plus autocratique de l'Europe, et que celui de la France passe pour le plus révolutionnaire, les provinces russes sont infiniment plus indépendantes

que les départements français et il est vingt choses que peuvent faire librement les humbles sujets de là-bas et qui sont interdites aux souverains d'ici. M. d'Avenel estime que 150 ans avant la Révolution les assemblées provinciales offraient à certains égards, le type d'une administration aussi bien combinée que la nôtre, les règles appliquées à l'assiette, à la discussion, à la levée, à la vérification de l'impôt sont parfaites en Bretagne ou en Languedoc. Au point de vue du droit de suffrage, qui n'était ni général ni identique, le mode de recrutement des États laissait incontestablement à désirer, mais il se perfectionnait avec les siècles, la Provence voyait sous Louis XIII le nombre des députés du tiers état s'accroître peu à peu. La Chambre des Communes en Angleterre fournit l'exemple de faits analogues.

Entrant dans le détail de chacune des six provinces qui seules possédaient encore des États, Normandie, Bretagne, Languedoc, Provence, Dauphiné, Bourgogne, — M. d'Avenel étudie successivement dans les deux premières les formes de la nomination des députés, l'assistance obligatoire aux sessions accompagnée de la faculté de remplacement, la tenue des séances, le mode de travail (partage en commissions semblables à celles de nos conseils généraux), enfin les attributions de ces assemblées locales. Il montre l'esprit différent de chaque région qui se reflète dans sa façon de traiter les affaires. La Normandie a toujours beaucoup payé sous l'ancien régime, mais elle a aussi toujours beaucoup gémi. En effet le résumé du cahier des doléances annuelles du tiers paraît assez fortement poussé au noir. Pendant le même temps la noblesse se contente de demander le maintien de ses privilèges, et le clergé fait valoir « qu'il a continuellement les bras levés au ciel redoublant ses prières pour le bien de l'État ».

Cette indifférence des ordres les uns pour les autres était funeste. En Bretagne cependant aucun impôt ne pouvait être voté que du consentement des trois ordres de la province.

49. Le quatrième fascicule du tome I de la *Revue des Études grecques* vient de paraître. Il contient les mémoires suivants : Maurice CROISET, Les origines de la tétralogie Grecque. — Henri WEIL, Observations sur les fragments de Ménandre. — Théodore REINACH, La 13° Prytanie et le classement chronologique des monnaies d'Athènes.

50. GAZETTE ARCHÉOLOGIQUE. — Année 1888, n° 11-12. JEAN N. SVORONOS, *Ulysse chez les Arcadiens et la Télégonie d'Eugammon à propos des types monétaires de de ville de Mantinée*. L'âme de Térésias a ordonné à Ulysse de parcourir le monde en portant une rame jusqu'à ce qu'il rencontre chez un peuple ignorant des choses de la mer un voyageur qui prenne sa rame pour un fléau. N. S. croit qu'Ulysse rencontra ce voyageur en Arcadie et que les types de toute une série de monnaies de Mantinée font allusion à ce mythe. La série déjà riche des types monétaires arcadiens faisant allusion à des mythes locaux se trouverait donc ainsi augmentée. Planche XXXV. J. SIX, *Vases polychromes sur fond noir de la période archaïque* (fin). Suite de la description des vases (V. n° du 1° février, p. 56). Figure. — GEORGES DUPLESSIS, *Reliure italienne du XV° siècle en argent niellé*. Ces deux nielles de la collection de M. Rotschild sont les plus grands qui existent et ce ne sont pas les moins beaux. Un document d'archive nous apprendra peut-être un jour quel en est l'auteur. Leur examen démontre suffisamment qu'elles ont dû être exécutées en Italie pour être envoyées au cardinal français Jean Balluë. Planches XXXVII-XXXVIII. — M. PROU, *Inscriptions carolingiennes des cryptes de Saint Germain d'Auxerre*. L'auteur attribue au moine Héric, qui vivait sous Charles le Chauve, la composition de ces inscriptions métriques en l'honneur des saints ; le moine Raoul Glaber les restaura vers

l'an 1002. Texte avec commentaire des fragments que l'auteur a pu lire sous le badigeon dont ces textes furent couverts au xvi° siècle. — E. BABELON, *Figures d'applique en bronze du Cabinet des médailles*. Ces deux bas reliefs ont dû faire partie d'un ensemble figurant une procession dans le genre de celle des Panathénées. Ils représentent Héra et Hébé et sont des œuvres archaïsantes de la dernière période de l'art grec, sinon même de l'époque romaine. Planche XXXVI. — E. MOLINIER, *Le calice de l'abbé Pélage du Musée du Louvre*. Ce calice provient de la collection Stein. Il est orné d'inscriptions métriques et accompagné de sa patène. C'est un travail espagnol de la première moitié du xiii° siècle. Planche XXXIX, figures. — ALOÏS HEISS, *Plat celtiberien en terre cuite découvert à Ségovie*. Planche XLX, figures.

H. T.

51. REVUE ARCHÉOLOGIQUE. Année 1888. Avec le dernier numéro paru, la *Revue archéologique* vient de terminer le tome XII de sa troisième série. Cette année la *Revue archéologique* a adopté une innovation qui sera très appréciée par tous les travailleurs désireux d'être au courant des publications épigraphiques. Ils étaient obligés de se livrer à un dépouillement de revues très long, que la difficulté de se procurer les recueils publiés en province ou à l'étranger entravait souvent. M. R. CAGNAT a bien voulu se charger de leur rendre compte, dans la *Revue archéologique*, de toutes les publications ou articles de revues relatifs à l'épigraphie romaine. Les comptes rendus épigraphiques de M. Cagnat pour l'année 1888 comprennent 72 pages. A la fin de chaque année M. Cagnat publie des tables alphabétiques de ses comptes rendus, dressées sur le même plan que celles du *Corpus inscriptionum latinarum*. Il devrait bien y ajouter une table alphabétique des noms modernes des localités d'où proviennent les inscriptions. M. Cagnat se livre à un travail laborieux et souvent pénible. Il en sera récompensé par la reconnaissance de ses confrères. — Pendant cette même année M. SALOMON REINACH a continué sa chronique d'Orient, si bien informée et si riche en renseignements sur les découvertes, fouilles et études relatives à l'Orient hellénique. — Signalons encore deux utiles répertoires. Une liste des catalogues des musées archéologiques de province, dressée par M. GAIDOZ (n° de janvier-février). Sa liste pourrait être augmentée de quelques catalogues que je me ferai un plaisir de lui indiquer. M. SALOMON REINACH a dressé (n° de mars-avril) une liste des noms des oculistes romains mentionnés sur les cachets, avec la bibliographie et l'indication des provenances ainsi que des musées où sont conservés les cachets. Cette liste n'occupe pas moins de 15 pages de la Revue. — Parmi les mémoires les plus importants publiés dans cette année de la *Revue archéologique*, signalons les suivants. **Épigraphie et archéologie orientale.** E. RENAN, *Inscription phénicienne et grecque découverte au Pirée*. — AMIAUD, *Sirpoula d'après les inscriptions de la collection Sarzec*. — J. MENANT, *Deux fausses antiquités assyriennes*. — **Archéologie et épigraphie grecques.** S. REINACH, *L'Hermès de Praxitèle*. — CLERMONT GANNEAU, *Sarcophage de Sidon représentant le mythe de Marsyas*. — PAUL MONCEAUX, *Fastes éponymiques de la ligue Thessalienne*. — M. COLLIGNON, *Tête en marbre trouvée à Tralles*. — GOUTZWILLER, *La Vénus de Mandeure*. — P. TANNERY, *Sur les abréviations dans les manuscrits grecs*. — W. HELBIG, *Inscription gravée sur le pied d'un vase tarentin*. — **Archéologie et épigraphie celtiques.** D'ARBOIS DE JUBAINVILLE, *Le char de guerre des Celtes dans quelques textes historiques*. — ID., *La source du Danube chez Hérodote, recherches pour servir à la plus ancienne histoire des Celtes*. — ID., *De l'emploi des bijoux et de l'argent n'é comme prix d'achat*. — HÉRON DE VILLEFOSSE, *Figurine en terre blanche trouvée à Caudebec-les-Elbeuf*. — S. GUILLEMAUD, *Les inscriptions gauloises, nouvel essai d'interprétation*. — A. MAITRE, *Cimetière gaulois de Saint-Maur-les-Fossés*. —

Archéologie et épigraphie romaines. R. CAGNAT, *Note sur une plaque de bronze découverte à Crémone.* — ID, *Le camp et le praetorium de la II legion Auguste à Lambèse.* — FRANZ CUMONT, *Les dieux éternels des inscriptions latines.* — A. LEBÈGUE, *Étude sur quelques inscriptions latines trouvées dans la Narbonnaise.* — R. MOWAT, *L'atelier du statuaire Myrismus à Césarée de Maurétanie.* — R. DE LA BLANCHÈRE, *L'inscription du Djebel Tourniat.* — R. P. A. L. DELATTRE, *Fouilles d'un cimetière romain à Carthage.* — S. REINACH, *Les Gaulois dans l'art antique et le sarcophage de la vigne Ammerdola.* — ID, *Statuette de femme gauloise au Musée britannique.* — VAILLANT, *L'estampille de la flotte de Bretagne.* — **Archéologie chrétienne.** Baron de VAUX, *Mémoire relatif aux fouilles entreprises par les R. P. Dominicains dans leur domaine de Saint-Étienne près la porte de Damas.* — ED. LE BLANT, *Quelques notes d'archéologie sur la chevelure féminine.* — F. DE MÉLY, *Le poisson dans les pierres gravées.* — R. DE LA BLANCHÈRE, *Carreaux de terre cuite à figures découverts en Afrique.* — **Époque Mérovingienne.** DELOCHE, *Études sur quelques cachets et anneaux de l'époque mérovingienne.* — **Moyen âge.** C. MAUSS, *Note sur la méthode employée pour tracer le plan de la Mosquée d'Omar et de la rotonde du Saint Sépulcre à Jérusalem.* — J. DE BAYE, *Les bijoux gothiques de Kertch.* — **Renaissance.** E. MUNTZ, *L'antipape Clément VII. Essai sur l'histoire des arts à Avignon vers la fin du XV siècle.* H. T.

52. — M. R. CAGNAT vient de faire paraître le premier volume de l'*Année épigraphique*. Revue des publications épigraphiques relatives à l'époque romaine (1888, un vol. in-8, 73 pages, Paris, E. Leroux). Ce recueil publié en appendice de la *Revue archéologique* sera ainsi réuni chaque année en une brochure. Celle-ci comprend 184 numéros. Nous la signalons avec empressement à tous les épigraphistes : elle leur permettra d'être facilement au courant des découvertes récentes et est par conséquent destinée à rendre les plus grands services. Un index termine le volume. E. B.

SOCIÉTÉ NATIONALE DES ANTIQUAIRES DE FRANCE

Séance du 28 février. — M. DE BARTHÉLEMY signale de la part de M. le D' REBOUD la découverte des débris d'un char antique à la côte Saint-André (Isère). — M. PROST communique, de la part de M. le comte de PUYMAIGRE, la photographie d'un bas-relief fruste représentant une femme et sculpté sur un rocher au milieu des bois entre Kedange et Kemplich. — M. COURAJOD expose son opinion sur la nécessité de ne faire ni retouche ni réparation aux œuvres du moyen âge et de la Renaissance qui sont exposées dans les musées et rappelle que ce principe est déjà adopté par le département des Antiques, grâce aux efforts de M. Ravaisson-Mollien. — M. MUNTZ ajoute aux observations de M. Courajod qu'il serait désirable que le même principe fût appliqué aux monuments d'architecture. — M. d'ARBOIS DE JUBAINVILLE expose une opinion nouvelle sur le vers de Properce où figure le chef gaulois Virdumarus.

Séance du 6 mars. — M. ROMAN présente la photographie d'une sculpture décorative exécutée au XVI siècle par Pierre Bucher, procureur général au Parlement de Grenoble, et actuellement conservée au musée de cette ville. — M. l'abbé THÉDENAT lit un mémoire de l'abbé BATIFFOL, associé correspondant national à Rome, sur les mesures prises par Gaetano Marini pour sauvegarder les collections du Vatican pendant l'occupation française de 1798-1799. — M. BABELON communique le compte rendu fait par M. LEJEAY, conservateur du Musée archéologique de Dijon, de la découverte d'un sanglier de bronze et de monnaies gallo-romaines sur la rive gauche de l'Araux à Étang (Saône-et-Loire). — M. COURAJOD présente l'estampage d'une inscription qui établit d'une façon certaine la provenance d'un fragment de la décoration sculpturale du château de Gaillon. Ce fragment est placé aujourd'hui sur la cheminée de la salle de Houdon au Musée du Louvre.

ACADÉMIE DES INSCRIPTIONS ET BELLES LETTRES

Séance du 1 février. — M. RAVAISSON achève la lecture de son mémoire sur *Les monuments funéraires des Grecs.* Un grand nombre de monuments empruntés aux divers peuples de l'antiquité, à l'Égypte, à la Phénicie, à l'Etrurie, à la Lycie, à l'Attique et à toute la Grèce, sont une confirmation de la thèse soutenue par M. Ravaisson. Les sujets qui y sont figurés représentent tous des scènes relatives au reveil des morts dans l'autre monde. Quand on a voulu y chercher une preuve contraire à l'idée de la vie future on s'est trompé, tandis qu'il est facile de les interpréter dans le sens indiqué par l'auteur. M. Ravaisson le démontre en expliquant les sujets représentés sur les stèles athéniennes des deux jeunes filles Plangon et Malthace. — M. PAUL VIOLLET achève la lecture de son mémoire intitulé *Le système successoral appelé Tanistry et la fondation du saint empire romain de la nation germanique.* Après avoir expliqué en quoi consiste ce système successoral, M. Viollet démontre qu'il a été en vigueur en tout temps et dans les pays les plus divers, dans les pays grecs de l'antiquité, en Irlande, au Mexique, dans l'Amérique du Sud, en France au moyen âge. En 806 Charlemagne en fit pour la race carlovingienne la loi de succession, elle régit au moyen âge le vicomté de Thouars et fut au XV siècle inscrite dans la coutume du Poitou.

Séance du 8 février. — M. CH. NISARD lit un mémoire sur les relations de Fortunat avec sainte Radegonde et la mère Agnès, abbesse de Sainte-Croix à Poitiers ; ces rapports avaient un caractère enfantin et consistaient en un échange mutuel de vers gracieux et de menus présents tels que fleurs, fruits, friandises. — M. HERON DE VILLEFOSSE présente les moulages et les photographies de deux petits monuments de sculpture découverts en France qui jettent un jour nouveau sur la restitution du célèbre Hermès de Praxitèle trouvé il y a quelques années à Olympie. On sait que dans cette œuvre du grand statuaire grec le dieu est représenté tenant sur l'épaule gauche Bacchus enfant, le bras droit est levé, mais la main droite est brisée. On a conjecturé que cette main devait tenir une grappe de raisin. Cette hypothèse est pleinement confirmée par les deux monuments dont M. Héron de Villefosse entretient l'Académie. L'un est une statuette de bronze trouvée en Bourgogne, l'autre une stèle romaine d'Hatrize, près Briey (Meurthe-et-Moselle). Dans tous deux, on reconnaît une imitation d'ailleurs très affaiblie, de l'Hermès de Praxitèle, et dans tous deux le dieu tient de la main droite une grappe de raisin. — M. DE MÉLY présente le dessin d'un vitrail du XII siècle de la cathédrale de Chartres, sur lequel on voit un personnage à genoux avec la légende *Stephanus Cardinalis.* M. de Mély pense que ce personnage indéterminé jusqu'ici, est Etienne de Vancza, archevêque de Gran en Hongrie et cardinal-évêque de Palestrina en 1252-1266. Appelé en Hongrie par ce prélat pour reconstruire la cathédrale de Gran, l'architecte français Villard de Honnecourt lui soumit un album de dessins que nous possédons encore et dans lequel figure le dessin de la verrière en question. — M. RÉMI SIMÉON lit une note sur deux manuscrits mexicains conservés l'un à la Bibliothèque nationale, l'autre à la Chambre des députés. Chacun de ces deux manuscrits contient un *toualamatl* sorte de calendrier divinatoire. M. Rémi Siméon explique la nature et l'importance historique de ces deux documents qu'il attribue aux années 1555-1557

Séance du 15 février. — M. Barbier de Meynard, président, après avoir annoncé que M. Théodore Mommsen, correspondant de l'Académie, assiste à la séance, lit une lettre dans laquelle M. Désiré Charnay transmet à l'Académie une importante nouvelle archéologique qu'il a reçue de Mexico. « Le temple de la Croix à Palenque, dont les ruines couronnaient une pyramide, s'est effondré récemment et a disparu en partie dans l'intérieur de la pyramide. Le gouvernement averti a envoyé sur les lieux le capitaine Villa avec un détachement du 7 d'infanterie. Le capitaine a pénétré avec ses hommes dans les substructions ouvertes par l'effondrement du temple. Il a trouvé de vastes salles ornées de statues polychromes et de nombreux sarcophages renfermant des momies. Un habitant du pays nous raconte qu'avant l'arrivée de l'expédition Villa les gens de Palenque avaient déjà pénétré dans l'intérieur de la pyramide et fait main basse sur une telle quantité d'objets qu'ils en avaient chargé des convois de mules. On arrêta le pillage. Cet effondrement et la découverte qui s'en est suivie est certainement l'événement le plus considérable du siècle au point de vue archéologique. » Ce temple est celui où l'on a découvert la célèbre dalle dite de la Croix, dont le moulage est au Musée du Trocadéro. — M. le marquis de Vogüé donne des détails plus complets sur les explorations récentes du Père Delattre à Carthage, dont il a déjà entretenu l'Académie. Le P. Delattre a trouvé dans la nécropole primitive de Byrsa un tombeau construit en gros blocs de pierre et renfermant deux étages de corps, accompagnés de vases d'armes de bronzes, etc., qui paraissent remonter aux VII et VIII siècles avant Jésus-Christ. Certaines sépultures qui paraissent dater des IV et V siècles ont fourni des figurines en terre cuite de style égyptisant, des colliers de verre, des vases ayant beaucoup d'analogie avec les antiquités des nécropoles de Chypre et de Sardaigne. Cette nécropole purement punique n'accuse aucune influence étrangère. Quant à la nécropole découverte au lieu dit Gamart, prise à tort pour un ancien cimetière carthaginois, c'était le cimetière de la colonie juive contemporaine de l'époque romaine. MM. G. Perrot, Ravaisson Derenbourg et Renan insistent sur l'intérêt des découvertes que M. de Vogüé vient de faire connaître à l'Académie. — M. Ch. Nisard achève la lecture de son mémoire sur les relations de Fortunat avec sainte Radegonde et la mère Agnès, abbesse de Sainte-Croix. Il ressort des lettres du poète, qu'il avait pour ces saintes religieuses une admiration exaltée mais très pure. Cette liaison donna lieu à des soupçons et à des accusations auxquels Fortunat répondit par des vers éloquents et indignés. Il put ainsi imposer silence aux mauvaises langues et continuer sans être inquiété, ces relations pures qui faisaient le charme de sa vie.

Henri Thedenat.

Le Gérant : E. Thorin.

BULLETIN CRITIQUE

SOMMAIRE. — 41. V. Duruy. Histoire des Grecs, tomes II et III, *E. B.* — 42. L. de Laurez. Une fille de France et sa correspondance inédite, *A. Baudrillart.* — 43. V. Dubarat. La Commanderie et l'Hôpital d'Ordiap. — 44. Blanc Saint Hilaire. Les Euskariens ou Basques, *R. P.* — 45. A. Sorel. La maison de Jeanne d'Arc à Domremy. — 46. Henri Jadart. Jeanne d'Arc à Reims. — 47. Joseph Fabre. Le procès de réhabilitation de Jeanne d'Arc, *G. Lefèvre Pontalis.* — 48. A. Boppe. Correspondance inédite du comte d'Avaux, *M.* — 49. Maxe Verly. Étude du tracé de la chaussée romaine entre Ariola et Fines, *H. Thédenat.* — Chronique. — Société nationale des Antiquaires de France. — Académie des Inscriptions et Belles Lettres. — Publications nouvelles.

---

41. — **Histoire des Grecs** depuis les temps les plus reculés jusqu'à la réduction de la Grèce en province romaine, par Victor Duruy, membre de l'Institut, ancien ministre de l'Instruction publique. Nouvelle édition, revue, augmentée et enrichie d'environ 2000 gravures dessinées d'après l'antique et 50 cartes ou plans.
Tome II, depuis les guerres médiques jusqu'au traité d'Antalcidas, contenant 756 gravures, 4 cartes, 5 chromolithographies, et 2 planches tirées hors texte.
Tome III, Depuis le traité d'Antalcidas jusqu'à la réduction de la Grèce en province romaine, contenant 639 gravures, 13 cartes, 4 chromolithographies et 2 planches tirées hors texte.
Deux vol. gr. in 8. Paris, Hachette, 1888-1889.

L'*Histoire des Grecs* de M. Duruy est maintenant achevée. Comme l'*Histoire des Romains* à laquelle elle fait pendant, elle a sa place marquée non seulement dans la bibliothèque de ceux qui par profession s'occupent d'histoire ancienne, mais aussi de tous les amis de l'antiquité et des arts classiques.

Le tome second contient la période de beaucoup la plus intéressante dans la vie du peuple grec. Il commence en effet aux guerres médiques et se termine après la retraite des dix mille. Marathon, Salamine et Platée, l'Empire athénien dans toute sa splendeur, la lutte entre Sparte et Athènes pour la suprématie dans le monde hellénique, l'expédition de Sicile, la tyrannie des Trente. Quels sujets dignes d'un historien! Les noms qu'il rencontre sous sa plume sont ceux de Miltiade, de Themistocle, de Périclès, d'Alcibiade, de Xenophon. A la gloire militaire la Grèce joint la gloire des lettres et des arts. Nous sommes à l'époque des Eschyle, des Sophocle, des Euripide, des Aristophane, des Thucydide, des Phidias, des Socrate. On sent que M. Duruy a traité un pareil sujet avec amour, et c'est plaisir de contempler le tableau qu'il nous trace d'Athènes au v⁰ siècle.

Nous n'avons pas à faire l'analyse du livre de M. Duruy, l'ensemble des faits est depuis longtemps connu ; signalons seulement les modifications introduites dans la nouvelle édition. M. Duruy a tenu à reproduire au commencement du volume les monuments récemment découverts par M. Dieulafoy, en particulier les archers royaux qu'on peut admirer maintenant au musée du Louvre. Le chapitre relatif à l'empire athénien après les guerres médiques a été mis au courant des résultats auxquels ont amené les decouverte épigraphiques. Il en est de même du chapitre relatif aux beaux arts. On y trouve jusqu'à une reproduction en chromolithographie d'une statue de femme en marbre de Paros, découverte en 1886 à l'acropole d'Athènes, et qui est une preuve péremptoire de l'habitude où étaient les Grecs de peindre certaines de leurs statues.

L'illustration est comme toujours très soignée et très intéressante ; aux planches que nous avons déjà indiquées, nous pouvons ajouter la restauration de l'acropole d'Athènes par Marcel Lambert, qui se trouve à la bibliothèque de l'École des Beaux-Arts, la Minerve de Phidias d'après la restauration de Simart, le plan d'Eleusis d'après les fouilles de 1882-1885. A travers le livre sont semées à profusion les reproductions de bas reliefs, peintures de vases, statues, monnaies, paysages, plans de villes, etc. Il est impossible de trouver réunis plus de documents de toute nature. Il est banal de le répéter, mais cela est toujours vrai.

Qu'il nous soit permis d'ajouter à ces éloges si mérités quelques observations de détail.

P. 125 et p. 139 n° 1 les descriptions des revers ou les gravures ont été interverties, toujours est-il que la description de la page 125 convient au revers de la page 139 et réciproquement.

P. 480. Les deux notes ont été également interverties. Il sera facile de remettre tout en place au prochain tirage.

P. 252. M. Duruy a l'air de supposer que la Providence, qui était du reste un progrès sur le destin, a disparu aujourd'hui et qu'elle consiste uniquement dans l'influence des milieux. M. Duruy croit en Dieu et l'on ne voit guères comment l'idée de la Providence peut disparaître tant que demeure l'idée d'un Dieu personnel.

P. 622. A propos d'Anaxagore qui proclama une cause unique M. Duruy ajoute que Platon fera de cette cause le λόγος et saint Paul le *Verbum Dei*. C'est de saint Jean qu'il a voulu parler, car le mot *Verbum Dei* n'existe pas dans saint Paul (1).

(1) Peut-être même M. Duruy exagère-t-il un peu quand il dit par exemple (p. 670) que toutes les écoles, tout le mouvement philosophique viennent de **Socrate**.

Le tome III porte en sous-titre ces mots : Asservissement de la Grèce. Après la grandeur éphémère de Thèbes nous voyons en effet apparaître Philippe. La conquête de la Grèce par le roi de Macédoine, puis la conquête de l'Asie par Alexandre occupent, comme il convient, la place principale. La fin du volume est consacrée au récit des efforts impuissants des Grecs pour s'unir dans les ligues Achéenne et Étolienne, et à la conquête de la Grèce par les Romains. Enfin, jetant un coup d'œil d'ensemble sur l'histoire de la race Hellénique, M. Duruy salue ce peuple qui, malgré ses fautes et ses malheurs, a fait accomplir à l'humanité sa plus glorieuse étape.

Les chefs-d'œuvre de Praxitèle, la Vénus de Cnide, l'Apollon Sauroctone, l'Éros, l'Hermès, le Mausolée de Scopas, l'Apoxyomenos de Lysippe, et les œuvres d'auteurs inconnus, la Psyche de Naples, la Vénus de Milo, les Niobides, la Victoire de Samothrace, la Vénus de Tralles, l'Apollon du Belvédère tiennent une place d'honneur parmi les monuments figurés reproduits au tome III. Signalons aussi un dessin de l'intérieur de l'Acropole et la restauration de la face ouest qui complètent la planche du tome II. Une autre planche en quadruple page présente la restauration de l'Altis à Olympie par M. Laloux. Nous n'aurons également garde d'oublier le fac-similé très exact du Σ de Démosthènes, le meilleur manuscrit de cet orateur.

Je ne ferai qu'une observation de détail sur le tome III. A la page 239 on voit une liste de monnaies portant au droit la tête d'Alexandre et qui sont datées de 336 ou environ. C'est 306 qu'il faut lire. Ces monnaies sont de l'époque de Cassandre. L'erreur de chiffre est ici importante, car aucune monnaie n'a été frappée du vivant d'Alexandre avec le portrait de ce roi. Les plus anciennes sont de 310. Elles ont été frappées par Ptolémée Soter.

Ces remarques sont en somme peu de chose et n'empêchent pas que l'*Histoire des Grecs* ne soit un des meilleurs livres écrits en français sur la matière.

E. B.

4º — **Une Fille de France et sa Correspondance inédite,** par L. DE BEAURIEZ. Paris, Perrin, 1887. 1 vol. in-12 de 219 p.

Le très regretté comte Édouard de Barthelemy avait tracé de Louise-Élisabeth de France une biographie des plus attachantes dans le charmant ouvrage qu'il a consacré à « *Mesdames filles de Louis XV* ».

La notice nouvelle de M. de Beauriez, qui ne compte pas moins de 125 pages, se justifie cependant par le désir qu'a eu l'auteur de mettre en lumière un certain nombre de lettres inédites adressées par cette princesse à son mari, l'Infant don Philippe. Elles ne se rapportent qu'aux deux dernières années de la vie de Louise Élisabeth (31 octobre 1757 — 19 novembre 1759) mais elles suffiront à donner d'elle une idée plus favorable que celle qu'on en a eue jusqu'à présent. Elles prouvent de l'intelligence du cœur et de la volonté. Aussi doit-on savoir gré à M. de Beauriez de les avoir publiées. Son livre tout entier est agréable, d'une lecture courante et facile, malgré quelques jugements un peu rapides voire même de petites erreurs, il rendra service aux historiens du règne de Louis XV.

Louise-Élisabeth, comme sa sœur jumelle Madame Henriette, avait été élevée à la cour, tandis que leurs cadettes le furent à Fontevrault, à dix ans elle était presque une femme, et elle n'avait pas douze ans lorsque fut déclaré son mariage avec l'Infant don Philippe. Sans la perspective du trône de Naples que le traité de Vienne permettait d'entrevoir, ce mariage eût semblé à Versailles au dessous de Madame. L'Espagne, au contraire, s'en applaudissait, l'orgueil castillan y trouvait une réparation au renvoi de l'Infante, l'intérêt national en augurait déjà l'aide effective de la France contre les Anglais, aussi la nouvelle Infante fut-elle accueillie à Madrid avec enthousiasme. Elle plut beaucoup à don Philippe. Élisabeth Farnèse la reçut d'abord avec empressement. Philippe V si affaissé, si étiolé qu'il fût la traita avec bonté, bref elle eut six mois de bonheur paisible. Mais comme au bout de ce temps la France ne se hâtait pas d'aider l'Espagne, Élisabeth Farnèse, qui n'était qu'une politique ambitieuse, changea d'attitude à l'égard de sa belle-fille et l'abreuva d'humiliations qu'on a peine à imaginer.

Heureusement pour la pauvre enfant l'empereur vint à mourir et la France fut plus que jamais nécessaire à l'Espagne, cette princesse de quatorze ans devint un des rouages essentiels de la politique espagnole parce qu'on savait qu'elle correspondait intimement avec le Roi son père et le Dauphin son frère cadet. Elle se tourna volontiers du côté des affaires d'État, l'amour conjugal et la fierté bourbonienne s'en mêlant, elle rêva un trône pour don Philippe et chercha à l'édifier elle-même, mais alors de nouvelles épreuves l'atteignirent, à peine était-elle mère pour la première fois (31 décembre 1741), qu'elle se voyait séparée de son mari, envoyé à l'armée d'Italie.

Le cardinal Fleury ne s'était engagé que timidement dans la voie où Élisabeth Farnèse voulait entraîner Louis XV. Huit jours avant la mort de son premier ministre le Roi de France écrivait à sa fille cette lettre intéressante que nous avons trouvée récemment aux archives d'Alcala.

A Versailles ce 21 janvier 1743

« Le cardinal de Fleury est depuis huit jours à toute extrémité son bon tempérament le soutient mais son grand âge ne nous donne plus aucune esperance. Il est bien soumis à la volonté du Seigneur et attend la mort avec la tranquillité d'un predestiné. Il m'a elevé et je le connais depuis que je me connais moi-même. Jugez de là, chère fille, où va mon affection. Mais sa mort n'apportera aucun changement à mes affaires et je vous prie d'assurer le Roi mon oncle et la Reine ma tante qu'étant elevé par lui, je pense comme lui, et que j'espère que notre maison ne se désunira jamais. Faites-leur aussi bien mes compliments ainsi qu'à toute ma famille.

Je vous embrasse, chère fille, de tout mon cœur, et vous aime de même. Le froid veut revenir, je commençais pourtant à croire que nous en serons quittes pour cet hiver.

Votre longue lettre ne m'a point ennuyé. Si l'affaire de votre veuvage dependait entièrement de moi, je vous promets qu'en ce moment vous auriez toute la satisfaction que vous desirez. Adieu chère fille, il me semble que nous sommes mieux ensemble de loin, que nous n'etions de pres. Cependant je serais charmé de vous embrasser et de vous assurer moi-même de mon amitié (1). »

Cependant Elisabeth Farnèse s'agitait et reussissait à s'inféoder M. de Maurepas qui excita Louis XV à seconder efficacement Don Philippe. Par le traité du 26 octobre 1743 il promit de le soutenir dans la conquête de Parme et du Milanais. Les revers et les ennuis alternèrent de manière à bouleverser l'Infante que la prolongation des hostilités et les perpétuels déplacements de son epoux empêchaient de rejoindre ce prince. Elle lui adressait des billets enflammés, elle demandait à Louis XV l'autorisation d'accompagner à Versailles dona Marie-Thérèse, fiancee au Dauphin, pour voler de là en Italie. Quant à Elisabeth Farnese, elle ne cessait de desservir sa bru auprès de son fils. Louise-Elisabeth n'avait d'espoir qu'en la France.

« Enfin, chère fille, lui écrivait encore Louis XV le 23 mars 1744, il vient d'arriver un courrier au Prince de Campo Florido qui porte l'heureuse arrivée de Navarro à Carthagène. J'en suis d'une joye que je ne puis vous exprimer. Je vous prie de bien assurer de ma part LL. MM. que M. de Coust n'avoit que des ordres très precis d'attaquer l'Escadre angloise, et non de les laisser pour ainsy dire à l'abbandon comme il a fait. Je doutte qu'il puisse se disculper quand il sera de retour à Toulon, et la seule chose que puisse, pour effacer ma juste colère contre luy, ce serait qu'en revenant à Toulon, nous battissions les Anglois à platte couture, car il faut y revenir puisque notre objet principal est l'Italie. Je suis entièrement retabli de mon indigestion, et j'ay repris le Caresme des vendredi dernier. Mais je suis très inquiet de vous, car je n'aime pas du

(1) Archives d'Alcala de Hénares. Est. 1. 4837.

tout cette foiblesse à propos de rien et j attends de vos nouvelles avec grande impatience Je viens d avoir aussi un courrier de Fontevrault avec avis que ma sixieme fille étoit tres mal, je croy d une fluxion de poitrine n y comprenant rien autre chose sur la lettre embrouillee du medecin qui la voit Je viens d ordonner qu on luy administre les cérémonies du baptesme Je croy qu elle a encore peu péche ainsi je me consoleray plus aisement de sa perte par l espérance bien fondée que j auray qu elle sera mieux placee que je ne l aurois pu faire en ce bas monde

« Sçachez de LL MM en grand secret si la personne du duc de Richelieu ne leur seroit pas desagreable pour faire la demande de l infante Marie Thérèse pour mon fils lequel aura quinze ans accomplis au mois de septembre et en quel temps à peu pres elle veulent que cela se fasse, comme nous sommes en guerre il est difficile de ne pas laisser achever la campagne à ceux qui l auront commencee

« A Dieu chere fille je vous aime bien tendrement et vous ne devez ni ne pouvez en douter (1) »

La mort de Charles VII et le traite de Dresde conclu par Frederic II remettaient tout en question, le marquis d Argenson conseillait à Louis XV de traiter avec le roi de Sardaigne en lui cédant Milan ou Don Philippe était entre le 19 décembre Elisabeth Farnese fremissant de rage allait donner un consentement forcé à cet arrangement (2) lorsqu il fut rompu par Charles Emmanuel lui même Pour calmer la rancune espagnole Louis XV depêche à Leurs Majestes Catholiques un plenipotentiaire special chargé de combiner avec Philippe V les moyens de secourir l Infant Ce fut le Marechal de Noailles que Louise-Elisabeth et sa belle-mere reçurent au mois d avril 1746 Il se tira bien de son ambassade mais l avènement de Ferdinand VI qui n aimait pas son demi frère Don Philippe rendit encore plus penible la situation de notre princesse Le traite d Aix-la-Chapelle n amena point pour elle l elevation souhaitée Elle quitta Madrid en 1748 n en emportant que de mauvais souvenirs odieusement calomniee par l ambassadeur de France, un prélat sans mœurs M de Vaureal, evêque de Rennes Elle s arrêta à Versailles puis se rendit à Parme

Une dernière fois elle revint en France ce fut en septembre 1757 Alors commença entre elle et son mari cette correspondance que M de Beauriez a publiee

Le ton de ces lettres est singulièrement tendre, naturel et familier

---

(1) Archives d Alcala Est 1 2716
(2) Voir a ce sujet une curieuse lettre de Philippe V a Louis XV du 30 janvier 1746 publiée par nous dans le tome xiv des Archives des Missions 3° série

Mais ce n'est pas seulement par ce caractère intime qu'elles méritent d'attirer notre attention. Combien elles valent encore par les réflexions politiques qui les accompagnent! La duchesse de Parme conduit à Versailles toutes les affaires de son mari, elle ne cesse de le soutenir et de l'exciter. Avec quel accent patriotique elle dira « l'Etat » et « mon cher pays! » Quels termes elle trouvera pour qualifier les honteuses batailles de la guerre de Sept Ans et la conduite d'un duc de Richelieu! Quel contraste avec les lettres de Voltaire sur les mêmes événements! Quelles pages admirables enfin cette mère, cette souveraine saura tracer lorsqu'il s'agira d'inculquer à son fils encore enfant l'amour, la passion de l'alliance française. « Je suis Française, mon fils. Ainsi ceux qui, par la haine générale pour la nation la plus charitable, la plus folle aussi, mais la plus sensée (toujours parlant en général de ma nation) quand le feu de la jeunesse est passé, ou ceux qui, gagnés par les puissances jalouses de celles de notre sang, me rendront suspecte là-dessus avec vous si je n'y suis plus, vous jugerez mieux de mes raisons. Aimez la France, mon fils. C'est là votre origine, vous lui devez pour vous-même respect et déférence. Monseigneur céda à son fils cadet ses droits sur l'Espagne pour rassurer l'Europe sur la puissance des deux royaumes réunis. Louis XIV a non seulement mis une couronne dans notre première division de branche, mais que d'hommes, que d'argent, que d'avantages pour son royaume à lui n'a-t-il pas sacrifiés pour assurer et conserver l'autre! Motifs de reconnaissance éternelle pour tout ce qui sort de la Philippe V, la Reine votre grand'mère, par tendresse pour leur fils, — elle par ambition aussi, et pour ne pas voir son fils sujet de celui d'une autre femme, — ont commencé l'établissement de votre père, vous leur en devez aussi de la reconnaissance. J'espère, mon fils, que vous en devrez une d'autant plus grande au Roi mon père que vous la devrez à sa tendresse pour ses enfants et pour son sang, par l'établissement solide qu'il tâche actuellement de vous assurer. Les Français adorent tout ce qui vient de leurs maîtres. Je souhaite que vous éprouviez vous-même cet amour, si glorieux à la nation, si flatteur pour nous, vous verriez, mon fils, que je ne vous dis rien de trop là-dessus; ainsi comment ne pas aimer votre première nation et qui vous conserve le même amour? Voilà les sentiments du cœur, les premiers par conséquent, que vous ne devez jamais oublier et qui ne doivent jamais vous quitter. Ceux d'intérêt qui, malheureusement, font beaucoup sur les hommes, ne sont pas moins forts. »

Elle représente alors à son fils ce que seraient « si elles étaient unies, la France, l'Espagne et Naples, sans parler de nous, ajoute-t-elle mélancoliquement, qui ne sommes encore que zéro dans le monde. Tant que vous serez attaché à la France, vous serez grand, etc., etc. »

Les lettres où la princesse recommande à son fils ses devoirs d'homme et de chrétien ne sont ni moins élevées, ni moins intéressantes. Elles étaient hélas! le testament de Louise Élisabeth, elle mourut âgée de trente deux ans, le 6 décembre 1759.

Quand M. de Beauriez n'aurait publié que deux ou trois lettres comme celle dont nous avons cité de trop courts fragments, il aurait droit à la gratitude de tous ceux qui aiment la vérité historique et ne sont pas moins attachés à l'honneur de la Maison de France.

Alfred Baudrillart

---

43. — **La Commanderie et l'Hôpital d'Ordiap**, dépendance du monastère de Roncevaux-en-Soule (Basses-Pyrénées). Étude historique sur les relations de l'abbaye espagnole avec les diocèses d'Oloron, de Bayonne et de Pampelune, les souverains de Navarre et les rois de France depuis le xiii siècle jusqu'au xix, par M. l'abbé V. Dubarat, aumônier du Lycée de Pau. Pau, 1888, in-8, vi-354 pages.

44. — **Les Euskariens ou Basques**. Le Sabrarbe et la Navarre, par M. Blanc Saint Hilaire. Paris, E. Picard, 1888, un vol. in 8, 416 pages.

Le livre de M. Dubarat témoigne de longues recherches faites avec la compétence et la patience d'un érudit qui travaille sur une question qui est bien de son choix. Mais c'est de ce choix même que nous lui ferions un reproche, car il n'y a pas de proportion entre les dimensions du volume et l'importance du sujet qu'il traite. Loin de nous la pensée de médire des études sur notre histoire provinciale. Cependant, un gros volume in 8° sur le seul monastère d'Ordiap qui n'a joué aucun rôle bien important (on en reste convaincu par la lecture même de l'ouvrage) c'est beaucoup. Il faudrait alors, du moins, que la succession des événements, les incidents divers, les caractères des personnages, les traits de mœurs rendissent le récit attachant par lui-même. Or quel que soit le talent de l'auteur, cette étude ne comportait guère ce genre d'intérêt. Le volume est accompagné d'un grand nombre de pièces inédites. Lorsqu'une pièce n'a d'autre valeur que de n'avoir pas été encore publiée, le meilleur, à ce qu'il semble, c'est de la laisser dans l'obscurité dont elle n'aurait pas dû sortir, la signaler, en extraire les passages dont on a besoin pour appuyer son texte, c'est tout ce qu'elle mérite et c'est ce que l'auteur aurait pu faire sans inconvénient pour bon nombre des documents qu'il a transcrits. De cette manière il aurait, sans autre remaniement, allégé beaucoup son volume.

Remarquons en passant que M. Dubarat prodigue les épithètes d'illustre, de célèbre à des personnages qui ont pu jouer un grand rôle dans une histoire locale, mais auxquels l'histoire générale ne saurait accorder un si haut rang. C'est là une critique qu'on pourrait adresser à presque tous les auteurs de monographies, même les plus expérimentés. Il faudrait pourtant avoir quelque pitié de la vanité plus ou moins justifiée du lecteur et lui éviter la sensation désagréable de voir citer un personnage dont il n'a jamais entendu parler comme devant être connu de tous.

Malgré ces réserves, le livre de M. Dubarat apporte une savante contribution à l'histoire ecclésiastique de la France et de l'Espagne. Il sera consulté avec fruit.

Nous espérons que l'auteur n'en restera pas là et trouvera dans la région pyrénéenne, si riche en souvenirs, le sujet de quelque autre ouvrage où il pourra faire preuve dans des conditions différentes des qualités d'érudition qui distinguent celui qu'il vient de publier.

— Avec le livre de M. Blanc sur les Basques, nous ne sortons pas des Pyrénées, mais ici il ne peut être question d'érudition. On comprend sans peine que M. Blanc se soit laissé séduire par les nobles qualités, les fières traditions et la mystérieuse origine de ce peuple. Était-ce cependant une raison pour exposer indistinctement les grands événements de l'histoire et les hypothèses les plus nébuleuses avec la même sérénité, sans indiquer presque jamais sur quelle autorité l'auteur appuie ses affirmations les plus hasardées?

On ne peut admettre davantage l'admiration, que dis-je, la sympathie profonde que l'auteur manifeste pour les contrebandiers et leur libre vie. Il n'a pas même de la pitié pour les malheureux douaniers auxquels il réserve, dans ses anecdotes, un rôle aussi peu recommandable que ridicule. Ces sentiments, dignes de ceux que Béranger exprime dans la plus révolutionnaire peut-être de ses chansons, étonnent d'autant plus chez M. Blanc qu'il se montre, dans le cours de son ouvrage, ennemi de toute idée libérale et partisan de l'autorité quand même. Il semble placer son idéal politique dans le carlisme. Au fait, en y réfléchissant un peu, c'est peut-être l'explication de la contradiction. On sait en effet que les contrebandiers de la Navarre et de l'Aragon ont été la fleur de l'armée carliste et que, tandis que les Castillans combattaient contre Don Carlos pour défendre leur liberté politique, les Navarrais et les Aragonais combattaient pour lui avec leur énergie si connue, dans l'espoir d'assurer le rétablissement de leurs privilèges et de leurs libertés particulières. La liberté aurait grandi dans quelques provinces pour diminuer ailleurs, Le reste de l'Espagne aurait payé pour la rive gauche de l'Èbre.

Quoi qu'il en soit, on peut excuser quelqu'exagération de sympathie lorsqu'elle s'applique à ces Basques qui n'ont jamais fondé sans doute de puissant empire ni laissé une bien grande trace dans la civilisation mais qui, forçant l'estime aussi bien par leur bravoure que par leur loyauté, sont restés toujours indépendants et comme aurait pu le rappeler M. Blanc, sont en droit de dire aujourd'hui comme leurs ancêtres « Nous n'avons jamais eu d'autre maître que notre parole. »   R. P.

---

45 — **La maison de Jeanne d'Arc à Domrémy**, par Alexandre SOREL, président du tribunal civil de Compiègne. Paris, Champion; Orléans, Herluison, 1888, in-8, 101 pages, 5 planches.

46 — **Jeanne d'Arc à Reims**, ses relations avec Reims, ses lettres aux Rémois, notice accompagnée de documents originaux et publiée à l'occasion du projet d'érection de la statue de Jeanne d'Arc à Reims, par Henri JADART. Reims, 1887, in 8°, VII-133 pages, 16 planches.

47 — **Procès de réhabilitation de Jeanne d'Arc** raconté et traduit d'après les textes latins officiels, par Joseph FABRE. Paris, Delagrave, 1888, 2 vol. in-12, t. I, XII-372 pages, t. II 399 pages.

Voici trois publications concernant, à des titres divers, l'histoire de Jeanne d'Arc, preuves de l'incessante activité historique qui s'exerce autour de cette grande mémoire. Orléans, Reims, Compiègne, pour ne citer que les trois principales villes qui, avec Rouen, évoquent plus particulièrement le souvenir de la Pucelle, semblent des milieux où la curiosité et l'érudition soient naturellement guidées vers un sujet auquel l'histoire locale se trouve intéressée de si près.

1 — C'est sans doute un sentiment de ce genre qui a amené M. Alexandre Sorel à décrire la maison de Jeanne d'Arc à Domrémy. L'auteur n'a pas prétendu faire œuvre d'érudition, et c'est la simple narration d'une excursion au pays natal de la Pucelle qu'il a l'intention de présenter au lecteur. Entendu ainsi, ce récit contient sous une forme accessible à tous le récit des progrès que le culte de Jeanne d'Arc a fait de siècle en siècle à Neufchâteau et à Domrémy, ainsi qu'un plan détaillé et minutieux de la maison où elle vit le jour. Peut-être pourrait-on reprocher à l'auteur d'avoir laissé trop souvent la parole aux écrivains qu'il lui arrive de citer, avec des références toujours exactes d'ailleurs. Les extraits tirés de l'admirable étude de M. Siméon Luce sont parfaitement justifiés, et personne n'a plus d'autorité que M. Henri Jollois pour raconter les faits relatifs à la préservation de la demeure natale de la Pucelle, œuvre de salut que son activité ingénieuse a su mener à bien au commencement de ce siècle, et dont il faut savoir tant de gré à sa mémoire. On s'explique moins les citations prolongées d'auteurs tels que Le Brun des Charmettes et du portrait extrêmement imagi-

natif et fantaisiste (p. 33) que M. le docteur Hirzel, de Berlin, a prétendu donner de Jeanne d'Arc, qu'il semble qu'il ait connue de son vivant. M. Alexandre Sorel me paraît également abuser de la reproduction des documents administratifs et des inscriptions commémoratives, ainsi que de passages des divers guides locaux répandus dans la région. Mais l'on ne songe plus à insister sur ces critiques, dès que la lecture des dernières pages de ce travail a fait voir que c'est à ce voyage de l'auteur qu'est due l'initiative, prise par la Société historique de Compiègne, de déposer l'an suivant un souvenir reconnaissant dans la maison de Domrémy. Hommage patriotique et bien dû par la cité dont le nom évoque de si poignants souvenirs et pour le salut de laquelle la libératrice de la France a sacrifié sa vie.

2. — L'étude publiée par M. Henri Jadart sur le séjour de Jeanne d'Arc à Reims présente un caractère différent. A l'occasion du projet de consécration d'une statue à la vierge lorraine, M. Jadart a dédié à la mémoire du séjour de la Pucelle dans la ville du Sacre un érudit opuscule, auquel la publication d'un certain nombre de délibérations du conseil de ville relatives aux événements de l'an 1429 donnent une valeur documentaire importante.

Cette étude est divisée en six chapitres, le premier consacré à l'examen du culte de saint Remi à Reims, le second à l'itinéraire de Jeanne d'Arc de Châlons à Reims, le troisième et le quatrième à l'entrée et au séjour à Reims, le cinquième à la correspondance de la Pucelle avec les Rémois, le sixième à l'exposé des témoignages de la gratitude des habitants de Reims envers elle.

M. Jadart établit la fausseté de la légende qui rattache à un fief de l'abbé de Saint Remi le village de Domremy, qui n'a de commun que le nom avec cette tenure : tout ce premier chapitre est un résumé clair et exact des résultats obtenus par la savante critique de M. Siméon Luce, succinctement condensés. L'auteur relate ensuite jour par jour les étapes de la Pucelle et du roi, de Châlons à Reims, les événements du sacre et le départ pour Paris. Je remarque, dans le chapitre III (*L'entrée a Reims et la cérémonie du Sacre*), des vues intéressantes sur le maintien du parti français à Reims pendant la domination Anglo-Bourguignonne, point d'histoire sur lequel la curieuse publication de M. Demaison (1) sur les doléances des Rémois aux états projetés d'Amiens en 1424 a récemment appelé l'attention. A noter également les renseignements relevés sur Pierre Cauchon, le triste inquisiteur de Jeanne d'Arc, sur son origine rémoise et son séjour dans la ville, à la veille de la conquête française. Le chapitre V relatif à la correspondance entretenue par Jeanne d'Arc

(1) Dans les *Travaux de l'Académie de Reims*, t. 73, p. 351 et suiv.

avec les habitants de la ville et à l'expose de toutes ses circonstances accessoires est particulièrement à signaler M. Jadart y établit comment dès le xviii° siècle les originaux des trois lettres de la Pucelle dont se compose cette correspondance, avaient déjà disparu. Les détails fournis à ce sujet par M. le comte de Maleyssie, descendant de Charles du Lys et possesseur actuel de ces documents élucident définitivement ce point (pp. 124-125). M. Jadart publie le fac-simile des deux originaux subsistants : la troisième lettre ne nous est parvenue que par la transcription qu'en fit au xvii° siècle l'érudit Rémois Jean Rogier.

Les 23 documents publiés en appendice sont loin d'être tous inédits. Mais l'auteur n'a choisi que les plus typiques et l'on peut en dire que tous y sont à leur place. L'édition des délibérations du conseil de ville, de juillet a septembre, dont plusieurs fractions restaient inconnues, même après l'apparition du recueil bien connu de Varin, et l'insertion d'importants passages des Mémoires de Pierre Coquault dont M. Louis Paris (1) n'avait publié que la partie relative au Sacre, donnent à cette conclusion de l'ouvrage de M. Jadart une valeur de source historique indispensable à consulter pour l'étude de ces années du xv° siècle.

3. — La traduction du procès de réhabilitation de Jeanne d'Arc que publie M. Joseph Fabre est le troisième ouvrage d'une série qui comprend déjà une biographie de la Pucelle intitulée Jeanne d'Arc libératrice de la France et une traduction, dressée sur le même plan que celle-ci, du procès de condamnation. Le présent ouvrage est une traduction abrégée du procès de réhabilitation, accompagnée de commentaires, d'éclaircissements et de notes. Il ne vise en aucune façon à une érudition dont il se défend, et ne cherche qu'à faciliter la lecture et la consultation des textes latins correspondants. Envisagée sous ce point de vue, cette édition se présente sous un jour de clarté et de netteté qui est de nature à rendre de réels services à tous ceux qui pour la consulter n'auront pas besoin d'études spéciales préalables. Le livre I (p. 13-64) est à cet égard un utile et très suffisant précis des préliminaires de l'enquête de réhabilitation et de ses diverses phases. Quant aux dépositions mêmes, on sait que dans le procès verbal officiel elles se succèdent au hasard de l'audition des témoins, elles sont ici groupées selon l'ordre chronologique des faits rapportés. M. Joseph Fabre les a classées sous les trois rubriques de la jeunesse de Jeanne, de son service auprès du roi, de sa captivité et de son jugement. Un cinquième livre contient la sentence de réhabilitation, précédée des notices sur le mémoire de Gerson et sur les mémoires consultatifs introduits au procès de révision. Un appendice considérable (pp. 215-343) termine le second volume et

(1) Dans la *Chronique de Champagne*, t. 1 p. 22 et suiv.

contient, sous le titre général de Jeanne et le peuple de France, des additions relatives à la fête nationale de Jeanne d'Arc, que M. Fabre, comme député de l'Aveyron, avait patriotiquement proposé en 1884 de fixer au premier dimanche de mai — à la fête de la Pucelle à Orléans — à la naissance de Jeanne d'Arc à Domrémy — et à diverses autres matières annexes de sa vie.

M. Joseph Fabre est un admirateur passionné de la libératrice de la France. Tout Français digne de ce nom ne saurait trop l'en louer. Il est permis cependant de trouver qu'un enthousiasme aussi sincère et aussi noble gagnerait de plusieurs endroits à plus de sobriété dans son expression. Les épigraphes qui précèdent chaque livre sont-elles également bien appropriées au sujet? J'y lis successivement les signatures d'Euripide, d'Emerson, de Martin Opitz, d'un Chroniqueur anonyme du XV⁰ siècle, d'Eschyle, d'Adam Mickiewicz, du poète méridional Jasmin et de Tacite. L'impartialité et la modération des jugements de l'auteur sont entiers, mais c'est justement cette qualité qui fait paraître plus choquante, en tête du second livre, la juxtaposition d'un passage de l'Imitation et d'un fragment de Diderot. M. Fabre, qui juge d'ailleurs, comme il convient de le faire, le poème parfaitement stupide de Voltaire, eût dû se rendre compte que le nom de l'auteur de la *Religieuse* ne pouvait pas figurer à cette place côte à côte avec celui de Gerson.

Il faut signaler la réunion, dans un des appendices signalés plus haut, des lettres de Jeanne d'Arc qui nous ont été conservées. Elles sont généralement disséminées à leur place chronologique au milieu de documents de toute sorte. On saura gré à M. Fabre de les avoir publiées côte à côte en tant que correspondance émanée de Jeanne d'Arc et reflétant mieux son caractère de confiance héroïque. En outre la liste des lettres de Jeanne mentionnées par les textes contemporains et non retrouvées peut mettre les érudits sur la voie de découvertes toujours possibles dans cet ordre de recherches. Moins opportune paraîtra la publication, dans le chapitre suivant, de la traduction de l'hymne de Déborah, que l'auteur pense avoir pu être développée devant Jeanne enfant à Domrémy, par quelque prédicateur franciscain, ce qu'il avoue du reste n'avoir aucune raison spéciale de supposer.

La fréquence de ces rapprochements singuliers est le reproche principal à faire à cet ouvrage, où les sentiments d'un libéralisme éclairé et d'une équité trop rare guident constamment l'auteur. Et Michelet lui-même n'a-t-il pas déliré quelque peu dans ses admirables pages sur celle à qui nous devons de n'être pas Anglais?

Germain LEFEVRE PONTALIS.

48 — **Correspondance inédite du comte d'Avaux** avec son père, Jean Jacques de Mesmes 1627-1642, publiée par A. Boppe in-8. Paris, Plon, 1887.

Le nom de M. Boppe n'est pas inconnu des lecteurs du Bulletin. Il y a quelques années, nous avons eu l'occasion de signaler une étude fort curieuse sur la mission du commandant Mériage où le jeune auteur a cherché à mettre en lumière la part que Napoléon I a pu avoir au réveil national des peuples balkaniques.

La correspondance du comte d'Avaux avec son père nous ramène à une autre époque et sur un autre théâtre. En 1627 les difficultés de la succesion du Mantouan décidèrent Richelieu à envoyer d'Avaux à Venise. Après d'heureuses négociations, il se rend en Danemark, dont il rattache le roi à la politique française, en Suède, où il rend plus étroits les liens qui unissaient ce pays à la France, en Pologne où son intervention contribue à la conclusion de l'armistice de Stumsdorf, à Hambourg, devenu un centre d'intrigues et de négociations. Il revient à Paris en 1642, l'année même où mourait son père.

C'est la correspondance échangée pendant ces quinze ans entre le père et le fils, et dispersée à Londres, et à Paris dans les fonds Venise, Danemark, Suède, Pologne, Danzig, Hambourg, Allemagne que M. Boppe a réunie et livrée au public. Sans doute beaucoup de lettres sont égarées. Telle qu'elle est, la collection a son utilité; non pas que l'intérêt général qu'elle offre à l'histoire soit aussi considérable qu'on serait en droit de l'attendre. Rarement l'Europe a été plus remplie de bruit d'armes, plus sillonnée d'agents diplomatiques et d'Avaux a été mêlé directement à quelques uns des plus graves événements. Ses lettres cependant ne nous donnent, pour ainsi dire, pas de renseignements nouveaux; des allusions aux grandes choses qui se font autour de lui, quelques détails piquants, mais rares, sur les pays qu'il traverse et les personnages qu'il rencontre — voilà à peu près tout. La correspondance du père d'Avaux ne nous en apprend pas beaucoup plus long sur les intrigues qui se croisent en France; quelle différence entre ces lettres graves et un peu lourdes et le tableau si vivant de la cour que nous retrace Mme de Sévigné ! Heureusement que M. Boppe a su donner, par des notes nombreuses, érudites et claires, un sens aux allusions et aux noms des personnes citées.

En réalité le véritable intérêt de la correspondance est ailleurs; il est dans le tableau d'une vie de famille au xviie siècle qu'elle nous offre, dans le spectacle de ces personnages divers qui passent devant nous avec leur physionomie particulière, depuis la mère dont le retour à la santé ne se marque que par ses retours aux colères anciennes, depuis le frère aîné, de d'Avaux, hautain et dedaigneux, jusqu'à la figure effacée de d'Irval.

Il est surtout dans le caractère intime des lettres entre le père et le fils, dans cet echange de deux âmes qui s'aiment d'une affection grave et profonde, dans les joies les esperances les plaintes de d'Avaux qu'enorgueillit d'abord le succes, qu'accable ensuite le fardeau des affaires et que rebute la conduite d'un gouvernement qui profite de ses travaux et de ses enormes depenses sans en vouloir reconnaître le prix, dans ces reponses du père dont le ton d'abord austère, s'attendrit à mesure qu'il approche de la mort, et où il cherche a relever le courage de son fils jusqu'au jour où le decouragement le prend lui-même. M. Boppe a su fort bien mettre en lumière cet intérêt tout particulier dans une très agreable preface. M.

---

49 — **Etude du tracé de la chaussée romaine entre Ariola et Fines**, par Leon MAXE WERLY correspondant du Ministère de l'Instruction publique, parties I-III. Bar-le-Duc, Philipona, 1885-1888, in-8°, 38, 55-23 pages, cartes, plans et figures.

Ces brochures sont des etudes d'archeologie locale. Elles semblent donc s'adresser à un public doublement restreint, et à cause de leur caractère purement archeologique et à cause du peu d'etendue du territoire qu'elles concernent. Il serait cependant regrettable qu'elles ne soient pas connues en dehors du Barrois. Si les limites des investigations de l'auteur sont tres reserrées, sa méthode est des plus larges et des plus fecondes, et il n'existe pas un coin de notre vieille Gaule ou on ne puisse l'appliquer avec le meme succès.

Dans ce travail, l'auteur cherche a reconstituer le tracé du tronçon de la voie antique de Reims à Toul qui traversait le territoire du Barrois. Voici comment lui-meme expose sa methode : « Nous étudierons successivement l'itineraire d'Antonin, la table de Peutinger, les légendes et les vies des saints de notre region, les chansons de gestes, afin d'y saisir au passage les indications qui peuvent interesser notre sujet. En consultant les archives, nous noterons avec soin toutes les mentions, faites au moyen âge de cette voie antique qui bien souvent a servi a délimiter les proprietes d'une abbaye, d'une seigneurie. Nous rechercherons dans les documents du siècle dernier tout ce qui se rapportera à l'ancienne chaussee romaine, utilisee, sur bien des points de son parcours, lors de la construction des routes actuelles. Les cartes anciennes seront l'objet d'un examen particulier, quoique la cartographie soit une science moderne. Les noms des lieux dits se rapportant à une route antique, à un chemin du moyen âge, seront le sujet d'une étude speciale, car à notre avis, les noms consignés dans le cadastre, dans les pieds terriers, sont autant d'épaves des siècles passés que doivent consulter le géographe, l'historien, le linguiste. Dans ces dénominations souvent bizarres, tous trouveront une source inépuisable de renseignements précieux pour leurs études, chacun de ces noms portant avec soi le caractère distinctif de son origine, et de sa date. Enfin les découvertes archéologiques faites sur le parcours de cette chaussée, substruction antique, débris de tuiles plates à rebords, monnaies du haut empire, sépultures de l'époque gallo-romaine, seront autant de témoignages qui viendront s'ajouter à ceux que nous procurent les documents historiques et la tradition (partie I, p. 7-8). »

On ne peut suivre ici M. Maxe-Werly dans l'application de cette méthode à la chaussée antique du Barrois. C'est une minutieuse étude de détails qu'on pourrait citer en entier, mais qui échappe à l'analyse. J'ai seulement tenu à signaler le caractère général de son travail et le parti qu'on pourrait tenir de ses indications en les appliquant à d'autres parties du territoire. Ces trois petites brochures devraient être lues et méditées comme un manuel par tous ceux qui s'occupent d'archéologie pratique. Si le comité des travaux historiques parvenait à lancer dans cette voie ses correspondants disséminés sur tous les points de la France, s'il obtenait d'eux des recherches et des dépouillements d'archives analogues, on ne tarderait pas à reconstituer, avec le réseau de ses routes, la carte exacte de l'ancienne Gaule romaine.

Ajoutons seulement en terminant que M. Maxe-Werly ne s'est pas contenté de dépouiller les livres et les archives, il a lui-même soigneusement visité les lieux dont il parle et a contrôlé par cet examen les renseignements fournis par les textes. Il est ainsi arrivé à des résultats souvent nouveaux et a résolu d'une façon définitive plus d'une question restée jusque là sans réponse. Il signale en passant les découvertes archéologiques intéressantes et redresse chaque fois que l'occasion s'en présente les erreurs nombreuses commises par M. Liénard dans son *Archéologie de la Meuse*, sage attention pour les archéologues novices qui pourraient être tentés d'accorder à ces grands volumes plus de crédit qu'ils ne méritent.

Henri Thedenat.

CHRONIQUE

53. Bulletin monumental. Année 1888, n° 4-5. — L. Courajod, *La collection Durand et ses séries du Moyen Age et de la Renaissance au Musée du Louvre*. Correspondance relative à la cession au Musée du Louvre de cette importante collection. Elle fut payée la somme alors énorme (en

1824) de 48 000 francs. Suit l'inventaire dressé par M. Durand, avec prix d'estimation. — L. DUHAMEL. *Le tombeau de Benoît XII a la métropole d'Avignon.* Ce tombeau, changé de place et remanié à la fin du XVII° siècle, fut de nouveau déplacé et entièrement refait de 1829 à 1831, y compris la statue: on y a seulement utilisé quelques parties du tombeau du cardinal Jean de Cros qui se trouvait dans la même chapelle. On a donc eu tort de considérer le tombeau actuel comme une œuvre remarquable de la sculpture du XIV° siècle. L'ancien tombeau est connu par une gravure de Fallot. Planche. — ANDRÉ STORELLI. *Le château de la Sourdière (Loir-et-Cher) et ses propriétaires.* Ce château, construit au XVI° siècle, appartenait à la famille de Morvillier qui, au milieu du XVI° siècle, fit ériger la Sourdière en seigneurie. Il passa ensuite par héritage dans différentes familles. Planche, plan. — L'abbé ALFRED CHEVALLIER. *Carrelage du XIII° siècle* trouvé en 1888, rue du Cardinal de Lorraine, n. 5, à Reims. Planche, figures. — J. DE LAURIÈRE. *Note sur deux reliquaires de consécration d'autels.* L'un de ces reliquaires, trouvé à Aïn-Beida (Algérie) et offert au Saint-Père, date de la fin du IV° siècle ou du commencement du V°. L'autre date de l'an 1200 a été trouvé dans l'église de Valcabrère (Haute-Garonne). Le reliquaire d'Algérie et l'acte de consécration qui accompagnait le reliquaire de Valcabrère font l'un et l'autre allusion à la loi ancienne et à la loi nouvelle, double origine de l'Église. L'auteur croit utile de constater la manifestation, dans des régions et à des époques si diverses, de ce symbolisme. — *Le Congrès belge d'histoire et d'archéologie à Charleroi.* Compte rendu. — *Les devises horaires du château de Torigny.* Lettre de Garaby de la Luzerne datée de l'an 1656 et proposant au comte de Matignon des devises pour quatre cadrans solaires placés sur les murs des écuries de son château de Torigny. — *Congrès archéologique de Dax et de Bayonne.* Discours du comte de Marsy, président; compte rendu des séances et des excursions. H. T.

54. Nous venons de recevoir le premier numéro de la *Revue des Religions.* Il contient des articles de M. l'abbé de Broglie sur *les origines de l'Islamisme* et du R. P. Van den Gheyn sur l'*Histoire des religions à l'Université de Leyde.* Un avant-propos du directeur de la Revue, M. Peysson, annonce le but de cette nouvelle publication à laquelle nous souhaitons la bienvenue. La *Revue des Religions* sera trimestrielle. E. B.

55. ROME. *Académie d'archéologie chrétienne* (Séance du 24 février). — M. de Rossi expose les résultats des dernières fouilles exécutées sous la basilique des SS. Jean et Paul. Le P. Germano a découvert dans une des chambres souterraines une fresque du XI° siècle environ ou est représenté le Christ entre deux archanges et deux saints, dont l'un porte encore son nom en exergue PAVLVS: ce sont les saints éponymes de la basilique, habillés de costumes byzantins. On a déblayé sous l'abside une chambre décorée de fresques du II° siècle: c'est une frise qui fait le tour de la pièce et qui est formée d'amours nus supportant une guirlande de feuillage et de fleurs ou se jouent des oiseaux, le tout d'une admirable conservation. M. de Rossi exhibe une amphore trouvée dans le cellier de la même demeure: sur le col de ce vase sont peints en rouge, avec quelques chiffres relatifs à la mesure, le monogramme du Christ et les lettres A Ω: cette amphore chrétienne est à rapprocher d'autres semblables d'origine syrienne, et il est à croire que le monogramme et le reste sont l'œuvre des négociants d'Orient qui expédiaient leurs vins à Rome. — Mgr DI LORENZO, évêque de Mileto, communique une bulle de plomb trouvée en Calabre, où se trouve mentionné le nom de *Christophorus eps Reg[ii]* et cette bulle doit être contemporaine de S. Grégoire

ce serait un évêque de Reggio a ajouter à la liste episcopale de cette ville — Le P. Cozza donne lecture d'une inscription byzantine relevée à Cervate près de Lecce (Pouille) inscription datée de l'année 1270 et mentionnant que l'autel de l'église conventuelle de Cervate fut fait par un artiste nommé Tafuti.

P. B.

56. Le premier fascicule pour 1889 de la *Romische Quartalschrift* contient les articles suivants : une étude de M. J. Mohr sur les manuscrits des actes de sainte Cécile ; — un rapport de M. Marucchi sur ses fouilles au cimetière de Saint-Valentin ; — une notice de notre collaborateur M. Batiffol sur quatre bibliothèques basiliennes de l'Italie méridionale, dont celle de Grotta Ferrata en 1462 ; — un travail de M. Baumgarten sur le registre d'Urbain VI ; — enfin une note de M. Armellini sur l'autel primitif de la basilique de Sainte Agnès.

SOCIÉTÉ NATIONALE DES ANTIQUAIRES DE FRANCE

Séance du 13 *mars*. — M. Molinier démontre la fausseté d'un certain nombre d'ivoires prétendus anciens qui sont actuellement conservés dans le trésor de la cathédrale d'Auxerre. — M. Ulysse Robert lit une note sur la tourelle du XIIIe siècle qui subsiste encore à Saint-Mandé sur l'avenue de Paris et qui faisait autrefois partie du mur d'enceinte du parc de Vincennes. Sur sa demande la Compagnie émet le vœu que cet édifice soit classé parmi les monuments historiques et préservé de la destruction. — M. Muniz lit une note sur les épées d'honneur que les Papes avaient l'habitude d'envoyer à des princes étrangers ou à des capitaines célèbres. On retrouve des comptes rendus de la bénédiction de ces armes jusque sous le pontificat d'Urbain V. — M. de Laigue, associé correspondant national, présente deux miroirs étrusques provenant de Florence et décrit les sujets qui y sont gravés. — M. Courajod en son nom et au nom de M. Corroyer présente une série de sculptures en bois et de textes qui confirment la thèse émise par eux en 1885 sur l'origine de ces œuvres et sur la signification des marques que les confréries des tailleurs de bois d'Anvers et de Bruxelles étaient dans l'usage d'y apposer au XVe siècle. — M. de la Martinière chargé d'une mission archéologique au Maroc présente le résumé des résultats que ses premières explorations ont donnés dans l'ancienne Mauritanie Tingitane.

Séance du 20 *mars* 1889. — M. Omont présente un album de specimens de caractères hébreux, grecs, latins et de musique gravé au XVIe siècle ; les notes manuscrites qui accompagnent chaque caractère font connaître la date, le lieu, l'objet et la prise de la gravure de la plupart d'entre eux. Cet album, qui a appartenu au célèbre graveur Guillaume Le Bé vient d'être acquis par la Bibliothèque nationale. — M. Roman communique un dessin actuellement encastré au haut d'une fenêtre du même temps dans la cour de l'école des Chartres et démontre que les armes qui y figurent sont d'une femme de la famille Clausse de Mouchy. — M. d'Arbois de Jubainville établit que le mot *Hyperboreens* après avoir d'abord servi à désigner une population mythologique devint un des deux noms par lesquels on appela les Celtes.

ACADÉMIE DES INSCRIPTIONS ET BELLES LETTRES

Séance du 22 *février*. — M. Geoffroy directeur de l'École française écrit à l'Académie que l'administration des fouilles et des musées du royaume d'Italie va ouvrir un nouveau musée dans la magnifique *Villa di Papa Giulio* près la *Porta del Popolo*. Ce musée recevra uniquement des objets provenant des fouilles exécutées depuis deux ans à *Civita Castellana*, l'antique Faléries, par MM. Cozza et Pasqui sous la direction de M. Gamurrini. Faléries remonte au temps de la fondation de Rome, viii siècle avant J.-C. Détruite en 241 par Manlius Torquatus, elle fut reconstruite par les Romains. On y a trouvé les débris de trois temples et une nécropole. Un de ces temples semble reproduire la disposition primitive de celui du Jupiter Capitolin avec sa triple *cella*. C'est un spécimen sans doute unique du plan d'un grand temple étrusque. Une tête sculptée, celle du dieu sans doute, conserve encore des fragments de bronze ayant appartenu à la couronne de laurier dont elle était ceinte. Elle était ornée de pendants d'oreille dont on voit les trous de suspension. Autour du temple, on a recueilli beaucoup d'ornements d'architecture que l'on a enchâssés dans de la maçonnerie de manière à les placer autant que possible dans leur situation primitive. Les antiquités de la nécropole ont été disposées avec une méthode excellente. Chaque tombe a reçu un numéro se rapportant à une vitrine qui contient son mobilier funéraire. Les numéros indiquent en outre l'ordre chronologique, de sorte que le visiteur pourra à son gré remonter ou descendre le cours des siècles. Le mobilier retiré des tombes les plus anciennes consiste en objets d'ambre, en silex, en armes de bronze, en vases non travaillés à la roue. Les tombes moins archaïques contiennent des objets d'importation phénicienne. L'influence grecque se manifeste ensuite pour faire place à un art local, enfin l'art gréco-romain l'emporte. La série descend sans interruption du viii siècle avant J.-C. jusqu'à la fin de l'empire romain. M. Gaston Boissier recommande cette communication à l'attention de l'Académie. Il ajoute que l'administration du nouveau musée a commencé la publication d'une série d'aquarelles représentant les objets les plus intéressants qui sont conservés dans les vitrines. — M. Nisard achève la lecture de son mémoire sur les rapports de Fortunat avec sainte Radegonde et la mère Agnès. — M. Oppert lit une note sur la date des règnes d'Aménophis IV roi d'Égypte et de Purnapurgias et Hammurabi rois de Chaldée. Un cylindre daté du règne de Nabonid nous apprend qu'il y a 700 ans d'intervalle entre le règne du roi chaldéen Hammurabi et celui d'un de ses successeurs nommé Purnapurgias. Or d'après d'autres documents, Purnapurgias ayant été contemporain d'Aménophis IV qui vivait en 1450 avant J.-C., il en résulterait que la date de 2150 devrait être attribuée à Hammurabi. Mais il est établi par des textes certains qu'Hammurabi régnait entre 2394 et 2335 avant J.-C. Il faut donc ou placer à l'année 1650 la date moyenne du règne d'Aménophis IV, époque où si l'on croit devoir maintenir la date de 1450, admettre l'existence à cette date d'un Purnapurgias autre que celui qui est mentionné sur le cylindre de Nabonid. — L'Académie se forme en comité secret pour discuter les titres des candidats au siège laissé vacant par la mort de M. Riant. Ce sont MM. Clermont-Ganneau, L. Courajod et Robert de Lasteyrie.

Séance du 1 mars. — L'Académie procède à l'élection d'un membre ordinaire en remplacement de M. le Cte Riant décédé.

	1 tour		2 tour		
MM. Clermont-Ganneau	16	voix	31	voix	ÉLU
L. Courajod	5	»	1	»	
R. de Lasteyrie	14	»	4	»	

L'élection de M. Clermont-Ganneau sera soumise à l'approbation du président de la République. — M. l'Abbé Duchesne lit une note sur le concile tenu, dit-on, à Reims sous l'évêque Sonnatius. Le chroniqueur Flodoard qui a publié le texte de ce concile ne dit pas, comme on l'a cru, que le concile siégea à Reims mais que Sonnatius évêque de Reims y assista. Le prétendu concile de Reims est identique au concile tenu à la même époque à Clichy au nord de Paris et dont le texte n'est connu que depuis 1757. Les canons dans le texte rapporté par Flodoard et dans les actes du concile de Clichy sont semblables et se suivent dans le même ordre. Flodoar a seulement supprimé le préambule ainsi que le premier canon et a transporté au commencement la liste des membres du concile. Le concile de Reims n'a donc jamais existé. — M. Philippe BERGER fait une communication sur les monnaies des rois de Numidie. Dans une séance précédente M. Berger avait présenté une inscription dans laquelle il croyait reconnaître le nom de Micipsa. Aujourd'hui il retrouve ce nom sur des monnaies de Numidie ainsi que les noms de Gulussa, d'Adherbal et de Hiempsal. Ces noms sont tous abrégés d'après un même système qui consiste à n'écrire que la première et la dernière lettre du mot. On peut, grâce à cette découverte, rectifier les attributions de toute une série de monnaies de la Numidie.

Henri THEDENAT

PUBLICATIONS NOUVELLES

H. WELSCHINGER. Le divorce de Napoléon, 1 vol. in-18, 3 fr. 50, Plon. — ALBERT SOREL. La question d'Orient au XVIII siècle. Le partage de la Pologne et le traité de Kainardi, 1 vol. in-18, 3 fr. 50, Plon. — B. ZELLER. Louis XII et Philippe le Beau, la conquête et la perte de Naples (1501-1504), 1 vol. in-16, 0 fr. 50, Hachette. — ÉDOUARD GOUMY. La France du centenaire, 1 vol. in-16, 3 fr. 50, Hachette. — C. DE VARIGNY. Les grandes fortunes aux États-Unis et en Angleterre, 1 vol. in-16, 3 fr. 50, Hachette. — AUGUSTIN THIERRY. Récits des temps mérovingiens, 1 vol. in-4, 30 fr., se vend aussi par livraison à 1 fr. Hachette. — L. LANIER. L'Asie, choix de lectures de géographie, 1 vol. in-1°, 4 fr. Belin. — L. THOUVENEL. Le secret de l'empereur, sa correspondance confidentielle 1860-1863, 2 vol. in-8, 15 fr. Calmann Lévy. — E. d'ARGIL. Le centenaire de 1789, les hommes du passé et les hommes du jour de Louis XVI à M. Carnot, 1 vol. in-12, 3 fr. 50, Vic et Amat. — A. FOUILLÉE. La morale, l'art et la religion d'après M. GUYAU, 1 vol. in-8, 3 fr. 75, Alcan. — CHAMBRUN (Cte de). Études politiques et littéraires, 1 vol. in-8, 7 fr. 50, Calmann Lévy. — ED. SCHERER. Études sur la littérature contemporaine, IX série, 1 vol. in-18, 3 fr. 50, Calmann Lévy. — LECONTE DE LISLE. Les Erinnyes, tragédie antique en vers, 1 vol. in-8, 2 fr. Lemerre. — SUMMER MAINE (sir H.). Études sur l'histoire du Droit, communautés de villages en Orient et en Occident, l'Inde et les idées de l'Europe moderne, théorie de la preuve, le Droit romain et l'éducation juridique, la famille patriarcale, l'Inde et l'Angleterre, Paris, 1889, 1 vol. in-8, br. 12 fr. Thorin. — TALLEYRAND. Correspondance diplomatique, la mission de Talleyrand à Londres en 1792, correspondance inédite avec le département des affaires étrangères, le général Biron et ses lettres d'Amérique à lord Lansdowne, avec introduction et notes par G. Pallain, Paris, 1889, 1 vol. in-8, br. (port), 8 fr.

Le Gérant, E. THORIN

BULLETIN CRITIQUE

SOMMAIRE. — 50. A. VANDAL. Une ambassade française en Orient sous Louis XV. *F. Rousseau.* — 51. P. LALLEMAND. Essai sur l'histoire de l'éducation dans l'ancien Oratoire de France. *E. Allain.* — 52. G. CARRÉ. L'enseignement secondaire à Troyes. *P. Lallemand.* — 53. L. ROUSSET. De Paris à Constantinople. *G. Schlumberger.* — 54. B. HAUSSOULLIER. La Grèce. I. Athènes et ses environs. *E. B.* — CHRONIQUE. — SOCIÉTÉ NATIONALE DES ANTIQUAIRES DE FRANCE. — ACADÉMIE DES INSCRIPTIONS ET BELLES LETTRES. — PUBLICATIONS NOUVELLES.

50. — **Une ambassade française en Orient sous Louis XV.** La mission du marquis de Villeneuve (1728-1741), par Albert VANDAL. Paris, Plon et Nourrit, 1887, 1 vol. in-8° de XV — 461 p.

Sous Louis XV, le marquis d'Argenson écrivait : « La première grande Révolution qui arrivera probablement en Europe, sera la conquête de la Turquie. »

Deux puissances en effet menaçaient l'empire ottoman et semblaient à la veille de s'en partager les dépouilles : l'Autriche et la Russie.

La France avait intérêt à protéger les Turcs au point de vue politique, religieux et commercial. Depuis la défaite de Pavie, l'alliance de nos rois et des sultans était constante. Les rapports amicaux du grand Seigneur et du Roi Très Chrétien présentaient, il est vrai, un caractère particulier, car l'union des deux pays se trouvait plus effective qu'officielle. Par scrupule religieux, il eût semblé de part et d'autre étrange de signer un traité. De cette amitié résultait une situation privilégiée pour nos prêtres et pour nos commerçants dans tous les pays qui reconnaissaient l'autorité de la Porte.

Depuis quelques années cependant, la Turquie montrait à la France une certaine malveillance qui se traduisait soit par l'insolence et les pillages des vassaux musulmans d'Alger et de Tunis, soit par des persécutions religieuses, soit par l'arrestation de plusieurs de nos consuls.

Ces dispositions hostiles s'expliquaient par le caractère timide du sultan Ahmed et de son grand vizir Ibrahim. Ces deux personnages, depuis le traité passé en 1726 entre la Russie et l'Autriche, craignaient avant tout de heurter les deux puissances alliées, et croyaient retarder le moment de la catastrophe par leur souplesse envers leurs ennemis naturels, et par l'éloignement qu'ils montraient à leurs amis séculaires.

Un problème difficile à résoudre se présentait donc à notre ambassadeur auprès du sultan. Sans le secours de la France, la perte de la Turquie était presque certaine, mais la Porte ne semblait guère disposée à accepter nos services.

Pourtant notre ambassadeur à Constantinople de 1728 à 1740, le marquis de Villeneuve, réussit pleinement et termina avec gloire sa campagne diplomatique par le traité de Belgrade. Le succès final ne fut pas acheté sans peines et le livre de M. Albert Vandal nous montre dans le détail les diverses péripéties de l'ambassade du marquis de Villeneuve.

Les négociations de notre envoyé auprès du sultan visent deux buts. Tout d'abord Villeneuve veut rapprocher le Grand Seigneur du Roi Très Chrétien; ensuite, quand les Turcs sont redevenus franchement nos alliés, il veut reprendre le rôle que certains de ses prédécesseurs avaient joué : celui de guide et d'inspirateur de la Porte dans ses relations avec les puissances chrétiennes.

Le livre débute naturellement par un portrait de notre ambassadeur. Le cardinal Fleury désigne pour le poste de Constantinople, sur la recommandation de d'Aguesseau, le marquis de Villeneuve, étranger jusqu'alors à la diplomatie, et qui exerçait à Marseille, sa ville natale, les fonctions judiciaires et administratives de lieutenant général civil. A des qualités fort sérieuses, Villeneuve unissait beaucoup d'esprit, un tour original et piquant dans l'expression de sa pensée, de la gaieté sans étourderie. On l'a appelé avec justesse un méridional sage.

Il débute heureusement : la pompe qu'il déploie à Constantinople dispose favorablement pour lui dès son arrivée. Il trouve le moyen de nouer des intrigues avec le sérail et compte bientôt parmi les amis de la France Fatma, fille du sultan et femme du grand vizir Ibrahim.

Une révolution qui éclate à Constantinople favorise nos progrès. Le soulèvement a pour cause une guerre contre la Perse que le sultan mène avec mollesse. Le peuple se lasse de payer des impôts extraordinaires qui ne sont pas employés, renverse Ahmed, égorge Ibrahim, proclame enfin un nouveau souverain du nom de Mahmoud, qui choisit comme principaux lieutenants deux amis de la France : le grand vizir Topal Osman et le capitan Pacha Djanum Khodja.

Grâce à ces deux personnages, la France recouvre ses privilèges commerciaux et religieux. Le grand Seigneur confirme expressément les immunités des Pères de la Terre Sainte et les missionnaires, réduits sous Ibrahim aux fonctions de chapelains de nos consulats, peuvent de nouveau exercer leur ministère dans toutes les provinces de l'empire, même dans celles où ne résident pas de représentants français et où ils en tiennent lieu.

Le premier but du marquis de Villeneuve se trouve atteint : il a rétabli la France dans tous ses anciens droits. Il veut maintenant user de son crédit pour guider la politique ottomane et par ce moyen acquérir au roi un auxiliaire docile.

Le nouveau ministre Topal Osman montre à notre ambassadeur une confiance entière, et le consulte sur presque tous ses projets. Il songe à une guerre contre l'Autriche et la Russie, mais, comprenant l'infériorité militaire de la Turquie, Topal Osman veut reformer l'équipement et l'instruction de l'armée ottomane. Un personnage singulier, arrivé depuis peu de temps en Turquie et tenu jusqu'alors à l'écart, mettait à sa disposition des talents militaires de premier ordre. En effet, le comte de Bonneval, lieutenant du prince Eugène, avait mérité de son chef les éloges les plus flatteurs et une lettre où on l'appelait « grand homme de guerre ».

Les détails que renferme le livre de M. Vandal sur la vie de Bonneval se trouvaient déjà en grande partie dans les Causeries du Lundi de Sainte-Beuve. Topal Osman fit venir le comte auprès de lui et le nomma chef des bombardiers, la capacité militaire de Bonneval méritait un plus haut grade, mais la disgrâce du grand vizir retarda pour quelque temps les progrès de la carrière du comte dans l'armée ottomane.

L'éloignement de Topal Osman rendit moins facile la tâche du marquis de Villeneuve. Le nouveau ministre (Ali) écoutait volontiers les conseils de notre ambassadeur mais les suivait rarement s'il lui recommandait quelque parti de vigueur. Le concours des Turcs nous eût pourtant été fort utile dans la nouvelle guerre que Louis XV venait d'entreprendre en faveur de son beau père Stanislas Leczinski. Les scrupules de Fleury, la timidité du grand vizir, contribuèrent à gêner l'initiative de Villeneuve.

Le Turc refusait de se compromettre, s'il n'obtenait auparavant une promesse positive et écrite du roi de France. Fleury, prêtre et cardinal, ne voulait pas signer un traité avec l'Infidèle. En réalité il se souciait peu de rétablir Stanislas Leczinski sur le trône de Pologne. Il roulait dans sa tête d'autres projets. Il persuada à Louis XV de profiter de sa rupture avec l'Autriche pour accroître son royaume du côté de la péninsule italienne. Les vues politiques de Villeneuve étaient moins égoïstes et plus larges, il ne jugeait pas la guerre polonaise utile seulement à l'honneur français et craignait pour nos alliés les Turcs un cruel châtiment de leurs hésitations.

Je veux la Pologne, disait Pierre le Grand, comme une planche pour aller à mes ennemis. Une Pologne hostile aux Moscovites fût-elle trop faible pour défendre son territoire, suffirait au moins pour inquiéter la marche d'une armée ennemie ou pour lui couper la retraite en cas de défaite.

Depuis le traité de Vienne régnait en Pologne un prince ami des Russes qui pouvaient avancer en toute sécurité contre les Turcs. La tzarine Anne Ivanovna comptait sur l'appui des Autrichiens. Ceux-ci cherchaient à réparer par des conquêtes vers l'Est, les pertes éprouvées dans la péninsule italienne.

Les prétextes ne manquaient pas à la Russie pour commencer les hostilités, les Turcs crurent d'abord à quelques escarmouches avec les Tartares, mais la prise d'Azof les détrompa. Munich, général en chef russe amusa les négociateurs députés auprès de lui et ne cessa pas d'avancer. Le désarroi était extrême à Constantinople. Le marquis de Villeneuve cependant, n'offrit pas encore au grand Seigneur les secours de la France. Il ne lui déplaisait pas de voir les Turcs punis par quelques défaites de leur mollesse dans la guerre précédente. La Porte dans son effroi accepta même la médiation de l'Autriche et pourtant en agissant ainsi, comme l'a dit spirituellement Bonneval, elle se confessait au renard. Les prétendus médiateurs, en effet, prirent également les armes et s'emparèrent de Nisch tandis que les Russes occupaient Otchakhoff.

Les Turcs désespéraient. Villeneuve jugea le moment venu d'intervenir et fut vigoureusement soutenu par son gouvernement. Cette énergie, si peu habituelle au cardinal Fleury, s'explique si l'on conçoit qu'il ne s'agissait pas d'assister par les armes l'empire ottoman mais de mener seulement une campagne diplomatique. Villeneuve avait bien compris la situation, il voyait la Russie épuisée d'hommes et d'argent même par ses victoires. La situation de l'Autriche lui semblait également précaire. Le seul moyen d'obtenir la paix aux conditions les plus avantageuses c'était encore de faire la guerre. Les encouragements de la France réveillèrent l'ardeur de la Turquie, on déploya la bannière du Prophète et l'enthousiasme religieux fut servi par des soldats équipés et instruits d'après les conseils de Bonneval. Aussi les victoires des Turcs étonnèrent l'Europe. Mais Villeneuve qui avait su préserver la cour ottomane du découragement craignait soit les périls que présentaient le déchaînement du fanatisme soit un retour de fortune. Il se rendit au camp du grand vizir devant Belgrade pour hâter la conclusion de la paix avec l'Autriche. Il prévoyait en effet que la Russie ne continuerait pas la guerre après la défection de son alliée. Fort heureusement pour le succès de ses mesures, Villeneuve signa avec les Autrichiens les préliminaires d'un traité avant que la nouvelle d'une victoire éclatante remportée par les Russes sur les bords du Dniester fut parvenue à Belgrade. L'empereur Charles VI aurait désavoué peut-être ses plénipotentiaires, mais la France s'était posée comme médiatrice et garantissait le traité. On ne pouvait rompre sans offenser Louis XV et s'exposer à une guerre. Les Russes suivirent l'exemple de l'Autriche et ouvrirent des négociations. La paix entre la Turquie et les deux puissances alliées devint définitive par le traité de Belgrade. L'Autriche était chassée de la péninsule des Balkans et perdait la Valachie et la Serbie, les Russes voyaient interdire à leur marine la navigation de la mer Noire.

Un tel succès porta au plus haut point la gloire du marquis de Ville neuve. Le sultan témoigna de son empressement pour Louis XV en envoyant un ambassadeur à Versailles et en améliorant encore notre situation religieuse et commerciale. Malheureusement l'œuvre de Villeneuve devait être éphémère : nos défaites en Allemagne la compromirent et la bataille de Rosbach détruisit en partie le fruit des négociations de Belgrade.

Telle est l'analyse de l'ouvrage de M. Albert Vandal, livre nouveau et plein d'intérêt. L'auteur, en effet, parle d'un pays qui semble toujours à la veille de la ruine ; il nous initie aux origines de la question d'Orient ; il s'inspire de documents nouveaux dont il a dû la communication à l'obligeance de M. Scheffer, le directeur de l'école des langues orientales vivantes. Les qualités sérieuses du livre n'en bannissent pas le charme : de curieux personnages nous sont présentés dans le détail : la sultane Fatma, le corsaire Djanim Khodja, Thamas Kouli Khan, enfin le comte pacha de Bonneval, officier français, général Autrichien et finalement Turc et pacha à trois queues.

François ROUSSEAU.

---

51 — **Essai sur l'histoire de l'Éducation, dans l'ancien Oratoire de France.** — Thèse présentée à la Faculté des lettres de Paris par Paul LALLEMAND, prêtre de l'Oratoire. Paris, Thorin, 1887. 1 vol. in-8 de XII-474 p.

L'*Essai* du P. Lallemand témoigne d'une connaissance approfondie de la littérature du sujet et des documents inédits qui s'y rapportent. Les travaux de ses devanciers lui sont bien connus et il a étudié très attentivement le fonds de l'Oratoire aux Archives nationales et de nombreux dossiers en divers dépôts départementaux. Aussi en ce qui concerne les faits, il est difficile de le prendre en défaut et de lui reprocher autre chose que ces défaillances vénielles, *quas humana parum cavit natura*.

Le plan de sa thèse est rationnel. Le P. Lallemand a successivement étudié l'histoire *extérieure* et l'histoire *intérieure* des collèges oratoriens. Dans la première partie, après un fort bon chapitre consacré à l'état de l'enseignement secondaire en France au commencement du XVII° siècle, il raconte la fondation de l'Oratoire et nous initie à son esprit ; puis il nous conduit de province en province pour nous faire assister à l'établissement de chacun des collèges de la Congrégation. Leur développement est bientôt entravé par de graves difficultés avec le roi et les évêques. Le Cartésianisme d'abord, le Jansénisme ensuite provoquent une série ininterrompue d'incidents déplorables qui mettent l'institut Berullien à deux doigts de sa perte. Les dernières années de l'ancien régime lui sont plus clémentes, mais sa décadence intérieure continue à se précipiter jusqu'au moment où il succombe sous les coups de l'Assemblée législative. Tels sont les événements dont le P. Lallemand nous donne, dans cette première partie un récit attachant et fortement documenté.

La seconde partie est surtout pédagogique. L'auteur nous renseigne abondamment sur la formation des régents, la discipline et les règlements intérieurs des collèges de l'Oratoire, ses écoles militaires, son théâtre classique, ses méthodes surtout. Les trois chapitres (II-IV) consacrés aux idées de Morin, Thomassin, Lamy, du Guet, Houbigant sur la manière d'étudier et d'enseigner m'ont paru particulièrement remarquables. Nos pédagogues officiels en pourraient faire leur profit. Ils y apprendraient bien des choses, ils se déprendraient peut-être, dans une certaine mesure, de leur admiration exclusive pour les systèmes des educateurs étrangers et protestants qu'ils nous donnent constamment pour modèles; ils s'initieraient à une tradition catholique et française à laquelle ne manquent ni l'élévation, ni le sens critique, ni le goût d'innovations sages.

On voit par cette brève analyse tout l'intérêt que le livre si rempli du P. Lallemand offrira aux esprits sérieux. Je dois pourtant formuler quelques critiques.

Les lecteurs du *Bulletin* savent comme moi les qualités de style qui se retrouvent dans tous les travaux du distingué professeur. Je dois dire pourtant que, de temps en temps au cours de ce volume, il s'est laissé aller à quelques négligences: la rédaction est inégale ; certains chapitres ont été mis parfaitement au point, d'autres sont un peu lâches et les phrases obscures n'y manquent pas. Le livre laisse singulièrement à désirer au point de vue de la correction typographique: il y a bien un copieux erratum, mais on aurait pu, sans inconvénient l'allonger encore. Tory est mis pour Torcy. Miguet pour Muguet, Beaumet pour Beaumer, défere pour réfere; on trouve des coquilles comme Cistéron Chiggi, *cibos legitimos*, pour *cibo levissimo* (p. 216) une distraction un peu forte qui fait mettre au P. Lallemand (p. 80) Condom « non loin d'Effiat » et (p. 94) en « Auvergne ».

Quant au fond, j'ai dit en commençant que l'*Essai* du P. Lallemand est une thèse. Il a écrit en effet *ad probandum*, ce que je suis loin de lui reprocher. Néanmoins je dois insister sur la préoccupation apologétique dont les traces se retrouvent constamment au cours de l'ouvrage. Je comprends assurément le sentiment de piété filiale qui a soutenu l'auteur d'un bout à l'autre de son travail. Non seulement je le comprends, mais je le loue. Nous sommes trop portés d'ordinaire à faire bon marché des tra ditions de famille, et certes il en est de bien glorieuses dans l'héritage de l'ancien Oratoire. Cependant ce n'est pas sans quelque raison qu'un critique autorisé a dit du P. Lallemand qu'il s'applique « à tout calmer, à adoucir les angles, à mettre en meilleur relief ce qui est favorable ». Je n'insiste pas, d'autant mieux que l'*Essai* est assez complet et assez fortement documenté pour que le lecteur soit mis en mesure de se faire à lui-même une opinion raisonnée. Tout compensé, le livre est fort bon, il fait grand honneur à son auteur et à la docte compagnie à laquelle il appartient, et il mérite une place parmi tant de sérieux ouvrages consacrés en notre temps à l'histoire et à la théorie de l'enseignement public en France avant 1789.

E. ALLAIN.

52. — **L'Enseignement secondaire à Troyes, du moyen âge à la Révolution** par Gustave CARRÉ. Paris, Hachette. IV-390 pages.

Le collège de Troyes, depuis qu'il fut remis aux Oratoriens en 1630 d'après le testament de Pithou, devint l'un des plus célèbres de la Congrégation. Les bâtiments en durent encore, on y a établi le lycée actuel où M. Carré a été professeur d'histoire. Hôte de l'antique maison rajeunie, il a trouvé aux *Archives* et à la Bibliothèque de Troyes des trésors relatifs au collège de l'Oratoire. Sans se déranger, en mettant en œuvre les documents qu'il avait dans la main, il a écrit un livre intéressant, bien renseigné, nourri de faits précis pris aux bonnes sources, et où règne beaucoup d'humour. Vous avais-je dit que ce livre était d'abord une thèse pour le doctorat ès lettres, et qui mérita à l'auteur, avec l'unanimité de leurs suffrages, les compliments de ses juges? Ni les uns ni les autres n'étaient volés.

L'ordonnance de l'ouvrage est ainsi conçue. Dans une première partie, il est question des Écoles de Troyes au moyen âge, du collège de la Licorne, enfin de l'établissement du collège oratorien dont on retrace l'historique au XVII° et au XVIII° siècle. Dans une seconde partie, on nous fait voir l'administration du collège sous les Oratoriens, le personnel enseignant, les écoliers dont on cite les plus illustres, on aborde ensuite l'enseignement des langues, de l'histoire, des sciences et de la philosophie, un chapitre est consacré au théâtre, un autre enfin à l'emploi du temps et à la discipline. De nombreuses pièces justificatives, très curieuses, parmi lesquelles des devoirs d'élèves, des catalogues, des *Usages* du collège de Troyes, etc., complètent le volume.

Avec quelles intentions M. Carré a-t-il entrepris son enquête? Il le dit timidement dans sa préface, il en veut aux Oratoriens, les PP. Lamy, Thomassin et Adry, qui, en écrivant sur l'enseignement de leur Congrégation, ont peint l'Oratoire tel qu'il aurait dû être, mais non pas tel qu'il a été. » En pleine Sorbonne, M. Carré a été plus affirmatif et plus agressif. L'Oratoire, a-t-il dit, comme éducateur, a été surfait. « C'est la conclusion qui ressort de mon livre. » Il était admis que l'Oratoire a été novateur dans plusieurs branches de l'instruction qu'il mit en honneur, par exemple, l'étude de l'histoire de France, celle des sciences et qu'il fit une large part à la langue française dans ses programmes. M. Carré s'inscrit contre cette opinion. Il faudrait savoir qui a raison de lui ou de ceux qu'il contredit.

Le grand reproche que je lui ferais, c'est qu'il généralise trop ses conclusions. Il s'en tient au vieux dicton *ab uno disce omnes*. Le collège de Troyes suit telle méthode, il tombe dans telle erreur, il souffre de telle lacune, donc cette méthode, ces erreurs, ces lacunes sont communes à tous les collèges oratoriens. Je vais essayer de prouver comment M. Carré a eu le grand tort d'étendre à toutes les maisons d'éducation de l'Oratoire les conséquences de l'examen qu'il a fait — si exact, du reste, et si consciencieux, — à propos du collège de Troyes.

Il y a d'abord quelques oublis dans l'historique du collège troyen. On sait qu'à l'Oratoire nuls vœux n'étaient prononcés autres que celui de chasteté commun à tous les prêtres. Chaque père gardait donc sa fortune personnelle. Il n'est point rare de voir tel ou tel oratorien consacrer une part plus ou moins grande de ses ressources à l'usage de la maison dans laquelle il vivait. Le collège de Troyes offre plus d'un exemple de ces libéralités dont profitaient les membres de la Congrégation aussi bien que les habitants de la ville. M. Carré ayant à sa disposition tant de mines précieuses a omis quelques-unes de ces largesses qui ont contribué à la prospérité du collège. Il était important, par exemple, de ne point taire la fondation du P. Thierrot qui en 1734, octroye une somme de 6 000 livres à la condition que les Oratoriens feront une mission alternativement tous les cinq ans, à Brienon et à Saint-Florentin (1). M. Carré passe aussi trop légèrement sur le fondateur du premier revenu affecté au collège Jacques Esprit, qui, en 1658, donnait 3,000 livres pour la fondation d'un catéchisme.

Le nom de Jacques Esprit méritait plus qu'une mention sommaire, il a fixé l'attention de Cousin. Et l'on peut se demander du reste pourquoi Esprit qui naquit à Béziers a été amené à faire une pareille libéralité au collège de Troyes lorsqu'il était devenu conseiller du roi. C'est que Esprit, après son noviciat à l'Oratoire où il entrait en 1629, avait professé la rhétorique à Troyes pendant cinq ans. Il n'avait donc point oublié la maison où il avait goûté les premières joies du professorat, et où en lisant les poètes latins, et surtout Sénèque, il se préparait à col-

(1) *Arch. de l'Aube* D 15.

laborer, avec La Rochefoucauld, au livre des *Maximes* (1). On n'eût pas été surpris de trouver ces renseignements sous la plume de M. Carré si curieux des moindres événements relatifs au collège dont il s'est fait l'historien.

Dans son chapitre sur le budget oratorien, M. Carré prête encore flanc à quelques légères critiques. Le P. La Valette fut amené à composer plusieurs Mémoires qu'il devait présenter à Louis XVI et au Parlement, et où il a laissé un « État » des principaux collèges Oratoriens (2). Quant à celui de Troyes, il dit « qu'il a toujours été à l'étroit », et, en 1788, il accuse un revenu net de 3,540 livres, pour l'entretien et la nourriture de onze maîtres et des domestiques. A suivre le développement du collège, on reconnaît en effet que la pénurie resta toujours grande, et que les ressources y furent précaires. Dès 1646 les Oratoriens se plaignaient aux Échevins de l'étroitesse des bâtiments du collège où ils n'ont point même de chapelle pour les écoliers. Cette plainte parut si bien fondée que les échevins s'adressèrent à Louis XIV pour lui demander d'unir quelques bénéfices au collège. En 1690 le revenu montait à 2,037 livres pour faire vivre quinze personnes! En 1754, il s'élevait à 2,055 livres, pour faire vivre dix régents, le préfet, le supérieur et un suppléant (3). Tellement précaire était la situation que pendant cinquante ans l'Oratoire de Troyes ne paya aucun de ses régents, qui eux-mêmes, payaient pension (4). On ne s'explique guère comment avec un si maigre pécule les Pères de Troyes auraient pu se procurer la vie commode que M. Carré décrit (p. 142 et suiv.) avec tant de complaisance. Dans leur réfectoire il laisse deviner des tables copieusement servies où abondaient les vins fins, les volailles rôties. Est-ce que à la Saint-Charlemagne — je parle des beaux temps de la République — M. Carré n'a trouvé sur la table de son proviseur que « de l'eau claire et des légumes de son jardin? » L'ordinaire des lycées que je sache ne ressemble guère au menu du jour traditionnel si cher à l'Université avant M. Lockroy. Que l'historien futur des Lycées en lisant le compte des fournisseurs d'un de ces festins annuels en conclue que les repas des professeurs étaient dignes d'envie, il commettra une erreur analogue à celle de M. Carré. J'en dirai autant du chapitre qu'il consacre au régime des écoliers de Troyes (p. 182 et suiv.). En Sorbonne, ces pages ont été lues par un de ses juges qui en avait plein la bouche. Le succès fut très grand surtout quand cet illustre professeur fit intervenir Ste-Catherine de

(1) Batterel. *Arch. nat.* M. 220 C.
(2) *Arch. nat.* M. 221.
(3) *Arch. nat.* S. 5,795.
(4) *Id.* M. 221.
(5) *Ibid.*

Sienne, envoyant des confitures au pape Grégoire XI. La plaisanterie parut de haut goût. M. Carré heureusement doit son titre de docteur à d'autres causes que celles-là. J'estime pourtant qu'en l'espèce il a exagéré et non sans une intention malicieuse.

J'aborde maintenant le fond de la thèse.

Le créateur de l'enseignement historique à l'Oratoire fut le P. Le comte qui, en 1627, régent à Vendôme, dictait des leçons sur l'*Histoire de France* dont beaucoup de ses élèves se faisaient ensuite les propagateurs passionnés (1). En 1632 Berthauld — que M. Carré connaît puisqu'il cite son poème latin, *Trecae* — publie un *Florus Francicus* « abrégé estimé », dit M. Carré (p. 168) de l'Histoire de France. Cet abrégé eut sept éditions de 1632 à 1660 et fut traduit en français par La Mire docteur en Sorbonne. Dès 1634 l'*Histoire de France* est professée à Juilly et en 1645 le P. Morin dans son *Ratio Studiorum* veut qu'on applique dans tous les collèges la *manière d'enseigner à Juilly*, donc l'histoire est indiquée comme objet d'étude pour tous les collèges oratoriens. Et j'ai montré dans mon *Histoire de l'Éducation à l'Oratoire* comment, soixante ans plus tard, vers 1715 les professeurs d'histoire de Juilly comprenaient la façon d'initier leurs élèves à cette belle science. — J'insiste encore. En 1676 le P. de Sainte Marthe cinquième général écrit à tous les régents qu'ils doivent s'appliquer à la connaissance de l'histoire (2).

Dans la visite qu'il fait à Juilly en 1683 il prescrit « qu'il faut avoir grand soin *selon l'usage de cette Académie* d'enseigner la géographie, un peu de chronologie et l'*histoire* (3). En 1681 l'Histoire de Rome s'apprend à Condom même par jeu grâce « à des billets. On les plieroit et celui que chaque assistant tireroit, le répondant en diroit l'histoire (4). »

A Nantes en 1705 le visiteur rappelle la nécessité de « cultiver sérieusement l'*histoire* et la *géographie* (5)» Dans un prospectus du Mans de la moitié du XVIIIᵉ siècle on annonce que deux fois la semaine il y a des leçons d'*histoire* de *géographie* (6).

(1) Le P. Bourgoing n'aimait point le P. Lecomte qu'il exila a Vendôme. Du reste pour dire de quelqu'un *c'est un ignorant* il disait *c'est un historien*. Mazarin donna à Lecomte une rente de 1300 livres dont il assura la perpétuité par une clause de son testament (Adry F. Fr. 25682 B. N.)

(2) *Arch. nat.* Mm 628 p. 54
(3) *Livre des actes des Visites*
(4) Je dois ce renseignement à l'obligeance de M. Gardère qui dans la *Revue de Gascogne* a fait paraître une excellente monographie du collège de Condom.
(5) Mm 604
(6) *Bibliothèque du Mans* 408 C

En 1730 à Pézenas les exercices de fin d'année roulent sur l'*Histoire de France* (1). De même à Marseille en 1754 les élèves de troisième offrent au public un « Exercice littéraire sur l'*Histoire des Gaules et de France* » (2). Voilà des faits qui demandent, certes, une toute autre appréciation que cette phrase restrictive de M. Carré « On ne peut dire que les Oratoriens aient négligé l'histoire dans leurs collèges ». Il ajoute

Médiocres hellénistes, ils se sentaient mal à l'aise pour parler d'un peuple dont ils comprenaient imparfaitement le génie et la langue ». Aux *Archives nationales* (M. 229) M. Carré trouvera un *Exercice académique sur l'histoire grecque*, donné en 1764, au collège de Boulogne. Voici ce que j'y lis sur les *Deux premiers âges de la fondation des petits royaumes jusqu'aux guerres médiques* « Ces deux premiers âges de l'Histoire grecque sont couverts de ténèbres et appartiennent plus à la fable qu'à l'histoire ». Ce n'est pas trop mal juger pour de « médiocres hellénistes ». Un autre ordre de questions roulait sur les *Mœurs et coutumes des Grecs* », gouvernement de Sparte et d'Athènes des amphyctions, des jeux olympiques, origine de la Tragédie et de la comédie, Sophocle etc. Un manuel d'*Histoire grecque* était aussi publié en 1764 à Lyon par l'Oratorien Alletz.

Venons aux sciences. M. Carré (p. 302) dit « Nous ne croyons pas que l'Oratoire ait fait faire à l'enseignement des sciences un aussi grand progrès qu'on veut bien le dire ». M. Carré n'a pas vu « les sciences » inscrites dans les programmes. Il a mal vu, qu'on en juge.

A Dieppe, dès 1616 une chaire de mathématiques est fondée (3), en 1639 à Bordeaux (4) dans le projet d'union du collège de cette ville à l'Oratoire il est question « d'un cours de mathématiques ». En 1680 ce cours est fondé à Nantes (5), en 1681 à Angers (6), où un Père enseignera *les mathématiques pendant une heure et demie et en français* ». A Juilly même chaire établie en 1685 avec deux leçons d'une heure chaque semaine. — En 1674 en rhétorique à Nantes, il y a un exercice de « cosmographie »; en 1742 à Marseille expériences sur la machine pneumatique et la machine électrique; en 1756 au Mans exercice public de physique, et depuis 1692 un livre y était devenu classique, le *Traité de physique* de Terrasson (7). Je m'étonne que M. Carré n'ait pas mentionné qu'en 1746 à Troyes — M. Babeau nous l'apprend (8) —

(1) M. 224
(2) Bibliothèque de Marseille AA 8
(3) *Arch. nat.* S 6779
(4) Mm 623
(5) Mm 583
(6) S 6802 p. 343
(7) Sources déjà citées
(8) Théâtre de l'ancien collège de Troyes, p. 24

les élèves de physique ont expliqué des propositions de « mathématiques, de physique expérimentale, de cosmographie, de mécanisme, d'anatomie ». A Nantes en 1779, exercices sur les problèmes comme ceux-ci : « Carrer une courbe algébrique. Carrer la cycloïde » (1). Est-ce que ces exercices publics, ces expériences ne supposent pas un enseignement régulier et sérieux. Or, dans l'Université, la première mention d'études pareilles n'apparaît qu'en 1752 : cette année-là, il y eut au collège de Navarre, un prix de *Physique expérimentale*.

Nous suivons M. Carré sur le terrain des langues. Il accuse les Oratoriens d'avoir peu su le grec. Je l'accorde : dans le dernier quart du XVIII° siècle, l'étude de la langue grecque a disparu des programmes : c'est que l'Oratoire cédait au goût général et qu'il devait tenir compte des exigences des familles. M. l'abbé Sicard dans ses beaux livres sur les *Études classiques avant la Révolution*, a justement déploré le discrédit où était tombé le grec. Il faut regretter que l'Oratoire ait subi cette influence : mais il compte des hellénistes. Sans parler de Nicolas Bourbon, professeur de grec au Collège de France, on peut nommer deux professeurs de Marseille : Guy de Souvigny et Mitre Mérindol dont les ouvrages ont une réelle valeur classique. Quant aux collèges, je trouve les indications suivantes : au Mans, en 1624 (2), le grec est exigé comme matière d'enseignement : il en va de même à Condom en 1628 (3). Les consuls de Pezenas, en 1632, rendent témoignage (4) à la culture grecque des Oratoriens. En 1639 la « leçon grecque » devra être donnée à Bordeaux (5). En 1705 le visiteur réitère aux maisons d'Anjou et de Vendée l'obligation de travailler le grec. En plein XVIII° siècle, on constate que le grec n'est pas négligé : car en 1758 à Marseille il y a un exercice sur les auteurs grecs; en 1757 à Juilly, il existe une chaire spéciale de grec; au Mans, en 1775, des prix sont accordés en rhétorique et en seconde pour le grec : de même en 1775, en rhétorique, en seconde et en troisième, on voit *orationis graecae prmium*. A Nantes en 1783 un exercice de *cinquième* en langue grecque (6) porte l'explication d'Ésope et de la moitié du 1ᵉʳ chant de l'*Iliade*. Ces faits, isolés sans doute mais que l'on rencontre en des points si opposés de la France, prouvent que l'enseignement du grec restait en vigueur malgré le déchet qu'il subissait çà et là, sous la pression des idées alors dominantes en matière d'éducation.

Tout ce que dit M. Carré de l'enseignement du français est assez exact.

(1) M. 229
(2) S. 6785
(3) S. 6776
(4) S. 6791
(5) Mm. 623
(6) M. 229

Il reconnaît que l'Oratoire a substitué d'assez bonne heure aux grammaires latines écrites en latin des méthodes et des rudiments écrits en français (il faut dire *le premier* puisque la méthode du Père de Condren précède celle de Port-Royal); qu'il a autorisé dans ses collèges l'usage des traductions françaises. Un point cependant doit être noté, c'est le souci constant qu'ont les Oratoriens de rapprocher des auteurs anciens qui ont pu servir de modèles les passages qu'ont imités les écrivains français. Il n'est pas rare dans les *Programmes d'exercices*, de lire des avis comme celui-ci que j'emprunte aux Archives du Mans et qui se rapporte à la distribution des prix de 1752 : les élèves expliquèrent Horace, Virgile ou Phèdre. Ensuite on dit : « *Et ita cuncti exposuerunt ut quodcumque fictum ex authoribus latinis imitati sunt poetae gallici, recitaverint memoriter*, et authores ipsos notis grammaticis, geographicis, chronologicis, mythologicis et historicis illustraverint. »

M. Carré aurait pu signaler, comme preuve de l'extension du français dans les collèges oratoriens, cette décision de l'Assemblée de 1675. Les régents de seconde et de première qui avaient accoutumé de faire le catéchisme en latin, le feront « en français pour le plus grand profit des écoliers. »

Les études latines, à l'Oratoire, suivaient le cours général.

Toutefois, si le latin tient un long temps encore la place d'honneur, peu à peu, il descend dans l'estime ; il n'est plus regardé que comme une langue morte. On l'apprend pour l'écrire, non plus pour le parler.

Je souscris de grand cœur à tout ce qu'en dit M. Carré, bien qu'il inflige quelque démenti à plusieurs de mes affirmations, par exemple, sur les *Vers latins*. A Troyes on les cultivait avec passion. M. Carré en cite de jolis fragments, entre autres une épître adressée à Grosley par un rhétoricien nommé Philpin de Piepape. Je transcris ici la réponse qu'y fit Grosley, telle que je la trouve dans des Manuscrits appartenant à l'Oratoire de Paris : elle pourra servir à M. Carré pour une seconde édition.

« A Villeneuve-lès-Avignon le 5 may 1745.

« J'ai reçu, Monsieur, à mon départ de Lyon le paranymphe que vous avés eu la bonté de me faire adresser ; il m'a été d'une grande ressource contre le mauvais tems qui nous a accompagnés sur toute la route. Le stile, l'expression de cette pièce m'en auroit fait deviner l'auteur quand vous auriés voulu me le laisser ignorer ; en un mot il a paru de si bon goût au P. Henry fameux jésuite, qui a fait route avec moi, que ce Père est convenu que le collège de Troyes valoit tous les collèges des Jésuites. Je pourrois trouver quelque chose à dire sur le choix du sujet ;

mais quand on sait badiner aussi légèrement que vous le faites on ne peut pas avoir tort. Je suis très sensible à vos regrets sur mon absence la désolation des Tauxelles, de la Vacherie, de Bellotte, de M. Hugot, etc., m'ont moins touché que vos sentiments à mon égard qui sont comme l'âme de votre pièce

Carmina (tua) vel caelo possent deducere Lunam

Trouves bon cependant que je reste encore quelque tems dans ces quartiers, vous savés si bien exprimer les sentimens des affligés que je crois ne pouvoir mieux choisir que vous pour consoler ceux que mon absence attriste autant que vous le dites. Si toute votre éloquence ne peut cependant rien sur l'assoupissement de M. Ludot, vous êtes en âge d'employer les camouflets. Le R. P. Solas (professeur de rhétorique) me feroit bien de l'honneur si le chagrin de mon absence le mettoit dans le cas d'en avoir besoin. En attendant je vous prie de lui faire mille complimens de ma part, ainsi qu'audit P. Préfet. Je suis très parfaitement, Monsieur, votre très humble et très obéissant serviteur, Grosley. — Excuses, s'il vous plait, si ma lettre est si mal en ordre. Je l'écris sur les pieds d'un vieux lit à la tête duquel un de nos compagnons de voyage fait un marché de cuirs de vache de Mortagne, le tout en beau patois aussi sonore que du grec. »

Il est enfin une autre accusation portée par M. Carré contre l'Oratoire et contre laquelle je proteste c'est que « en professant les jeunes Oratoriens ne faisaient que prendre une teinture suffisante des lettres et des sciences, ils travaillaient pour eux mêmes bien plutôt que pour leurs élèves. Une fois leur bagage scientifique et littéraire assuré » l'Oratoire les enlevait à leurs chaires pour utiliser leurs connaissances et leurs talents. Donc « ce que l'Oratoire avait en vue dans l'institution de ses collèges c'était moins l'instruction de la jeunesse française que la formation personnelle de ses jeunes confrères (pp. 154 et sv) » Ne semble-t-il pas qu'en ce passage M. Carré écrive l'histoire de l'École normale supérieure, dont l'accès n'est si ambitionné par quelques uns, que parce que la porte de sortie s'ouvre aujourd'hui sur le journalisme et sur la carrière politique ? Non, pour les Généraux comme pour les simples sujets de l'Oratoire l'enseignement est un ministère sérieux auquel incombent de graves obligations. Je le veux bien, il est un moyen, mais la fin à laquelle il tend dépasse les ambitions terrestres. Par l'éducation l'Oratorien a le noble désir de créer le chrétien dans l'enfant. Sans doute en enseignant il se perfectionnera. On l'a dit, enseigner c'est apprendre deux fois. En suivant ses élèves pendant plusieurs années, le jeune régent les connaissait mieux, les liens d'affection mutuelle rapprochaient maîtres et élèves. En outre, on échappait à la routine, à l'ennui à cette *spécialisation* dans certaines branches si funestes à la vraie culture. Que de tels exercices il résultât un grand bien pour les professeurs, nul ne le niera. Mais l'éducation restait bien ce qu'elle est en réalité une vocation très haute, très digne et à laquelle les Oratoriens se consacraient tout entiers. Beaucoup vieillissaient dans ces modestes fonctions. Batterel nomme quelques uns de ces vétérans de l'enseignement : le P. Gilbert Brun qui, à Riom, professe pendant trente ans les basses classes, le P. Claude de la Fontenelle, le P. Levesque, dont l'abbé Bignon, qui a écrit sa vie (2), dit : « Il estoit si convaincu des grands biens que peut faire un regent, surtout dans les hautes classes, qu'il y a voulu passer toute sa vie. » Dans la liste du personnel du collège de Troyes, telle que la présente M. Carré, on peut facilement se rendre compte des longues années que beaucoup de régents passèrent dans cette maison. En la quittant, beaucoup allèrent dans d'autres.

Je ne connais guère que des sujets exceptionnels, tels que Mascaron, Massillon, Le Boux, qui furent employés peu d'années dans les régences. Que d'autres — Thomassin, Lamy, Houbigant, Lecointe, Lelong, ont dépensé la plus grande partie de leur vie au professorat !

D'autres reserves seraient à faire : je sais qu'un critique compétent s'en chargera bientôt : je m'arrête (3).

On doit féliciter M. Carré pour la façon vive et spirituelle dont il a composé sa monographie. Beaucoup de choses sont dignes d'éloge : la sûreté des recherches, l'exactitude des renseignements, la manière de les présenter, le style net, alerte, dru et bien français. On peut regretter qu'il n'ait point élargi assez son enquête pour légitimer toutes ses conclusions : elles dépassent souvent ses prémices. A les prendre dans leur rigueur, elles sont fausses et injustes. J'en appelle à l'Assemblée nationale de 1789, déclarant que l'Oratoire — et il s'agissait de l'Oratoire enseignant, — avait bien mérité de la patrie. Paul LALLEMAND.

---

53 — **De Paris à Constantinople** (collection des *Guides Joanne*) par M. L. ROUSSET, Paris, Hachette, 342 p. in-16.

Lorsqu'en 1884, la seconde édition de la première partie de l'Itinéraire de l'Orient, Grèce et Turquie, par le D. E. Isambert, s'est trouvée épuisée, il a été décidé que, pour l'édition suivante, l'ouvrage serait divisé en deux volumes. M. L. Rousset fut chargé de la refonte du Guide pour la Turquie et les nouveaux États du Danube et du Balkan. En attendant

---

(1) *Arch. Nat.* Mm 645.
(2) Bibliothèque Nationale L. n. 12 585.
(3) Son travail a paru pendant l'impression du mien dans l'*Instruction publique*.

que ce volume parut, on résolut d'en détacher la description de Constantinople et de ses environs, d'y joindre une description sommaire de toutes les routes qui mènent à la capitale de l'empire ottoman, et de publier le tout sous le titre *De Paris à Constantinople*. C'est ce travail que j'ai aujourd'hui sous les yeux. Je ne saurais assez en recommander l'acquisition de ce petit volume à tous les touristes sérieux partant pour Stamboul. Il devrait même figurer dans la bibliothèque de tous ceux qui s'occupent de l'histoire d'Orient. Comme le dit M. Joanne dans une courte préface à ce nouveau livre de la belle collection qui porte son nom, c'est un ouvrage entièrement neuf, car bien rares sont les passages conservés de l'ancien texte du D' Isambert. L'auteur a soigneusement consulté les nombreux et très importants travaux qui ont été écrits dans ces dernières années sur la capitale de l'empire turc. Il a soumis à une refonte complète les descriptions de monuments et rectifié chemin faisant de très nombreuses erreurs et fausses attributions. Avec ce livre le touriste peut se mettre au courant de l'état actuel des connaissances sur la topographie de la Constantinople byzantine, ce qui n'avait jamais pu être le cas jusqu'ici. L'essai de restitution de la Byzance du moyen âge qui forme le plan reproduit à la page 170 s'il est loin de donner des résultats définitifs constitue cependant un progrès très réel. La description des grands murs et de tous les monuments qui en dépendent est particulièrement bien traitée m'a-t-il semblé.

Je me suis à plusieurs reprises occupé de cette topographie de la Constantinople des Basileis. Je n'ai pas relevé d'erreurs graves dans le livre de M. Rousset, et je répète que pour toute cette partie il y a un très grand progrès sur les guides antérieurs. Quant à la description de la ville moderne et de ses environs elle me paraît excellente. Le côté pratique n'a pas davantage été négligé. Un chapitre fort curieux est consacré aux renseignements de cet ordre de toute nature. L'auteur s'est appliqué à faciliter aux voyageurs la visite de cette immense cité en leur fournissant des modèles d'itinéraires très précis, très complets et très variés.

Dans une première partie d'une cinquantaine de pages consacrée aux généralités sur la Turquie M. L. R. a écrit un paragraphe intéressant sur l'architecture byzantine sur l'origine de la coupole et sur les diverses modifications que l'art de voûter de longs espaces a subies en Orient. Les mérites et les défauts de cette architecture y sont brièvement, mais fort clairement exposés.

Gustave SCHLUMBERGER

54. — **La Grèce I Athènes et ses environs** (collection des *Guides Joanne*) par M. B. HAUSSOULLIER. Paris, Hachette, in-16.

Peu après le volume portant pour titre *De Paris à Constantinople*, la librairie Hachette faisait paraître le tome premier de la description de la Grèce. Athènes et l'Attique ont naturellement la première place dans cette description, et c'est à la capitale et à ses environs qu'est consacré le nouveau volume rédigé par M. Haussoullier.

Pendant un séjour de trois années à l'École française de cette ville, l'auteur a pu étudier par lui-même les monuments qu'il décrit, constater l'état des fouilles et visiter les musées. Les voyageurs en Grèce auront grâce à lui, un guide pratique et savant à la fois. Mais ce n'est pas aux seuls voyageurs que ce livre sera utile. La topographie ancienne d'Athènes, les richesses artistiques des musées de cette ville intéressent tous ceux qui s'occupent d'histoire ou d'archéologie grecques. Eux aussi auront profit à consulter le livre de M. Haussoullier. La description des antiquités d'Athènes, celle des musées et des collections (Polytechnikon, musée national, etc.) sont des modèles du genre. Signalons aussi, dans les environs d'Athènes, la description des ruines d'Éleusis. Au texte sont joints des cartes des environs d'Athènes, de Marathon, du Pirée, de Salamine, des plans de l'Acropole, d'Athènes moderne, du Dipylon et de la porte sacrée, de l'enceinte sacrée de Déméter à Éleusis et des musées.

L. B.

CHRONIQUE

56. Dans la séance du 6 avril, M. Picot a lu à l'Académie des Sciences morales et politiques une longue note sur le rapport que notre collaborateur M. Alfred Baudrillart vient de faire sur une mission en Espagne dont il a été chargé par M. le ministre de l'Instruction publique. L'objet de cette mission était de rechercher dans les divers dépôts publics, notamment aux archives d'Alcala de Henares et de Simancas, les documents relatifs à la correspondance de Mme de Maintenon. Sur ce point, M. A. Baudrillart a été moins heureux que pour la correspondance de Louis XIV avec le roi d'Espagne Philippe V. Le doute n'est plus possible, les lettres de Mme de Maintenon ont été volées ou anéanties. Le seul document intéressant sur l'épouse de Louis XIV est le *Journal* de l'abbé de Mascara, qui donne sur l'année 1715 de curieux détails.

Le résultat important de la mission de M. A. Baudrillart, c'est d'avoir découvert plus de 400 lettres de la main de Louis XIV ou écrites sous sa dictée par Torcy. Cette correspondance avec Philippe V et la reine d'Espagne, dans laquelle sont traitées à fond toutes les questions politiques et militaires de l'époque, commence en 1701 et finit le 11 août 1715, dernier jour où le roi de France put sortir, trois semaines avant sa mort. Nous possédons à Paris les réponses du roi et de la reine d'Espagne.

M. A. Baudrillart examine avec soin ce qu'on possédait de ces lettres, ce qu'en avaient donné la Beaumelle (*Mémoires de Mme de Maintenon*), l'abbé Millot (*Mémoires de Noailles*) et l'éditeur des œuvres de Louis XIV. Parler de l'infidélité de la Beaumelle n'apprend rien à personne; mais substituer à un texte suspect des lettres authentiques est un service signalé rendu à la vérité historique. Sur 528 lettres il en avait été publié 64, dont quelques-unes seulement par extraits; 474 étaient entièrement inédites. Dans ce nombre, il en est qui laissent une impression digne en tout du grand roi.

M. G. Picot en a cité une fort belle dont nous donnons un extrait. Philippe V pressait son aïeul de l'aider à reconquérir le Milanais. Louis XIV, voyant croître ses embarras, lui expose en ces termes les raisons qui déterminent sa politique (1ᵉʳ août 1707) : « Vous connaissez les devoirs d'un roi et vous estes touché de l'amour des peuples que vous ne gouvernez que depuis sept ans; entrez aussi dans ce que je dois penser pour une nation distinguée par son attachement à ses rois, pour un pays qui nous a donné la naissance, où je règne depuis un si grand nombre d'années, qui doit passer à mes enfans, peut-être aux vostres, ainsi que nos ancêtres nous l'ont laissé. Je vous assure que les réflexions que vous devez faire aussi me touchent infiniment davantage que les représentations que vous craignez de la part de mes ministres. Il m'est aisé, quand je veux, de leur imposer silence et de les borner à la simple exécution de mes ordres, mais je ne puis et je ne dois faire taire la voix de mes peuples qui s'élève devant Dieu si je néglige de les soulager dans leurs maux. »

M. A. Baudrillart a découvert aussi une correspondance autographe du duc de Bourgogne avec son frère le roi d'Espagne et avec sa belle sœur. Des 212 lettres retrouvées par notre collaborateur, on ne connaissait qu'une vingtaine. Cette correspondance, régulière à partir de 1703, contient le récit des faits de guerre, les nouvelles de la cour, expose les projets politiques et permet d'apprécier la vive intelligence du prince qui devait mourir en 1712.

M. G. Picot rappelle les lectures de M. Alfred Baudrillart devant l'Académie dans les séances des 27 novembre et 18 décembre 1886.

Alors M. A. Baudrillart a raconté les intrigues qu'inspiraient à Philippe V et à la reine Elisabeth Farnèse les perspectives de la maladie de Louis XV en novembre 1728; le roi et la reine d'Espagne ne rêvaient que la couronne de France. Nous savons aujourd'hui jusqu'où l'intrigue a été poussée et comment le rétablissement du jeune roi mit fin à cet accès d'ambition qui aurait pu bouleverser l'Europe.

A la suite de ces recherches fructueuses dans les archives d'Alcala de Hénarès et de Simancas, M. A. Baudrillart ne manquera pas de publier ces correspondances inédites qui jetteront un jour lumineux sur le commencement du 18ᵉ siècle.

57 — Dans la même séance et dans la séance suivante M. Picavet a lu un mémoire intitulé *Lamettrie et la critique allemande*. Les ouvrages de Lamettrie ont été au XVIIIᵉ siècle condamnés par le Parlement et par la Faculté de théologie. Voltaire, Diderot, d'Argens et d'autres écrivains les ont sévèrement jugés; les matérialistes et leurs adversaires les ont oubliés après sa mort; même dans la première partie de notre siècle ils n'y ont fait aucune attention. En 1866, voulant justifier Frédéric II d'avoir protégé La Mettrie et approuvé ses doctrines, un écrivain allemand, M. Lange, a tenté de réhabiliter le médecin-philosophe dans son *Histoire du matérialisme*. A ses yeux Lamettrie « nature plus noble que celle de Voltaire » est le premier en mérite comme en date des matérialistes du XVIIIᵉ siècle, le successeur de Straton, le prédécesseur de Büchner et de Moleschott. On a dès lors accepté en Allemagne, exagéré même en France, les affirmations de Lange. M. Pi-

cavet analyse les œuvres de Lamettrie au point de vue du rang exact qu'elles lui assignent dans l'histoire de la philosophie. Elles démontrent, suivant lui, que si Lamettrie n'est ni un homme d'une moralité révoltante, ni un ignorant, ni un plagiaire, ce n'est pas non plus un homme de génie, comme Lange l'a prétendu. Esprit médiocre, il demeure pour la postérité un de ces philosophes d'ordre inférieur qu'on ne lit que pour compléter ses connaissances dans l'histoire des idées et des doctrines.

SOCIÉTÉ NATIONALE DES ANTIQUAIRES DE FRANCE

Séance du 27 mars. — M. OMONT signale deux feuillets manuscrits conservés dans la collection de sir Thomas Philipps à Cheltenham et qui subsistent seuls d'un recueil de vers latins écrit par Reginbertus à Reichenau avant l'année 842. — M. DE SAINTE-MARIE, associé correspondant à Salonique (Turquie), présente deux statuettes de bronze, diverses médailles antiques et un reliquaire provenant de Macédoine. — M. L. COURAJOD entretient la Société des quatre principaux monuments de la sculpture bourguignonne conservés à Dijon : le portail de la Chartreuse, le puits de Moïse et les deux tombeaux des ducs Philippe le Hardi et Jean sans Peur. Il établit la part qui revient dans ses œuvres à Pluter et insiste sur la nécessité d'un examen attentif pour attribuer avec certitude à tel ou tel artiste les différentes parties de ces monuments. A ce propos il signale l'utilité des notes et dessins pris par Gilquin en 1736 et présente des photographies de ces dessins.

Séances des 3 et 7 avril. — M. DE LAURIÈRE présente une publication historique de M. l'abbé Inganni, chapelain de Zevido en Lombardie, sur la chapelle expiatoire élevée dans cette localité par les soins du roi François I en souvenir de la bataille de Marignan. — M. LECOY DE LA MARCHE lit une note sur l'emploi des grands sceaux de majestés substitués aux anneaux sigillaires et fixe aux premières années du règne du roi Robert ce changement qui eut une très grande influence sur la généralisation de l'usage des sceaux et sur le développement de la gravure en métal. — M. BABELON lit un mémoire sur les deniers de la République romaine à la légende *Bacchius Judaeus* qui représentent le grand prêtre de Jérusalem offrant sa soumission à Pompée.

ACADÉMIE DES INSCRIPTIONS ET BELLES LETTRES

Séance de 8 mars. — Sous ce titre *Pourquoi Properce a-t-il dit que le chef gaulois Virdumaros se vantait d'avoir le Rhin pour ancêtre?* M. D'ARBOIS DE JUBAINVILLE commente un passage de Properce relatif à ce chef gaulois tué par Claudius Marcellus en 222 avant Jésus-Christ.

Genus hic Rheno jactabat ab alto

Il est probable, d'après ce texte, que Virdumaros descendait d'un *Renogenos* dont le nom était formé du nom du Rhin, fleuve qui était une divinité pour les Gaulois, et du suffixe γένος qui signifie *fils de*. Beaucoup de noms grecs et gaulois sont formés d'une façon analogue : Θεογένης, Διογένης, *Totatigenus*, *Camulogène* etc. — M. OPPERT fait une communication sur la métrologie de l'antique Chaldée et spécialement sur l'arpentage de terrains vendus. Il avait soutenu en principe que les Babyloniens exprimaient l'aire en toises, cannes, aunes et pouces par une ligne formant la base d'un rectangle dont la hauteur était constante, c'est-à-dire une aune. La toise avait deux cannes de sept aunes qui étaient elles-mêmes de vingt-quatre pouces. L'aune de deux pieds de douze pouces a persisté chez nous jusqu'à la Révolution. Cette dérogation au système sexagésimal, par l'introduction du chiffre sept, a été contestée par M. Aures de Nîmes. M. Oppert cite aujourd'hui un texte précis de l'année 493 avant Jésus-Christ qui prouve la justesse de sa théorie

C'est un acte de vente rédigé à Sippara et désignant deux terrains, dont l'un mesure 23 cannes 4 aunes, l'autre 3 aunes 5 pouces 1/2. Le total est évalué à 24 cannes 5 pouces 1/2. Donc la canne équivaut à *sept* aunes. Le premier terrain a 35 aunes de long et 33 de large, c'est-à-dire 1155 aunes carrées. Ce nombre de 1155 est précisément un multiple de *sept*

$$\left(\frac{1155}{7}=165 \quad \text{ou} \quad 7\times 165 = 1155\right)$$

Vingt-trois cannes carrées représentent 1127 aunes carrées et le rectangle de 4 aunes donne 28 (7 × 4) aunes carrées. Le total de 1127 et 28 est égal à 1155. L'évaluation du second champ fournit un résultat analogue et confirme pleinement les théories de M. Oppert. — M. RAVAISSON commence la seconde lecture de son mémoire sur les monuments funéraires des Grecs. — M. THÉODORE REINACH lit un mémoire intitulé *Les monnaies arsacides et l'origine du calendrier juif*. Les Grecs de la Mésopotamie soumis à la domination parthe avaient un calendrier luni-solaire fondé sur le cycle de Méton qui était de dix-neuf ans; leurs monnaies datées par années et par mois le prouvent. Sur ces dix-neuf années, sept avaient treize mois. C'est ce calendrier que les Juifs ont pris pour modèle quand ils ont constitué leur calendrier religieux, qui par conséquent est d'origine grecque.

Séance du 15 mars. — L'élection de M. CLERMONT GANNEAU à la place de membre ordinaire laissée vacante par la mort de M. RIANT ayant été approuvée par le Président de la République, le nouvel académicien est introduit en séance. — M. HAURÉAU est désigné pour lire à la prochaine séance trimestrielle son mémoire sur le *Liber de copia verborum* faussement attribué à Sénèque. — M. D'ARBOIS DE JUBAINVILLE lit une note intitulée *De la composition pour crimes et délits chez les Celtes, sur le sens du mot praemia dans les Commentaires de César*. Lorsque César (*De bello gallico* VI, 13) dit que les Druides prononçant comme juges établissaient des *praemia* et des peines, il entend exprimer par le mot *praemia* l'idée de la composition pour crimes et délits. La composition pour meurtre devait être usitée en Gaule; l'insolvable qui, faute de paiement, aurait été mis à mort, échappait à cette peine par l'exil. Nicolas de Damas nous apprend ce dernier point. — M. Ravaisson continue la seconde lecture de son mémoire sur les monuments funéraires des Grecs.

HENRI THÉDENAT

PUBLICATIONS NOUVELLES

TESORINI (Dott. Dom.). Il palazzo di Firenze in Roma e l'ered. di Balduino del Monte fratello di Papa Giulio III. Rome, 1889, 1 vol., 3 fr. — THUREAU-DANGIN (P.). Histoire de la monarchie de Juillet, tome V. Paris, 1889, 1 vol. in-8, br. 7 fr. 50, Plon. — TOMMASI (Adamo). Spiegazione della evoluzione e specialmente della storia antica cristiana e dell'avenire. Rome, 1889, 1 vol. in-8, 10 fr. — TREUBER (O.). Beiträge zur Geschichte der Lykier, 2 partie. Tubingue, 1889, 1 vol. in-4, 2 fr. 50. — RICHTER (O.). Topographie der Stadt Rom. Nuremberg, 1889, 1 vol., 6 fr. 25. — RÖHRICHT (R.). Deutsche Pilgerreisen nach dem Heiligen Lande. Gotha, 1889, 1 vol. gr. in-8, 7 fr. 50. — ROUSSET (Camille). La conquête de l'Algérie (1841-1857). Paris, 1889, 2 vol. in-8, br., atlas, 20 f., Plon. — PAUL STAPFER. Rabelais, sa personne, son génie, son œuvre, 1 vol. in-18, 4 fr., A. Colin et C. — LOUIS FIGUIER. La France dans l'Afrique du nord, Algérie et Tunisie, 2° éd., 1 vol. in-8, 7 fr., Gn. Ilaumin.

Le Gérant, E. THORIN

N° 10   15 Mai   1889

BULLETIN CRITIQUE

SOMMAIRE. 55. M. Prou. Catalogue des monnaies mérovingiennes d'Autun. *L. Maxe Werly*. — 56. A. Joubert. Histoire de la baronnie de Craon. *T. de L.* — 57. Henri de Curzon. La maison du temple de Paris. *G. Lefèvre Pontalis*. — 58. Henri de Glymuller. Les Du Cerceau. *L. Palustre*. — 59. Leopold de Ranke. Histoire de France, t. V. *Alfred Baudrillart*. — 60. C. Rousset. La conquête de l'Algérie. *H. Welschinger*. — Chronique. — Académie des Inscriptions et Belles Lettres. — Publications nouvelles.

55. — **Catalogue des monnaies mérovingiennes d'Autun**, par M. Prou. Paris, Rollin et Feuardent, 1888, in-8.

Un jeune érudit, M. Maurice Prou, vient, sous ce modeste titre, de publier un travail que l'on serait heureux de voir entreprendre pour tous les grands ateliers de la Gaule franque. C'est une consciencieuse étude dont le vif intérêt n'a pu échapper à ceux des lecteurs de la *Revue numismatique* qui s'occupent encore des monnaies de cette époque. Après avoir examiné en détail les divers types de la tête qui caractérise le monnayage autunois, M. Maurice Prou rappelle les idées émises par ses devanciers, explique en passant la cause toute naturelle de l'apparition du profil double qu'offrent au droit certains exemplaires, et étudie les formes différentes de la croix employée au revers; ensuite, afin de préparer ses lecteurs à la description des triens à legendes souvent altérées qu'il attribue à l'atelier d'Autun, il énumère les nombreuses variantes du nom d'*Augustodunum* que fournissent, à cette époque, les manuscrits de Grégoire de Tours et de Frédégaire.

Nous ne pouvons suivre notre jeune confrère dans la critique qu'il fait des différentes opinions émises sur les lettres numérales VIII, sur les lettres initiales AG AC accostant la croix et sur les monnayeurs autunois; mais, si nous ne partageons pas toujours les idées émises dans ce travail, nous applaudissons à l'esprit de méthode qui dirige M. M. Prou dans l'examen des monnaies dont il entreprend l'étude, et dont après chaque description il donne la bibliographie. Après l'indication du poids des triens, nous aurions désiré retrouver la mention de la couleur du métal employé et celle de son titre approximatif; en effet ces renseignements peuvent souvent servir de guides à ceux qui tenteront de classer dans leur ordre d'émission les exemplaires appartenant à une même série; de plus, notre satisfaction eut été complète si notre confrère avait subdivisé cet ensemble de triens provenant d'un même atelier, en plusieurs groupes nettement indiqués par leurs caractères généraux.

Type à la croix simple *Flavati, Cuiriacus* et non QVIRIACVS *lioorus?*
— — ancrée, *Theudulfus, Magnoaldus*
— au profil double
— aux lemnisques en losange

En faisant pour mon compte ce travail de groupement d'où naissent si souvent des enseignements inattendus, j'ai éprouvé un doute sérieux sur la valeur d'une proposition que j'avais d'abord émise à la première lecture du travail de M. M. Prou. Remarquant en effet sur le numéro 22 la croix accostée des lettres CA si fréquente dans la région austrasienne et étrangère au pays autunois, j'avais été amené à mettre en doute l'exactitude de son attribution à Autun. Mes doutes semblaient confirmés par le fait que la légende *Stedunum* éveille le souvenir du nom ancien de Vieil-Dampierre, *Stadunum* chef-lieu du pagus *Stadunensis* qui avait fait partie du royaume d'Austrasie. Mais cette proposition si séduisante, dont j'avais fait part à quelques confrères, me paraît aujourd'hui moins solidement établie depuis que, rapprochant ce triens de ceux du groupe aux lemnisques en losange, j'ai mis en présence les légendes des numéros 22 et 12 et constaté la conformité si grande qui existe entre les noms inscrits sur ces triens. ACAⱲLEDANAⱲ

ⱲTEDANAⱲ

L. MAXE WERLY

---

56 — **Histoire de la Baronnie de Craon** de 1382 à 1626 d'après les archives inédites du chartrier de Thouars (fonds Craon) par André JOUBERT, lauréat de l'Académie des Inscriptions et Belles-Lettres, membre de la Société de l'Histoire de France, de la Société des anciens textes français, etc. Angers, Germain et Grassin. Paris, Em. Le Chevalier 1888, grand in-8 de VIII-600 pages.

De toutes les publications, déjà si nombreuses de M. André Joubert celle-ci est assurément la plus importante. L'auteur rappelle en sa *préface*, que la puissante famille de la Trémoille a possédé depuis la fin du XIV siècle jusqu'au commencement du XVII la baronnie de Craon qui formait ce qu'on appelle encore aujourd'hui le Craonnais et qui, la première de l'Anjou, était une des quatre hautes et principales du royaume. M. Joubert dans sa très substantielle monographie retrace successivement l'histoire de la seconde période de la guerre de Cent ans, de la naissance et du développement de la Réforme, de l'occupation et du pillage de Craon par les huguenots, des guerres religieuses, des exactions du capitaine André Goulay, des luttes de la Ligue, du siège et de la bataille de Craon, des exploits de Le Cornu sieur du Plessis de Colmes, des troubles de la minorité de Louis XIII dans le Haut Anjou et de la démolition de la forteresse de Craon. Cette monographie, comme nous l'annonce l'auteur, fournit des détails nouveaux et curieux sur la baronnie et ses sujets, sur les châteaux de Craon et sur les capitaines chargés de la défense, sur l'artillerie de la place, sur les prisons, sur les délits et les crimes, sur les supplices alors en usage dans la contrée, sur les monuments de la ville, sur le mobilier, le costume, le salaire des ouvriers, le prix des denrées, les mœurs, les habitudes, la vie privée de cette époque, sur les funérailles d'Anne de Laval, sur les familles seigneuriales de la région, sur les édifices religieux, etc. Ces sujets si variés sont traités en dix chapitres où l'on trouve, de plus, des renseignements aussi abondants que fidèles sur Guy VI de la Trémoille, époux de Marie de Sully, héritière du seigneur de Craon, qui, après la mort de Guy, épousa Charles d'Albret, comte de Dreux, connétable de France; sur Georges I de la Trémoille, baron de Craon; sur le séjour du connétable A. de Richemond à Craon; sur l'assassinat de Mahiet de Chantelou, seigneur de Berquereul, après un souper chez Louis de Fontaines, capitaine de Craon; sur Georges II de la Trémoille, qui obtint des lettres de rémission du roi Charles VII pour l'arrestation et la détention de Jean de la Vallée; sur Louis I de la Trémoille, qui, après la mort de son père, fit dresser l'inventaire des meubles et de l'artillerie du château de Craon; sur Louis de la Trémoille, qui, avec sa femme Gabrielle de Bourbon-Montpensier, fonda dans l'église Saint-Nicolas un service anniversaire pour son fils Charles, tué à Marignan, et qui lui-même fut tué à la bataille de Pavie; sur Louis III de la Trémoille, qui vendit la terre de Craon à Françoise Babou, femme d'Antoine d'Estrées, etc.

Signalons encore diverses indications sur le dîner que l'on avait l'habitude de donner le jeudi saint au château de Craon à treize pauvres de la seigneurie, sur une famine dans le Craonnais, sur des constructions et réparations à Craon (ville, église, châteaux), sur des émeutes, pillages, incendies, etc.

Presque la moitié du volume de M. Joubert est occupé par des pièces justificatives (p. 323-575). La plupart des 121 documents extraits des Archives de M. le duc de la Trémoille étaient inédits. Quelques autres documents sont extraits des Archives nationales, notamment l'acte de vente de la baronnie de Craon par Henri de Bourbon, prince de Condé, à Louis d'Aloigny, baron de Rochefort (1620) et une pièce relative au guet à Craon (avril 1393).

T. DE L.

---

57. — **La maison du Temple de Paris**, histoire et description, par Henri DE CURZON. Paris, Hachette, 1888, in-8°, 356 pages, 2 planches.

L'étude que M. Henri de Curzon consacre à la maison du Temple de

Paris est en partie historique et en partie archéologique. La restitution du plan et de la description du célèbre Enclos du Temple, et notamment de son église aux dispositions singulières n'était pas un des chapitres les moins importants à traiter dans un ouvrage de ce genre et il faut savoir gré à l'auteur de l'avoir entrepris, en dépit de la rareté des représentations figurées subsistantes et malgré l'obligation singulièrement restrictive de limiter ses investigations aux seuls documents écrits conservés.

L'ouvrage se divise en trois parties : la maison du Temple (pp. 23-150), comprenant en deux chapitres l'étude du personnel et des monuments de l'Enclos; l'administration intérieure (pp. 151-238); les relations intérieures (pp. 239-298). L'Introduction (pp. 1-20), résume brièvement l'histoire générale de l'ordre et plus spécialement les origines de la maison de Paris; elle se termine par un répertoire bibliographique des sources manuscrites et imprimées utilisées au cours du volume, dressé avec grand soin, mais où la multiplicité des rubriques de divisions serait peut-être à réduire. Des documents annexes (pp. 299-309), et un appendice détaillé contenant une description de la censive du Temple (pp. 310-354), terminent l'ouvrage. L'adjonction d'un Index n'y laisserait plus rien à désirer et faciliterait beaucoup les recherches des érudits qui le consulteront avec fruit.

La Maison du Temple de Paris, dont on peut faire remonter la fondation, d'après M. de Curzon, à l'an 1140, n'était pas seulement une commanderie plus riche ou plus étendue que d'autres : elle avait surtout qualité de *chef d'ordre*. D'abord chef lieu de la province de France, une des dix de l'ordre, elle se trouve bientôt capitale de l'ordre tout entier. Après la catastrophe de 1307 elle passe avec tous les biens du Temple aux Hospitaliers, sous lesquels elle devient maison principale d'un des grands prieurés du royaume, le grand prieuré de France.

Il s'ensuit de là que, dans la Maison de Paris, coexistait une double administration, de ressort inégal, l'une générale à la province, l'autre spéciale à la maison même. Quant à l'administration centrale de l'ordre tout entier, la disparition complète de ses archives propres ne permet sur ce dépôt que des conjectures. Cette destruction n'a pas permis à M. de Curzon de dresser la liste des chefs du Temple de Paris sous les Templiers. Mais la série des Grands Prieurs de France sous les Hospitaliers est établie d'une façon commode à consulter, et en rassemblant sous chaque nom l'indication des documents manuscrits qui les concernent. La vie conventuelle des deux ordres qui se succèdent dans la maison de Paris est également l'objet d'une étude détaillée. La publication antérieure de la règle du Temple éditée par M. de Curzon pour la Société d'Histoire de France le préparait particulièrement à exposer la composition du personnel religieux et laïque de cette communauté célèbre.

Des procès-verbaux de visites, malheureusement conservés en trop petit nombre sont à peu près les seuls documents écrits pouvant servir à la reconstitution du plan et de l'élévation de l'église. Les représentations figurées existantes se bornent en effet à deux estampes du milieu du XVIIe siècle conservées à la Bibliothèque Nationale dans la collection d'Uxelles. C'est à l'aide de ces documents et de la série de mesures heureusement fournie par le procès verbal de 1733 que M. de Curzon a entrepris le curieux essai de restitution méthodique de l'église, et notamment de la célèbre nef circulaire sur laquelle Viollet-le-Duc n'avait connu que les gravures de Sylvestre et de Marot. Quant aux chapelles, des textes inédits assez nombreux ont permis à l'auteur d'en écrire l'histoire à coup sûr. On ne lira pas non plus sans intérêt la description du donjon et de la grosse tour avec lesquels les souvenirs qui sont dans toutes les mémoires ont davantage familiarisé les esprits. La restitution du couvent, du cloître, du palais prieural et de l'ensemble de l'enclos est également à signaler.

Les privilèges accordés par les papes et les rois, les droits de justice et de voirie, le domaine de la maison du Temple dans l'enceinte de Paris et au dehors composent les trois premiers chapitres de la seconde partie. Il faut remarquer que les actes cités, relatifs aux privilèges, s'appliquent presque tous au grand prieuré de France ou même à l'ordre tout entier, beaucoup plus qu'au Temple même de Paris. Dans le chapitre suivant consacré aux finances constatons que l'auteur se trouve en conformité de conclusions avec le précieux travail sur les opérations financières des Templiers dont M. Léopold Delisle annonce la publication (voir *Additions et corrections*). Je réserve une mention spéciale au chapitre relatif aux archives de la maison et à leur composition. L'entière et absolue disparition des archives centrales de l'ordre des Templiers porte à supposer une destruction systématique brusquement ordonnée, à la suite d'un tri préparé depuis longtemps par les chefs de l'ordre, au moment de la catastrophe de 1307. C'est, je crois, l'opinion à laquelle s'est rallié M. Delaville Le Roulx, dans son étude sur les *Documents concernant les Templiers tirés des Archives de Malte*. Il ne restait donc dans le donjon de l'ancien Temple, au moment de la Révolution, que les archives des Hospitaliers, et en fait de documents contemporains des Templiers, que les pièces administratives et domaniales intéressant la maison de Paris. M. de Curzon donne de leur installation et de leur conservation un précis très net, ainsi que de leurs vicissitudes depuis leur déplacement, lors de l'emprisonnement de Louis XVI, jusqu'à leur entrée aux Archives Nationales.

En dehors des questions d'administration pure, on ne voit guère que l'influence des faits extérieurs se soit fait sentir au Temple. Aussi serait-ce une déception que de croire à la richesse des archives du Grand Prieuré de France en fait de documents historiques. Les séjours de rois et de princes paraissent avoir été les événements les plus importants qui aient rattaché au monde extérieur le Temple de Paris jusqu'au jour où il entre dans l'histoire par les événements mêmes qui vont précipiter sa fin. Ces rapports avec l'extérieur font l'objet de la troisième partie du livre qui se termine par le tableau des habitants et des hôtels de l'Enclos et l'exposé du commerce qui s'y tenait. Je note en passant la curieuse liste des métiers parisiens en 1252 (p. 284, n. 2) dressée d'après un censier de cette date.

La restitution, rue par rue, des propriétés de l'ordre composant la censive du Temple, qui clôt le volume, rendra les plus grands services à l'étude de la topographie parisienne. Elle est la terminaison consciencieuse de ce travail considérable, qui porte d'un bout à l'autre la trace de longues et patientes recherches.

Germain LEFÈVRE-PONTALIS

---

58 — **Les Du Cerceau**, *leur vie et leur œuvre* d'après de nouvelles recherches, par le baron HENRY DE GEYMULLER. Paris, librairie de l'Art, in 4.

Faire un ouvrage définitif sur les Du Cerceau! Voilà certes un beau rêve que plus d'un écrivain habitué aux recherches difficiles a dû être tenté de réaliser. Seulement la première condition, dans ce cas, vu la nécessité de remplacer souvent les informations précises par des appréciations délicates, était de faire preuve d'un grand sentiment artistique en même temps que d'une érudition toute spéciale. Certains documents récemment découverts avaient bien permis à Berty, dès l'année 1859, de se reconnaître tant soit peu au milieu du chaos généalogique qui paralysait les moindres efforts. Mais pareille source d'éclaircissements, bien que la plus sûre, paraissait épuisée. C'est à peine si, en un quart de siècle, un seul point nouveau avait pu être fixé. Nous voulons parler de l'année qui vit mourir Baptiste Du Cerceau, le fils de Jacques Ier. A la date de 1602 acceptée jusqu'alors, une lettre de commission publiée en 1874, par M. Guiffrey, substitue celle de 1590. D'où il s'ensuit que si le vaillant architecte, comme la chose semble très probable nonobstant les objections soulevées dans ces derniers temps, a le mérite d'avoir fourni les plans du Pont-Neuf, il n'est guère allé au delà. L'exécution d'une œuvre aussi considérable qui se prolongea jusqu'en 1604 appartient presque toute entière à Guillaume Marchand.

On ne sait pas au juste à quelle époque est né le plus célèbre des Du Cerceau, Jacques 1ᵉʳ. Berty, suivi en cela par Destailleur, a cru pouvoir parler des environs de 1515, mais cette opinion paraît peu acceptable à M. de Geymuller qui, appuyé sur des arguments tout nouveaux, ne serait pas éloigné de remonter plus haut de quelques années jusqu'en 1507 ou 1508. A la bibliothèque de Munich sont conservés, en effet, quatorze dessins dont l'origine longtemps méconnue vient heureusement d'être mise dans tout son jour. Nous avons là les premiers essais de Du Cerceau qui, évidemment séjournait alors en Italie, si l'on en juge par les filigranes du papier. Et comme l'un des dessins ainsi rendus à leur auteur reproduit certaines parties du palais Farnèse au moment de la construction effectuée en 1531 et 1532, M. de Geymuller n'hésite pas à dater le voyage du maître à Rome. C'est en 1533 que ce dernier aurait franchi les Alpes et son absence ne se serait pas prolongée au-delà d'une année puisque quatre autres estampes imprimées sur papier à filigrane français portent le millésime de 1534.

De tout cela M. de Geymuller conclut bien qu'avec un peu de précipitation peut-être, au vieillissement de la date fixée par Berty, car rien, dans les dessins indiqués n'oblige à reconnaître la main d'un artiste de vingt cinq ans plutôt que de dix huit. En outre certaines difficultés d'un genre très prosaïque, mais qui n'en sont pas moins fortes se présentent tout naturellement à l'esprit. On se demande comment entre Jacques I et sa sœur Julienne dont le mariage avec Jehan Brosse fut célébré en 1568 a bien pu exister une différence d'âge d'environ trente cinq ans. Le document publié par MM. Guiffrey et Flammermont parle seulement, nous ne l'ignorons pas, de l'établissement des deux époux à Verneuil mais ce changement de domicile a dû être occasionné précisément par une union récente, ainsi que le fait supposer en 1570 la naissance du célèbre Salomon de Brosse. Du reste nous ne rajeunissons pas Julienne Androuet pour le besoin de la cause, tout au contraire, puisque nous lui accordons vingt sept ans au moment où elle devint mère.

Jusqu'à nouvel ordre la date proposée, il y a déjà plus d'un quart de siècle semble donc seule propre à ne pas soulever trop d'objections et Jacques Du Cerceau est bien né « vers 1515 » c'est-à-dire peut-être en 1516 ou 1517. L'estampe de la collection Foulc — et remarquez bien que nous ne discutons pas les attributions de M. de Geymuller — est une œuvre assez jeune pour pouvoir être mise au compte d'un graveur de dix huit ans. Quant aux dessins de Munich, rien n'indique qu'ils aient été faits d'après nature. Du Cerceau, qui était coutumier du fait, s'est sans doute contenté, durant son voyage en Italie, d'arranger ce qu'il avait vu sur l'album d'un artiste inconnu.

M. de Geymuller si nous ne nous trompons, a été entraîné à écrire son ouvrage par la découverte des dessins de Munich. Toutefois, une question, beaucoup plus importante que celle soulevée à ce sujet, le tourmente à bon droit et ses efforts tendent à démontrer, contrairement à l'opinion de Destailleur, la part prise par Du Cerceau à certaines constructions remarquables. En même temps que dessinateur fécond et graveur infatigable, le maître, suivant lui, était un véritable architecte sachant combiner un plan et diriger la main des travailleurs.

Au fond M. de Geymuller a parfaitement raison et Du Cerceau doit être considéré comme autre chose qu'un architecte en chambre. S'il n'a mis que dans des occasions assez difficiles à déterminer son talent à l'épreuve, c'est que par goût très probablement il préférait s'en tenir sur le papier, aux rapides évolutions de son imagination créatrice. Pour lui, le moyen était plus sûr d'arriver à acquérir une grande influence, on se disputerait promptement ses modèles, et sa réputation déjà établie de son vivant, ne ferait que croître après sa mort.

Naturellement, en tête des œuvres dont on fait honneur au maître, figure le chœur de l'église de Montargis. L'assertion à ce sujet du vieil historien du Gâtinais Guillaume Morin, est acceptée sans restriction bien qu'avec peu d'enthousiasme, car le monument par lui-même n'impose pas la conviction et il faut une certaine complaisance pour se montrer satisfait. En réalité, la construction a été simplement terminée par Du Cerceau qui n'a fait, après une longue interruption, que reprendre les plans d'un architecte dont l'identification avec Pierre Lemercier pourrait être proposée. Toute l'aile droite qui date de 1540 à 1545 rappelle bien plutôt Saint-Maclou de Pontoise qu'une église quelconque du Milanais. Quant à l'aile gauche, elle n'est qu'une continuation assez fidèle des premières dispositions, et l'on ne saurait blâmer le nouvel architecte d'avoir en faveur de l'unité, sacrifié toute originalité personnelle. Du reste cette seconde campagne, commencée vers 1565 peu après l'installation de Renée de France à Montargis, si elle avança considérablement la construction, fut loin de la porter à son entier achèvement. Pour procéder aux cérémonies de la dédicace il fallut attendre jusqu'en 1618. Ajoutons que l'inscription gravée sur la frise à l'extérieur des chapelles, ne se rapporte point « à des faits plus récents ». Il s'agit d'une formule liturgique sans intérêt pour le monument, ce qui fait moins regretter son état de mutilation. HOC IN TEMPLO SVMME DEVS EXOPTATVS ADVENIET CLEMENTI PIETATE PRECVM VOTA SVSCIPE LARGAM BENEDICTI.

La participation de Du Cerceau à la construction indiquée, bien que réelle, ne mérite pas, on le voit, de fixer longtemps l'attention. Ce n'est pas dans une semblable situation, qu'il pouvait montrer tout son talent. Aussi M. de Geymuller a-t-il essayé de trouver d'autres exemples. Mais, nous l'avouerons, les raisons qu'il donne pour attribuer au maître la direction des travaux de Verneuil et de Charleval, sont loin d'imposer la conviction. Et d'abord, pour le dernier, comment se fait-il que dans la liste des pensionnaires de Henri III Baptiste Du Cerceau soit seul désigné comme « architecte à Charleval » et reçoive quatre cents livres, tandis que deux cents seulement sont allouées à son père? Si Jacques eût eu tout le mérite qu'on prétend, se trouverait-il négligé à ce point. Le nombre considérable des dessins consacrés au même sujet, l'éloge qui est fait du plan adopté, la connaissance approfondie des moindres détails s'expliquent suffisamment par des liens de parenté. Que le maître ait aidé, conseillé son fils, nous l'admettons bien volontiers mais ce dernier n'en demeure pas moins le véritable architecte.

Nous avons vu qu'en 1568 Jehan Brosse, beau-frère de Jacques Du Cerceau était venu se fixer à Verneuil. La singulière prédilection que l'on se plaît à constater dans *Les plus excellens bastiments de France* semble donc toute naturelle. Comme précédemment elle est le résultat de relations de famille et il ne faut pas chercher d'autre origine à la publication de planches nombreuses destinées à faire connaître des projets qui ne seraient peut-être jamais exécutés. La phrase tirée de la préface des *Edifices Romains* « Aussi que des longtemps vous m'avez fait cet honneur q̄ de m'accepter pour vostre et de m'entretenir par vostre liberalité qui me fait estimer vostre ce qui proviēt de moy » signifie seulement que le duc de Nemours a aidé du Cerceau dans la publication de ses ouvrages. On ne saurait y voir en aucune façon une allusion à la part prise aux travaux de Verneuil. Ces derniers sont bien l'œuvre de Jehan Brosse, qualifié non pas simplement *d'architecteur* comme le dit M. de Geymuller, mais de « M architecteur demourant à Verneuil sur Oize ». Nous avons là le pendant de « Baptiste Androuet dit du Cerceau architecte à Charleval ». Pour l'un et l'autre cas toute mention plus étendue était inutile et l'on savait à quoi s'en tenir.

Si ce compte rendu n'avait déjà pris des proportions considérables, nous voudrions bien traiter la question de la transformation des châteaux au cours du XVI siècle. Avec raison M. de Geymuller a rappelé que l'abaissement de la partie antérieure du quadrilatère habituellement adopté comme disposition remontait assez haut. Le premier exemple se trouve non à Bury qui n'a été commencé au plus tôt qu'en 1515, mais au Verger dont le maréchal de Gié achevait la construction en 1499. Seulement, d'un côté comme de l'autre, l'entrée est simplement flanquée de deux tours peu proéminentes et rien ne vient interrompre la galerie en terrasse qui court dans toute la largeur. A Verneuil au contraire le centre est occupé par un pavillon surmonté d'une coupole et cette particularité qui se rencontre seulement au Luxembourg, quoi qu'on en dise, présente un argument en faveur de l'opinion que nous avons émise Salomon de Brosse ou Brosse ne s'est montré si complètement imitateur que parce qu'il avait trouvé le modèle indiqué dans l'héritage paternel

M. de Geymuller, nous l'espérons, ne nous en voudra pas des quelques observations que nous nous sommes permises. Elles montrent avec quelle attention nous avons lu son ouvrage, le plus beau assurément et le plus complet qui ait été publié sur les Du Cerceau. Il serait à souhaiter que chacun de nos maîtres du xvi siècle trouvât ainsi un historien. A défaut de Français s'adonnant à cette tâche, peut-être trouvera-t-on, comme dans le cas présent, un étranger savant et consciencieux. Car, il ne faut pas l'oublier, M. de Geymuller est Autrichien, ce qui lui vaut de notre part une double reconnaissance.

Léon PALUSTRE

59 — **Histoire de France** principalement pendant le xvi et le xvii siècles par Leopold DE RANKE. Traduction de Jacques Porchat continuée par C. Miot. Tome V. Paris, Klincksieck, 1888, 1 vol. in-8° de 420 pages.

Nous avons eu, il y a un an, l'occasion d'exprimer ici même notre opinion sur l'*Histoire de France* de Ranke. Nous nous bornerons aujourd'hui à présenter au public le tome cinquième de la traduction qu'en poursuit avec succès M. Miot. Les trois livres qui le composent portent sur les plus belles années du règne de Louis XIV depuis le traité d'Aix-la-Chapelle en 1668, jusqu'à l'ouverture de la guerre de succession d'Espagne en 1701. La guerre de Hollande et la première coalition de l'Europe contre la France, la paix de Nimègue, les Chambres de réunion, les libertés de l'Église gallicane, la révocation de l'Édit de Nantes, la puissance et l'éclat de la monarchie française de 1678 à 1688, la guerre de 1688 et la paix de Riswyck, les négociations relatives à la succession d'Espagne et les préparatifs belliqueux de l'Europe après l'acceptation par Louis XIV du testament de Charles II, tels sont les principaux sujets abordés dans ce volume.

Quelle est l'idée générale qui domine toute cette période? Au dedans, établir l'unité religieuse et la subordination de l'Église à la royauté par la destruction du protestantisme et de l'influence pontificale; au dehors, exécuter les projets les plus ambitieux de Mazarin, étendre les frontières de la France vers le nord et vers l'est, faire de ce royaume une place forte inexpugnable si on l'attaque, point d'appui solide, admirable instrument d'offensive; affirmer la supériorité de la France dans l'univers, être partout où l'on se bat, partout où l'on discute; se préparer au sein de la plus éblouissante grandeur, à y mettre le comble par l'entrée de l'Espagne dans les domaines de la maison de Bourbon, faire de l'idéal du roi celui de la nation tout entière. Tel fut le but que Louis XIV eut en vue et qu'aux yeux de tous il atteignit dans les derniers jours de l'année 1700.

Le point de départ de cette prodigieuse fortune fut qu'après ses premières victoires sur l'Espagne, Louis XIV avait encore des alliés prêts à le servir, tandis que nul adversaire n'était en état de le combattre. La Hollande fut la première à tomber sous ses coups et toute l'Europe trembla en voyant le degré d'impuissance où étaient réduits les descendants de ceux qui avaient si longtemps tenu tête aux forces de l'Espagne ; mais du même coup la nation française perdit quelque chose de ce qui lui avait donné en Europe une situation si haute. « Souvent, dans les siècles antérieurs, les peuples conquis et opprimés avaient demandé la protection de la France et l'avaient obtenue. Mais à qui devaient-ils s'adresser maintenant que la puissance protectrice devenait elle-même l'oppresseur ? Qui pouvait être encore en sûreté dans le monde si la France et l'Angleterre s'unissaient pour attaquer injustement les faibles ? »

L'Empire cependant paraissait enchaîné à la cause française ; depuis le traité de partage qu'elle avait signé en 1668 avec Louis XIV, la branche allemande de la maison d'Autriche semblait ne plus songer à renouer avec celle d'Espagne l'alliance intime que la paix séparée de 1648 avait rompue. L'Espagne, toute brisée qu'elle fut des maux de la dernière guerre, prit dans le désarroi général l'initiative de soutenir son ancienne ennemie, ses sujets révoltés. Tous ses efforts tendirent à rétablir avec l'Empereur cette union dont la fin avait marqué le commencement de ses malheurs. Le 28 août 1673, Léopold I^e s'y décida d'une façon définitive. L'Espagne et l'Autriche joignirent leurs forces à celles de la Hollande ; bientôt l'Angleterre se vit contrainte à la paix. La situation politique se trouva par là changée de fond en comble. Abandonné de ses meilleurs alliés, Louis XIV fut attaqué par une puissante coalition qui n'était pourtant que l'embryon de celles qui devaient plus tard se former contre lui. Jusqu'à la fin du siècle le front des forces qui lui seront opposées ne cessera pas de s'accroître.

La guerre qu'il entreprit pour résister à l'Europe a de l'importance dans l'histoire militaire : ce fut, dit Ranke, la grande guerre stratégique basée sur la géographie. Elle fit la gloire immortelle de ce Turenne à qui l'historien allemand consacre quelques-unes des plus belles pages de son œuvre. « Nul n'a plus fait que lui, s'écrie-t-il, pour l'élévation de la monarchie française au dedans et au dehors. C'était un de ces hommes dont l'activité embrasse l'univers et qui s'oublient eux-mêmes, l'œil fixe sur un but élevé. » Plus juste et plus clairvoyant que nombre d'historiens français, il voit dans Turenne un homme d'etat autant qu'un soldat, et il prouve que les services du premier ne sont guère inférieurs à ceux du second. Sans se laisser troubler par les vues fausses ou malveillantes de Saint-Simon, Ranke saura de même démeler partout et en toutes choses l'œuvre personnelle de Louis XIV, devançant par ses intuitions judicieuses les travaux de la critique contemporaine. « Le Roi, dit-il, prit aux négociations de paix la même part décisive qu'à la guerre. C'est lui personnellement qui les avait commencées et qui les termina. »

La paix de Nimègue une fois conclue, l'historien aborde une nouvelle période de dix années, celle où tous les germes de grandeur et d'ambition déposés dans la période précédente vont grandir et se développer, celle aussi où l'abîme va se creuser entre la France et l'Europe, jusqu'au jour où le royaume de Louis XIV se trouvera seul face à face avec toutes les puissances tour à tour humiliées ou menacées par sa politique. C'est alors que, suivant l'énergique expression de Ranke, Louis XIV fait de la France une place forte; c'est alors que par les empiètements des Chambres de Réunion il excite, en Allemagne surtout, cette fermentation des esprits et des cœurs qui lui aliène ceux-là même qu'Henri IV, Richelieu et Mazarin avaient su gagner à l'alliance française; c'est alors que l'inique et cruel bombardement de Gênes jette dans la stupeur l'Europe civilisée. « Le principe de Louis XIV, dit encore l'historien, etait de ne pas souffrir même l'ombre d'une offense. Il apporta une violence sans limite et sans frein dans la revendication des droits qu'il croyait avoir, dans l'exécution des vengeances auxquelles il se croyait autorisé. Les droits des autres, il ne les admettait pas. C'est là qu'en etait arrivee cette puissance monarchique qui s'etait elevée en même temps par des victoires à l'intérieur et à l'exterieur. Le monde, frappé de terreur, etait enchainé. Lorsque l'ambassadeur de France prit la parole pour exposer au pape Innocent XI les motifs qui avaient porté le roi son maître à infliger à Gênes ce barbare traitement, le Saint-Père se détourna sans l'écouter, il s'agenouilla sur son prie-Dieu et s'écria en pleurant : « Seigneur, défends ta cause. » L'ambassadeur ne sut que dire et s'eloigna. »

C'est pendant cette période enfin que le roi de France entreprit l'exécution de la seconde partie du programme que nous rappellions au début. La déclaration de 1682, en unissant davantage l'Eglise de France à la royauté, en portant atteinte aux droits legitimes et respectés ailleurs du Saint-Siège, élevait, pour ainsi dire, le catholicisme français en face du catholicisme romain. « Cet état français, écrit très justement Ranke, par son histoire et le sentiment de sa puissance, etait à soi même tout l'univers; il se permettait de trancher à lui seul toutes les questions grandes et générales. »

Le lien est etroit entre les motifs qui poussèrent Louis XIV vers les principes de 1682 et les raisons qui le determinèrent à revoquer l edit de Nantes Nul ne l a vu plus nettement que l historien allemand « L opposition aux empietements de Rome, la suppression du protestantisme sont deux actes qui se correspondent qui se complètent Ce ne fut pas aux efforts et au zele du catholicisme universel mais à l idee de l Église gallicane et de l unite française que les protestants furent sacrifiés en France »

Entraine par le developpement des faits, Ranke a jusqu ici neglige de faire connaître les personnes qui les ont diriges Il tourne enfin ses regards vers elles et trace de main de maître le portrait des principaux personnages du ministere et de la cour Pomponne, Colbert de Croissy Louvois surtout, admirablement caracterisé bien que les travaux de M Camille Rousset n eussent point encore fait connaître tous les détails de sa vie et de son œuvre Quel remarquable résumé de celle de Colbert ! « Ce fut ecrit l historien, une existence pleine de grandeur, de serieux, de fatalite que la sienne » Puis après avoir parlé des haines que le puissant ministre avait accumulees contre lui il ajoute non sans profondeur « C est un bonheur quand l idee est sympathique à la posterité quand elle touche une fibre de sa vie Alors il est rendu justice à l œuvre du grand homme sa memoire se purifie des scories qui en ont un instant, terni l eclat son nom, se confondant avec l idée s elève de la nuit des siecles dans une fière solitude et les changements que le temps fait subir à l opinion ne peuvent plus le faire descendre »

Nous avons admire une fois de plus la rare pénétration qui permet à Ranke d extraire même de documents en partie apocryphes la vraie figure des personnages historiques lorsque nous avons lu l etude qu il a consacree à Mme de Maintenon Il n a encore sous la main que les *Mémoires* et les *Lettres* publies par La Beaumelle, et cependant il trace ces lignes si justes « Des le premier instant de sa vie, son but fut de s assurer l estime generale par une conduite irréprochable » Il comprend par là même combien sont vaines les accusations, d ailleurs denuees de preuves de ceux qui pretendent qu elle eut en sa jeunesse plus d une aventure galante Il note en termes fort appropries ce qui distingua des l origine la nouvelle liaison de Louis XIV d avec toutes les precedentes « A ces relations orageuses succeda une autre affection qui commença comme une affection de famille, continua sans perdre ce caractere et reposa aussi bien sur les sentiments religieux que sur le plaisir personnel » De meme il tient pour certain qu elle n a pas agi contre les protestants Enfin il dira categoriquement « C est à tort qu on se figure que Mme de Maintenon gouvernait le roi, meme dans les affaires religieuses Louis XIV apparait ici comme partout maître et seigneur » Selon nous, rien n est plus vrai

Quand il a passé en revue tous ceux qui jouent un rôle éminent dans l'État, Léopold de Ranke fixe une dernière fois ses regards sur la situation qui fit naître le grand conflit de la France et de l'Europe ; il trace le magistral tableau de l'unité et de la puissance de la monarchie française vers l'année 1688. En voici le début : « Nous n'admettons pas que la monarchie de Louis XIV soit fatalement et nécessairement sortie des temps et des tendances qui la précédèrent. Les idées de Henri IV, qui jeta la base de la grandeur des Bourbons, avaient un tout autre caractère. Richelieu et Mazarin suivirent des directions qui en différaient sous beaucoup de rapports ; et Louis XIV lui-même, dans les dix dernières années de son règne, vit peut-être planer devant ses yeux l'image d'un autre idéal. Car les États ne se forment pas et ne poussent pas comme les produits de la nature : dans leurs transformations, presque tout dépend des circonstances, du sentiment des hommes, de leurs rapports les uns à l'égard des autres, des oppositions dont il faut triompher, du but que les esprits dominants poursuivent à chaque instant, et de leur succès plus ou moins grand. C'est là le véritable domaine que la liberté et la fatalité se disputent à l'envi. Toute action est soumise au libre arbitre du sujet, tandis que celui-ci cherche à l'accomplir ; mais aussitôt qu'elle est accomplie elle devient irrévocable, elle devient indépendante dans ses effets de toute volonté humaine, elle devient un anneau dans la chaîne des volontés générales et gouverne l'avenir. C'est ainsi que des circonstances dont personne n'avait été maître, et quelques grandes personnalités avaient coopéré à la création de la monarchie de Louis XIV. Celle-ci ne pouvait être qualifiée d'œuvre du libre arbitre. »

L'auteur se demande ensuite si l'unité absolue est plus avantageuse pour une nation que l'existence dans son sein de différentes formes de civilisation et même de différents cultes. « La variété, dit il, paraît nécessaire à la liberté et à la continuité du développement historique ; elle produit une plus riche abondance de phénomènes vitaux, comme le montre l'exemple de l'Allemagne ; peut-être aussi une culture individuelle plus substantielle et plus variée. » Quoi qu'il en soit, en France l'idée de l'unité nationale avait triomphé et elle avait à ce point rassemblé en un seul faisceau toutes les forces vives de l'État qu'il était devenu une menace pour tous les autres.

« Or, il n'est pas dans la nature d'une puissance dominante de se limiter elle-même ; les limites doivent lui être imposées. » A partir du jour où Guillaume III fut roi d'Angleterre, l'Europe décida de lutter contre la France jusqu'au moment où elle cesserait d'être dangereuse pour l'équilibre général ; au milieu même de la guerre de la grande alliance et, malgré ses victoires, la France fut bien forcée de s'en rendre compte « On peut considérer, dirons-nous encore avec Ranke, les derniers mois de l'année 1694 et les premiers de 1695 comme l'époque d'une révolution générale dans la puissance des nations de l'Europe. Chez les Français s'éveilla le pressentiment que les forces ennemies qu'ils avaient soulevées seraient trop puissantes pour eux. L'ambassadeur vénitien qui vint en France à cette époque trouva la nation profondément irritée d'en être réduite au système de la défensive. »

Pour la première fois, à Riswyck, la volonté de Louis XIV ne prévalut pas et les progrès de la France furent arrêtés.

Bien plus, à la même époque, un autre idéal de gouvernement se formait dans l'esprit des hommes les plus éclairés : un Chevreuse, un Beauvilliers, un Fénelon surtout, et allait bientôt trouver sa personnification chez un prince du sang, chez un petit-fils de Louis XIV, le duc de Bourgogne.

Et cependant à l'heure même où par la révolution naturelle des choses, le système de la monarchie française était battu en brèche au dedans comme au dehors, il remportait un dernier mais éclatant succès. L'Espagne arrachée à la maison d'Autriche devenait pour la France comme une sœur cadette ; toutes les ambitions semblaient de nouveau permises à la maison de Bourbon. Comment, par quelles négociations, par quels labeurs, de tels résultats furent acquis, Leopold de Ranke l'a montré. Sans doute sur quelques points particuliers de l'histoire diplomatique il est demeuré inexact ou incomplet ; mais il a vu merveilleusement que chacune des deux parties ne fit que se conformer à la logique de sa situation, sans avoir presque le moyen de tenir compte de ses sympathies, de ses répulsions, de ses traités même. Lorsqu'un prince autrichien léguait ses États à une maison qui n'avait cessé d'humilier et de dépouiller la sienne, lorsque l'Espagne se jetait dans les bras de son vainqueur pour qu'il la protégeât et la régénérât, Louis XIV pouvait-il par respect pour des conventions que n'avait même pas ratifiées la principale intéressée renoncer à cueillir le fruit si longtemps désiré d'une politique que lui avait léguée Mazarin et qui, depuis son mariage avec Marie Thérèse, n'avait guère cessé d'être la sienne ? « Lorsque l'occasion se présenta d'atteindre le but qu'il se proposait dès cette époque, devenir maître des anciens objets de son ambition, tous les scrupules, toutes les considérations disparurent ; l'attraction invincible des choses l'entraîna. » La décision fut en quelque sorte le résultat de tous les événements historiques passés.

Le sort de la France et celui de l'Europe allaient encore dépendre du succès de leurs armes « car une fois que la guerre a éclaté, la force intrinsèque de l'idée que chacun défend n'est rien ; tout dépend des forces militaires sur lesquelles chacun peut s'appuyer. »

La guerre de succession d'Espagne a apporté une solution de fait à toutes les grandes questions qui agitaient l'Europe depuis si longtemps elle a été de plus le précurseur et le modèle des grandes guerres faites plus tard à la France par des coalitions européennes. C'est par elle que Léopold de Ranke devait clore et a clos en effet son histoire de la France au XVII° siècle : le prochain volume de la traduction de Miot nous en donnera le récit ; il ne le cédera point en intérêt à tous ceux qui précèdent.

En vérité, plus d'un historien français devrait avant de parler de Louis XIV, aller prendre quelques leçons d'impartialité et de respect auprès de l'historien allemand et protestant.

Alfred BAUDRILLART

---

60. — **La conquête de l'Algérie** (1814-1857) par M. Camille ROUSSET de l'Académie française. 2 vol. in-8, plus un fascicule contenant la carte des campagnes et de la conquête. Plon et Nourrit, éditeurs. 1889.

M. Camille Rousset, après avoir écrit *La Conquête d'Alger* et *l'Algérie de 1830 a 1840* travaux dont on connaît le succès si légitime, vient de publier un nouvel ouvrage en deux volumes sur la conquête de l'Algérie pour la période qui s'étend de 1851 à 1857.

Ce qui vit et revit dans cette œuvre intéressante, c'est surtout la mâle figure du général Bugeaud avec sa verve originale et franche, son impatience, sa rudesse, sa résolution et son sang-froid, sa sévérité et sa gaieté, sa vaillance et son génie. A côté de lui paraît le duc d'Aumale qui à peine débarqué sur le sol africain dit à Bugeaud : « Je suis jeune et robuste et en vrai cadet de Gascogne il faut que je gagne mes éperons! » Il les gagne si bien qu'il enlève la Smala dans une journée immortelle et qu'il obtient la reddition d'Abd el Kader. Le grand chef arabe est peint lui aussi de main de maître. Rapide comme la foudre, terrible comme elle, coureur insaisissable, infatigable adversaire, il joint à la ruse, à l'ardeur et à la bravoure une gravité et une dignité superbes. M. Camille Rousset s'est pénétré des différents types qu'il avait à retracer. Il les connaît, il les a vus pour ainsi dire. C'est ainsi qu'il excelle à nous retracer l'esprit inquiet et bizarre du brave Duvivier, la conviction robuste et l'initiative du noble La Morcière, l'activité du capitaine de Martimprey, l'audace et la confiance du lieutenant Trochu, l'humeur alerte et vive de Saint-Arnaud, la sévérité de Negrier, la fougue et la vigueur de Montagnac, l'énergie de Bosquet, l'intrépidité de Canrobert. Il redit à merveille l'entrain, la gaieté, la confiance des troupes. Qu'il rapporte la mort héroïque du sergent Blandan ou le dévouement du trompette Escoffier, il le fait avec une simplicité et un naturel qui ravissent le lecteur. Dans des pages admirables, il expose la sou mission de la tribu des Djafra, la description de l'Ouarensenis, la prise de la Smala, le combat de Djidda, la mort de Ben-Allal, le bombardement de Tanger, la bataille de l'Isly, le triste incendie des gorges de Dahra, le malheureux combat de Sidi-Brahim, la mort du général de Montagnac, les combats prodigieux d'El-Golo et d'Arzon, la reddition d'Ab-el-Kader et du chef Ahmed, le siège de Zaatcha et combien d'autres faits émouvants.

C'est pour nous Français un juste sujet d'orgueil de relire les exploits de nos soldats racontés par un historien dont le cœur — on le sent — vibre de joie patriotique à de tels souvenirs. M. Camille Rousset ne s'est pas écarté un instant du plan qu'il s'était imposé. Grâce à sa méthode, à son énergie et à son talent, l'histoire de la conquête de l'Algérie, histoire glorieuse avec ses périls, ses vicissitudes et ses succès, est définitivement faite. Il serait difficile d'ajouter le moindre trait à un tableau aussi bien composé et aussi complet. Devant tous ces dévouements et tous ces courages on est amené à s'écrier avec l'un de nos héros africains : « Rien n'est beau comme un brave soldat ! »

Henri WELSCHINGER.

CHRONIQUE

58. *Saint Vincent de Paul est né en France*, par un prêtre de la Mission. — Un savant prêtre, M. l'abbé Reulet, a fort ingénieusement cherché à démontrer que Raymond de Sebonde était non d'origine espagnole, mais d'origine française. C'est sans doute par esprit de revanche que M. Feliù y Pérez a essayé de prouver que Saint Vincent de Paul n'est pas né en France mais en Espagne. Cette thèse si étrange, soutenue dans un appendice à la traduction espagnole de l'ouvrage de M. Arthur Loth, *Saint Vincent de Paul et sa mission sociale* (Barcelone 1887), a été parfaitement réfutée dans la brochure dont on vient de lire le titre et qui se trouve au berceau de Saint Vincent de Paul près Dax (1889, grand in-8 de 68 p.). L'auteur établit successivement, à l'aide des raisonnements les plus solides et des documents les plus indiscutables, que Saint Vincent de Paul est né à Pouy, aujourd'hui Saint-Vincent-de-Paul, dans l'ancien diocèse de Dax, qu'il a étudié sept ans à l'Université de Toulouse où il a reçu le diplôme de bachelier et expliqué, c'est-à-dire enseigné le second livre du maître des Sentences Pierre Lombard, enfin qu'il a reçu la tonsure et les ordres mineurs à Bidache au diocèse de Dax, le sous-diaconat et le diaconat à Tarbes et la prêtrise à Château-l'Évêque près de Périgueux. Nous appliquerons au paradoxe de M. Feliù y Pérez les mots célèbres *felix culpa* car nous devons à ce paradoxe le travail si excellent et si intéressant publié par un prêtre de la Mission non moins modeste que savant et qui a déjà si bien mérité de tous les admirateurs de Saint Vincent de Paul par la publication de la correspondance de cet illustre bienfaiteur de l'humanité : nous avons nommé le vénérable M. Pémartin

59. — *L abbé Bessin et ses correspondants* — Une communication bien intéressante a été lue à la séance de la Société libre de l Eure du 30 décembre 1888, tenue sous la présidence de M. le duc de Broglie. En voici le titre : *L abbé Bessin, curé de Plainville près Bernay et ses correspondants* par M. F. MALBRANCHE (Bernay, imprimerie Lefèvre, 1889, grand in-8 de 39 p.). M. Malbranche nous fait connaître en l abbé Jacques-Alexandre Bessin (né à Glos-la-Ferrière, Orne, le 14 juillet 1734, mort à Plainville le 5 mars 1810) « un humble curé de campagne, érudit, amateur de poésie et poète lui-même ». La notice est enrichie d extraits de lettres inédites qui furent écrites à ce prêtre si distingué par le cardinal de Rohan, l abbé de Voisenon, l abbé Delille qui travailla auprès de son ami dans le presbytère de Plainville à sa traduction des *Géorgiques*, Voltaire, l académicien Thomas, le poète Tinbert, auteur du *Jugement de Paris*, le chevalier de Cubières, le président de Lamoignon, Bernardin de Saint-Pierre. L abbé Bessin ne fut pas seulement un homme d esprit, ce fut aussi un homme de cœur, bienfaiteur des pauvres de sa paroisse, et qui pendant cinquante années fut pour les paroissiens « un père et un modèle de vertus ». Aux éloges mérités par la brochure de M. Malbranche nous joindrons une petite observation à propos de cette phrase d une lettre de Thomas (p. 22) : « C est à peu près comme cet honnête abbé qui a été si longtemps connu à Paris, qui au sortir de sa messe travaillait à un opéra et faisait un hymne à Vénus après avoir entonné le *Pange lingua* ». M. Malbranche dit en note : « Cet abbé pourrait bien être l abbé de Voisenon. » Non, c était l abbé Pellegrin contre lequel Remi décocha cette épigramme célèbre :

Le matin catholique et le soir idolâtre
Il dîna de l autel et soupa du théâtre.

60. — La troisième partie de l *Inventaire sommaire des mss. de la Bibliothèque Nationale* par M. Henri Omont a déjà paru il y a quelques mois. Outre la fin de l ancien fond grec (n. 2542 à 3117), ce volume contient l inventaire des fonds Coislin (400 n.) et du supplément grec (1100 n.), plus l indication de 23 manuscrits grecs conservés dans divers fonds de la Bibliothèque Nationale. M. Omont a eu la très heureuse idée d y ajouter l inventaire des 78 manuscrits grecs des bibliothèques de Paris autres que la Nationale et des 96 manuscrits des bibliothèques des départements. Ainsi, grâce à l infatigable ardeur de M. Omont, nous avons le bonheur de posséder dans trois volumes très maniables et fort bien imprimés l inventaire sommaire, il est vrai, mais très suffisant, des 4814 manuscrits grecs conservés dans nos dépôts publics. Pour le courant de l année 1889 l auteur nous promet une *Introduction* et la *Table alphabétique* de son *Inventaire*. Une bonne table est en effet indispensable pour se retrouver et, quand elle aura paru, le travail de M. Omont sera parfait.

A. L.

ACADÉMIE DES INSCRIPTIONS ET BELLES LETTRES

Séance du 22 mars. — M. GEFFROY, directeur de l École française de Rome, envoie des renseignements sur les fouilles dirigées par le P. Germano autour et sous la basilique de Saint-Jean et Saint-Paul. M. de Rossi a fait dans le sous-sol de la basilique une conférence sur les antiquités découvertes en cet endroit. On a, jusqu à ce jour, déblayé sept chambres ornées de peintures dont les plus anciennes remontent à la fin du II siècle et au commencement du III. Ces peintures prouvent que les représentations symboliques si fréquentes dans les catacombes, étaient aussi en usage dans les habitations privées. Ici en effet, comme dans les catacombes, on voit l *Orante*, Moïse au Sinaï, le Bon Pasteur et les Brebis, etc. Les autres peintures datent du IV siècle et du XI ; ces dernières sont de style byzantin. —

M. Lanciani qui dirige les fouilles du forum d'Auguste, a recueilli deux inscriptions : la première mentionne un hommage de la Bétique à Auguste ; l'autre est une dédicace à l'empereur Nigrinianus. M. Geoffroy fait connaître ensuite la teneur d'un décret royal du 7 février instituant à Rome un *Musée national* destiné à recevoir les antiquités de la ville et de la province de Rome et aussi, jusqu'à nouvel ordre, celles de l'Ombrie. Le Musée national comprendra sous une même direction deux sections distinctes : la section des antiquités urbaines qui sera installée aux *Thermes de Dioclétien* et la section des antiquités extra-urbaines qui occupera la *Villa di papa Giulio*. A Ostie on a mis au jour une caserne de *vigiles* et de nombreuses inscriptions qui seront d'un grand secours pour l'étude des rapports entre les fonctions civiles et les grades militaires. Une salle de la caserne contient un autel et un *suggestus* où sont symétriquement disposés des autels dédiés à divers empereurs ou impératrices. — M. EDMOND LE BLANT donne d'après M. Marucchi des détails sur les travaux de la *Société d'archéologie chrétienne* présidés par le commandeur G. B. de Rossi. Il insiste particulièrement sur un travail d'un prêtre français, M. Pierre Batiffol, relatif à un manuscrit grec du Vatican contenant la vie de saint Macaire le Romain. Cet ouvrage, en partie historique, en partie romanesque, remonte à une époque antérieure au x° siècle et renferme des renseignements intéressants sur les pèlerinages en Terre-Sainte à cette époque. — M. HERON DE VILLEFOSSE rend compte de la nouvelle exploration archéologique entreprise l'automne dernier au Maroc par M. de la Martinière. Le jeune explorateur est retourné à Volubilis où il a découvert de nouvelles inscriptions. Un texte très mutilé se rapportant à une flaminique de la province Tingitane et prouvant que cette province avait, comme l'Afrique proconsulaire, la Numidie et la Maurétanie césarienne, son assemblée provinciale ; une dédicace à l'empereur Volusien où les noms de l'Empereur ont été martelés après la mort et la défaite de ce prince, pendant le règne éphémère de l'usurpateur Émilien. Au lieu appelé *Ad Mercurium* M. de la Martinière a découvert une dédicace à Gordien. A Banasa il a retrouvé la partie supérieure d'une inscription dont l'autre fragment avait été publié par Ernest Desjardins et qui permet de restituer à Marc Aurèle un texte faussement attribué à Commode. M. Heron de Villefosse fait circuler les estampages de ces textes, des photographies et des plans de Volubilis et d'*Ad Mercurium*. M. de la Martinière se dispose à retourner au Maroc pour étudier l'emplacement de Lixus. Il y a lieu de croire qu'il existe dans cette localité des inscriptions phéniciennes. La *Commission des inscriptions sémitiques* pourra donc profiter du prochain voyage de M. de la Martinière. — M. l'abbé DUCHESNE signale un passage de la vie de Gélase II qui complète les conclusions présentées par M. Noel Valois sur le style épistolaire de la chancellerie pontificale au xii° et au xiii° siècle. M. N. Valois avait signalé l'emploi dans les bulles de cette époque d'un rythme particulier dont il avait déterminé les lois et que, d'après les auteurs du Moyen Age, il avait appelé *cursus*. Le texte cité par M. Duchesne démontre que ce rythme fut institué ou plutôt rétabli par Jean Caetani, chancelier en 1088 et qui plus tard fut pape sous le nom de Gélase II. Ce rythme s'appelle *cursus leoninus* du nom du pape saint Léon le Grand (440-462) sous lequel il paraît avoir été introduit une première fois. — M. Delaville Le Roulx lit une note sur un nouvel exemplaire de la règle des Templiers découvert sur ses indications aux archives de la couronne d'Aragon à Barcelone. Cet exemplaire qui date de la fin du xiii° siècle fournit d'importantes additions aux règles déjà connues, et des renseignements détaillés sur la prise d'Antioche et de Gastin en 1268 par le sultan Bibars. — M. G. PERROT offre de la part de Hamdi Bey, conservateur du

Musée de Constantinople le moulage d'une inscription hittite trouvée à Alexandrette.

Séance du 29 mars. — M. A. BERTRAND communique de la part de M. S. REINACH l'estampage d'une inscription grecque gravée sur le goulot d'un vase de la collection Van Lennep de Smyrne, trouvé à Notium près de Colophon. L'inscription se lit ainsi : Ὀλυμπίχου εἰμὶ τοῦ φιλόφρονος. Quelques lettres présentent une forme inusitée. M. S. Reinach attribue ce vase au VIᵉ siècle avant Jésus-Christ. — M. SÉNART communique des pierres gravées trouvées dans la vallée de Caboul et communiquées par le capitaine Deane. Ces pierres, qui portent des inscriptions, donnent le nom Théodamas et le nom Puṇamata. Elles fournissent plus d'un rapprochement avec les monnaies des rois de ces contrées et paraissent dater du premier siècle de notre ère. — M. RAVAISSON continue la seconde lecture de son mémoire sur les monuments funéraires des Grecs.

HENRI THÉDENAT.

PUBLICATIONS NOUVELLES

A. DE KERDEC CHENY. Guide du voyageur au Maroc et Guide du touriste, 1 vol. in-8, 4 fr. 25, Challamel. — MAUREL (D. E.). Histoire de la Guyane française, 1 vol. in-8, 3 fr., Challamel. — AD. LAUNAY. Carte des missions catholiques dans l'Indo-Chine française, 1 feuille gr. Aigle, 4 coul. au 1/2.000.000ᵉ, 3 fr., Challamel. — H. WEITEMEYER. Le Danemark, histoire et géographie, langue, littérature et beaux-arts, situation sociale et économique, 1 vol. in-8, 6 fr. 50, Nilsson. — J.-N. MADVIG. L'état romain, sa constitution et son administration, trad. par C. MOREL, tome V et dernier, 1 vol. in-8, 7 fr. 50, Vieweg. — SAINT VICTOR (PAUL de). Le théâtre contemporain, Emile Augier, Alexandre Dumas fils, 1 vol. in-18, 3 fr. 50, Calmann Lévy.

Le Gérant : E. THORIN.

BULLETIN CRITIQUE

SOMMAIRE. — 61. E. Von Sickel. Liber diurnus Romanorum Pontificum. *L. Duchesne*. — 62. T. Süpfle. Geschichte des deutschen kultureinflusses auf Franchreich. *J. Firmery*. — 63. A. Fabre. Les ennemis de Chapelain. *E. Perrard*. — 64. J. Von Dollinger. Akademische Vortrage. *B.* — 65. G. de Bourges. Le comte de Vergennes. *P. Bonnassieux*. — CHRONIQUE.

61. — **Liber diurnus Romanorum Pontificum**, ex unico codice Vaticano denuo edidit Th. E. ab SICKEL. Vienne, Gerold, 1888, in 8° de xcii-220 pages.

Le *Liber diurnus* est, comme on le sait, un recueil de formules employé dans la chancellerie pontificale jusqu'à la fin du xi siècle. Deux exemplaires s'en étaient conservés, l'un dans la bibliothèque des Cisterciens de Sainte-Croix-en-Jerusalem à Rome, l'autre dans celle des PP. Jésuites du collège de Clermont à Paris. Lucas Holstenius, préfet de la bibliothèque Vaticane, entreprit le premier de l'éditer, vers le milieu du xvii siècle; mais son édition fut supprimée au moment de paraître. Elle se fondait sur le manuscrit de Rome. Le P. Garnier, de la compagnie de Jésus, qui avait à sa disposition le manuscrit de Paris, s'en servit pour donner au public, en 1680, la première édition du *Liber diurnus* qui ait réellement vu le jour. Le manuscrit de Paris se perdit lors de la suppression des Jésuites et de la dispersion, si regrettable, de leur bibliothèque de Clermont. Quand M. de Rozière voulut comprendre le *Liber diurnus* dans son vaste recueil d'anciens livres de formules, il dut se contenter, en ce qui regarde le *Claromontanus*, de l'édition du P. Garnier et de quelques renseignements fournis par des collations du xvii siècle. Pour le manuscrit romain, conservé depuis longtemps aux Archives de Vatican, il s'en rapporta, faute de pouvoir pénétrer lui-même aux Archives, à une collation exécutée en 1849 par MM. Daremberg et Renan.

Maintenant que les Archives pontificales sont ouvertes et que le manuscrit du *Liber diurnus* peut être étudié par les savants compétents, on ne pouvait manquer d'en entreprendre une édition nouvelle. M. de Sickel vient de nous la donner. Son texte est établi sur le manuscrit romain; l'autre manuscrit, dont on ne peut plus juger que par l'intermédiaire des textes édités, ne sert que pour combler les lacunes. Mais les variantes, autant qu'elles sont connues, sont indiquées au bas des pages.

Le manuscrit du Vatican a été exécuté vers l'an 800. C'est l'impression de M. de Sickel, c'est aussi celle de M. Delisle. Maintenant comment et à quelle date s'est formée la collection de pièces qu'il contient? Sûrement elle n'a pas été achevée avant l'année 786, car la formule n° 93 nomme la reine Cynedrida, femme du roi anglo-saxon Offa, chez lequel des légats du pape séjournèrent cette année-là. Voici donc une limite pour l'ensemble du recueil.

Mais ne peut-on y distinguer divers apports successifs et un fond primitif qui remonterait à une antiquité notablement plus haute? M. de Sickel le croit. Suivant lui, il y a eu un *Liber diurnus* primitif, composé des formules 1-63 ; plus tard on y a joint en appendice les pièces 64-81, puis un second recueil 82-85, augmenté lui-même d'un deuxième appendice (86-99).

L'éditeur, qui expose cette distribution dans une préface assez étendue, promet de la justifier plus amplement dans des Prolégomènes spéciaux qui paraîtront plus tard. J'avoue que les raisons données ici ne m'ont pas absolument convaincu. Je vois bien, avec M. de Sickel, que le *Liber diurnus* résulte de la combinaison de divers groupes de formules, mais la genèse de la collection m'échappe encore.

Elle commence par une série d'adresses et de souscriptions pour les lettres pontificales adressées à diverses catégories de personnages (formule n° 1), puis viennent des pièces relatives à l'installation des évêques (2-9), à la consécration des églises (10-31) un privilège de monastère (32) des formules pour les actes d'administration des biens ecclésiastiques, en deux groupes (33-39 et 49-56) séparés par deux autres recueils de modèles de lettres adressées aux évêques (40-44) ou des concessions de pallium (45-48), enfin (57-63) des pièces relatives à l'installation du pape. Tel serait, selon M. de Sickel, le *Liber diurnus* primitif. Convenons que, s'il en est ainsi, ce recueil était bien mal ordonné.

Ce défaut d'ordonnance, disons-le tout de suite, ne serait pas une objection grave. Le recueil, comme le pense le savant éditeur, peut fort bien avoir été composé d'abord, non pour l'usage de la chancellerie, mais pour l'instruction des apprentis notaires, et ne s'être élevé que par degrés à la situation officielle où nous le trouvons au x° et au xi° siècle. On ne doit pas s'étonner, dans ces conditions, d'y trouver quelques imperfections au point de vue de l'ordre des matières.

Mais, pour démontrer la thèse de M. de Sickel, il faudrait établir que, depuis le n° 64, les formules du *Liber diurnus* présentent, sinon toutes, au moins dans leur ensemble, l'empreinte d'un âge postérieur à celles qui les précèdent. Or, si cela peut être démontré de quelques-unes vers la fin du recueil, comme celle où est mentionnée la reine Cynedrida, il est difficile d'en dire autant de la plupart d'entre elles.

M. de Sickel insiste beaucoup sur le fait que dans les pièces 83-85 relatives à l'élection pontificale, il est question du sixième concile œcuménique (681-682) tandis qu'il n'y en a pas trace dans le groupe 57-63, par lequel se termine ce qui est, selon lui, le *Liber diurnus* primitif. Ce serait là un indice d'une différence de date, le groupe 57-63 étant antérieur, le groupe 83-85 postérieur au sixième concile. — A cela je repondrai que les pièces 57-63 ne sont pas de la même nature que les pièces 83-85. Les premières sont des lettres adressées à l'empereur, à l'exarque, à divers autres personnages, pour notifier l'élection du pape et obtenir la permission de célébrer son ordination. Ce n'est pas le pape qui parle, mais les représentants de l'église romaine, le siège étant vacant. Ces personnes n'ont aucun motif de traiter les questions de foi et de protester de leur attachement aux décisions conciliaires. Au contraire, dans les formules 83-85 c'est le pape qui parle, le pape élu et consacré, ou au moment de l'être il expose aux fidèles comme le programme de son pontificat et confesse publiquement la foi catholique avec les explications requises par l'usage d'alors.

Il n'y a donc pas lieu de relever ici une différence de date : rien n'empêche que le groupe 57-63 soit exactement du même âge que le groupe 83-85.

On peut même, je crois, démontrer que le groupe 57-63 est, aussi bien que l'autre, postérieur au sixième concile. La règle était au VIIe siècle que l'élection pontificale fût ratifiée à Constantinople par l'empereur lui-même. Sans doute il y eut une exception pour le pape Honorius : ordonné le lendemain de la mort de son prédécesseur, il le fut sans que son élection eût pu être ratifiée par l'empereur. Mais la brièveté même de cet intervalle autorise à contester ce que dit ici (p. XXII) M. de Sickel, que l'exarque ait lui-même donné l'autorisation. En fait, nous ne savons pourquoi, mais Honorius fut consacré aussitôt après son élection. Après lui, autant que l'on peut s'en assurer, la ratification impériale demeura obligatoire. C'est seulement sous Benoît II (684-685) qu'elle cessa d'être imposée, ou plutôt que le pouvoir de l'accorder fut concédé à l'exarque (1). C'est donc seulement alors que l'on a pu rédiger les formules 59-63, qui supposent que l'on s'adresse non à Constantinople, mais à Ravenne, et cela régulièrement, en vertu d'une coutume reçue (2).

Mais, objecte M. de Sickel, il y a dans chacun des deux groupes une pièce à peu près de même teneur, dont la dernière doit être un remaniement de la première : une rédaction postérieure, accommodée à d'autres usages. — Si cela était vrai, ce serait grave. Regardons-y

---

(1) Voir là-dessus ce que j'ai exposé dans le commentaire du *Liber pontificalis* t. I p. 358 note 34 p. 364 note 4 p. 367 note 1.

(2) C'est par une sorte d'archaïsme que l'on a conservé en tête de ce groupe de pièces adressées à Ravenne une formule de lettre à l'empereur.

de près. Il s'agit des formules 60 et 82. Tout d'abord je constate que la première se présente comme une notification de l'élection à l'exarque, la seconde comme le procès-verbal de l'élection elle-même. Qu'il y ait beaucoup de phrases communes aux deux pièces, je ne m'en étonne pas, la rédaction du procès verbal se prêtant d'elle-même à passer dans la notification. Mais il y a une différence à laquelle M. de Sickel attache beaucoup d'importance. Dans la notification à l'exarque, les électeurs disent qu'ils ont passé *trois jours* en prière avant de commencer les opérations électorales; dans le procès verbal ils disent seulement qu'ils ont été *longtemps* en prière. Ici intervient un décret(1) du pape Boniface III (607) qui prescrit d'attendre au troisième jour après l'enterrement du pape ou de l'évêque défunt pour lui élire un successeur. M. de Sickel ne constate pas de dérogation (2) à cette loi avant l'avènement de Grégoire III, ordonné le jour même de la mort de son prédécesseur Grégoire II. Il y a d'abord ici une légère inexactitude: c'est après la mort de Grégoire III (741), qu'il y eut ainsi une élection précipitée (3) c'est Zacharie qui fut acclamé et aussitôt consacré. Mais ceci importe peu. Ce qui importe, c'est l'opposition que l'on établit entre les deux expressions *trois jours* et *longtemps*. Le document où l'on prie *trois jours* est présenté comme plus conforme que l'autre au décret de Boniface III, partant comme plus ancien. J'avoue que je ne saurais accepter ce raisonnement et cette opposition. *Longtemps* peut aussi bien vouloir dire plus de trois jours que moins de trois jours: aucune date ne résulte de la substitution d'une expression à l'autre.

Une autre raison invoquée par M. de Sickel en faveur de l'antériorité du groupe 1-63, c'est qu'on y rencontre quelques formules tirées des lettres de saint Grégoire et de ses prédécesseurs et qu'on n'en trouve pas dans le reste de la collection. Ceci indiquerait selon lui que les formules du groupe 1-63 ont été rédigées dans la première moitié du vii siècle, alors que la mémoire de saint Grégoire était toute fraîche et n'avait été obscurcie par l'autorité d'aucun successeur.

Ici je demanderais quel est, dans ces anciens temps, le pape qui a pu rejeter dans l'ombre le souvenir de saint Grégoire. S'il s'en est trouvé un, pourquoi le chercher au déclin du vii siècle plutôt que dans la première moitié? Surtout je doute beaucoup que l'éclat du nom et des œuvres de ce grand pape soit allé en diminuant pendant le vii siècle

---

(1) La teneur en est perdue: on ne le connaît que par une mention assez rapide dans le *Liber pontificalis*, vie de Boniface III.
(2) Ceci est un *argumentum ex silentio*: le détail des élections pontificales du vii et du viii siècle n'est pas assez connu pour que l'on soit au clair sur ce point.
(3) *Lib. pont.* t. I p. CCLVIII.

ce serait plutôt le contraire. Du reste, en admettant que les formules placées après le groupe 1-63 sont entièrement indépendantes de saint Grégoire, ce qui n'est pas si clair que cela (1), j'en chercherais plutôt la raison dans la diversité des sujets ou des circonstances. Il y a sûrement dans la fin du recueil, des formules pour lesquelles le registre de saint Grégoire ne pouvait fournir aucun modèle, par exemple les privilèges accordés aux monastères pour les exempter de la juridiction épiscopale.

En somme je ne vois rien de très concluant dans les indices réunis par M. de Sickel pour distinguer du reste de la collection une partie plus ancienne (1-63) qui serait de la première moitié du VII siècle ; mais bien sûr je n'ai aucune objection de principe contre cette distribution, et je serai heureux de l'accepter aussitôt qu'elle me paraîtra démontrée.

Le reste de la préface est consacré à établir surtout par la façon dont le cite le cardinal Deusdedit, que le *Liber diurnus* a bien été un formulaire à l'usage de la chancellerie pontificale. Le cardinal Pitra était le seul savant qui se refusât encore à lui reconnaître cette destination. Honorius en était la cause. Mais les débats où l'on a engagé ce pape, ses lettres dogmatiques et les divers documents de sa condamnation, sont déjà bien loin de nous.

Après cette digression, désormais inutile, hélas ! l'éditeur expose les principes qu'il a suivis pour sa publication. Il n'y a pas lieu d'en parler ici non plus que de l'édition elle-même. Un tel travail signé d'un tel nom, est tout recommandé. Le volume se termine par un *index* fort précieux, composé par M. A. Haberda qui a relevé et classé avec le plus grand soin tout ce qui dans le *Liber diurnus* mérite quelque attention, soit au point de vue de l'histoire, soit au point vue de la philologie (2).

L. DUCHESNE.

(1) Ainsi la pièce 93 où figure le nom de Cynedrida, pièce qui est sûrement du temps du pape Hadrien et l'une des moins anciennes du recueil reproduit le début d'une lettre de saint Grégoire (IX 111).

(2) Cet article était déjà composé lorsque j'ai eu connaissance des deux premiers *Prolegomenes* publiés par M. de Sickel dans les Comptes rendus de l'Académie de Vienne. Le savant éditeur a présenté là des observations et des raisonnements qui n'ont pas, il est vrai, modifié mon opinion sur les points où nos avis sont différents, mais qui m'obligent à traiter avec quelque détail la question des élections pontificales au VII siècle. Je le ferai prochainement.

62 — **Geschichte des deutschen Kultureinflusses auf Frankreich** mit besonderer Berücksichtigung der litterarischen Einwirkung Von Professor Dr T. SÜPFLE. Erster Band. Von den ältesten germanischen Einflüssen bis auf die zeit Klopstocks. Gotha, Verlag von T. F. Thienemanns Hofbuchhandlung, XXII-359.

M. Supfle a entrepris de nous montrer quelle influence l'Allemagne a exercée sur notre pays en toutes choses : religion, langue, arts, lettres, philosophie, sciences, sans négliger la bière et le sel de Glaubers. Il est remonté dans ce but jusqu'aux Francs et aux Gaulois. Il n'a guère réussi qu'à prouver une fois de plus combien restreint en somme a été le domaine où s'est exercée cette influence en dehors de la langue et de la littérature. 64 pages en un si gros volume pour nous montrer tout ce que nous devons à l'Allemagne sur tous ces points ! Pour ce qui est de la langue, M. S. n'a guère été plus heureux. Il s'attarde longuement sur des mots comme *bock*, *frichti*, *mannezingue*, *crompire*, *schnick*, *schnaps*, *schoumack*, etc., sans s'apercevoir du sens péjoratif qui s'est attaché à la plupart d'entre eux. Quant à la liste alphabétique de tous les mots vraiment français d'origine germanique, que M. S. nous donne sans commentaire, mais avec le désir visible de la grossir autant que possible, elle ne nous apprend rien de nouveau.

Mais tenons-nous en à la littérature ; c'est là d'ailleurs le domaine de M. Süpfle et la partie vraiment intéressante de son travail. L'auteur n'a ménagé ni son temps ni sa peine ; il nous offre une bibliographie fort complète de toutes les traductions françaises d'ouvrages littéraires allemands (1), seulement il veut trop prouver. Il remarque avec jus-

(1) Je ne trouve guère d'omissions graves, ni d'erreurs sérieuses à relever. N'ont pas été cités : *Noé* poème par M. Bodmer, traduit de l'allemand par M. H. Paris, 1804. *Le Phaéton* poème héroï-comique traduit de l'allemand par M. Delagrange Paris 1764 (en vers). — Aux ouvrages de Léonard cités il faut ajouter *Essais de littérature* Londres et Paris 1769 qui contient plusieurs idylles de Gessner. Pour Gessner M. S. est loin d'être complet ; on ne saurait lui en faire un reproche bien grave. On trouve en effet du Gessner partout, jusque dans les recueils d'exercices poétiques publiés par des Écoles d'arts et métiers ! — La bibliothèque des romans dans sa livraison de janvier 1789, a publié sous le titre de « Vengeance de Chriemhild » un très long extrait du poème des « Nivelons ». M. S. semble du reste avoir complètement oublié dans ses recherches ce recueil qui donne beaucoup de traductions inédites d'ouvrages allemands. — M. S. confond André Chénier avec son frère Marie-Joseph. C'est ce dernier qui a traduit Hermann et Thusnelda. Sa traduction en même temps que dans l'almanach des Dames a paru dans le Magasin Encyclopédique. Mais ce journal semble avoir aussi échappé aux recherches de M. S. Il ne connaît pas non plus son rédacteur Millin et ses Mélanges de littérature étrangère (6 vols 1785-86), ni Th. Winckler ni les autres collaborateurs du Magasin, tous dévoués à l'Allemagne. — M. S. a tort de faire un Allemand (p. 188) de François Benoit Hoffmann qui était Lorrain de Lorraine française. — C'est évidemment par suite d'une faute d'im-

tesse qu'au début, grammaires et dictionnaires ont été composés surtout par des Allemands, mais il ne semble pas s'apercevoir que le plus souvent aussi ils ont été faits *pour* des Allemands. C'est le cas par exemple du « Grand Dictionnaire Royal... ci-devant composé par le R. P. Pomai, etc., etc... à Francfort-sur-le-Mein, l'an de grâce 1700 » (le privilège est de 1696 : c'est la première édition de cette réimpression que M. S. reporte à 1715). Dans la « Préface nouvelle de celui qui a repassé et retouché ce dictionnaire », on lit : « Comme par une fatalité surprenante, la connaissance de la langue française est devenue à l'Europe aussi commune et aussi nécessaire que fut autrefois la latine, on ne doit point, ce me semble, savoir mauvais gré à ceux qui se chargent de nous ouvrir la voie, non seulement d'entendre, mais même d'écrire et de parler un français élégant, pur et naïf. » On avouera que voilà une preuve singulière de l'influence de la langue et de la littérature allemande sur la nôtre. Un certain nombre de grammaires du XVII° et du XVIII° siècle citées par M. S. vont même directement à l'encontre de sa thèse, car les auteurs parlent de l'avantage qu'on retire de la connaissance de l'allemand pour guerroyer et voyager en Allemagne (1), mais c'est tout. Sur ce point spécial des grammaires, M. S. est fort incomplet. Il y aurait eu peut-être un chapitre fort intéressant à écrire sur les professeurs d'allemand que, dès le XVII° siècle, on voit attachés à nos écoles militaires, à certains de nos régiments, aux fonctionnaires de la cour et aux personnes de la famille royale. Un autre chapitre non moins intéressant eût pu parler des relations personnelles que certains écrivains allemands tels que Canitz, Wernicke, Götz, etc., ont entretenues avec des écrivains français : Boileau, La Rochefoucauld, Ménage, Leclerc, Voltaire et autres. Le désir de trop prouver a amené M. S. à commettre à propos de Gessner une singulière méprise. Il a pris fort au sérieux ces mots de *vertu*, *morale*, *moralité* dont nous étions prodigues au XVIII° siècle et nous expose fort gravement l'influence *éthique* que Gessner aurait exercée sur la littérature et la société françaises.

En somme, M. Süpfle nous fait une histoire de la littérature allemande

pression que le Tableau du Déluge d'après Bodmer, par A. Labaume, porte chez M. Süpfle la date 1799 au lieu de 1797. Cette traduction avait paru dès l'année précédente (an IV) dans le Tome IV des Soirées littéraires. J'ajoute enfin que « les *Chérusques*, tragédie nouvelle tirée de l'allemand par M. Bauvin » ont été joués à la Comédie-française le samedi 26 septembre 1772.

(1) Tel le sieur T. Léopold S., auteur de « L'Art de parler Allemand dédié à Monseigneur le duc de Bourgogne ». La première édition de cet ouvrage est de 1690 (à Paris, chez l'auteur, rue St Martin, vis-à-vis la fontaine Maubué) et non de 1744. M. S. ne s'est pas aperçu non plus que Léopold n'est qu'un prénom et que ledit sieur, tout comme les négociants allemands qui sont venus s'établir à Metz après l'annexion, a dissimulé son nom patronymique et germanique.

en France, intéressante richement documentée, et qui mérite tous les éloges, mais ce n'est pas une histoire de *l'influence* de cette littérature sur la nôtre. Il est exact que depuis 1750 le nombre des traductions françaises d'ouvrages allemands est allé toujours croissant jusqu'à ce qu'elles atteignent un chiffre vraiment formidable sous le Directoire et le Consulat. Mais il eût fallu montrer que cette connaissance de la littérature allemande produisait dans la nôtre sinon une révolution du moins quelque changement notable, et amenait des éléments nouveaux. M. S. ne l'a pas fait et ne pouvait pas le faire, car si l'on en excepte des détails de peu d'importance, il est impossible de soutenir qu'à ce moment là l'Allemagne exerçait une influence sérieuse sur nous. Quoi qu'en disent MM. Joret et Süpfle, c'est avec Mme de Staël que cette influence commence. Jusqu'au moment où parut le livre fameux sur l'Allemagne, « l'âge d'or des poètes allemands » était représenté par Klopstock, Ramler, Kleist, Gleim, Uz, Lessing et Wieland (Magasin Encyclopédique 1795, XI-200). Il faut attendre jusqu'en 1825 pour trouver une traduction des poésies de Gœthe, et, pour nous borner à Klopstock qui termine ce premier volume de M. S. ce n'est qu'après Mme de Staël que nous trouvons des traces de son influence chez Soumet et Alfred de Vigny.

J. Firmery

---

63 — **Les ennemis de Chapelain**. Études littéraires sur le XVIIIe siècle, par l'abbé A. Fabre. Paris, Thorin, 1888. 1 vol. in 8 de 725 pages.

O le pedant! et le vilain homme! Vous entendez bien que c'est de Chapelain lui-même que je veux parler. Et quels tristes personnages que les gens de lettres qui gravitaient autour de ce cuistre influent, l'adulaient pour obtenir sa protection, lui mordaient la main en guise de remerciement puis imploraient son pardon « les larmes aux yeux » si leur intérêt les y poussait, quittes à venir dans sa chûte définitive lui porter à l'envi le coup de pied de l'âne! Vadius et Tartuffe contre Trissotin! Quel écœurant spectacle!

C'est ce spectacle cependant que M. l'abbé Fabre avec une patience et une impassibilité d'érudit s'est attaché à nous présenter dans tous ses détails. On se rappelle qu'il a refait déjà, en traits nouveaux et précis, le tableau de la Société précieuse (1). Il avait pris alors pour pretexte de ses études la jeunesse, puis la carrière oratoire de Fléchier. Mais Fléchier est un homme d'église, et après avoir un instant hésité, il prit le parti de beaucoup le plus honorable, il abandonna la carrière du bel esprit pour remplir les devoirs que lui imposaient son ca-

---

(1) *La jeunesse de Fléchier*.

ractère sacré de prêtre et d'évêque. Pour le dire en passant, j'aurais même désiré que M. Fabre n'abandonnât pas son héros et qu'il nous montrât dans Fléchier, après le bel esprit et l'orateur élégant encore que très apprêté, l'évêque qui, dans un diocèse peuplé de protestants, se montra à la hauteur de sa sainte et délicate mission. Mais ce chapitre de l'histoire de l'Église de France, qui aurait été en même temps un curieux fragment d'histoire provinciale, ce chapitre, dis-je, n'a point tenté M. Fabre qui s'est voué aux études littéraires. Les gens de lettres de profession n'avaient fait que passer dans le fond du tableau qu'il nous a donné de la Société précieuse. Au premier rang, ce sont de grands seigneurs, de nobles dames qui ne prennent la plume que par occasion et redoutent toujours de se barbouiller d'encre. Les poètes de leur domesticité, ceux qui s'intitulent leurs nains ou leurs bouffons, sont de force ou de gré, façonnés au ton de la bonne compagnie, et si on exige d'eux toutes les singeries de l'esprit, on veut que dans leur conduite et leur manière d'être, ils prennent les sentiments et les dehors d'honnêtes gens. C'est des autres écrivains, de ceux que l'Hôtel de Rambouillet n'a pas soutenus ou n'a pu façonner que s'est occupé M. Fabre. La publication de la correspondance de Chapelain rendait possible et désirable cette étude sur la condition et l'esprit des gens de lettres de 1630 à 1660.

Chapelain sort définitivement condamné du livre de M. Fabre. Il n'est même plus le « bon Chapelain ». Tout ce qu'on a pu dire raisonnablement en sa faveur, c'est qu'il était très savant et très obligeant. Car il est bien entendu qu'on ne saurait prendre au sérieux les apologies fantaisistes et ridicules qui ont eu pour objet de réhabiliter le poète. Boileau lui-même semble avoir reconnu « l'officiosité » de Chapelain. Il écrit dans sa satire IXe

> « Qu'on vante en lui la foi, l'honneur, la probité
> Qu'on prise sa candeur et sa civilité
> Qu'il soit doux, complaisant, officieux, sincère,
> On le veut, j'y souscris et suis prêt à me taire »

mais ou Boileau ne fait qu'une concession apparente pour mieux amener l'attaque qui suit

> « Comme roi des auteurs qu'on l'élève à l'empire

etc. » ou il connaît mal ce Chapelain qu'il déteste, et nous qui le connaissons mieux par sa correspondance, nous pouvons dire qu'il fut un *faux bonhomme*.

Dès sa jeunesse, il a considéré la littérature, prose et vers, grec, latin et français, espagnol et italien encore, comme une province qu'il faisait sienne et qui devait nourrir son homme et le nourrir grassement. Il fut officieux, je le crois bien ! Ce fut son principal talent et son unique profession. Il était en correspondance avec toute la terre habitée, laquelle était heureusement moins grande pour un quémandeur du xviie siècle que pour un solliciteur de nos jours. Et pour quoi faire? Pour rendre des services intéressés. La moindre manière de lui témoigner sa reconnaissance, c'était de lui dédier quelque chose, depuis l'in octavo savant jusqu'aux quatorze vers d'un sonnet. Sur cette dette il était intraitable, bon gré mal gré, il fallait le payer. Il était à l'affût du livre qui allait paraître, de tous les petits talents qui débutaient dans les lettres pour obtenir une dédicace. Et l'on sait ce qu'était une dédicace au xviie siècle. On a perdu le secret de ces éloges hyperboliques, on ne les retrouve plus, je pense, que dans les épitaphes que les Italiens mettent sur les tombeaux de leurs proches ou inscrivent au piédestal des statues de leurs grands hommes. Ce fut d'abord *piano*, puis *crescendo*, puis *forte*, puis *fortissimo*, un concert de louanges qui sortait de tout papier imprimé en l'honneur du grand Chapelain. Les contemporains s'y laissèrent prendre et aussi la postérité : il eut la gloire qu'il convoitait. Mais quant aux lettres, aux bonnes et douces lettres *dulces ante omnia Musae*, il s'en souciait comme un poisson d'une pomme.

Voilà ce qui ressort du livre de M. Fabre, bien qu'il n'ose pas le dire très nettement. M. Fabre est un juge timide, il hésite à prononcer une condamnation. Il préfère exposer les faits, débrouiller ces mille intrigues qu'il connaît admirablement et rectifier en passant les erreurs ou inadvertances qu'il rencontre dans les documents dont il se sert et chez ceux qui s'en sont servis avant lui. Car, on le sait par ses précédents ouvrages, la science de M. Fabre est aussi sûre qu'étendue. Nous voudrions seulement, puisqu'il connaît si bien sa matière, qu'il la dominât davantage. Son récit gagnerait à être plus rapide, plus court, et à se débarrasser de certaines redites, et la conclusion de l'auteur apparaîtrait mieux aux yeux du lecteur.

C'est à cette conclusion que je reviens maintenant. Chapelain se montre en somme si peu digne d'intérêt que c'est presque un plaisir de le voir obliger des ingrats. Mais son vaniteux égoïsme n'excuse pas les bassesses d'un Priolo, d'un Montmaur, d'un Costar, d'un Ménage. Encore faut-il se rappeler que ces écrivains étaient parmi les réguliers, et qu'il y avait à côté d'eux ceux que M. Fournel appelle les Indépendants et que Théophile Gautier qualifiait aisément de *Grotesques!* Quels tristes personnages que ces écrivains des débuts du xviie siècle, Corneille et quelques autres exceptés! Comme il était temps qu'arrivassent Boileau et la Pléiade des écrivains du règne de Louis XIV! Ceux-là n'écrivent pas par métier, mais par vocation : ils se montrent honnêtes gens dans la vie privée La dignité des lettres est enfin sauvée A ce point de vue, le livre de M Fabre est un excellent commentaire de Boileau Qu'on ne s'y trompe pas il y a tels vers de l'Art poétique où Chapelain ne paraît pas visé, et dont son ombre cependant doit sentir la piqûre Voici quelques-uns de ces vers

> Ne vous enivrez point des éloges flatteurs
> Qu'un amas quelquefois de vains admirateurs
> Vous donne en ces réduits prompts à crier « merveille » !
>
> Que votre âme et vos mœurs peintes dans vos ouvrages
> N'offrent jamais de vous que de nobles images
>
> Fuyez surtout fuyez ces basses jalousies
> Des vulgaires esprits malignes frénésies
> N'allons point a l'honneur par de honteuses brigues
>
> (Ch iv, *passim*)

A ces vers et à bien d'autres encore les commentateurs attachent tel ou tel nom de poète décrié Après avoir lu le livre de M Fabre, on verra qu'il faut leur rapporter, avant tout autre, le nom de Chapelain

L PERRARD

---

64 — **Akademische Vortrage,** v J von DOLLINGER Nordlingen (Beck), 2 vol 1888 89, 427-434 pages in 8

Le savant chanoine Dollinger, dont le nom jouit d'une si grande notoriété en Europe a eu l'excellente idée de réunir un certain nombre de discours (prononcés pour la plupart dans des séances académiques), d'oraisons funèbres de notices nécrologiques, en y joignant quelques dissertations inédites

Tout ce qui est présenté dans ces deux volumes n'offre donc pas le même intérêt Quelques unes des notices nécrologiques concernent d'anciens membres de l'Académie de Munich dont le nom ne passera point à la postérité Les discours académiques sont presque tous fort intéressants Celui qui traite de l'importance des dynasties dans l'histoire du monde montre la supériorité des monarchies traditionnelles et héréditaires sur les monarchies électives où les sujets ne s'attachent jamais de tout cœur à leur souverain Après avoir cherché d'abord quelques exemples dans l'antiquité, l'auteur est naturellement amené à comparer la France avec l'Allemagne, et il conclut que jamais dynastie ne comprit mieux que la maison capétienne la véritable politique dynastique, et que nos premiers rois capétiens, dont le pouvoir était pourtant si modeste, firent plus pour le bonheur du pays qu'Otton le Grand lui même, dont la politique souleva, contre la royauté, d'interminables rivalités de famille.

Le discours consacré à la maison de Wittelsbach et à son rôle dans l'histoire d'Allemagne se rattache au précédent. En présentant une vue d'ensemble de l'histoire de Bavière, il cherche à faire ressortir l'union étroite du peuple avec son prince.

Il y aurait quelques réserves à faire sur le discours consacré à l'étude des relations de Rome avec l'Allemagne au Moyen Age. Sans doute à l'avènement de Henri III, l'Église avait grand besoin de réforme. Mais il est impossible d'approuver les entreprises de ce souverain, qui désirait sincèrement, peut-être la destruction des abus, mais qui entendait avant tout faire de l'Église un instrument de gouvernement. Les papes allemands qu'il plaça sur le trône pontifical valaient mieux, sans doute, que leurs prédécesseurs, mais sa conduite politique ne contribua guère à rétablir le calme dans Rome, dont l'histoire devient une « lutte perpétuelle entre les clercs et les laïques ». Mais si « le fossé qui les sépare devient chaque jour plus profond », est-ce parce que « l'hostilité entre les prêtres et les laïques est une espèce de nécessité naturelle »? Les entreprises des empereurs allemands n'ont-elles donc été pour rien dans les désordres et les scandales dont l'histoire de Rome a trop souvent donné le spectacle?

M. D. reconnaît d'ailleurs que Rome était pour les Allemands un séjour à la fois redouté et désiré. Ils redoutaient Rome parce que le climat était malsain, parce qu'ils y étaient entraînés à de trop grandes dépenses et qu'ils avaient beaucoup à se plaindre des usuriers romains. Il aurait fallu ajouter que les Italiens accueillaient fort mal les Allemands. Et pourtant ceux-ci se rendaient volontiers à Rome. Beaucoup y venaient dans un but pieux, pour vénérer les reliques (surtout celles des deux apôtres). On avait rapporté tant de choses des croisades que Rome était devenue comme une seconde Jérusalem. D'autres obéissaient à cet instinct qui a poussé tant de fois les peuples du Nord vers le Midi. Et si les papes du Moyen Age ont été jusqu'à prétendre que le pouvoir temporel venait du diable, ou au moins jusqu'à dire, avec Innocent III, que l'état laïque dérivait de la tyrannie des hommes, c'est que l'Église avait encore présentes à l'esprit le souvenir de toutes les violences des barbares et celles de leurs descendants sous les yeux.

Le discours consacré à la lutte de la papauté contre Louis de Bavière se rattache au même ordre d'idées. C'est un travail un peu vieilli. On y trouve encore une comparaison intéressante entre Philippe le Bel et Louis de Bavière, qui fournit à M. D. l'occasion de reconnaître avec impartialité la supériorité de la France, où le sentiment national était déjà très développé, sur l'Allemagne « alors totalement dépourvue d'hommes de valeur tandis que l'Université de Paris était l'oracle de l'Europe ». S'il en était ainsi, pourquoi apprécier avec tant d'aigreur le projet qu'entretint un instant la papauté de faire passer la couronne impériale sur la tête des rois de France? M. D. sait bien quoiqu'il évite de le dire que Grégoire X était un homme des anciens temps, pénétré de l'idéal du Moyen Age, étranger aux passions guelfes et gibelines, et passionné pour la croisade. Rêvant l'union de tous les peuples chrétiens sous la double magistrature spirituelle et temporelle du Pape et de l'Empereur il voulait (et qui peut l'en blâmer?) créer un empereur qui pût défendre l'Église et entraîner l'Occident dans une nouvelle croisade. Alphonse de Castille et Richard de Cornouailles n'étaient que des pseudo-césars. Le roi de France n'était-il pas le meilleur candidat? Quels services Saint Louis ne venait-il pas de rendre à la civilisation chrétienne ! Et Philippe le Hardi semblait son digne successeur. M. D. n'a pas dû lire le curieux mémoire de Charles d'Anjou (Coll. doc. in Mélanges I, 655) où le roi de Sicile conseille à Philippe son neveu de prendre l'Empire non pas pour recouvrer ses droits en Italie, car ce pays n'est pas son héritage, mais pour pouvoir réunir une plus forte chevalerie contre les ennemis de la foi. Celui qui doit être empereur doit être riche et puissant, et, dans toute la chrétienté le roi de France n'a pas son égal. Et que fit Grégoire X? Il enjoignit aux électeurs d'Allemagne de choisir un empereur dans un certain délai (sans dissimuler peut-être ses préférences pour le roi de France). Mais, du moins après l'élection de Rodolphe de Habsbourg il s'est incliné. M. D. rappelle d'ailleurs loyalement que dès 1299 les prélats et les barons allemands avaient consenti à ce que le royaume de France qui s'étendait jusqu'à la Meuse fût porté jusqu'au Rhin. Et nous sommes d'accord avec lui pour reconnaître que la fameuse déclaration de Rhense de 1338 qui refusait au pape tout droit d'intervention dans l'élection du roi allemand était un acte dirigé à la fois contre la France et contre la cour de Rome.

On lira avec un vif intérêt l'étude consacrée à Aventin et à son temps, étude qui montre par un exemple bien choisi l'avantage qu'il peut y avoir quelquefois à grouper autour d'un personnage les principaux événements, les mœurs et les institutions d'un siècle.

Aventin est un patriote mais qui en est resté, pour la manière dont il comprend et apprécie l'empire, aux idées du Moyen Age. La Providence a jugé les Allemands dignes d'être les continuateurs et les soutiens du nom romain. C'est un grand honneur pour eux de réaliser la quatrième et dernière monarchie annoncée dans la prophétie de Daniel. L'Empire à l'époque où écrit Aventin est visiblement regardé comme une institution nécessaire, voulue de Dieu. Sans lui, la grande république Chrétienne aurait semblé, vis-à-vis des Turcs, comme un corps sans âme. En même temps le livre d'Aventin a la prétention d'instruire la nation allemande sur les causes de sa décadence : faiblesses des empereurs, lâcheté des princes, intrigues de la papauté. La papauté surtout, voilà selon lui, le plus dangereux ennemi de l'Empire. Aussi ne doit-on pas s'étonner qu'Aventin traite avec un soin particulier l'histoire de Henri IV et de Henri V, de Frédéric II et de Louis de Bavière, et prenne toujours la défense des Allemands contre les papes. Mais on regrette que M. D. n'ait pas eu un mot de blâme pour ces exagérations.

Le discours sur les origines de la question d'Orient est assez piquant, quoiqu'on y trouve trop de petits faits et pas assez de vues générales. C'est la période des croisades que M. D. appelle le premier stade de la question d'Orient ; il reconnaît que c'est à la France qu'est dû ce grand mouvement, que l'Allemagne, déchirée par les guerres civiles, resta étrangère aux premières expéditions, et ne prit que tardivement part à ces entreprises. Mais peut-on faire un titre de gloire à Frédéric II de ce que, sans tirer l'épée, il ait obtenu du sultan Malek-el-Kamel la cession de Jérusalem et de quelques autres villes ? Et est-il vrai de dire que les Croisades n'ont abouti qu'à une défaite complète du christianisme et que tous les peuples européens, princes, clergé, laïques, furent vaincus par l'Islam ? Doit-on penser vraiment que la conduite de cette grande entreprise fut déplorable dès le début et qu'elle portait en elle-même un germe de dissolution ? Et faut-il approuver surtout ceux qui ont dit que la chute des royaumes chrétiens de l'Asie fut une punition méritée des crimes des chrétiens ?

L'étude sur les Juifs en Europe et les origines de l'antisémitisme est empreinte d'un sentiment généreux de mansuétude et de commisération sur la triste position des Juifs au Moyen Age. Nous voyons que les empereurs d'Allemagne n'ont pas été plus tendres que les rois de France à leur égard. Mais il aurait fallu dire que l'état politique et économique de l'Allemagne a contribué à développer la haine des Allemands envers eux. En France, le pouvoir réprimait les mauvais instincts de la foule. En Allemagne, l'autorité de l'Empereur étant moindre, les troubles étaient plus faciles. Les Juifs étaient regardés comme la propriété de leurs patrons, des seigneurs ou des municipalités. Aujourd'hui d'ailleurs, dit en terminant M. D., ils ont pris leur revanche des oppressions passées !

Les deux dissertations qui concernent Louis XIV et madame de Maintenon sont fort intéressantes pour un Français. Nous avons tort d'apprendre notre histoire *exclusivement* dans des livres écrits chez nous et par des historiens nationaux. Nous ne cherchons pas assez à connaître la façon dont les étrangers jugent les événements de notre propre histoire. Au mois d'octobre 1870, Thiers et Ranke se rencontrèrent à Vienne. « Maintenant que l'Empire est tombé, dit Thiers à son interlocuteur, contre qui donc combattez-vous? » — « Contre Louis XIV », répondit le vieil historien. Et c'est à ce point de vue qu'est étudiée ici la politique extérieure du grand roi. Quand à sa politique intérieure, elle est sévèrement qualifiée. Au surplus, l'auteur rend hommage à l'influence salutaire que la littérature du grand siècle a eue sur les écrivains allemands. C'est seulement à partir de ce moment que l'Allemagne a eu vraiment de grands écrivains qui ont cherché à rivaliser avec les nôtres.

En ce qui concerne madame de Maintenon, M. D. croit que la Beaumelle, Saint-Simon et une Allemande, Elisabeth Charlotte, duchesse d'Orléans, ont provoqué sur son compte de très fausses appréciations. Il ne craint pas de la comparer à Marie-Thérèse: toutes deux, dit-il, avaient un esprit viril, une haute intelligence, en même temps que les vertus de la femme. Mais l'une exerçait directement le commandement, l'autre était dissimulée sous un nom étranger. Toutes deux étaient convaincues d'ailleurs qu'elles avaient une mission à remplir. Mais Marie-Thérèse montra dans les épreuves, bien plus de grandeur d'âme et de sérénité. Aussi son souvenir vit encore dans le peuple, tandis que celui de madame de Maintenon est bien effacé.

Les discours consacrés aux Universités allemandes, intéresseront particulièrement ceux qui se préoccupent du progrès de l'enseignement supérieur dans notre pays. Au Moyen Age, tous les Allemands qui voulaient recevoir une forte instruction, allaient à Bologne, à Padoue, surtout à Paris. « *Studiis vnus locus videlicet Parisius sufficit* » écrit au XIII siècle, le chanoine d'Osnabrück, Jordanne, dans sa chronique *de Imperus*. Pendant longtemps les Universités allemandes n'ont été qu'une pâle copie de celle de Paris. Mais tandis que chez nous la centralisation se faisait déjà sentir, en Allemagne l'esprit « particulariste » favorisa l'essor des universités. Pendant longtemps encore, c'est-à-dire au XVIII° siècle, elles n'eurent qu'une médiocre réputation. On les regardait comme animées d'un esprit étroit et incapable de s'élever au-dessus d'une scolastique pédantesque ou d'une érudition pesante. Mais à la fin du XVIII° siècle, elles avaient déjà dépassé grandement les nôtres. Et aujourd'hui leur prospérité est bien connue. Sans renoncer aux traditions et aux souvenirs fortifiants du passé, elles ont su se renouveler et devenir un principe de vie intellectuelle très intense pour un grand peuple. Mais les observations de M. D. sur notre enseignement supérieur ont cessé d'être exactes, et nos Facultés sont autre chose que de simples « écoles professionnelles privées de tout lien entre elles et isolées les unes des autres. » Aussi bien, certains éloges decernés aux Universités anglaises sont inacceptables.

Signalons encore le discours sur les travaux de la Commission historique de Munich, et le discours sur l'étude de l'histoire d'Allemagne, qui montre combien l'histoire de ce pays est plus difficile à etudier que notre histoire nationale. Que de divergences en effet entre les plus grands historiens allemands sur la manière d'apprécier les plus grands hommes et les plus grands faits de l'histoire d'Allemagne, par exemple l'utilité de la réunion de l'Empire à l'Allemagne, et la politique des empereurs en Italie. Selon M. D. l'union de ces deux pays fut une idée malheureuse « contre nature ». C'est aussi notre avis, mais nous ne saurions expliquer la chose comme lui et dire que le séjour de Rome n'eut pour les Allemands (sous entendez si vertueux) que des inconvénients, en raison de la dépravation morale de cette ville!!

Bornons là ces quelques indications : elles suffisent à montrer qu'il s'agit dans ces deux volumes, d'une œuvre considerable par le nombre des faits qu'elle contient, par les connaissances qu'elle suppose, la diversité des questions étudiées, les remarques curieuses et les observations perspicaces qu'elle contient. On se sent en présence de l'un des esprits les plus distingués de l'Allemagne contemporaine. Ces dissertations, en raison même de la forme sous laquelle elles se presentent, aident à comparer et à mieux comprendre les deux races. Ces échappées de haut vol sur de grandes questions de l'histoire générale font maintes fois sentir cette volonte patiente de la race germanique, que les defaillances d'un naturel ingrat ne découragent pas, et qui finit par obtenir à force de travail ce que la nature ne lui a pas donné.

B.

---

65. — G. DE BOURGE. **Le Comte de Vergennes,** ses debuts diplomatiques, d'après des documents inédits, 1750-1752. Paris, Palme, éditeur, 1888. Une broch. in 8° de 79 pages.

Un interêt touchant s'attache au travail que nous annonçons. M. de Bourge projetait depuis longtemps d'écrire l'histoire de M. de Vergennes. Il avait patiemment consulté dans ses heures de loisir les archives du Ministère des affaires etrangères. Il avait eu la bonne fortune de voir mettre à sa disposition ceux des papiers de MM. de Chavigny et de Vergennes qui étaient restés aux mains de leur famille. Il était dans cette période heureuse de recherches où le travailleur voit croître chaque jour ses richesses, où il n'a pas encore le souci de la mise en œuvre et de la rédaction quand une mort prématurée vint rompre tristement ses projets.

Des notes considérables des nombreux documents que laissait ainsi M. de Bourge, il était difficile de tirer parti. Quelques chapitres seulement se trouvaient rédigés. La main pieuse et délicate d'un parent a voulu les sauver de l'oubli. Telle est l'origine de la présente brochure.

C'est aux débuts du comte de Vergennes dans la carrière diplomatique que se trouve consacré ce fragment. Il nous apprend que ce personnage était — chose rare même dès ce moment! — préparé de longue main à remplir l'emploi qu'il allait occuper, quand Louis XVI, à son avènement, lui confia, pour le bien du pays, le département des affaires étrangères.

Le diplomate auprès duquel le jeune Vergennes, âgé de vingt ans à peine, fut appelé en 1739 à s'initier aux affaires, était un de ses proches parents, son oncle, M. de Chavigny, ambassadeur du Roi en Portugal. Vergennes resta à Lisbonne de 1740 à 1742. Il accompagna ensuite son oncle en Allemagne de 1743 à 1745 « dans les vicissitudes d'une campagne « laborieuse autant qu'ingrate, militaire presque autant que diploma- « tique, à la suite de cet infortuné Charles VII, que la France semblait « n'avoir élevé au trône impérial que pour le laisser tomber de plus haut « dans un abîme de calamités (G. de Bourge, p. 6.) » Ils retournèrent en Portugal en 1745.

Vers la fin de juillet 1750 Vergennes devenant à son tour chef de mission, fut nommé ministre du roi près l'Électeur de Trèves, François George, comte de Schoenborn. C'est à ce moment de sa vie que le fragment aujourd'hui publié prend notre jeune diplomate. Le prince archevêque était peu abordable. D'un tempérament inquiet, il se méfiait de tout le monde, même des personnes de son entourage et de ses propres ministres, aussi la vie près de lui était-elle peu enviable. Le comte de Vergennes, dont la mission consistait surtout à veiller sur la conduite de l'Électeur, s'ennuyait fort à Coblentz, résidence habituelle du petit souverain. Il s'y ennuya d'août 1750 à mars 1752, époque à laquelle s'arrêtent les pages écrites par M. de Bourge (1).

Le récit d'une existence si monotone ne saurait être bien piquant et l'auteur se serait écarté de ses devoirs d'historien s'il avait donné à la vie de M. de Vergennes pendant les deux années dont il nous retrace le cours, un attrait, un agrément qu'elle ne pouvait comporter.

Combien n'est-il pas regrettable que le temps ait manqué à M. de Bourge pour utiliser les précieux renseignements si consciencieusement recueillis par lui sur M. de Vergennes ! Il aurait sans doute élevé à l'an-

---

(1) M. de Vergennes revint à Coblentz d'octobre 1753 à décembre 1754. Il fut ensuite, on le sait, ambassadeur à Constantinople et à Stockolm et enfin ministre des affaires étrangères de 1774 à 1778, époque de sa mort.

cien ministre de Louis XVI dont le souvenir est resté si cher à tous ceux qui s'intéressent à l'histoire diplomatique de la France, un monument digne de lui (1).

P. BONNASSIEUX

(1) Un de ses contemporains a dit de M. de Vergennes qu'il était le seul ministre qui ait su donner de la volonté à Louis XVI : l'éloge a du prix.

CHRONIQUE

61. Le fascicule VIII 1 des *Analecta Bollandiana* présente un intérêt tout particulier. On y trouve le catalogue détaillé des manuscrits hagiographiques de la bibliothèque de Chartres, suivant l'excellente méthode appliquée déjà par les Bollandistes au catalogue de Bruxelles. Outre cette description, ils publient ici trois pièces intéressantes tirées des manuscrits de Chartres : 1. *la passion des martyrs Scillitains*, texte complet de la rédaction dont Mabillon n'avait pu retrouver que le début dans un manuscrit de Reichenau (n° 3 de Ruinart) — 2. *la vie de saint Mitre, d'Aix en Provence* — 3. *la vie de sainte Melanie la jeune* rédigée par son aumônier. Cette dernière pièce offre des détails fort curieux sur la vie ascétique dans les grandes familles de Rome et sur la société monacale de Palestine au commencement du Ve siècle. Le manuscrit de Chartres (n° 16) où le P. de Smedt a trouvé les vies de saint Mitre et de sainte Melanie est du VIIIe siècle ; il ne contient malheureusement de la vie de sainte Mélanie que les premières pages ; pour le reste l'éditeur s'est servi d'un manuscrit de Silos actuellement à la Bibliothèque Nationale, auquel MM. A. Molinier et Ch. Kohler avaient déjà emprunté quelques passages pour la collection des *Itineraria Hierosolymitana*. Ce manuscrit ayant lui-même perdu un feuillet, il a fallu recourir, pour combler la lacune, à l'abrégé de la vie par Métaphraste, le seul texte qui fût connu jusqu'à ce jour.

62. M. G. Doublet publie, dans le *Bulletin de correspondance hellénique*, t. XIII, p. 293 et suivantes, diverses inscriptions de Paphlagonie. L'une d'elles a un certain lien avec la vie de sainte Melanie. C'est la dédicace d'une église en l'honneur de saint Étienne, fondée par une personne qui ne se nomme pas, mais qui ne peut être que la célèbre impératrice Eudocie-Athénaïs, femme de Théodose II. S'il n'y avait aucun doute sur la provenance de ce texte, il fournirait la solution d'un petit problème géographique, celui de l'identification du célèbre sanctuaire des *Euchaïtes* si souvent mentionné dans l'histoire ecclésiastique byzantine. Là était enterré le martyr Théodore d'Amasie, l'un des grands saints de l'église grecque. Primitivement ce n'était qu'une localité de campagne, une riche villa ; il s'y constitua bientôt un grand établissement religieux, puis un centre de population, enfin une ville avec un évêché qui même fut élevé aux honneurs de l'autocéphalie. L'inscription parle de la « ville de Théodore » et cette désignation ne peut s'appliquer dans l'espèce qu'aux Euchaïtes. Mais M. Doublet n'en a point vu l'original ; un diacre paphlagonien lui en a offert une copie qui se termine par des sigles assez suspects, faciles il est vrai à séparer du reste ; de sorte que, pour le fond, il n'y a pas, je crois, de doute sur la réalité du monument

et la teneur du texte. Une difficulté plus grave c'est que ce texte a été donné à M. Doublet comme provenant de l'église Saint Étienne à *Zapharembolou* localité comprise dans l'ancienne province ecclésiastique de Gangres dans la Paphlagonie du v siècle tandis que les notices byzantines s'accordent à placer l'évêché des Euchaïtes dans la province ecclésiastique d'Amasie (Hélénopont). Il est donc probable qu'il y a ici une erreur, l'inscription aura été copiée par le diacre ou par quelque autre personne dans une région assez éloignée de Zapharembolou. C'est à l'E. de l'Halys et plutôt sur l'ancien territoire d'Amasie que l'on doit chercher les Euchaïtes. — Signalons encore parmi les inscriptions chrétiennes recueillies par M. Doublet un texte ainsi conçu Οροι ασυλοι του αγιου και ενδοξου μεγαλομαρτυρο Ανθιμου Elle aussi a rapport à un grand sanctuaire elle constate le droit d'asile dont il jouissait. Ce sanctuaire se trouvait à Pompéiolis (Tasch Keupru) il était dédié je crois au célèbre martyr Anthime évêque de Nicomédie en 303 et l'une des premières victimes de la persécution de Dioclétien (Eusèbe *H. E.* VIII, 6 13)

63 Dans le fascicule d'avril du *Bulletino Comunale* M. de Rossi publie une intéressante étude sur les statues du Bon Pasteur à propos d'un monument de ce genre récemment découvert à Rome. Il distribue ces statues en deux classes la plus ancienne a pour type le beau Pasteur du Latran qui tient d'une main les pieds de devant de l'autre les pieds de derrière de la brebis campée sur ses épaules l'autre classe comprend les Pasteurs qui tiennent les quatre pieds de la même main et s'appuient de l'autre sur la houlette Certains indices portent à croire que c'est à ce type que se rattachaient les statues du Bon Pasteur que Constantin au rapport d'Eusèbe fit élever sur les places publiques de Constantinople. M. de Rossi pense que ces statues souvent exécutées pour la décoration des maisons particulières ont pu avoir aussi leur place dans les églises. Il cite à ce propos une curieuse inscription trouvée à Saint Chrysogone de Rome sur une base de statue

FL TERTVLLVS DE ARTE SVA
AECLESIAE DONVM POSVIT

Nous avons ici le nom d'un sculpteur chrétien et la trace de l'une de ses œuvres.
L. D.

64 Arsène Darmesteter avait publié au cours de sa carrière de nombreux mémoires et articles dont un grand nombre ont fait époque dans la science. Quelques unes de ses plus belles découvertes ou de ses plus brillantes spéculations sont dispersées et enfouies dans des recueils inaccessibles ou dans des brochures introuvables. Son frère et ses amis ont résolu de réunir les principaux de ces mémoires et de ces articles en deux volumes.

Cette collection comprend trois groupes d'études études juives, études judéo françaises, études françaises, on sait qu'Arsène Darmesteter avait commencé par être un hébraïsant de premier ordre avant d'être un romaniste et que c'est au cours de ses études sur les rabbins français du moyen âge qu'il fut amené à l'étude de notre vieille langue, dont le charme finit par le retenir tout entier et décider de sa carrière.

Cette collection comprendra quarante-quatre articles le premier groupe ou *Études juives* comprend six articles dont le premier qui est inédit est la première œuvre de l'auteur et aurait suffi s'il avait paru à son heure à le mettre au premier rang des orientalistes français c'est un tableau d'ensemble de la littérature talmudique dont l'équivalent n'existe pas dans notre langue.

Le second groupe *Études judéo françaises* comprend onze articles parmi lesquels nous signalerons en particulier les rapports et les mémoires sur les gloses françaises dans la littérature juive du moyen âge et sur les secours qu'elles fournissent à la restitution de notre vieille langue. C'est là que le lecteur retrouvera aussi ces admirables *Élégies sur l'autodafé de Troyes* — le plus ancien et le plus beau spécimen du genre que possède notre littérature — si étrangement retrouvées dans un manuscrit hébreu du Vatican et dont le déchiffrement et la restitution a été une des merveilles de la philologie contemporaine.

Les *Études françaises* remplissent tout le second volume. Elles portent sur tous les points et tous les aspects de notre langue. Les romanistes y retrouveront le mémoire sur le *Protonique atone* connu dans le monde des philologues sous le nom de *Loi Darmesteter* et nombre de ces essais d'une méthode infaillible et d'une sagacité divinatrice qui ont chacun dans une direction différente marqué un progrès définitif dans la marche en avant de la science. Les littérateurs et les philosophes y retrouveront des pages capitales sur l'épopée ancienne et sur la philosophie du langage. Des questions d'un intérêt plus concret et plus général trouveront ici aussi leur solution: et quand les partisans de la réforme nécessaire de l'ortographe voudront aboutir, ils n'auront qu'à méditer les pages consacrées au sujet par M. Darmesteter et qui sont des dernières qu'il ait écrites, pour y trouver une solution pratique respectueuse à la fois de la science et du bon sens.

L'impression des *Reliques scientifiques* commencera quand le nombre des souscriptions s'élèvera à 350. L'ouvrage comprendra deux volumes in-8 raisin, l'un d'environ 300 pages, le second d'environ 400. Le prix de l'ouvrage sera de 30 francs pour les souscripteurs qui auront fait parvenir leur adhésion avant le 15 juillet 1889. A partir de cette date, le prix sera élevé à 40 francs.

65. M. Jean d'Estienne (Ch. de Kirwan) vient de publier dans les numéros de janvier et avril de la *Revue des questions scientifiques* une très intéressante étude intitulée : *le Transformisme et la discussion libre*. Le tirage à part (br. de 128 p.) a paru à l'imprimerie Polleunis, 35, rue des Ursulines, Bruxelles. L'auteur prouve que le transformisme isolé des hypothèses athées et matérialistes qui y ont été surajoutées et qu'il n'implique en aucune manière, ne peut être démontré faux *a priori* comme opposé à la foi ou à la saine philosophie. Il fait voir d'autre part à combien d'objections cette théorie séduisante est encore sujette. Il y aurait un volume à faire pour lui répondre, excellente raison pour que je m'en abstienne et me borne à conseiller à nos lecteurs la lecture de ce travail consciencieux.   M. Hébert.

66. Les fascicules 14-16 des *Monuments grecs publiés par l'association pour l'encouragement des études grecques en France* viennent de paraître. Ils contiennent les articles suivants : Cavalier athénien et scènes de la vie guerrière. Coupe attique du musée du Louvre par M. Maxime Collignon. — Têtes de femmes sur des vases peints par M. Léon Heuzey. — Vases à reliefs provenant de Grèce, par M. E. Pottier.

Le Gérant : E. Thorin.

BULLETIN CRITIQUE

SOMMAIRE. — 66. Albert DUMONT et Jules CHAPLAIN. Les céramiques de la Grèce propre. *E. Beurlier.* — 67. A. de la BORDERIE. Histoire de Bretagne. *L. Duchesne.* — 68. P. LAFLEUR DE KERMAINGANT. L'ambassade de France en Angleterre sous Henri IV. *Germain Lefèvre Pontalis.* — 69. C. Th. de GONTAUT BIRON. — Ambassade de Turquie de Jean de Gontaut Biron. *P. Pisani.* — CHRONIQUE. — ACADÉMIE DES INSCRIPTIONS ET BELLES LETTRES.

---

66. — **Les Céramiques de la Grèce propre.** Vases peints et terres cuites, par Albert DUMONT, membre de l'Académie des Inscriptions et Belles Lettres, et Jules CHAPLAIN, membre de l'Académie des Beaux-Arts. Tome I, fasc. 4 et 5, in-4. Paris, F. Didot.

Les lecteurs du *Bulletin critique* connaissent déjà la haute valeur du livre d'A. Dumont sur *les Céramiques de la Grèce propre*. Nous avons eu occasion de signaler par trois fois à leur attention les fascicules précédents de cet ouvrage (1). Avec ceux dont nous rendons compte aujourd'hui se termine le premier volume.

Comme le fascicule précédent, ceux-ci doivent beaucoup à la science de M. E. Pottier, qui a revu le manuscrit d'A. Dumont, a rédigé plusieurs chapitres pour lesquels l'auteur n'avait laissé que des notes, et en a même ajouté un, que rendaient nécessaire les récentes découvertes faites en Égypte.

Le fascicule quatrième commence par une étude sur les vases du type corinthien. Ce type est caractérisé par un dessin plus sûr : les figures commencent à dominer, les scènes sont plus compliquées, les formes plus soignées, les accessoires moins nombreux, les couleurs plus nettes et plus voyantes. Il forme la transition qui conduit peu à peu à la peinture noire sur fond rouge. Aucun des vases de ce groupe ne provient de Corinthe même, la plupart ont été trouvés en Italie, à Cere, mais l'alphabet corinthien, dans lequel sont écrites les inscriptions, ne laisse aucun doute sur leur origine. Nous savons du reste par Tacite, Thucydide, Pline et Denys d'Halycarnasse que le corinthien Demarate vint s'établir en Étrurie. Ainsi se trouve indiqué le lien qui unit les deux contrées. La plus belle série de vases corinthiens se trouve au Louvre depuis l'acquisition de la collection Campana. On remarque en particulier sur un grand nombre d'entre eux un cavalier suivi d'un oiseau volant. C'est pour ainsi dire la marque de fabrique

---

(1) Cf. *Bulletin critique*, 1882, p. 87; 1885, p. 315; 1886, p. 421.

Mais ici se pose une question les vases dont nous parlons sont-ils anciens, ou sommes-nous en présence d'une imitation étrusque du type corinthien ? Plusieurs raisons avaient porté M. Helbig à adopter cette dernière hypothèse. Dans certains de ces vases, la couleur blanche réservée aux femmes, sert à représenter des hommes, l'œil est ovale quand il devrait être rond. De plus, on remarque une ressemblance très grande entre les personnages représentés dans les peintures étrusques, et ceux qui figurent sur les vases. A. Dumont répond à cela que les peintures étrusques ont imité les vases corinthiens, et que ceux dans lesquels on remarque des détails contraires aux règles ordinaires, sont très probablement les plus anciens. La discussion a du reste perdu de son intérêt, puisque M. Helbig a renoncé à sa théorie (1).

A. Dumont étudie ensuite une série dans laquelle il consent à voir une imitation étrusque de vases corinthiens. M. Pottier n'admet pas que cette série puisse se séparer de la précédente il faut y voir selon lui, ou des productions tardives du style corinthien vieilli, ou une imitation locale de ce style. Ces vases qui nous montrent un prolongement de l'école corinthienne ne sont du reste pas propres à l'Italie, on en connaît au moins un qui paraît provenir de Corinthe même.

Au style corinthien succède le style chalcidien. C'est encore l'alphabet qui sert à indiquer d'une manière certaine leur provenance. Le style ionien est bien marqué dans ces vases. Les peintures sont d'un réalisme naïf les arrangements des figures sont symétriques, et la technique rappelle les vases de métal. Ils proviennent des colonies chalcidiennes d'Italie Naxos, Catane, Leontini Himera en Sicile, Rhegium et Cumes en Italie. Cumes surtout a eu de nombreuses relations avec l'Étrurie et les vases qu'on y a trouvés sont d'un style plus récent que ceux de Céré. A ce groupe, il faut rattacher les vases du style Eubéen, du style Béotien, peu nombreux il est vrai mais caractérisés par les inscriptions qu'on y rencontre.

Le style de Rhodes est représenté par un seul vase encore la détermination de ce monument est-elle sujette à de nombreuses discussions.

Les découvertes nouvellement faites en Afrique ont obligé, ainsi que nous l'avons déjà dit, M. Pottier à ajouter un chapitre nouveau au travail d'A. Dumont. On connaissait déjà un certain nombre de vases d'origine africaine, quelques hydries, quelques cratères et surtout des coupes en particulier la coupe d'Arcésilas, du cabinet des Médailles. Ces vases sont d'une argile jaune pâle recouverte d'enduit blanc les parois sont minces et légères. Les ornements qui les recouvrent sont caractéristiques ce sont des palmettes allongées supportées par deux

(1) Note de M. E. Pottier p. 264.

pédoncules en volute, des losanges quadrillés, reliés par des points noirs, des zones de petites grenades avec trois pistils un ornement floral sur la tête des personnages. On y remarque l'imitation des vases de métal, et des modèles orientaux, en un mot, ils ressemblent beaucoup aux vases chalcidiens du vi° siecle. Il semblerait que le nom d'Arcésilas dût leur donner une date certaine mais trois rois portent ce nom et le choix est difficile entre deux d'entre eux.

La découverte des vases de Naucratis par M. Pétrie est venue jeter une nouvelle lumière sur la question. Près du sanctuaire d'Apollon Milésius, et du temple secondaire d'Aphrodite, les fouilles ont mis au jour un grand nombre de fragments de poterie. On a trouvé là des débris de toutes les époques, depuis la période archaïque, jusqu'à l'époque romaine. Un certain nombre de ces vases sont de fabrique locale, les inscriptions dédicatoires à Aphrodite de Naucratis en sont la preuve. Il se pourrait donc que les vases du type Cyrénéen soient originaires de Naucratis, et l'on conçoit aisément qu'un artiste de cette ville ait pu peindre sur la coupe d'Arcésilas une des scènes de marché dont il était fréquemment témoin. On a trouvé également à Naucratis un fragment de poterie signé de Nicosthènes. Il est curieux de rencontrer dans le pays où tant de vases à fond blanc étaient fabriqués, le nom de celui qui introduisit à Athènes ce genre de peinture. Peut-être Naucratis est-elle son pays d'origine? Nous avons là en tout cas un argument de plus en faveur de la thèse de M. Smith qui, en considérant la forme singulière des œuvres de cet artiste, avait émis l'hypothèse qu'il n'était pas d'origine athénienne (1).

Le dernier des groupes de vases étudiés par A. Dumont est celui des vases d'Athènes (2). Au vi° siècle Athènes n'a pas encore atteint le premier rang; ses peintres céramiques ne surpassent pas ceux de Corinthe ou de Chalcis. Les attiques inventent les tableaux dans lesquels les figures noires se détachent sur fond rouge, tandis que toute la partie du vase restée sans décoration est elle-même peinte en noir. L'argile est plus rouge et par-dessus le noir des figures, on distingue des retouches rouges ou blanches. Mais Athènes reste sur beaucoup de points tributaire de Corinthe. Il est facile de remarquer cette dépendance quand on examine la série de vases du Louvre qui va jusqu'au v° siècle. On a donné à ces vases le nom d'*Égyptiens* ou de *Tyrrhéno-phéniciens* à cause des motifs orientaux qui s'y rencontrent; ce sont des vases attiques où l'influence corinthienne se fait encore sentir. Souvent les inscriptions

---

(1) M. Pottier ne dit qu'un mot en passant des vases de Defenneh en Égypte qui seront publiés plus tard par les Anglais.
(2) A. Dumont avait laissé de nombreuses notes, M. Pottier a rédigé le chapitre.

qui y sont peintes n'offrent aucun sens les peintres ont remplacé par des signes de convention ce qu'ils ne comprenaient pas, et ce qui à leurs yeux n'avait aucune importance pour les pays où ces objets seraient importés

Peu à peu la personnalité attique se dégage, l'artiste, maître de la technique, ne se contente plus d'indiquer par des inscriptions le sujet qu'il traite il signe son œuvre Les signatures donnent des noms autour desquels on peut grouper des œuvres anonymes de même facture Glaukytès et Archiclès ont peint des coupes à petits personnages où se voit encore l'imitation corinthienne Ergotimos quoiqu'en progrès, a encore quelqu'incertitude dans le dessin Klitias, son associé signe avec lui le *Vase François* Nearchos et ses deux fils Ergoteles et Tléson, Paséas, Skytes et Euphilétos font déjà preuve d'une habileté plus grande dans le dessin surtout dans la représentation des chevaux Phrynos Xenoklès, Theozotos isolent davantage les figures Taleidès, Timagoras Tychnos Charitaios se distinguent par la simplicité des formes et la vérité des proportions L'hydrie entre alors en concurrence avec l'amphore et la forme du vase influe sur la composition des scènes L'artiste a sous la main deux champs distincts qui lui permettent de composer des tableaux différents La couleur est meilleure et le dessin plus parfait dans les vases signés de Kolchos d'Exekias et d'Amasis

Les premiers vases à figures rouges apparaissent alors concurremment avec les vases à figures noires Andokidès est contemporain de Timagoras Nicosthenes d'Exekias et d'Amasis La révolution se fait donc lentement Les figures se détachent sur fond noir le pinceau plus souple remplace la pointe sèche et anguleuse Ceux mêmes qui continuent à peindre des figures noires profitent des perfectionnements nouveaux C'est le temps d'Euphronios, de Kachylion de Douris de Brygos

Les découvertes récemment faites sur l'acropole ont montré que la période où les deux systèmes de peintures étaient concurremment employés doit être reculée jusqu'au temps de Clisthènes Les noms d'Euphronios et d'Andokides ont été trouvés écrits en caractères archaïques Le temps où les figures noires étaient seules en usage, doit être reculé jusqu'aux Pisistratides c'est-à-dire trente ou quarante ans avant l'époque où on les plaçait jusqu'ici D'après M Studniczka le beau Léagros l'ami d'Euphronios serait le stratège de 467 Glaukon son fils, aurait commandé les troupes athéniennes au début de la guerre du Péloponnèse Panaitios dont le nom apparait si souvent sur les coupes d'Euphronios et de Douris, serait un des combattants de Salamine Sur une coupe polychrome est inscrit le nom d'Alcibiade et sur un vase à figures noires celui de Xanthippe, père de Périclès Ces faits sont de la plus haute importance pour le classement chronologique des vases peints (1)

Ici s'arrête le manuscrit d'Albert Dumont M Pottier explique dans une introduction qu'il a jointe au cinquième fascicule pourquoi il n'a pas continué plus loin l'histoire de la Céramique grecque L'ouvrage d'A Dumont est le résultat d'une double conception Chargé en 1872 d'une mission en Grèce en compagnie de M Jules Chaplain, il avait eu l'idée « d'une publication où l'on aurait trouvé un choix des plus beaux monuments vases et terres cuites, provenant de la Grèce même, M Chaplain se chargeait de les reproduire dans des dessins d'une scrupuleuse exactitude A Dumont se proposait de rédiger des notices archéologiques qui auraient attiré surtout l'attention du lecteur sur la parenté étroite des œuvres céramiques fabriquées en Grèce, et des produits analogues recueillis dans les nécropoles d'Italie » Cet exposé devait servir surtout à éclairer la question des origines et montrer les « relations commerciales établies dès une haute antiquité entre toutes les populations des côtes de la Méditerrannée »

Depuis lors A Dumont dut consacrer la plus grande partie de son temps à la direction de l'École de Rome, puis de l'École d'Athènes, et enfin de l'enseignement supérieur Ce qui lui restait de loisirs était consacré à l'ouvrage dont il avait conçu le plan Il en publia lui-même les deux premiers fascicules Mais « à mesure que la rédaction de l'ouvrage avançait, la conception initiale subissait de profonds changements Les découvertes de MM Schliemann, Fouqué Gorceix, Marmet, Salzmann Biliotti De Cesnola, renouvelaient les études sur les premiers âges de la Céramique » A Dumont « relégua au second plan les monuments de la période classique et s'engagea résolument dans une étude détaillée des origines Le premier chapitre de l'ouvrage projeté était devenu lui-même un livre complet » D'après les papiers laissés par l'auteur il est probable qu'il voulait entreprendre une histoire de la peinture à figures rouges, et se contenter de courtes notices pour les figurines de terre cuite Les problèmes que soulèvent le classement chronologique des vases devaient l'attirer La méthode qu'il eût suivi eût été certainement celle dont il s'était servi pour l'étude des origines c'est-à-dire l'observation des formes des ornements, en un mot de tout ce qui constitue les procédés de telle ou telle fabrique Le façonnage, la nature de l'argile, la pose des couleurs étaient pour lui des éléments aussi importants à considérer que le sujet traité par l'artiste La mort d'A Dumont nous a donc privés d'une grande histoire de la peinture des vases, depuis ses origines, jusqu'à l'époque romaine

(1) M Pottier résume ces faits dans une longue note (p 356)

M. Pottier, par un sentiment de piété respectueuse envers l'auteur n'a pas voulu terminer le livre selon le plan qu'A. Dumont avait tracé. Il s'est trouvé, par un heureux hasard, que le dernier chapitre rédigé terminait l'étude des vases à figures noires. M. Pottier a donc pu s'arrêter là. Nous aurons seulement une *Histoire de la peinture des vases Grecs depuis les origines jusqu'au* v *siècle avant Jésus-Christ*.

Cependant, pour réaliser la conception primitive de l'auteur, l'éditeur a terminé le premier volume par « une série de brèves notices sur les poteries de l'Epoque classique que reproduisent la majorité des planches. » C'est le choix de vases peints dont A. Dumont rêvait l'exécution dès 1872 (1).

Nous n'avons pas à répéter ici ce que nous avons déjà dit de la sûreté de méthode, de la clarté d'exposition, qui sont les qualités maîtresses d'A. Dumont.

La part de M. E. Pottier est plus grande dans ces deux derniers fascicules que dans les précédents et il se montre à la hauteur de la tâche difficile qu'il avait entreprise. Les chapitres qu'il a rédigés sont dignes de ceux qu'avait écrits son savant maître et, grâce à lui, nous n'avons pas le regret de constater dans les *Céramiques Grecques* des lacunes qui auraient nui à une œuvre aussi remarquable.

Le second volume contiendra des *Mélanges archéologiques*, où l'on trouvera tous les articles d'A. Dumont qui traitent des monuments recueillis en Grèce, vases, terres cuites, bronzes et marbres. Les planches feront le sujet de notices placées à la fin sous le nom de *Choix de terres cuites*. Nous rendrons compte prochainement du premier fascicule qui vient de paraître.

E. BEURLIER

---

67. — **Histoire de Bretagne,** critique des sources, par Arthur de la BORDERIE. —I. Les trois vies anciennes de saint Tudual, texte latin et commentaire historique. Paris, Champion, 1887, in-8 de 134 pages.

M. de la Borderie se propose d'éditer successivement les principales vies de saints bretons, d'en établir l'époque, les sources l'origine, d'en dégager les éléments historiques. Ce ne sera pas un médiocre service qu'il rendra ainsi à l'histoire de Bretagne, qui lui doit déjà tant.

Il commence par le patron de Tréguier, appelé actuellement saint Tugdual ou Tual bien que ses biographes écrivent son nom *Tutgualus*. M. de la Borderie se décide pour l'orthographe Tudual, adoptée précédemment par M. Anatole de Barthélemy.

Il subsiste trois vies de ce saint. La plus récente figure dans un ma

---

(1) Une excellente table analytique termine le volume.

nuscrit du XII° siècle, des deux autres on n'a que des copies modernes, mais ces copies dérivent elles-mêmes de manuscrits anciens, de sorte que leur âge ne constitue aucun préjugé contre l'antiquité des textes. Ceux-ci se suivent dans un ordre très facile à établir : au premier coup d'œil on voit que leur antiquité est en raison inverse de leur prolixité.

Nous avons donc une série de trois vies de plus en plus étendues. M. de la Borderie les attribue respectivement au VI° siècle, au IX° et au XI°. Vérifions d'abord ces dates.

La troisième vie se termine par le récit d'un miracle arrivé sous l'épiscopat de Martin, évêque de Tréguier. Ce prélat entra en fonctions à une date comprise entre les années 1047 et 1082 ; en 1086 il était déjà remplacé par un autre appelé Hugues. M. de la Borderie admet comme évident que la troisième vie fut rédigée du vivant de Martin, « vers le milieu de XI° siècle ». Cela ne me paraît pas aussi clair. Le biographe parle de Martin dans les termes suivants : « Un évêque de grande autorité, appelé Martin... » Il me semble que ce langage suppose le rédacteur et les lecteurs assez éloignés du personnage en question. Comme la pièce a été écrite à Tréguier et pour les Trécorois, il ne s'agit pas d'une distance de lieu, mais d'une distance de temps. On sera donc prudent en abaissant jusqu'au XII° siècle la date de la troisième vie de saint Tudual.

Venons à la deuxième, que M. de la Borderie estime être du IX° siècle. Cette vie contient déjà l'épisode de saint Tudual élevé à la papauté pendant un pèlerinage à Rome. A ce propos l'auteur parle du *Mons Gaudii qui circa Romam esse videtur, de quo civitas illa imperialis potest conspici.* Il s'agit de la colline appelée actuellement Monte Mario, d'où, en effet, on domine toute la ville de Rome. Sur ce point de topographie l'écrivain est bien renseigné. Mais la dénomination de *Mons Gaudii* ne se rencontre dans aucun document à ma connaissance avant le XI° siècle ; et quant à l'expression de *civitas imperialis* pour désigner Rome, je ne saurais la considérer comme antérieure à la période des Othons, notamment au règne d'Othon III, c'est-à-dire à la fin du dixième siècle. Joignons à cela la mention de Lexobie. On voit au bas de la rivière de Lannion, c'est-à-dire dans les limites de l'ancien diocèse de Tréguier, les restes d'un *oppidum* gaulois, transformé plus tard en *castellum* romain. Le nom de ce lieu est *Yaudet*, corruption du latin *civitate*. Les hagiographes bretons s'imaginèrent qu'il y avait eu là, dans les temps anciens, une *cité* romaine, et, conséquemment, un siège épiscopal dont celui de Tréguier aurait hérité. Ils déduisirent le nom de cette cité d'un passage des commentaires de César où la cité des Lexobiens (Lisieux) est nommée parmi les villes du littoral armoricain : les ruines du Yaudet devinrent celles de Lexobie. On finit même par trouver le catalogue des soixante-six évêques lexobiens, prédécesseurs de saint

Tudual, le premier, Drennalus, était un compagnon de saint Joseph d'Arimathie, lequel, comme on sait, porta l'évangile en Grande-Bretagne. Ces fantaisies n'étaient pas encore en circulation au moment où furent rédigées les vies de saint Tudual; cependant les deux dernières connaissent la cité de Lexobie. M. de la Borderie essaie de démontrer que la découverte de cette cité est l'œuvre du troisième biographe et que dans le récit du deuxième elle ne figure que par interpolation. Ses raisons ne m'ont pas convaincu: la mention de Lexobie me paraît tenir aussi solidement au texte dans la deuxième vie que dans la suivante. Dès lors, les arguments présentés par M. de la Borderie pour établir que la fable de Lexobie n'a pu être inventée que vers le onzième siècle retomberont de tout leur poids sur la deuxième vie.

Arrivons à la première. L'auteur de la troisième nous apprend qu'elle est l'œuvre d'un certain Louenan, disciple de saint Tudual, qui avait composé un volume où l'on pouvait lire les noms des propriétés données au saint, avec ceux des donateurs et des témoins. Il semble, d'après ces indications, que la première vie formait originairement le début d'un livre censier ou d'un cartulaire de l'église de Tréguier, et que ce recueil avait été composé, avec la vie elle-même, par un moine trécorois appelé Louenan. L'impression que donne la première vie concorde bien avec cette conclusion. Le saint y est considéré beaucoup moins comme un héros de l'ascétisme ou de l'apostolat que comme le fondateur de la mense épiscopale de Tréguier. Ce qu'il fait le plus et le mieux, c'est d'acquérir du bien. On détaille tous les *pagi* de Bretagne où des terres lui furent données, et on le conduit à la cour du roi Chilbert (Childebert) (1), pour se faire confirmer les donations par l'autorité royale. Il y reçoit en même temps l'ordination épiscopale, avec la juridiction sur toutes les paroisses acquises par lui.

Il est bien regrettable que le cartulaire soit perdu: s'il existait, on pourrait sans doute constater que la curieuse énumération des *pagi* conservée par le biographe en formait comme le cadre, comme la table des matières. Les deux autres biographes, qui ont eu l'œuvre de Louenan sous les yeux, n'ont pas fait cas de ces données géographiques. Ils se

---

(1) Childebert est, dans les légendes bretonnes, le roi franc par excellence. De toute la dynastie mérovingienne elles ne connaissent guère que ce nom, défiguré de diverses façons: Chilbert, Filibert, Filbert, etc. Il y a là sans doute un souvenir d'anciennes relations. Childebert, qui régna près de cinquante ans (511-558), aura eu dans sa part de l'héritage de Clovis les pays armoricains où les Bretons étaient en train de s'établir. Tous les saints bretons de quelque importance vont voir Childebert. Ce voyage, évidemment fictif dans la plupart des cas, peut avoir été réel pour quelques uns: saint Samson par exemple.

bornent à les indiquer d'un mot, s'attachant de préférence aux traits édifiants.

Quelle est la date du petit écrit de Louénan ? M. de Barthélémy, qui l'a publié avant M. de la Borderie, s'accorde avec lui pour le sixième siècle. Le principal argument est la qualité de disciple de saint Tudual, attribuée à Louénan par le troisième biographe. Oserai-je avouer que cet argument ne me semble pas très fort ? Les moines de Tréguier ont pu se qualifier ainsi bien des siècles après leur fondateur. D'ailleurs le témoignage d'un biographe du XIIe siècle n'est peut-être pas assez autorisé. Il faudrait voir le texte sur lequel il s'appuie pour appeler Louénan disciple de saint Tudual. Si l'on s'en rapporte à la vie elle-même, non seulement elle ne porte aucun nom d'auteur, mais encore on n'y voit aucun trait qui decèle un narrateur contemporain. Rien n'empêche qu'elle ait été écrite au IXe siècle. C'est cette date qui me paraît indiquée par la préoccupation de l'évêché et de sa mouvance.

Comme je le disais tout à l'heure, le livre de Louénan ne nous apprend à peu près rien sur la vie et l'activité religieuse de saint Tudual. A ce fond primitif les deux autres biographes n'ajoutent, sauf quelques épisodes postérieurs à la mort du saint, que des développements oratoires, des lieux communs et la légende merveilleuse de saint Tudual élevé à la papauté. Disons un mot de celle-ci.

Saint Tudual, en butte à des vexations de la part du représentant de l'autorité franque, fatigué aussi de la désobéissance de son peuple, s'en va porter plainte au siège apostolique. Arrivé à Rome, il entre dans la basilique de Saint Pierre au moment où le peuple romain s'y trouve réuni pour élire un nouveau pape, car le siège pontifical est vacant. Pendant qu'il est à genoux et en prières, une colombe vient se poser sur sa tête et le désigne ainsi aux suffrages de l'assemblée. On l'acclame, on l'intronise, on lui donne le nom de Léon le Breton « comme le catalogue romain en fait foi », *Leonem Britigenam, ut Romanus catalogus narrat*. Au bout de deux ans un messager céleste l'avertit de retourner en Bretagne, il obéit sans hésitation.

D'où vient cette légende ? Évidemment du nom *Pabu Tutgual*, faussement interprété. Le mot *Pabu*, qui veut dire père, est resté joint, nous ne savons pourquoi, au nom du patron de Tréguier ; mais on aurait pu dire tout aussi bien Pabu Malo, Pabu Brieuc, etc. Il est clair que ceux qui ont traduit *Pabu* par *pape* ne savaient ni le breton ni aucune langue celtique. La légende a dû naître en pays français, longtemps après que l'invasion normande eût forcé les moines de Tréguier à y chercher refuge avec les reliques de leur fondateur. Ceci concourt à prouver que la deuxième vie de saint Tudual est postérieure au IXe siècle.

Mais comment le légendaire a-t-il pu mettre une pareille fable sous la protection d'un catalogue pontifical romain ? Où a-t-il trouvé le nom de *Leo Britigena* dont il affuble le bienheureux Tudual ? Les anciens érudits avaient déjà trouvé le mot de l'énigme. Ils avaient remarqué dans le catalogue des papes un Léon qualifié de *forensis* ou de *presbiter forensis* (1) et l'avaient identifié avec le *Leo Britigena* de la légende. Bien que ce Léon (Léon V) ait vécu au commencement du x° siècle (903) et n'ait siégé que deux mois, tandis que le biographe lui attribue deux ans de pontificat, j'inclinerais à croire que l'identification est fondée. Là seulement, dans les catalogues pontificaux, se trouve un point d'attache à la référence du légendaire : *ut catalogus Romanus narrat*. Voilà encore une nouvelle raison d'abaisser au x° siècle, ou mieux (2) encore au xi°, la rédaction de la deuxième vie.

On a pu voir que mes conclusions sur l'âge et l'autorité des trois documents sont fort différentes de celles de M. de la Borderie. Si j'entrais plus avant dans cette question d'hagiographie, j'aurais, je le crains, l'ennui de voir se multiplier les divergences entre nos appréciations. Par exemple, je contesterais l'existence d'une vie de saint Tudual en irlandais, à laquelle se réfère le deuxième biographe ; je ne distinguerais nullement les trois Tudual qui figurent dans les légendes de Landévennec, de Tréguier et de Saint-Brieuc, la différence de leurs histoires ne me semblant prouver autre chose que l'incertitude de la tradition relative à un seul et même personnage.

« Si l'on écarte les documents hagiographiques, l'histoire de la Bretagne avant le ix° siècle n'existe pour ainsi dire pas. » — Ainsi commence l'Avertissement placé en tête de cet ouvrage. Je suis bien de cet avis ; mais j'estime que les documents hagiographiques, ceux du moins que l'on a publiés jusqu'à présent, ne sont pas tels qu'on puisse en tirer beaucoup de renseignements certains, et je me résigne à ignorer, sauf quelques faits et quelques traits généraux, l'histoire de la Bretagne avant le ix° siècle.

L. DUCHESNE.

(1) *Forensis* signifie simplement que le prêtre Léon n'appartenait pas au clergé romain proprement dit. Dans la rédaction la plus complète du catalogue pontifical on marque qu'il était d'un lieu appelé Priape, dans les environs d'Ardée. Pour qui n'était pas bien au courant des particularités de style de la cour pontificale, *forensis* pouvait signifier étranger. C'est, je pense, en partant de cette acception que l'on a pu arriver à faire cadrer les deux données *Pabu Tutgualus* et *Leo forensis*. Le qualificatif *Britigena* représente le résultat de cette opération critique.

(2) Le catalogue pontifical visé par le biographe ne paraît pas avoir été connu en France avant le xi° siècle.

68 — **L'ambassade de France en Angleterre sous Henri IV Mission de Jean de Thumery sieur de Boissise (1598-1602)** par P. LAFFLEUR DE KERMAINGANT Paris Firmin-Didot, 1887 2 vol in 8°
T. I, XXVIII-599 pages t. II pièces justificatives 282 pages.

L'étude sur la mission de Jean de Thumery de Boissise, ambassadeur de France en Angleterre de 1598 à 1602, que M. de Kermaingant vient de publier n'est que la première partie d'une étude générale, qui se continuera par le récit des négociations de Christophe de Harlay de Beaumont et d'Antoine de la Boderie, et comprendra ainsi l'examen de la diplomatie de Henri IV en Angleterre depuis la paix de Vervins jusqu'à sa mort. Les volumes consacrés à M. de Boissise, que nous avons sous les yeux, constituent un travail des plus consciencieux entrepris sur un négociateur peu connu ou presqu'inconnu jusqu'ici, qui se trouvait tout entier à exhumer de ces archives et de ces correspondances diplomatiques dont le dépouillement est si bien fait pour lasser les plus patients.

La collection de la correspondance des ambassadeurs de France en Angleterre est assez singulièrement distribuée. Les archives des Affaires étrangères la contiennent, selon l'ordre normal, depuis 1660, date de la fondation du Dépôt, et même sans interruption depuis 1624. Pour toute l'époque antérieure, les bibliothèques particulières, qui, à défaut de dépôt légalement organisé, avaient conservé les originaux ou les copies des dépêches, se trouvent aujourd'hui dispersées selon le hasard qui les a distribuées entre nos grandes collections publiques, dans lesquelles il est en somme possible d'en reconstituer la série presque complète depuis le traité d'Amiens de 1527. La Bibliothèque nationale en détient la plus grande part, soit à l'état de pièces détachées, soit à l'état de recueil régulièrement constitué pour chaque mission. Aux Archives nationales ont échu les papiers de Salignac de la Mothe-Fénelon, qui ont été publiés par M. Alexandre Teulet. Les archives des Affaires étrangères par suite de l'acquisition d'une partie de la collection de Mesmes, au commencement du XVIII° siècle, possèdent enfin les correspondances des ambassades comprises entre 1537 et 1562, avec des fragments de celle de Hurault de Maisse en 1598 et de Christophe de Harlay en 1600.

C'est un manuscrit de la collection de la Mare, aujourd'hui conservé à la Bibliothèque nationale, que M. de Kermaingant a pris pour base de son étude. Ce manuscrit contient la copie de la correspondance du roi et de Villeroi avec Boissise, et c'est d'après ce texte que sont éditées les dépêches de Henri IV à son ambassadeur et ses lettres à Elisabeth, qui au nombre de plus d'une centaine, composent le volume consacré aux pièces justificatives. Ajoutons que l'auteur a consulté avec beaucoup de fruit les documents du Record Office qui lui ont été courtoisement communiqués.

Une Introduction étendue (pp. 1-226) contient le résumé des missions remplies par les ministres français prédécesseurs de M. de Boissise en Angleterre, depuis la déclaration de guerre de la France à l'Espagne en 1594, circonstance qui modifie si considérablement la nature des relations entre Élisabeth et Henri IV devenu le roi incontesté de la France. Jean de Beauvoir de la Nocle en fonctions depuis 1589, Antoine de Loménie, qui le remplace en 1595, M. de Fouquerolles, MM. de Bouillon et de Sancy au commencement de 1596, M. de Reau à la fin de la même année, enfin Hurault de Maisse se succèdent l'un à l'autre dans cette charge, de 1594 à 1598. De patentes et laborieuses recherches ont permis à M. de Kermaingant de restituer dans son intégrité la liste de ces ambassades régulières, et celle de ces missions extraordinaires qui sont leur corollaire et dont quiconque a parcouru les documents diplomatiques connaît l'enchevêtrement inextricable. La mention des voyages en Angleterre de M. de la Barrauderie, du conseiller au Parlement Étienne Chevalier et du pasteur de la Fontaine dans le courant de 1595, méritent à cet égard d'être particulièrement signalée. L'identification du vague personnage jusqu'ici connu sous le nom connu de M. de Réau est encore plus à relever : c'est Antoine de Moret, seigneur de Reau, dont une note étendue (p. 53) résume la carrière et les états de service. La consultation de cette Introduction permettra également de dresser pour l'époque comprise entre ces mêmes dates de 1594 à 1598 la liste des ambassadeurs anglais en France. La présence dans l'*Index* d'un article *Ambassadeurs* où ces divers noms tant français qu'anglais, se suivraient à leur rang chronologique rendrait pour les recherches de ce genre de grands services aux lecteurs qui trouveraient ainsi sous une forme facile à consulter la liste des envoyés dans les deux cours.

C'est à la fin de 1598 que M. de Boissise arrive à Londres, à la suite d'une assez longue vacance de l'ambassade française. Issu d'une famille de robe, sorti de ce milieu parlementaire où se recrutaient les plus solides diplomates du XVIe siècle, il s'était rallié sans réserve et sans regret à Henri IV dès son avènement au trône. Son attachement au roi, dit M. de Kermaingant, se voit à tout propos dans sa correspondance. « Habile agent d'information », mais « méticuleux et amoureux du détail, il s'attache avec obstination à la lettre de ses instructions » (p. 238). En face d'Élisabeth, il manque de souplesse, et l'esprit mobile et fécond en ressources de la reine le déconcerte plus d'une fois. Le poste de Londres était alors il est vrai, un des plus difficiles à tenir. Comme l'auteur le dit très justement il fallait reconquérir le rang revenant de droit à la première couronne de l'Europe vis à vis d'une reine que le roi avait comblée d'égards et de respects, et comme femme et comme bienfaitrice. C'est après tout ce point capital que Boissise finit par régler à l'avantage de la France.

L'étude de M. de Kermaingant nous le montre, pendant sa mission, s'efforçant de maintenir l'alliance, malgré le dépit que devait causer à Élisabeth la conclusion de la paix de Vervins, qui la laissait aux prises avec l'Espagne. Des négociations sans cesse renaissantes, aussi mesquines que minutieuses, sur les faits de piraterie dont les sujets anglais se rendaient coupables, paraissent au premier abord remplir presque entièrement son ambassade et en constituer le principal et presque unique objet. Néanmoins et avec beaucoup de vraisemblance, M. de Kermaingant croit que Henri IV avant tout, faisait dissimuler sous cette apparente préoccupation l'examen attentif des négociations engagées entre l'Angleterre et l'Espagne. En effet, l'indépendance des Provinces Unies, question vitale pour la France, pouvait dépendre des secours que la reine continuerait ou non à leur fournir. En masquant sous de continuelles réclamations de moindre importance le véritable but poursuivi, Henri IV se croyait plus de chances de mettre en défaut la pénétration d'Élisabeth et de pouvoir mieux suivre les changements de sa pensée mobile. C'est dans ce double objet que réside toute l'activité diplomatique de la mission de Boissise, que nous suivons pas à pas et dans le plus grand détail pendant ses quatre années de séjour à Londres, de 1598 au commencement de 1602.

Le reproche le plus grave à adresser à ce travail est de ne comprendre aucune division de chapitres ni même de paragraphes numérotés. Cette absence de rubriques est déjà incommode pour l'Introduction, qui compte plus de 200 pages; mais pour la mission même de Boissise, qui en contient plus de 350, la difficulté de consultation devient plus grande encore. De même, les pièces justificatives, dont la date est du reste toujours correctement et clairement établie, devraient être numérotées, et suivies d'un répertoire chronologique indispensable pour une édition de ce genre.

Ces défauts matériels ne manqueront pas de disparaître dans le volume ultérieur dont l'auteur prend l'engagement dans sa préface. Celui-ci sera toujours consulté avec grand profit pour l'histoire diplomatique du règne de Henri IV, qui y apparaît dans son extrême détail et sous ses faces les plus compliquées.

Germain LEFÈVRE PONTALIS

69 — **Comte Th. de Gontaut-Biron.** — Ambassade en Turquie de Jean de Gontaut Biron, baron de Salagnac. Correspondance diplomatique et documents inédits, publiés et annotés. 1 vol. in-8, xiv-452 p. Paris, Picard, 1889.

Nous avons rendu compte dans le *Bulletin* d'une première publication de M. le comte Th. de Gontaut Biron sur l'ambassade du baron de Salagnac (1), aujourd'hui nous devons saluer l'apparition d'un gros volume contenant la correspondance diplomatique de cet ambassadeur, publiée d'après deux manuscrits de la Bibliothèque Nationale (Fonds France 16145 et 16146). les premiers mois de 1604 et la fin de 1606, présentaient deux lacunes qui ont été comblées, grâce à des emprunts faits au Journal du sieur d'Angusse dont nous avons eu l'occasion de parler aux lecteurs du *Bulletin*. De plus, M. de Gontaut a découvert dans les mêmes manuscrits, les minutes d'un certain nombre de lettres inédites de Henri IV, d'une lettre de la reine régente Marie de Médicis et d'une lettre du jeune roi Louis XIII, qui ont été insérées à la place que leur assigne l'ordre chronologique et facilitent ainsi l'intelligence des dépêches proprement dites.

Le recueil se compose de cent cinquante pièces environ, dont quatre vingt-six lettres de M. de Salagnac, adressées au roi, deux à la reine, trois au jeune roi Louis XIII, treize au Secrétaire d'État Villeroi, seize au successeur de celui-ci, Bruslart de Puisieux. Neuf lettres de Henri IV à Salagnac, une de la reine et une de Louis XIII au Sultan et une vingtaine d'autres pièces complètent cette correspondance.

Cette forêt de documents formerait un fouillis impénétrable si deux tables ne venaient y percer de larges allées. l'une est un repertoire très complet des noms de lieux et de personnes, l'autre passe en revue les principales matières contenues dans les lettres et renvoie exactement aux endroits où se trouve quelque passage qui s'y rapporte. La rubrique la plus riche est intitulée *Démêlés avec l'ambassadeur d'Angleterre* il n'y a pas moins de quatre-vingt neuf renvois puis *Affaires relatives à l'Espagne, à l'Empire, aux Vénitiens, Esclaves français, Esclaves turcs, Soldats français au service du Grand Seigneur* etc. etc. Il y a là un travail d'analyse qui abrège singulièrement les recherches et rend le livre facile à consulter.

M. de Gontaut a ajouté au texte des annotations philologiques, historiques et géographiques, qui aident à l'intelligence des lettres. La partie géographique est peut être celle qui pourrait laisser à désirer l'intention de l'éditeur a été, si je ne me trompe, de donner le nom actuel et la

---

(1) *Bulletin critique* 1 mars 1889, page 86.

position des localités qui sont designées par l'auteur sous des appellations qui changent d'une page à l'autre, mais qui sont toujours un peu fantaisistes (c'était l'usage de nos pères) : or, les noms que nous trouvons en note sont quelquefois aussi fantaisistes que ceux qu'ils pretendent expliquer : « Montaine » (p. 6), devenu « la Montaigne » (p. 186) puis « Montagna » (p. 188) serait aujourd'hui Montanée : cette localité s'appelle en réalité Moudaniah. M. de Gontaut le dit d'ailleurs à la table (p. 449). « Canise en Hongrie » (p. 15) s'appelle Kanisza. L'île « d'Auguste » : Lagosta et non Agosta (p. 32) : on dit Ragusais et mieux Ragusains, et non Ragusiens (*ibid*). « Agria » dont il est question une dizaine de fois avec les variantes Agrya, Agrie, Agre est la ville d'Erlau. « Diarbequin » se traduit Diarbékir et non Diarbek (p. 30) : le nom actuel de l'ancienne Sidon n'est pas Seide, mais Saida (p. 200). Temesvar est sur la Témes et non sur la « Temer » (p. 210). Le « Bissetaces » de M. de Salagnac a pour vrai nom Beschik-Tasch et non « Bisistaces » (p. 102) : c'est un village situé sur la côte européenne du Bosphore, et non « un port de l'Asie-Mineure » (p. 445) : l'étymologie veut qu'on écrive Belgrade et non « Bellegrade », qu'il s'agisse de la capitale actuelle de la Serbie ou du village voisin de Constantinople. « Squiate » n'est pas « Skiatos, l'une des Cyclades », que j'avoue ne pas connaître, mais probablement Skyros, ou encore Chios que les Levantins appellent *Iscio* (εἰς Χίον).

Pour aller de Coigna (Iconium ou Konieh) à Halep, il ne faut pas passer par Cesarée de Cappadoce (Kaisarieh), mais par Césarée de Cilicie (Anazarbe) : c'est donc avec cette dernière ville qu'il faut identifier la Casarja dont il est question à la page 174.

J'arrete cette discussion qui pourrait à la longue manquer d'intérêt : je ferai cependant remarquer que *fontigue* signifie bien dépôt de marchandises, mais qu'en italien on dit *fondaco* et non *fondaccio* : qui ne connaît le *Fondaco de Tedeschi* et le *Fondaco de Turchi* à Venise?

M. de Salagnac parle souvent du « Testarda », officier chargé du maniement des finances : il n'eut pas été inutile de dire que ce fonctionnaire s'appelle « Defterdar ». M. de Gontaut a donné fort exactement des explications analogues pour d'autres officiers. A la page 313 M. de Salagnac parle de la construction de la mosquée élevée par le sultan Achmet et M. de Gontaut nous dit que « cette construction faillit provoquer une révolte. Le mufti defendit aux croyants d'y prier Dieu. Achmet la termina malgré cette opposition. » Il n'etait pas sans intérêt de dire la raison de cette opposition : c'est que le sulan voulait donner six minarets à sa mosquée : or, dans tout le monde musulman, la Mosquée de la Mecque était seule à en avoir ce nombre. Achmet termina sa mosquée, mais après avoir fait ajouter à ses frais un septième minaret à la Kabaa.

Si, laissant de côté ces remarques accessoires, nous en venons au fond du livre, nous trouvons une œuvre très digne de continuer le recueil édité par M. Charrière (dans la *Collection de documents inédits sur l'histoire de France*), et qui conduit l'histoire des négociations de la France dans le Levant précisément jusqu'au règne d'Henri IV. La publication de M. de Gontaut aurait sans doute eu plus d'intérêt, si elle ne correspondait pas à une époque relativement pauvre en faits historiques. Il y a cependant un point à noter : on a répété sur la foi de Sully, et on enseigne partout que si Henri IV n'était pas tombé sous le couteau de Ravaillac, il eût entrepris l'exécution du *Grand Dessein* dont un des points principaux était d'expulser les Turcs d'Europe; or, dans plus de cent cinquante lettres, on chercherait vainement une phrase, une allusion qui puisse faire supposer que le roi Henry ait nourri un tel projet. Tout au contraire, la politique du roi est toute pacifique, et nous le voyons s'efforcer de contenir les ardeurs de son envoyé. Il n'y a là qu'un argument purement négatif, mais je serais étonné s'il n'était exploité par ceux qui croient qu'il y a plus à laisser qu'à prendre dans les élucubrations séniles que Sully nous a léguées sous couleur d'histoire.

P. PISANI

CHRONIQUE

67. M. l'abbé CAYET, chapelain de Saint-Louis des Français à Rome, met en vente au prix de 7 fr. 50 le volume, un ouvrage en deux volumes intitulé *Le grand schisme d'Occident, ses origines d'après les documents contemporains tirés des archives secrètes du Vatican*. Voici d'après quelle méthode est conçu cet ouvrage. M. Cayet a extrait des dossiers les pièces les plus importantes dont il donne le texte en appendice et dont il intercale la traduction dans le corps de son travail : de ce nombre sont « Le casus inédit ou récit de « l'abbé de Sistre envoyé en Espagne par Urbain VI, les notes inédites « ajoutées par le cardinal de Luna au casus de Jean de Lignano, le casus « inédit composé par trois cardinaux italiens avec les notes et la conti- « nuation du cardinal Corsini ; la continuation du casus des cardinaux par « le cardinal de Saint-Eustache pièce également inédite, quinze dépositions « inédites de témoins romains pour la plupart, une lettre inédite écrite à « Rome trois jours après l'élection et contenant le récit des faits, les dépo- « sitions inédites du Camerlingue et de son lieutenant l'évêque de Marseille « préposé à la garde du conclave, celle de l'évêque de Todi autre gardien « du conclave et le compagnon d'Urbain VI pendant l'élection et la nuit qui « suivit, celles de l'évêque de Récanati (1), de Thomas de Amanatis plus « tard cardinal, prélats présents au palais pendant l'élection, celles du châ-

(1) Les dépositions des évêques de Todi et de Recanati sont citées par Raynaldus mais ces citations ne sont qu'une bien minime partie du tout, ce qui autorise M. Cayet à considérer ces documents comme inédits. On peut en dire autant des autres témoignages contenus dans les Annales et dans les Vies des papes d'Avignon de Baluze.

« telain et du capitaine des troupes au château Saint-Ange, la relation inédite
« de Conrad, doyen de Wissegrade, ambassadeur de l'Empereur et du roi
« de Bohême auprès de Grégoire XI et d'Urbain VI, le compte rendu inédit
« de Rodrigue Bernard, enquêteur d'Aragon à Rome et ailleurs, la partie
« historique du plaidoyer de Martin, évêque de Lisbonne, ambassadeur
« portugais à la cour de France au sujet de la conduite du roi son maître
« vis-à-vis d'Urbain VI. Enfin les dépositions inédites de chacun des cardi-
« naux avec leurs réponses aux objections tirées des dépositions faites contre
« chacun d'eux »

Quant aux autres documents, il a extrait de chacun d'eux tout ce qui peut ajouter quelques détails au récit du fait essentiel et mis ces détails à leur place, donnant la traduction du document dans le corps de son travail et en note la partie principale du texte. Son rôle, on le voit, se borne pour la rédaction à celui de traducteur; quant au classement des faits il a pris vis-à-vis des dossiers le rôle modeste du juge d'instruction. Le magistrat chargé d'une enquête arrive le plus souvent à découvrir la vérité au moyen des contradictions; s'il n'en rencontre pas, il les fait naître. M. Cayet n'a qu'à les signaler et à s'en servir pour établir la vérité des faits et surtout l'ordre chronologique des événements qui est ici d'une importance capitale.

L'ouvrage est divisé en trois livres précédés d'une histoire des derniers jours du pontificat de Grégoire XI formant préface. Le premier livre commence à la mort de ce pontife et contient le récit des événements survenus pendant ses obsèques; le second livre est consacré à l'élection d'Urbain VI, et le troisième est l'histoire des premiers mois de son pontificat; il se termine par l'élection de Clément VII.

68. M. de Rossi vient de publier en un cahier de très grand format une étude sur la cassette à reliques offerte au Saint-Père par le cardinal Lavigerie. Cette publication intitulée *La capsella argentea africana*, etc., comprend 33 pages in-f° et trois planches. L'auteur y établit d'abord, d'après des renseignements nouveaux et authentiques, que la cassette en question a été trouvée en place dans l'autel d'une petite basilique en ruines. Cette église s'élevait à 2 heures environ du N.-O. d'Aïn-Beïda entre Constantine et Tebessa. Une inscription monumentale avec les lettres en relief contenait la mention de la dédicace de l'église avec son vocable et le catalogue des reliques, sans doute aussi la date. Aussitôt mise au jour cette inscription a été brisée et transformée en macadam suivant l'usage des Ponts et Chaussées. Cependant quelques fragments ont échappé aux Vandales du xix° siècle; comparés avec des débris d'architecture encore en place, ils permettent de constater que l'édifice était du vi° siècle, postérieur à la paix rendue à l'Église par le roi Hildéric (523). Il fut alors consacré avec des reliques venues de Rome pour la plupart. Cependant la cassette qui fait l'objet de ce mémoire paraît antérieure à la réédification. Le dépôt de reliques dans l'autel du vi° siècle était divisé en deux étages; elle occupait l'étage inférieur. Il y a lieu de croire qu'elle représentait la consécration primitive contemporaine de la fondation même de l'église, tandis que les reliques romaines avaient été apportées plus tard lors de la reconstruction. Par elle-même cette cassette offre beaucoup d'intérêt; sa décoration figurée reproduit avec quelques variantes imposées par l'exiguité de l'espace l'ornementation des absides de basilique; en ceci elle a d'autant plus de valeur qu'il ne s'est conservé en Afrique aucune abside décorée, comme on en voit tant en Italie.

69. *Collection de textes pour servir à l'étude et à l'enseignement de l'histoire* publiée chez A. Picard. Deux nouveaux volumes à signaler:

1. *Lettres de Gerbert* éditées à nouveau par M. J. Havet, avec une intro-

duction qui est un travail fort remarquable sur la biographie de Gerbert et la tradition paleographique de ses lettres. M. Havet établit qu'elles nous sont parvenues par deux manuscrits exécutés du vivant même de Gerbert et dérivant tous deux du cahier de brouillon où il écrivait d'abord ses lettres avant d'en rédiger l'exemplaire qui était envoyé au destinataire. Certains passages étaient dans ce cahier en écriture secrete. M. J. Havet a pu retrouver le chiffre de Gerbert et combler ainsi certaines lacunes.

2. *Les grands traités de la guerre de cent ans*, publiés par M. E. Cosneau. Ce sont les traités de Londres (1359), de Brétigny (1360), de Paris (treve 1396), de Troyes (1420), d'Arras (1435), de Tours (trêve 1444). On y a joint de courtes et substantielles notices où l'éditeur rappelle brievement la suite des évenements qui ont amené les traités, classe les documents de chacun d'eux et indique les sources du texte publie.

70. On ne connaissait jusqu'ici que deux manuscrits du *Liber Diurnus*, encore l'un d'eux est-il perdu depuis plus d'un siecle. M. l'abbé Ceriani vient d'en signaler un troisième dans les *Rendiconti* de l'Institut lombard. Ce manuscrit se trouve a l'Ambrosienne I 2 *sup*; il provient de Bobbio. Montfaucon l'avait noté avec la désignation de *Diurnus Romanus* dans sa *Bibliotheca Bibliothecarum*. Néanmoins il avait échappé à l'attention des divers éditeurs du *Diurnus*; d'apres les renseignements donnés par M. Ceriani il ressemblait beaucoup au *Claromontanus* perdu. L'ordre des formules est le même; cependant le manuscrit ambrosien contient les formules 19, 20, 21 qui manquaient à celui du college de Clermont; de plus il est complet à la fin; on y trouve le texte de l'*Epistola vocatoria* dont le titre seul figurait dans le *Claromontanus*, puis deux formules de concessions d'immeubles, enfin la note suivante: *Adnotatio in quorum scripta dataria debentur dari id est patriarchis, archiepiscopis, episcopis vel omnibus clericis ecclesiae Romanae eiusque actoribus imperatori imperatrici.* — M. Ceriani annonce l'intention de publier cet important manuscrit.

71. M. Paul Koetschau publie dans les *Texte und Untersuchungen* t. VI fasc. 1 une étude sur la tradition du texte des livres d'Origène contre Celse, tant dans les manuscrits de cet ouvrage que dans ceux de la Philocalie. Ces recherches représentent un travail préparatoire à une nouvelle édition du traité contre Celse.

72. La collection des *Monumenta Germaniae* vient de s'enrichir d'un nouveau volume, le tome II des *Scriptores rerum Merovingicarum* dû à la patience et à la sagacité de M. Br. Krusch. Il contient: 1. Les chroniques dites de Frédégaire avec leurs diverses continuations. 2. L'histoire de Da ès le Phrygien sur l'origine des Franks [J'ai toujours pensé que cette histoire ou plutôt la légende dont elle est une des formes n'a pas été sans influence sur la naissance de la pretendue « tradition de l'origine apostolique de nos églises ». Il est sûr en tout cas que la croyance à l'ancêtre troyen Francus fils d'Hector fils de Priam est plus ancienne que cette tradition. Les personnes qui avaient le sens historique assez émoussé par la gloriole nationale pour accepter Francus ne pouvaient guere refuser crédit aux conteurs intrepides qui retrouvaient dans le Nouveau Testament les fondateurs des églises de Gaule.] 3. Deux vies du roi de Ravenne Théodoric, toutes deux de basse époque sans originalité ni valeur historique. 3. Les *Gesta Francorum*. 4. Un recueil de vies des saints de race royale; le troisieme volume est réservé aux vies de saints des temps merovingiens, mais on a voulu donner dans celui-ci quelques spécimens de l'hagiographie franque. Les saints dont il est question ici sont saint Sigismond, sainte Clotilde, saint Cloud, sainte Radégonde (vie écrite par Baudonivie), saint Arnoulf, sainte Gertrude, sainte Bathilde; on a joint à la collection les *Gesta Dagoberti* et la vie de Dagobert III. L. D.

ACADÉMIE DES INSCRIPTIONS ET BELLES LETTRES

Séance du 5 avril. — M. RAVAISSON achève la seconde lecture de son mémoire sur les monuments funéraires des anciens Grecs. — M. SCHLUMBERGER fait une communication sur une bague byzantine du x siècle appartenant au baron Pichon. Ce bijou d'or massif porte quatre inscriptions finement gravées et diverses scènes dont les figures taillées dans le métal sont remplies d'un émail bleuâtre. M. Schlumberger donne la lecture des inscriptions gravées sur la bague. Sur le chaton, de forme circulaire, on a représenté le Christ bénissant un homme et la Vierge bénissant une femme; le mot OMONYA gravé au dessous de ces représentations indique que la bague est une bague de mariage. Le jonc de la bague est divisé en huit pans, portant chacun une représentation d'une scène de l'Évangile : l'Annonciation, la Visitation, la Nativité, la Présentation au Temple, le Baptême, l'*Ecce homo*, les saintes Femmes au Tombeau, la Résurrection. Sur les tranches de l'anneau on lit deux inscriptions : Κύριε βοήθει τοῖς δούλοις σου πετρῷ καὶ Θεοδότῃ et le verset 27 du chapitre XIV de l'Évangile selon saint Jean Εἰρήνην ἀφίημι ὑμῖν εἰρήνην τὴν ἐμὴν δίδωμι ὑμῖν. M. Schlumberger ne connaît qu'une seule bague byzantine aussi belle que celle du baron Pichon, c'est un anneau conservé au musée de Palerme et représentant le couronnement d'une impératrice nommée Eudoxie. — M. S. LUCE lit un mémoire intitulé *Jacques d'Arc père de la Pucelle locataire de l'île de Domrémy.* A l'époque de Jeanne d'Arc, en face du village de Domrémy situé au pied d'une chaîne de collines qui domine la vallée de la Meuse, s'élevait une maison forte que l'on appelait d'ordinaire la *forteresse de l'île* ainsi nommée parce qu'elle occupait la pointe d'une presqu'île formée par le concours de deux bras de la rivière. L'emplacement de cette forteresse, dont le souvenir est rappelé de nos jours par une des principales rues de Domrémy (la rue de l'Ile), n'est représenté que par quelques plis de terrain à peine sensibles. Les substructions doivent seules exister encore et il serait facile de les retrouver par des fouilles méthodiques. En attendant qu'on les fasse M. Chapellier a découvert aux archives du département de Meurthe-et-Moselle un document dont il vient de publier le texte assez incorrect dans le *Journal de la Société lorraine* (janvier-février 1889). Ce texte a une importance de premier ordre pour expliquer la genèse de la maison de Jeanne d'Arc. C'est un bail daté du 1 avril 1420 qui contient les noms de sept locataires de deux catégories différentes ayant reçu à ferme des seigneurs de Bourlémont, de Domrémy et de Greux la forteresse de Domrémy et les terres qui en dépendaient, pour une période relativement longue et à charge de payer chaque année le jour de la Nativité de Notre-Dame 14 livres tournois, plus 3 imaud de bled par journal de terre. Parmi les locataires figure le nom de Jacquot d'Arc père de la Pucelle et parmi les garants du contrat Jacquemin d'Arc frère aîné de Jeanne. M. Siméon Luce tire de ce document la conclusion que la famille de Jeanne d'Arc, contrairement à l'opinion généralement reçue, occupait à Domrémy une situation relativement élevée. — M. HALÉVY continue la lecture de son mémoire sur la *légende des martyrs chrétiens du Nedjrân*.

Séance du 12 avril. — Le directeur de l'enseignement supérieur écrit à l'Académie que le ministre a la demande du directeur de l'École française de Rome a prolongé d'un mois le délai fixé par les règlements pour le dépôt des mémoires des membres de cette école. — M. P. VIOLLET commence la lecture d'un mémoire intitulé *Gallo-Romains et Barbares.* Dès le III siècle on constate chez les Gallo-Romains un courant de sympathie pour les Barbares qui menaçaient la puissance romaine. Ce fait s'explique par deux causes : un état de civilisation commun aux Barbares et aux classes inférieures de la population gallo-romaine, le désir d'échapper à la domination romaine devenue oppressive et impuissante. Ce sentiment de sympathie aurait aidé les Barbares à établir leur domination sur les débris de l'Empire romain. — M. ABEL DES MICHELS, professeur à l'École spéciale des langues orientales vivantes, lit un mémoire intitulé : *Une chanson politique chinoise au temps des Huns*. Il est question dans ce travail d'une énigme ou jeu de mots historique produit par la décomposition de certains caractères et renfermant un sens politique. Cette énigme qui se trouve dans le *Tsin Chou*, annales officielles de la dynastie des *Tsin*, fait allusion à la fondation de la dynastie des Tchào postérieurs par le chef hun Chi le. M. des Michels en donne la clef et la compare à une variante contenue dans un ouvrage chinois intitulé *Chi lou Kouo tch'un tsieou*.

Séance du 17 avril. — M. VIOLLET continue la lecture de son mémoire intitulé *Gallo-romains et Barbares*. Un complot des Lyonnais en 457 livra pour un moment la ville aux Barbares; les Bretons furent aussi appelés et reçus comme des amis. Les invasions n'ont pas l'apparence d'une conquête. — M. GASTON BOISSIER croit que M. Viollet se méprend sur les sentiments des Gallo-Romains à l'égard des Barbares. La littérature de l'époque prouve que les classes élevées et instruites regrettèrent longtemps encore après sa chute la domination romaine. Si la population rurale accueillit les Barbares, ce fut dans l'espérance de voir diminuer les impôts et non par sympathie. M. Deloche pense comme M. Boissier que ce courant de sympathie n'a pas existé entre les Gallo-Romains et les Barbares. On en a pour preuve la défense de Langres par les habitants de cette ville et par leur évêque et la défense de Clermont qui, sous Sidoine Apollinaire, résista pendant douze ans au roi Euric. La question des impôts a eu une grande importance dans la soumission des Gallo-Romains au nouvel ordre de choses. M. HAURÉAU fait observer que cependant les chrétiens étaient favorables aux Barbares qui leur donnaient à espérer la fin des persécutions et il cite le prêtre Salvien de Marseille qui appelait les Barbares de tous ses vœux. — M. HAURÉAU communique quelques extraits d'un sermon prononcé en 1230 par Philippe de Grève, chancelier de Notre-Dame. Ce sermon qui se trouve dans un recueil manuscrit du temps de saint Louis, conservé à la Bibliothèque nationale, est intitulé *Le pain* et traite de l'enseignement de la doctrine qui nourrit les fidèles. Il y est fait mention d'un concile tenu alors à Reims et qui condamna un hérétique nommé Guichard. L'hérétique fut brûlé. On ignore quelle était sa doctrine; mais on voit dans le sermon de Philippe de Grève qu'il la justifiait par les Livres saints dont il avait fait une version française. — M. le comte de Charencey fait une communication sur la langue *mame* parlée dans le Soconusco (Mexique occidental). Cette langue appartient à la famille Maya-Quiché et est en quelque sorte intermédiaire entre les deux groupes de cette famille : le groupe occidental (*quiché* et *Pokomé*) et le groupe oriental (*maya* et *tendale*). La complication bizarre de son système de conjugaison semblait en faire un groupe à part; mais cette complication est due en partie à l'intrusion dans le *mame* d'éléments mexicains.

HENRI THÉDENAT.

Le Gérant : E. THORIN.

BULLETIN CRITIQUE

SOMMAIRE. — 70. Rapport sur le concours décennal des sciences philosophiques en Belgique. *Eug. B.* — 71. Émile CHÉNON. Étude sur l'histoire des alleux en France. *G. Blondel.* — 72. J. LEBARCQ. Histoire critique de la prédication de Bossuet. *Rousselot.* — CHRONIQUE. — SOCIÉTÉ NATIONALE DES ANTIQUAIRES DE FRANCE. — ACADÉMIE DES INSCRIPTIONS ET BELLES LETTRES.

70 — **Concours décennal des sciences philosophiques** (Période décennale de 1878 à 1887.) Rapport du jury à M. le ministre de l'Intérieur et de l'Instruction publique. Bruxelles, Imprimerie de la régie du *Moniteur belge*.

On trouvera dans le très intéressant rapport que nous signalons aux amis de la philosophie, l'analyse et l'équitable appréciation des ouvrages de MM. Tiberghien, Loomans et Delbœuf. Le nombre et l'importance des travaux de ces trois philosophes les recommandaient à l'attention spéciale du jury chargé de juger le concours des sciences philosophiques pour la période décennale de 1878-1887.

M. Tiberghien est un partisan décidé de l'absolu, un défenseur infatigable de la métaphysique. Disciple de Krause et de M. Ahrens, il a consacré ses considérables écrits (*La science de l'âme dans les limites de l'observation, l'Introduction à la philosophie et préparation à la métaphysique, le Temps, dissertation philosophique, l'Agnosticisme contemporain dans ses rapports avec la science et la religion, la Psychologie, la Logique et l'Esquisse de philosophie morale*), soit à l'exposition de ses vues sur la science en général et la philosophie en particulier, soit à la démonstration de son propre système : *le Panenthéisme*. Sous ce nom de Panenthéisme se cache un panthéisme déguisé, une subtile doctrine de la création éternelle, à l'aide de laquelle l'auteur essaie d'expliquer le mystère de la coexistence de Dieu et des créatures.

M. Loomans se montre plus défiant à l'égard de la spéculation pure. Il est convaincu que la philosophie peut établir le spiritualisme sur les bases que lui fournit la méthode expérimentale. D'après lui l'observation consciente nous révèle l'existence d'un *moi* substantiel, un, identique, libre.

C'est l'étude de ce moi qui fait l'objet de divers articles publiés dans la *Revue de Bruxelles*, dans *les Annales de la Société littéraire de l'Université catholique*, du *Cours de philosophie morale* et d'un traité qui a pour titre : *De la connaissance de soi-même. Essai de psychologie analytique*. Mais l'œuvre de M. Loomans, outre qu'elle ne présente pas la vaste unité qui fait le principal mérite de celle de M. Tiberghien, encourt une certaine critique. M. Loomans a trop négligé l'étude des conditions physiques et physiologiques dans lesquelles se produisent les phénomènes de l'âme. De là son impuissance à répondre aux objections qu'on a élevées contre le libre arbitre au nom du déterminisme qui régit la matière.

Enfin M. Delbœuf, « esprit d'une puissante envergure, également versé dans les mathématiques et la philosophie, a touché avec originalité et avec audace un nombre prodigieux de questions. » Nous renonçons à rappeler les titres des articles et écrits de toutes sortes dus à sa plume. Citons seulement les *Prolégomènes de la géométrie et solution des postulats*, l'*Essai de logique scientifique* destinés à combattre l'existence de la certitude *a priori* et d'un *criterium* absolu de la vérité ; les *Éléments de psychophysique générale et spéciale*, la *Théorie générale de la sensibilité*, *Déterminisme et liberté*, la *Matière brute et la matière vivante, étude sur l'origine de la vie et de la mort*. Mais une contradiction des plus graves oppose les idées scientifiques de M. Delbœuf à ses idées philosophiques. Partisan du transformisme et champion de la liberté, il essaie en vain de concilier la loi fatale du développement de la matière et l'autonomie de la volonté.

Dans l'impossibilité de partager le prix décennal ou d'en accorder trois, le jury a proposé au ministre « de décerner le prix décennal à M. G. Tiberghien, pour la deuxième édition de son *Introduction à la philosophie et préparation à la métaphysique*. » Il exprime « ses regrets de ne pouvoir disposer de trois prix décennaux et rend un hommage éclatant et motivé à M. Loomans et à M. Delbœuf, au premier pour la sûreté avec laquelle il applique sa méthode analytique à la science de l'âme, au second pour l'originalité incontestable de ses recherches expérimentales. »

Eug. B.

---

71. — **Étude sur l'histoire des alleux en France**, par Émile CHÉNON, professeur agrégé à la faculté de Droit de Rennes. Paris (Larose) 1888. XI-246 pages in-8.

Au milieu des innombrables modes de tenure du sol usités jadis, la propriété libre et franche n'apparaissait qu'à l'état d'exception. Fief ou censive, telle était la condition normale de la terre ; les maisons elles-mêmes avaient subi l'atteinte du régime féodal, on sait que la censive de l'Archevêché de Paris comprenait des quartiers entiers.

Si les alleux étaient peu nombreux dans le Nord, la propriété allodiale était assez répandue dans le Midi elle apparaît même comme plus libre que la propriété moderne comme plus indépendante de l'État, dont la souveraineté était moins puissamment établie qu'aujourd'hui. L'alleu, dit Bouteillier était la terre franchement tenue de Dieu et cette expression même révèle la préoccupation insurmontable des conceptions féodales.

Quelle fut l'origine des Alleux quelle fut leur importance, à quel régime furent ils soumis à l'époque franque à l'époque féodale, sous les coutumes et enfin sous la monarchie absolue ? Telles sont les questions que M. Emile Chénon s'est efforcé de résoudre.

Le mot Alleu (sur l'étymologie duquel on a tant discuté) a eu d'abord, suivant lui le sens d'hérédité. Jusqu'au viii⁰ siècle alodis s'entend du patrimoine successoral tout entier. Puis on commence à distinguer les biens possédés en pleine propriété (qu'ils proviennent de succession ou d'acquisition entre vifs peu importe) des biens qu'on tient d'une concession c'est-à-dire d'un bénéfice. Les premiers sont appelés *Propria*, mais ils diminuent en même temps que les seconds augmentent, et sous l'influence de cette circonstance le mot Alodis devient synonyme de *Proprium* pour arriver finalement à désigner, par opposition au Bénéfice toute terre libre, et non plus seulement celle qui provenait d'une succession. Dès le ix⁰ siècle l'évolution paraît achevée.

En exposant l'histoire des Alleux M. Chénon nous fait assister à une lutte constante soutenue par la propriété libre avec plus ou moins de succès suivant les lieux et les époques, d'abord contre la féodalité et ensuite contre la royauté. Très nombreuses après l'établissement des barbares, les terres libres sont regardées, une fois que la féodalité a triomphé, comme une anomalie. Le mot Alleu, opposé aux mots Bénéfice et Fief, et synonyme des termes Praedium ou Fundus, désigne toujours, à partir du x⁰ siècle, un immeuble et cesse de s'appliquer à la propriété mobilière.

L'alleu est donc soustrait à la hiérarchie féodale, mais si le roi n'a pas de directe il conserve un droit de protection et de justice. La franchise de l'alleu ne le dispense pas d'être soumis à la juridiction des tribunaux royaux quand il est noble, ou à celle du seigneur dans le territoire duquel il est situé, car c'est une maxime constante en France que la justice ne saurait être allodiale. Sans doute il existait beaucoup d'alleux sur lesquels la justice était rendue par le propriétaire lui-même, mais il en est beaucoup d'autres sur lesquels le possesseur n'avait pas droit de juridiction. On peut donc dire avec raison « alleu et justice n'ont rien de commun ». Mais peut-on prétendre que c'est une *erreur* de répéter, après Guizot, que la fusion de la souveraineté et de la propriété est un des traits caractéristiques du régime féodal? Il y a eu sans doute beaucoup plus de seigneurs féodaux que de simples justiciers. Mais il n'en est pas moins certain que tous les grands alleux, possédés par des hommes puissants nous apparaissent comme comportant la justice (1). L'étude même des différentes sortes d'alleux, que M. Chénon a entreprise, montre l'influence de la propriété sur la souveraineté dont la justice est regardée comme l'un des plus importants attributs.

Le propriétaire d'un grand Alleu ne diffère pas sensiblement d'un immuniste. C'est parce qu'il est grand propriétaire qu'il est devenu petit souverain. En principe il reste soumis à la juridiction royale, en fait il y échappe complètement. C'est au XV° siècle seulement que les choses commenceront à changer à la suite d'un envahissement des justiciers sur les droits des possesseurs d'alleu. Un manuscrit de Wolfenbuttel, relatant des aveux ou déclarations donnés en 1273 à Edouard I°r, roi d'Angleterre, par les habitants du duché de Guyenne, nous montre des propriétaires d'alleux déclarant qu'ils ne tiennent rien du roi pas même la justice (2). M. Chénon aurait pu faire ici d'instructifs rapprochements entre la France et l'Allemagne où les alleux étaient très répandus. La conquête n'ayant pas bouleversé aussi profondément le pays, la constitution ancienne de la propriété se maintint à côté de la constitution féodale, l'alleu resta régi par le *Landrecht* (à l'exclusion du *Lehnrecht*). L'influence féodale se fait sentir dans la dénomination de *Sonnenlehen*. Mais ces fiefs du soleil sont tellement libres que leurs possesseurs ne se croient pas tenus de les faire connaître au roi et refusent formellement de répondre aux questions qui leur sont faites. Dans le document relatif à la Guyenne que nous citions plus haut, le droit de justice n'apparaît point comme la conséquence du pouvoir supérieur du roi, c'est

(1) Les chartes concédant ou reconnaissant l'allodialité d'une terre portent la triple mention suivante: *absque servitio* ce qui est l'exemption du service féodal; *liber ab omni censu*, ce qui est l'exclusion de la tenure en censive; *nullam omnino cuiquam reddens consuetudinem* ce qui doit s'entendre de l'exclusion des redevances justicières.

(2) Il ne faut pas vouloir dans l'étude de la féodalité s'obstiner à chercher des principes; il faut avant tout étudier l'état de fait. C'est une tendance des jurisconsultes de vouloir donner à toute force des définitions juridiques précises et mettre dans les institutions une logique outrée. Le moyen âge est l'époque de formation d'un grand nombre de principes nouveaux. Mais quel que soit le moment auquel on se place, ces principes apparaissent presque toujours confus parce qu'ils sont inachevés. Il faut savoir renoncer à des généralisations téméraires et ne pas vouloir résoudre à tout prix des questions qui ne sont pas susceptibles d'une réponse précise.

une protection conventionnelle, si bien que les prévôts du roi devaient promettre par serment, non pas au roi, mais aux alleutiers d'exécuter fidèlement les conventions du contrat. C'est par les envahissements du régime féodal qu'il faut expliquer l'existence d'un certain nombre d'alleux non souverains, des *falsa allodia* de ceux que la coutume d'Anjou appelle alleux « indéfinissables » dont le possesseur était obligé non seulement de reconnaître la juridiction d'un seigneur mais encore de lui payer des lots et ventes en cas d'aliénation.

Nous sommes du moins parfaitement d'accord avec M. Chénon pour reconnaître que dans le Midi l'influence persistante du droit romain sauvegarda dans une large mesure « la liberté native des héritages. » Et pourtant ces malheureux alleutiers (les cartulaires nous en fournissent de nombreuses preuves), ne jouissaient pas toujours en paix de leurs privilèges. L'extension de la maxime « nulle terre sans seigneur » tend, à partir du xiv siècle à faire disparaître de plus en plus les alleux. Mais ce fut surtout la théorie de la directe universelle qui leur porta un grand coup. M. Chenon décrit avec soin la campagne qui fut menée au nom de ce principe contre l'allodialité; il nous montre comment les seigneurs, à l'aide d'une habile confusion entre la seigneurie directe et la seigneurie justicière, appliquèrent à la première comme à la seconde la règle nulle terre sans seigneur ainsi détournée, pour les besoins de la cause, de son sens primitif. C'est à l'aide de cette maxime que fut entamée la dernière lutte de la féodalité contre l'allodialité.

Au moment de la rédaction des coutumes, les seigneurs essayèrent de faire attribuer à la directe seigneuriale un caractère universel. L'opposition fut vive, et ce fut alors la royauté qui soutint l'allodialité contre les idées féodales. M. Chénon expose avec une grande clarté la condition des alleux dans les différentes coutumes. Dans les pays anti-allodiaux, peu nombreux toute terre était fief ou censive. Les coutumes allodiales expresses comprenaient au contraire plus de la moitié de la France. Quant aux coutumes muettes les uns prétendaient qu'il fallait les regarder comme des coutumes allodiales en invoquant le principe de liberté naturelle des héritages, les autres voulaient les assimiler aux coutumes censuelles en disant que les alleux n'avaient pu être créés que par usurpation ou supercherie.

Avec le triomphe de la monarchie absolue commence une nouvelle phase de la lutte. La royauté cherche à établir à son profit la théorie de la directe universelle qu'elle avait d'abord repoussée aux États de Blois en 1577. Quand on voudra prétendre à l'allodialité d'une terre à l'encontre du roi il faudra le prouver par titres : on admet donc contre l'allodialité une présomption invincible qui ne pourra être combattue par la preuve contraire. Cette théorie entraînait la suppression de tous les alleux de prescription, car aucune prescription n'était possible contre le roi. La résistance des Parlements fut générale, et c'est à bon droit que M. Chenon stigmatise les subtilités des légistes défenseurs de la royauté il rappelle fort à propos cette pensée de Tocqueville « Dès que vous voyez paraître un despote, comptez que vous allez bientôt rencontrer un légiste qui vous prouvera doctement que la violence est légitime et que les coupables sont les vaincus » La lutte théorique dura longtemps, mais en pratique la victoire de la royauté s'affirme de plusieurs façons et notamment dans les ordonnances qui accentuent le système de la directe royale universelle. Elle est proclamée explicitement dans l'édit fameux d'août 1692, dont M. Chénon a relevé les erreurs avec beaucoup de sagacité. La thèse défendue par la royauté fait pressentir les théories communistes de nos jours.

L'alleu fut vaincu, ou pour mieux dire toutes les terres devinrent et sont restées allodiales. Si lourds que puissent paraître les droits de mutation, on ne peut dire que nos terres soient devenues des censives. Les droits perçus par l'enregistrement ressemblent au centième denier et non pas aux profits féodaux. Ils ne relèvent d'aucune terre supérieure, pas même du domaine de l'État. La Cour de Cassation a refusé de sanctionner les prétentions de l'enregistrement fondées sur un prétendu domaine éminent que l'État aurait possédé sur toutes les terres de France.

Cette brève analyse suffira pour inspirer à ceux qui liront ces lignes le désir de consulter cet excellent travail. Ils y trouveront une connaissance profonde du sujet traité et verront que M. Chénon, avec ses aptitudes remarquables d'historien et de juriste, a su faire la lumière dans une matière, dont le savant professeur Serrigny disait que c'était « un véritable labyrinthe ». Cette savante monographie comptera certainement parmi les meilleures qui aient paru depuis longtemps sur l'histoire de la condition des terres dans notre pays.

Georges BLONDEL

---

72 — Histoire critique de la prédication de Bossuet, d'après les manuscrits autographes et des documents inédits, par l'abbé Joseph LEBARQ, docteur ès lettres In-8, xx-469 Lille, Desclée et Cie, 1888.

Ne vient-on pas trop tard pour parler des sermons de Bossuet, et tout n'a-t-il pas été dit sur ce sujet ? On pouvait le croire après les beaux travaux de l'abbé Vaillant, de MM. Floquet, Gandar et Gazier, surtout après les déclarations si catégoriques de M. Lachat et des éditeurs de Bar-le-Duc. M. Lebarq ne l'a pas cru, et il a lieu de s'en féli citer. Je serais même bien étonné si ses premières espérances n'avaient pas été fort dépassées.

Le livre qu'il nous offre aujourd'hui, est le fruit de longs travaux commencés il y a plus de quinze ans, poursuivis au milieu des occupations absorbantes du professorat dans un petit séminaire de province, et terminés heureusement après un séjour de trois ans à l'école des Carmes.

Tous les documents réunis précédemment par le professeur du Mont aux Malades ont été contrôlés et complétés ; tous les manuscrits ont été relus, collationnés avec les éditions et comparés à nouveau. Aucune fatigue, aucune dépense n'ont été épargnées. Qu'y a-t-il d'étonnant après cela, si, possédant aussi bien dans son ensemble que dans ses détails les plus minutieux, ce vaste sujet, M. Lebarq a pu corriger des erreurs qui avaient échappé à des critiques habiles mais privés d'une préparation aussi étendue ?

L'*Histoire critique de la prédication de Bossuet* est divisée en deux parties : 1° *Histoire générale de la prédication de Bossuet* ; 2° *Histoire particulière de tous les sermons conservés ou perdus*.

Après une introduction où il expose son dessein, justifie son plan, et donne le détail des documents consultés, l'auteur nous introduit dans le cabinet, j'aimerais mieux dire dans l'atelier du grand orateur. C'est qu'en effet Bossuet est un moderne pour la méthode de travail. Il ne partageait pas les illusions de ceux qui attendent tout de l'inspiration et de leur génie naturel. Non, s'il était homme d'inspiration, Bossuet était aussi ouvrier ; il se donnait la peine d'étudier les sujets qu'il avait à traiter. Travailler sans documents, ou comme l'on dit travailler de *chic*, ce n'était pas son fait. M. Lebarq nous le montre dépouillant les saintes Lettres, les écrits des Docteurs et des philosophes, réunissant en français, en latin, en grec, les pensées qui devront faire la matière de ses discours ; puis, au moment de la mise en œuvre, étalant devant lui comme nous ferions aujourd'hui, tous les matériaux qu'il a jugés propres à son dessein, et écrivant avec cette fermeté, cette précision que donne la vue actuelle et réelle des choses. Jamais on ne sent chez lui cette précipitation ou cette légèreté qui suppose les matériaux et qui se perd dans le vide. Lorsque les notes auront été condensées dans ses premiers sermons, ce sera dans ces sermons mêmes qu'il cherchera la matière déjà élaborée pour de nouveaux développements. Aussi, quelle inspiration vraie et profonde ! quelle sûreté de doctrine ! quelle netteté de pensée ! quelle vigueur de style dans tous ses discours !

Pénétrant plus avant dans son sujet, M. Lebarq nous initie aux procédés de composition de l'orateur. Chemin faisant, il relève les nombreuses bévues des premiers éditeurs, brouillant certains sermons, découpant les autres en sentences morales, formant des unités monstrueuses de parties disparates, etc. Il a de la sorte reconstitué plusieurs sermons (dont trois figurent à l'appendice), grâce aux indications éparses dans les manuscrits et qui étaient restées pour la plupart inaperçues ou incomprises.

Les sermons de Bossuet n'avaient pas seulement souffert de ces mutilations. Le style même avait été systématiquement remanié. Le premier éditeur, Dom Deforis, avait, suivant le goût de son temps, corrigé son auteur, adoucissant les expressions trop fortes, rajustant des morceaux isolés, complétant des pensées qui n'étaient qu'indiquées. Beaucoup de ces interpolations sont passées dans les éditions modernes revues, paraît-il, sur les manuscrits.

Enfin un autre genre d'infidélités déparait l'œuvre de Bossuet et égarait la critique, je veux parler des fautes de lecture. M. Lebarq en signale un certain nombre : *les choses qui se couvent* pour *les choses qui se préparent*, *le fermier du Sauveur* pour *le favori*, *plus de semblance* pour *timide, tremblante*, etc.

La conclusion naturelle de cette première partie est que l'édition des *sermons* est encore à faire.

Après cette étude générale qui est pleine d'intérêt, nous abordons l'histoire particulière des sermons conservés ou perdus. Cette partie, que l'on pourrait supposer aride et bonne seulement à consulter (car la classification chronologique y occupe naturellement une grande place) est pourtant d'une lecture attachante. C'est que l'auteur a groupé autour de chaque sermon les circonstances de temps, de lieu, de personnes qui s'y rattachent. Il nous transporte dans la société même de Bossuet, il nous fait pénétrer dans son intimité, il nous révèle les préoccupations particulières de son esprit évangélique, les motifs qui ont inspiré le choix de ses sujets et plus d'une fois dicté ses graves enseignements ou ses délicates allusions. Il ne dédaigne pas même une sorte d'agrément qui paraîtra, j'en ai peur, un peu moins chrétien : il signale, non sans quelque ironie, les bévues des pauvres éditeurs qui ont eu la mauvaise chance de ne pas savoir cacher leur plagiat et justifier leurs outrecuidantes affirmations. Si par hasard il vient à dire du bien de Lachat, prenez garde : il se met en règle avec la justice pour avoir le droit de frapper plus fort.

Jusqu'ici la classification des *sermons* reposait principalement sur des données historiques et l'observation de l'écriture. Même après MM. Floquet et Gandar, M. Lebarq a employé ces deux moyens de critique avec succès, et en plus d'un endroit il a donné lui aussi la preuve d'une sagacité toute normande (1). Mais la pratique constante des ma-

(1) Mot de M. Gandar à l'adresse de M. Floquet.

nuscrits lui en a révélé un troisième, c'est l'orthographe. Grâce à cette nouvelle donnée introduite dans la question, il a pu résoudre bien des problèmes qui étaient restés jusqu'ici sans solution. Aussi a-t-il jugé bon de nous présenter l'ensemble de ses observations sur l'orthographe de Bossuet dès le début de sa seconde partie. Je regrette seulement que, trop peu confiant dans la patience du public, M. Lebarq ait gardé en partie pour lui l'appareil scientifique sur lequel repose sa démonstration. Il se serait ainsi épargné des critiques et aurait donné satisfaction aux esprits curieux, sans les obliger à refaire le travail. Ce sera mon excuse pour le donner ici. En dehors des manuscrits, on trouve une matière suffisante pour la statistique des diverses formes orthographiques employées par Bossuet dans le *Tableau des principales singularités orthographiques* qui est à la fin du volume, dans des notes éparses çà et là et dans un specimen de l'orthographe de 1652 et de 1656 qui figure sur la couverture du tirage à part du *Tableau*.

Si on laisse de côté les sermons antérieurs à 1650 qui doivent être considérés à part, nous possédons onze autographes dont la date est certaine en dehors de toute considération orthographique. Ce sont : 1° *Méditation pour la veille de l'Assomption* (1650). — 2° *Rosaire* (1651) — 3° *Nativité de la Sainte Vierge* (septembre 1652) — 4 *Panegyrique de Saint Bernard* (20 août 1653) — 5 Lettre à M. de Thiolet (19 octobre 1653) — 6° Sur la Providence (7 mai 1656) — 7 *Rosaire* (1657), 8° Toussaint (1657) — 9 *Sur la Satisfaction* (mardi de la Passion, 1658) — 10° Oraison funèbre de Henry de Gornay (1658) — 11 Divers manuscrits (1660).

Or en faisant la statistique des formes orthographiques relevées dans le *Tableau* on arrive aux résultats suivants :

Bossuet écrit

1 Sans *t* euphonique : *a il ? a elle ? semble il ?* etc., 1651 1652 — Avec le *t* euphonique soudé au pronom *reste til semble til?* — 1653 et suivantes

2 Avec l'accent circonflexe : *cête, être, même, nôtre, vôtre*, etc. 1650 1652 avec l'accent circonflexe et avec *s cête et ceste, être et estre même et mesme nôtre vôtre et nostre vostre.* 1653 — avec *s* seulement (*ceste, estre* etc.) 1656 et suiv. — de même, *conêtre parêtre*, 1650-1652 *reconnoistre paroistre.* — 1653 et suiv

3 Avec *st* les troisièmes personnes du singulier des verbes à l'indicatif : *eust auancast pust, peust, sentist serast,* etc., 1650 1653 (une fois en 1656) — sans *st* 1656 et suiv

4° Avec un *a* : *tans* (temps) 1650-1654 *example,* 1650 1653, *tample,* 1650 1651 *samble* 1651 1652 — *ance,* (*impatiance, exellance,* etc.), 1650 1653 (une fois *science* 1653) — avec un *e*, *temps,* 1656 et suiv *exemple, temple,* 1658 et suiv. *semble,* 1656 et suiv., — les terminaisons *ant* et *ent* (latin *ent*) alternent jusqu'en 1653, puis *ent* paraît seul. — *en* et *en* atones se rencontrent dans des proportions variables pendant toute la vie de Bossuet. *an* paraît dominer entre 1650 et 1653.

5° Avec *e, é* ou *è* : *péne, pène, plene, uenes, ramene* etc., 1650-1653, — avec *ei* : peine, rameine, etc., 1656 et suiv.

6° Sans *p* : *cors* 1650. — avec ou sans *p* : *cors* et *corps* 1651, —avec un *p* uniquement 1653 et suiv.

6° *Comm un, comm il* etc., 1651-1653. — *Comme un,* 1656.

8° *Hureux* et ses composés : 1650-1653 (Un seul exemple de *heureuse* en 1652). — *Hureux* et *heureux* : 1656. — *Heureux,* 1657 et suiv. (Une fois *heureux* en 1657).

9° *Cette* 1660 et suiv.,

Réduites à ces proportions, les réformes successives de Bossuet n'ont rien d'étrange, rien qui doive nous inspirer de la défiance.

En 1650 il n'écrit pas le *t* euphonique, il emploie l'accent circonflexe, il donne *st* comme terminaison aux troisièmes personnes du singulier de l'indicatif, il rend *l'a nasal* souvent par *an* alors qu'il vient de *en*, et l'ancien *ei* par un *e* simple, il met *cors*, il élide *comme*, il dit *hureux*.

En 1651, il se met à gratifier *cors* d'un *p*.

En 1653 il introduit dans son écriture le *t* euphonique, il tend à remplacer l'accent circonflexe par *s* et il admet *heureux*.

En 1656 il rejette la troisième personne du présent et du parfait en *st*, *e* pour *ei*, le plus souvent *an* pour *en*, l'élision de *comme*.

Enfin en 1660 il n'écrit plus que *cette* et *heureux*.

Voilà des dates certaines qui suffisent à elles seules pour remettre à leur place certains sermons qu'on avait renvoyés beaucoup plus tard, et d'autres qu'on avait indûment attribués à la jeunesse de Bossuet. J'ai soumis à l'épreuve de ce *criterium* plusieurs des attributions chronologiques de M. Lebarq et j'ai eu le plaisir d'obtenir des résultats concordants. Je m'empresse cependant de dire que je ne suis pas arrivé à la précision dont il se pique. Cela tient surtout, je crois, à ce que je n'ai pas poussé mon travail jusqu'au bout. Les nouveaux sermons, fixés à leur date grâce à l'orthographe, servent à combler les lacunes qui existent entre les manuscrits choisis comme base d'opération et permettent de serrer les dates de plus près. Il me suffisait d'avoir vérifié par moi-même la valeur de la méthode.

Il me resterait à parler des sermons qui se placent avant 1650 (ils ne sont qu'au nombre de six dont deux sont datés). Je ne m'y arrêterai pas dans la crainte de prolonger outre mesure cette étude. S'ils sont bien réellement de 1643 à 1649 ils prouvent que Bossuet a substitué l'accent circonflexe à l's en 1648 et qu'il a supprimé le *t* euphonique en 1649

Cela suffisait pour la théorie de M. Lebarq, et il eût été prudent de s'en tenir là. A quoi bon vouloir caractériser les variations orthographiques de Bossuet et donner un nom aux deux périodes principales qu'on peut y découvrir? La démonstration n'a rien à y gagner, loin de là. Il est rare que les dénominations générales ne prêtent pas à la critique. Le mieux est de s'en abstenir quand la chose est possible. M. Lebarq appelle orthographe phonétique celle des manuscrits antérieurs à 1656, et orthographe étymologique celle des manuscrits postérieurs à cette date. On a vu que l'opposition est loin d'être aussi tranchée que ces deux qualificatifs pourraient le faire entendre. Cependant si M. Lebarq a besoin de ces deux mots, on peut les lui accorder, pourvu qu'il les prenne dans un sens très général pour marquer deux tendances opposées et non pour caractériser deux systèmes. Par malheur, il les précise plus qu'il ne convient et assurément plus qu'il ne veut par un rapprochement à coup sûr inutile. Il rattache l'orthographe de Bossuet avant 1656, au système de Peletier du Mans (1550) dont l'idée a été reprise de nos jours par M. Paul Passy (1887). C'est une pure illusion. Les tentatives d'écriture phonétique de Meigret (1542), Peletier (1550), Ramus (1562), Baïf (1574), Rambaud (1578), Joubert (1579) qui, toutes, avaient le même but, sans recourir aux mêmes moyens, « rencontrèrent suivant la remarque de Martin (1632), plus de critiques que de partisans ». Elles échouèrent au témoignage de maîtres autorisés, MM. Thurot (1) et Darmesteter (2).

Ce sentiment est justifié par les autographes du temps que j'ai eus sous les yeux. L'emploi de signes spéciaux, de lettres barrées, munies de points souscrits, d'accents divers, tout cela ne pouvait pas entrer dans la pratique ordinaire et changeait trop la figure des mots. Il n'y a donc pas à en tenir compte. Bossuet pourtant s'en souvient quand il donne son avis sur l'orthographe de l'Académie; il traite *d'impertinente* (3) celle de Ramus. Chose curieuse, il répudie aussi bien alors *tans* (temps) que *émés* (aimais) et *faisaiet* (faisaient). Le choix se posait au temps de Bossuet entre deux orthographes seulement, celle qui était conforme à la tradition et celle des érudits. C'est ce que dit très bien M. Ambroise Firmin Didot (*Observations sur l'orthographe ou ortografie française*) « A l'époque où l'Académie résolut de rédiger son Dictionnaire, deux courants opposés portaient le trouble dans les impri-

---

(1) *La prononciation française*.
(2) Elles (les réformes de Meigret, Peletier, Ramus) eurent fort peu d'influence sur l'orthographe générale. Toutefois, on en trouve quelques traces dans certains auteurs du XVI siècle notamment chez Baïf (*Le seizième siècle.*)
(3) *Cahiers de remarques sur l'orthographe française* publiés par Marty-Laveaux.

meries : les unes sous l'influence des Estienne, modelaient leur orthographe sur la langue latine, les autres sur celle de nos vieux poètes et chroniqueurs. » L'orthographe dont les Estienne étaient les propagateurs et qui existait avant eux (j'en ai vu des traces dans un autographe de Charles Quint), n'a pas plus trouvé grâce aux yeux de Bossuet que celle de Ramus : « elle blesse, dit-il, les yeux, en leur remettant en veue des lettres dont ils sont desaccoutumez et que l'oreille n'a jamais connus. » Bossuet s'en est toujours tenu à l'orthographe traditionnelle. C'est dans celle-ci que M. Lebarq aurait pu distinguer deux tendances, l'une phonétique, l'autre étymologique. A la première, se rattachent la substitution de *an* à *en* (1), de *e* à *ei*, la suppression de *st* dans les troisièmes personnes du singulier à l'indicatif, l'introduction du *t* dans les formes interrogatives à la seconde, la conservation de *en*, l'introduction de certains types latins comme *temps*, par exemple, qui a mis plus de quatre siècles à supplanter l'ancienne forme, *tens* et *tans* qui se trouve dans Desportes (Littré) et que nous avons constatée dans Bossuet. *Heureux* et *hureux* représentent deux prononciations entre lesquelles hésitait la langue, l'une (*hureux*) plus usitée dans le langage ordinaire, l'autre (*heureux*) employée dans le langage soutenu. Enfin dans la substitution de l'accent circonflexe à l's, je ne verrais qu'un changement de signe, fait (si l'on veut) sous l'influence des idées des phonétistes. Plantin en effet, remarque (1567) que « les vulgaires écrivains » ont donné une *s* à l'*e* ouvert, mais que « ceux qui ont recherché les choses de plus près », ont mis depuis l'accent circonflexe. C'est à Joubert que nous devons la graphie *ô* pour *os* (2). Il suit de là que les qualifications de *phonétique* ou d'*étymologique* ne conviennent proprement à aucune période de l'orthographe de Bossuet, puisqu'avant 1656, à côté de graphies phonétiques, il adopte *semble-il* qui est étymologique, et qu'après, à côté de formes étymologiques, il emploie *semble-til* qui est phonétique. Toutefois il est juste de le reconnaître (et c'est ce qui excuse en un sens les expressions dont M. Lebarq s'est servi), Bossuet a plus accordé après 1656, à la tendance étymologique qu'il n'avait fait auparavant. Peut-être a-t-il suivi en cela l'usage des imprimeurs auxquels il confia son premier

(1) On trouve déjà tans (temps) dans les chartes de Joinville. Au XVIe siècle, on écrivait par *ant* même les mots en *ent*; *humblemant* par exemple dans des lettres autographes de Diane de Poitiers, du duc de Guise, du maréchal Saint André, du cardinal de Bourbon, du cardinal de Lorraine, tandis que d'autres conservaient la forme étymologique (Charles Quint, le médecin de Catherine, reine d'Espagne. J'ajoute en 1653, le secrétaire de Louis XIV.)

(2) « Il (Joubert) retenait ancore *s* au *tost*, mais s'avisant de l'*ô* circonflexe (répondant à ω mega des Grecs) qui peut suffisamment randre le son convenable, il a rejeté *s* et écrit *tôt*. » (Christophle de Beau-Chatel, secrétaire de Joubert.)

ouvrage en 1655, comme il est possible qu'il ait subi avant sa sortie de Navarre au moins d'une façon indirecte, l'influence du P. Philibert Monet (1), dont l'*Invantaire des deux langues française et latine* (Lyon, 1635) marqua une réaction salutaire contre l'orthographe des *latineurs*.

Mais c'est trop nous attarder sur un point accessoire et un léger dissentiment qui, je le répète, n'affaiblit en rien l'argument que M. Lebarq tire de l'orthographe des manuscrits en faveur de sa thèse.

Nous avons donc maintenant les sermons de Bossuet dans l'ordre chronologique. C'est un beau tableau que M. Lebarq a reconstitué par sa laborieuse et clairvoyante érudition. Il s'en dégage un sentiment mêlé d'admiration et de tristesse, car nous sommes en présence d'une œuvre grandiose, en partie inachevée, en partie détruite. Pourquoi faut-il que l'auteur, par une division malencontreuse, en ait affaibli l'effet en nous présentant séparément les esquisses et les ruines ? La prédication de Meaux surtout aurait gagné à n'être pas ainsi coupée arbitrairement en deux.

Enfin, arrivé au terme de son travail, M. Lebarq nous montre dans sa conclusion comment Bossuet a toujours obéi à la même inspiration, « l'utilité des fidèles », comment il n'a cessé de renouveler son éloquence par le travail. Ces pages écrites avec soin vengent Bossuet de bien des critiques injustes et détruisent plus d'une légende erronée.

Il me reste maintenant, en prenant congé de M. Lebarq, à m'associer, et de grand cœur, aux éloges que la Faculté de Paris a décernés unanimement à son travail, et d'exprimer le vœu qu'il nous donne une édition définitive des œuvres oratoires de Bossuet, non seulement pure de tout alliage, mais conçue dans un esprit véritablement scientifique qui décourage les éditeurs de l'avenir et ne permette à aucun d'y découvrir, ne fût-ce que pour l'orthographe, quelques restes de l'esprit de Deforis. M. Lebarq mérite de suivre le mouvement qui porte les bons copistes vers des méthodes de plus en plus rigoureuses, et de ne pas se laisser retarder par des conseils timides ou peu éclairés (2).

ROUSSELOT

(1) Il se peut en effet que les jésuites de Navarre, confrères de Monet, n'aient pas voulu se ranger parmi les *maîtres impertinans qui stylent leurs élèves a ecrire incorrectement an François* mais je n'ai aucun document qui me permette de trancher la question.

(2) Cette critique ne s'adresse pas à l'œuvre de Joubert qui cherchait surtout la simplification de l'orthographe et qui, au témoignage de son secrétaire, s'adonnait plus à ôter les superfluités que de rien ajouter à la lettre commune » (Christophle de Beau Chatel.)

CHRONIQUE

73 La librairie Caillère de Rennes publie sous le patronage de la Société des Bibliophiles bretons une nouvelle édition des *Chroniques de Bretagne*, d'Alain Bouchart (1514). Le texte du chroniqueur est précédé d'une savante notice de M. A. de la Borderie sur Bouchart et son œuvre et suivi d'une étude bibliographique fort curieuse sur les éditions anciennes de cet auteur.

74 M. Léon Aucoc, membre de l'Institut a réuni en un volume in-8 les lois statuts et règlements concernant les anciennes académies et l'Institut de 1635 à 1889, il y a joint le tableau des fondations de prix. A cette importante collection, M. Aucoc a donné pour préface une étude intitulée *L'Institut de France et les anciennes académies*. Cette étude a été mise dans le commerce, à la librairie Plon, c'est une histoire en quelque sorte administrative de l'Institut de France. On y remarquera surtout les détails curieux sur les vicissitudes que les académies eurent à traverser pendant la période révolutionnaire.

75 *Neues Archiv* XIV, 3. — M. Mommsen continue ici ses « études ostrogothiques » (Cf. ci-dessus, p. 116). Il passe successivement en revue le *quaestor sacri palatii*, les fonctionnaires civils, le sénat de Rome, le gouvernement de Rome et de Ravenne, le régime municipal, la hiérarchie militaire, les préséances, la cour, le pouvoir législatif, la situation des Goths en Italie. La série se termine par un chapitre où l'auteur résume les résultats acquis et les coordonne à la conception fondamentale de la royauté barbare qui fonctionne à Ravenne de 476 à 552. Le titulaire de cette haute fonction est en droit un romain et un fonctionnaire romain, un *magister militum praesentalis* ; mais il est en même temps le roi des Barbares établis dans la portion de l'empire dont le soin lui a été confié. Ces deux autorités réunies dans la même personne se compénètrent et influent l'une sur l'autre. Il est inutile de dire que dans ces courtes pages M. Mommsen a groupé plus de faits et jeté plus d'idées que l'on n'en trouve dans beaucoup de gros volumes qui traitent de sujets analogues. — Parmi les autres articles que comprend ce numéro, je signalerai le travail de M. Max Hermann sur *Paul et Gebhard de Bernried et leurs lettres au clergé de Milan*, ces lettres publiées par Mabillon sont d'un grand intérêt pour l'histoire de la liturgie ambrosienne. Notons encore un mémoire de M. K. Zeumer sur un manuscrit des formules dites de Flavigny, et quelques pièces inédites : une lettre d'Innocent II à Henri I d'Angleterre, un fragment du concile romain de 1078 sous Grégoire VII, une lettre de l'archevêque de Cologne Anno. L. D.

76 A signaler dans le compte rendu des travaux du Congrès bibliographiques de l'an dernier, le mémoire de M. Henri Stein sur les *Travaux bibliographiques* de 1878 à 1888.

77 M. Th. Mommsen vient de publier dans l'*Hermes*, t. XXIV, p. 192-279 un important mémoire sur l'armée romaine depuis Dioclétien, *Das Römische Militärwesen seit Diocletian*.

78 Le *Zeitschrift für kath. Theologie* 1889 fasc. 2 contient entre autres articles deux mémoires historiques, l'un de P. E. Michael sur la chronique de Salimbene, l'autre de M. Wilpert, sur les religieuses chrétiennes pendant les quatres premiers siècles.

79. M. H. Omont vient de publier dans les *Notices et Extraits des manuscrits*, t. XXXIII, première partie, une étude sur le célèbre manuscrit H des épîtres de Saint Paul. Le manuscrit est du v° ou du vi° siècle; il fut collationné à Césarée sur un exemplaire transcrit par le martyr Pamphile (+ 309); c'est un des plus anciens et des plus beaux manuscrits du Nouveau Testament grec. Malheureusement il n'en reste que des fragments, dispersés depuis plusieurs siècles dans les reliures des livres du couvent de Lavra, au mont Athos. Ces livres eux-mêmes ou les feuillets précieux qu'ils contenaient, se sont éparpillés dans les bibliothèques de l'Europe. M. Omont a cherché à grouper ces *membra disjecta* dans une publication d'ensemble. Ce manuscrit devait avoir environ 400 feuillets; il n'en reste que 41, dont plus de la moitié se trouvent à la Bibliothèque nationale; les autres sont dispersés à Kiew, Moscou, Saint-Pétersbourg, Turin, sans parler de ceux qui sont restés au mont Athos. Vingt-trois seulement avaient été publiés par Montfaucon ou par le soussigné. M. Omont nous donne ici les 41 feuillets, en les replaçant dans l'ordre qu'ils ont dû occuper jadis. On doit signaler en particulier les neuf feuillets nouvellement entrés à la Bibliothèque nationale, à laquelle ils furent légués par feu M. Miller. Deux pages en héliogravure sont jointes à l'édition: la première est empruntée à l'un des feuillets Miller; l'autre est la célèbre souscription du copiste dont Montfaucon avait déjà donné un fac-similé dans sa *Paleographie graeca*. L. D.

80. M. Koch publie dans le *Theologische Quartalschrift* de Tubingue une étude sur la doctrine anthropologique de Fauste de Riez. Le fascicule que j'ai sous les yeux (LXXI, 2) ne contient encore que l'exposé historique de la question. M. Koch conclut avec raison que ni la personne ni les écrits de Fauste n'ont été l'objet d'aucune condamnation ecclésiastique, soit de son vivant, soit après sa mort. Il admet cependant l'authenticité du décret de Gélase (*De recipiendis et non recipiendis libris*) où les livres de Fauste sont assez mal notés. Je pense qu'un examen plus approfondi de la question le porterait à écarter du débat cette pièce apocryphe. L. D.

81. M. Pallu de Lessert à qui nous devons déjà les fastes des gouverneurs des provinces maurétaniennes vient de publier un travail analogue sur les gouverneurs de Numidie. *Les Fastes de la Numidie sous la domination romaine*, extrait du Recueil des notices et mémoires de la Société archéologique de Constantine. Il nous promet pour paraître à bref délai une autre étude sur les comtes et les vicaires d'Afrique. Ainsi sera complétée la série des fastes provinciaux d'Afrique, commencée par le travail de M. Tissot sur les proconsuls de Carthage. L. D.

82. ROME. ACADÉMIE D'ARCHÉOLOGIE CHRÉTIENNE (*Séance du 31 mars*). — M. F. X. KRAUS présente une série de photographies des principaux monuments épigraphiques chrétiens des provinces rhénanes qui doivent figurer dans son *Corpus inscriptionum christianarum Germaniae* actuellement sous presse. — M. BAUMGARTEN communique un document extrait d'un manuscrit de la Vaticane et concernant, entre autres reliques du trésor de Trèves, la fameuse *tunica inconsutilis* de Notre Seigneur. C'est une lettre du chancelier Jean Rechburger à l'évêque Henri de Chuz (1512) racontant comment la tunique fut exposée sur la demande de l'empereur Maximilien et la décrivant comme une tunique sombre, souple comme la soie, et ayant toutes les apparences d'un damas; à l'envers est une inscription brodée en jaune. M. B. rappelle que ladite tunique fut examinée à nouveau en 1844 par le chanoine Willmonsky qui découvrit dans ce vêtement de damas un fragment d'étoffe plus ancienne, lequel était vraisemblablement la relique, d'autant mieux que la tunique de Trèves n'est pas la seule *tunica inconsutilis* que l'on con-

naisse. — M. Ficker présente la photographie d'une statue du bon pasteur conservée dans la maison dite de Pilate à Séville; il y voit une statue du IVᵉ siècle, sur le modèle des statues du bon pasteur exécutées à Constantinople à l'époque de Constantin ainsi que le rapporte Eusèbe. — M. de Rossi rappelle à ce propos quelles sont les statues actuellement connues du bon pasteur. La statue célèbre du musée de Latran (IIIᵉ siècle); au même musée une autre statue un peu différente (IVᵉ siècle); une réplique de cette dernière au musée Kircher; une quatrième dans la basilique de Saint Clement; une cinquième au musée de Saint Irénée à Constantinople; une sixième au musée d'Athènes; une septième à Sparte; une huitième enfin récemment découverte à Rome, près de la porte de Saint-Paul. M. de Rossi esquisse en quelques mots l'histoire de la statuaire chrétienne, rappelant la fameuse statue vaticane de saint Pierre et celle de saint Hyppolyte, et aussi les *Coromagistri* chrétiens d'une époque plus basse.

Séance du 28 avril 1889. — Le P. Grisar parle de l'intérêt qu'offrent pour l'histoire de la nomenclature des basiliques romaines les titres des homélies de saint Grégoire. — M. de Rossi présente à la réunion le nouvel ouvrage de M. l'abbé Duchesne *Les origines du culte chretien* et relève l'importance et l'utilité de ce beau livre. — M. de Bormann communique un fragment trouvé à Spolète de l'importante inscription métrique de l'évêque Spes en l'honneur de saint Vital, martyr; inscription des premières années du Vᵉ siècle et dont on ne possédait que des transcriptions du temps de Baconius. — M. Marucchi communique une inscription nouvellement découverte dans la basilique de Saint-Valentin; inscription où est invoqué le saint éponyme de la basilique. — M. de Rossi présente et résume sa dissertation qui vient de paraître *La Capsela argentea africana del Em. Sig. Card. Lavigerie*. P. B.

83. Rome. Academie Pontificale d'Archéologie (29 mars 1889). — Cette séance a été occupée tout entière par une importante lecture de M. Armellini sur une découverte faite récemment *via ostiense* près de Saint Paul dans la vigne de M. Serafini. M. A. établit que le chai actuel de la vigne n'est autre que l'oratoire souterrain où les fidèles du Vᵉ siècle vénéraient le corps d'une sainte Thècle dont on voit encore le tombeau dans la petite abside qui forme le fond du chai. Au dessus de ce souterrain s'élevait une basilique dédiée à sainte Thecle. Du chai l'on entre dans une catacombe dont les galeries viennent d'être déblayées par les soins de M. Sérafini et ou l'on a trouvé quelques fresques et deux inscriptions; l'une avec la date consulaire de l'an 354; l'autre commençant par la célèbre formule AD SANCTVM. M. A. est d'avis que cette sainte Thècle n'est pas la fameuse *discipula Pauli Apostoli*, dont le corps était en grande vénération au Vᵉ siècle à Séleucie; mais une autre sainte Thècle dont le *natale* est réuni par les martyrologes à celui de saint Timothée. On sait que saint Thimothée était enterré auprès de saint Paul son maître. En toute hypothèse le cimetière de sainte Thècle ne date que du IIIᵉ siècle. P. B.

84. Rome. — Le pape Léon XIII vient d'ordonner la publication en facsimilés phototypiques de la partie du *Vaticanus* qui contient le Nouveau Testament. Le P. Cozza a été chargé par S. S. de présider à cette édition. Cette somptueuse édition, tirée à petit nombre, sera mise en vente au prix de 200 fr l'exemplaire, par souscription. Nous croyons savoir que si cet essai réussit le *Vaticanus* tout entier serait publié de même, et peut-être aussi le *Codex Marshallianus*. Pour nous qui avons eu l'honneur d'avoir en main les premières feuilles du Nouveau Testament nous sommes en mesure de dire que cette édition exécutée par Danesi promet d'être de tous points magnifique.
P. B.

SOCIÉTÉ NATIONALE DES ANTIQUAIRES DE FRANCE

Séance des 7, 24 avril et 1 mai. — M. COURAJOD démontre que le bas-relief conservé au musée du Louvre sous les n° 8 et 79 du catalogue des sculptures du Moyen âge et de la Renaissance ne représente par la nativité de la Vierge mais celle du Christ et a été exécuté ou du moins colorié pour la cathédrale de Chartres en 1543 d'après une nativité de la Vierge faite pour la même église en 1519. — M. A. DE BARTHELEMY communique trois carreaux de terre cuite provenant de la Celle-sous-Chantemerle (Aube) appartenant à la fin du XV° siècle. L'un de ces carreaux, qui est inédit porte la légende *Clemens toujours*.

Séances des 8 et 15 mai. — M. DURRIEU communique une quittance de 1395 mentionnant l'achat par le duc Louis d'Orléans de divers pièces d'orfèvrerie pour étrennes et notamment d'une statuette en or de Charlemagne sur un entablement dont on peut signaler l'analogie avec celle qui surmonte le sceptre royal de Charles V. — M. Durrieu présente une série d'observations sur les principaux manuscrits d'origine française ou flamande qui appartenaient à la collection Hamilton et doivent être prochainement vendus à Londres. Il exprime le souhait que ces précieux monuments de la miniature soient rendus à la France. — M. COURAJOD signale quelques récentes découvertes ou constatations faites sur le sculpteur Desiderio de Settignano qui lui permettent de maintenir l'attribution à cet artiste du buste d'enfant du musée d'Avignon et infirment l'opinion qui s'était produite dans un sens contraire lorsqu'il présenta ce buste à la compagnie. — M. ULYSSE ROBERT lit une note sur quelques-unes des signatures d'évêques français ou espagnols qui figurent au bas de la lettre du concile de Narbonne en 1031 à Selna abbé de Canigou. — M. GIRAUD présente un certain nombre de plaquettes décoratives. — M. GUILLAUME rend compte des découvertes faites par lui dans les substructions des Tuileries et dans le sol de la place du carrousel qui doit être occupé par un jardin. — M. PALLU DE LESSERT rend compte des recherches faites par lui en 1888 à Tizziet et au cap Tedles entre Dellys et Bougie. Il communique des textes d'inscriptions et des photographies de stèles découvertes au cours de cette campagne.

Séance du 22 mai. — M. D'ARBOIS DE JUBAINVILLE fait une communication sur l'origine du nom de Karnac village célèbre par ses monuments mégalithiques. — M. GERMAIN BAPST présente une coupe antique à deux couches rayée de violet sur fond d'or. — M. A. DE BARTHELEMY communique un carreau du XIV° siècle à inscription bachique provenant de la Celle sous Chantemerle en Champagne.

Séances des 29 Mai et 5 juin. — M. D'ARBOIS DE JUBAINVILLE fait une communication sur les quatres rivières du nom de Rhodanus existant en Gaule quelques savants paraissent croire que ce nom est ligure. — M. BABELON fait une communication sur les monnaies de Seleucus Nicator qui représentent le roi de Syrie le front orné de cornes de taureaux ainsi que des chevaux et des éléphants ornés du même symbole. — M. DE LASTEYRIE communique la première photographie qu'il ait été possible de prendre de la statue en marbre de Notre Dame appartenant à l'église de la Couture au Mans et attribuée au sculpteur Germain Pilon. — M. DURRIEU annonce que plusieurs des manuscrits de la collection Hamilton dont il avait signalé l'importance pour l'histoire de la miniature française ont été acquis par Mgr le duc d'Aumale pour le musée Condé par M. Gustave de Villeneuve et par la Bibliothèque Nationale. — M. HOMOLLE propose une restitution au texte de Pausanias I 24 3 qui ferait disparaître toute mention du temple d'Athéna

Ergané ou du vieux temple d'Athéna devant l'Acropole. — M. HÉRON DE VILLEFOSSE annonce que M. Adolphe Demy a fait don au musée du Louvre de la plaque de bronze trouvée aux environs de Narbonne et contenant une partie du règlement de l'assemblée provinciale de la Narbonnaise.

ACADÉMIE DES INSCRIPTIONS ET BELLES-LETTRES

Séance du 26 avril. — M. BAILLY président de la Société des artistes français écrit à l'Académie que cette année les membres de l'Institut seront admis au salon sur la présentation de leur médaille dès le jour du vernissage. — M. WALLON annonce que le lendemain 27 il y aura à l'Académie une audition du nouveau phonographe de M. Edison. — M. VIOLLET lit un travail sur *Les Assemblées du peuple dans l'empire franc*. Les assemblées nationales des anciens Germains que Tacite nous a décrites ont subsisté sous l'empire Franc jusqu'au temps de Charlemagne et ont continué à exercer au moins nominalement le pouvoir législatif. — M. J. HALÉVY termine la lecture de son mémoire sur *La Légende des martyrs chrétiens du Nedjran*. Cette légende repose sur trois documents syriaques. Les deux premiers remontent au temps de l'empereur Justin : ce sont la lettre de Jacques de Saroug au Himyarites et l'hymne de Jean Psaltès ; ces deux textes parlent de la répression d'un meurtre commis par quelques chrétiens mais ne disent pas que le roi himyarite qui régnait alors fut juif. Le troisième document est la lettre attribuée à Siméon évêque de Beth Archam mais elle n'est pas antérieure à Justinien. Suivant M. Halévy la persécution des chrétiens de Nedjrân par Dhou Nouwas roi juif des himyarites serait purement légendaire.

Séance du 3 mai. — M. MASPERO au nom de la commission du *prix Loubat* annonce que ce prix sera décerné à M. LÉON ROSNY pour son *Codex Perescianus*. Un second prix de mille francs est exceptionnellement décerné à M. REMI SIMÉON pour sa traduction des *Annales de Chimalpahui*. — M. RENÉ DE LA BLANCHÈRE directeur du service belgical des antiquités et des arts en Tunisie fait une communication sur les fouilles exécutées à Sousse (Hadrumète) par le commandant Lacombe du 4 tirailleurs. M. Lacombe a exploré la nécropole d'Hadrumète et y a découvert des sépultures du second siècle avant J.-C. Elles contenaient des terres cuites moulées en partie sur des modèles grecs en partie sur des modèles romains ou appartenant à un art indigène. M. de la Blanchère en présente quelques spécimens qui figureront à l'Exposition entres autres un groupe peint qui représente une femme assise sur un chameau et un disque sur lequel on a figuré une course de chars attelés de chameaux dans un cirque. — M. René de Maulde lit une note intitulée *Un essai d'exposition internationale en 1470*. A l'aide de lettres patentées datées du 26 juillet 1471 M. de Maulde établit que Louis XI s'était entendu avec les chefs des principales maisons de commerce de la ville de Tours pour organiser en Angleterre une exposition de leurs produits et ouvrir ainsi un débouché au commerce français. Diverses causes firent échouer ce projet. — M. GERMAIN BAPST fait une communication sur l'origine de l'étain. Aux temps les plus anciens on tirait l'étain de l'Asie centrale d'un endroit situé au sud du lac Baikal en Sibérie et des environs de Méched. M. Bapst pense ainsi répondre aux objections que MM. d'Hervey de Saint-Denys et Pavet de Courteille ont autrefois opposées à ses théories. M. BARBIER DE MEYNARD croit que les mines d'étain les plus anciennement exploitées sont celles de la presqu'île de Malacca. M. PAVET DE COURTEILLE pense que le nom *Kalaï* que les Arabes donnent à l'étain étant d'origine turque c'est au berceau de la race turque qu'il faut chercher les mines d'étain les plus anciennes. MM. MAURY ET OPPERT disent qu'il faut prendre garde de se laisser tromper par des textes où le plomb et l'étain sont souvent confondus.

Séance du 10 mai. — M. JOACHIM MENANT commence la lecture d'un mémoire sur *les inscriptions de Hamath*. Il a donné quelques renseignements sur les monuments de l'Asie Mineure et de la Syrie dûs à la civilisation hétéenne à laquelle se rattachent ces inscriptions. Ce peuple dont on soupçonnait à peine l'existence il y a quelques années, paraît avoir joué un rôle considérable en Asie Mineure depuis le XVIe siècle avant notre ère jusqu'aux conquêtes de Sargon et à la prise de Karkemis (717 av. J.-C.) qui mit fin à la domination sur les bords de l'Euphrate. L'étude des textes hétéens est de date récente. Jusqu'ici le docteur Hayes Ward, le docteur Sayce et M. W. Wright sont les seuls érudits qui aient porté leur attention d'une manière fructueuse sur ces textes qu'on n'est pas encore arrivé à déchiffrer. — M. GASTON PARIS lit un un mémoire sur la *Formula honestae vitae* de Martin de Braga. Dans une récent mémoire, M. Hauréau a montré que la première partie d'un livre intitulé *De copia verborum* et faussement regardé comme de Sénèque est identique au *Liber de quator virtutibus* également attribué et non moins à tort au philosophe romain, mais dont Martin évêque de Braga, en Galice au VIe siècle s'est formellement déclaré l'auteur en l'intitulant *Formula honestae vitae*. Suivant M. Hauréau, Martin se serait rendu coupable d'un plagiat. M. Gaston Paris essaye d'établir au contraire que l'évêque de Braga, dont les contemporains célèbrent les vertus n'a pas commis ce plagiat. Il est bien l'auteur du *Formula honestae vitae*, mais les copistes auront plus tard substitué au titre celui de *Liber de quatuor virtutibus* et attribué le tout à Sénèque. — M. Hauréau répond qu'on connaît d'autres ouvrages de Martin de Braga, et qu'il est impossible, tant le style diffère, de les attribuer à l'auteur qui a écrit le traité *de quatuor virtutibus*. — M. Emile Cartaillac, directeur de la *Revue des matériaux pour l'histoire primitive de l'homme* rend compte d'une mission dont il a été chargé par le ministère de l'instruction publique. Il a exploré les îles Baléares pour y rechercher les monuments appelés cyclopéens ou pélasgiques. Il y a retrouvé les ruines de villes entières encore munies de leur enceinte composée de gros blocs de pierre dont quelques uns ont neuf mètres cubes et percée de portes étroites. A l'intérieur de l'enceinte on voit encore une grande quantité d'habitations surbaissées formées par de grosses dalles superposées et supportées par des piliers plus ou moins rapprochés et une construction plus grande et mieux soignée qui occuppe le centre de la ville. Il y a encore des tours rondes appelées valayot, sous lesquelles sont des cryptes voûtées et des grottes creusées dans le sol. — Le sol est semé de poteries, de débris de tous les âges depuis l'époque phénicienne, grecque et romaine jusqu'au moyen âge. — En dehors des villes s'élèvent des tours allongées en forme de vaisseaux renverss et appelées pour cette raison *nau* ou *navetas* par les habitants du pays. Ce sont des sépultures. Dans les falaises qui bordent la côte on voit de nombreuses sépultures creusées dans le roc. — Le D. COS MIRIS continue la lecture de son mémoire sur les ouvrages des anciens médecins grecs. Il mentionne des traités qui ne nous sont connus que par des traductions latines ou arabes, le traité hippocratique *Des semaines* et plusieurs ouvrages de Galien. Il existe aussi de nombreux traités inédits, des écrits de Galien ou attribués à Galien, des écrits de Cratevas, d'Aetius Promotus, de Metrodora, d'Aetius, d'Actuarius, de Nicolas Myrepsus, etc. Celui qui publierait ces textes rendrait un grand service aux sciences historique, philologique et médicale.

Séance du 17 mai. — M. Th. Graf établi depuis longtemps au Caire ayant eu connaissance d'une trouvaille d'environ cent portraits dans la nécropole de Roubâyât (anc. Kerké) dans le Fayoum, fut assez heureux pour pouvoir les acheter. Ces portraits sont aujourd'hui exposés à l'hôtel de la Société d'encouragement, 44 rue de Rennes. Un compatriote de M. Graf, M. RICHTER, présente aujourd'hui à l'Académie deux de ces panneaux en encaustique et en tapisserie haute lisse. Les portraits trouvés au Fayoum sont d'origine grecque; les plus anciens ont dû être composés au premier siècle avant Jésus-Christ, c'est du moins l'opinion de M. Richter; les moins anciens sont du troisième siècle de notre ère. La plupart sont peints à la cire colorée au moyen de couteaux à palette, art qui a complètement disparu. M. MASPERO ajout quelques observations à la communication de M. Richter. Ces portraits ont été trouvés à Roubâyat, peints partie à la cire, partie à l'œuf; ils appartiennent pour la plupart à l'époque des Antonins. Le mode d'agencement des momies changea vers la fin du premier siècle. On changea la forme des cercueils, une caisse oblongue remplaça la gaîne imitant les formes du corps. Au lieu du masque en relief, on inséra au-dessus de la tête un panneau de bois portant le portrait du mort. Cet usage qui a duré probablement un siècle et demi se retrouve à Thèbes comme au Fayoum. Les tapisseries étaient appliquées sur les vêtements du mort: des panneaux carrés dans le dos, des bandes le long des coutures, parfois des calottes sur la tête et des chaussons en tapisserie aux pieds. Les tapisseries sont en point des Gobelins et représentent le plus souvent des sujets païens. La collection de M. Graf est la plus complète qu'on ait jamais vue, et il est à désirer qu'elle entre dans quelque musée. M. RAVAISSON fait remarquer que les peintures présentées par M. Richter ont un caractère purement historique et réel, il en est de même pour les représentations funéraires de basse époque dans toutes les civilisations antiques. Aux hautes époques, les morts dans les représentations funéraires sont héroïsés ou divinisés. Plus tard on s'habitua peu à peu à les figurer tels qu'ils avaient été pendant leur vie. On est ainsi passé d'un art tout à fait idéaliste à un art de caractère réaliste ou historique. — M. ALOIS HEISS communique une note sur la démence de la reine Jeanne de Castille, femme de Philippe le Beau et mère de Charles-Quint. Il combat la thèse de M. Bergenroth, suivant lequel la folie de Jeanne serait postérieure à la mort de Philippe le Beau et aurait été inventée par Ferdinand le Catholique, désireux de s'emparer du gouvernement des états de sa fille. Charles-Quint, dans le même but, aurait maintenu sa mère en captivité. Les mauvais traitements infligés à Jeanne de Castille par ordre de Ferdinand et de Charles auraient déterminé la folie dont la reine dépossédée ne fut délivrée que par la mort en 1555. M. Heiss à l'aide de documents récemment publiés en Espagne s'attache à établir les faits suivants. Jeanne présenta dès 1503 des symptômes non équivoques de démence; on en a pour preuve le testament de sa mère la reine Isabelle daté de l'an 1504. Jeanne ne fut pas enfermée à Tortésillos en 1506, mais seulement en 1509. Le corps de Philippe ne fut pas transporté directement de la Chartreuse de Tiraflorès à Grenade; Jeanne l'eut constamment auprès d'elle jusqu'en 1522. Les violences dont on aurait usé à son égard ont été singulièrement exagérées et eurent pour but de l'empêcher de mourir de faim. Si Charles-Quint l'a tenue isolée du monde, c'est à cause des accès pendant lesquels elle perdait conscience de son rang et de sa dignité. — M. COSMIRIS achève la lecture de son mémoire sur les ouvrages inédits des anciens médecins grecs. Il exprime le désir que l'Université d'Athènes entreprenne cette publication.

HENRI THÉDENAT.

Le Gérant : E. THORIN.

BULLETIN CRITIQUE

SOMMAIRE. 73. Félix HÉMENT. L'origine des êtres vivants. *J. M. Bordes*. — 74. A. AMIAUD. La légende syriaque de saint Alexis l'homme de Dieu. *L. Duchesne*. — 75. M. de PANGE. Le patriotisme français en Lorraine. *A. Baudrillart*. — 76. Marquis de VOGÜÉ. Villars d'après sa correspondance. *F. Rousseau*. — 77. Marquis de DAMPIERRE. La Saintonge et les seigneurs de Plassac. *T. de L.* — 78. Ed. GRIMAUX. Lavoisier. *P. Bonnassieux*. — CHRONIQUE. — SOCIÉTÉ NATIONALE DES ANTIQUAIRES DE FRANCE. — ACADÉMIE DES INSCRIPTIONS ET BELLES LETTRES.

73. — **L'Origine des êtres vivants**, par Félix HÉMENT. in-8, 224 p., 110 gravures. Paris, Picard et Kaan, deuxième édition.

La science positive a le droit et le devoir de vulgariser ses conquêtes. Sur la question de l'origine des êtres vivants, elle possède deux certitudes un fait et une loi. Le fait, c'est que la vie a eu un commencement sur le globe, la loi c'est que tout être vivant, vient d'un être vivant semblable. *Omne vivum ex vivo — Similis similem parit.*

Faire comprendre cette loi à de jeunes lecteurs par des exemples bien choisis et à leur portée, le faire simplement, gravement, sans périphrases, tout en satisfaisant la curiosité si insatiable à cet âge, tel est l'objet de ce livre.

En vertu de l'adage *Maxima debetur puero reverentia* bien des gens penseront qu'on ne peut traiter pareil sujet sans manquer au respect dû à l'innocence et sans blesser la pudeur. S'ils veulent bien parcourir le travail de M. Hément, ils seront convaincus du contraire. Certes il ne dit pas tout, et il n'a nullement la prétention d'écrire un traité d'embryogénie comparée, mais il répond sans embarras et d'une manière fort instructive à une foule de questions que l'enfant cherche à résoudre, sans aiguiser jamais une curiosité malsaine.

L'auteur a cent fois raison, nous ne pouvons rien contre la curiosité des enfants ; c'est un penchant naturel qui va au devant de l'instruction, nous devons donc le satisfaire. Au lieu de cela, on les trompe et pour échapper à leurs questions embarrassantes, on invente des réponses qui ne satisfont pas leur curiosité et par conséquent la surexcitent.

Quarante-deux pages sont consacrées à une étude détaillée de l'œuf de poule, au rôle et au développement de chacune de ses parties. Avec les données acquises sur ce point, rien n'est aisé comme l'examen de l'œuf incomplet des mammifères et des poissons. La curiosité trouve une ample moisson de faits merveilleux dans les métamorphoses des batraciens, des insectes, des vers, des crustacés et des mollusques. Avec les infiniment petits, on introduit l'enfant dans le temple même de la science et il peut s'extasier devant les merveilleuses découvertes de M. Balbiani et de M. Pasteur.

L'unité des lois biologiques ressort de l'intéressante étude de la graine des plantes. L'enfant comprend la formation de l'ovule, sa fécondation, la graine avec ses réserves nutritives, le fruit et sa dissémination, les conditions requises pour la germination et le développement de la plante. C'est un vrai traité de botanique en quelques pages et l'on n'a eu garde d'oublier la reproduction des champignons et des fougères.

Après une pareille lecture, l'enfant ne croira plus à la génération spontanée, il ne croira pas davantage aux théories chimiques de la vie, mais dégagera-t-il suffisamment l'idée de cette cause qui préside à tous les phénomènes vitaux et qui est indéniable ?

« En voyant l'animal sortir de l'œuf, disait Cl. Bernard, et acquérir successivement la forme et la constitution de l'être qui l'a précédé et de celui qui le suivra, en le voyant exécuter au même instant un nombre infini d'actes apparents ou cachés qui concourent comme par un dessin calculé à sa conservation et à son entretien, on a le sentiment qu'une cause dirige le concert de ses parties et guide dans leur voie les phénomènes isolés dont il est le théâtre. »

Quelle est cette cause, demandera le jeune lecteur ? Lui répondrez-vous : Paul Bert, qui passe pour un savant, a dit : C'est un principe coordinateur et directeur ! Buffon avait une autre valeur que Paul Bert et je pense qu'on peut encore citer Buffon sans trop soulever de tempêtes dans l'aréopage qui siège à l'Hôtel de Ville, encore est-ce un droit pour l'enfant d'obtenir une réponse à sa question. Buffon disait : « Dieu s'est réservé ces deux extrêmes du pouvoir, anéantir et créer ; altérer, changer, détruire, développer, renouveler, produire sont les seuls droits qu'il a voulu céder. Ministre de ses ordres irrévocables, la nature ne s'écarte jamais des lois qui lui ont été prescrites, elle n'altère rien aux plans qui lui ont été tracés et, dans tous ses ouvrages, elle présente le sceau de l'Éternel. »

Encore une observation : je pense trop de bien de l'ouvrage pour ne pas me la permettre. M. Hement fait mourir Harvey (p. 1 en note) en 1658, c'est charitable à lui de prolonger d'un an la vie d'un octogénaire qui le méritait bien, mais il n'en est pas moins mort le 30 juin 1657. Je ne crois pas non plus qu'il connut la circulation en 1613, mais seulement en 1619 et il ne publia son livre de *De Motu cordis et sanguinis* qu'en 1628.

J.-M. BORDES

74 — **La légende syriaque de saint Alexis, l'homme de Dieu,** par Arthur AMIAUD. 79⁰ fascicule de la Bibliothèque de l'école des Hautes Études. Paris, Barillon, 1889, in-8°.

Qui ne connaît la légende de saint Alexis ? Un jeune romain, fils de famille, s'échappe de chez lui le jour de ses noces ; il abandonne son épouse, s'enfuit jusqu'en Syrie, jusqu'à Édesse, y vit longtemps dans la condition d'un pauvre mendiant, puis revient à Rome s'installer, misérable parasite, à la porte de la maison paternelle, où il meurt, laissant à Dieu le soin de dévoiler miraculeusement le secret de son existence.

Peu d'histoires furent aussi populaires que celle-là, en Orient et en Occident, pendant le moyen âge.

Qu'y a-t-il au fond de ce merveilleux récit ? On pouvait déjà s'en douter au temps (1725) où le bollandiste Jean Pien (Pinius) publia la monographie du saint dans les *Acta Sanctorum*. Grâce aux textes syriaques que nous donne ici M. Amiaud, la chose est désormais de la plus grande clarté.

Saint Alexis était absolument inconnu en Occident avant les dernières années du x⁰ siècle. Sous le pontificat de Benoît VII, en 977, une colonie de moines grecs, conduits par Serge, métropolitain de Damas, vint s'établir à Rome, sur le mont Aventin, dans un monastère fondé à cette occasion près de l'ancienne diaconie de Saint-Boniface. Cet établissement, comblé de faveurs par les papes et par l'empereur Othon III, ne tarda pas à devenir le principal centre de la piété romaine. Très peu de temps après sa fondation on y voit fleurir le culte de saint Alexis. C'est de là qu'il rayonna bientôt pour se répandre dans tout l'Occident (1).

Il y avait déjà longtemps que les Grecs connaissaient saint Alexis : un hymne fut composé en son honneur, au ix⁰ siècle, par le mélode Joseph, évidemment d'après une rédaction grecque de son histoire. De cette rédaction il nous reste divers remaniements également en grec, des textes latins, syriaques et arabes. Mais en arrière de toute cette littérature qui ne se manifeste que depuis le ix⁰ siècle il y avait une vieille vie syriaque dont il existe des manuscrits du vi⁰ siècle ; l'un d'eux pouvait même être de la fin du siècle précédent. Avec ces manuscrits nous

(1) Les plus anciens documents de ce culte sont deux chartes de l'année 987 (Nerini, *De Templo ss. Bonif. et Alexii*, p. 379, 381). Ce sont sans doute les moines grecs qui auront fait connaître la légende ; une madone byzantine conservée dans l'église passe pour avoir été apportée par l'archevêque Serge ; ce serait l'image d'Édesse qui a son rôle dans l'histoire de saint Alexis. Quant à l'idée de choisir Saint-Boniface pour y placer la maison paternelle d'Alexis, elle aura été suggérée par le nom de sa mère Aglaé, le même que celui de la maîtresse de Boniface dans la légende de celui-ci. On aura cru pouvoir identifier ou apparenter ces deux personnes probablement aussi fictives l'une que l'autre.

atteignons un terrain traditionnel qui paraît d'abord d'une grande solidité : le saint est dit avoir vécu dans le premier tiers du v° siècle ; sa vie fut rédigée au déclin du même siècle, à cinquante ou soixante ans d'intervalle tout au plus.

Il faut bien le dire : ce petit livre syriaque nous présente un saint Alexis très différent du nôtre. Il est qualifié d'*homme de Dieu* (1) comme dans les autres récits ; mais il a un nom syriaque Mar Riscia (Monsieur le Prince) qui n'a rien de commun avec celui d'Alexis. C'est encore un noble romain, qui s'enfuit le jour de ses noces pour aller vivre de mendicité à Édesse ; mais il s'enfuit avant la célébration de son mariage, ce qui est de conséquence pour la partie délaissée. Une différence plus grave encore, c'est qu'il ne revient pas à Rome : il meurt à Édesse prosaïquement, à l'hôpital. Son histoire est connue non par une voie miraculeuse, mais par les confidences qu'il a faites au gardien de l'église à la porte de laquelle il mendiait. Un seul trait surnaturel : l'évêque Rabulas (personnage tout-à-fait historique) informé de la sainteté du défunt, s'empresse d'aller le tirer de la fosse commune où l'on vient de l'enterrer, pour lui faire donner une sépulture honorable. Mais quand il arrive, on ne trouve plus que les vêtements du défunt : le corps a disparu.

L'histoire s'arrête là, ou plutôt elle se termine par une petite morale : l'évêque Rabulas négligeait un peu les pauvres étrangers ; il employait les revenus de son église à construire, à orner les édifices sacrés ; il considéra l'événement comme un avertissement de Dieu : depuis lors il changea de système, négligea les constructions et soigna les pauvres avec le plus grand zèle. « Qui sait, disait-il, s'il n'y en a pas beaucoup « comme ce saint, recherchant l'humilité, grands par eux-mêmes aux « yeux de Dieu et ignorés des hommes à cause de leur humilité ? »

M. Amiaud aurait pu, je crois, insister davantage sur cette finale. Je regrette qu'il m'ait laissé le soin de le faire, car cela va me mettre encore dans le rôle d'avocat du diable. Que les personnes dont saint Alexis est le patron me fassent la charité de ne pas pousser plus loin la lecture de ce compte rendu.

La disparition du corps saint est bien regrettable et cela, non seulement au point de vue de l'authenticité des reliques (2), que l'on montre

---

(1) Ce terme était employé à Rome au moins pour désigner des ascètes : on le rencontre (*homo dei*) sur deux épitaphes romaines du v° siècle (De Rossi *Inscr. christ.* t. I n. 523 728).

(2) Au XIII° siècle les moines de Saint-Alexis et les chanoines de Saint-Pierre se disputaient l'honneur de posséder dans leurs églises respectives le corps de saint Alexis. Leurs prétentions ne se fondaient que sur les rédactions de la légende byzantine qui en effet diffèrent sur ce point : les plus anciennes le font enterrer à Saint-Pierre, les autres sur l'Aventin. En fait il n'existe pas de reliques authentiques de saint Alexis.

peut être quelque part, mais même au point de vue de la réalité du personnage. Cette fin d'histoire est arrangée de telle manière que l'on est dispensé de nous exhiber un tombeau; or un tombeau est, dans ce genre de choses, une garantie de premier ordre. A Edesse le tombeau de Mar Riscia n'était nulle part et il ne pouvait être nulle part. Ceci porte à réfléchir sur le caractère *tendencieux* de son histoire. Le biographe n'a pas cherché à le dissimuler : c'est une leçon adressée aux prélats bâtisseurs et relativement peu soucieux des pauvres gens, surtout des pauvres étrangers. La réunion de ces deux circonstances m'a jeté dans une grande perplexité.

Quoiqu'il en soit de la réalité de cette histoire, il est sûr qu'elle ne tarda pas à se répandre parmi les Grecs; mais elle était trop simple, on se mit en devoir de l'embellir, ou plutôt de la combiner avec une histoire analogue : celle de saint Jean Calybite.

Saint Jean Calybite est aussi un noble romain qui s'enfuit de la maison paternelle, mais, d'abord, il ne laisse derrière lui ni épouse, ni fiancée; ensuite il ne passe pas sa vie à mendier, comme Mar Riscia, à la porte d'une église; un moine acémète a reçu l'hospitalité chez son père, Jean le décide à l'emmener avec lui dans son monastère. Il y demeure six ans, menant la vie la plus retirée. Alors une voix céleste lui ordonne d'aller retrouver ses parents et de recevoir leur bénédiction avant de mourir. Le jeune moine revient à Rome, où il n'est pas reconnu de ses parents; ceux-ci, après lui avoir fait d'abord mauvais accueil, lui permettent de se bâtir une petite cabane ou *calybé* (d'où le surnom de Calybite), auprès de leur maison. Il y vit misérablement pendant trois ans, puis il meurt après s'être fait reconnaître de ses père et mère et avoir reçu leur bénédiction.

Cette histoire est, comme la précédente, d'une réalité douteuse. Saint Jean Calybite a été ignoré à Rome plus longtemps encore que saint Alexis. Ce n'est que depuis le xvi° siècle que l'on a donné son nom à une petite église dans l'île du Tibre. Auparavant cette église s'appelait tout simplement Saint-Jean de-l'Ile (*de Insula*); elle était dédiée à saint Jean Baptiste. Mais nous n'avons pas à nous occuper ici des personnes en elles-mêmes, nous ne considérons que leur histoire.

Or il est clair que la légende de saint Alexis, telle que nous l'avons en grec et en latin, n'est pas autre chose que la combinaison des histoires de Mar Riscia et de saint Jean Calybite. On s'en était déjà aperçu depuis longtemps, alors que les textes syriaques n'étaient pas encore connus. Désormais cela est, à ce qu'il me semble, indiscutable. Il faut cependant remarquer que, du moment où la légende de saint Jean Calybite est reconnue comme un des éléments de celle de saint Alexis, elle obtient par le fait même une attestation plus ancienne que celles qu'on lui connaissait. Du x⁰ siècle, où se présentent ses premiers documents directs, elle recule jusqu'au viii⁰ siècle, à tout le moins. Ce n'est pas à dire pour cela qu'elle soit beaucoup plus croyable : il lui manque toujours une attache topographique romaine, un ancien vocable d'église, un tombeau surtout. Les tombeaux, je le répète, sont ici indispensables.

Ainsi constituée par la combinaison des vies de Mar Riscia et de Jean Calybite, la vie grecque de saint Alexis parvint à la connaissance des hagiographes syriens. Ils n'hésitèrent pas à reconnaître leur saint dans la première partie de l'histoire ; mais la seconde, qui suppose son retour à Rome, cadrait fort mal avec le vieux récit d'après lequel il mourait à Edesse. Bien entendu la légende byzantine n'admet pas ce dernier détail. Il y est dit qu'Alexis quitta Edesse pour échapper aux importuns, car sa sainteté commençait à y être connue ; il voulait se rendre à Tarse ; un vent violent détourna son navire et le poussa jusqu'à Rome. Les Syriens ont tenu à ce que le saint fût mort dans leur pays, mais ils l'ont fait ressusciter pour lui permettre de se transporter à Rome et de reprendre le cours de ses aventures, selon la tradition byzantine. Le procédé est un peu héroïque : on doit convenir toutefois qu'il était comme indiqué par la disparition du corps, dans le récit primitif.

M. Amiaud a publié dans ce volume, avec le plus grand soin, les deux rédactions syriaques de la légende, la première, d'après les très anciens manuscrits dont j'ai déjà parlé, la seconde, d'après d'autres exemplaires dont les premiers en date sont du ix⁰ siècle. Il y a joint une version syriaque de l'hymne de Joseph, en notant les variantes du texte grec. Toutes ces pièces sont accompagnées d'une traduction française. Dans son introduction, il étudie les rapports généalogiques des manuscrits, des recensions, des légendes elles-mêmes. Ses conclusions sont celles que j'ai exposées ici, sauf les quelques points où j'ai cru devoir m'expliquer avec plus de hardiesse. Combien il est regrettable que ce beau travail marque le terme d'une carrière si pleine de promesses !

L. DUCHESNE.

75. — **Le patriotisme français en Lorraine antérieurement à Jeanne d'Arc**, par le comte M. de PANGE. Paris, Champion, 1889.

La librairie Champion vient de publier une curieuse brochure intitulée « *Le patriotisme français en Lorraine antérieurement à Jeanne d'Arc* » par M. le comte de Pange.

Cette dissertation qui, avec les pièces annexées, compte une centaine de pages, repose tout entière sur cette idée fort juste que le patriotisme français, même après l'avènement de la dynastie capétienne, n'a pas été e monopole de cette partie de la France qui constituait le domaine royal : parmi les parcelles détachées de la Gaule carolingienne, les unes regardaient le roi de France comme telles parties de l'Empire regardaient l'empereur et voyaient en lui une sorte de suzerain idéal, qui sans gêner leur indépendance incarnait cependant pour eux l'idée de la patrie commune : ainsi la Bourgogne, la Savoie, la Provence, la Lorraine. D'autres plus étroitement rattachées à la monarchie, s'étaient plus complètement fondues dans l'unité nationale et étaient à la Royauté française ce que la Germanie propre, avec ses duchés, était au Saint Empire.

Le Saint Empire était plutôt une dignité qu'un territoire ; la Lorraine fut cédée à l'Empire mais jamais à la Germanie. D'origine gallo-franque, l'Empire tint longtemps de la Gaule beaucoup plus que de la Germanie. Quand, plus tard, le titre impérial passa aux Allemands, de fait et non de droit, il sembla que l'Empire gallo-franc fut divisé en deux et que le roi de France « empereur en son royaume » et successeur de Charlemagne, aussi bien que les Césars germaniques, eût sur la moitié occidentale les mêmes droits que le roi de Germanie sur la partie orientale. Lui aussi fut le souverain réel d'un pays déterminé et le souverain idéal de beaucoup d'autres.

Quant à la Lorraine, elle ne cessa jamais de regarder vers la France : à Bouvines, c'est un Lorrain, Gérard la Truie, qui met l'empereur en fuite ; au commencement de la guerre de Cent ans, le roi de France, selon Froissart, « n'a nul doute du duc de Lorraine et du comte de Bar car ils étaient bons Français et loyaux » ; à Crécy, le duc de Lorraine, Raoul, est tué en combattant vaillamment et son corps fut trouvé « le plus approché des Anglais » ; à Orléans, en 1428, c'est un Lorrain, maître Jean, qui par son artillerie fait la terreur de l'ennemi.

Il n'y a pas lieu de disserter à perte de vue sur la situation de Domremy par rapport à la Lorraine, à la Champagne, au domaine royal.

Jeanne d'Arc est Lorraine comme Duguesclin est Breton, et plus elle est Lorraine, plus grand est le mouvement national dont elle est l'expression. Dans l'un et l'autre cas, au xv° comme au xiv° siècle, c'est de la France *extérieure* qu'est venu le salut de la France *intérieure*.

La brochure de M. de Pange, vive et précise autant qu'originale, mérite d'être connue et répandue.

Alfred BAUDRILLART.

76 — **Villars, d'après sa correspondance et des documents inédits,** par M. le marquis de Vogüé, membre de l'Institut, 2 vol. in-8°. Plon, Nourrit et C°. Paris, 1888.

Villars eut de nombreux ennemis que lui suscitèrent ses succès et les honneurs qui les récompensèrent. Un des plus acharnés, le duc de Saint-Simon, s'efforce de rabaisser par ses critiques les principales actions de ce grand homme de guerre, il ne lui pardonne pas son titre de duc et pair, le considère presque comme un intrus parce que Villars ne tient pas cette dignité de ses ancêtres. Enfin les attentions du roi envers le maréchal l'exaspèrent. Saint-Simon ne peut supporter que Louis XIV fasse soigner, et vienne visiter dans les appartements de la princesse de Conti à Versailles Villars rapporté blessé de la bataille de Malplaquet.

Les témoignages de Saint-Simon sont donc suspects, mais on serait également loin de la vérité et on apprécierait le maréchal d'une manière trop favorable si on ne consultait que les mémoires écrits par Villars à la fin de sa vie. Une autobiographie tourne forcément à l'apologie. La correspondance au contraire montre l'homme avec ses qualités et ses défauts.

M. le marquis de Vogüé, lorsqu'il préparait la nouvelle édition des *Mémoires* de Villars, a disposé des documents conservés dans les archives de sa famille et dans celles des comtes de Törring. Il y a puisé les éléments du travail qu'il publie aujourd'hui. Une partie des lettres se trouve citée dans le cours de l'ouvrage. Celles qui concernent les rapports de Villars et de l'électeur de Bavière sont réunies dans un appendice à la fin du 2° volume.

M. de Vogüé n'écrit pas une biographie, puisqu'il laisse de côté les premières années du personnage. L'auteur étudie les principaux épisodes de cette carrière, les missions diplomatiques de Villars à Munich ou à Vienne, ses campagnes sur le Rhin, le Danube, en Languedoc, sur la Moselle et l'Escaut; il analyse la correspondance suivie, échangée entre Villars et M°ᵉ de Maintenon, enfin il dépeint l'heureuse vieillesse du maréchal retiré dans l'ancien château de Fouquet, qu'il a orné de trophées. Dans cette retraite, se rendent les plus hauts personnages de la cour, il y reçoit les illustrations littéraires. Voltaire fait représenter au château de Vaux plusieurs de ses tragédies et donne lecture de sa Henriade. Cette oisiveté, à la fois si agréable et si active, se prolonge jusqu'à l'époque de la guerre de Pologne. Villars, âgé de plus de quatre-vingts ans, reprend les armes, arrive à Turin en qualité de maréchal général, comme Turenne, et meurt au début de la campagne, sans qu'une défaite ait obscurci la gloire de Friedlingen, d'Hœchstedt et de Denain.

Il est impossible de suivre M. de Vogüé dans tous ces détails, on doit se contenter de reprendre quelqu'un des chapitres les plus nouveaux de ce livre et plusieurs des questions controversées que l'auteur tranche d'après les documents qu'il a eus à sa disposition. Nous examinerons donc les missions de Villars à Munich et à Vienne, puis sa campagne du Danube et celle de l'Escaut.

Villars, âgé de trente-quatre ans et colonel de cavalerie, fut chargé par le roi de porter à Vienne une lettre à l'empereur Léopold, qui venait de perdre sa mère, la sœur d'Anne d'Autriche. Cette mission officielle en cachait une autre auprès de Max Emmanuel, électeur de Bavière. M. de Vogüé le représente comme un homme d'une bravoure légendaire, mais d'une mollesse et d'une légèreté incroyables pour un prince avide de gloire et qui avait de grands desseins. Louis XIV voulait arracher Max Emmanuel aux influences autrichiennes et l'entraîner dans l'alliance française. Villars échoua et se crut pourtant bien près de réussir. Il s'était introduit dans l'intimité de l'électeur; ce Français plaisait à Max Emmanuel à cause de la bravoure qu'il avait montrée à Mohacz et à cause de cet entrain qui égayait les fêtes de Munich. On le laissait entrer dès le matin chez l'électeur tandis que l'envoyé autrichien se morfondait dans les antichambres. Pourtant les belles espérances que faisait concevoir une intimité si étroite furent cruellement déçues et Max Emmanuel, pris tout à coup d'une tendresse soudaine pour l'Autriche, congédia brusquement le compagnon dont quelques jours plus tôt il ne pouvait se passer.

Malgré cet insuccès, Louis XIV désigna Villars pour le poste de Vienne. Son rôle fut secondaire parce que le roi de France, jugeant impossible un traité avec Léopold, négociait avec Guillaume d'Orange et avec le roi d'Espagne Charles II. Aussi Villars demeurait étranger aux péripéties de notre politique. Tandis qu'il discutait gravement des questions de préséance et exigeait une réparation du prince de Lichtenstein qui l'avait publiquement offensé, il ignorait le premier traité de partage et ne savait que répondre aux ouvertures de M. de Kinsky. Lorsque le second traité de mars 1700 fut passé, le roi le chargea de le communiquer à l'empereur Léopold et d'obtenir son adhésion. Mais en Autriche, on croyait, à l'exception de Kaunitz, que Charles II signerait un testament en faveur d'un archiduc. Jusqu'au dernier moment, la cour de Vienne conserva cette illusion. Après le testament en faveur d'un prince français, Léopold qui en ignorait la teneur, repoussa une dernière démarche de Louis XIV. Villars joua donc un rôle peu important qui ne méritait pas les récompenses qu'il réclamait. Il s'irritait de voir ses collègues de Madrid et de Londres recevoir Harcourt un duché, Tallard le cordon bleu. J'ai battu les buissons, écrivait-il à Chamillard.

Le grade de maréchal qu'il reçut à Friedlingen le dédommagea de sa déception. A la guerre, Villars se retrouvait dans son élément. Dans cette campagne du Danube, la première où il commandait en chef, il eût été au comble de la joie sans la présence de Max Emmanuel redevenu notre allié. Villars était un tacticien de l'école de Condé, qui ne procédait pas avec la lenteur méthodique d'un Vauban ou d'un Catinat. Les grandes marches à l'intérieur du pays ennemi ne l'effrayaient pas. Il concevait un plan de campagne : le long du Danube, se réunissait aux troupes de l'électeur, donnait la main à Vendôme, par la vallée de l'Adige et dictait les conditions de la paix dans le palais de Vienne à l'empereur d'Autriche. Malheureusement pour lui, il devait compter avec Tallard qui surveillait l'armée du prince de Bade, avec Vendôme, et enfin avec l'électeur de Bavière. Les causes de mésintelligence existaient entre eux avant leur jonction. Ce fut bien autre chose quand ils durent manœuvrer de concert. Max Emmanuel laissa le prince de Bade occuper d'Augsbourg. Les lettres de Villars témoignent de sa colère contre ce maudit électeur qui se trouvait sans cesse sur le chemin de sa fortune. Il demandait son rappel. Quand l'autorisation du roi lui arriva, il avait dégagé sa responsabilité des désastres futurs par la victoire d'Hœchstedt remportée sur le comte de Styrum.

Villars fut bien vengé de l'électeur de Bavière. Quand le maréchal commandait l'armée du Nord, il retrouva sur les confins de la Flandre Max Emmanuel, chassé de ses États, vivant d'une pension que lui servait Louis XIV et occupant ses loisirs à tourner des tabatières. Par la victoire de Denain, Villars allait rétablir ce prince dans ses États et en faire son obligé.

Saint-Simon attribue le mérite de la victoire de Denain à un officier qui servait sous les ordres du maréchal à M. de Montesquiou. Ce serait à lui que l'on devrait le mouvement sur le camp retranché de Denain, tandis que le prince Eugène s'attendait à une attaque du côté de Landrecies. Le lieutenant général de Vault soutient la même opinion. Mais cette théorie s'écroule devant les documents trouvés par M. de Vogüé dans les papiers d'Ormond, le général anglais, qui fut présent à la bataille. Il y a découvert la relation du combat écrit par Villars quelques heures après l'action. Le maréchal rapporte que, ne pouvant amener l'ennemi à un combat décisif sur le bord de la Selle, il l'a forcé à dégarnir le camp de Denain qu'il projetait d'attaquer.

Cette manœuvre porte bien d'ailleurs la marque de Villars. Elle ressemble en particulier à celle qu'il fit à Friedlingen pour passer les montagnes noires.

Louis XIV à la fin de la guerre, le choisit pour discuter, avec son adversaire le prince Eugène les conditions de la paix. Dans son impatience, dans son désir de ne pas exposer à un échec sa réputation de général

Villars se montra parfois trop facile. Il s'agissait aussi, en particulier, de plaider la cause de Max Emmanuel. L'empereur qui se refusait à reconnaître le roi d'Espagne, protestait également contre le rétablissement des électeurs de Cologne et de Bavière. Enfin on signa la paix de Rastadt pour Léopold et celle de Bâle pour l'empire.

Villars eut donc, suivant le mot de M. de Vogüé *la plus grande joie que puisse ambitionner un soldat, celle de délivrer le sol de la patrie et de reconquérir ses frontières.* Fier à juste titre de ses services il montra une trop grande avidité. Maréchal de France, duc et pair, gouverneur de la Provence, cordon bleu, chevalier de la Toison d'or, admis aux grandes entrées, il sollicitait l'épée de connétable et ambitionnait une place dans les Conseils du Roi. Cette double satisfaction lui manqua. Cependant tout ce qui pouvait flatter sa vanité lui fut prodigué. Outre les compliments de Louis XIV, les ovations publiques, on frappa des médailles en son honneur. Celle de Du Vivier, graveur du roi, porte cette inscription « *Victoria pacem fecit : uni debemus utramque.* »

Villars n'entra au Conseil qu'après la mort de Louis XIV. Sous la Régence il fit partie de l'un des sept Conseils entre lesquels le duc d'Orléans distribua l'expédition des affaires, mais il ne tarda pas à s'apercevoir que toutes les questions sérieuses se décidaient ailleurs et il dépensa son activité dans les plaisirs mondains et dans les voyages d'agréments, jusqu'au jour où il reprit du service pour se rendre en Italie.

En résumé Villars fut un homme heureux, mais qui mérita les recompenses qu'il obtint par de réelles qualités et de grands services. M. de Vogüé a jugé avec impartialité le maréchal de Villars, appréciant ses mérites, faisant justice des critiques haineuses de Saint-Simon, mais ne dissimulant pas son avidité et sa vantardise.

Il se montre indulgent pour ces défauts, car il reconnaît que cette verve gasconne de Villars relevait le courage de nos soldats épuisés de fatigues et de faim. M. le maréchal a raison, disaient ces braves, il faut bien jeûner quelquefois. M. le maréchal, donnez-nous notre pain d'aujourd'hui. Par ses bons mots, par ses hâbleries même, il les égayait et leur donnait du cœur. Enfin, s'il fut avide d'honneur et d'argent, on ne doit pas se montrer à son égard plus sévère que Louis XIV, car s'il fit bien ses affaires, il fit bien d'abord celles de l'État.

François ROUSSEAU

---

77 — **La Saintonge et les seigneurs de Plassac. Le duc d'Épernon (1554-1642)**, par le marquis de DAMPIERRE. Paris, Alphonse Picard, 1888, grand in-8° de IX-352 p.

M. le marquis de Dampierre avait écrit pour sa famille seule une monographie du château de Plassac, qu'elle habite depuis de longues années (1) Ce sont, dit-il (p V) « des leçons tirées de l'histoire de notre Saintonge, que j'ai voulu laisser à mes enfants et petits-enfants prenant occasion des lieux qu'ils connaissent pour leur parler des personnages qui jouèrent, dans ce pays déchiré par tant de guerres et de révolutions, un rôle plus ou moins considérable (2) Il était impossible, en effet, de faire l'histoire de Plassac sans faire celle de ceux qui l'habitèrent et des événements auxquels leur existence fut mêlée » L'auteur ajoute qu'ayant rencontré, dans ses recherches, le plus célèbre des possesseurs de Plassac, le duc d'Épernon « une figure d'originalité singulière » et qui lui a semblé avoir été mal décrite jusqu'ici, il a été attiré peu à peu par l'intérêt que présentaient ses aventures, par les contradictions que soulevait sa conduite, l'excentricité de son caractère et le grand ascendant qu'il avait exercé » M de Dampierre a étudié la vie de ce personnage « avec une ardeur, quelquefois récompensée par d'heureuses découvertes » C'est ainsi que ce travail est devenu « un gros livre, plein de faits, plein de documents puisés aux sources les plus sûres » L'habile biographe du duc d'Épernon ne s'est montré ni injustement sévère, ni injustement indulgent dans ses récits et dans ses appréciations S'il rend hommage aux grandes qualités de son héros, il n'hésite pas à reconnaître qu'il fut hautain, orgueilleux, ambitieux violent Il rappelle, avec un de ses plus distingués devanciers M Georges de Moubrison (3), que si le sens moral ne fut pas en Jean Louis de Nogaret à la hauteur des talents et surtout du caractère, nul d'autre part, n'a été plus calomnié que lui, et qu'on l'a trop souvent jugé sur le témoignage d'ennemis personnels très acharnés et fort peu scrupuleux, comme Sully, d'Aubigné, Richelieu etc (4)

(1) Le château de Plassac (à 12 kil de Jonzac) fut acheté par les Dampierre le 20 novembre 1657 moyennant la somme de 320 000 livres et, depuis 231 ans, ce château n'est jamais sorti de leurs mains

(2) *Monographie du château de Plassac en Saintonge La Saintonge et les seigneurs de Plassac* 1215-1669 Plassac, 1888 grand in 8 de 472 p Ce volume avait été précédé par un autre volume également non mis en vente et tout rempli de curieux souvenirs autobiographique *Cinq années de vie politique 1871 1875* (Plassac 1887 grand in-8° de x-545 p) Ces mémoires de l'ancien membre de la Constituante mériteraient d'être consultés par les futurs historiens de notre temps ce sont les sincères récits d'un galant homme bien informé

(3) *Un gascon du XVI siècle Le premier duc d'Epernon* (extrait de la *Revue des Deux-Mondes* du 1" novembre 1874, Brochure grand in 8 de 47 p M de D n'a pas connu une seconde édition revue et augmentée (Paris, G Chamerot, 1878 grand in 8 de VIII-136 p)

(4) M de Dampierre reproche à feu Bouillet de ranger le duc d'Epernon parmi les *mignons* d'Henri III de prétendre que pour *prix de ses indignes complaisances*, il fut comblé de faveurs, de l'accuser implicitement d'avoir trempé dans le meurtre d'Henri IV « Il est triste » dit-il avec amertume « de voir dans un livre répandu et aussi utile que le *Dictionnaire universel*

M. de Dampierre s'est beaucoup servi, dans son intéressante monographie, des auteurs contemporains, notamment de Guillaume Girard, historiographe plus qu'historien du duc d'Épernon (1), mais il s'est encore plus servi de pièces nouvelles, comme celles qui ont récemment paru dans les *Archives historiques de la Gironde*, dans les *Archives historiques de la Saintonge et de l'Aunis* (2), et de pièces inédites, comme celles qui proviennent des Archives de l'archevêché de Bordeaux. Parmi ces dernières pièces, mentionnons (p. 220-222) trois lettres du marquis de Sourdis, adressées à son frère Henri, archevêque de Bordeaux (17, 19 novembre et 1ᵉʳ décembre 1633) au sujet de la querelle du prélat et du duc d'Épernon, (p. 228) une lettre écrite, le 30 janvier 1634, au même archevêque, par l'évêque de Nantes, Philippe Cospeau, (p. 236) une lettre écrite, le 4 avril 1634, par le chanoine Bernard Despruetz au grand vicaire Miard, (p. 238-241) un extrait du procès verbal de l'absolution reçue par le duc d'Épernon en son château de Plassac, le 15 avril 1634, (p. 242) une lettre du gouverneur de la Guyenne au cardinal Bichi (p. 243-248) divers documents émanés de ce prince de l'Église et du pape Urbain VIII, (p. 250-255) une lettre de Louis XIII à Henri de Sourdis, 1ᵉʳ septembre 1634, un *Mémoire* [rédigé par l'ordre du roi] *pour l'accommodement de l'affaire de monseigneur le duc d'Épernon et de monseigneur l'archevêque de Bordeaux* enfin (p. 256-258) une lettre de M. de la Vrillière à M. de Briet, conseiller au parlement de Bordeaux (1ᵉ octobre 1634) et une lettre de Louis XIII au duc d'Épernon (même date) (3).

L'ouvrage, très bien imprimé sur très beau papier par Noël Texier, est orné d'un remarquable portrait du duc d'Épernon, portrait qui, à lui seul, suffirait pour démentir les misérables historiettes relatives au prétendu *mignon* du roi Henri III.

T. de L.

d'histoire et de géographie un inspecteur général de l'Université de France répéter avec une telle facilité d'aussi graves accusations »

(1) Il rectifie une des erreurs du secrétaire-panégyriste (p. 243).

(2) J'éprouve un grand plaisir à signaler le parti que M. de Dampierre a tiré des *Lettres de Ph. Fortin de la Hoguette* publiées dans le tome XVI de ce dernier recueil et qui ont été si spirituellement appréciées par M. Gabriel Audiat dans une des récentes livraisons du *Bulletin critique*.

(3) Dans cette lettre (p. 228) deux mots n'ont pas été bien lus : à *je n'ay pas receu du léger* il faut substituer *je n'ay pas creu de léger*, c'est-à-dire je n'ai pas cru légèrement. Je dois cette observation à un très modeste et très grand savant M. Ant. de Lantenay qui prépare un travail spécial sur la *lutte* (le mot hélas ! n'est pas seulement métaphorique) entre l'archevêque de Bordeaux et le duc d'Épernon travail qui complètera sur divers points le récit de M. de Dampierre, à cause surtout de nombreux documents inédits trouvés à la Bibliothèque nationale.

78. — **Lavoisier** d'après sa correspondance ses manuscrits ses papiers de famille et d'autres documents inédits, par Edouard GRIMAUX professeur à l'École polytechnique et à l'Institut agronomique, agrégé de la Faculté de médecine. Paris Félix Alcan, éditeur, 1888. Un vol gr. in-8, de VII-399 pages orné de dix gravures hors texte.

Si le nom de Lavoisier est illustre, sa vie était restée jusqu'ici presque inconnue. On connaissait plus ou moins exactement les principales découvertes du créateur de la chimie moderne, on déplorait sa mort cruelle, on n'en savait guère autre chose. Il en est tout autrement aujourd'hui. Le présent ouvrage nous apporte une biographie complète et, s'il est permis de le dire, définitive du grand chimiste.

Chimiste lui-même, et l'un des meilleurs de notre époque, l'auteur avait toute compétence pour apprécier les travaux scientifiques de Lavoisier. Il s'est trouvé qu'il était en même temps bon écrivain et érudit excellent. Essayons de résumer les principaux traits de son attachante étude.

D'une famille originaire de Villers-Cotterets et dont le chef était, au commencement du XVII siècle, simple postillon chevaucheur des écuries du roi, Antoine-Laurent Lavoisier était né le 26 août 1743 à Paris au cul-de-sac Pecquet (1). Son père était en mesure de ne rien négliger pour son éducation et de lui donner une instruction complète. Antoine Laurent sut admirablement profiter de ces circonstances favorables et se constitua, dès son adolescence, un fonds solide et étendu de connaissances dans toutes les branches des sciences. Parmi les intimes de la maison paternelle était le naturaliste Guettard. C'est lui (voir page 7) dont l'influence semble avoir déterminé la vocation scientifique du jeune Lavoisier.

Dès les premiers travaux d'Antoine Laurent apparaissent les qualités maîtresses de son esprit « Il n'avance que les faits de l'expérience et se garde de toute hypothèse prématurée » A peine âgé de vingt-cinq ans, Lavoisier fut élu membre de l'Académie des sciences honneur que les plus heureux obtenaient rarement avant cinquante ans. Presqu'en même temps, il entrait dans la Ferme comme adjoint de Baudon. Peu d'années après, l'un des collègues de Lavoisier à la Ferme Paulze lui donnait sa fille en mariage. La situation d'Antoine Laurent est dès lors fixée et sa vie va se partager désormais entre les travaux de la Ferme et ceux de l'Académie. Dans l'un et l'autre de ces corps Lavoisier dut à ses rares qualités et à son activité une rapide influence et en devint bientôt l'un des membres les plus écoutés. Nous ne pouvons suivre

(1) Transformé en passage lors du percement de la rue de Rambuteau

M. Grimaux dans les détails si neufs et si intéressants qu'il nous donne sur cette double collaboration.

Lavoisier trouvait le moyen, grâce à une distribution rigoureuse de son temps, de ne pas négliger le laboratoire entre ses tournées de fermier général et ses rapports d'académicien. Madame Lavoisier, qui avait compris la haute valeur de l'homme auquel elle était unie et qui avait appris, pour lui plaire, le latin et l'anglais, suivait son mari au milieu de ses balances, de ses matras et de ses cornues, l'aidant parfois dans ses travaux et fixant par le dessin certaines de ses expériences. Les savants du monde entier venaient visiter ce couple si bien assorti : c'étaient Priestley, Ingenhouz, Fontana, Franklin, Watt, etc.

M. Grimaux a résumé, avec une admirable clarté, les grandes découvertes de Lavoisier et il semble facile, après l'avoir lu, de comprendre tout ce que la science doit au grand chimiste. Lavoisier a enlevé à l'air et à l'eau le caractère d'éléments qu'ils avaient jusqu'alors. Il prouva, en 1777, que l'air renferme deux substances différentes : l'oxygène et l'azote. Il établit, en 1785, la nature complexe de l'eau, composé d'hydrogène et d'oxygène. Il fixa à ce propos cette vérité à peine entrevue jusqu'à lui : « *Dans les réactions chimiques le poids est invariable : la matière se transforme et ne saurait disparaître* »

De 1777 à 1785, Lavoisier est seul à défendre sa théorie de l'air et seul champion de la *chimie pneumatique*, c'est le nom qu'il a donné à la science nouvelle. Ses collègues tiennent toujours pour l'hypothèse de l'allemand Stahl supposant un principe inflammable dit phlogistique qui se dégage pendant la combustion et disparaît pendant la calcination. Mais à la longue les idées nouvelles se répandent et s'imposent. Le 6 août 1785 Berthollet se rallie le premier. C'est après lui Fourcroy, puis Guyton de Morveau. Le branle une fois donné, chacun veut le suivre et le chimiste anglais Kirwan abandonne enfin lui-même le phlogistique en 1792. Ainsi Lavoisier a peu à peu converti les meilleurs esprits à sa doctrine, doctrine d'ailleurs si solidement assise que le temps l'a respectée. Son biographe le dit avec autorité : « A l'œuvre physiologique de Lavoisier on n'a rien retranché depuis un siècle et les efforts de tant de savants n'ont ajouté que peu de chose à ses conceptions (Voir page 120). »

Le traité élémentaire que Lavoisier publia au début de 1789 marque la séparation définitive de la chimie de Stahl et de la chimie actuelle (1). Lavoisier comprenait toute l'importance de l'immense changement auquel il avait présidé. Cette lettre en témoigne qu'il écrivait à Chaptal en 1791. Seules, lui dit-il, les personnes âgées tiennent encore à la doc-

---

(1) Il nous semble écrit d'hier dit M. Grimaux (V. page 125).

trine du phlogistique, « toute la jeunesse adopte la nouvelle théorie et « j'en conclus que la *révolution est faite en chimie* » (V page 126) Toute la science moderne, M Grimaux le constate, n'est en effet que le developpement de l'œuvre de Lavoisier

Nous ne pouvons malheureusement nous arrêter aux pages si curieuses dans lesquelles l'auteur nous fait assister aux expériences d'agriculture auxquelles Lavoisier se livre dans sa terre de Fréchines, nous montre les progrès qu'il réalisa dans l'administration de la Ferme et dans la régie des poudres ou salpêtres, ou nous dit le rôle que le grand chimiste joua comme homme politique aux approches de la Révolution, notamment à l'assemblée provinciale de l'Orléanais

Lavoisier n'était pas de ces hommes d'étude qui ne savent rien voir en dehors de leur laboratoire Il aimait le monde, la musique, les arts Il suivait en même temps de près les événements et s'inquietait dès le commencement de 1790, de l'avenir qui se préparait « Il est impolitique « écrivait-il à Franklin le 5 février de cette année, de placer la force « entre les mains de ceux qui doivent obéir et d'armer tout le peuple (V page 201) »

Chargé par la Révolution de travaux importants, surtout en ce qui regarde les poids et mesures, Lavoisier ne fut pas sauvé par le souvenir de cette active collaboration quand vinrent les temps difficiles

Les Académies avaient été supprimées Sur la plainte des commis aux entrées, la Ferme avait subi le sort des Académies le 20 mars 1791 Traqués depuis quelque temps déjà devant l'opinion traités publiquement de voleurs de deniers publics de sangsues du peuple, les fermiers généraux furent arrêtés en 1793 Les poursuites devaient aboutir aux jugements que l'on sait Enfermé le 8 frimaire an II (28 novembre 1793) dans la prison de Port-Libre (aujourd'hui Hôpital de la Maternité) Lavoisier fut condamné et exécuté le 19 floréal an II, à cinquante ans

Lagrange disait le lendemain à Delambre « Il ne leur a fallu qu'un « moment pour faire tomber cette tête et cent années peut-être ne suf- « firont pas pour en reproduire une semblable (V page 306) » Quels honneurs funèbres, quel panégyrique vaudraient ces quelques mots !

M Grimaux a montré ce qu'il fallait penser des poursuites faites aux fermiers généraux Il a fait voir leur innocence reconnue plus tard par leurs principaux ennemis, par le pire de tous, par Antoine Dupin Il a rappelé qu'un arrêt du Conseil d'État établit en 1806 que loin de devoir à l'état 130 millions de francs, les fermiers généraux avaient sur lui une créance de 8 millions (V page 323)

Lavoisier avait, au moment de sa détention à Port-Libre, d'anciens collègues de l'Academie Hassenfratz, Guyton, Fourcroy en mesure de le sauver peut-être, assez influents en tout cas pour s'occuper de lui avec chance de succès. Il est triste de penser qu'ils restèrent silencieux, alors que Borda, ex-noble, Haüy, prêtre insermenté, avaient protesté contre l'arrestation du grand chimiste. L'histoire doit sévèrement apprécier la conduite d'Hassenfratz, de Guyton et de Fourcroy. On est allé jusqu'à reprocher à ce dernier d'avoir demandé la mort de son maître. M. Grimaux relève Fourcroy de cette sanglante accusation. Il ne croit pas qu'on puisse le charger d'une telle infamie (1).

Nous n'avons pu donner qu'une idée très imparfaite de l'intérêt singulier que présente l'ouvrage de M. Grimaux. Nous n'avons pu surtout montrer suffisamment avec quel soin intelligent (2), avec quelle perspicacité, avec quel amour enfin chaque face du sujet a été traitée par lui tour à tour. Quelle que soit la question que le lecteur de ce livre puisse se poser au sujet de Lavoisier, de sa personne ou de ses travaux, de ses parents ou de ses biens, etc., il trouve à cette question une réponse concluante appuyée sur des documents probants.

De nombreux appendices terminent et complètent le travail de M. Grimaux. L'auteur y traite à fond certains points qu'il n'avait pu toucher que sommairement au cours de son récit. Il y recherche, par exemple, l'origine et l'authenticité des mots trop fameux mis dans la bouche du vice-président du Tribunal révolutionnaire (appendice VIII) « *La République n'a pas besoin de savants* », et il conclut ainsi : « Il me semble probable que Coffinhal a prononcé les paroles qui lui sont attribuées (V. page 378). »

Des gravures choisies avec un goût parfait ornent à merveille cette biographie attachante et dont les diverses parties sont si bien pondérées qu'on s'aperçoit seulement que l'auteur du travail est chimiste, non au développement donné à l'exposé des expériences et des découvertes de Lavoisier, mais à la clarté parfaite avec laquelle elles sont résumées. L'éditeur, M. Félix Alcan, n'a rien épargné pour donner aux savantes recherches de M. Grimaux une forme digne d'elles, et ces efforts réunis font du livre qui vient de paraître une œuvre réellement achevée (3).

Pierre BONNASSIEUX.

(1) Fourcroy, dit-il, a été mené tour à tour par l'ambition ou par la peur, il a laissé périr son illustre collègue, mais il n'est pas l'auteur de sa perte.

(2) Nous avons constaté nous-même plus d'une fois avec quelle conscience les recherches de M. Grimaux étaient conduites lors de la préparation de son beau travail.

(3) Voici quelques lapsus sans importance et une ou deux observations que nous demandons la permission de signaler à l'auteur, ne fût-ce que pour témoigner de l'attention avec laquelle nous l'avons lu.

— A la page 50, note 2, l'auteur dit que les deux fils de Trudaine périrent sur l'échafaud le 6 thermidor an II : c'est le 8 *thermidor*, nous nous en sommes assuré, qu'eut lieu l'exécution (V. en dehors des pièces d'archives, le livre

CHRONIQUE

85. ROME. *Académie d'archéologie chrétienne* (séance de mai, dernière de l'année). — M. WILPERT expose le résultat de ses recherches sur quelques peintures des catacombes romaines où est représenté le jugement de l'âme devant le tribunal du Christ : dans ces diverses peintures, le thème commun se compose du Christ assis, de la personnification de l'âme du défunt, enfin du groupe des saints intercédant en sa faveur. C'est comme le commentaire de cette inscription de Verceil :

> *O felix gemino meruit qui martyre duci*
> *Ad Dominum meliore via requiemque mereri !*

M. BATIFFOL donne quelques détails sur un voyage qu'il vient de faire en Calabre en compagnie de M. Ed. Jordan, membre de l'École française de Rome. Il signale à Salerne dans le trésor de la cathédrale un magnifique rouleau d'*Exultet* peint du XIII siècle ; dans le trésor de l'église collégiale de Corigliano une très belle icone byzantine du XV siècle qui a appartenu jusqu'au siècle dernier au couvent grec du Patir. A Rossano le trésor de la cathédrale, que Lenormant regrettait de n'avoir pu visiter, ne possède qu'une monstrance du XV siècle et un tableau sur bois de l'école italo-byzantine du XIV siècle. M. B. présente quelques observations sur le fameux *Codex Rossanensis* qu'il a eu la faveur exceptionnelle de pouvoir étudier à loisir. Il signale à Santa Severina un baptistère octogone byzantin du IX siècle ; à Rossano une église byzantine du IX siècle sur le modèle de la célèbre *Cattolica* de Stilo ; à la Roccelletta les ruines byzantines d'une église fort belle du VIII siècle et non du X comme l'a avancé Lenormant ; enfin dans les ruines de Locres les restes d'une église chrétienne vraisemblablement contemporaine de S. Grégoire. Il exprime le regret de n'avoir pas pu, à cause du mauvais état des routes, visiter Flore dont le trésor possède assure-t-on des pièces intéressantes. — M. DE ROSSI présente l'estampage d'une inscription récemment découverte en Numidie où est mentionné un martyr du

publié il y a plus de vingt ans par M. Campardon sur le *Tribunal révolutionnaire*.)

— A la page 95, note 2, il faut écrire ainsi le nom du gouverneur de la Bastille : M. *de Launay* (et non M. Delaunay).

— A la page 156, note 1, l'auteur dit que MM. Pigeonneau et de Foville ont *découvert* aux Archives nationales les trois registres des séances du Comité d'agriculture. Cette découverte publiée en 1882 avait été précédée *onze ans avant* d'une indication ainsi conçue : Procès-verbaux des séances de l'Assemblée établie pour l'administration de l'agriculture (1785-1787 F^{10} 1 1-3). (*Inventaire méthodique des fonds conservés aux Archives nationales* Paris 1871, 1 vol. in 4, colonne 216).

— A la page 313, note 2, au lieu de la cote F^{47} 4757 il faut lire F^7 4757.

Signalons en terminant à l'auteur, au cas où par extraordinaire il n'en serait pas déjà informé, l'arrivée toute récente à la Bibliothèque Nationale, département des manuscrits, sous la cote 5153 nouv. acq. fr. de procès-verbaux originaux des expériences de Lavoisier à l'Académie des sciences (L. Delisle *Catalogue des fonds Libri et Barrois* Paris 1888, un vol. in 8 article CXI du catalogue.)

nom de *Migginus* un nom que rappelle S Augustin dans sa polémique avec le grammairien Maxime de Madaure lequel avait raillé les noms puniques des martyrs chrétiens M DE ROSSI termine en résumant les résultats obtenus cette année dans les fouilles du cimetière de Priscille   P B

86 M W Ramsay publie dans la *Revue des études grecques* t II n 5 un choix d inscriptions d Asie Mineure Plusieurs sont chrétiennes parmi celles ci il faut signaler une épitaphe provenant d Acmonia il y est question d une fondation funéraire affectée a la *rosatio* c est je crois la première fois que l on trouve la mention de cet usage dans l épigraphie chrétienne privée Cf de Rossi *Roma sott* t III p 504   I D

SOCIÉTÉ NATIONALE DES ANTIQUAIRES DE FRANCE

Séance du 12 *juin* — M COLLIGNON communique la photographie d une tête en marbre de la collection Baracco à Rome qui est une réplique du Marsyas de Myron — M DURRIEU annonce que M Maciet vient d offrir au Musée du Louvre un panneau représentant d un côté saint Pierre et saint Paul de l autre la flagellation du Christ M Durrieu démontre que cette peinture est d origine française et date du règne de Charles V (entre 1350 et 1380) M Muntz estime qu il conviendrait peut être de reculer la date de cette peinture au commencement du XV siècle — M BABEAU communique des fragments de vases de terre trouvés a Pont sur Seine (Aube) — M HERON DE VILLEFOSSE signale de la part de M Thiollier de Saint Etienne une importante découverte d objets romains faite à Chalain d Uzire Ces objets consistent en passoires colliers bracelets d or et d argent bagues d or et d argent, 1080 grands bronzes et 350 monnaies de billon se rapportant a 3 empereurs différents Le dernier empereur est Gallien ce qui prouve que le tout a été enfoui vers l an 260 — M DEMAISON communique à la Société un certain nombre d objets de bronze morceaux de haches, javelots épées bracelets anneaux pointes de flèches lentilles de métal brut etc au nombre de 233 fragments trouvés a Chamery en 1869 et conservés au Musée de Reims

ACADÉMIE DES INSCRIPTIONS ET BELLES LETTRES

Séance du 24 *mai* — M le président annonce la mort de M W WRIGHT correspondant de l Académie professeur de langues orientales a l Université de Cambridge Ce savant a rendu de grands services à l étude des langues sémitiques — M GEFFROY directeur de l école de Rome écrit pour annoncer à l Académie la découverte dans le nouveau quartier de *Prati di Castello* de deux sarcophages trouvés a 8 mètres de profondeur Tous deux portent des inscriptions indiquant qu ils contenaient la sépulture de membres de la *gens Crepereia* dans l un et l autre on avait ménagé dans la pierre un coussinet sur lequel reposait la tête Le premier sans ornementation extérieure ne contenait qu un squelette L autre sarcophage a façade strigilée offre sur un des petits côtes un bas relief représentant une morte étendue sur un lit auprès d elle on voit un homme debout dans l attitude de la douleur et une femme assise tout en pleurs On a été obligé de briser le couvercle fixé par des morceaux de fer scellés Le sarcophage était plein d eau Après l avoir vidé les ouvriers ont aperçu un squelette qui paraît être celui d une jeune femme On a trouvé sur la morte de nombreux bijoux en or un très beau collier ayant encore trente cinq pendeloques de jaspe une paire de boucles d oreilles en or avec perles une broche avec monture en or formée d un camée améthyste représentant le combat d un cerf et d un hippogriffe un anneau d or massif dans le chaton duquel on a enchâssé une cornaline sur laquelle sont gravées deux mains enlacées ; une bague en pierre dure portant gravé le nom de *Filetus* ; un anneau à charnière formé de deux minces cercles d'or ; une longue épingle en ambre en spirale ; deux petits peignes en bois ; un petit miroir d'argent ; une poupée de bois haute de 30 centimètres articulée aux bras et aux jambes d'un travail très soigné ; les détails de la chevelure, le modelé des mains et des doigts sont particulièrement remarquables ; l'état de conservation est excellent. Cette poupée était assise la jambe gauche relevée sur l'épaule droite du squelette. Dans une seconde lettre M. GEFFROY annonce que, d'après un télégramme arrivé à Rome le 19 mai, on a découvert à Sélinonte en Sicile un vaste édifice de pur style grec et que les fouilles d'Ostie sont achevées, la caserne des Vigiles et l'Augusteum étant complètement déblayés. M. Geffroy termine sa lettre en signalant la découverte, à Rome, d'un très beau buste d'Auguste qui sera bientôt publié dans le *Bulletin* de la commission communale de Rome. — Dans une récente communication à l'Académie M. Hauréau a fait à Martin, évêque de Braga, le reproche de s'être attribué le *Liber de quatuor virtutibus*, dont l'auteur véritable serait le fabricateur des fausses lettres de Sénèque et de saint Paul. Une discussion s'était à ce sujet élevée entre M. Hauréau et M. Gaston Paris qui avait pris la défense de Martin de Braga. Aujourd'hui, M. Hauréau apporte un nouveau méfait à la charge de Martin de Braga. Un autre traité publié dans les œuvres de Martin sous le titre *De ira* contient une dédicace dans laquelle cet évêque écrit à son collègue Vitimir qu'il vient de rédiger un opuscule sur la colère. Or cet opuscule n'est qu'un assemblage de phrases empruntées aux trois livres de Sénèque *De ira ad Novatum*. L'évêque de Braga aurait donc été plagiaire non pas une fois mais au moins deux fois. Il ne semble même pas que Martin soit l'auteur de cette compilation assez habile ; il paraît plutôt avoir trouvé ce travail tout fait et se l'être attribué comme le *Liber de quatuor virtutibus*. M. GASTON PARIS tout en regardant ces faits comme très surprenants n'insiste pas pour défendre Martin de Braga. — M. MENANT continue la lecture de son mémoire sur les inscriptions hétéennes. Il reconnaît dans les textes récemment découverts à Hamath des signes idéographiques et des signes phonétiques. Il donne ensuite une lecture de ces inscriptions qui diffère sur plusieurs points de celle de M. Sayce. — M. LECOY DE LA MARCHE lit un mémoire intitulé *L'invention du grand sceau de France*. Sous les Mérovingiens les matrices destinées à sceller les actes, étaient gravées sur des bagues. Sous les Capétiens seulement elles devinrent indépendantes de l'anneau et prirent le nom de sigillum. Robert le premier, eut un sceau indépendant de l'anneau et uniquement destiné à sceller les décrets royaux. Ses successeurs l'imitèrent et le sceau devint l'insigne de la royauté nouvelle. Les grands vassaux et les évêques se l'attribuèrent à leur tour. Ce fut la cause du grand développement que prit dès lors l'art de la gravure sur métal.

HENRI THÉDENAT.

Le Gérant : E. THORIN.

BULLETIN CRITIQUE

SOMMAIRE 79 Jules Lemaitre Impressions de théâtre 1 2 et 3 séries *G Audiat* — 80 H d'Arbois de Jubainville Les premiers habitants de l'Europe d'après les écrivains de l'antiquité et les travaux des linguistes *J Van den Gheyn* — 81 J d'Arbois de Jubainville Cours de littérature celtique *G Dottin* — 82 Inventaire et vente des biens meubles de Guillaume de Lestrange *A Tougard* — 83 Leopold Delisle Mémoire sur les opérations financières des Templiers *T de L* — Chronique — Académie des Inscriptions et Belles Lettres

---

79 — Jules Lemaitre — **Impressions de théâtre**, 1re 2 et 3 series Paris Lecene et Oudin, 1888 89 3 vol in 8 jésus 3 fr 50 le vol

Il y aura quelque jour un bien joli article à écrire sur M. J. Lemaître. Comme il a disséqué ses contemporains quel plaisir de le disséquer à son tour, d'analyser de quoi est fait le talent si délicat, le charme si subtil de cette critique qui du premier coup, nous a conquis tous! Il faut attendre que l'œuvre soit plus complète pour mieux apprécier l'auteur. Ce n'est pas d'ailleurs ajourner trop loin la chose si rapide est la production que, dans deux ou trois ans on peut le calculer d'avance, M. Lemaître pour le nombre des volumes aura dépassé La Harpe! C'est déjà une supériorité — Alors, bon gré malgré après avoir tant jugé, il faudra être jugé Pas d'habileté qui puisse sauver le critique de cette épreuve. Et pourtant combien habile est M. Lemaître! Ne s'est-il pas d'avance mis à l'abri de toute discussion en faisant si coquettement étalage du plus ondoyant scepticisme? Comment le saisir, puisqu'il n'a jamais d'opinion, puisqu'il nous donne au lieu d'appréciations qu'on peut combattre de simples *impressions?*

Et l'on admire tant de modestie moi je savoure une aussi gracieuse astuce

A défaut d'autre chose il sera bien permis du moins de dire quelle *impression* produit sur nous son œuvre et si déconcertante si pleine d'ingénieux raffinements que soit sa méthode on pourra peut-être malgré tout la caractériser et la juger dût-on l'appeler la méthode des faux-fuyants, des voltes faces et des pirouettes!

Et avec ces deux volumes de feuilletons dramatiques il me semble (pure *impression* je vous assure) il me semble entrevoir dans un clair-obscur qui n'est pas impénétrable, les traits les plus saillants de ce talent très complexe à coup sûr, moins insaisissable pourtant qu'il ne veut être

A cette fin de siècle, — si j'osais, je dirais presque à cette fin des siècles, — M. Lemaître est bien le critique qui convenait. Ce nom si expressif de *décadent*, c'est lui qui le mérite, et non les bons petits jeunes gens qui se le sont donné, inoffensifs allumeurs de pétards minuscules et peu brillants. Il le mérite, et nous le méritons tous. Et c'est bien là la raison de ce succès si rapide, du renom que M. Lemaître a eu tout de suite dans le monde des lettres : — je ne peux vraiment pas dire de son autorité *impressionniste*, il ne le voudrait pas lui-même.

Il a commencé par l'Ecole Normale. Dans ce foyer du paradoxe il a, comme tout le monde, aiguisé son sens critique, affiné sa verve moqueuse, avivé ce flair du ridicule qui sert à deux fins : à faire rire d'autrui, à ne pas faire rire de soi. Un peu après, le stage en province fut pour lui la boutique du barbier de Pezenas : on sait quels plaisants *Médaillons de jeunes normandes* il en rapporta : *Lusca, Mammosa, Severa*. L'Algérie et la libre vie orientale achevèrent, s'il en était besoin, son éducation morale. Et le journalisme parisien n'est pas de nature, que je sache, à rendre la foi aux sceptiques, la naïveté aux blasés. Le *Journal des Débats*, qui depuis Geoffroy s'est bien modernisé, lui confia donc la chronique dramatique ; et tout de suite on déclara que Sainte-Beuve avait un successeur et M. Sarcey un rival.

Hélas ! c'est plus qu'un rival. Malgré tout son talent, toute son expérience de 25 ou 30 ans, et sa célébrité déjà faite, M. Sarcey, s'il ne l'est déjà, va bien vite être démodé. Il gardera peut-être pour clientèle ce voltairien de 48, les vieux lettrés universitaires ou magistrats épicuriens et libéraux, qui, en politique comme en morale, aiment bien un certain laisser-aller presque décent, mais rougissent et sincèrement s'affligent du déballage extravagant de notre époque détraquée. Et que nous importe l'autorité de M. Sarcey, à nous jeunes, qui nous raillons de toute autorité ? A nous qui fréquentons *le Cirque*, le *Chat Noir* et le *Café Concert*, il faut un Byzantin d'esprit qui goûte nos plaisirs de Bas-Empire, en prenne la défense, nous mène aussi volontiers aux *Variétés* qu'à l'*Odéon* et plus volontiers encore à l'*Alcazar* et à l'*Eden* !

C'est juste ce que fait M. Lemaître. Tout ce qui est bien raffiné ou bien excentrique le charme. Il a des pages fort agréables sur le *Cirque* et la *foire de Neuilly*. Il plaide avec une verve entraînante pour le café concert ; ou plutôt il analyse avec une exactitude et une subtilité merveilleuses ce *plaisir d'encanaillement* qu'on goûte à l'*Alcazar* et qu'il goûte avec nous : « *On s'y détend dans le rire salutaire qu'excitent* « *des plaisanteries élémentaires, des grimaces, des contorsions et des* « *coups de gueule de pitre*... *l'aimable animal qui, d'après un vers* « *célèbre, sommeille dans le cœur de tout homme, est sûr d'y trouver* « *des occasions de s'étirer*... *on communie dans la bêtise univer-*

selle... » Et tout comme il ferait pour Corneille, il s'applique à définir le talent de Mme Demay dans la *Valse des pieds de cochon* « *qui a de la verve et de la couleur,* » ou encore *le comique macabre et effréné* de Paulus « *Ce n'est point un plaisir banal d'entendre sortir des cris d'aliéné de cette bouche impériale et amère, et de voir osciller dans le tourbillon des sauts de carpe et des acrobaties, le profil césarien du grand empereur etc. etc.* » (II, p. 292.)

M. Lemaître étudie ces chansons avec une complaisance amusante, propose de les classer en groupes : le cycle de la chanson de la Sœur, les chansons des *Rues* de Paris, des *Statues*. Et il trouve dans celles-ci *une franche gaîté faubourienne, une outrance un peu brutale qui est bien d'aujourd'hui*, dans telle ou telle autre *un lyrisme funambulesque et canaille*. — Tout cela léger, spirituel, avec l'air sournois d'une demi-conviction : c'est plus drôle à coup sûr que les chansons elles-mêmes !

Au *Chat Noir* on est plus avancé encore : on a remis en honneur les ombres chinoises, et M. Lemaître trouve que c'est *la forme la plus sympathique et la plus expressive de l'art dramatique* « A quoi bon la « parole en effet? Dans cent ans les hommes seront pleins d'une telle « science, auront la mémoire à ce point bondée d'écritures apprises, « qu'ils ne demanderont plus au théâtre que des figures silencieuses « et des mouvements muets qui leur rappellent ces écritures, qui ré- « veillent dans leur esprit tous les guignols discursifs des temps pas- « sés d'Eschyle et de Shakespeare à Racine et à Meilhac... » (II, p. 332 et suiv.) Et par avance M. Lemaître demande qu'on mette en ombres chinoises *Faust*, l'*Iliade* et le *Ramayana*, « *car les sujets qui con-* « *viennent le mieux à cette noble forme de l'art sont ceux des grandes* « *épopées ou des grandes œuvres lyrico-dramatiques.* »

La pantomime est un plaisir du même genre. M. Lemaître veut qu'on la reprenne et qu'on la rajeunisse. « *Nous sommes extrêmement fati-* « *gués du théâtre écrit et parlé. Sur dix pièces nouvelles qu'on* « *nous donne il y en a bien neuf que nous connaissons d'avance. Des* « *grimaces, des signes, des gestes synthétiques et clairs et qui ne* « *disent rien d'inutile, remplaceraient agréablement toutes ces* « *proses...* » (II, p. 353-9.)

Vous sentez, n'est-ce pas, combien M. Lemaître, toujours observateur et toujours philosophe, a profondément raison? Nous avons tellement abusé de tout que bientôt dégoûtés non seulement des livres et du théâtre mais même de la parole et de la pensée, nous ne prendrons plus plaisir qu'aux grimaces des clowns, aux grouillements voluptueux des ballets et aussi aux exhibitions de la foire.

M. Lemaître a-t-il rencontré par hasard une monstruosité, il s'y délecte. Le bohémien qui joue du violon avec les pieds le venge des musiciens et de la musique même. *« Je me réjouis en songeant que l'abbé « Litz voit cela du fond de sa tombe et que ça le vexe horrible*« *ment. »* (II, p. 373.)

C'est bien là un plaisir de *décadent* : on est sensible à toutes les belles choses parce que trente siècles de littérature ont affiné nos facultés intelligentes. Mais comme admirer, c'est croire, c'est être naïf, c'est se laisser prendre aux choses, on raille tout, par peur de paraître dupe, et l'on se venge au dehors de son admiration intérieure par le persiflage et la parodie. Aussi celui qui demandait qu'on mît l'Iliade en ombres chinoises, et les drames de la mythologie ancienne en pantomime, applaudira de toutes ses forces la *Belle Hélène*. Est-ce seulement pour tout l'esprit et tout le piquant de cette bouffonnerie ? Non, mais surtout parce qu'on y trouve *transformés en queux rouges les magnifiques héros de la plus antique épopée, qu'on y voit parodiée l'idée de la fatalité (c'est la faute à la fatalité!), une des croyances essentielles de ce monde lointain, et que la grâce très pure de l'Hélène homérique devient le chic et le chien d'une belle-petite du second Empire!* I, p. 217.) — Le spectacle d'*Orphée aux enfers*, transposition gauloise d'une fable antique, offrira les mêmes attraits. *« Cela réunit les charmes « divers du harem, de la parade, de la musique, des contes chers « à nos aïeux et de la poésie grecque. »* (I, p. 294.)

Vous avez bien lu : *les charmes du harem*, et cela donne la note exacte de la critique dramatique, telle qu'on la fait aujourd'hui aux *Débats*. — Et parbleu ! la *belle Fatma* (v. II, p. 380) ne vaut-elle pas les plus beaux vers du monde ? elle vaut davantage. Et M. Lemaître, qui pourtant ne se pique pas de logique, pour mieux dire, qui se pique d'illogisme et d'incohérence, a sur ce point des idées qui se suivent fort bien.

M. Renan a passé par là. Le vulgaire croit que c'est M. Perrot qui dirige l'École Normale : il se trompe. C'est M. Renan, dont on se moque bien un peu (qui donc en France ne se moque pas de son maître ?) mais dont on subit le faux idéalisme et le dilettantisme voluptueux. M. Lemaître ne renie point son directeur : témoin le début si leste du compte rendu des concours de tragédie au Conservatoire (II, p. 239) : *« Vous venez de la rue. Vous ne pensez a rien : vous trouvez seule*« *ment qu'il fait chaud et vous vous dites que vous seriez beaucoup « mieux sur quelque terrasse ombragée de tilleuls, ou près de quelque « belle eau courante bordée de saules et de peupliers. Quoique vous ne « pensiez à rien, vous portez avec vous votre philosophie. Je ne vous « ferai pas l'injure de croire que cette philosophie ne soit pas celle « d'Épicure, de Montaigne, et de M. Renan. »*

Cette parenté avec l'auteur de l'*Abbesse de Jouarre* se marque à tout instant. C'est d'abord le même amour devot de la beauté plastique. Les luttes athlétiques de chez Marseille plaisent à ce Grec de la décadence qui admire *la splendeur des dos, les déplacements des lignes du torse et du bassin*.

Le corps féminin, cela va sans dire, l'attire encore davantage. Il y a à propos des ballets 50 pages d'effusions poétiques ou l'on sent à la fois l'émotion d'une âme d'artiste, et aussi le frisson des sens émoustillés. « *Le plaisir du ballet consiste dans cette poursuite à travers les lignes et les couleurs papillottantes d'un corps féminin idéal qui toujours près d'être saisi et fixé, toujours s'échappe et se dérobe* » (I, p. 320.) Et je vous recommande les pages exquises d'esthétique sur *les jambes éternellement fuyantes des ballerines*, et sur les maillots qui les revêtent. « *il y a les maillots roses... il y a les maillots écaillés d'or et d'argent... il y a les maillots rayés... etc., etc...* » (I, p. 333.)

La doctrine prend corps et s'affirme dans des discussions plus sérieuses. Le dénoûment de l'*Affaire Clémenceau* paraît injuste à M. Lemaître, *et triste la suppression d'une créature aussi belle qu'Iza*. « La beauté est chose si adorable en soi et si bonne, que j'hésiterai « toujours à me consoler de la destruction violente d'une belle créa- « ture de Dieu, fût-elle la plus effrontée des courtisanes... » Et l'auteur ajoute avec le sourire d'un moraliste de l'école de Diogène : « *Hé las! je crains que ces propos ne soient horribles, bien que je les* « *sente conformes à la philosophie de M. Renan et de quelques autres sages...* » (II, p. 108.)

Le *renanisme* est donc bien avoué, et cette théorie nettement professée, que la beauté excuse tout. Ce n'est plus ici, comme partout ailleurs, jeu d'esprit et paradoxe. On sent trop bien, au cours de ces deux volumes, qu'en échappé de la pudique Université, M. Lemaître s'est fait moderne et parisien au point de n'apporter à tous les spectacles que la curiosité d'un dilettante, avec la profonde indifférence morale d'un sceptique.

Je ne parle pas seulement des polissonneries qu'on trouve à chaque ligne. Le sujet y prête souvent, et à un critique sortant de l'*Eden*, ou qui juge *Flore de Frileuse* et l'*Abbesse de Jouarre*, il est presque excusable d'avoir quelques pensées libertines. Et puis même dans les sujets sérieux une grivoiserie amuse toujours un public français, fût-ce le public des *Débats* : « *La scène de la folie d'Ophélia*, dit-il, *est amu- sante dans le texte complet, parce que la petite y chante des chan- sons immodestes; telle qu'on nous la donne à la Comédie-Française, c'est une scène de romance ou de chromo* ». Et « *l'arc de triomphe, sous lequel Molière, quoique mari de la Béjart, peut passer sans peine, tant on l'a fait haut* », est une plaisanterie dans la bonne tradition française : il n'y a qu'à en rire.

Mais s'instituer docteur de volupté, nous apprendre à savourer en détail les délices d'un ballet, et nous guider à travers la *rhétorique coquette et serpentine, la pourriture toute chatoyante* de M. Catulle Mendès, n'est-ce pas faire de l'alexandrinisme à la manière « *du grand sage qui a écrit : la nature ne tient pas à ce que l'homme soit chaste ?* » Eh quoi ? tout n'est-il pas purifié, idéalisé par l'art ? « *M. Mendès a « certainement écrit beaucoup de ses contes érotiques pour satisfaire « sa propre sensualité et chatouiller la nôtre,... mais le labeur « d'art que suppose cette interprétation subtile des réalités infâmes « sera son rachat.* » Mieux que cela, on nous démontre avec une profusion de sophismes adorablement ingénieux, *qu'en s'évertuant à traduire ces idées en beau langage, l'auteur devient pur comme un ange et qu'en entrant dans l'artifice délicat de son travail, nous pouvons participer de son innocence.* — M. Renan faisait dire à Julie sortant des bras d'Arcy : « *tu m'as rendue plus chrétienne !* » c'est tout à fait la même morale. — « *A peine,* ajoute M. Lemaître, *s'il nous vient des ré-« miniscences rapides, qui n'en ont que plus d'âcreté : c'est la subite « brûlure du grain de poivre dans la crème ambroisienne* » (II, p. 177 et suiv.).

Et c'est aussi le même cynisme bon enfant pour s'excuser quand le paradoxe a été trop violent : « *Bah ! j'irai m'en confesser à l'abbé Constantin : ce bébé à cheveux blancs m'absoudra sans comprendre...* »

Notez que M. Lemaître s'excusera avec le même sans-façon si, d'aventure, il a fait semblant d'avoir une idée morale ou seulement sérieuse : « *Je m'indignais jadis de voir des enfants sur les planches... J'en « ai pris mon parti. D'abord c'est gentil... Puis ils pourraient faire « pis encore... Et d'ailleurs ce n'est pas mon métier de protéger « l'enfance...* » (II, p. 371.)

Je sais bien qu'il y a souvent dans tout cela une ironie transcendante. Et tout en le condamnant un peu, je ne puis m'empêcher d'admirer cet art merveilleux de déguiser toujours à demi sa pensée et d'éviter toute critique en ayant toujours l'air de se donner tort à soi-même. Il est si bien convenu à l'École Normale que quiconque a une idée et la soutient, quiconque se prend au sérieux, est un insupportable « *pontife* » ! Alors, par goût du paradoxe on défend la thèse un moment, mais vite il faut glisser de côté, se replier sur soi-même, se dérober à l'instant où l'on pourrait paraître convaincu, éclater de rire quand le sérieux a duré deux pages.

Dans ce genre, le chapitre sur *la décoration des Comédiens* est le chef-d'œuvre. Combattre le vieux préjugé par des arguments comme celui-ci : que le comédien consacre à l'art non seulement son intelligence et son cœur comme l'écrivain, mais lui sacrifie aussi son corps et lui immole sa pudeur comme le danseur et le gymnaste ; — proposer que les femmes seules montent sur les planches, sous prétexte que le préjugé est moins fort contre elles, parce qu'elles sont dans la vie naturellement comédiennes, et qu'une part de leur fonction dans la société étant de s'exhiber pour plaire aux yeux, elles pèchent au théâtre moins gravement contre la pudeur que les hommes ; — demander qu'on décore tous les *artistes* sans distinction de genre, les *Hanlon Lees* et la *danseuse Carmen* ; — et finir le chapitre en conseillant aux comédiens de refuser le ruban rouge qui les assimilerait à de simples bourgeois, *eux qui sont en dehors du troupeau comme le prêtre et le soldat*, — n'est-ce pas se moquer à la fois des comédiens et de nous ?

Cet autre paradoxe n'est-il pas bien divertissant où M. Lemaître soutient que l'artiste a le droit de se croire supérieur à tout : « *La vraie béatitude, c'est de sortir de soi. Or le comédien en sort tous les jours. Il est beau, il est fort, il est intelligent, il est spirituel, il est enfin autre chose que lui-même. Il faut envier le comédien.* »

Quelle lourde maladresse on commettrait à vouloir prendre le critique au mot ! Mais alors, le moyen de discuter ? — La ville de Paris a mené les enfants des écoles à l'Odéon voir jouer *Andromaque* et le *Malade imaginaire*. Voici cinq ou six pages d'une finesse pénétrante et par moments d'une droite et franche éloquence sur les effets que peuvent produire dans des âmes neuves la peinture des grandes passions, ou la *satire outrée et le souffle de révolte qui est dans Molière* sans oublier *la plastique de M^ll Boyer*. Et puis, quand notre opinion est bien faite, quand nous sommes d'esprit et de cœur avec l'auteur, nous nous apercevons que ce n'est pas lui qui a parlé. C'est un interlocuteur supposé auquel il répond à son tour, sans grande sincérité je pense : « *C'est la bonne Nature qui veille sur ces enfants et les préserve, etc. Croyez bien qu'ils ont simplement trouvé que M^ll Boyer se portait à merveille et était bonne à regarder.* »

Cette souplesse est merveilleuse, exquis est cet esprit ; mais qui ne sent tout ce que ce jeu-là a au fond de lâche et de misérable ? On ne craint rien tant que de passer pour un esprit étroit ; on veut être plus subtil et plus ingénieux que tout le monde, et pour cela on va du *pour* au *contre* avec une aisance et un sans-façon pleins d'impertinence.

On dit bien : « *J'admets tout, j'aime tout selon les heures, tour à tour ou même à la fois : la réalité basse et grotesque et la réalité noble et choisie, l'idéalisme classique, le romantisme et le naturalisme, Racine autant que Balzac, George Sand autant qu'Émile Zola, Bour-*

get autant que Maupassant. » (I, p. 143.) Ce ne serait là que de l'éclectisme. Mais « blaguer » tout ce qu'on admire, Corneille, Racine ou Alexandre Dumas, et faire profession d'admirer la *blague* revue, parodie, pantomime ou chanson de café-concert, c'est bien (je demande pardon d'un gros mot aussi lourd appliqué à un talent aussi léger), c'est du *nihilisme*, quelque chose comme du *bouddhisme* littéraire !

« *J'ai sans doute défiguré les personnages de Corneille*, dit M. Lemaître, après avoir, dans sa critique de *Polyeucte*, comparé Sévère à M. Renan et fait de Félix un préfet du second Empire, *mais les tragédies classiques nous sont si connues que nous n'y pouvons plus trouver d'intérêt qu'en y découvrant des choses qui n'y sont peut-être pas.* » (I, p. 33.)

L'incestueuse Phèdre, que M. Lemaître appelle « *la chaste Phèdre*, « *ressemble à quelque religieuse dévorée au fond de son cloître d'on ne sait quelle incurable et mystérieuse passion* ; *elle a toutes les pudeurs et toutes les délicatesses morales d'une patricienne élevée au Sacré-Cœur.* » Et en même temps, comme elle parle de son aïeul le Soleil, « *elle nous rappelle nos lointaines origines et des impressions darwinistes se dégagent de cette œuvre éminemment chrétienne.* » (I, p. 75-82.) C'est une cascade de paradoxes éblouissants. Mais comment se fâcher, quand l'auteur dit si gentiment : « *Les tragédies classiques sont charmantes parce qu'elles fournissent d'admirables thèmes au rêve et au souvenir. Il y a tant de façons de s'amuser aux tragédies ! On peut remonter à l'origine de la légende ; ou bien la transposer, la moderniser en prêtant aux personnages des corsages collants et des habits noirs !* »

Cette façon de *moderniser* les classiques, c'est encore de la parodie, et M. Lemaître a donné un modèle du genre dans l'amusant et fin chapitre intitulé « *Une conférence de Sarcey.* » Qu'est-ce que Camille ? une « *névro* « *pathe, une déséquilibrée*. Quand le combat des six a été décidé, elle « se désespère : « *non, mais est-ce assez complet ? y suis-je assez dans* « *la mélasse ?* » Seule, elle persiste à geindre. Elle va trouver la « somnambule. Horace a des ronflements de *voix militaire, la gloire* « *de Rome, les intérêts de Rome, scrongnieugnieu ! Sabine est un* « *peu gnangnan*, etc., etc. » Du coup, voilà la *rondeur* de M. Sarcey singulièrement dépassée, et la « *Blague* » effrontément installée au *Journal des Débats politiques et littéraires !*

Politique et littérature sont d'ailleurs chiffonnées, déshabillées avec le même sans-façon libertin. « *Il y a eu dans la Révolution des crimes* « *longs, lâches, effroyables. Mais la foule veut absolument que les* « *hommes qui ont détruit l'ancien régime aient été, quoi qu'ils aient* « *fait, des manières de héros. Pourquoi la détromper ?* C'est peut-

« *être en somme une œuvre excellente que cette déformation de l'his-*
« *toire, où la Révolution apparaît comme un drame surnaturel et*
« *mystique, où tous les personnages jusqu'aux cuistres et aux coquins,*
« *se transforment en prophètes d'une religion nouvelle.* » (II, p 57)
— Devinez après cela, je vous prie, ce que pense M. Lemaître de la Révolution ! Il s'en moque évidemment (comme de tout), mais sans doute à la façon des frondeurs de l'ancien régime, qui sous la monarchie chansonnaient le roi, et qui s'en allèrent en exil sous la Révolution. Ce qu'on sent bien, à coup sûr, c'est cet aristocratique dédain de la foule, qui, dans notre bizarre démocratie, est de mode plus que jamais.

Ainsi une sorte d'hypertrophie du sens critique aboutissant à un dégoût intermittent, mais violent, des lettres, des arts, des livres et du théâtre même — le don de prendre à toutes choses, même, ou plutôt surtout aux spectacles étranges ou grotesques, un vif intérêt intellectuel, et avec cela une indifférence morale absolue, — beaucoup d'esprit, le persiflage à outrance devenu un besoin et s'attaquant à tout, — un scepticisme qui s'exagère lui-même et qui se traduit par une affectation d'inconséquence et d'incohérence voilà bien ce que j'aperçois dans M. Lemaître — et aussi ce qui s'y étale avec complaisance, une souveraine ironie à la façon de M. Renan se souriant à elle-même, hautaine sans en avoir l'air, aimablement dédaigneuse.

Le dédain de tout et de tous, sauf de soi, c'est bien le dernier trait de cet impressionnisme dont le titre, orgueilleux sous un air modeste, est la première ironie. « *Je n'ai pas le courage par cette chaleur de chercher une définition dans la tragédie.* » et vous la donnez cependant ! Vous dites, après la critique d'une pièce de Dumas « *Je ne suis plus si sûr des objections que je hasardais tout à l'heure. Le vraisemblable de M. Dumas n'est pas exactement le mien, voilà tout, et dès lors c'est lui qui doit avoir raison.* » Au fond, vous n'en croyez rien. Mais il est de bon ton de se jouer ainsi de soi-même, et à ce prix nous vous permettons de vous jouer de nous !

Amusez-nous nous ne savons plus dire autre chose aux écrivains. Amusez-nous en travestissant nos classiques, ou en grandissant d'une manière comique nos cabotins et nos cabotinages ! Que tout ce qu'on appelait grand jadis devienne burlesque, et que le grotesque, soudain poétisé, idéalisé, prenne une haute valeur morale !   Oui, critique, mets Thésée en habit noir, change Horace en *Ramollot*, et fais des calembours sur *Polyeucte* c'est charmant. Par contre, va chercher du lyrisme dans la chanson des *Pieds de ma sœur*, et disserte sentencieusement sur *la philosophie du musée Grévin* c'est délicieux. Varie bien surtout tes clowneries sois grave une minute, et puis vite, une gambade ! Allons, saute, critique !

Nous sommes, tu le sais bien, une société d'ennuyés. Fais nous rire. Saute bien, et nous te jetterons nos gros sous avec nos applaudissements. Ce ruban rouge, que tu voulais donner aux acrobates des Folies-Bergère, c'est toi qui l'auras, — et non pas Sarcey. Et tu seras notre favori. Nous proclamerons que de tous nos amuseurs tu es le plus ingénieux, le plus spirituel et jusqu'à présent du moins le plus varié !

Parfois même, dans un de ces rapides retours du bon sens, qui nous font voir à nous-mêmes notre folie décadente, nous penserons tout bas, sans l'oser dire, que tu vaux mieux que ton métier. Tu as un si beau, si sérieux talent, oui, si sérieux ! Tu sais penser par toi-même et juger sainement, toi qui as écrit les chapitres excellents sur *Voltaire*, *Marivaux*, *Racine*, *Shakespeare*, *Alfred de Musset*. Indépendant du goût public lorsque tel est ton bon plaisir, de quelle main adroite tu déshabilles tel ou tel que la foule admire, et Sardou, le *Caligula du drame*, et ce pauvre Ohnet que tu viens de fustiger pour la seconde fois avec une verve cruellement cinglante ! — Et que de finesse toujours, que de pénétration, qu'il s'agisse de caractériser le romantisme de M. Vacquerie, le mysticisme de M. A. Dumas « *Jérémie, boulevardier prophete d'Israël qui fait des mots* » ou simplement de définir le parisianisme à propos du *Parisien* de Gondinet ! Quelles pages ravissantes que celles où, pareil à l'écolier qui fait un pied de nez derrière le dos du maître, tu juges comme il faut l'*Abbesse de Jouarre*, rêve absurde d'un vieillard libidineux, d'un clerc défroqué qui « *ayant toujours regardé l'œuvre de chair comme la grosse affaire, éprouve le besoin d'en faire une espèce de sacrement mystique, d'y fourrer Dieu, le ciel et l'infini,* » — et, néologismes à part, et aussi négligences d'une improvisation hâtive, quel joli style élégant, coquet, d'allure bien française !

Et tout cela, sans parler de ton érudition, de tout ce que tu n'as pas oublié depuis l'École Normale, est gaspillé en fantaisies légères, pétillantes qui chaque semaine nous amusent un instant au cercle, le temps d'un tour de whist ou d'une cigarette ! C'est du talent qui s'évapore tout en esprit, comme du champagne qui s'en irait tout en mousse. Qu'en restera-t-il ?

Mais qu'importe après tout ? Hommes d'aujourd'hui, il nous plaît de rire sans penser à demain. Tu nous amuses, nous te payons. Nous sommes quittes.

Gabriel AUDIAT

P. S. La publication de mon article a été assez retardée pour que je puisse annoncer en même temps la 3ᵉ série des *Impressions de théâtre*. Ce volume est tout pareil aux deux autres, charmant, très varié, sérieux quelquefois, toujours plein d'esprit. On y trouve de jolis feuilletons sur Sophocle, Shakespeare, Corneille, Molière, Beaumarchais, C. Delavigne, les deux Dumas, Favart, Poinsinet, Legouvé, Doucet, Pailleron, Halévy, Richepin, et quelques autres *minores*, pour finir comme d'habitude par l'*Alcazar* et le *Cirque d'été*. L'esprit n'a point changé. On en jugera par les premières lignes d'une causerie sur *Polyeucte* prudemment mise sur le compte de M. Sarcey :

« Ca commence comme un Vaudeville. Félix est fonctionnaire à Rome, gros
« fonctionnaire. Il reçoit beaucoup. Sa fille Pauline se met à aimer un de ses
« valseurs, un nommé Sévère, un garçon plein de mérite mais qui n'a pas le
« sou. Félix lui dit : « Jeune homme, vous êtes charmant. Touchez là. Vous
« n'aurez pas ma fille. » Pauline, qui a du bon sens, se résigne. Sévère fait ce
« que font en pareille circonstance les jeunes gens bien nés : il s'engage dans un
« régiment d'Afrique. »

Et cœtera.

G. A.

80 — **Les premiers Habitants de l'Europe, d'après les écrivains de l'antiquité et les travaux des linguistes**, par H. D'ARBOIS DE JUBAINVILLE, membre de l'Institut. Seconde édition, corrigée et considérablement augmentée par l'auteur, avec la collaboration de G. DOTTIN, secrétaire de la rédaction de la *Revue Celtique*. — Tome premier : 1° Peuples étrangers à la race indo-européenne (Habitants des cavernes, Ibères, Pélasges, Étrusques, Phéniciens) ; 2° Indo-Européens, 1re partie (Scythes, Thraces, Illyriens, Ligures). Paris, Ernest Thorin, 1889, in 8°, pp. xxiv-400.

A diverses reprises déjà, le *Bulletin Critique* a signalé cette nouvelle édition du livre de M. d'Arbois de Jubainville. Mais l'intérêt du sujet et la haute situation scientifique de l'auteur demandent plus qu'une annonce sommaire.

La première ébauche de ce travail date de 1877, elle formait alors un volume in-8° de v-348 pages. Sous sa forme nouvelle, l'ouvrage aura deux volumes et le premier seul donne déjà une centaine de pages de plus que l'ancienne édition tout entière. M. d'Arbois de Jubainville a divisé son étude en trois grandes parties distinctes qui traitent des familles ethniques étrangères à la race aryenne, des Indo-Européens, des peuples des rameaux grecs et latins. Le tome premier s'achève sur les deux premières parties. Toutefois, si l'on excepte une longue et intéressante préface, une note sur la chronologie des Étrusques et un chapitre consacré aux Ligures dans le mythe d'Héraclès, il n'y a pas de question nouvelle introduite dans la seconde édition. Les chapitres se correspondent exactement ; mais tous se sont grossis de compléments rendus nécessaires par le progrès considérable que ces dernières années ont vu réalisé dans les études philologiques et ethnographiques. Ce sont surtout les habitants des cavernes, les Ibères, les Tursies, les Étrusques, les Scythes, les Ligures, qui ont bénéficié des récentes recherches de M. d'Arbois de Jubainville. Il est juste de signaler aussi l'heureuse idée que l'auteur a eu de transcrire, au bas des pages, tous les passages des auteurs classiques auxquels il renvoie. Ce patient dépouillement, dû à la collaboration de M. G. Dottin, épargne au lecteur un fastidieux contrôle, et, de plus, fournit un précieux répertoire de textes à ceux qui s'occupent d'ethnographie ancienne. On voit par ce coup d'œil jeté sur le développement matériel de l'œuvre qu'elle a subi un remaniement complet et reçu d'importants appoints.

Pour juger avec impartialité l'essai de M. d'Arbois de Jubainville, il est nécessaire de ne point perdre de vue cette incidente du titre *d'après les écrivains de l'antiquité et les travaux des linguistes*. On serait déçu si l'on s'attendait à trouver partout les opinions personnelles de l'auteur sur l'ethnographie primitive de l'Europe. Sans doute, elles percent le plus souvent et nous voyons M. d'Arbois de Jubainville pencher en faveur de Thucydide et de Philiste, contre Servius pour chercher en Gaule le plus vieil établissement des Siçanes, se rallier à Thucydide, Théopompe, Myrsile, Sophocle et Hellanique de Lesbos pour admettre l'identité des Pélasges et des Tursanes, niée par Hérodote, Strabon, Pline l'ancien, et admettre, contre Strabon, l'origine orientale des Pélasges, contre Denys d'Halicarnasse, la parenté des Étrusques et des Pélasges. Pourtant, on désirerait rencontrer plus fréquemment encore le sentiment de l'auteur sur ces légendes, ces traditions, ces fables, ces souvenirs confus, qui constituent le plus souvent le fonds de l'ethnologie ancienne, dédale inextricable où la pensée s'égare aisément. En particulier, pour ce qui concerne l'Atlantide, une position moins sceptique, dans un sens ou dans un autre, n'eût pas déplu, surtout en présence du travail de M. Ch. Ploix.

M. d'Arbois de Jubainville a prévu les critiques qu'on pourrait faire à son livre, et il les regarde d'avance, dans sa préface, avec la sérénité calme de l'auteur qui a acquis, pour juger son œuvre, cette indépendance qu'amènent les années, alors qu'elles « ont éteint le feu qu'allume dans le cerveau la joie de toute découverte, imaginaire ou vraie et lorsqu'a été depuis longtemps obtenu le triomphe éphémère de l'écrivain qui communique à d'autres la notion, à ses yeux nouvelle, dont à tort ou à raison il s'attribue la paternité. » Mais, comme la critique ne doit pas seulement atteindre l'auteur, et qu'elle prétend aussi éclairer le lecteur, nous oserons soumettre à ce dernier quelques réflexions, qu'il n'est pas tenu de partager ; car, avec M. d'Arbois de Jubainville, nous savons combien, dans ces questions abstruses d'ethnographie ancienne, est grande la part du probable et du possible, combien restreinte celle du certain.

Quoiqu'il en soit, il nous semble qu'au sujet de la langue basque et de ses affinités avec les idiomes américains, il y avait à donner plus long que la vague assertion de M. Whitney. Ce que M. d'Arbois de Jubainville dit des Finnois et de leur civilisation est peu de chose pour asseoir sur des données si minces la grosse question de leur identité ou de leur divergence avec les Ibères. Quelques étymologies sont bien effrayantes, surtout par les déductions historiques qu'on en tire, par exemple *Sicanos = Sequana*, et par conséquent la Gaule est le premier siège des Sicanes, *Cotys = Kheta* et par suite les Héthéens seraient proches parents des Pélasges. On peut regretter aussi que M. d'Arbois de Jubainville n'a cru devoir faire aucun usage pour les origines indo-européennes des travaux de M. Otto Schrader, *Sprachvergleichung und Urgeschichte* et *Die Handelgeschichte*. Au point de vue spécial où se place l'auteur, ces intéressantes études lui auraient rendu autant de services que celles de MM. Brugmann, Curtius, Fick et de Saussure.

Il n'est pas possible d'examiner ici en détail les nombreuses questions soulevées ou résolues dans l'ouvrage de M. d'Arbois de Jubainville. Le lecteur étudiera celles qui l'intéressent spécialement. Mais on nous permettra d'approfondir ce que l'auteur dit des Thraces, puisque le sujet a jadis attiré notre curiosité (1). A notre avis, M. d'Arbois de Jubainville est trop affirmatif en donnant pour *certaine* l'opinion que les Phrygiens sont des Thraces venus d'Europe. Sans doute, il y eut des retours des *Brygi* de Macédoine en Asie. Mais d'autre part une tradition constante de l'antiquité fait sortir les Phrygiens de l'Asie mineure avec Pélops pour aller coloniser la Grèce (*Strabon*, VII, p. 321, éd. Didot. — *Hérodote*, VII, 8, 11). Aussi les poésies homériques nous représentent-elles les Phrygiens comme une des nations les plus considérables de l'Asie antérieure (*Iliade*, II 862 III, 184 XVI, 717 Cfr. Höck, *Kreta*, t. I, p. 109). On peut aussi s'étonner que M. d'Arbois de Jubainville ait laissé dans l'ombre la question de la parenté des Daces et des Gètes avec les Thraces. Les travaux de M. Fick ne sont pas davantage le dernier mot sur la linguistique thrace et phrygienne, les recherches plus récentes de M. Tomaschek ont modifié heureusement bon nombre d'étymologies admises autrefois citons celle de *Zalmoxis* et du suffixe *disus*.

Mais, nous le répétons, ces divergences d'opinions que soulèvera chez quelques lecteurs l'étude du livre de M. d'Arbois de Jubainville sont très naturelles en des questions si obscures et partant si controversées. Elles ne doivent pas faire perdre de vue le grand mérite de l'œuvre, qui est d'avoir mis à notre portée des éléments nombreux et des données intéressantes pour la solution des problèmes d'ethnologie ancienne. En ce temps où les sciences philologiques et archéologiques, parfois trop indépendantes, s'arrogent la prérogative de juger d'après leurs propres

---

(1) J. Van den Gheyn *Les Populations danubiennes*, dans *Revue des questions scientifiques* t. XVIII-XX.

ressources, il n'est pas mauvais de revendiquer les droits de l'histoire et de rappeler à la barre les plus vieux témoins des temps antiques. S'ils ne sont pas roués aux procédés nouveaux, s'ils sont naïfs et crédules, accessibles à toutes les inventions de la fable, ce n'est pas un motif de les récuser absolument : il faut les entendre, sauf à rectifier leur témoignage.

J. VAN DEN GHEYN, S. J.

---

81. — **Cours de littérature celtique**, par H. d'ARBOIS DE JUBAINVILLE, membre de l'Institut, professeur au Collège de France et par J. LOTH, professeur à la Faculté des lettres de Rennes. Tome III, *Les Mabinogion*, traduits en entier pour la première fois en français par J. LOTH, Tome I. Paris, Thorin, 1889, in-8, 361 p.

On a donné le nom de *Mabinogion* (1) à des récits gallois merveilleux ou romanesques qui ont été rédigés, probablement à la fin du douzième siècle. La principale collection de *Mabinogion* nous a été conservée par un manuscrit de la fin du quatorzième siècle, le Livre Rouge d'Hergest. Cette collection a été publiée avec une traduction anglaise par Lady Charlotte Guest en 1838. Enfin, en 1887, MM. John Rhys et Gwenogfryn Evans ont donné une édition diplomatique du texte gallois d'après le Livre Rouge.

Les *Mabinogion* occupent une place importante dans la littérature galloise du moyen âge. Ils sont, pour des étrangers, plus intéressants que les poésies lyriques composées du sixième au quatorzième siècle par de nombreuses générations de bardes gallois (2). Ces poésies lyriques en effet sont surtout d'harmonieuses combinaisons de syllabes où le poète cherche la musique des mots plutôt que la précision des idées. L'originalité même de telles compositions en rend l'intelligence difficile et la traduction impossible.

Les *Mabinogion* sont beaucoup plus accessibles, même dans le texte gallois. De plus, ils nous fournissent d'assez nombreux renseignements sur la civilisation bretonne. Utiles pour l'histoire de la littérature celtique et des traditions comparées, ils ont une importance particulière pour l'étude des romans français de la Table Ronde. Dans le volume de M. Loth, il y a quatre Mabinogion qui peuvent être un reste du patrimoine littéraire commun aux Bretons et aux Gaels et qui semblent appartenir au cycle gallois le plus ancien. Les quatre autres récits nous montrent les mœurs et les hommes du temps d'Arthur, antérieurement à

---

(1) *Mabinogi* au pluriel *mabinogion* est un nom abstrait dérivé de *mabinog* « apprenti littérateur aspirant barde » dérivé lui-même de *mab* « fils ».

(2) Un important recueil de poésies lyriques galloises est contenu dans la *Myfyrian archaiology of Wales* in-4, Denbigh, 1870.

l'imitation française. Le second volume de la traduction française des *Mabinogion* comprendra trois récits qui ont la même origine que trois romans correspondants de Chrestien de Troyes.

Les *Mabinogion* sont écrits dans une langue encore voisine de la langue poétique, le lien du récit est d'ordinaire assez lâche et le style est négligé plutôt que naïf. La traduction anglaise de Lady Guest, très soignée et très élégante, contenait quelques erreurs et ne donnait guère au lecteur l'impression que donne le texte original. La traduction de M. Loth, grammaticalement plus exacte que celle de Lady Guest, est aussi fidèle que possible et elle reproduit fort heureusement la physionomie des contes gallois. La partie scientifique du livre n'a point été negligée. De nombreuses notes placées au bas des pages nous renseignent sur les personnages cités dans le texte, qu'ils soient légendaires ou historiques. Le volume se termine par des notes critiques qui contiennent d'utiles corrections à l'édition diplomatique du Livre Rouge. Nous recommandons vivement l'ouvrage de M. Loth aux lecteurs du *Bulletin critique* et nous attendons avec impatience le second volume qui contiendra outre les trois Mabinogion d'origine française, un choix de Triades galloises.

G. DOTTIN

82. — **Inventaire et vente des biens meubles de Guillaume de Lestrange,** archevêque de Rouen, nonce du pape Grégoire XI, ambassadeur du roi Charles V, mort en 1389. Paris, A. Picard, 1888, in 4° de VIII-198 p. et une planche.

A côté des travailleurs et des auteurs de profession, la science historique recrute parfois de précieux auxiliaires dans ces chercheurs bénévoles qui, pour leur satisfaction personnelle ou l'illustration de leur famille, fouillent patiemment leurs propres chartriers ou les collections publiques. Tel est le cas de M. le comte H. de Lestrange. Il ne songeait qu'à une étude généalogique absolument intime lorsque, rencontrant aux archives de la Seine Inférieure un document d'une importance exceptionnelle, il n'a pas hésité à le publier.

Il a été vraiment bien inspiré. Son *Inventaire* est assurément l'une des publications les plus remarquables de ces dernières années pour la connaissance de la langue, des mœurs et des habitudes domestiques de la fin du XIV° siècle. Et si le prélat qui en est l'occasion ne fut pas exclusivement un pasteur des âmes, les circonstances en firent l'un des personnages les plus considérables de son époque; il eut le grand honneur d'attacher son nom à la longue trêve qui marque par une heureuse interruption, vers la fin du règne de Charles V, les calamités de la guerre de Cent ans.

Un tel livre résiste à l'analyse et ne se prête qu'aux extraits les plus significatifs.

La somme totale de l'argenterie du prélat atteint 7,719 livres 17 sous citons « une grande nef dorée à deux châteaux, et deux hommes d'armes dedans. une bergère dorée et émaillée » La garde robe fut vendue 520 livres les tapis d'Orient (« Sarrazinois ») y étaient nombreux. On tira 1,204 fr. 7 sous des ornements d'église et ustensiles divers. L'archevêque possédait en « argent blanc » 1 516 livres 6 sous, et, en différentes monnaies, 15 633 fr. 11 sous 3 deniers dont 10 000 fr. furent distribués en legs divers. Le mobilier de son hôtel de Paris produisit 189 livres 15 sous et celui des Chartreux de la même ville, 365 livres, 7 sous, 6 deniers. La somme provenant du revenu des paroisses allait à 2,787 livres, 8 sous 10 deniers, et il était en outre dû au prélat par diverses personnes 13 417 fr. 6 sous 1 denier. Enfin le total général de la recette s'élevait à 48 092 fr. 4 sous, 1 denier mais les charges et legs pieux de la succession ne réservèrent à l'actif qu'un reliquat de 786 fr. 5 sous, 3 deniers.

Cette publication, luxueuse par sa forme, n'est pas moins soignée dans les détails et le fonds même du livre. La critique la plus exigeante pourra tout au plus remarquer (p. 69 note 12) qu'on ne connaît dans la Seine Inférieure aucune ancienne paroisse du nom de Bray. elle souhaiterait que la note 5 de la page 33 fût ainsi rédigée : « La quarre de foin comprend 22 bottes. » Littré a donné dans son *supplément* une petite place à cette signification. et c'est avec grande raison s'il est vrai qu'elle soit aussi locale qu'il l'indique.

Les tables d'une ampleur toute bénédictine, ont le grave inconvénient de ne pas enregistrer les formes modernes. Ainsi personne ne songera à chercher *image* au mot *ymage* et on croira le volume muet sur Cailly et son doyenné, parce qu'il faut consulter l'article *Caylly*.

A. TOUGARD.

---

83. — **Mémoires sur les opérations financières des Templiers** par Leopold DELISLE, Extrait des *Mémoires des Inscriptions et Belles lettres* tome XXXIII 2ᵉ partie, Paris, Imprimerie nationale, in 4° de 248 pages.

Le beau mémoire de M. L. Delisle un des plus importants de tous ceux que nous devons à sa féconde érudition, trouvera certainement auprès du public savant tout le succès qu'il a obtenu auprès de l'Académie. Dans ce travail entièrement nouveau l'éminent critique a montré « comment les Templiers, précurseurs ou émules des sociétés italiennes, ont eu pendant longtemps entre leurs mains une grande partie des capitaux de l'Europe et comment la confiance inspirée par le prestige dont ils étaient universellement entourés en a fait les banquiers ou les trésoriers de l'Église romaine de beaucoup de particuliers, de princes et de rois ». Il a principalement insisté « sur les services que de ce chef ils ont rendus aux rois de France et dont l'exposé mérite de former un chapitre de l'histoire de nos institutions administratives au temps de Philippe Auguste et de ses successeurs jusques et y compris Philippe le Bel ».

La plupart des textes rapportés et interprétés par M. Delisle appartiennent au XIII siècle mais remarque-t-il (page 2), comme les plus anciens nous montrent le jeu régulier d'un organisme très compliqué et parfaitement entendu, il est permis de supposer que l'origine de cet organisme remontait à une époque antérieure et que l'honneur de l'avoir établi et développé revient, sinon aux fondateurs de l'ordre, du moins aux premiers grands maîtres, dont le génie administratif devait être à la hauteur de la bravoure chevaleresque ».

M. Delisle s'occupe successivement dans sa nette et magistrale étude, des dépôts de fonds et d'objets précieux confiés aux maisons de l'ordre du Temple des séquestres et consignations des prêts, avances et cautions de la transmission d'argent et des payements à distance des recouvrements et payements pour des clients auxquels étaient ouverts des comptes courants, des rapports financiers des Templiers avec les rois de France des trésoriers du Temple de Paris du journal du trésor du Temple en 1295 et 1296 enfin de la balance des comptes du roi au trésor du Temple et de la liquidation finale

A l'aide des plus sûrs et des plus nombreux témoignages l'auteur établit que les commanderies des Templiers étaient des maisons de banque qui se livraient aux mêmes opérations financières que nos grandes maisons de banque d'aujourd'hui Comme s'il avait voulu multiplier les preuves pour rendre incontestables, évidents, des faits qui jusqu'à ce jour avaient été à peine entrevus, il a tiré d'une foule d'ouvrages imprimés en Angleterre et en France et d'une foule de recueils manuscrits des bibliothèques et des archives de Paris et de la province les documents qui pouvaient le mieux lui permettre de déterminer l'immense place qu'au point de vue financier l'ordre du Temple occupait dans la société du moyen âge Les plus intéressants de ceux de ces documents qui étaient encore inédits ont été insérés dans l'appendice au nombre d'une quarantaine (p. 95-244) (1)

(1) Parmi toutes ces pièces citons comme une curiosité le testament (juin 1220) de Pierre Sarrasin le bourgeois de Paris qui a donné son nom à la rue que l'on connaît (p 97 98) testament dont l'original est conservé au musée britannique Autre curiosité M Delisle après avoir constaté (p 6) que frère Hubert trésorier du Temple a Paris mourut entre 1272 et 1274,

Je tiens à citer les lignes d'un style si élevé qui couronnent un mémoire que l'on ne peut assez louer (p. 93-94) : « J'espère avoir mis hors de contestation l'importance du rôle financier des Templiers, surtout en France, pendant toute la durée du xiii siècle. On ne saurait méconnaître ni la part qu'ils prirent alors au développement de la fortune publique, ni le concours qu'ils prêtèrent aux rois de France pour fonder et affirmer l'ordre dans les finances de l'État. L'éclat de leurs prouesses militaires a peut-être éclipsé les services civils qu'ils ont rendus à la société européenne, mais de tels services ne devront pas être oubliés quand il s'agira de porter un jugement équitable et définitif sur un ordre de chevalerie qui, après s'être illustré par de si glorieux exploits et une si sage administration, fut emporté par une si lamentable catastrophe. »

T. de L.

CHRONIQUE

Ainsi que nos lecteurs ont pu le voir sur la couverture du présent numéro, notre collaborateur M. F. ROUSSEAU veut bien accepter la charge de secrétaire de la Rédaction. C'est à lui que devront être adressées désormais toutes les communications.

87. Dans le dernier fascicule (VIII, 2) des *Analecta Bollandiana*, M. Bern. Sepp publie une vie de saint Emmeran de Ratisbonne par Arbéon (Aribo), évêque de Freissing. Cet écrit était déjà connu, mais seulement par des remaniements postérieurs. Il est à croire que M. Sepp a mis la main sur le texte primitif, dont la rédaction remonte à la deuxième génération après la mort du saint. On y trouve déjà le détail, peu conciliable avec la tradition de l'église de Poitiers, que saint Emmeran aurait commencé par être évêque de cette ville. Il y a aussi l'histoire fort suspecte des amours de la fille du duc de Bavière et de la responsabilité dont le saint se serait chargé volontairement à ce propos. L'édition est très bien faite et le texte est commenté avec beaucoup de sens critique. — Continuation du catalogue des manuscrits hagiographiques de Chartres par le P. de Smedt ; début d'un répertoire hymnologique par M. l'abbé U. Chevalier.

88. Le treizième fascicule du *Dictionnaire des antiquités grecques et romaines* de MM. DAREMBERG et SAGLIO (Paris, Hachette) vient de paraître. Il va du mot *Dilectus* au mot *Donarium*. Nous signalerons dans ce fascicule

ajoute : « Cette date est importante à établir ; c'est elle, en effet, qui permet de fixer l'époque de la construction de cette tour du Temple à laquelle sont attachés tant de souvenirs de notre histoire. Le baron de Guilhermy, trompé par la fausse date qu'on assignait à la mort du trésorier frère Hubert, voyait dans la tour du Temple une construction du commencement du xiii siècle (*Itinéraire archéologique de Paris*, p. 253). Cet édifice avait dû être élevé vers les années 1265 ou 1270. Il est donc tout naturel de le voir appelé *Novum Templum Parisius* dans une lettre de Grégoire X du 31 juillet 1274. »

les articles suivants : *Dilectus* (R. Cagnat). *Dionysia* (Jules Girard). *Dionysiaci artifices* (P. Foucart). *Dioscuri* (S. Reinach et M. Albert). *Diploma* (H. Thédenat). *Dithyrambus* (F. Castets). *Dius Fidius* (C. Jullian). *Divinatio* (Bouché-Leclerq). *Divortium* (Caillemer et Baudry). *Dokimasia* (Caillemer). *Dolium* (E. Pottier). *Domus* (P. Monceaux). *Donarium* (Homolle).

89. M. Maurice HOLLEAUX, chargé de cours à la Faculté des lettres de Lyon, vient de publier en une brochure in-4 le discours prononcé par Néron à Corinthe en rendant aux Grecs la liberté (le 28 novembre 67 après J.-C.). Cette brochure est à peu de chose près la reproduction de l'article publié dans le *Bulletin de correspondance Hellénique* (XII, p. 510). Quelques inexactitudes dues à une rédaction hâtive et à l'impossibilité où se trouvait l'auteur de consulter les livres nécessaires à son travail, ont disparues dans cette nouvelle édition.

90. *Almanach des saints de Provence.* — Cet almanach dont le *Polybiblion* s'est déjà occupé l'an dernier est honoré d'une approbation de M⁼ l'évêque de Marseille du 19 décembre 1888 de laquelle nous détacherons une phrase seulement : « J'y ai trouvé la preuve, » écrit à l'auteur M. Gonzague de Rey l'éminent prélat, « que vous continuez à populariser le souvenir de nos saints provençaux, pensée à laquelle j'avais fort applaudi. J'y ai lu de sérieuses notices sur nos premiers apôtres. » Ces notices sont consacrées à saint Trophime, premier évêque d'Arles (p. 29-35), à saint Ruf, premier évêque d'Avignon (p. 36-40), à saint Just 2ᵉ évêque d'Avignon (p. 40-41), à saint Probace apôtre de Fourves (p. 41-43), à saint Eutrope, premier évêque d'Orange (p. 43-44). Pas n'est besoin de recommander l'*Almanach des saints de Provence pour l'année 1889 contenant le calendrier romain et le calendrier provençal* (Marseille, 1888, in-8°). T. de L.

ACADÉMIE DES INSCRIPTIONS ET BELLES LETTRES

Séance du 31 mai. — M. DELOCHE au nom de la commission du prix numismatique annonce que le prix *Allier de Hauteroche* est donné à M. THEODORE REINACH pour son ouvrage intitulé *Les monnaies des trois royaumes de l'Asie Mineure*. — M. G. PERROT lit une lettre de M. WAILLE qui vient de découvrir à Cherchell une inscription de douze lignes dédiée à Licinius Héraclès, gouverneur de la Mauretanie Césarienne et déjà connu par une inscription de l'an 297 après Jésus-Christ. L'inscription découverte par M. Waille contient le *cursus honorum* de Licinius Héraclès. Ce cursus, rédigé dans l'ordre inverse, appartient à la carrière équestre. — M. PAUL MONCEAUX qui prépare en collaboration avec M. Laloux une *Restauration d'Olympie* lit à l'Académie quelques chapitres de cet ouvrage relatifs à l'enceinte sacrée et au temple de Zeus et présente les planches qui se rapportent à cette partie de son travail. Les planches les plus intéressantes sont celles qui donnent le plan et la vue en perspective de l'Altis restaurée, la façade orientale du temple, la restauration des deux frontons et de la célèbre statue de Zeus œuvres de Phidias, les métopes, la Victoire et l'Hermès de Praxitèle. Commencées en 1829 par l'expédition française de Morée, les fouilles d'Olympie ont été continuées par une mission allemande. Les auteurs ont réuni tous les renseignements fournis par les fouilles et se proposent de donner dans leur ouvrage une restitution générale des monuments, des sculptures et des fêtes d'Olympie. — M. PIETTE présente des antiquités de l'époque dite préhistorique qu'il a recueillies dans la grotte du Mas d'Azil (Ariège). Ces objets sont des os et des bois de rennes sculptés ou gravés et des galets coloriés. Sur un bois de renne gravé au champ levé, on voit une femme couchée à côté d'un renne domestique ; sur d'autres on a représenté des chevaux dont l'un a un mors dans la bouche une statuette figure un auroch luttant contre un autre animal Il y a même des études d'écorchés et de squelettes ce sont deux têtes de cheval dont l'une est dépouillée de sa peau seulement l'autre de ses muscles Les galets colories sont d'après M Piette d'une époque plus basse on y voit des taches de couleur disposees sysmétriquement et formant des dessins géométriques ou des cercles concentriques sur quelques galets on a peut être peint des plantes

Seance du 7 juin — M Barbier de Meynard president donne lecture d'une lettre par laquelle M le docteur Reboud annonce la mort de M Reboud son oncle correspondant de l'Académie M le président rappelle les grands services que M Reboud a rendus a la Commission du Corpus des inscriptions sémitiques et les travaux personnels du D Reboud entre autres son Recueil d'inscriptions libico-berberes — Au nom de la commission du prix de la Grange M Léon Gautier annonce que le prix est décerné à M Emile Picot pour ses deux ouvrages intitules *Les monologues dramatiques dans l'ancien theatre français* et *Les moralites polemiques dans l'ancien theatre francais* — M Heron de Villefosse lit au nom du R P L Delattre chapelain de Saint Louis de Carthage une note sur la ville antique de *Neferis*, dont la situation n'avait pas encore pu être reconnue d'une manière certaine On savait que cette ville qui joua un rôle considérable dans la dernière guerre punique était peu éloignée de Carthage Deux dédicaces imperiales se rapportant a Septime Sévere et a Caracalla ont été récemment découvertes sur la colline de Henchir Bou Beker par M Langon administrateur du domaine de Kangat el Hadjaj Les dédicaces ont été faites par la *Civitas Neferitana* Ces inscriptions prouvent donc que la colline de Henchir Bou Beker ou elles ont été relevées est bien l'emplacement de l'antique *Neferis* et que la plaine voisine fut pendant la troisieme guerre punique le théatre de la dernière lutte des Carthaginois contre les Romains — M Geffroy ecrit a l'Académie que le monument grec decouvert a Sélinonte en Sicile n'a pas encore pu être determine il parait avoir été au moyen âge transformé en une église byzantine Les chaleurs ont contraint a remettre la continuation des fouilles a la saison prochaine M Gsell a pour la même raison interrompu ses fouilles de Vulci — M Monceaux termine la lecture de son memoire sur la restitution d'Olympie — M R Cagnat professeur au Collège de France lit un memoire sur le mode d'approvisionnement des armées romaines particulierement en Afrique Sous la Republique les Romains approvisionnaient leurs armees de vivres achetés a l'avance ou fournis par des compagnies financieres Sous l'empire en temps de paix on prelevait les vivres comme un impôt en nature sur les populations des provinces Le fonctionnaire préposé a l'emmagasinement et a la distribution de ces approvisionnements était le *procurator Augusti* qui ne les délivrait que contre un bon émis par les chefs de corps Il existait en outre des territoires militaires concedés a chaque legion et sur lesquels les soldats faisaient paitre les troupeaux et récoltaient du fourrage En temps de guerre les vivres étaient par les soins de fonctionnaires spéciaux dirigés sur des magasins crées pour la circonstance pres du lieu des opérations De la les approvisionnements étaient envoyés aux armées a l'aide d'un service de convois regulierement organisés et contrairement a ce qu'on a cru jusqu'a présent les armées romaines d'Afrique se sont servies de chameaux pour ces transports

Henri Thedenat

Le Gerant E Thorin

BULLETIN CRITIQUE

SOMMAIRE. — 84. L. DE LA SICOTIÈRE. Louis de Frotté et les insurrections normandes. *Henri Welschinger.* — 85. Paul THUREAU DANGIN. Histoire de la monarchie de Juillet. *Alfred Baudrillart.* — 86. F. LARRIEU. Gui Patin. *P. Pisani.* — 87. LAVOCAT. Procès des frères et de l'ordre du Temple. *H. G.* — 88. ALCIUS LEDIEU. La vallée du Liger et ses environs. — 89. Études d'histoire locale. Deux années d'invasion en Picardie. *C¹. de Marsy.* — CHRONIQUE. — ACADÉMIE DES INSCRIPTIONS ET BELLES-LETTRES.

---

84. — **Louis de Frotté** et les Insurrections normandes (1793-1832) par L. de LA SICOTIÈRE (2 vol. in-8 avec portraits et un appendice formant un vol. à part et contenant la table et une carte de la guerre. Plon et Nourrit éditeurs. 1889.)

Ce que les personnes les mieux au courant de l'histoire savaient jusqu'ici de Marie-Pierre-Louis de Frotté était emprunté à l'*Histoire de la guerre de Vendée* par A. de Beauchamp, aux *Mémoires* de Billard de Veaux, à l'*Histoire de la guerre de l'Ouest* de Muret et à l'ouvrage de Savary (*Les guerres des Vendéens et des Chouans contre la République française*. Ce que le public ordinaire en connaissait peut se résumer en une ligne : « Frotté, gentilhomme normand et général de chouans, né « en 1766, fusillé en 1800. » Or, M. de la Sicotière, connu depuis longtemps par d'intéressantes et minutieuses monographies sur la Révolution, ancien directeur de la Société des antiquaires de Normandie et de la Société de l'histoire de Normandie, vient d'apporter sur la vie de ce héros, mort à trente-quatre ans en pleine jeunesse et en pleine ardeur, les détails les plus précis et les plus complets. Il y a ajouté, en la mêlant aux divers incidents qui composent l'existence si mouvementée de Frotté, l'étude exacte et vivante des différentes insurrections normandes, depuis la Révolution jusqu'en 1832. Grâce à lui, grâce à son zèle, à sa patience, à ses recherches, à ses soins assidus, l'histoire de la chouannerie est désormais faite et bien faite. Je ne puis examiner en détail les deux importants volumes qu'il a consacrés à cette question, et forcé de me limiter, je ne m'attacherai qu'au principal personnage, c'est-à-dire à Frotté. En reproduisant rapidement les traits de cette figure surprenante, je m'aiderai surtout des recherches et des conclusions de M. de La Sicotière.

Marie-Pierre-Louis de Frotté naquit à Alençon le 5 août 1766 de Pierre-Henri de Frotté, sieur de La Ramblière, officier, et d'Agathe de Clairambault. La famille du futur général en chef de l'insurrection normande comptait des souvenirs historiques qui lui faisaient le plus grand honneur. Elle rappelait avec orgueil ce mot de Henri IV à l'un de ses ancêtres : « Si tu n'étois gentilhomme, gentilhomme te ferois. »

Le jeune Frotté, élevé dans un milieu de ferveur militaire et monarchique, montre dès l'abord un caractère bouillant et indiscipliné, fier et opiniâtre. Il fait le désespoir de ses précepteurs. Il a horreur du latin. On l'envoie à Versailles dans l'institution de Gorsas, le Gorsas qui plus tard sera chansonné et décapité. Frotté surprend son maître en une aventure galante, se bat avec lui et revient à Caen. En 1781, il rejoint à Lille, en qualité de sous-lieutenant, le régiment de Colonel-général. Il s'y conduit fort bien et évite les réprimandes comme les punitions. Il travaille beaucoup, prend goût au métier militaire, se perfectionne dans les mathématiques, lit, étudie, réfléchit et s'amuse. Il l'avoue lui-même de la sorte : « Louis de Frotté, né sensible (il ne devait pas échapper lui « non plus à cette contagion incroyable de la sensibilité) rendit dans tous « les tems hommage à ce sexe aimable qui, depuis notre naissance jusqu'au « tombeau, fait le charme de notre existence en en faisant même quel« quefois le tourment. » En 1788 Frotté est lieutenant, en 1789 lieutenant en premier. Il se prononce contre la Révolution, parce qu'elle lui paraît menacer la royauté, la noblesse et l'armée dans sa discipline. Cette inimitié raisonnée, il la gardera jusqu'à la mort. Une dame Atkyns, royaliste passionnée, excite encore l'ardeur de Frotté. Le jeune officier propose, en 1790, à Louis XVI de réunir à Lille cinq régiments qui formeront le noyau d'une armée dévouée. On sait quel accueil devait être réservé à cette proposition hardie. Frotté ne se décourage pas. Il refuse le serment à la Constitution et, lors de la fuite de Varennes, va rejoindre les princes à l'étranger. Il se rend à Bruxelles, puis à Ath, puis à Trèves. Il prend part à la campagne dirigée par Brunswick avec l'armée dite du Centre. Il subit, comme les autres émigrés, force misères et force humiliations. Il passe en Italie, puis revient à l'armée de Condé. Le soulèvement héroïque de la Vendée l'enflamme. Il en a assez de servir au milieu des étrangers et comprenant la Vendée, comme la comprendra malheureusement trop tard le duc d'Enghien qui s'écriait : « Ah ! la Vendée, la Vendée, si nous avions su, c'était là notre salut ! » il prend la résolution de rejoindre ses compatriotes en France. Il va à Londres chercher des secours et de l'argent, il va essayer de relier les éléments de l'insurrection épars dans divers provinces. Il veut être le chef et l'organisateur du mouvement. Rien ne l'arrête, comme le prouve si bien M. de la Sicotière qui suit pas à pas ses moindres démarches. Un instant il a eu l'idée d'enlever Louis XVII du Temple. Je ne lui connais d'autre émule que cet impétueux Hyde de Neuville, dont j'analysais ici même, l'année dernière, les curieux Mémoires.

Frotte essaie d'entrer en relations avec le ministère anglais. Que de déceptions, que de difficultés, que de peines ! Il se lie avec Sidney Smith, le prince de Bouillon, le comte de Moutier et le fameux Puisaye. Enfin, après de longues et difficiles discussions, il obtient d'être envoyé avec quelques agents en France. On lui assigne pour terrain d'action la Normandie ; on lui donne le grade de lieutenant colonel. La tâche qu'il a prise est ardue. Il aura non seulement à vaincre des périls pour aborder en France, à soutenir des combats contre les bleus, mais à dissiper une coalition de défiances et de jalousies de la part des siens. Le 31 janvier 1795, il débarque près de Saint-Brieuc. Il s'abouche aussitôt avec Boishardy, qui venait d'accéder à la trêve conclue entre les Vendéens et les républicains. Il se fait conduire au quartier général des chouans au moment des conférences de La Jaunaye ; puis rompant toutes négociations et craignant d'être arrêté comme le seront traîtreusement plus tard Cormatin et les siens, il se jette à corps perdu dans l'insurrection. Il organise une troupe, prend pour seconds Billard et Moulin et, dès les premiers jours de juin, installe son quartier général dans la forêt de Saint-Jean-des-Bois près Tinchebrai. Sa première affaire a lieu à Saint-Sever. L'insurrection s'étend bientôt dans toute la Normandie.

Frotte obtient des succès à Tallevende, à Meniltove. Il livre sans se lasser onze petits combats, enlève le poste de Ger, met le district de Domfront tout en feu et, avec un millier d'hommes, fait croire qu'il commande une armée de trente mille. Il évite une surprise au château de Dorchamps grâce à la précaution prise par lui et par ses compagnons de ne pas quitter leurs carabines. « Ce sont nos femmes, dira-t-il. Nous couchons avec elles. » Il se bat comme un héros, ne demandant ni grâce ni merci, mais montrant toujours un caractère de générosité que M. de La Sicotière a parfaitement mis en lumière. Le Perche commence à s'agiter. Des engagements ont lieu au Tailleul, à Gathemo, en cinquante endroits. L'Avranchin prend part à la guerre. Frotte tente une surprise sur la ville de Mayenne en février 1796. Des luttes acharnées ensanglantent le territoire d'Ambières, de Juvigni, de Lonlieu, de Villedieu. Mais il faudrait un prince pour diriger toutes ces bonnes volontés. Frotte appelle à grands cris le comte d'Artois : « Une poignée de Français combattent pour le Roi, lui dit-il. N'ont-ils pas le droit de demander où est leur maître ? Le Bourbon doit régner ou mourir en combattant. » Le 31 mars, il subit un cruel échec à Tinchebrai. Il est blessé à la tête et au bras droit, mais son ardeur n'en est pas ralentie. Il combat encore, il écrit, il négocie, il réclame des secours. Aux affaires de l'Auberge Neuve, au Theil, à Crioult, à Chaulieu, au val de Préaux, au Pas, il est le premier à l'attaque et fait le coup de fusil comme un simple chouan. Il avait soutenu la lutte en Basse-Normandie pendant toute une année ; il s'était fait un nom. On le redoutait. Il avait réuni sous ses ordres cinq mille hommes bien aguerris. Mais la prise et la mort de Stofflet et de Charette avaient produit une grande impression sur ses partisans. Diverses soumissions avaient été pour eux le coup de grâce. La débandade s'était mise jusque dans les rangs de Frotté.

Le général Duményl lui offre une trêve à Couterne. Frotté est en proie à la plus vive douleur. Comment résister et, d'autre part, comment céder? Il ne veut pas accepter la triste mission de s'entendre avec les bleus et il repart pour l'Angleterre, laissant ce soin au vicomte de Chambray. Le 23 juin 1796, il écrit à ses amis : « Je m'éloigne de vous, le cœur navré, pour ne pas rendre mes armes et vous prouver que j'étais digne d'en faire usage en combattant à votre tête. La Providence veillera sur nous et l'homme d'honneur ne périra pas. » Je ne donne qu'une idée imparfaite de ces combats et de cette retraite. Je renvoie le lecteur au livre de M. de la Sicotière, livre qui lui causera la plus vive, la plus émouvante impression. On voit que l'auteur ne fait qu'un avec son héros et que ce héros est digne de figurer à côté de Charette. Un traité de paix, signé le 6 juillet 1796, suspend les hostilités. Le signataire, M. de Chambray, est arrêté, contrairement aux engagements pris de part et d'autre, et ne doit la vie qu'au courage et à l'intelligence de sa femme. Les chefs amnistiés sont en butte à mille vexations. Les bleus ne pouvaient pardonner à d'anciens ennemis une guerre qui leur avait causé de si grandes pertes.

Frotté est donc rentré en Angleterre. Le comte d'Artois le reçoit avec amabilité, le ministère anglais avec froideur. On suspend les indemnités, on laisse les émigrés en proie à une affreuse détresse. Frotté n'a considéré la paix que comme une trêve et s'il est revenu à Londres, c'est pour reprendre tôt ou tard les hostilités. Il entretient une correspondance active avec la Normandie, il y met une ardeur et une habileté sans pareilles. Il fait preuve d'une aptitude diplomatique égale à son aptitude militaire, s'il invoque le secours de l'étranger il est comme ses princes intraitable sur l'intégrité du territoire français. Il essaie de faire des ouvertures à Hoche, ainsi que le prince de Condé en faisait à Pichegru. Bien des obstacles entravent ses négociations « Quatre verbes ne s'accordent pas ici. *Voir, vouloir, pouvoir et faire.* »

A la fin de mars 1797, l'intrépide royaliste part pour la Normandie. Il cherche à s'entendre avec Mallet et Bourmont, mais il est sans instructions et sans argent. Il se ligue avec les adversaires du Directoire pour le renverser et, le 17 fructidor, il complote dans le café qui fait l'angle de la rue du Bac, vis-à-vis le pont Royal, tandis qu'à l'étage supérieur le général Augereau et son état-major préparent le coup d'État du lendemain. — Frotté et ses amis se dérobent aux poursuites. Il se réfugie à

Caen, repasse la mer et revient en Angleterre au mois d'octobre. Il essaie de déterminer le comte d'Artois à débarquer en France. Un instant il croit avoir réussi. Mais la désillusion remplace bientôt l'espérance. Lui et les chefs royalistes reçoivent une réponse hautaine qui les remplit de douleur. Puisaye tombe en disgrâce et part pour le Canada. Frotté, pendant toute l'année 1798 malade de corps et d'esprit, s'épuise en efforts inutiles.

A l'appel réitéré des royalistes normands et après la reprise d'armes de son ami Billard, Frotté s'embarque de nouveau. Il arrive le 23 septembre 1799 près de Bayeux. Son entreprise est très périlleuse. Il aura à lutter avec quelques milliers de chouans contre une vingtaine de mille hommes. Il obtient un succès à Couterne et combat à Tinchebrai, à Vire, à Saint-Poix, à Lorei. Il est mis en échec à la Fosse. Le 18 brumaire arrive. Frotté ne perd pas encore l'espoir. « Vous savez, écrit-il à son père, que je suis à l'épreuve de la balle. » Et quelques mois après il tombera dans un guet-apens sous les balles de soldats français. Le général Hédouville offre un armistice aux chouans. Frotté adhère avec les siens à la suspension des hostilités. Des conférences ont lieu à Pouancé. Elles sont rompues par le premier Consul qui veut l'écrasement de l'insurrection et des chouans. De nouvelles conférences ont lieu à Lande le 1er janvier 1800. La paix est signée le 18. Le Maine, la Bretagne font leur soumission. Seul, Frotté reste en armes et lutte avec succès à Cossé. La colère et l'impatience de Bonaparte sont extrêmes. Il aura raison de ce royaliste entêté, qu'il appelle un misérable et un brigand. Frotté, voyant ses amis l'abandonner, ne peut plus continuer la guerre avec quelques hommes contre une armée nombreuse. Le 8 février, il écrit au général Hédouville qu'il se soumet à la condition que les troupes se retireront, que les prisonniers seront rendus à la liberté et que la sûreté des propriétés et des particuliers sera garantie. On consent à traiter avec lui. On lui donne à lui et à ses officiers un sauf-conduit. Il arrive à Alençon. Il entre en négociations avec le général Guidal et tout à coup un officier se jette sur lui avec un peloton de grenadiers et le désarme. On n'écoute ni ses réclamations, ni ses protestations indignées. On l'emmène, lui et les siens, à Verneuil. Là une commission militaire fait un semblant de jugement. Pendant les débats, Frotté demande du vin et levant son verre, dit à ses amis qui partageaient son sort « Messieurs, au Roi! » Et les six officiers répondent bravement « au Roi! » Le 18 février, on les fusilla « Sans pâleur sans faiblesse se tenant par « la main et criant une dernière fois Vive le Roi! ils attendirent la mort « Ce fut d'ailleurs une boucherie rappelant celle des victimes de Qui- « beron. On ne donna pas à chaque condamné un peloton pour le tuer « au premier feu et lui épargner les souffrances de l'agonie le même

« peloton tira sur les sept ensemble. Ils étaient rangés en ligne. Ils
« tombèrent Frotté le premier les entraînant dans sa chute, mais non
« pas tous morts et il fallut les achever par terre. »

Le guet-apens d'Alençon précède de quatre ans le guet apens d'Etten
heim et l'exécution de Verneuil l'exécution de Vincennes. Ce sont les
mêmes procédés. De même que le perfide Talleyrand, Caulaincourt, Réal,
Hulin, Savary et les autres complices recevront les félicitations et les
faveurs de Bonaparte pour avoir contribué à l'arrestation et à l'exécution
du duc d'Enghien ainsi les généraux Chambarlhac et Guidal qui avaient
tendu un piège abominable à Frotté et a ses amis, reçoivent des compli
ments de leur maître « Je vous prie citoyen ministre, mandait le pre-
« mier Consul au ministre de la guerre le 20 février 1800 d'écrire aux
« généraux Chambarlhac et Guidal une lettre de satisfaction sur la con-
« duite qu'ils ont tenue dans la 14 division militaire. » Il faut lire ce
triste épisode dans l'ouvrage de M. de la Sicotière. La mémoire de Frotté
est vengée. Quant aux explications que les apologistes de Bonaparte ont
essayé de donner sur ces actes déplorables, je renvoie le lecteur à la so
lide argumentation de l'auteur (pages 777 à 787, tome II) argumentation qui me paraît invincible. Il va sans dire qu'elles ne convaincront
point certains écrivains passionnés qui applaudissent de tout cœur à
l'assassinat de Frotté comme à l'assassinat du duc d'Enghien, et qui
osent affirmer que nos indignations les font sourire.

Tels sont les faits qui résultent du travail de M. de La Sicotière, tra
vail construit avec les papiers mêmes de Frotté, les documents des Ar
chives de la guerre, des Archives de l'Orne, du Calvados et du Mans, des
manuscrits de la Bibliothèque nationale et du *British Museum* la cor
respondance de Puisaye, les Archives de M. du Châtellier à Kernuz, les
mémoires de Moulin, les souvenirs du comte de Semallé, du vicomte
de Chambray, du comte de Medavy, de Seguin, etc., etc. Ajoutez à ces
documents précieux douze années de méditations et d'investigations
minutieuses et vous reconnaîtrez que l'ouvrage de M. de la Sicotière est
un de ceux qui méritent de sincères éloges. J'ai le plus grand plaisir
à les lui offrir, car on ne saurait assez louer la persévérance, la loyauté
et la modestie de l'auteur.

Henri WELSCHINGER.

---

85 — **Histoire de la monarchie de Juillet** par Paul THUREAU-
DANGIN, tome V. Paris, Plon et Nourrit, vol. in 8° de 587 pages.

Rarement un livre, surtout d'histoire contemporaine a trouvé la cri
tique plus unanimement favorable que celui de M. Paul Thureau Dangin
Et franchement ce n'est que justice, à chaque volume, l'auteur révèle

quelque nouvelle qualité il s'élève au-dessus de lui-même, et, se dégageant de toute passion, parle de toutes choses et de toutes personnes avec une liberté aussi souveraine qu'éclairée. M. Thureau-Dangin est dans l'ordre de l'histoire politique et moderne ce qu'est pour l'histoire érudite et lointaine M. Fustel de Coulanges, notre premier historien. Plus philosophe, plus mêlé surtout à la pratique des affaires, on pourrait l'appeler notre Macaulay.

Aussi bien rappelle-t-il le grand historien de Jacques II et de Guillaume III par l'art infini avec lequel il démêle les situations politiques les plus compliquées et donne la vie aux personnages qui les ont créées ou subies. Même précision, même sobriété, même choix, plus parfaite impartialité. Que ne lui a-t-il été donné, comme à l'écrivain anglais, d'être le peintre d'une révolution dernière et d'un système définitivement établi? Sans compter ce que la France eût gagné à la durée du régime, l'œuvre de l'auteur eût reçu quelque chose de cette perpétuité même, et sa renommée n'eût point été liée à l'histoire d'un accident politique.

En revanche, le livre de M. Thureau-Dangin fût demeuré comme celui de Macaulay un monument inachevé, il n'eut pas présenté ce caractère dramatique des œuvres qui commencent et qui finissent. Quel drame plus parfait et plus un que celui d'un règne qui s'ouvre et qui se clôt par une révolution !

Avec le nouveau volume de M. Thureau-Dangin, nous touchons au quatrième acte, l'acte où toutes choses semblent s'arranger avant la crise finale. L'ordre et la paix, si gravement compromis en 1840, sont rétablis, le régime paraît définitivement fondé, le gouvernement n'a plus d'autre tâche que d'écarter au jour le jour les obstacles que rencontreraient en France le gouvernement libre, la paix générale en Europe.

Mais si la France a besoin de repos, si elle tient même à ses routines, d'autre part les esprits y veulent être occupés et amusés, il leur souvient de la Révolution et de l'Empire. Là est la grande difficulté du gouvernement. « Admirablement propre à comprendre le goût de stabilité et de paix, M. Guizot l'était moins à distraire des imaginations blasées ou à caresser les ressentiments de l'amour-propre national » (p. 6).

L'opposition ne manquera pas de tirer parti de cet état de l'âme française. Sans parler de la presse, chez qui la liberté d'ergoter sera poussée jusqu'aux limites où elle devient un obstacle au fonctionnement de tout pouvoir parce qu'elle en dénature tous les actes et les rend également odieux à la multitude, la tribune servira de théâtre aux manifestations les plus fâcheuses et sous le masque du patriotisme, les moins patriotiques. Que d'incidents on fera naître sans autre but que d'affaiblir le ministère! « Prenez garde, s'écriera M. Guizot, de ne pas diminuer la force quand vous ne diminuez pas le fardeau ! » Mot admirable et profond que devraient méditer toutes les oppositions, pour peu qu'elles aient quelque souci de la grandeur de leur pays. Quant au patriotisme et à la clairvoyance des pourfendeurs en chambre de l'Angleterre, qu'en penser et surtout qu'en dire aujourd'hui ! On demeure muet devant ce député de la gauche qui apprenant que la France a perdu la seule alliance sur laquelle elle pût compter s'écrie : *Dieu merci!* (p. 19.) et devant les amis de M. Thiers qui après avoir volontairement acculé leur pays dans une impasse se frottent les mains en répétant « M. Guizot ne s'en tirera pas ! » (p. 22.)

Dès 1837, le duc de Broglie disait à la tribune de la Chambre des Pairs : « J'ai peu de goût aux discussions sur les Affaires étrangères. L'expérience démontre qu'en thèse générale ces discussions suscitent au gouvernement et par contre-coup au pays des embarras sans compensation, des difficultés dont on ne saurait d'avance ni prévoir la nature, ni mesurer la portée. » (p. 151.)

Rien n'est plus vrai. M. Guizot avait raison de vouloir l'entente cordiale avec l'Angleterre ; il avait raison de soutenir que la politique d'isolement ne peut être qu'une politique transitoire, quand on n'a pas le choix de ses alliés, on prend celui qu'on trouve, et on fait les sacrifices nécessaires pour le garder ; s'il faut avaler quelques couleuvres, c'est déjà quelque chose qu'elles soient préparées par des mains amies. Qu'y a-t-il dans l'histoire diplomatique et dans l'histoire parlementaire de plus grand et de plus noble que les discours où Guizot Brougham Robert Peel s'élevant au-dessus des misérables querelles d'un jour montrent les avantages précieux et durables que l'Europe et l'humanité même peuvent tirer d'un rapprochement sincère et d'un accord fécond, entre la France et l'Angleterre ! (p. 168.)

Qui ne s'associerait aujourd'hui aux paroles que Robert Peel adressait en 1849 au roi Louis-Philippe réfugié en Angleterre ? « Sire, nous vous avons dû la paix du monde, chef d'une nation justement susceptible, justement fière de sa gloire militaire, vous avez su atteindre ce grand but de la paix, sans jamais sacrifier aucun intérêt de la France, sans jamais laisser porter aucune atteinte à son honneur dont vous étiez plus jaloux que personne. C'est surtout aux hommes qui ont siégé dans les conseils de la couronne britannique qu'il appartient de le proclamer. » (p. 416.)

La France n'avait-elle pas de quoi satisfaire son orgueil dans cette conquête de l'Algérie, aussi belle que la plus belle des conquêtes romaines ?

« Au moment d'exposer ces opérations militaires, dit M. Thureau-Dangin, l'historien éprouve un embarras. S'il veut suivre toutes les colonnes qui agissent simultanément, s'il s'arrête à chacun des innombrables petits combats qu'elles livrent aux Arabes, ne risque-t-il pas de ne laisser au lecteur qu'une impression monotone et confuse ? Le meilleur système, surtout dans un livre comme celui-ci, paraît être de s'attacher aux faits principaux ou caractéristiques, et de mettre en lumière le dessein général de ces mouvements si complexes. » (p. 288).

Telle est la méthode qu'a donc adoptée l'auteur. Pour la suivre jusqu'au bout, il fallait un vigoureux effort d'esprit : il a été fait, et le récit de la conquête de l'Algérie est un pur chef-d'œuvre : depuis ces portraits inoubliables de Bugeaud, de Changarnier, de Lamoricière jusqu'à l'exposé de ces faits d'armes si héroïques dans leur simplicité, si passionnants, si dignes de trouver leur Plutarque.

Le jugement n'est pas moins sûr que le récit est attachant : la part de chacun dans l'œuvre commune est nettement définie, le premier rang justement dévolu au maréchal Bugeaud. « En 1850, raconte M. Thureau-Dangin, plusieurs des généraux africains, La Moricière, Bedeau, Cavaignac, étaient réunis dans un dîner avec des hommes politiques, MM. de Tocqueville, de Beaumont, de Corcelle, Dufaure. Ce dernier profita d'une telle rencontre pour demander à ces généraux quel était, à leur avis, l'homme qui avait le plus fait pour l'établissement de la France en Algérie et que l'on pouvait considérer comme le fondateur de cette colonie. Cavaignac répondit : « Je prends la parole au nom de tous mes camarades, sans crainte d'être contredit par eux. C'est au maréchal Bugeaud qu'on doit la réussite de cette grande entreprise. Nous avons tous été formés à son école, et nos services se recommandaient des siens. » Les autres généraux confirmèrent ce témoignage, si honorable et pour celui à qui il était rendu et pour ceux qui le rendaient (p. 356) »

« Un peu de temps encore, écrivait en 1846, La Moricière à Bugeaud, et vous aurez raison des clameurs de tous ces hommes qui jugent sans étudier, sans savoir et sans comprendre. J'ai traversé en Afrique, depuis treize ans, des périodes de découragement plus affligeantes que celle dont vous paraissez alarmé. Les yeux fixés sur le but, fort de mes convictions consciencieuses, je n'ai jamais désespéré du succès final ni de la justice de l'avenir envers ceux qui s'y seront dévoués. » (p. 235)

L'histoire est juste aujourd'hui pour la conquête de l'Algérie et pour ceux qui l'ont faite : elle ne sait encore, c'est la dernière question litigieuse, si notre armée n'y a pas plus perdu que gagné. « On n'a pas à se demander, répond de la façon la plus raisonnable et la plus judicieuse M. Thureau-Dangin, si l'armée eût trouvé une école plus complète dans une grande guerre : la paix régnait pour longtemps encore dans l'Europe fatiguée des secousses du commencement du siècle, et personne ne saurait le regretter. Il s'agit de savoir ce qui valait mieux pour notre éducation militaire : se battre en Algérie ou ne pas se battre du tout. Ainsi posée, la question ne semble même plus fournir matière à la discussion. Nos officiers, tels qu'on les connaissait alors, n'eussent pas appris théoriquement à la caserne ce qu'on reproche à la guerre d'Afrique de ne leur avoir pas pratiquement enseigné. Et ils auraient perdu l'occasion que ce champ de bataille permanent leur offrait de se former aux vertus militaires par l'effort accompli, par la fatigue supportée, par le péril affronté, par le sang répandu ; occasion d'autant plus précieuse que l'air ambiant était alors plus amollissant et que notre société bourgeoise, industrielle, financière et matérialiste était plus occupée de bien-être, plus réfractaire à l'idée même du sacrifice. » (p. 363)

Un volume qui aborde et épuise deux maîtres sujets, tels que l'entente de la France et de l'Angleterre et la conquête de l'Algérie, a déjà payé sa dette au lecteur.

Et cependant le volume de M. Thureau-Dangin lui réserve encore une ample mesure de plaisir et d'instruction. La politique intérieure tout d'abord avec cette analyse si fine, si pénétrante des causes qui firent passer Lamartine à l'opposition (p. 149), ce récit de la mort du duc d'Orléans (ch. II), modèle de narration contenue, grave, émue, ces admirables discussions enfin sur la liberté de l'enseignement (ch. VIII) qui fournissent à l'auteur matière à tant de portraits heureux, à tant de réflexions profondes ! Ce sont des médaillons achevés que ceux de Montalembert, de Veuillot, de Cousin, de Villemain, de Salvandy, de Dupin. Et quelles pages à méditer encore à présent que celles qui terminent le volume et nous rendent d'une façon saisissante l'image des relations des catholiques et de la monarchie de Juillet !

Telles sont toutes les grandes questions traitées dans ce tome cinquième, l'avant-dernier de cette grande et durable histoire du règne de Louis-Philippe. Combien d'autres plus secondaires sont touchées en passant !

Elles donnent à ce volume une extrême variété ; elles lui permettent de réunir tous les genres d'intérêt ; elles font enfin de ce travail historique une œuvre littéraire de premier ordre. Alfred BAUDRILLART.

86. — F. LARRIEU. — **Gui Patin** (1601-1672) sa vie, son œuvre, sa thérapeutique. Thèse pour le Doctorat en médecine. 1 vol. in-8 de 136 p., avec 9 photogravures. Paris, Picard, 1889.

Je ne voudrais pas médire des thèses de doctorat en médecine, mais cependant j'avoue que lorsqu'il m'arrive d'en recevoir une, l'inspection seule de la couverture me suffit, et la thèse va directement rejoindre ses sœurs dans un *barathrum* où mes petits neveux découvriront peut-être, avec beaucoup de poussière, un certain nombre de curiosités bibliographiques. Or voici une thèse où il n'est question ni du traitement du rhume de cerveau par la méthode antiseptique, ni des vices de conformation de la clavicule gauche : c'est une étude sur Gui Patin écrite avec autant d'érudition que d'humour et qu'on lit avec d'autant plus d'intérêt qu'on s'attendait moins à faire une lecture amusante dans une thèse soutenue devant la Faculté de médecine de Paris. La troisième partie elle-même apprend bien des choses : il paraît que Patin faisait consister sa thérapeutique dans l'application successive et judicieuse de trois remèdes : la saignée, la purgation par le séné et la tisane de son ce qui lui valait le surnom de « Docteur aux trois S ». Ajoutons que Patin réprouvait l'usage des préparations stibiées, préconisait le quinquina et dédaignait les clystères. Toute cette partie est intéressante au point de vue de la langue dans laquelle elle est formulée : c'est un idiome mi français mi-latin, avec force mots grecs, citations des auteurs et invectives à l'adresse du contradicteur : ainsi voici comment sont traités les champions de l'antimoine : « Guénaut et Rainssant sont deux grands empoisonneurs chimiques *et corio humano temere admodum ludentes, et in necandis hominibus exercitatissimi. Profecto ista curandi methodus non est medicina, sed morticina, vel ut Asclepiades loquar* (sic) *apud Galenum, vera meditatio mortis !* Il faut dire que Patin n'a pas toujours vu très juste : il combat avec verve la théorie de la circulation du sang, récemment découverte, et traite les partisans de Harvey de charlatans (*Circulatores !*) On se rangera plus volontiers à cette opinion : « C'est un sot animal qu'une femme qui se mesle de nostre mestier. » A propos des remèdes contre les morsures de vipères, on usait de compositions où entraient des dents de vipère : *Similia similibus* : et M. Larrieu ajoute d'un air quelque peu narquois : « Le système homéopathique ne devait cependant être définitivement fondé que dans le xviii° siècle.

La vie de Gui Patin est fort curieuse : elle nous met à même de nous rendre compte de ce qu'était l'enseignement universitaire au xvii° siècle. Les cours que devaient suivre les *Philiâtres* consistaient dans l'exposition des aphorismes d'Hippocrate, dans l'étude des choses *naturelles* (Anatomie et Physiologie), des choses *non naturelles* (Hygiène et Régime), et des choses *contre nature* (Pathologie et Thérapeutique). Au bout d'un laps de temps de trois à quatre ans l'étudiant était admis aux épreuves du baccalauréat : l'étude des syllogismes lui avait tenu lieu de pratique médicale. Au bout de deux ans consacrés à l'enseignement des matières étudiées dans le cours des quatre premières, les bacheliers passaient trois thèses : une de celles de Patin fut : *Estne feminae in virum mutatio* ἀδύνατον? Le candidat devait soutenir l'affirmative. Voici d'autres sujets proposés : Les héros naissent-ils des héros? La femme est-elle un ouvrage imparfait de la nature? L'éternuement est-il un acte naturel ? Le médecin doit-il porter la barbe? (*An medico barba ?*)

Ces thèses devaient être soutenues de six heures du matin jusqu'à midi, sauf la dernière qui commençait une heure plus tôt c'étaient jusqu'à neuf heures les bacheliers qui argumentaient puis neuf docteurs

Ce devait être une chose terrible que ces énormes séances Quelle situation que celle de ce pauvre bachelier obligé de par les statuts d'avoir pendant sept grandes heures plus d'esprit de littérature d'érudition que la faculté entière de répondre sans désemparer aux plus subtiles arguties que puisse inventer l'esprit de controverse de se surveiller à tout moment pour ne hasarder ni une phrase ni un mot que l'on puisse retourner contre lui et que des adversaires sont prêts à saisir au passage pour l'en écraser au moment décisif Et comme pour rendre la partie plus inégale encore l'usage voulait que le candidat fournît lui même à ses rivaux et à ses juges les moyens de réparer leurs forces Dans une pièce attenante à la salle des actes étaient servis *à ses frais* du vin et des rafraîchissements Chaque docteur pouvait à son gré, aller puiser à la buvette des idées et des inspirations, et il est à croire que parfois l'ardeur de la dispute n'était pas la seule qui échauffait les têtes Seul le malheureux restait sur la brèche sans un moment d'interruption argumentant argumenté criblé d'objections jusqu'à ce que les douze coups de la grande horloge vinssent mettre un terme à sa longue épreuve

—

Qu'on me pardonne cette longue citation qui montre que, pour les examens il y a bien des choses qui n'ont pas changé depuis trois siècles

Après la licence le doctorat n'était plus qu'une formalité, sauf pour la bourse du récipiendaire, qui, outre le payement des taxes, avait à faire les frais d'un banquet

Nous voyons Patin traverser successivement tous ces degrés jusqu'au doctorat qu'il obtint à vingt six ans C'est aussitôt après qu'il commence la publication de ses livres En 1650, il est doyen de la Faculté jusqu'en 1652 et l'histoire du doyen se mêle alors intimement à la vie de la Faculté nous assistons à de curieux procès, qui donnent un aperçu très vivant de la société médicale au milieu du XVII siècle Renaudot, le fondateur de la première *Gazette,* était un esprit actif et même brouillon qui ne voulait rester étranger à rien il fit entre autres choses de la médecine et l'exerça sans diplôme en règle grâce à la protection de Richelieu à la mort du cardinal, la Faculté lui fit un procès interminable qu'elle finit par gagner sous le décanat de Patin Ce différend et un autre avec la corporation des « espiciers-apothiquaires » sont pleins de traits de mœurs d'amusantes anecdotes et de réflexions originales

Après son décanat Gui Patin devint professeur au collège de France où sa facilité d'élocution l'élégance de sa diction et l'intérêt qu'il savait donner aux choses en apparence les plus insignifiantes, lui attiraient un grand nombre d'auditeurs le premier président de Lamoignon se faisait un devoir d'aller l'entendre

Gui Patin fut mêlé à toutes les affaires politiques de son temps : mécontent sous Richelieu, frondeur sous Mazarin, il s'exprime très vertement sur le compte des deux cardinaux, et la thèse de M. Larrieu devient ainsi une source de renseignements curieux sur la période qui va de 1630 à 1672. Je n'ai pas besoin d'ajouter que, même après la publication de l'ouvrage de M. M. Raynaud sur *Les médecins de Molière*, le travail de M. Larrieu sera lu avec fruit par ceux qui ont à étudier ou à expliquer le *Malade imaginaire* ou le *Médecin malgré lui*.

En résumé, M. Larrieu a fait une œuvre d'homme d'étude, car sa thèse suppose des recherches très minutieuses, et en même temps d'homme d'esprit. Les malades qu'il aura à soigner de l'hypocondrie ne sont pas à plaindre, car il a dans son sac assez d'histoires pour guérir du *spleen* les gens les plus moroses.

P. PISANI

---

87. — **Procès des Frères et de l'Ordre du Temple**, d'après des pièces inédites publiées par M. MICHELET et des documents imprimés anciens et nouveaux, par M. LAVOCAT, conseiller honoraire à la Cour d'appel de Rouen. Paris, Plon, 1888, in-8°.

M. Lavocat s'est livré à un important travail de compilation non seulement pour former sa propre conviction sur les méfaits reprochés aux Templiers, mais aussi pour expliquer l'attitude de leurs juges les plus compromis. Les nombreuses citations qui composent presque entièrement certains chapitres donnent une opinion avantageuse des études approfondies sur lesquelles son livre s'appuie. L'extrême variété des textes empruntés aux pièces de l'enquête, aux chroniques et même aux pamphlets du temps, permet de suivre tout à la fois les incidents émouvants du procès ouvert sur tant de points de la chrétienté, la lutte poignante du Pape se débattant contre l'inflexible volonté de Philippe-le-Bel, et les intrigues perfides ou serviles des légistes et des inquisiteurs ameutant l'opinion en France contre un ordre trop riche. Ce renouvellement minutieux de l'enquête ne semble pas d'ailleurs apporter d'opinion nouvelle sur l'iniquité du jugement, sur l'innocence des Templiers, sur la pureté de leurs cérémonies, malgré la grossièreté de quelques plaisanteries militaires. L'opinion accréditée à ce sujet par Michelet, trouve naturellement sa confirmation dans un livre qui reprend ses matériaux les plus importants au recueil même du grand historien.

Ainsi que l'indique l'avant-propos, la série des divers chapitres consacrés au procès est double. Les documents concernant la condamnation des Templiers par les conciles provinciaux précèdent les matériaux de la grande enquête dirigée contre l'ordre à Paris par l'archevêque de Narbonne et Nogaret au nom du Pape et du concile de Vienne, mais au gré du roi. Cette division excellente permet à M. Lavocat de préparer ses lecteurs par la vue des iniquités et des violences commises contre les chevaliers à mieux démêler l'absurdité et la mauvaise foi de la plupart des accusations portées contre le Temple. Dans la première partie quelques documents précieux pour la topographie locale éclairent le récit de la saisie des maisons du Temple : notons en particulier ce qui intéresse la Normandie, Rouen et Caen que l'auteur n'a garde d'oublier. Dans la seconde partie où M. Lavocat s'attache surtout à réhabiliter l'ordre, signalons l'explication très simple et irréfutable que fournissent les témoignages au sujet de la prétendue idolâtrie des Templiers : leurs idoles n'ont jamais été autre chose que des reliquaires, des bustes d'argent ou de vermeil, comme en possède encore aujourd'hui maint trésor de cathédrale.

L'habileté avec laquelle l'auteur interprète les nombreux documents qu'il emploie ne nous ôte pas le regret qu'il n'ait pas pris assez souvent lui-même la parole. En présentant dans une exposition méthodique et suivie l'accusation et la défense, en prononçant le verdict définitif, M. Lavocat se serait épargné la peine de transcrire et de traduire des textes étendus, difficiles pour quiconque aborde sans préparation spéciale, et, en quelque sorte professionnelle, les documents du XIVᵉ siècle. Les hésitations du copiste se trahissent à chaque page, dans la table même où les noms propres apparaissent sous différentes formes, incomplètement identifiées. C'est ainsi que « Philippe de Voheto » et « Philippe de Vohet » se retrouvent à deux pages d'intervalle. Frère Baudoin de Saint-Just garde son nom d'origine en latin « de Sancto Justo ». Inutile d'insister sur ces chicanes de métier ; la méthode adoptée par M. Lavocat nous paraît avoir un inconvénient plus grave. Elle disperse trop l'argumentation, se contente de réfutations successives et amène l'auteur à juger à la fin que « ayant donné *son* opinion presque à chaque page, *il n'a* aucun résumé à faire ».

Les lecteurs congédiés sur cet avertissement un peu sec, retourneront en arrière et s'enquerront des causes générales de la ruine du Temple, telles qu'elles sont exposées aux chapitres XIV et XV. Ils y verront d'une part la tendance des Templiers à constituer une sorte de république aristocratique, un état dans l'État, et, d'autre part, la nécessité politique, conforme au désir de Philippe le-Bel, de faire rentrer dans la circulation tant de biens confisqués par la main morte. Une sorte d'introduction historique, conduisant à travers les premiers chapitres l'ordre du Temple, depuis son origine jusqu'à son déclin, nous prépare à sa chute. Si discrètement que ce résumé rapide ait touché à la rivalité des ordres militaires en Terre Sainte, il a montré jusqu'à l'évidence l'inutilité du Temple pour la Croisade, dès les premières années du règne de Philippe-le Bel. Une institution aussi extraordinaire, aussi privilegiée, en devenant inutile se condamne elle même. Le refus que Jacques Molay avait opposé lors de l'avenement de Clément VII à la reunion du Temple et de l'Hôpital était l'erreur fatale, qu'à defaut de crime et d'heresie, il expiait, en 1314 sur le bûcher. H. G.

---

88. — **La vallée du Liger et ses environs,** par Alcius LEDIEU. Paris, librairie A. Picard, 1887. in-8, xii-432 p. et pl.

89. — **Etudes d'histoire locale. Deux années d'invasion en Picardie,** (1635-1636) par Alcius LEDIEU. Paris, libr. A. Picard, 1887, in-8, 318 p. (Ext. du tome XXIX des *Mémoires de la Société des Antiquaires de Picardie*).

Peu de departements ont éte depuis quelques annees l'objet de travaux historiques aussi importants que celui de la Somme. Deja depuis deux siècles, Amiens avait trouvé ses historiens dans La Morlière, le père Daire, et Dusevel. Abbeville, dans le père Ignace Deverité et Louandre, Doullens et Montdidier dans le père Daire, etc. De nos jours des publications importantes ont eté consacrees à Montdidier, par Victor de Beauville, à Doullens par l'abbé Delgove, à Roye par M. Coet, à Péronne par l'abbé de Cagny, à Boves par M. Aug. Janvier, et l'œuvre seule de M. Ernest Prarond, sur Abbeville et son arrondissement ne comprend pas moins de vingt volumes.

D'autres localités de moindre importance ont aussi leurs histoires, et celle de saint Riquier et de son abbaye a fourni à M. l'abbé Hénocque la matière de trois volumes in-quarto. Des ouvrages de référence, tels que le *Dictionnaire topographique de la Somme* de J. Garnier, les *Bénéfices de l'Église d'Amiens* de M. Darcy, l'*Inventaire*, malheureusement inacheve, des *Documents manuscrits sur la Picardie* de Cocheris, l'*Iconographie de la Somme* de M. Macqueron, l'*Essai bibliographique* incomplet de Ch. Dufour que M. Macqueron est en train de reprendre et de compléter, les *Recherches bibliographiques* de M. Pouy, l'*Hagiographie* de l'abbé Corblet et les travaux nobiliaires du marquis de Belleval, pour ne citer que les principaux, attestent le zèle des érudits picards à rechercher tous les souvenirs historiques relatifs à leur pays.

Ajoutons à ces indications les collections volumineuses des publications de la *Société des Antiquaires de Picardie* et de la *Société d'Émulation d'Abbeville*, les recueils tels que la *Picardie* et le *Cabinet historique de Picardie*, et notre aperçu sera encore loin d'être complet. Chaque jour, de nouveaux travailleurs viennent renforcer la phalange deja si nombreuse de leurs devanciers.

Parmi les plus actifs, M. Alcius Ledieu, bibliothécaire de la ville d'Abbeville, s'est, depuis quelques années, fait remarquer par le nombre et la variété de ses études. Indépendamment du *Catalogue des manuscrits de la Bibliothèque d'Abbeville* et de plusieurs notices sur diverses localités du Ponthieu, il a publié, sous le titre de *Panthéon abbevillois* trois volumes consacrés, le premier à *Boucher de Perthes* (1885), le second à *Millevoye* (1886), et le troisième à l'*Amiral Courbet* (1886) dont les deux premiers ont été couronnés par l'Académie d'Amiens des *Esquisses militaires de la guerre de Cent Ans en Picardie* (1887), la *Vallée du Liger et ses environs* (1887), et *Deux années d'invasion en Picardie*, 1635 1636 (1887), ces trois derniers volumes couronnés par la Société des Antiquaires de Picardie. Ajoutons que cette Compagnie a également récompensé dans son dernier concours un travail encore inédit de M. A. Ledieu intitulé *Histoire de Demuin*.

La Vallée du Liger et Deux années d'invasion en Picardie, tels sont les deux ouvrages dont nous avons seulement aujourd'hui à entretenir les lecteurs du *Bulletin Critique*.

Au siècle dernier, on écrivait en général l'histoire des localités peu importantes, soit en les groupant par comtés ou seigneuries, soit en les rangeant suivant la division ecclésiastique, par évêchés et doyennés. Aujourd'hui, on adopte plus généralement le groupement moderne par départements, arrondissements et cantons. Cette classification qui répond à des divisions territoriales, qui ne remontent pas à un siècle, a l'inconvénient de ne pas permettre les vues d'ensemble que peut donner l'histoire de pays ayant eu au moyen âge leur autonomie comme le Ponthieu ou le Vimeu, mais, au point de vue géographique, et sous le rapport de l'histoire de chaque localité, prise individuellement elle a l'avantage de faciliter les recherches et de nous garantir que le jour où nous aurons un ensemble de monographies cantonales, comme celles de Graves pour le département de l'Oise, aucune commune du moins ne sera négligée.

M. Ledieu a, dans le premier ouvrage qui nous occupe, adopté un système différent, et, dans la *Vallée du Liger*, il nous donne la description et l'histoire de seize communes du canton d'Hornoy et de douze communes du canton d'Oisemont.

Si nous comprenons, au point de vue géographique et surtout lorsqu'il s'agit d'études d'histoire naturelle et principalement de géologie des groupements par bassins ou par vallées, nous ne voyons pas les mêmes avantages à l'adoption de ce système sous le rapport historique, et alors surtout qu'il n'est pas question d'un de ces pays étudiés au point de vue pittoresque comme peuvent l'être les vallées de la Meuse ou de la Moselle et nous croyons que l'auteur aurait fait une œuvre plus utile en nous donnant simplement l'histoire des communes d'un des deux cantons d'Oisemont ou d'Hornoy. La Société des Antiquaires de Picardie, du reste a partagé notre sentiment, un peu tardivement toutefois; car après avoir couronné la *Vallée du Liger* et deux années après, la *Vallée de l'Avre* du même auteur, elle a spécifié dans ses programmes que dans les concours suivants, elle n'admettrait plus comme réunions de communes que les divisions ecclésiastiques ou administratives.

Maintenant que nous nous sommes attardés bien longtemps dans ces considérations générales, il nous reste à peine la place de parler des monographies de communes rédigées par M. Ledieu. Disons qu'elles nous paraissent faites avec soin au point de vue historique, mais fort insuffisantes sous le rapport archéologique. Les documents, généralement bien mis en œuvre sont presque toujours déjà connus, à l'exception de quelques listes des curés, maires et instituteurs et de quelques titres de propriétés parfois sans grand intérêt; les généalogies y tiennent une très large, nous dirions volontiers une trop large place. Quelques dessins accompagnent cette publication, mais, sauf de rares exceptions les monuments ou les sites qu'ils reproduisent, n'offrent qu'un intérêt secondaire et leur mode de reproduction, nous n'osons ajouter leur exécution, laisse énormément à désirer. Enfin, ce qui était indispensable, une table manque et il est complètement impossible de se retrouver dans ce volume de plus de quatre cents pages, dans lequel abondent les noms de personnes et les noms de lieux.

Le second ouvrage dont il nous reste à parler est le récit des deux premières années de l'invasion espagnole en 1635 et 1636. l'histoire de cette période de la guerre de Trente Ans en Picardie n'a encore fait l'objet d'aucun travail complet et pourtant, les matériaux ne manquent pas, documents d'archives, chroniques manuscrites, pièces imprimées et même les premières gazettes telles que le *Mercure français*. Mais le sujet est difficile à traiter et si M. A. Janvier, Delafons de Milicocq et plusieurs de nos historiens locaux ou ont retracé des épisodes détachés et bien définis, la tâche devient difficile, alors qu'il s'agit de suivre l'ennemi dans les différentes routes qu'il prend pour chercher à investir les principales places fortes du pays, de retracer les efforts patriotiques des défenseurs du royaume disséminés sur de nombreux points et qu'il est enfin nécessaire de faire connaître d'une manière suffisante la situation des esprits et l'état matériel d'un pays, dont les limites ne sont nullement définies. Car ici se présente une première difficulté. Qu'est-ce que la Picardie ? On n'attendra pas de nous une délimitation de cette province qui n'a jamais eu qu'une existence nominale, qui a toujours fait partie de la Couronne, n'a jamais eu d'existence propre, et a souvent eu les mêmes gouverneurs que l'Ile-de-France qu'elle confine au Sud que le Boulonnais et l'Artois qui la limitent au Nord.

Aussi devons-nous dire qu'au lieu de nous parler de l'invasion espagnole en Picardie, M. Ledieu s'est attaché presque exclusivement à citer les évènements militaires qui ont eu pour théâtre le département actuel de la Somme et il en trace en six chapitres un tableau intéressant, mais trop confus. — De plus, l'ouvrage n'est pas terminé et attend un complément comprenant les campagnes des années suivantes jusqu'à la bataille de Rocroy.

L'auteur n'a pas pris le soin de suivre sur une carte la marche des deux armées, et cela l'a conduit à de fâcheuses confusions, ainsi il nous montre l'armée du maréchal de la Force à Arson et les ennemis en face sur la rive gauche de la Somme et il identifie Arson avec Hirson (Aisne), qui est à quelque vingt lieues de là, tandis qu'il fallait corriger le texte et lire Ressons (Oise), localité qui n'en était qu'à trois ou quatre lieues et d'où une attaque projetée sur Roye était facile.

Nous pourrions multiplier les exemples de confusions analogues mais nous avons déjà donné trop d'étendue à ce compte rendu pour vouloir signaler les corrections qu'il y aurait à faire dans l'interprétation des noms propres cités par M. Ledieu.

Nous ne voudrions pas critiquer outre mesure l'œuvre d'un écrivain consciencieux, mais nous croyons que M. Ledieu devrait résister à la tendance qui le porte à publier trop rapidement les notices qu'il rédige et à mettre en œuvre, non seulement les documents inédits qu'il peut réunir, mais les notes qu'il recueille dans les nombreux ouvrages que ses fonctions lui permettent de parcourir. Qu'il ne cherche pas non plus comme on le lui a dernièrement reproché à les représenter sous diverses formes et comme on le dit vulgairement à vouloir en tirer plusieurs moutures.

Ses travaux gagneraient à être mieux digérés, il devrait contrôler avec plus de soin ses sources et ne pas craindre de les citer d'une manière exacte et autrement qu'en quelques pages préliminaires comme il le fait en tête de *Deux années d'invasion*.

Cte DE MARSY

CHRONIQUE

91. Le tome XXII des *Mémoires de la Société Archéologique et Historique de l'Orléanais* (Orléans Herluison 1889 grand in 8 de 618 p.) non moins riche que les meilleurs de ses aînés contient les morceaux suivants tous d'un grand intérêt la plupart d'une grande importance. *L'expédition des Allemands en France au mois d'octobre 1575 et la bataille de Dormans d'après les pièces du temps* par Gustave BAGUENAULT DE PUCHESSE. *Les privilèges de l'Université de lois d'Orléans à propos d'un document inédit du XV siècle* par Jules LOISELEUR. *Rapport sur les découvertes faites à Blois en mai 1886* par Ludovic GUIGNARD. *Le tumulus de Reuilly son vase funéraire à cordons saillants de l'âge primitif du bronze* par BOUCHER DE MOLANDON et le baron Adalbert de BEAUCORPS. *Étude sur les représentations théâtrales les exercices publics et les distributions de prix du collège d'Orléans au XVIII siècle* par TRANCHAU, Ob

jets trouvés dans la Loire de 1875 à 1886, troisième mémoire de DESNOYERS. Découverte des tombes de Marie d'Harcourt, femme du bâtard d'Orléans de Jean leur fils et de François II et Louis I, ducs de Longueville, leurs petits fils, dans l'église de N. D. de Cléry. Testament inédit de Dunois et autres documents par Louis JARRY. Le Jeu de Paume à Orléans par l'abbé Th. COCHARD. Étude sur une clochette des morts du XIII siècle par Eugène VIGNAT. Note sur la cloche présentée par M. Vignat par FLOUEST. Jacques Boucher sieur de Guilleville et de Mézières trésorier général du duc d'Orléans en 1429. Sa famille, son monument funéraire, son hôtel de la Porte Renard ou de l'Annonciade. Souvenirs orléanais du temps de Jeanne d'Arc par BOUCHER DE MOLANDON (avec rectification d'une petite erreur de Quicherat qui, dans le *Procès de Jeanne d'Arc*, a lu *Havel* pour *Hanel* et d'une plus forte erreur de Vallet de Viriville qui dans son édition de la *Chronique de la Pucelle* a transformé Guillaume Cousinot fils du chancelier en un neveu du dit chancelier). Jean Marrott professeur de mathématiques à Orléans au XVII siècle et son album amicorum. Quelques mots sur d'autres albums français et allemands par TRANCHAU. Documents inédits servant à rectifier la date de la construction et le nom des premiers architectes du château de Chambord par Louis JARRY. Le chien de Montargis par Desnoyers (piquant mémoire qui complète le spirituel travail de F. Guessard et qui a été omis dans la *Table des matières*). Documents complémentaires du mémoire sur Jacques Boucher par BOUCHER DE MOLANDON.

92. *Quatre brochures de M. Henri Stein*. Deux de ces brochures sont consacrées à des sujets historiques, deux à des sujets bibliographiques. Les unes et les autres sont également intéressantes et instructives. Voici le titre et la brève analyse de chacune d'elles. *Lettres missives des XV et XVI siècles contenues aux archives municipales de la ville de Troyes*. Extrait de l'*Annuaire Bulletin de la Société de l'Histoire de France* tome XXV (Paris 1889 grand in 8 de 50 p.) Il y a là 50 documents inédits qui complètent les publications de MM. d'Arbois de Jubainville, Boutiot, Pélicier et Vaesen. Parmi les signataires figurent Louis de Luxembourg connétable de Saint Pol, Louis de Laval gouverneur de Champagne, Olivier le Daim, Charles d'Amboise) gouverneur de Champagne, le sire de Baudricourt, Charles VIII, Jean d'Albret gouverneur de Champagne, Florimond Robertet secrétaire du roy François I.
— *La bataille de Saint Quentin et les prisonniers français* (155 1554) Saint Quentin 1889 grand in 8 de 30 p. Extrait des *Mémoires de la Société académique de Saint Quentin*. Énumération des diverses relations de la journée du 10 août 1557 laissées par F. de Rabutin, l'officier espagnol anonyme, l'amiral Coligny, Jean de Mergey, don Alonso de Ercilla (dans son épopée l'*Araucana*) etc. suivie de deux listes inédites des prisonniers français, l'une extraite du n. 350 de la Bibliothèque publique de Dôle (Jura), l'autre du n. 560 de la Bibliothèque publique de Berne (Suisse) et de divers documents relatifs aux dits prisonniers, notamment de lettres du comte de Lalaing aux échevins de Malines et réponses de ces magistrats, d'une lettre de Philippe II aux mêmes etc. — *Germain Lauverjat imprimeur à Bourges à la fin du XVI siècle* (Paris V. L. Techener 1889 petit in 8 de 15 p.) L'imprimeur Lauverjat n'avait pas été connu de M. H. Boyer l'auteur de l'*Histoire des imprimeurs et libraires de Bourges* (1854) il publia en 1587 deux ouvrages, l'un du jurisconsulte Ant. Leconte, l'autre du jurisconsulte J. Mercier. — *Notice sur l'imprimerie à Châteaudun* (Châteaudun imprimerie Pigelet 1889 grand in 8 de 14 p.) M. Stein prouve contre une affirmation téméraire de Deschamps (*Supplément au manuel du Libraire* 1870) que l'imprimerie existait bel et bien à Châteaudun avant 1789 et il le prouve jusqu'à l'évidence en reproduisant le frontispice d'un livre imprimé à Chasteaudun par Abel l'Angelier en 1610 (*Cinq livres du droit des offices par Charles Loyseau Parisien*) en reproduisant aussi le frontispice de *L'office et la vie de Saint Roch, Châteaudun chez Etienne Charles imprimeurs MDCCX*. Recommandons aux bibliophiles le titre si coquettement imprimé de la brochure, titre qui s'éloignant dans sa disposition de la banale ligne droite est en travers de la couverture et forme une diagonale.

T. DE L.

ACADÉMIE DES INSCRIPTIONS ET BELLES LETTRES

Séance du 14 juin — M. BARBIER DE MEYNARD président au nom de l'Académie désigne M. GSELL membre de l'école française de Rome à la société des architectes pour le prix annuel qu'elle a l'habitude de décerner

M. Gsell a dirigé les fouilles de Vulci. — Le président proclame ensuite les résultats de plusieurs concours. Prix ordinaire : M. Sylvain Lévi, maître de conférences à l'École pratique des Hautes Études, pour son *Étude critique sur le théâtre indou*. — Prix Stanislas Julien : Le prix n'est pas décerné ; une récompense de 1,000 fr. est accordée au R. P. Boucher pour son ouvrage intitulé : *La Boussole du langage mandarin*, et une récompense de 500 francs à M. Terrien de la Couperie pour l'ensemble de ses travaux. — M. A. Castan, correspondant de l'Académie, lit un mémoire sur *Deux épitaphes de femmes gallo-romaines sorties du sol de Besançon*. Ces épitaphes proviennent de tombeaux qui bordaient la voie romaine de Vesontio à Lyon. L'une de ces tombes a été découverte en 1823 à Saint-Ferjeux, près Besançon. Elle porte l'épitaphe de Virginia, femme du centurion Marius Vestalis et mère d'un questeur municipal nommé Nigidianus. L'autre tombe, trouvée en 1694, est un magnifique sarcophage. Le symbole de l'*ascia* qui s'y trouve répété quatre fois fit croire, à cause de sa ressemblance lointaine avec la croix, que cette sépulture était chrétienne. La découverte fut annoncée dans le *Journal des savants* et fit grand bruit. Mabillon consulté décida que la tombe était païenne. Le sarcophage fut donné aux Visitandines qui, ennuyées par les fréquentes visites que leur attirait ce monument, martelèrent l'inscription. Ce sarcophage n'existe plus et on le connaît seulement par des dessins et des descriptions. L'inscription était l'épitaphe de *Caesonia Donata*, femme de *Candidus verna Augusti nostri*. — M. Héron de Villefosse entretient l'Académie d'une inscription latine découverte vers 1580 dans les ruines du castrum de Dijon. Cette inscription, aujourd'hui perdue, contient la mention géographique *Pagandomo cosistentes* que l'on a lue *pagan(i) domo co(n)sistentes*. M. Héron de Villefosse propose de lire *pagi Andomo consistentes*. Cette lecture nous donne le nom d'un *pagus* encore inconnu qui a de l'analogie avec le nom de Langres, chef-lieu de la *Civitas Lingonum*, appelé par les auteurs anciens *Andematunum* et par Ptolémée Ἀνδομάτουνον. Il est probable que le nom du chef-lieu vient de celui du *pagus* mentionné dans l'inscription. — M. Regnaud lit un mémoire sur *l'origine et la valeur de l'idée de racine et de suffixe dans les langues indo-européennes*. Les racines telles que les grammairiens indous ont l'habitude de les détacher, ne répondent à aucun fait philologique : c'est un simple procédé de classement, un moyen mnémotechnique.

Séance du 21 juin. — M. H. Héron de Villefosse signale à l'Académie des découvertes faites par M. le commandant Privat à Gabès, à Sidi Boulbaba et à Gafsa (Tunisie). A Gabès, l'ancienne Tacape, M. Privat a exploré une sépulture indigène sous tumulus, antérieure à la conquête romaine et contenant des objets intéressants. A Sidi Boulbaba il a découvert un grand édifice, probablement un grenier destiné à conserver les céréales pour l'alimentation des troupes romaines. A Gafsa, l'ancienne Gapsa, un capitaine du génie mis au jour une curieuse mosaïque. Elle représente une course de chars dans le cirque. Plusieurs hommes à pied tenant des palmes regardent la course pendant qu'un cavalier semble s'exercer dans une autre partie de l'arène. Sous les arcades de nombreux spectateurs paraissent prendre plaisir à l'action qui se déroule devant eux. Cette mosaïque est intéressante non seulement par le sujet représenté, mais aussi par la naïveté du dessin. — MM. Croiset, A. de Barthélemy et Clermont-Ganneau sont élus membres de la Commission chargée de vérifier les comptes de l'année 1888. — M. D'Arbois de Jubainville fait une communication sur le duel conventionnel qui, dans un état primitif de civilisation, a précédé le duel judiciaire. On trouve le duel conventionnel dans le droit irlandais. La convention qui le précède a pour effet de décharger le vainqueur de toute responsabilité pour le meurtre de son adversaire. On peut lire dans Tite Live le récit d'un duel conventionnel. Pendant la seconde guerre punique, Scipion voulant célébrer en Espagne des jeux funèbres en l'honneur de son père devait, suivant l'usage, y donner des combats de gladiateurs. Il put y parvenir sans rien dépenser. Parmi les alliés celtibériens se trouvaient plusieurs personnages princiers et des particuliers qui avaient des procès à vider et qui, pour les terminer, se battirent en duel sous les yeux des Romains et de leurs compatriotes.

Henri Thédenat

Le Gérant : E. Thorin

N° 17 — 1 Septembre 1889

BULLETIN CRITIQUE

SOMMAIRE. — 90. Lechevallier. Une correspondance littéraire au XVIII siècle, *A. Fabre*. — 91. G. A. Heinrich. Histoire de la littérature allemande, *L. Lescœur*. — 92. Maxe Wery. État actuel de la numismatique remoise, *A. de Barthelemy*. — 93. Ezra Abbot. Critical Essays, *S. B.* — Chronique. — Académie des Inscriptions et Belles Lettres.

---

90. — **Une correspondance littéraire au XVIII siècle** entre Dom de la Rue, bénédictin de la congrégation de Saint-Maur et Mgr d'Inguimbert, évêque de Carpentras. Paris, Lechevallier, 1888, in-8°.

Correspondance fort intéressante et fort curieuse entre un prélat de la cour de Rome, devenu plus tard, en 1735, évêque de Carpentras, et un savant bénédictin de Saint-Germain-des-Prés, Dom Charles de la Rue. Ces lettres étaient demeurées inédites jusqu'ici ; nous les devons à un autre bénédictin, dom Berengier, un travailleur intrépide, qui produit beaucoup, mais dont les œuvres ne perdraient rien à n'être point menées ainsi au pas de course.

Nous avons sous les yeux sa *Vie de Mgr d'Inguimbert*, brochure de quatre-vingt sept pages. Avignon, Aubanel, 1888. Là se trouvent énumérées sept notices déjà parues sur *l'Épiscopat provençal au XVIII siècle*. En outre, sous la rubrique accoutumée En préparation on nous annonce bravement la publication de *onze* autres biographies ! Voilà, certes, un beau programme ; mais on avouera que la liste est un peu longue de ces travaux *en preparation*. Le dirons-nous ? ces promesses à lointaine échéance sentent un peu le méridional s'excitant à l'ouvrage bruyamment et avec la fougue traditionnelle, comme si la terre allait lui manquer sous les pieds.

Ici, du moins, dom Bérengier a eu la main particulièrement heureuse. Ces lettres, il a raison de le dire, « sont comme un tableau très vivant de la première moitié du XVIII siècle. Les bruits de la cour et de la ville, les nouvelles de la guerre, et surtout les échos des polémiques doctrinales du jansénisme, dans les rangs du clergé séculier et dans les cloîtres, leur donnent une sérieuse valeur. Il n'est pas jusqu'aux nouvelles purement bibliographiques qui n'offrent, pour les amateurs, un véritable intérêt. »

Charles de la Rue (1) l'aimable et spirituel auteur de ces jolies lettres, rappelle à s'y méprendre dom Michel Germain, dans le récent ouvrage du prince Emmanuel de Broglie *Mabillon et la Société de l'Abbaye de Saint-Germain-des-Prés*. Picards tous deux, vous diriez qu'ils eurent de leur commune origine la même tournure d'esprit. Comme dom Michel, dom de la Rue juge les hommes et les choses, cardinaux, évêques, ministres, avec une entière indépendance, une liberté, une gaieté, une bonne humeur qui étonnent chez un érudit. Tous deux écrivent avec beaucoup de naturel et d'agrément, avec beaucoup de finesse et de verve, une verve de Picard qui n'a rien de malveillant et s'amuse des travers et des ridicules qu'il remarque.

Dom Charles de la Rue était né à Corbie, en 1684. Il fut l'élève de B. de Montfaucon, comme Michel Germain fut le disciple et le compagnon d'étude de Mabillon. Nous lui devons une belle édition d'*Origène* dont il publia les deux premiers volumes. Son neveu, dom Vincent de la Rue publia les deux derniers volumes en 1752. L'oncle mourut jeune encore à Saint-Germain des Prés, en 1739.

Depuis les nombreuses publications de M. Tamizey de Larroque tout le monde connaît l'*Inguimbertine*, la magnifique bibliothèque de Carpentras, que Mgr Inguimbert légua en mourant à sa ville natale.

Ces lettres ne renferment qu'un court espace de temps, une année à peine. Elles vont du 30 mai 1734 au 2 mai 1735. A cette date d'Inguimbert n'est pas encore évêque de Carpentras. Il est en résidence à Rome, archevêque de Théodosie depuis 1731, bibliothécaire de Clément XII, et honoré de sa pleine confiance. Ces détails sont utiles ils nous expliquent pourquoi de la Rue a si souvent recours à l'archevêque de Théodosie, au milieu des périls que le jansénisme fit courir à la célèbre abbaye de Saint-Germain des-Prés.

Ch. de la Rue, en effet, en son nom personnel ou au nom de sa congrégation semble avoir pris ou reçu la mission de gagner les bonnes grâces d'un prélat puissant en cour de Rome, assez influent pour écarter l'orage et faire valoir, au milieu des violents débats soulevés par la bulle *Unigenitus*, à côté de la résistance des uns la pleine soumission des autres.

Et notre bénédictin s'acquitte de sa mission en vrai Picard, avec une finesse et une dextérité remarquables. Il intéresse également amuse d'Inguimbert par toutes sortes de nouvelles, nouvelles de la cour et nouvelles de la ville, nouvelles politiques et nouvelles militaires, bruits de paix ou de guerre, victoires gagnées ou batailles perdues, à la suite

---

(1) Dom Bérengier aurait bien dû nous dire si le bénédictin était parent avec le célèbre jésuite de même nom.

desquelles on chante des *Te Deum* à Notre-Dame ou l'on chansonne nos généraux.

Le roi, écrit-il le 26 juillet 1734, fit chanter hier à la cathédrale de Paris un *Te Deum* en actions de grâces de la prise de Philisbourg, qui capitula le 17 de ce mois, à la barbe du prince Eugène, qui s'en étoit approché avec une armée de cent mille hommes dans le dessein de la secourir. Sans la valeur extrême et le courage infini de nos troupes, on prétend que nous aurions échoué devant cette place à cause de l'inondation du Rhin que la fonte des neiges des montagnes voisines ont tellement grossi et gonflé que nos soldats, sur la fin du siège, pour relever la tranchée, etaient obligés d'aller dans l'eau jusqu'au col, leur chemise par dessus la tête, la cartouche en bouche, et leurs armes de même par dessus la tête. Ce qui a fait dire à Voltaire qu'il avoit vu *Mars en chemise sale et cent mille Alexandres a quatre sols par jour.* »

Le 15 septembre, le maréchal de Broglie, commandant de l'armée d'Italie avec le maréchal de Coigny, s'était laissé surprendre par les Impériaux et avait été obligé de fuir en toute hâte. Mais, peu de temps après, il réparait brillamment cette mésaventure et remportait la victoire de Guastalla sur les troupes de l'Empereur. « La Cour, écrit dom de la Rue le 27 septembre 1734, a été ici pendant trois jours fort mécontente de l'échec reçu en Italie le 15 de ce mois, mais elle fut hier bien consolée par l'agréable nouvelle que le fils aîné du maréchal de Broglie apporta à dix heures du matin, au roi, d'une victoire complète remportée le 19 sur les Impériaux au devant de Guastalla. On donne présentement mille bénédictions au maréchal de Broglie, et cet homme qui avant hier étoit donné en Cour comme le plus mal habile officier qu'il y ait jamais eu, passoit hier pour la perle de nos généraux. A ce sujet la jeune princesse de Conti disoit hier fort plaisamment en présence de M. l'abbé de Rochelin : *Mon Dieu, je l'avois bien dit qu'il ne falloit à M. de Broglie, que le temps de remettre sa culotte pour avoir sa revanche. Je suis charmée qu'il l'ait eue et bien complète, pour faire taire ses envieux.* Au reste, Monseigneur, cette victoire qu'on dit être complète nous coûte cher puisque nous y avons perdu de très braves officiers, et entre autre M. Daffri, lieutenant général, mais *uno avulso, non deficit alter aureus.* La France est une pépinière de braves gens. »

Cette dernière phrase est adorable. Cet orgueil patriotique fait plaisir à voir et ne rend que plus sympathique l'aimable bénédictin. « J'oubliois de vous marquer, ajoute-t-il en forme de postcriptum, qu'on publie ici que l'échec que M. de Broglie reçut le 15 en Italie a été causé par les moines chez qui il logeoit et qui ont été avertir les Impériaux de la sécurité et du sommeil profond qui étoit dans notre quartier. » Le bruit avait couru que des Jacobins, des Cordeliers ou des

Bénédictins avaient fait le coup. De la Rue ne peut croire que ses confrères aient méconnu ainsi les droits de l'hospitalité. « Je voudrois savoir, dit-il, avec sa loyale nature, si nos confrères Italiens ont été capables d'une pareille noirceur. Il est bien sûr que nous autres, Bénédictins françois, n'en serions pas capables envers les Allemands s'ils logeoient chez nous. »

Le 3 octobre 1734, de la Rue écrit à son correspondant de Rome. Et, « comme le génie françois ne pardonne rien, » c'est aux dépens du maréchal que l'esprit parisien continue encore de s'égayer. « On chante aujourd'hui à la cathédrale de Paris le *Te Deum* en actions de grâces de notre victoire remportée le 19 septembre sur les Impériaux à Guastalla, quoiqu'elle n'ait abouti qu'à tuer bien du monde et à en perdre beaucoup. *Intérim*, on chansonne joliment M. notre maréchal de Broglie(1) sur l'échec qu'il reçut le 15 septembre. » Et là-dessus, notre religieux, le savant éditeur d'*Origène*, envoie les quelques couplets qui se fredonnent à Paris « sur l'air des *Grivois* ». Nous citons un de ces couplets : ils témoignent une fois de plus du vieux goût de la nation, qui se console toujours de ses revers par une épigramme ou une chanson :

> Messieurs les Allemands
> Fort incivilement
> Sont venus nuitamment
> Surprendre notre camp.
> Messieurs nos généraux
> Reveillés à propos
> Se sont sauvés à point
> Sans chausses ni pourpoint.

De tout temps, nous fûmes aussi bons caricaturistes que bons chansonniers : c'est une autre forme de l'esprit français. Chez nous la caricature va de pair avec la chanson : le maréchal de Broglie n'échappa point à cette vexation. Seulement, comme la gravure était de la dernière insolence, elle ne se vendait que « sous le manteau » avec beaucoup de précaution et fort cher. « On continue, écrit de la Rue le 11 octobre 1734, de chanter par toute la France des *Te Deum*, et de faire des illuminations pour notre victoire de Guastalla ; mais on continue aussi de chansonner à qui mieux mieux le pauvre maréchal de Broglie pour sa surprise du 15, quoi qu'il l'ait en quelque sorte réparée par sa bravoure dans le combat du 19. Mais vous connoissez le génie françois qui ne pardonne rien. On dit qu'on a poussé l'insulte jusqu'à le faire graver fuiant en chemise, montrant le cul, et aiant à ses trousses des hussards qui le fouettent avec des verges et qui sont commandés par un autre hussard revêtu de son cordon bleu et de son bâton de maréchal de

---

(1) Le *Dictionnaire* de Dézobry le fait maréchal en 1741 !

France qu'on suppose qu'il lui a pris. On dit que cette estampe se vend sous le manteau jusqu'à 40 francs. »

A cette époque, on savait toucher à des détails scabreux sans tomber dans la grossièreté ; nous n'avions pas encore remplacé la vieille franchise gauloise par la pruderie britannique ; aussi est-on tout surpris des propos gaillards qu'échangent entre eux et sans songer à mal, deux hommes d'église, un grave religieux et un excellent prélat. Voyez la lettre du 8 novembre 1734, dans laquelle de la Rue décrit avec autant d'esprit que de malice les mariages de ses bons amis, les convulsionnaires. « A propos de mariage, dit-il à l'archevêque de Théodosie, on a découvert que les convulsionnaires en font tous les jours entre eux d'une espèce marquée au coin des anciens Gnostiques, et qu'on appelle ici des mariages de Jean *des vignes, tant tenu tant paié.* » On trouvera la suite dans la lettre de notre bénédictin.

Dans le même genre, nous signalerons les détails concernant le prince de Nassau-Siegen. Il était arrivé en poste de Bruxelles à Paris, raconte de la Rue. Il venait demander justice « contre la princesse de Nassau sa femme, sœur du marquis de Nesle, qu'il dit n'avoir point connue depuis dix-huit ans, et qui se trouve avoir aujourd'hui cinq petits enfants qu'elle a l'impudence de produire avec son nom et ses armes de Nassau, comme s'il en étoit le père. »

Le malheureux prince, en vue d'obtenir justice, était allé voir le premier président du parlement. Il était allé voir aussi Fleury, « le cardinal ministre ». La réponse du cardinal est salée : on nous permettra de renvoyer les curieux au texte de cette correspondance.

A cet aimable badinage, de la Rue joint des services plus effectifs. Pour gagner la bienveillance du prélat, il se fait son commissionnaire en librairie ; lui signale les livres nouveaux ; lui en envoie des caisses entières, qu'il achète au compte de l'archevêque, ou dont il lui fait présent ; tantôt c'est le second volume de l'*Histoire du Languedoc* de D. de Vic ; tantôt la traduction française « de la fameuse histoire de M. de Thou » ; tantôt les trois premiers volumes de l'*Histoire littéraire de la France* de D. Rivet. « Je ferai encaisser demain sans faute, écrit-il le 3 octobre 1734, tous les livres dont vous m'avez chargé de faire l'emplette. Vous en trouverez ici une liste séparée avec les prix, et dans huit jours, j'aurai soin de vous avertir du jour que cette caisse sera partie de Paris. »

Le 13 décembre 1734, il lui envoie une autre liste, avec l'indication du prix des ouvrages : « Voici quelques livres nouveaux qui paroissent et qui seront peut-être de votre goût, lui dit-il ; si Votre Grandeur désire que je les achète j'obéirai avec plaisir. » Parmi eux, il lui citait l'*Histoire littéraire* en 3 vol. in-4° « Ces trois volumes se vendent reliés

30 liv Cette histoire sera suivie de plusieurs autres volumes C est un reli gieux de notre congrégation qui en est l auteur Il se nomme dom Rivet Il demeure au Mans, et ne sçauroit venir demeurer ici, parce qu il n est pas soumis à la Constitution *Unigenitus* C est dommage, car il a du savoir »

D Inguimbert n avait pas seulement du goût pour les livres nouveaux C était encore un amateur distingué qui recherchait les belles éditions « Si vous étiez curieux, ajoutait de la Rue d avoir le sacre du Roy Louis XV, imprimé et gravé au depens de Sa Majesté j en trouve un fort bel exemplaire relié par Boier, fameux relieur du Roy On me le laisse à 200 liv »

Quelques jours auparavant, le 22 novembre 1734, il lui communiquait une réclamation de de Bure, célèbre libraire de l époque Il en profitait pour lui signaler une édition d Horace, faite en Angleterre, et « de la dernière magnificence » — « Le même libraire de Bure, ajoutait-il m a dit qu il paroît depuis peu un Horace imprimé en Angleterre, ou pour mieux dire, non imprimé mais buriné, et de la dernière magnificence pour la beauté des estampes et des culs de lampe L ouvrage coûte 24 francs en blanc et ceux qui l achètent le font relier avec la dernière magnificence Il est chez nous dans ce goût »

Aux questions d érudition de bibliographie, se mêlent les nouvelles purement littéraires nouvelles de l Académie, détails sur l oraison funèbre de Villars, et, ce qui est bien plus piquant divers incidents de la vie des auteurs Le 20 décembre 1734, il annonce à l archevêque de Théodosie que Crébillon le fils vient de se faire « coffrer » à la Bastille, à l occasion d un affreux libelle Mais, en même temps, chose plaisante, il exprime le regret de ne pouvoir envoyer le livre scandaleux, devenu introuvable, depuis qu il était défendu Les effets de l interdiction on le voit, sont toujours sûrs supprimez un livre « on y courra comme au feu » Le fond de la nature humaine ne change guère aujourd hui comme autrefois, et malgré la différence des temps les mêmes mesures sont couronnées du même succès

« Le Roi, écrit dom de la Rue, a fait mettre à la Bastille le fils d un de nos meilleurs poètes tragiques, nommé *Crébillon*, pour avoir composé un roman qu on dit être un tissu d ordures (1) une satyre cruelle de presque toutes les dames de la cour dont il a dit on, dévoilé le libertinage sous des noms burlesques et qui plus est, une turlupinade de la bulle *Unigenitus*, désignée sous le nom comique d *Écumoire* dont le grand prêtre de l isle des Cousins veut faire avaler le manche à tous ses sujets D abord ce libelle étoit, dit-on, souverainement méprisé, mais

(1) Le roman était intitulé *Tanzai et Néadarné* 2 vol in 12 1734

madame la Duchesse qui étoit dans la confidence de l auteur, ayant eu la malice d en donner la clef on y a couru comme au feu, et les dames de la Cour y aiant toutes dit on reconnu leur jolie vie elles ont jeté de si hauts cris que le Roy a été conseillé de punir l auteur qui vient d être transferé de la Bastille à Vincennes où il est réduit au pain et à l eau, et à coucher sur la paille Depuis que le Roy a fait confisquer les exemplaires qui restoient à vendre, ce libelle diffamatoire est hors de prix J ai fait tout au monde pour en avoir un exemplaire à bon compte, mais je n ai pu encore y parvenir Je n y ai pas grand regret, parce que je n en ai pas la véritable clef, sans laquelle le roman vous auroit paru fade et insipide »

Comme Chapelain parle avec dépit du « nommé Despreaux » de la Rue parle avec le même sans façon et le même dedain du « poète Voltaire » qui commençait déjà à troubler l opinion et à l agiter, pour mieux s en servir En 1734, il publia ses *Lettres anglaises,* qui firent autant de bruit que de scandale deux genres de succès qui ne deplaisaient pas à cet esprit turbulent et avide de renommée A la suite de cet exploit, l auteur fut decrété de prise de corps, et quelques jours après jeté à la Bastille « Le livre du poete Voltere (*sic*) sur les Anglois, écrit de la Rue le 25 juin 1734 fut brûlé ici l onzième de juin par la main du bourreau en vertu d un arrêt du parlement qui ordonne de plus une information extraordinaire contre l auteur et les imprimeurs L auteur s en moque, s étant sauvé hors du royaume Votre Grandeur m ayant temoigné que je lui ferois plaisir de lui envoier par cahiers un exemplaire de ce libelle par la voie de Mgr le Nonce elle trouvera ci joints les premiers cahiers L exemplaire a coûté quatre livres quatre sols de notre monnoie »

Une fois hors du royaume le poete était allé faire un tour du côté de l armee d Allemagne C est là qu il avait vu *Mars en chemise sale* là aussi qu il avait été apprehendé et ramené à Paris De la Rue raconte l aventure à son correspondant il n a pas l air autrement ému de l accident « Les lettres de Voltaire de l edition d Hollande (1), lui écrit-il le 26 juillet 1734, doivent être présentement entre vos mains, Je suis fâché de n avoir pu les avoir de l edition de Rouen qui est préférée à l autre parce que la Rouennoise contient de plus des observations critiques sur plusieurs pensées du celebre feu M Pascal touchant la religion que Voltaire prétend être fausse Cette critique manque dans l edition d Hollande, qui en recompense a trois lettres qui ne se trouvent pas dans l edition de Rouen L edition d Hollande que vous avez m a coûté 4 livres 4 sols

« A propos de Voltaire, ce fol a fait la sottise d aller montrer son nez à

---

(1) *Les Lettres anglaises*

l'armée d'Allemagne dont les généraux, par ordre de la cour l'ont fait arrêter et conduire à la Bastille où il est présentement coffré. »

Le 11 avril 1735, il est encore question de Voltaire dans la correspondance de dom de la Rue. Il s'agit de deux pamphlets, dont l'un était attribué à Voltaire : ce qui ne serait pas invraisemblable, on ne prête qu'aux riches.

« On me fit hier au soir, écrit-il le 25 avril, une lecture bien rapide de l'écrit en prose d'une comédienne, sortie de France, contre MM. les Quarante de l'Académie françoise. Il n'est que manuscrit mais c'est bien la plus cruelle, et la plus mordante et la plus ingénieuse satyre que j'aie vue de nos jours. Si je puis rattraper cet écrit, qui est fort long, j'en ferai faire pour Votre Grandeur une copie. »

A défaut du pamphlet en prose « contre MM. les Quarante de l'Académie françoise », il lui en envoyait un autre en vers monorimes, et qui semble bien porter la griffe de Voltaire. « Satyre diabolique et détestable contre le gouvernement », dit de la Rue, qui ne l'envoye pas moins à Rome, tout en s'excusant « d'avoir copié cette scélérate pièce ».

Nous citons les derniers vers de la pièce : mais elle mérite d'être lue en entier :

> L'État est plein de mécontens
> Pour moi je suis quoiqu'indigent
> Toujours gaillard, toujours content
> Pourvu que je puisse en rimant
> Me divertir quelques moments
> Des ridicules de ce tems

Le 2 mai 1735, de la Rue envoyait la satire contre « MM. de l'Académie ». Il est bien dommage qu'elle ne soit plus dans les papiers de l'évêque de Carpentras. « J'ai trouvé moien, écrit-il à cette date, d'avoir une copie de la satyre que j'annonçai à Votre Grandeur dans ma dernière lettre. Elle fait un bruit de diable dans Paris et ceux qui y sont drapés font les dernières perquisitions pour en découvrir l'auteur. Bien des gens la donnent au sieur Arouet de Voltaire. Votre Grandeur y trouvera peut-être bien des endroits qu'elle n'entendra pas faute de connoître comme nous les originaux qu'elle blasonne : mais, pour peu que vous soyez familier avec M. le duc de Saint Aignan (1), comme il est au fait du caractère des blasons, il vous expliquera à merveille tous les endroits qui vous paroîtront obscurs. »

Nous n'avons rien dit encore de la partie importante de ces lettres, de celles qui regardent « la boutique jansénienne » comme le dit d'un ton fort impertinent dom Charles de la Rue. Il y a là, sur les convulsionnaires, leurs extravagances, leurs processions, sur les prélats opposants, les

---

(1) Alors ambassadeur à Rome.

évêques d'Auxerre, de Montpellier, de Saint-Papoul, dont il parle avec la dernière irrévérence, des détails curieux, lestement troussés et présentés avec une verve endiablée.

L'une des plus jolies lettres, des plus amusantes et des plus gaies de la collection, est celle que de la Rue écrit à d'Inguimbert, pour lui annoncer que Charles de Ségur, évêque de Saint-Papoul, vient de quitter son évêché, pour aller vivre dans la retraite. « Je n'étois point à Paris l'ordinaire dernier, écrit-il le 4 avril 1735. Je n'appris qu'à mon retour la sottise insigne que venoit de faire le Sieur Jean-Charles de Ségur, évêque de Saint-Papoul qui, séduit par les Jansénistes, a abdiqué son évêché pour aller, dit-il, faire pénitence le reste de ses jours dans une solitude. Le mandement ci-joint par lequel il a dit adieu à son peuple, fait ici une impression terrible sur les esprits foibles et peu instruits. On dit que quelques autres évêques branlent aussi dans le manche et sont à la veille de quitter le camp des acceptans pour passer à celui des appellans. J'en doute très fort, et je ne sçaurois m'imaginer que M. de Montpellier (1) trouve encore dans le corps de nos évêques deux ou trois oisons pareils à M. de Ségur, qui ne sçait rien, et qu'on a vu sous la régence passer immédiatement de la charge d'Enseigne aux gardes françoises à la dignité épiscopale. »

Puis, avec une mauvaise humeur manifeste contre les avocats prêts en tout temps, paraît-il, à profiter des grabuges qui surviennent, il ajoutait plaisamment : « Comme on ne sçauroit plus en France même fouéter un chat sans que les avocats ne croient être en droit de s'en mêler, quelques-uns d'entre eux ont imaginé en commun une fort pitoiable lettre de cinq lignes à ce prélat déserteur, pour le remercier de l'éloge qu'il a fait d'eux dans son mandement, et pour lui témoigner au sujet de son abdication leur joie qui leur est, disent-ils, commune avec celle de toute l'Église. »

Toutes ces lettres, que nous ne pouvons que signaler, sont à lire. Elles peignent à merveille la situation du jansénisme à cette époque, poursuivi par la Cour, soutenu par le parlement et nombre de prélats, de prêtres, de religieux et non pas des plus obscurs.

Les bénédictins, en particulier, et parmi eux les plus illustres, par austérité ou par raison, avaient embrassé de bonne heure « le parti des gens d'esprit », comme l'appelait saint Simon.

Claude Bretagne, général de l'ordre, était janséniste. Mabillon lui-même inclinait vers les doctrines de Pascal et du grand Arnauld.

Au XVIII° siècle, dom Vaissette, dom Bouquet, dom Rivet, etc., étaient au nombre des *appelants*.

---

(1) C'était alors Colbert de Croissy, un neveu du grand Colbert.

D. de la Rue, au contraire, l'auteur de ces lettres est un *acceptant* résolu, tel d'ailleurs qu'il convenait au correspondant et à l'ami d'un prélat en cour de Rome. Mais, plein d'indulgence pour des opinions différentes des siennes, il défend ses confrères auprès de l'archevêque de Théodosie, les excuse, explique leur résistance, atténue leurs torts, et fait valoir de son mieux leur science, leurs vertus, leur modestie et leurs immenses travaux.

D. Inguimbert avait dû se plaindre de ce qu'un janséniste comme D. Vaissette avait la témérité de correspondre avec un prélat comme lui. L'archevêque de Théodosie avait même trouvé que la lettre du docte bénédictin « étoit pleine d'insolence et de fanatisme ».

Là-dessus D. de la Rue prend vivement la défense de l'auteur de l'*Histoire du Languedoc*, et trace de l'illustre savant un délicieux portrait, le plus simple, le plus naturel, le plus beau probablement que personne en ait jamais tracé. D. de la Rue répond au prélat mécontent à la date du 30 mai 1734 : « Le bon père Vaissette, lui dit-il, se repent bien de n'avoir pas, dès sa première lettre, averti Votre Grandeur qu'il étoit appelant de la bulle *Unigenitus*. Comme à son entêtement près sur ce seul article, il est très pacifique ; qu'il ne se mesle ni en blanc ni en noir de parler de théologie dont il ne se pique pas ; qu'il emploie depuis sa jeunesse tout son temps à l'étude de notre histoire de France ; qu'on ne l'entend jamais ni déclamer contre la Constitution, ni contre les acceptants ; qu'il sait d'ailleurs qu'en France plusieurs de nos évêques très zélés et très décidés pour la Bulle ne laissent pas, malgré son appel, d'avoir quelque commerce avec lui et de le consulter sur des points d'histoire, qui ne sont pas du ressort de la religion, il a cru, rond comme il est et nullement au fait des allures de la Cour romaine, qu'on ne seroit pas la plus délicat qu'à Paris et que son commerce littéraire pouvoit y être toléré. La pensée d'avertir Votre Grandeur qu'il étoit appelant ne lui est venue à l'esprit que quand il a sçu que Mgr le Nonce Delci faisoit ici, apparemment par votre ordre, des informations pour savoir ce qu'il en étoit. Quoi qu'il en soit, il se tient pour dit que Votre Grandeur ne veut plus avoir en rien le moindre commerce avec lui, et il est bien fâché de vous avoir imprudemment et sans malice embarqué dans un commerce qui ne vous convenoit point, et dont il est bien résolu de s'abstenir pour toujours. Il proteste que la lettre que Votre Grandeur a trouvée pleine d'insolence et de fanatisme, étoit pourtant fort respectueuse et très mesurée ; mais comme j'ai déjà eu l'honneur de le dire à Votre Grandeur, le bon père Dom Joseph Vaissette n'est que savant en vieilles chroniques et ignore parfaitement les longues et les brèves du cérémonial qu'il convient d'observer en écrivant à un illustre prélat de la Cour romaine. Je supplie Votre Grandeur de lui pardonner. Il est raisonnable et très raisonnable sur tout autre article que celui de la Constitution *Unigenitus*. Il n'est fanatique que sur ce point, et, ce qu'il y a de singulier, il ne parle jamais ici de ce qu'il pense sur le contenu de la Bulle. »

Le 25 octobre 1734, D. de la Rue communiquait à l'archevêque de Théodosie une grave nouvelle. Il lui apprenait que par lettre de cachet, sept bénédictins de Saint-Germain-des-Prés, et parmi eux D. Bouquet venaient d'être chassés de leur maison, « pour cause de non soumission à la Bulle. »

De la Rue se plaint de ces mesures avec un profond sentiment de regret et de douleur dans un langage qui lui fait particulièrement honneur eu égard surtout au destinataire de la lettre. « L'ordre a été exécuté sur-le-champ, écrit-il le 25 octobre 1734 et ces sept religieux sont relégués séparément en différents monastères de province. C'est un coup qui fait un bruit effroiable dans Paris. Chacun en raisonne à sa façon. Le plus grand nombre en est au désespoir. M. le Nonce m'honora hier, en grand cortège, d'une visite que Votre Grandeur m'a apparemment procurée. Je pris la liberté de lui dire mon sentiment sur cet exil et je lui représentai modestement qu'il ne peut causer qu'un très grand mal, parce que ces sept religieux étoient fort tranquilles, n'aiant fait depuis 1718 aucun acte d'hostilité et les cinq premiers ne s'occupant que d'ouvrages importants où la Bulle *Unigenitus* ne sçauroit entrer pour rien. J'ajoutai que la sortie de ces cinq gens de lettres dégrade notre maison et qu'il sait bien qu'un homme de lettres n'est pas l'ouvrage d'un jour et que ces religieux travaillent ici sans relâche depuis vingt-cinq ou trente ans. Je desapprouve assurément plus que personne leur defaut de soumission à la Bulle, mais ils sont tranquilles et ne disent mot. Pourquoi donc les écarter pendant qu'on ne dit rien à plusieurs curés de Paris qui remuent sans cesse, et qui entretiennent la division dans cette grande ville? M. le Nonce m'avoua qu'on n'a en France aucun système suivi au sujet de la Bulle. On exile d'un côté des gens non soumis à la Constitution, tandis que dans Paris même on laisse prêcher et confesser des Apellans. »

Nous avons indiqué, en partie du moins, l'intérêt de cette publication. Que l'editeur nous permette de lui adresser quelques critiques les unes assez légères, les autres un peu plus sérieuses.

P. 6 dom Bérengier appelle le rédacteur janséniste des *Nouvelles ecclésiastiques* Jacques *Fonteinne* de la *Roque*. Dans les dictionnaires que nous avons pu consulter il est appelé Jacques *Fontaine de la Roche* (le P. Lelong, Barbier, Lud Lalanne).

P. 32 Thahmas Kouli-Khan, roi de Perse en 1739, est appelé *Thamas* Koulikan. Mais pages 37 et 41 il est appelé *Thomas* Koulikan.

P. 48. Une note malheureuse : le roman de Crébillon est appelé Tanzaï et *véadarné*, au lieu de Tanzaï et *Néadarné*.

Dans la même note, le savant auteur des *Archives de la Bastille* devient, par une faute d'impression, *Fr. Ravaillon*, au lieu de *Fr. Ravaisson*.

P. 15. Voici qui est plus grave, étant donné que le rôle d'un éditeur est d'éclairer ses lecteurs, et non de leur fournir de fausses indications.

Le 15 août 1734, de la Rue prie l'archevêque de Theodosie d'agréer pour lui un exemplaire de l'*Histoire du Languedoc*, et d'en remettre un exemplaire « à Mgr le cardinal Corsini ».

Dom Bérengier nous avertit en note que c'était Laurent Corsini, « élu pape en 1730 », et qui prit le nom de Clement XII.

Comment dom Bérengier a-t-il pu avoir pareille distraction? Il est manifeste que le *cardinal Corsini* de 1734, n'est pas *Laurent Corsini* qui était pape depuis quatre ans déjà, et portait le nom de Clement XII.

Un autre défaut, ce sont les fréquentes suppressions faites dans ces lettres. L'auteur nous avertit que ces coupures n'atteignent aucun passage important : « Quant aux lignes de points qui se trouvent dans ces lettres, nous dit-il, elles indiquent les détails purement bibliographiques envoyés par D. de la Rue à son illustre correspondant, et qui n'auraient aujourd'hui qu'un intérêt secondaire. » Il nous le semble, c'est en prendre un peu trop à son aise avec ses devoirs d'éditeur. Il y en a, comme M. Tamizey de Larroque, qui poussent le scrupule jusqu'à reproduire les particularités orthographiques. A plus forte raison ne doit-on pas, sous un prétexte ou sous un autre, surtout dans une publication restreinte, faire subir à un texte une véritable amputation. Les « détails purement bibliographiques » qui vous paraissent à vous sans intérêt, seront peut-être utiles à d'autres et leur apporteront une indication précieuse et qu'ils cherchent depuis longtemps.

Enfin nous terminerons ce petit exposé de nos griefs par le défaut capital de la publication : l'absence à peu près complète d'éclaircissement. Ah! où sont les notes secourables, les doctes prévenances des Boislisle, des Pélissier, des Tamizey de Larroque? Ils vous guident, vous conduisent comme par la main, ayant bien soin, au milieu de la foule des personnages et des faits, de ne pas vous laisser égarer.

D. Bérengier est moins clément au pauvre monde. Il nous livre son texte comme une énigme : tirez-vous en comme vous pourrez. Passe encore pour des noms connus, comme ceux du maréchal de Berwick, du prince Eugène, du maréchal de Broglie ou du roi Stanislas, que de la Rue appelle toujours en raillant « notre beau père ». Mais, si vous parlez des deux lieutenants-généraux Cilli et de Puységur, de « M. de Montpellier, » ou de « l'archevêque de Vienne », comment voulez-vous que je devine quels sont ces personnages, si vous ne venez à mon aide ?

P. 50. Il est question d'une lettre de dom Vincent Thuillier, « fort belle », au témoignage de D. de la Rue, et dont le ministère, après mûre délibération, avait changé le beau latin « en un latin de vieux ministre de Cour ». — « Le cardinal de Fleuri disait avec humeur de la Rue, *le cardinal de Rohan*, le cardinal de Bissi Mgr le Nonce, et le *Garde des sceaux* y ont mis tous la main. »

Remarquez, en ce qui concerne le cardinal de Rohan, que vers la même époque il y eut trois cardinaux de ce nom, et tous trois évêques de Strasbourg : l'un mort en 1649, l'autre en 1756, le troisième en 1779. Ce n'eût pas été de trop assurément d'indiquer en note de quel *cardinal de Rohan* parle ici de la Rue.

Nous ferons la même réclamation pour le *garde des sceaux*. Nous aurions dit qu'il s'agissait ici de Germain-Louis Chauvelin, garde des sceaux de 1727 à 1737.

Une note était d'autant plus de rigueur, que lorsque de la Rue parle de « Mgr le Chancelier » ou de « M. le Garde des sceaux », on pourrait croire qu'il s'agit du même personnage : ce qui n'est pas.

De 1727 à 1737, et par une exception assez rare, la dignité de chancelier fut distincte de celle de garde des sceaux. Chauvelin fut revêtu de la seconde, comme Henri François d'Aguesseau le fut de la première.

P. 53. Un dernier éclaircissement, ou tout au moins une petite observation nous eût paru bien utile. De la Rue vient de communiquer les bruits qui courent à Paris sur la prochaine promotion des cardinaux. Tantôt il lui désigne l'archevêque de Paris, M. de Vintimille, tantôt l'archevêque de Vienne, « qui est de la maison de Bouillon ». Le 29 novembre 1734, il apprend à l'archevêque de Théodosie qu'on les « décardinalise » l'un et l'autre.

Et voici l'étonnante nouvelle que dom Berengier laisse passer sans le moindre commentaire. Le 17 janvier 1735, de la Rue écrit à son correspondant de Rome : « Aucune autre nouvelle ne se débite ici présentement, sinon qu'on tient pour certain que c'est *M. le duc de Saint-Aignan, notre ambassadeur à Rome*, qui a la nomination du Roy au cardinalat. » Le duc de Saint-Aignan aspirait sans doute au cardinalat, tout comme Balzac ambitionna jadis d'être évêque. Le fait n'était pas inouï à cette époque, mais aujourd'hui, dans l'état actuel des choses, peut-être le fait était-il assez insolite pour mériter une petite explication.

Nous venons d'imiter quelque peu le franc parler de D. de la Rue, et ça et là, si nous avons fait une querelle d'allemand à D. Berengier, qu'il veuille bien excuser la liberté de nos menues critiques. Sa trouvaille n'en est pas moins des plus heureuses, nous ne l'en félicitons pas moins et de tout cœur, de sa très curieuse et très intéressante publication.

A. FABRE.

---

91. — **Histoire de la littérature allemande**, par G.-A. HEINRICH, professeur de littérature étrangère à la Faculté des lettres de Lyon, doyen honoraire ; ouvrage couronné par l'Académie française, t. I, 2e édition, revue et augmentée, gr. in 8o, xii-515 pages. Paris, Leroux.

Le nom du regretté doyen de la Faculté des lettres de Lyon est trop connu, sa solide renommée trop bien établie, pour que nous ayons à insister sur les mérites de cette nouvelle édition posthume, hélas ! d'un ouvrage universellement apprécié et dont ne saurait se passer quiconque s'occupe de littérature allemande. Tout au plus sera-t-il à propos de faire remarquer que, dans la pensée de M. Heinrich, cette réédition qu'il avait préparée lui-même, sans être une refonte complète de son premier travail, devait y apporter de nombreux perfectionnements. Non seulement beaucoup de notes avaient été rédigées par lui, en vue de cette publication, mais beaucoup de parties toutes nouvelles devaient prendre la place de l'ancien texte. L'éditeur nouveau s'est attaché avec un soin pieux à suivre le plus exactement possible les intentions du « maître vénéré » dont il exécute les volontés. Il s'est inspiré heureusement d'une pensée de M. Heinrich mise par lui-même dans la préface de l'édition posthume, aussi des *Fragments* d'Alfred Tonnelle : « Les pensées de ceux qui ne sont plus doivent être sacrées, écrivait-il, pour ceux qui les publient, et les plus légères altérations doivent être religieusement évitées. »

Ce premier volume conduit le lecteur des origines de la langue et de la littérature allemandes jusqu'au seuil des temps modernes. Il est divisé en quatre livres. Le premier nous fait assister à la formation de la langue, le livre second, beaucoup plus développé, intitulé par M. Heinrich « le premier âge classique », fait passer sous nos yeux, dans un récit plein d'intérêt, malgré l'obscurité qui planera toujours pour nous, si positifs, sur l'âge héroïque des *Minnesänger*, des *Nibelungen*, les divers cycles de cette poésie héroïque, légendaire et mystique, qui, née de l'union combinée de l'esprit chrétien, de la chevalerie et de la mythologie germanique, a laissé son empreinte indélébile sur la littérature allemande. Mais c'est surtout à partir du troisième livre consacré à l'âge de transition, à l'époque de la renaissance et de la réforme, que l'intérêt devient plus grand pour le lecteur. Jusqu'à cette date, l'Allemagne ne se distinguait que par des nuances du reste de l'Europe chrétienne que l'Église avait marquée dans les lettres comme dans les mœurs, d'un sceau uniforme. Jusque là la langue latine, même en poésie et en histoire, occupe une place au moins équivalente à celle qui est dévolue à la langue nationale. Au

xvi⁰ siècle seulement la Réforme, qui bouleverse tout, a du moins un heu
reux effet. Sous la puissante impulsion de Luther, dont le fougueux génie
devait se faire sentir dans tous les ordres, on peut dire que la langue alle
mande, est désormais fixée. Néanmoins l'influence qu'exercera sur elle
notre xvii⁰ siècle sera si grande qu'elle ne produira, longtemps encore,
aucune œuvre originale. Tel sera, en effet, l'engouement des lettrés
contemporains de Louis XIV et de Voltaire qu'ils se croiront pour ainsi
dire, obligés d'enchaîner leur langue à l'imitation de nos classiques. C'est
cette émulation malencontreuse avec Boileau, Corneille, Racine, et aussi
avec d'autres écrivains d'une valeur plus que médiocre, dont M. Heinrich
nous fait la peinture quelquefois amusante, dans son quatrième livre.
Si flatteuse en effet qu'elle soit pour notre orgueil national, M. Heinrich
ne craint pas de la qualifier de déplorable, et il salue avec joie, en ter
minant son volume, l'émancipation définitive opérée au profit du vrai
génie allemand par les Lessing, les Schiller, les Gœthe dont les chefs
d'œuvre, analysés avec détail, feront l'objet du prochain volume.

Nous ne pouvons nous résoudre à fermer celui-ci sans rendre un nou
vel hommage à la pure mémoire de son auteur. Fidèle disciple et imita
teur éclairé d'Ozanam, Heinrich, comme son illustre maître, a consacré
sa vie entière au culte désintéressé des lettres. Toujours dévoué aux
progrès des plus saines doctrines, il a su joindre dans le domaine de l'é
rudition, à l'exactitude des recherches, à l'absence de tout esprit de sys
tème, l'amour passionné de la vérité et l'élévation constante de la pen
sée. « Plus j'étudie, nous dit-il lui-même dans sa préface, moins je con
çois l'école qui veut ramener l'histoire littéraire à des formules et expli
quer par des lois fatales le développement et le jeu des puissances les
plus libres de notre être. Je ne méconnais en littérature ni l'influence de
la race et du climat, ni celle du lieu où l'écrivain est appelé à vivre ;
mais j'estime trop les créations de la pensée humaine qui n'y voit que
les simples produits des circonstances et du temps. Le monde de l'intelli
gence est en même temps celui de la liberté. » C'est parce que Hein
rich a marché toujours dans une voie droite et sûre, sans aucune con
cession aux préjugés « des milieux » que son œuvre littéraire subsis
tera. Le temps pourra y faire voir des lacunes, on pourra y ajouter et la
perfectionner, on n'en pourra rien retrancher.

L. LESCŒUR.

92 — **Maxe-Werly** (L.) État actuel de la numismatique rémoise.
Bruxelles, 1889. in-8 de 124 p. et 3 planches.

Il y a trente ans que M. Maxe-Werly s'occupe des monnaies frappées
à Reims depuis les temps les plus antiques ; sans cesse il a étudié ce
sujet et vient aujourd'hui donner une étude complète sur cette partie de

la numismatique française, de manière à faire profiter ses lecteurs des rectifications et des nouvelles conquêtes constatées jusqu'à ce jour. — L'époque gauloise lui fournit une planche curieuse représentant des pièces qui, si elles n'ont pas toutes été frappées à Reims, appartiennent au moins à la région sur laquelle les Rèmes étendaient leur suprématie, je crois qu'il aurait pu y comprendre sans hésitations ces statères dits au type de l'œil, anépigraphes, qui se trouvent si fréquemment dans le Rémois et le Chalonnais, il donne de très justes appréciations sur les bronzes attribués sans raison au roi des Suéssions que César nomme Galba, et, malgré ses recherches, ne peut pas encore indiquer les pièces en argent qui peuvent appartenir aux Rèmes.

La série mérovingienne est riche et très curieuse, l'auteur maintient au moyen d'une argumentation très serrée l'attribution à Vieil-Saint-Rémy des triens que M. Deloche donne à Saint Rémy de Provence.

Parmi les monnaies carolingiennes, nous remarquons le denier à la légende SCA MARIA REM qui nous apprend que Charlemagne avait donné au chapitre de la Cathédrale les bénéfices de l'atelier de Reims, et nous laisse espérer qu'entre 794 et 814, date de l'avènement de Louis I, on trouvera des pièces au monogramme carolin. — A partir de 940, époque à laquelle le roi Raoul aurait donné à l'archevêque le comte et la monnaie de Reims, les deniers au type carolingien, sont marqués de signes particuliers, puis, paraît le nom d'Adalberon, celui d'un certain comte Eudes sur lequel on a beaucoup discuté et qui est peut-être un comte de Roucy à partir du XI° siècle, les archevêques signent la monnaie de Reims jusqu'au commencement du XIV°.

M. Maxe Werly termine son travail par une série de textes empruntés aux documents d'archives, dans lesquels il est fait mention de monnaie rémoise. Il est regrettable que jusqu'à ce jour, on n'ait pas encore pu retrouver la trace de quelque réglement ou de quelque ordonnance relatifs à la fabrication de la monnaie archiépiscopale, les anciens auteurs gardent le silence à cet égard, mais il faut toujours espérer. Il est à croire que lorsque Philippe le Bel en 1315 comprit ces prélats au nombre de ceux qui avaient le droit de frapper monnaie, il ne le fit qu'après avoir vu les titres fournis à l'appui de ce privilège qu'il était peu porté à reconnaître.

A. DE BARTHÉLEMY.

---

93 — **Critical Essays** selected from the published papers of the late Ezra ABBOT. Boston, 1888, 501 pages.

L'auteur des *Essais* dont le titre est ci-dessus est mort en 1884, il était professeur à l'Université de Cambridge (Etats-Unis).

Vous allez m'interrompre et me dire que Cambridge est en Angleterre

Ne m'obligez pas à vous apprendre qu'il y a Cambridge en Massachusetts, comme il y a Paris en Amérique, et que dans cette ville, qui est un faubourg de Boston, existe depuis le XVIIe siècle l'Université de Harvard. Ce n'est pas une petite école libre, mais une puissante institution munie d'instruments de travail d'une richesse parfois sans égale. La bibliothèque de *Harvard University* est une des meilleures et des mieux classées du monde, et je sais des bibliographes de Paris qui ont été s'établir à Boston pour travailler plus à l'aise. Dans les chaires de cette Université, comme à John Hopkins (c'est le nom de l'Université de Baltimore) et en d'autres endroits des États-Unis, il y a de vrais savants, de véritables critiques, mais nous ne les connaissons que quand ils quittent l'Amérique, comme le continuateur de Tischendorf, Grégory, pour se faire Européens, ou tout au plus quand ils se rappellent souvent à nous comme M. Rendel Harris, par de bons travaux. Je ne parle pas de M. Ph. Schaff, qui est un brillant vulgarisateur et qui, du reste, est né en Suisse, ni de M. Lea, qui jouit d'une réputation méritée comme historien de l'Inquisition. Sait-on, en France, qu'il y a à *Harvard University* un savant de premier mérite, M. J. H. Thayer, et que cinquante pages signées de lui dans un certain numéro de l'*Andover Review* contiennent plus d'érudition et de science de bon aloi que bien des volumes? C'est M. Thayer qui a recueilli les « Essais » de son ami E. Abbot, il l'a fait avec un soin véritablement touchant, et avec ce désintéressement qui était déjà une des qualités dominantes d'Abbot.

Ces études ont toutes trait au Nouveau Testament, la plus longue est consacrée à l'authenticité de l'Évangile selon saint Jean, les autres traitent de la critique du texte et spécialement des principaux passages qui intéressent la divinité de Jésus-Christ. Le dernier de ces petits morceaux est celui que je préfère, c'est tout simplement une étude sur la division en versets du Nouveau Testament, qui avait paru dans les Prolégomènes de Grégory, c'est un petit modèle de critique de détail.

Dites, si vous le voulez, que l'auteur de ces études n'était pas une étoile de première grandeur. Il est très difficile d'arriver à l'originalité dans un pays où les manuscrits sont chose à peu près inconnue et où les traditions scientifiques manquent, lorsqu'on est accablé par un enseignement écrasant. Mais en Angleterre, dans ce pays qui a pris aujourd'hui la tête des études bibliques, l'érudition consciencieuse des savants américains est hautement appréciée. La grande œuvre de la revision de la « Version autorisée » de la Bible, également remarquable par elle-même et par le mouvement scientifique qu'elle a produit, doit beaucoup aux Américains. Les épreuves de la « Revision » ont fait bien des fois le chemin de l'Amérique, et les « Essais » d'Abbot montrent que des savants comme lui n'étaient pas déplacés en la société de Westcott et de Hort, de Lightfoot, de Wordsworth, de Sanday et de Bensly, pour ne pas nommer Scrivener, qui était la tête de turc de nos Américains. Pourquoi donc l'imprudent insulaire a-t-il eu l'idée de travestir le nom d'Ezra Abbot en *Abbas Transatlanticus?*

Je n'en veux pas dire davantage. Je ne prétends pas critiquer par le détail le livre posthume d'Abbot. J'ai seulement voulu engager les lecteurs français à ne pas passer la tête trop haute à côte de la science américaine. Quant à E. Abbot lui-même, il me suffira de citer le jugement qu'a porté sur lui M. Sanday : « Pour la clarté, pour la conscience et l'exactitude dans le détail, il n'avait je pense, pas de rival des deux côtés de l'Atlantique, et c'étaient là chez lui des qualités morales autant qu'intellectuelles » (*Dictionary of contemporary Divines, by* Ph. Schaff, p. 2). C'est là un bel éloge, et d'un juge autorisé.

S. B.

CHRONIQUE

93. M. JULIEN SACAZE vient de publier une curieuse étude sur les Neuf Peuples et l'inscription d'Hasparren. Ce difficile problème de géographie historique avait été étudié et résolu en des sens divers par MM. Léon Renier, Ernest Desjardins, Allmer, Mommsen et d'autres érudits. En s'aidant des documents fournis par les auteurs anciens et par l'épigraphie elle-même, M. Sacaze est arrivé à une solution qui sur certains points confirme les assertions de tel ou tel de ses devanciers, et sur d'autres les contredit absolument.

L'an 27 avant notre ère, Auguste, tenant un conseil à Narbonne, fit le recensement des trois Gaules conquises par César et régla leur organisation politique. Jusqu'alors l'Aquitaine était composée des peuples situés entre les Pyrénées et la Garonne. Pour augmenter l'importance territoriale de cette province, Auguste lui annexa onze ou douze peuples Gaulois qui habitaient entre la Garonne et la Loire. C'était réunir brusquement des éléments ethniques tout à fait distincts, car les Aquitains différaient de la race celtique et par leur constitution physique et par leur langage; ils ressemblaient plus aux Ibères qu'aux Gaulois. Aussi protestèrent-ils contre cet union forcée. Une inscription métrique découverte à Hasparren nous apprend que les *Novem populi* nom sous lequel les vrais Aquitains se distinguaient des onze peuples gaulois annexés, envoyèrent un légat vers l'empereur pour obtenir que les Gaulois fussent séparés d'eux, et la requête ayant été bien accueillie *pro novem obtinuit populis sejungere Gallos*, le messager Verus, flamine, ancien decemvir, dédia un autel au génie protecteur du pays *Urbe redux Genio pagi hanc dedicat aram.*

En quoi consistait cette séparation ? Strabon vers l'an 19 de notre ère, Pline vers l'an 79, et Ptolémée vers l'an 140, constatent que l'Aquitaine formait une seule province comprenant les peuples situés entre les Pyrénées et la Loire. Ce que les peuples de l'Aquitaine ethnographique avaient obtenu c'est au moins la séparation au point de vue fiscal. Strabon dit que les Bituriges Vivisques sont le seul peuple étranger qui soit établi chez les Aquitains primitifs « mais, observe-t-il, ils ne payent pas le tribut avec eux, et ils ont pour marché Bordeaux ». Les Neuf Peuples formèrent donc une circonscription financière distincte du reste de l'Aquitaine politique organisée en l'an 27 avant notre ère, et cela très peu de temps après cette date elle-même, puisque la séparation était déjà réalisée quand Strabon écrivait sa géographie vers l'an 19 de Jésus-Christ. Auguste ayant vécu jusqu'en l'an 14, le fait rapporté dans le monument épigraphique d'Hasparren, quelle que soit la date de la confection du monument lui-même, eut donc lieu sous cet empereur ou, moins probablement, dans les quatre ou cinq années qui suivirent sa mort. Il ne faut donc plus rattacher cet événement et la constitution spéciale des Neuf Peuples aux modifications administratives opérées par Dioclétien vers la fin du III siècle.

94. Nous recevons l'*Album de paléographie copte* publié par M. l'abbé H. Hyvernat (Paris Leroux, Rome Spithover). Il comprend 57 planches de très grand format où sont réunis des spécimens de l'écriture des manuscrits coptes depuis le VI siècle jusqu'aux temps modernes. Comme les manuscrits grecs, les manuscrits coptes ne sont datés que depuis le IX siècle; si l'on remonte au delà, les attributions d'âge ne sont qu'approximatives. En constituant cette série de spécimens bien classés chronologiquement, M. Hyvernat a rendu un grand service aux études coptes. On pourra par exemple apprécier avec plus de sûreté l'âge de certaines compositions liturgiques anonymes ou pseudonymes qui jusqu'ici ont flotté dans une chronologie très vague. — Cette belle publication est une sorte d'annexe à un travail d'un autre genre, le recueil des *Actes des martyrs* d'Égypte, dont M. Hyvernat nous a donné déjà quatre fascicules en copte et en français. Il est à souhaiter qu'il pousse le plus vivement possible la publication de ces pièces intéressantes en elles-mêmes, mais dont l'importance ne pourra être évaluée exactement que quand la collection sera complète. M. Hyvernat y joindra une introduction où il traitera les généralités de son sujet.

95. La famille de M. Em. Miller vient de réunir en un volume intitulé *Le mont Athos Vatopédi, l'île de Thasos* (Paris Leroux) les souvenirs, notes, lettres, rapports relatifs aux voyages du célèbre paléographe. En tête M. le marquis de Queux de Saint-Hilaire a mis une notice sur sa vie et ses ouvrages. Quelques-unes des pièces publiées ici avaient déjà paru, notamment dans le *Correspondant*, beaucoup sont inédites. C'est très intéressant, surtout pour qui a voyagé aux mêmes pays, visité les mêmes monastères, fouillé les mêmes bibliothèques, conversé avec les mêmes personnes. La rédaction est un peu prolixe; si l'on ne savait que tout cela a été écrit plutôt pour la famille que pour le public, on serait tenté de trouver qu'il y a beaucoup de détails personnels et terre à terre, que la vermine des lits, la malpropreté des serviettes, les accès de fièvre, les impatiences, etc., y tiennent vraiment trop de place. Quand il partit pour le mont Athos, Miller n'était déjà plus jeune; il devait sentir plus vivement que d'autres les menues contrariétés du voyage. Ce n'était pas un enthousiaste, un rêveur, un amant de la nature et de l'art. Homme excellent, bibliothécaire paisible, il ne pouvait manquer de se trouver fort dépaysé dans un monde si différent du sien. Il y apportait d'ailleurs de grandes illusions. On lui avait conté que les couvents de l'Athos recelaient certains trésors d'un prix singulier; il voulait à toute force qu'on les lui montrât. Mais le moine le plus sincère ne peut montrer que ce qu'il a. Miller crut qu'on se moquait de lui et il n'en prit pas son parti. En somme sa mission paléographique aboutit à des résultats fort maigres

L'homme, qui avait découvert les *Philosophumena* sans sortir de chez lui, battit tout l'Orient grec pour ne trouver que des broutilles. Il lui arriva même une fois de passer à côté de pièces de premier ordre sans les apercevoir : je veux parler du manuscrit phanasiate, désormais célèbre, d'où Philothée Bryenne a tiré de si utiles suppléments au recueil des Pères apostoliques. Miller dédaignait trop les « matières théologiques ». — Pour se dédommager des mécomptes qu'il avait essuyés au Mont Athos, il alla faire dans l'île de Thasos des fouilles qui ne furent pas sans fruit : il en rapporta un curieux sarcophage archaïque. Il eut une autre consolation.

En ce temps-là il y avait des avisos au service des missions archéologiques et l'on pouvait user du crédit de Napoléon III tant auprès du budget français qu'auprès des pachas turcs. Miller avait une protectrice à la cour impériale : M⁻ᵉ Cornu lui fournit les moyens de démolir un quartier de Salonique en vue d'en extraire les affreux débris d'un monument de la décadence romaine. Ce fut pour lui une nouvelle occasion de se faire du mauvais sang. Mais il eut ses marbres : on peut les voir — je ne dis pas les admirer — au musée du Louvre.

Encore une fois, ce recueil est très intéressant, mais on a eu tort de l'intituler comme on l'a fait. Il n'y a ici ni la description suivie ni l'histoire du mont Athos, de Vatopédi, de l'île de Thasos. Le vrai titre ce serait : *Les tribulations de M. Miller au mon tAthos, a Vatopédi, etc.*

L. D.

ACADÉMIE DES INSCRIPTIONS ET BELLES LETTRES

Séance du 28 juin. — Le ministre de l'Instruction publique invite par lettre l'Académie à lui présenter deux candidats à la chaire de chinois que la mort de M. Jametel a laissée vacante à l'*Ecole spéciale des langues orientales vivantes*. Les professeurs et le conseil de perfectionnement de l'École ont présenté à l'unanimité en première ligne M. Devéria, en seconde ligne M. Imbault-Huart. — L'Académie votant conformément aux conclusions de sa Commission décerne le premier *prix Gobert* à M. Noel Valois et le second à M. Auguste Molinier. M. Elie Berger a obtenu six voix pour le premier prix et quatre pour le second. — M. L. Delisle lit une note intitulée *La chronique des Tard-venus*. Un bibliophile de Milan, M. C. Morbio, avait en 1873 signalé l'existence dans sa bibliothèque d'un manuscrit écrit au XVIᵉ siècle et contenant une relation originale des faits et gestes des *Tard venus*. Les *Tard venus* étaient des routiers qui infectèrent le Lyonnais. La collection Morbio, achetée par un libraire de Leipzig, dût passer en vente le 24 juin dernier. Avant la vente, M. Delisle s'était assuré de la valeur de la *Chronique des Tard venus*, désireux de la faire entrer à la Bibliothèque nationale. Or il a constaté que le manuscrit de M. Morbio est une œuvre exécutée entre 1850 et 1870 par un faussaire ignorant et maladroit. La Bibliothèque nationale possède déjà un manuscrit de ce faussaire offert par M. H. Bordier *comme échantillon d'imitation moderne des plus grossières*.

Henri Thédenat

Le Gérant : E. Thorin

BULLETIN CRITIQUE

SOMMAIRE. — 94. WORDSWORTH. Novum testamentum. *S. Berger.* — 95. ALESSANDRO D'ANCONA. L'Italia alla fine del secolo XVI. *T. de L.* — 96. LENIENT. La comédie en France au XVIII siècle. *G. Audiat.* — 97. G. DESDEVISES DU DEZERT. Don Carlos d'Aragon. *R. Peyre.* — 98. CH. GRAD. L'Alsace, le pays et ses habitants. *A. I.* — CHRONIQUE. — SOCIÉTÉ NATIONALE DES ANTIQUAIRES DE FRANCE. — ACADÉMIE DES INSCRIPTIONS ET BELLES-LETTRES.

---

94. — **Novum Testamentum** Domini nostri Jesu Christi latine, secundum editionem S. Hieronymi, ed. J. WORDSWORTH, episc. Sarisburiensis, in operis societatem adsumpto H. J. WHITE. T. I, fasc. I. Oxford, Clarendon Press. 1889, XXXVIII et 170 p. in 4°.

L'édition critique de la Vulgate dont le premier fascicule vient de paraître est une œuvre considérable, et qui fait le plus grand honneur à l'Université d'Oxford et à l'évêque de Salisbury. Le plan en a été conçu en 1878, et nous l'avons annoncée ici même en 1884 (t. V, p. 361). Le cahier que nous avons sous les yeux contient l'Évangile selon saint Matthieu; saint Marc et saint Luc sont près de paraître. Les prolégomènes sont, comme il est naturel, réservés pour la fin de l'œuvre, mais une intéressante préface en tient pour le moment la place. Les préliminaires (préfaces, arguments et sommaires) ne sont pas publiés avec moins de soin que le texte; ces accessoires ont été particulièrement confiés au *fidus Achates* de l'évêque, au Rev. H. J. White, qu'il a du reste associé à toute son œuvre, et ils montrent que l'élève est digne de son maître (1). Au reste, M. White n'en est pas à faire ses preuves.

Pour mener à bien une œuvre semblable, il fallait savoir se borner. Il y a peut-être dans le monde six ou huit mille manuscrits de la Vulgate. Si M. Wordsworth avait attendu d'en avoir achevé la revue, un siècle y eût passé. C'est ici qu'il a fallu cette activité en même temps que cette pénétration, cette connaissance parfaite de tous les travaux antérieurs, cette capacité de voyager vite et bien, d'être présent partout ou représenté partout, qui caractérisent l'évêque de Salisbury. Il avait au reste devant les yeux un modèle et un guide excellent. De 1716 à 1740 environ, Bentley, le grand critique, reprenant le premier le dessein de

---

(1) Je demanderai seulement pourquoi le dernier sommaire a été publié d'après un ms. incomplet, quand on en aurait facilement trouvé d'autres.

Robert Estienne (1), avait poursuivi la tâche de publier la Vulgate d'après les manuscrits. Ses notes sont conservées à Cambridge ainsi que celles de son excellent collaborateur J. Walker. Mais il s'agissait de dominer ce matériel immense et de choisir entre les documents. M. Wordsworth s'est borné à une trentaine de manuscrits : c'est à la fois le fort et le faible de son édition. Ses manuscrits sont parfaitement choisis, il n'en a à peu près négligé aucun qui soit de première importance, quoiqu'il ait peut-être un peu trop laissé dans l'ombre les manuscrits français. Il a résolument jeté par dessus bord la masse des manuscrits récents, ou plutôt il n'en a collationné qu'un : et c'est un de trop, car il ne représente pas une famille importante. Peut-être aurait-il pu s'épargner aussi la peine de compulser un grand nombre d'éditions incunables ou anciennes. Les rapports des premières éditions de la Bible entre elles et avec les manuscrits sont extrêmement difficiles à étudier, et on n'y verra jamais clair sans une connaissance parfaite des manuscrits du xiii° siècle : or M. Wordsworth a renoncé et devait renoncer pour le moment à cette étude-là. Toute édition poursuit un double but : l'établissement du texte et l'histoire du texte : ce dernier intérêt n'est que secondaire et relatif. Les éditeurs d'Oxford ont fait leur choix. Ils ne recherchent l'histoire du texte qu'autant qu'elle intéresse directement sa correction. Dans l'état où est la science, et surtout où elle était il y a dix ans, ils ne pouvaient et ne devaient pas agir autrement.

Le défaut de cette méthode, que je reconnais nécessaire, est de priver l'éditeur des ressources que l'histoire du texte pourrait lui donner. A lire les notes de M. Wordsworth il me semble qu'il s'occupe assez peu de l'origine des diverses leçons et presque uniquement de leur valeur propre. Je crois comprendre pourquoi. Il s'agit ici de la critique d'une traduction, et nous avons grâce au ciel, d'autres guides que ces perpétuels arbres généalogiques de textes et de manuscrits qui sont souvent la cause de tant d'incertitude. Nous avons le texte original avec toute son histoire, aujourd'hui admirablement connue (2), nous avons aussi les traductions antérieures, dont la Vulgate n'est qu'une révision. Se posant sur ce terrain très ferme M. Wordsworth a cru pouvoir, au lieu d'établir son texte d'après le classement des manuscrits, juger les manuscrits d'après le texte : et je pense qu'il a bien fait. Mais je ne peux m'empêcher de croire qu'un peu plus d'histoire du texte ne lui au-

---

(1) Est-il bien juste d'attribuer aux Estienne le barbarisme « *Germinum latum* » (c'est-à-dire le ms. carré de Saint Germain)? L'abréviation « *Ge l* » peut se lire « *S Germani latum* » (s. e. *exemplar*) ou « *latus* »

(2) Les éditeurs n'ont pas connu en temps utile le *codex Beratinus* publié tout récemment par M. Batiffol. Ce texte grec parfois unique dans ses rapprochements avec le latin aurait été fort intéressant pour eux.

rait pas nul. L'éditeur a raison de se défendre contre la méthode historique, mais soyez sûrs que l'histoire prendra sa revanche.

C'est une histoire infiniment compliquée que celle de la Vulgate. Les meilleurs et les plus mauvais textes des Évangiles y sont géographiquement, enchevêtrés d'une manière unique : les uns et les autres viennent des Iles Britanniques et ils ont presque tous été écrits aux environs du VIII° siècle (1). Ainsi notre meilleur manuscrit, le *Codex Amiatinus* a quelquefois subi l'empreinte des textes irlandais, tandis que plusieurs des manuscrits les plus mêlés tels que le *Book of Armagh*, représentent un bon texte déplorablement interpolé. C'est pourquoi il serait sage de suivre l'exemple de MM. Westcott et Hort et de parler moins de manuscrits irlandais que de leçons irlandaises, et cette réserve justifierait dans une large mesure l'abstention de M. Wordsworth en face de la généalogie des textes. Mais il faut voir clair dans cette histoire. Ainsi, pour parler de choses tout extérieures et de très peu d'importance, les éditeurs n'auraient pas imprimé en capitale les mots « *Christi autem generatio sic erat* » (I. 18) s'ils avaient considéré que c'est là une des caractéristiques des manuscrits irlandais.

Voici qui pourrait être plus grave. M. Wordsworth nous dit à plusieurs reprises que les textes irlandais ont été souvent corrigés sur le grec. C'est l'opinion commune et, moi aussi, je l'ai partagée. Mais toutes les fois que j'ai voulu serrer de près ces influences du grec, elles m'ont

(1) Je différerais peut-être d'opinion avec M. Wordsworth sur la date de plus d'un ms. Pour mieux dire je voudrais faire parfois le procès à l'opinion commune, que l'évêque de Salisbury a souvent acceptée. Je ramènerais au IX siècle les mss. E (Egerton 609) MT (Tours 22) et peut-être F de Bentley (B M *add* 5463) et B N lat 11955 (α de Walker) et au VIII le *Book of Kells* (Q) et le ms. de Saint-Gatien. Je mettrais le ms. Harl 2788 (M de Bentley) en plein dans le IX siècle ; le ms B M I E VII et VIII (R de Bentley) entre le X et le XI siècle et le *Colbertinus* (c lat 254) entre le XII° et le XIII Le *Corbeiensis*¹ (ff¹ à Saint Pétersbourg) paraît autant qu'on peut en juger de loin du IX siècle. Le *Codex aureus* de Stockholm ne paraît pas antérieur au VIII siècle : le *Book of Durrow* n'est en aucun cas du VI siècle il est peut-être du VIII. Il faut en général rajeunir beaucoup les mss irlandais que le préjugé local a vieillis outre mesure. Parmi les plus anciens mss. des versions antérieures à Saint Jérôme je ne ferais pas remonter le *Corbeiensis*² (ff² lat 17 225) plus haut que le VII siècle (c'est le jugement de M De lisle) ; je crois que le *Vercellensis* (a) n'a été mis au IV siècle que sur la foi d'un document « tout plein de fausseté » (Tillemont — voy *Bull crit* t VIII, p 322) et je voudrais qu'il me fût prouvé que l'excellent *Codex Veronensis* (b) remonte je ne dis pas au IV mais même au V siècle. En fait d'antiquité des mss prudence est mère de sûreté. En revanche je ferais remonter au VIII siècle le *Toletanus*. En dépit de la note qui paraît le placer au X siècle, P Ewald le croyait du VIII et il était bon juge.

J'ajouterai que le ms τ de Walker n'est certainement pas le n 25 de la bibliothèque de Tours. Je ne sais où le chercher.

échappé, et je me défie des connaissances philologiques de saint Patrick et de saint Gildas. Les « *correctiones ex graeco* » du ms G (g1) ne soutiendraient pas mieux l'examen, je le crois. Nous lisons encore (p. xxxiii) que la division en « stiques » du *Codex Amiatinus* paraît remonter à Cassiodore. Ou je me trompe fort, ou M. Wordsworth lui-même doit penser différemment aujourd'hui, car les discussions les plus récentes ont, il me semble, assez ébranlé cette opinion. La chose n'est pas sans conséquence : car il s'agit de savoir si nous pouvons retrouver le texte de Cassiodore, or il paraît qu'il faut, pour le moment, renoncer à cet espoir. Il est vrai qu'au moment où l'Évangile de saint Matthieu a été donné à l'imprimeur, la question n'était pas soulevée encore, et que c'est l'évêque de Salisbury qui l'a posée devant le public. Toute une période nouvelle, dans la critique de la Vulgate, a été ouverte par la découverte de M. de Rossi sur l'origine anglo-saxonne du *Codex Amiatinus* et par les discussions du journal l'*Academy* qui l'ont suivie, et ces discussions sont à peine terminées. C'est pourquoi je répète qu'il faut louer M. Wordsworth d'avoir cherché à se passer d'une science qui n'est pas formée encore. Maintenant que l'on comprend mieux ce qu'est le *Codex Amiatinus*, on considèrera peut être autrement les quelques ressemblances qu'il peut présenter avec un ms. du groupe de Théodulfe, le *Hubertianus* (H). Depuis qu'on a trouvé en Northumberland le nœud de l'histoire du texte latin, du moins pour les Évangiles, on ne se bornera plus à dire d'un ms. carlovingien « *Alcuinianus est* » (p. xii), car c'est dire peu de chose que de parler ainsi. Alcuin était d'York : le meilleur des mss. qui portent son nom est plein, d'après l'excellente collation de M. Wordsworth, de leçons anglo-saxonnes, c'est-à-dire irlandaises. Voilà, je pense, le point de départ d'une discussion qui ne pourra tarder longtemps à s'ouvrir. Au reste M. Wordsworth, on le devine en le lisant, sait bien des choses qu'il ne dit pas. Qui les saurait, sinon lui ?

J'ai cherché chicane à nos éditeurs à propos des bagatelles de la porte. C'est sur leur texte qu'il faut les juger, mais je ne me reconnais pas assez d'expérience de l'art d'éditer les textes pour me poser en juge de l'établissement d'un texte. La critique du texte biblique a des règles tout autres que celle des auteurs classiques : à défaut des remarques faites plus haut, le nombre et l'antiquité des mss. suffiraient à le démontrer. Ces règles n'ont jamais été écrites, et c'est toute une méthode qu'il s'agissait de créer. Je n'aurai guère qu'une remarque à faire ici. Deux fois M. Wordsworth a pensé être en droit de se permettre une conjecture (xvi. 9 et 10 et xviii. 9). Je ne sais si la seconde de ces conjectures sera acceptée sans conteste, mais je trouve une confirmation inattendue de la première dans ce fait qu'un ms. important, dont

M. Wordsworth n'avait pas la leçon sous les yeux, le *Bigotianus* (B), montre presque exactement (voyez plus loin la note) les mots que proposait l'éditeur. En général, pour autant que j'ai étudié son texte et que je suis capable d'en juger, je l'ai trouvé excellent. Ce texte devra-t-il être beaucoup modifié quand on pourra tenir compte davantage de l'origine encore obscure des diverses recensions? Je ne le crois pas. Ne pensez pas qu'il y ait là deux méthodes contraires, mais plutôt deux points de vue qu'on pourra peut-être réunir avec beaucoup de finesse. Dès à présent, pour le détail du texte, M. Wordsworth sait fort bien tenir compte du groupement des mss. Pour l'orthographe en particulier, il n'avait pas d'autre ressource. Une leçon qui se trouve dans des textes d'origine absolument différente a certaines chances d'être bonne: ceci ne sera, je le pense pas contesté. Au reste il faut que la Vulgate serve à la correction du texte grec autant que le texte grec à l'établissement de la Vulgate, et pour cela l'une des méthodes doit contrôler l'autre. Mais peut-être le dernier mot restera-t-il à la critique interne.

Les notes qui contiennent les variantes, dans notre édition, sont-elles entièrement exemptes d'erreur? Elles le sont dans la mesure du possible et cette édition pourra, je le pense, être citée à cet égard en modèle. Ceux qui ont fatigué leur vue sur le ms. de Theodulfe ou qui ont l'habitude de rechercher sous les grattages les leçons d'une première main s'étonneront de ne relever dans ces notes qu'un nombre insignifiant d'erreurs ou d'omissions (1).

L'évêque de Salisbury a entrepris son œuvre, il nous le dit, « *in Ecclesiae Christi Catholicae commodum et utilitatem* » C'est bien dans cet esprit que devait être entreprise la première édition critique de la Vulgate.
S. BERGER

(1) Voici tout ce que j'ai pu relever. On verra qu'une grande partie de mes remarques ne sont pas des rectifications mais simplement la réponse aux points d'interrogations de l'éditeur. Je m'abstiens naturellement de toute allusion aux mss. que M. Wordsworth n'a pas collationnés en entier.

I. 22 D a-t-il bien *esaiam*? II. 17 Théod. *hieremiam*. v. 24, ajoutez *aufer*, g^{1*}. II, 9 Théod. *patrem*. Ib. 19 Théod^{ms} *uel demoliuntur*. VII. 29 Sixt om *eorum*. IX. 14 *de ciuitate vel de domo* Theod*. XII. 15 Ept *secessit* Ib. 48 ff^{2} *aut* (om *qui sunt*). XIV. 19 *turbas* Jg^{2}. XVI. 2 *cras* mt. Ib. 4 Theod. *scire*. Ib. 10 B *et quattuor milium*. XVIII. 10 g^{1} *qui credunt in me*. XIX. 10 Théod* *hominis*. Ib., 12 Theod *eunuchizauerunt*. Ib., 25 E *et timebant*. XX. 15 O* *de rem meam*. XXI. 37 *forsitan* E. XXIII. 25 E *plena sunt*. XXIV. 30 Théod. *aebrus* (e cédille). XXV. 45 Q *uni ex his fratribus meis minimis* etc. XXVI. 1 *omnia verba haec* n'est pas une addition dans r et r^{2} mais une substitution. XXVII. 17 om *an Jesum* H** etc. Ib., 41 *pharisaeus* r et r^{2}.

95 — Prof. Alessandro d'ANCONA. — **L'Italia alla fine del secolo XVI.** Giornale del viaggio di Michele de Montaigne in Italia nel 1580 e 1581. Nuova edizione del testo francese ed italiano con note ed un saggio di bibliografia di viaggi in Italia. Città di Castello, S. Lapi, 1889, in-16 de xv-719 pages.

Comme l'indique le titre que l'on vient de lire, la publication de M. Alexandre d'Ancona se divise en deux parties : le Journal du voyage de Michel de Montaigne en Italie (par la Suisse et l'Allemagne), et l'Essai de bibliographie des voyages en Italie. Nous allons nous occuper tour à tour de ces deux parties.

Le récit du philosophe périgourdin parut pour la première fois en 1774 (Rome pour Paris) par les soins de Meunier de Querlon, in-4° (1). Dans notre siècle on ne l'a réédité qu'une seule fois et avec beaucoup de négligence (collection du *Panthéon littéraire*). Les impressions de voyage de l'auteur des *Essais* ne méritaient pas autant d'indifférence et M. d'Ancona a bien raison de citer, à ce propos (*Prefazione*, p. vii) le fameux mot sur la capricieuse destinée des livres : *habent sua fata libelli*. C'est ici l'occasion de protester contre l'inique jugement de J.-Ch. Brunet (*Manuel du libraire*, t. III, col. 1841) : « Ce journal ne présente que fort peu d'intérêt, aussi n'a-t-il point eu de succès. » Pas de retentissant succès de librairie peut-être, mais à qui fera-t-on croire que les notes de voyage d'un de nos plus illustres penseurs et plus pittoresques écrivains n'ont pas été goûtées par les lecteurs d'élite ? Si les détails qui sont donnés sur les grands hommes sont toujours attachants, que dire des détails donnés par un de ces grands hommes sur deux années de sa propre vie ? Je suis persuadé qu'en France comme à l'étranger, la publication du savant professeur de l'Université de Pise sera parfaitement accueillie, d'abord à cause de Montaigne lui-même, ensuite à cause du grand mérite de l'annotation. Cette annotation n'était pas sans difficulté. Le premier éditeur s'était contenté de mettre au bas des pages du recueil quelques-unes de ces notes qui se font toutes seules pour ainsi dire, et qui ne comptent pas. M. d'Ancona, aussi zélé que Meunier de Querlon avait été négligent, a noblement voulu ne laisser rien d'incomplet dans son commentaire. Mettant au service de son auteur toutes les ressources d'une sagacité et d'une érudition qui ne sont pas seulement proverbiales en Italie, mais en l'Europe entière, il a ré-

---

(1) On l'imprima en même temps en 2 vol. in-12 et en 3 vol. petit in-12. J'ai cette dernière réimpression sous les yeux. Le *Discours préliminaire* de l'éditeur y occupe 136 pages. L'édition *princeps* fut dédiée au comte de Buffon. L'édition nouvelle est dédiée à M. Gaston Paris. Ce nom si estimé et si aimé dans tout le monde savant portera bonheur au livre de son ami.

solu tous les problèmes trop respectés par son devancier. Je connais peu d'exemples dans nos éditions les meilleures d'une annotation à la fois aussi abondante et aussi précise. Parmi les notes les plus succulentes, citons celles qui sont consacrées à l'abbaye Saint-Faron de Meaux et aux souvenirs qu'y laissa Ogier le Danois (p. 5) (1), au trésorier de l'église Saint-Étienne de Meaux, « nommé Juste Terrelle, homme connu entre les sçavans de France, petit homme vieux de soixante ans, qui a voiagé en Égypte et Jérusalem et demeuré sept ans en Constantinople, qui lui montra sa librerie et singularité de son jardin (p. 7) (2), au jésuite Maldonat, « duquel le nom est fort fameux à cause de son erudition en théologie et philosophie et eurent plusieurs propos de sçavoir ensemble, » p. 8, à Gilles de Trèves, de la ville de Bar qui « a bâti la plus sumptueuse chapelle de marbre, de peintures et d'ornemens qui soit en France, et a bati et tantost achevé de meubler la plus belle maison de la ville qui soit aussi en France, de la plus belle structure, la mieux compassée, etoffee, et la plus labourée d'ouvrages et d'anrichissemans » (p. 13), aux bains de Plombières (p. 15-19) (3), au médecin de Bâle, Felix Plater, dont Montaigne admira la sompteuse maison et le livre de simples ou herbier (p. 27), au juriconsulte Francis Hotmann (p. 29), aux bains de Barbotan en Gascogne (p. 39), au sujet desquels le plus soigneux des éditeurs cite les *commentaires* de Blaise de Monluc, les *Lettres* de Jean Chapelain, les opuscules de M. Chesneau (1629), de Garlon (1750) et un article bibliographique de M. Léonce Couture, à la fameuse famille Fugger, les Rothschild du xvi° siècle (p. 71-74), au cardinal Madruccio (p. 108), à la ville de Vérone (p. 118-121) (4), à notre

---

(1) M. d'Ancona emprunte à P. Paris (*Histoire littéraire de la France*, XX, 690 et XII, 659) deux notes sur Ogier le Danois, la dernière contenant ces piquantes remarques sur l'épée du héros que conservaient pieusement les moines de Saint-Faron : « L'épée est devenue la propriété d'un antiquaire distingué M. de Longpérier. C'est une arme qui pourrait remonter au x° siècle ; mais, nous le disons à regret, elle nous semble avoir trop bien gardé toute sa longueur pour que nous puissions y reconnaître la fameuse épée Courtain œuvre de Galant, dont Ogier avait raccourci la lame en frappant de sa pointe un formidable rocher. » Combien d'objets non moins suspects ne voit-on pas des *yeux de la foi* dans les collections particulières et même dans les collections publiques !

(2) Tous nos recueils biographiques sont muets sur l'orientaliste Juste Terrelle. J'ai vainement interrogé jadis sur le compte du mystérieux personnage les érudits et amateurs qui rédigent l'*Intermédiaire des chercheurs et curieux*.

(3) M. d'Ancona rappelle avec une joie reconnaissante qu'à Plombières, en 1859, fut décidée dans un entretien du comte Cavour avec Napoléon III la libération de l'Italie.

(4) Pour diminuer une énumération qui prendrait des proportions infinies je constaterai que chacune des villes d'Italie visitées par Montaigne est l'ob

ambassadeur auprès de la République de Venise, Arnaud du Ferrier, objet en 1880, d'une estimable étude de M. Ed. Fremy (p. 131), au cardinal Louis d'Este (p. 142), au pape Grégoire XIII (p. 207), aux cardinaux Farnèse, Médicis, Caraffa et Gonzague (p. 209-211), au cardinal de Sens, Nicolas de Pellevé (p. 228), au cardinal Sirlet (p. 73), à Marc-Antoine Muret, que l'excellente thèse de M. Dejob nous a si bien fait connaître (p. 276), au diplomate Paul de Foix, archevêque de Toulouse (p. 296), au cardinal Stanislas Hosius (p. 330), au cardinal George d'Armagnac (p. 352), au cardinal d'Ossat, avec lequel Montaigne fit une amicale promenade le jour même de son départ de Rome (p. 365), et avec lequel il fut en correspondance (2), à Lucrèce d'Este (p. 375), etc.

Les notes de M. d'Ancona ne sont pas seulement d'une exactitude à peu près irréprochable (3), elles sont encore fort agréables. Une extrême variété d'indications en fait le principal charme. Le spirituel éditeur rapproche tantôt le *Journal* de divers passages des *Essais*, tantôt de citations prises un peu partout, mais cherchées avec un goût parfait dans des textes français ou italiens, anciens ou récents, et par exemple, dans Ambroise Paré comme dans les *Mémoires d'outre-tombe*, dans Dom Calmet, comme dans les *Portraits de Rome* de J.-J. Ampère qui par inadvertance (p. 24, note 1) a été appelé à l'italienne l'*Ampère*, dans le *Voyage d'Italie* de Misson, comme dans les *Voyageurs en France* de M. Babeau, dans la *Venetia* de Sansovino (1581) comme dans le beau livre de G.-B. de Rossi sur la bibliothèque du Vatican (1886) dans le *Voyage du duc de Rohan fait en l'an 1600*, comme dans les *Promenades* de Stendhal, dans la *Relazione* des ambassadeurs vénitiens, comme dans Rabelais, dans les *Lundis* de Sainte-Beuve comme dans les dissertations

jet de notes où sont condensés les plus exacts renseignements. Voir surtout les notes sur Rome (p. 193-320) l'érudition coule là comme un pactole.

(1) Sachons gré à M. d'Ancona de n'avoir pas répété la ridicule erreur qui traîne dans la plupart de nos dictionnaires historiques et qui, indestructible cliché, semble devoir y figurer à jamais ! je veux parler de la prétendue mort par le chagrin du prélat presque octogénaire qu'aurait foudroyé la nouvelle du triomphe définitif d'Henri IV.

(2) On lit dans le *Journal* (p. 416) « Ce mesme matin escrivant à M. d'Ossat je tumbe en un pansement si pénible de M. de la Boétie et y fus si longtemps sans me raviser que cela me fit grand mal »

(3) Il est à peu près irréprochable, car je n'ai pu relever que deux fautes dans plusieurs centaines de notes. Les voici pour qu'elles disparaissent de la prochaine édition. A la page 213, note 3, Alessandro *Del Bene* a été confondu avec Louis Chasteigner de la Roche-Pozay, seigneur d'Alain, l'ambassadeur du roi Henri III à Rome (Voir sur ce personnage les *Lettres françaises de Joseph Scaliger* passim). A la page 281, note 1, Jean de Balagny est présenté comme le bâtard du maréchal de Monluc, alors que — ce qui était moins naturel — son père était un frère cadet du maréchal Jean de Monluc, évêque de Valence.

de P. de Nolhac, dans le *Dictionnaire* de Bayle, comme dans le *Dizionario* de Moroni, dans l'*Histoire du costume* de Quicherat, comme dans l'*Histoire du Luxe* de Baudrillart, dans les *Anciennes poésies françaises* de Montaiglon, comme dans la thèse de Jules Favre sur Olivier de Magny, etc.

Le *Saggio de una bibliografia ragionata dei viaggi e delle descrizioni d'Italia e dei costumi italiani in lingue straniere* (p. 563-702) mérite les plus grands éloges. là sont merveilleusement décrits et parfois même analysés, en près de quatre cents articles les principaux récits de voyages en Italie publiés depuis le xv° siècle jusqu'à l'année 1815. Ce n'est pas là un catalogue banal, c'est une étude bibliographique et littéraire due à un critique qui a tout lu, plume en main, qui a tout comparé avec la plus ingénieuse attention et qui par un art en quelque sorte magique a fait naître sur un aride terrain, sous forme d'heureux extraits, de piquantes appréciations, de précieuses remarques, des fleurs et des fruits sans nombre.

Je crois être l'interprète des compatriotes de Montaigne en remerciant M. d'Ancona de nous avoir rendu — splendidement *illustré* de ses notes et notices — le *Journal* dont les éditions étaient les unes si rares les autres si imparfaites, et d'avoir ainsi préparé avec tant de dévouement une partie de la difficile voie qu'aurait à suivre, dans la Collection des grands écrivains de la France, l'éditeur (1) des œuvres complètes de Michel de Montaigne.

T. de L.

---

96 — C. LENIENT — **La Comédie en France au XVIII siècle** Paris, Hachette 1888, 2 vol. in-16. 7 fr.

Hâtons-nous de parler de l'ouvrage de M. Lenient avant les élections. Homme de lettres aujourd'hui, il sera peut-être député demain, et, après avoir étudié les comiques, jouera un rôle à son tour dans ce que les irrespectueux appellent la comédie politique. Le Palais Bourbon le rendit il y a quatre ans à la Sorbonne, et nous, amis des lettres, nous ne pouvons que nous en réjouir puisqu'il publie ses leçons de littérature tandis qu'il abandonnait ses discours à l'illisible *Officiel*.

Voyez d'ailleurs l'étrange fortune de cette vie en partie double. Ici la parole facile, élégante, spirituelle de M. Lenient fait salle comble. Làbas, au coin du quai, elle ne comblait, m'a-t-on dit, que la buvette Ga-

---

(1) Si je ne craignais d'être indiscret, en donnant ici une bonne nouvelle que je n'ai pas été autorisé à répandre, je dirais que j'ai eu la bonne fortune de causer récemment avec cet éditeur et d'apprendre de lui que son grand travail marche à merveille.

geons que M. Lenient n'en veut pas aux électeurs de Provins de l'avoir ramené malgré lui du côté des gens d'esprit.

Par goût d'ailleurs il a toujours aimé les écrivains plaisants, et ce que M. Nisard appelait, je crois, la littérature facile. Autrefois, il y a bien longtemps, il étudia nos satiriques du moyen âge, puis ceux du XVIᵉ siècle, puis il se reposa. Et voilà que rajeuni, ragaillardi par ces applaudissements, dont il avait perdu l'habitude, il a retrouvé sa verve de jadis pour nous parler des Regnard, des Piron et des Beaumarchais.

Sumite materiam. M. Lenient a très finement choisi son sujet. Homme d'esprit avant tout, voltairien comme il convient à un normalien de 48, dégoûté à tout jamais du genre ennuyeux, peu sévère, vous l'entendez bien, sur la morale, il doit avoir sous son chevet le *Vert-Vert* de Gresset ou les *Contes* de Lafontaine. Rabelais peut-être a pour son goût délicat trop de grossières bouffonneries; encore le préfère-t-il, je suis sûr, à Pascal. Les comiques du XVIIIᵉ siècle, en le voyant venir à eux, ont certainement pensé qu'il était de leur famille; s'il a reproché à quelques-uns d'entre eux d'avoir mêlé la politique et le sermon à la comédie, Beaumarchais n'aura pas été embarrassé pour répondre à l'ancien député de Seine-et-Marne; et tous ces hommes gais auront ri ensemble de leur folie d'avoir voulu être un jour des hommes sérieux.

Sujet facile et agréable, livre agréable et facile. On a reproché, je crois, à M. Lenient de se jouer un peu à la surface de toutes choses, de n'approfondir aucune des questions d'art dramatique qu'il rencontre. A vrai dire, en effet, il brode une causerie plutôt qu'il ne tisse la trame serrée d'une dissertation savante. Je dirai mieux: son art c'est surtout d'habiller ses personnages d'un costume coquet et léger qui est son style, non pas de les déshabiller comme c'est la mode, voire même de les disséquer. Il est le costumier habile de la Comédie, non pas son médecin indiscret.

Mais n'est-ce pas ce qui convient à ce XVIIIᵉ siècle, si frivole et si souvent vide ? Comment approfondir ce qui n'est qu'en surface, et que resterait-il si l'on déshabillait ces aimables écervelés qui n'ont de séduisant qu'un visage rieur et le joli costume d'arlequin, qu'ils se sont la plupart taillé dans les pourpoints de Molière ?

Est-ce à Regnard, ce grand enfant dont la vie, comme le théâtre, n'est qu'une *folie amoureuse* — ou à Favart, ce fils de pâtissier, qui jamais n'a su faire que de légères friandises, vaudevilles et chansons, — ou au gentil *Florianet*, page de romance, berger de paravent, poète de mirliton, — ou même à Marivaux, ce peintre en miniature des jeux et des surprises de l'amour, qu'on pourrait appliquer le procédé d'anatomie doctorale, dit procédé Bourget ? Tout cet esprit n'est qu'une mousse pétillante, qui s'évapore dans le creux de la main : il faut la boire vite et ne pas chercher à la saisir.

Et c'est ainsi que d'un trait léger, comme un feuilletoniste, M. Lenient chaque mardi dessinait devant son public la vive silhouette de tous ces écrivains, qui après avoir amusé leur siècle, venaient ainsi amuser le nôtre.

Raconter lestement la vie souvent leste de ces épicuriens amis du plaisir, analyser leurs plus jolies comédies, en choisissant pour les citer tel morceau bien venu, tel trait qui fera rire et semer tout cela de remarques amusantes, d'allusions fines, de mots heureux : voilà sans doute le programme que s'était tracé M. Lenient. Il n'a pas voulu faire plus, et il a eu raison — le plus souvent. Quand l'inédit est si fort à la mode, il y a un plaisir doux et reposant à lire deux volumes qui ne vous apprennent rien de neuf, qui se bornent à rafraîchir agréablement vos souvenirs, qui ont du bon sens au lieu de paradoxes, de la clarté au lieu de profondeur, de l'esprit sans prétention. C'est tout juste le plaisir du verre d'eau sucrée qu'on prend sur le plateau de préférence aux breuvages plus savants. On va à l'Opéra Comique pour voir sa fiancée, soit ; mais on y va aussi pour se délasser avec les airs connus de la *Dame blanche* ou des *Rendez-vous bourgeois*, des orchestrations compliquées de nos modernes symphonistes.

Je ne me trompe point : ce XVIII° siècle, c'est le siècle de l'opéra-comique, du vaudeville et de la chanson. Voici que la comédie de Molière s'affaiblit aux mains de ses disciples. Après Regnard qui imite encore d'assez près la variété du maître, Destouches avec le *Dissipateur* et le *Glorieux*, Piron avec la *Métromanie*, Gresset avec le *Méchant*, et La Noue, et Desmahis, et Barthe ont encore l'air de tracer des caractères. Mais à part le *Turcaret* de Lesage, n'est-il pas vrai que le *Chevalier à la mode* de Dancourt, les *Bourgeois* d'Allainval, le *Cercle* de Poinsinet, les *Mœurs du temps* de Saurin devraient s'appeler comédies de modes plutôt que comédies de mœurs ! Tellement tout cela est superficiel et éphémère ! Et très vite avec Destouches, La Chaussée, Voltaire, Collé, Sedaine, Rochon (que M. Lenient a oublié) la comédie perdant l'esprit, ne sait plus rire : on pleure avec Diderot, et Beaumarchais fait bâiller avant d'avoir créé Figaro.

Figaro même n'est pas toujours plaisant. Il s'occupe lui aussi trop de politique. La politique, la philosophie envahissent le théâtre : c'est Chamfort et Palissot qui dialoguent des satires, Laya, Boutet de Monvel, Fabre d'Églantine et Mercier qui mettent en drames des manifestes démocratiques. Et si l'on veut suivre la véritable veine comique, on tombe au théâtre de la foire, aux arlequinades de Lesage et de Florian, aux opéras-comiques de Favart, de Sedaine et de Marmontel, aux vaudevilles de Panard et de ses amis du Caveau, on tombe aux chansons poissardes de Vadé ; pour clore le siècle, le grand succès du Directoire sera la bouffonnerie de *Madame Angot!*

Quelle décadence, et cependant quelle fécondité ! C'est ici que, malgré tout, j'en veux un peu à M. Lenient d'avoir portraituré isolément ces hommes d'esprit et ces chansonniers, sans marquer assez qu'ils travaillaient presque tous à une grande œuvre sans s'en douter, et que de toutes leurs tentatives sortirait un théâtre nouveau. Cela est indiqué assurément. M. Lenient a trop de finesse pour ne pas voir comment chacun apporte ou son coup de pioche pour démolir l'ancien théâtre ou sa pierre pour édifier le nouveau. Mais la division qu'il a adoptée nuit un peu à la netteté des idées : nous sommes devant une galerie de portraits non devant un tableau d'ensemble. Même les esprits, qui semblent un peu de la même famille, ont été séparés, sans doute dans l'intérêt de la variété. Après La Chaussée et Diderot, qui créent le genre sérieux, au lieu de Desmahis, de Palissot, de Favart et de Collé, je réclame Sedaine, Beaumarchais, Laya, Fabre d'Eglantine et Mercier qui vont donner la main à nos modernes fabricants de mélodrames. Je demande que soient démêlés tous ces éléments divers du drame contemporain : le mélange du tragique et du comique, l'esprit philosophique et politique, la thèse morale et sociale. Toutes ces tentatives ne m'intéressent que si je vois à quoi elles vont aboutir dans cinquante ou soixante ans. Et s'il est vrai que ces écrivains soient parfois novateurs sans le savoir, ignorent à quelle réforme de l'art dramatique ils travaillent, — tout comme les penseurs préparent la Révolution sans s'en douter, — je veux que leur historien ait conscience pour eux de ce qu'ils font, qu'il étudie leurs pièces assez souvent médiocres, moins pour ce qu'elles sont que pour ce qu'elles préparent. Je veux qu'il coordonne tant d'idées neuves qui sont éparses, tant d'efforts isolés et parfois incohérents, que de Molière il me mène logiquement à Victor Hugo et à Dumas fils. Ce XVIII° siècle m'apparaît si agité, si fiévreux travaille en tous sens par d'obscures aspirations et des passions contradictoires, agitant confusément toutes sortes d'idées sans savoir ce qu'il veut ni où il va, que tous ceux qui l'étudient ont pour devoir, à mon sens, de débrouiller ce chaos, de nous guider d'un pas sûr dans cette obscurité. A ce moment-là l'esprit humain, en mal d'enfantement, a le délire, et parle à tort et à travers. Il dit pourtant quelque chose : il s'agit seulement, là où il n'y a que des mots, de faire des phrases.

M. Lenient a recueilli les mots. Je veux dire : il a groupé (et cela nous manquait) toutes les œuvres comiques qui ont eu du succès ou qui méritaient d'en avoir. S'il n'a pas été profond philosophe, il a été collectionneur heureux et étalagiste de goût. Non pas que mon goût soit toujours le sien. Je le trouve par exemple bien indulgent pour la vie privée de ce Beaumarchais, qui fut un grand tripoteur, un effronté charlatan, un proxénète et un baladin (les trois derniers mots sont de Mirabeau). Certains couplets de Favart que M. Lenient juge charmants, me paraissent juste à la hauteur des chansons de cafés-concerts médiocres :

> Dès que je vois passer Jeannot
> Tout aussitôt j'm'arrête
> Quoique Jeannot ne dise mot
> Près d'lui chacun me paraît bête
> Quant i m'regarde i m'interdit
> J'deviens roug' comme eun' fraise
> Apparemment que l'on rougit
> Lorsque l'on est bien aise. (II, p. 391)

Sedaine est aimable assurément : mérite-t-il d'être porté aux nues ? Pour ma part, j'ai toujours trouvé que ce qu'il y a de plus joli dans le *Philosophe sans le savoir*, c'est... le *Mariage de Victorine*, que George Sand lui a donné comme suite.

Je ne goûte pas non plus tous les traits, et telle tirade sur le naturalisme, *qui croit qu'une plume est une pelle et un livre un tombereau*, me paraît tellement « vieux jeu » que je prendrais presque la défense du tombereau.

Minces chicanes d'ailleurs. J'ai déjà dit que les qualités maîtresses de M. Lenient étaient le bon sens, la mesure — et beaucoup d'esprit.

Gabriel AUDIAT.

---

97 — G. DESDEVISES DU DEZERT. **Don Carlos d'Aragon, prince de Viane**, étude sur l'Espagne du Nord au XV° siècle, un vol. in-8°, XVI-455 pages. Paris, 1889.

En voyant le nom du prince de Viane, plus d'un lecteur, s'il n'a pas une connaissance quelque peu précise de l'histoire d'Espagne, se demandera sans doute de quel personnage il est question et sourira peut-être du plaisant projet d'un écrivain

« Qui de tant de héros va choisir Childebrand. »

Mais si le vers de Boileau est le plus souvent d'une application fort juste, à propos des œuvres d'imagination, il n'en est pas de même lorsqu'il s'agit d'études historiques, et l'ironie risque beaucoup alors de n'être plus qu'une preuve d'ignorance ou de légèreté. On doit reconnaître, il est vrai, que trop souvent de gros volumes sont consacrés à des questions ou à des personnes qui méritaient tout au plus quelques pages, à supposer qu'il fut utile de s'en occuper. Mais si le personnage qui fait l'objet d'un livre est vraiment intéressant, comme c'est le cas pour le volume de M. Desdevises du Dezert, s'il a joué un rôle considérable, s'il a obtenu dans son temps une grande renommée et s'il n'a contre lui que d'avoir été injustement oublié, on ne peut qu'être reconnaissant à un historien de le remettre en lumière. D'ailleurs appeler de nouveau l'attention sur don Carlos, prince de Viane, ce n'est pas tenter une de ces résurrections qui ressemblent à une gageure. M. Desdevises du Dezert nous prouve que la mémoire du noble et malheureux prince fut jusqu'au commencement du XVIII° siècle, c'est à dire pendant plus de trois cents ans, l'objet d'un véritable culte dans tout le nord-ouest de l'Espagne, et que cette popularité, obscurcie seulement pendant la fin du siècle dernier, s'est réveillée dans toute sa force depuis le commencement du nôtre. En France, dans la période correspondante de notre histoire, on trouverait difficilement un nom aussi connu du peuple que celui de Carlos de Viane en Navarre et en Catalogne. « Les bourgeois de Pampelune, dit M. Desdevises du Dezert (p. 420), connaissent les traits principaux de sa vie ils savent combien il était savant (1) et combien il fut malheureux ils détestent Jean II l'usurpateur Aragonais. A Olite, les paysans ont entendu parler du prince ils connaissent au moins son nom ils montrent dans le palais la place de son oratoire. »

M. Desdevises devait s'attendre cependant aux objections que nous venons de rappeler et que pour notre part nous sommes loin de lui faire. L'érudition en effet est sujette à la mode autant et peut-être plus, malgré les apparences, que la poésie et les arts. L'Espagne qui depuis le XVI° siècle jusqu'au XVIII° a occupé une si grande place dans l'esprit français, comme le montrent encore les œuvres de Lesage, excite aujourd'hui peu d'intérêt.

Le choix d'un personnage de troisième plan, médiocre par le talent, médiocre par le caractère, mais pris dans l'histoire d'Angleterre ou d'Allemagne nous paraîtra naturel celui de Carlos de Viane nous étonnera. Et cependant, il s'agit là d'un des plus nobles caractères de la fin du moyen âge, d'une des vies les plus dramatiques et les plus agitées de cette période troublée ; il s'agit d'une série d'événements qui intéressent à des degrés divers la politique de toute l'Europe occidentale et méridionale, d'événements qui ont pour acteurs des populations fières et passionnées, jouissant d'une organisation politique pleine d'originalité et tout à fait unique alors.

On serait plutôt tenté de reprocher à M. Desdevises du Dezert d'avoir

---

(1) M. Desdevises du Dezert a consacré un chapitre au prince de Viane écrivain. Il donne de sa bibliothèque un catalogue plus complet que celui qui avait été publié dans la *Revue de l'Ecole des Chartes* d'après les Archives de Pau par M. Raymond, archiviste des Basses-Pyrénées.

poussé trop souvent la sobriété du style jusqu'à la sécheresse et de n'avoir pas suffisamment fait agir et vivre sous nos yeux les héros de son drame. Il nous explique bien, dans le détail, la situation géographique, politique, historique, économique, sociale, de la Navarre au xv siècle; mais de cette masse de faits, on ne garde pas une impression générale assez nette. Sans doute cette introduction était utile, puisque l'histoire de la Navarre nous est si peu connue; mais il semble qu'on aurait pu l'abréger avec profit, en s'en tenant plus strictement aux faits nécessaires pour expliquer et encadrer le sujet même de l'ouvrage, l'ensemble y aurait gagné. Cette restriction faite, on ne saurait que louer le soin avec lequel M. D. a étudié toutes les sources qui pouvaient l'éclairer, la patience avec laquelle il a recherché les documents manuscrits, non seulement dans les dépôts publics, mais chez les particuliers (1). Il y a là des citations bien curieuses; par exemple (p. 397) la lettre de condoléance que le roi de France Louis XI écrit, après la mort de don Carlos, survenue le 23 septembre 1461, non à son père mais aux députés de la Catalogne. Le roi a appris que des miracles ont eu lieu sur la tombe du prince et se félicite d'avoir un saint parmi ses parents (2).

Du quel décès, dit-il, nous avons été et sommes très corrociez et desplaisans tant pour le lignaige dont il nous attenoit comme pour la bonne grande et france amour qui estoit entre nous et luy ainsi que pouvez assez savoir. Semblablement avons esté advertiz des grands et louables miracles que nos tredit cousin par la grâce de Dieu a faits encontre plusieurs personnes depuis son decez et tellement que desja par plusieurs lieux en peut estre mémoire dont nous et tous ses autres parents sommes bien tenus et obligés en louer et grandement mercier notre Createur ce que nous avons fait et ferons de notre part au mieux de notre pouvoir.

Cette grande connaissance du sujet devait rendre à un esprit judicieux l'impartialité plus facile. M. Desdevises a eu le grand mérite de ne pas exagérer la valeur de son héros quoique la sympathie et la justice n'aient pas à hésiter entre lui et ses adversaires. Il montre fort bien (p. 375 et suiv.) ce qui lui manquait de perspicacité, d'énergie et de décision pour être un homme supérieur. Il est vrai que cette âme élevée se trouvait dans la cruelle alternative ou de combattre son père ou d'abandonner son peuple. M. D. justifie même les adversaires du prince d'imputations calomnieuses généralement admises. Il fait, dans une juste mesure, l'apologie de Jeanne Henriquez, la seconde

---

(1) Par exemple, la traduction faite par M. Octave Sempé de l'opuscule de Martin de Viscaye sur le *Droit de naturalité qu'ont ceux de la merindad de Saint Jean Pied-de-Port, en Espagne*.
(2) Don Carlos descendait en ligne directe du roi de France Louis X.

femme de Jean d'Aragon et la mère de Ferdinand le Catholique (1). À la décharge de toute complicité dans la mort prématurée de son beau fils (2).

Mais la partie dont nous recommanderions surtout la lecture ce sont les pages où M. Desdevises nous expose le rôle des Catalans dans la querelle de don Carlos avec son père. Il y a là un récit du plus haut intérêt, aussi bien par les mœurs curieuses qu'il nous fait connaître que par les leçons générales qu'il contient (p. 308-352). Nous y voyons avec quelle énergique modération, avec quelle persévérante habileté, la commission permanente des Cortès ou *Généralité de Catologne* sut défendre ses droits politiques et finit par les faire triompher en se maintenant toujours, avec une précision bien rare, sur le terrain de la légalité. Ce sont là des exemples bons à méditer en tout temps.

Nour regretterons en terminant que M. D. n'ait pas poussé un peu plus loin son histoire. On s'attendrait à voir exposer avec quelque détail la fin tragique de Blanche de Navarre, sœur de don Carlos, et la nouvelle révolte des Catalans contre lesquels Louis XI, en dépit de la lettre que nous citions plus haut, n'hésitait pas à vendre ses secours à Jean II. Même après la thèse de M. D. il y aurait, ce nous semble, un ouvrage intéressant à faire avec ce titre « l'Héritage de don Carlos, prince de Viane ». Si M. D. l'entreprenait, tous ceux qui s'intéressent aux études historiques n'auraient qu'à s'en féliciter.

R. PEYRE.

---

98. — **L'Alsace, le pays et ses habitants,** par Ch. GRAD, ouvrage contenant 386 gravures et 17 cartes. Paris, Hachette, 1889, in-4 de 1016 pages.

Nos lecteurs connaissent la belle et intéressante publication périodique qui s'appelle le *Tour du Monde*. Nombreux sont les progrès que les travaux publiés dans cette revue ont fait faire, tant à la géographie

---

(1) pp. 197, 315, 323, 390.

(2) On pourrait même expliquer plus simplement que ne le fait M. D. les paroles de Jeanne Henriquez au milieu des souffrances qui amenèrent sa mort « O Ferdinand que tu coûtes cher à ta mère. » Il n'est pas nécessaire de voir là les remords d'une âme qui reconnaît dans ses souffrances le châtiment de son crime. Elles peuvent signifier que la reine attribuait à la naissance de son fils et aux fatigues qu'elle s'était données pour lui, la maladie qui la consumait. La nature de cette maladie justifierait assez cette interprétation. — M. D. donne ailleurs une étymologie du mot *aubain* qui a été déjà présentée, mais qui ne nous satisfait point. Je sais bien que encore aujourd'hui en Italie il n'est pas rare que des gens du peuple parlent « d'un Anglais de Paris ou de Vienne » pour eux, anglais est synonyme de voyageur. Mais il paraît cependant difficile d'admettre qu'*aubain* ait désigné d'abord exclusivement un habitant d'Albion, un Anglais.

à l'ethnographie, à la linguistique, qu'à l'histoire, à l'archéologie, aux sciences. C'est dans le *Tour du Monde* qu'a paru pour la première fois la remarquable monographie dont on vient de lire le titre.

L'auteur, M. Charles Grad, était mieux en mesure que tout autre d'écrire ce livre. Préoccupé dès sa jeunesse, des questions géographiques et ethnographiques, il avait, à l'âge où d'autres quittent à peine les bancs du collège, déjà parcouru le monde entier, jusqu'aux extrémités glaciales des pôles. Depuis la malheureuse annexion de l'Alsace à l'Allemagne, membre du Parlement de Berlin et de la délégation de Strasbourg, cette situation l'a mis à même de connaître à fond l'état économique et social de sa patrie. Enfin depuis nombre d'années correspondant de l'Institut de France, ce titre honorable lui donne non moins que son attitude modérée mais énergique, vis-à-vis des envahisseurs de l'Alsace, toutes les garanties que des lecteurs français peuvent désirer.

C'est donc avec confiance que l'on ouvre ce livre, et cette confiance n'est pas déçue. Peu d'ouvrages de ce genre paraissent aussi *réussis*. On ne s'attend pas à ce que nous cherchions à l'analyser : ce qui est indispensable dans le compte rendu d'un ouvrage de doctrine ou de démonstration n'est pas possible pour un ouvrage de *description*. Qu'on se garde cependant d'en conclure que ce livre n'est fait que pour le plaisir des yeux et le délassement de l'esprit, ou encore que les géographes et les amateurs de voyages seuls le liront avec profit. Voici sommairement, ce que l'on trouvera encore dans ce livre. De nombreux renseignements *archéologiques* : on sait l'importance qu'ont eu dans l'histoire les pays du Rhin ; les voies romaines sillonnent l'Alsace en tous sens, et récemment encore d'importantes trouvailles ont été faites à Horbourg près de Colmar. J'aurais dû parler d'abord du *préhistorique*, car l'auteur apporte également à cette science une importante contribution, notamment par ce qu'il nous apprend sur les découvertes d'hier faites dans les carrières de Voegtlingshoffen. Pour l'*histoire de l'art*, comme l'on pouvait s'y attendre dans la description du pays où se trouve cette incomparable cathédrale de Strasbourg et qui est la patrie de Martin Schöngauer, les renseignements abondent. On sait que l'Alsace est un des pays du monde où l'*industrie* s'est le plus développée. L'auteur s'étend avec complaisance sur ce chapitre, un peu trop peut-être au gré de certains lecteurs.

En général tous ces renseignements, et d'autres encore que nous n'avons pu mentionner, sur la linguistique, la géologie, etc., sont exacts. Pour les questions qui n'étaient point de sa compétence l'auteur s'est entouré de documents sûrs : la *bibliographie alsatique* qui termine son livre le prouve. On pourrait cependant signaler certaines erreurs, mais de simple détail, contester certaines appréciations; mais par quel phénomène aurait-il réussi à se mettre d'accord avec tous ? Enfin, regretter d'assez fréquentes negligences de style; mais écrivant moi-même en *alsacien,* plutôt qu'en français, j'aurais mauvaise grâce à le lui reprocher. Une critique plus sérieuse qu'on pourrait faire à l'auteur, c'est d'avoir, en trop bon *haut rhinois*, donné à la Haute-Alsace une part dix fois plus grande qu'aux pays bas-rhénans.

Il nous reste à dire un mot sur l'*illustration* du volume: elle est très remarquable, très bien conçue. Plans, cartes, vues, paysages, le tout est admirablement exécuté, avec l'exactitude parfaite que donne la reproduction *directe* par les procédés. En outre, l'éditeur a eu l'excellente idée d'y ajouter les œuvres les plus remarquables de nos artistes alsaciens contemporains. S'il y a ici quelque peu de fantaisie, ou plutôt d'idéalisation, qui s'en plaindra ? Il suffit que la note dominante soit exacte; et c'est le cas pour ces belles peintures de Pabst, de Schuler, de Jundt, de Schutzenberger, de Henner, etc.

Tout cela réuni forme un ouvrage superbe, unique en son genre et que doivent envier nos autres provinces de France. On peut dire que l'auteur a parfaitement atteint son but qui était « de faire chérir davantage la terre natale par ceux qui la connaissent déjà, et apprendre à la connaître mieux à ceux qui l'affectionnent. »   A. I.

CHRONIQUE

96. M. l'abbé Dedouvres vient de publier à Angers (Germain et Grassin) une courte biographie du père Joseph qu'il a trouvée manuscrite à la Bibliothèque Mazarine. C'est une traduction contemporaine augmentée de quelques additions de la notice latine du sieur de Hautebresche.

Cette publication a fourni à M. l'abbé Dedouvres l'occasion de dresser deux listes bibliographiques fort utiles : l'une énumère les sources de la vie du P. Joseph et les travaux qui lui ont été consacrés; l'autre donne la série complète des écrits de l'illustre capucin. On y voit combien a été grand le rôle religieux de ce politique : lettres spirituelles et traités mystiques sont la plus grosse part de son œuvre.

97. Quels curieux documents sont les six lettres de Saint-Simon au cardinal Gualterio récemment publiées par M. de Boislisle dans l'*Annuaire-Bulletin de la Société d'Histoire de France* (tome XXV)! La première a trait à la mort du cardinal Dubois et aux raisons que Saint-Simon prétendait avoir pour se tenir à l'écart malgré les sollicitations des plus hauts personnages. La seconde est consacrée au pape Benoît XIII et au rôle joué à Rome par les cardinaux de Polignac, de Bussy et de Rohan. Le portrait du premier est tout à fait remarquable. La troisième, curieuse entre toutes, renferme une suite d'anecdotes bien étranges sur cette reine éphémère d'Espagne,

Louise Élisabeth d'Orléans, dont le tempérament indiscipliné dévergondé, ne fit guère honneur à la France pendant les deux années et demie qu'elle vécut à Madrid. Dans la quatrième lettre du 15 avril 1726 Saint-Simon passe en revue la cour où il ne faisait alors que de courtes apparitions et parle notamment de M. de Fréjus, des Tencin frère et sœur, du rôle nul de Louis XV et du népotisme de ce pape Benoît XIII d'ailleurs si respectable. La cinquième datée du 16 juin suivant est un récit très mouvementé de la disgrâce du duc de Bourbon. La sixième enfin nous fait voir ce prince revenant à la cour mais non au pouvoir, et la reine d'Espagne renouvelant au palais de Luxembourg les mêmes scandales qui l'avaient fait renvoyer de Madrid. Cette publication précieuse pour elle-même est précédée d'une introduction sur la correspondance de Saint-Simon rédigée avec tout le savoir et toute la compétence qu'on pouvait attendre en pareille matière de M. de Boislisle.

A. B.

SOCIÉTÉ NATIONALE DES ANTIQUAIRES DE FRANCE

Séance du 18 juin. — M. G. BAPST présente quelques observations techniques sur une agrafe en or émaillé du Musée archéologique de Mayence qu'il estime d'après les procédés de fabrication être un des plus anciens spécimens de l'émaillerie rhénane. — M. J. SACAZE communique le texte d'une inscription romaine trouvée par lui à Cazaril sur le territoire de l'ancienne Civitas Convenarum (Saint-Bertrand de Cominges). — M. BABELON propose une nouvelle interprétation d'une pierre gravée grecque provenant de la collection du duc de Luynes et qui lui paraît représenter les Héraclides tirant au sort les villes du Péloponnèse. — M. d'ARBOIS DE JUBAINVILLE présente quelques observations sur un passage de Tite-Live concernant la seconde guerre punique, passage qui prouve que le duel conventionnel était dès cette époque usité chez les Celtibères d'Espagne.

Séances des 26 juin, 3 et 10 juillet. — M. l'abbé THEDENAT commence la lecture d'un mémoire de M. l'abbé DOUAIS sur *La vie de saint Germier évêque de Toulouse*. — M. Charles RAVAISSON MOLLIEN présente quelques observations au sujet des recherches de M. Muntz sur Andrea Salaino. — M. le marquis de FAYOLLE, associé correspondant, signale l'existence de la marque à la main coupée sur divers tableaux conservés en Italie. — M. l'abbé THEDENAT offre à la Compagnie de la part de l'auteur M. RUELLE une brochure dans laquelle l'auteur montre comment la photographie faite par lui à Venise du Marcianus 246 contenant le traité de Damascius sur les premiers principes, a permis de reconnaître que ce manuscrit est de la même main que le vénérable Platon de Paris (n. 1807) qui date du IX siècle, que le célèbre Palatinus (398 de Heidelberg) et qu'un autre manuscrit de Saint-Marc (n. 258). M. Ruelle vient de reconnaître un cinquième manuscrit qui doit être attribué au même auteur, c'est une partie des commentaires de Proclus sur la République de Platon dont le reste se trouve dans le Laurentianus (LXXX 9). — M. MUNTZ fait une communication sur la caricature en Italie pendant le moyen âge du XI au XIV siècle. Le premier exemple qu'il cite de cette espèce de manifestation de l'esprit public remonte au XII siècle, c'est l'inscription relative au sacre de l'empereur Lothaire, les éléments comiques tendent à s'introduire en Italie dès le XIII siècle avec Giotto. M. Muntz signale tous les exemples qu'il a recueillis en Italie sur la caricature dans les différentes villes et à diverses époques et communique à la compagnie des photographies et des dessins relatifs à la caricature. — M. RAVAISSON fait hommage de sa publication des manuscrits de Léonard de Vinci. Cette présentation motive des observations de MM. Muntz et du baron de GEYMULLER. — M. COURAJOD fait hommage à la Société d'une brochure sur les frères Anguier par M. Samson, il constate que l'auteur s'est tenu trop exclusivement sur le terrain historique et a trop négligé le côté artistique du sujet. — M. l'abbé DUCHESNE fait une communication sur un quatrain qui existait dans une chapelle érigée au Latran en l'honneur de saint Nicolas par Calixte II après la première querelle des investitures. Le commencement du troisième vers avait été effacé. M. de Rossi avait cru pouvoir, d'après une copie du XV siècle remplacer les mots effacés par *Letus Calixtus*. M. l'abbé Duchesne estime qu'il faut lire *Praesul Anacletus*. M. l'abbé Duchesne a été très instamment prié de rédiger un mémoire sur la question. — M. HÉRON DE VILLEFOSSE communique de la part de M. Tamizey de Laroque une lettre de Peiresc contenant trois inscriptions provençales. La lettre est adressée à M. Guillemin prieur de Romoules. — M. le baron de GEYMULLER expose à la Compagnie quelques idées sur les origines de l'architecture de la Renaissance qu'il croit avoir pris naissance en Toscane. M. COURAJOD répond que la Renaissance a une origine internationale. — M. l'abbé MORILLOT communique la photographie de trois taureaux en pierre à trois cornes trouvés dans le temple gallo-romain de Berre-le-Chatel (Côte-d'Or). Il croit que ce sont des objets votifs et que la triplicité des cornes a une signification religieuse. Cette communication provoque des observations de MM. FLOUEST et R. MOWAT.

ACADÉMIE DES INSCRIPTIONS ET BELLES LETTRES

Séance du 5 juillet. — L'Académie est appelée à présenter deux candidats à la chaire de chinois que la mort de M. Jametel a laissée vacante à l'École spéciale des langues orientales vivantes. Sont présentés, en première ligne, M. DEVÉRIA; en seconde ligne M. IMBAULT HUART.

Au nom de la commission des antiquités nationales M. Héron de Villefosse fait connaître les résultats de ce concours. Le ministre a autorisé l'Académie a décerner cette année quatre médailles au lieu de trois. MÉDAILLES: 1 E. JARRY *La vie politique de Louis de France duc d'Orléans 1372-1407* 2 P. GUÉRIN *Recueil des documents concernant le Poitou contenus dans les registres de la chancellerie de France t. IV 1369-1376* 3 C. PALLU DE LESSERT, *Les fastes de la Numidie sous la domination romaine* 4 C. FAVRE et Léon LECESTRE *Le jouvencel par Jean de Bueil suivi du commentaire de Guillaume Tringant*. MENTIONS: 1 M. le duc de la TRÉMOILLE *Archives d'un serviteur de Louis XI documents et lettres* 2 Ch. MOREL *Genève et la colonie de Vienne étude sur une organisation municipale à l'époque romaine* 3 D. BLEICHER et FAUDET, *Matériaux pour une étude préhistorique de l'Alsace* 4 A. PRUDHOMME *Histoire de Grenoble* 5 H. STEIN *Olivier de la Marche historien poète et diplomate bourguignon* 6 G. d'ESPINAY *La coutume de Touraine au XV siècle.* — M. G. BOISSIER lit un mémoire sur *Le christianisme de Boèce*. M. G. Boissier démontre, contrairement à l'opinion souvent émise, que Boèce était chrétien; sa famille était chrétienne; lui-même était l'ami et le gendre de Symmaque; il est de plus, l'auteur de plusieurs traités de théologie dont l'authenticité est indéniable depuis que Holder a découvert des fragments de Cassiodore qui les lui attribuent. Si le traité de la *Consolation philosophique* est d'une inspiration toute païenne, c'est que conformément à l'usage des chrétiens d'alors dans un traité purement philosophique Boèce a uniquement puisé aux sources classiques et païennes; saint Augustin lui-même n'a-t-il pas publié des traités philosophiques où il ne cite que des sources païennes.

HENRI THÉDENAT

Le Gérant E. THORIN

BULLETIN CRITIQUE

SOMMAIRE 99 Ed Beaudouin La participation des hommes libres au jugement dans le droit franc *Paul Fournier* — 100 Raffaele Inganni Origine e vicende della capella espiatoria francese a Zividio *Jules de Laurière* — 101 L'abbé Henry François Bosquet intendant de Guyenne *Leon G. Pélissier* — 102 Vicomte de Meaux La réforme et la politique française en Europe *A. Baudrillart* — 103 Lemercier Études littéraires et morales sur les poésies de J. Vauquelin de la Fresnaye *D. Sauvageot* — 104 Victor Cherbuliez Profils étrangers *F. Rousseau* — 105 A. Boppe Documents inédits sur les relations de la Serbie avec Napoléon 1809-1814 *Pisani* — Chronique — Société nationale des Antiquaires de France

99 — Ed. Beaudouin, professeur à la Faculté de droit de Grenoble — **La participation des hommes libres au jugement dans le droit franc.** Paris, 1888, in-8 de 292 pages.

L'histoire du droit est pour une très large part l'histoire de la lutte que n'ont cessé de soutenir l'un contre l'autre deux principes contradictoires : celui de la liberté individuelle et celui de la souveraineté de l'État. Suivant que domine l'un ou l'autre de ces principes, l'administration de la justice, comme toutes les branches de l'organisation sociale, subit de profondes variations. Ainsi, partout où les individus sont accoutumés à s'effacer devant l'omnipotence de l'État, la justice est considérée comme un service public auquel il est pourvu par un corps spécial de fonctionnaires permanents dont tous les pouvoirs émanent de celui du chef de l'État ; sous ce régime c'est une obligation pour les citoyens de comparaître devant les juges, de subir, de respecter et d'exécuter leurs sentences, de prêter leur concours aux magistrats, notamment en fournissant leur témoignage quand ils en sont requis ; enfin, s'agit-il d'un procès criminel, la peine est prononcée contre le coupable au nom de l'État, gardien suprême de l'ordre et du repos publics. Ainsi la volonté des particuliers n'a que peu ou point d'influence sur l'administration de la justice, rendue et imposée par l'État, la justice est un des attributs les plus importants de la souveraineté.

Or c'est seulement au prix d'un travail séculaire que l'État a pu réussir à absorber à ce point le domaine de la justice. La plupart des coutumes primitives nous reportent à un temps où cette influence de l'État est réduite au *minimum* : la protection des droits est le plus souvent laissée à l'initiative de l'individu s'exerçant dans les limites tracées par la tradition et sanctionnée en dernier ressort par la guerre privée. Aussi l'ensemble des prescriptions de ces législations nous permet de reconstituer par la pensée un état social d'ailleurs purement hypothétique, où la justice publique ne pourrait en aucun cas s'imposer aux particuliers, où le respect du droit serait assuré par l'action des individus et la force de la coutume. Sans doute un tel état social n'a jamais existé, mais à plus d'une époque le principe de la justice privée a exercé une influence prépondérante sur la constitution des sociétés. On reconnaît cette influence à de nombreux caractères : ainsi le droit de vengeance est admis avec sa conséquence naturelle, le droit de guerre privée; quand les victimes d'injustices veulent renoncer à leur vengeance, c'est pour s'en rapporter à la décision non de magistrats imposés, mais d'arbitres désignés ou du moins acceptés par les plaideurs, et par suite investis d'une mission temporaire; le procès, fondé sur un contrat qui lie les deux parties, ne saurait être instruit qu'avec leur concours ; les citoyens étrangers au procès ne sont pas contraints de fournir leur témoignage; la sentence n'oblige le perdant qu'autant qu'il promet de l'exécuter; tout, en un mot, rappelle un système où l'État n'aurait d'autre domaine que celui que les individus voudraient bien lui laisser.

La période qui suivit l'invasion des barbares en Gaule offre un exemple intéressant de la lutte qui se poursuit dans les faits entre ces deux principes de liberté et d'autorité. Les études récentes de M. Ed. Beaudouin, que je suis heureux de signaler aux lecteurs du *Bulletin critique*, permettent d'en suivre les vicissitudes à l'époque de la monarchie franque. On trouvera en même temps une preuve nouvelle de la science et du talent de l'auteur dans ces dissertations où les textes sont étudiés de très près, où les arguments et les conclusions sont exposés en un style à la fois clair et élégant. Ce n'est pas ici le lieu de discuter des questions nombreuses de détail résolues par M. Beaudouin; je me borne à résumer les idées générales qui se dégagent de la lecture de son ouvrage.

La Gaule romaine, au moment des invasions, était un pays complètement livré à la toute-puissance de l'État. Les Francs y apportèrent-ils un autre esprit ? M. Beaudouin répond à cette question, en ce qui concerne son sujet, par un chapitre préliminaire où il étudie l'organisation judiciaire de la Germanie au temps de Tacite et aussi celle de la loi salique, qui, antérieure selon son avis, à la conversion de Clovis, représente les idées franques à l'époque qui précède la véritable fondation de la monarchie mérovingienne. Au temps de Tacite la justice est rendue par le chef de l'État (c'est ainsi que M. Beaudouin traduit le mot *princeps*) assisté des hommes libres qui prennent au jugement « une part impossible à préciser ». D'après la loi salique, le tribunal de droit commun est convoqué et présidé non par un fonctionnaire du roi, mais par le représentant des hommes libres (*Thunginus*) et le jugement est rendu soit par des notables (*Rachimbourgs*), soit par tous les hommes libres de la circonscription judiciaire, qui est la centaine. Ainsi ce régime ne connaît d'autres juges que tous les hommes libres ou quelques-uns d'entre eux, il ignore les magistrats permanents. Cette conclusion s'accorde avec les textes qui nous montrent dans la procédure de la loi salique un scrupuleux respect de la liberté individuelle : la justice non imposée, mais contractuelle, et le jugement par un jury d'hommes libres sont des institutions qui se conviennent et se complètent naturellement.

Toutefois ce régime, bon pour une tribu peu nombreuse, ne pouvait en aucune façon répondre aux besoins d'une grande société centralisée et asservie au pouvoir comme était la société gallo-romaine que les chefs Francs avaient entrepris de gouverner. Aussi de bonne heure les institutions franques marquées de l'empreinte de la liberté individuelle subissent un mouvement de recul, une évolution commence qui se terminera au jour où la justice sera entièrement subordonnée à l'autorité du roi barbare, transformé en empereur et se flattant d'être le successeur des Césars et des Antonins. M. Beaudouin étudie seulement deux aspects de cette évolution : d'une part il montre la royauté franque devenant, par la force des choses, la maîtresse incontestée des tribunaux de droit commun, d'autre part il expose les procédés par lesquels, non contente de s'emparer des institutions traditionnelles, elle crée une justice extraordinaire qui dépend d'elle, ne se guide que par ses instructions et ne connaît d'autres limites que celles de son pouvoir souverain.

Tout d'abord la royauté devient maîtresse des tribunaux de droit commun (1). Dès l'époque mérovingienne le tribunal est convoqué et dirigé non par un chef élu mais par un fonctionnaire royal ; tout au plus, parmi les fonctionnaires qui président les tribunaux pourrait-on considérer le centenier comme désigné par les hommes libres, et encore M. Beaudouin tient-il cette opinion pour fort invraisemblable. Sous les Carolingiens ce doute n'existe plus, les personnages qui dirigent les tribunaux du comté sont toujours des agents de la royauté, le comte, ses délégués ou des *missi* du roi. A cette modification correspond une diminution progressive de l'influence des hommes libres. Cette influence s'exerçait autrefois par ce fait qu'ils étaient présents au plaid et que le jugement était l'œuvre de quelques-uns, sinon de tous. Peu à peu, les hommes libres considèrent l'obligation de venir au plaid, non comme

---

(1) M. Beaudouin exclut ainsi le tribunal du roi, le tribunal ecclésiastique et le tribunal d'immunité.

une garantie de leur liberté, mais comme un insupportable asservissement : j'imagine qu'alors dut se produire quelque chose de l'antipathie qu'éprouvent parfois les Anglais de nos jours pour l'obligation d'aller siéger au jury. Aussi les Carolingiens sont forcés à la fois de rappeler fréquemment l'obligation où sont les hommes libres de venir au plaid, et de l'atténuer par l'organisation de plaids spéciaux qui réduisent le nombre des assemblées générales. Non seulement les hommes libres assistent moins souvent aux plaids : quand ils y viennent, ils finissent par n'y plus juger. En effet, Charlemagne a constitué de bonne heure (dès 780 d'après M. Beaudouin) un corps de juges permanents, les scabins, qui jugent avec le comte, tenant la place des rachimbourgs ou de l'antique assemblée des hommes libres. Ainsi dans cet ordre d'idées la royauté franque marche rapidement vers la réalisation du principe qui était celui de l'empire romain dans son dernier état et qui devait être celui de la monarchie française : « Toute justice émane du roi. »

J'ai dit que là ne s'était pas bornée l'influence du mouvement autoritaire qui transforme les institutions judiciaires au grand profit de la royauté. Elle se fait sentir dans toutes les parties de la procédure. M. Beaudouin étudiera peut-être quelque jour (je le souhaite vivement) l'histoire si curieuse de ces institutions : aujourd'hui il s'est borné à rendre raison d'un fait assez fréquent sous la monarchie franque. Il arrive souvent que le comte, apprenant qu'un crime a été commis, procède sans s'inquiéter le moins du monde des principes du droit criminel franc : il fait saisir le coupable sans attendre une accusation ; au lieu de s'entourer de rachimbourgs ou de scabins, au lieu de suivre les règles de la preuve caractéristiques du droit germanique, il instruit et juge l'affaire à lui seul ; au lieu de condamner le coupable à une composition, il lui inflige une peine qui est en nombre de cas la peine de mort. Ces faits n'ont pas médiocrement embarrassé les érudits. L'un d'eux (1) les explique par cette idée qu'en agissant ainsi le comte, qui à lui seul possède la plénitude de la juridiction criminelle, ne fait qu'appliquer le droit franc : quant au système de la composition, il ne se serait généralisé qu'au vi⁰ siècle, et alors la composition aurait été appliquée par les rachimbourgs. Ainsi il faudrait considérer les condamnations à mort prononcées par le comte jugeant seul comme conformes au droit ancien : la rigueur des prescriptions légales aurait été plus tard adoucie par le tempérament miséricordieux de la composition.

M. Beaudouin n'admet pas ce système pour de bonnes raisons qu'il déduit tout au long : il s'en tient à l'ancienne opinion qui voit une application du droit primitif dans les compositions prononcées par les

---

(1) M. Fustel de Coulanges.

rachimbourgs. L'autre procédure, d'après laquelle le comte se saisit d'office des affaires et agit seul, doit être considérée comme une innovation ; elle représente une législation criminelle très différente de celle qu'ont apportée les barbares et fondée sur une conception nouvelle du délit et de la répression. Cette procédure a été créée par la royauté franque qui, chargée de gouverner un grand empire, s'est bien vite aperçue de l'insuffisance de l'antique coutume en matière de répression ; aussi s'est-elle mise en devoir de la doubler d'autres institutions. Pour en trouver qui répondissent aux besoins du régime le plus autoritaire elle n'avait pas à aller bien loin ; il lui suffisait d'emprunter le système de répression en vigueur dans l'empire romain. C'est ce qu'elle ne manqua pas de faire, si bien que la Gaule franque donna le curieux spectacle d'une nation soumise à deux systèmes de procédure criminelle appliqués concurremment quoi qu'ils fussent inspirés par des principes contradictoires : l'un, celui du droit ancien énervant la répression pour donner satisfaction à la liberté individuelle, l'autre, celui du droit nouveau, l'exagérant pour donner satisfaction aux tendances autoritaires qui demandent avant tout au souverain d'assurer à la nation l'ordre et le repos. Sur ce point, comme sur beaucoup d'autres, les débris des institutions romaines sont juxtaposés aux institutions barbares de manière à produire l'effet le plus disparate ; il faudra que les siècles y passent pour que les divergences finissent par se fondre dans l'unité des institutions françaises.

Ce dualisme en procédure n'est d'ailleurs fait pour étonner que les logiciens à outrance : les historiens du droit en connaissent plus d'un exemple. Le plus célèbre, M. Beaudouin le fait très heureusement ressortir, est celui qui se rencontre dans l'histoire de la procédure romaine ; je veux parler de la coexistence, au temps de l'empire, de deux systèmes de procédure civile et criminelle, l'un remontant par ses origines à la période de la république libre et conservant les traditions de cette époque où la justice civile était rendue par des jurés, où l'initiative des parties jouait un grand rôle, tandis que celle des juges était reléguée au second plan, où le procès civil reposait encore sur un véritable contrat (*ordo judiciorum privatorum, quæstiones perpetuæ*), l'autre né du développement illimité du pouvoir impérial et procédant uniquement de ce pouvoir, ne connaissant d'autres juges que les fonctionnaires impériaux, leur laissant le premier rôle dans la direction de la procédure, imposant d'ailleurs la justice au nom du souverain sans se préoccuper de la volonté des parties (*cognitio extraordinaria*). Le même phénomène qui s'était produit à Rome se produisit dans la Gaule franque : de part et d'autre l'organisation judiciaire du droit ancien, faite pour un petit nombre d'hommes libres — ici pour les citoyens de Rome là pour les membres de la tribu franque — s'efface peu à peu devant l'organisation créée par le régime autoritaire qu'a rendu nécessaire, aussi bien dans le monde romain qu'en Gaule, la constitution d'un empire dont les sujets, égaux dans la servitude, sont dispersés sur toute la surface d'un territoire très étendu.

Tel est l'ensemble des idées qui dominent la remarquable étude de M. Beaudouin. Sans doute beaucoup des conclusions de l'auteur ont été et seront encore contestées ; mais il est impossible de lire son œuvre sans y trouver des lumières nouvelles sur l'origine et l'histoire des deux personnages que l'on est accoutumé à considérer comme le fondement des sociétés, je veux dire le juge et le bourreau.   Paul FOURNIER.

---

100 — **Origine e vicende della Capella espiatoria francese a Zivido,** presso Melegnano (1515-1606) (1639) — Sac. Raffaele INGANNI — Milano Stabilimento Tipografico, Ditta Giacomo Agnelli. 1789.

Origines et vicissitudes de la chapelle expiatoire française de Zivido près de Marignan (1515-1606) (1639) par l'abbé Rafael INGANNI. Milan, imprimerie Giacomo Agnelli, 1889.

Cet ouvrage, un beau volume in-8°, est divisé en deux parties, sans compter l'introduction et un appendice de documents inédits. Dans la première, l'auteur, Don Inganni, chapelain actuel de Zivido (Lombardie) décrit jour par jour, pour ainsi dire heure par heure, tant ses détails sont abondants et précis, la marche de l'armée française depuis les Alpes jusqu'au champ de la célèbre bataille de Marignan. Il nous fait assister aux moindres évolutions de ce « combat de géants » et il en fixe l'emplacement autour du village de Zivido situé à 3.700 mètres de Melegnano (Marignan), dans la direction de Milan. — Zivido fut le théâtre du plus fort de la mêlée et du coup décisif de la victoire. C'est aussi dans son église que François Ier au lendemain de la bataille et les deux jours suivants, dans un pieux sentiment d'actions de grâces, fit célébrer trois messes, l'une pour remercier Dieu de lui avoir donné la victoire, la seconde pour le repos des âmes des morts victimes de la bataille et la troisième pour demander le rétablissement de la paix. Ajoutons que c'est dans un caveau de cette même église qu'il fit déposer provisoirement une partie des corps des victimes et arrivons à la deuxième partie de l'ouvrage.

Aussi bien cette deuxième partie contient des faits d'un intérêt tout nouveau pour nous, car ils nous révèlent l'histoire dans toutes ses phases d'un monument peu connu jusqu'à ce jour, éminemment français et historique par son origine et sa destination. Il s'agit, en effet, de la chapelle dite *expiatoire* que le roi, en accomplissement du vœu qu'il avait fait au moment du plus grand péril du combat, érigea en 1518, sur un point du champ de la bataille même à 800 mètres de Zivido et désigné, encore aujourd'hui, sur place, sous le nom de *Le Vittorie*.

Cette chapelle, dédiée à Sainte Marie de la Victoire, était destinée à recevoir les corps des combattants déposés provisoirement, comme nous l'avons déjà vu, dans l'église de Zivido. Elle était annexée à une église de Saint-Eusèbe, qui existait déjà à cet endroit, et fut mise sous la garde de Frères Célestins de la Règle de France établis dans un monastère contigu à ces deux églises et bâti également par François Ier.

Peut-être pourrait-on contester l'exactitude de la qualification d'*expiatoire* attachée à cette chapelle? Mais ici il ne faut pas prendre ce mot dans le sens strict de réparation pour un crime ou un acte déloyal. Il faut y voir, dans un sens plus étendu, l'expression du sentiment de pieuse commisération et de reconnaissance du monarque vainqueur envers tant de braves, victimes de leur fidélité à la cause qu'ils défendaient, et le témoignage de sa préoccupation de faire prier pour le repos de leurs âmes.

Mais après la retraite des Français du Milanais, quel fut le sort de la chapelle, soit expiatoire, soit simplement commémorative ou funéraire, élevée par le vainqueur de Marignan devenu à son tour le vaincu de Pavie? La situation des gardiens de l'église et de ses caveaux funéraires devient tellement précaire qu'ils prennent le parti d'abandonner le couvent vers 1633. A la suite de cet abandon le pape Paul III érige le monastère en commende au profit de divers titulaires, de 1534 à 1575. Puis Jules III le cède en pleine propriété avec les biens y attenant, à l'archevêque de Milan, Charles Borromée. C'était l'époque où sévissait la grande peste. Charles Borromée improvise dans les bâtiments du monastère un asile où il rassemble trois cents pauvres pestiférés. Après la cessation du fléau, en 1577, il donne le monastère et ses biens au grand Hospice de Milan. Mais l'état de dégradation des églises de La Victoire et de Saint-Eusèbe nécessitaient des réparations urgentes que les ressources affaiblies de l'Hospice ne permettaient pas d'entreprendre et leur démolition est résolue. Plus tard, en 1605, les bâtiments du monastère sont rachetés par un membre de la famille Brivio descendant direct de celui qui avait vendu, en premier lieu, le même terrain à François Ier. Il rachète aussi de la Curie archiépiscopale, qui en avait conservé la possession, l'emplacement des deux églises démolies.

Toutefois la Curie, dans sa pieuse sollicitude pour le caractère moral et religieux de l'objet vendu, a soin d'imposer à l'acquéreur l'obligation de transporter dans l'église de Zivido les restes des morts ensevelis dans l'église de la Victoire et de faire célébrer *in perpetuum*, à Zivido, pour le repos de leurs âmes, un office avec messes, aux anniversaires de la bataille, les 13 et 14 septembre, et cela en 1606. Par suite de cette translation les corps confondus dans un même sentiment de respect religieux ont été déposés, une partie dans le caveau de l'église de Zivido, l'autre dans le cimetière contigu à l'église, et ce ne sera pas sans un intérêt assurément bien inattendu que l'on apprendra que les pieuses obligations attachées à cette translation sont encore aujourd'hui fidèlement accomplies par le ministère sacerdotal de Don Inganni, dans la chapelle de Zivido qui dépend des domaines de M. le marquis Charles Brivio.

Mais revenons en 1606. Les églises, à cette époque, ayant donc disparu, les bâtiments du monastère, qui existaient toujours, n'avaient plus leur raison d'être conservés, et ce dernier témoignage de la munificence de François 1e, souvenir de son éclatante victoire sur les Suisses et de la conquête du duché de Milan, disparut lui aussi pour faire place à des installations de travaux agricoles.

Cependant après plus de deux siècles et demi d'un silence interrompu seulement, sur les lieux, par les échos d'une vague tradition orale, ce monument devait revivre avec ses souvenirs par les soins mêmes de Don Inganni. Non content d'avoir exploré nombreux dépôts d'archives publiques et particulières, telles que celles des anciens notaires, de l'archevêché, du Grand Hospice de Milan, de la famille Brivio et d'autres encore qui lui ont fourni les instruments inédits de son consciencieux travail, l'abbé Inganni, en heureux fouilleur a mis à jour, en 1887 les substructions cachées sous terre du monument dont il nous a raconté l'origine et les destinées. Il en a dressé le plan et l'a joint à son ouvrage (1).

Dans son zèle pour l'accomplissement de sa tâche, l'érudit archéologue a sauvé aussi deux épaves provenant de l'église de la Victoire, deux plaques de marbre portant les inscriptions funéraires de deux victimes de la bataille, de François de Bourbon duc de Chatellerault, et de Gilibert Lorris, écuyer et secrétaire du connétable Charles de Bourbon. Par ses soins judicieux ces deux souvenirs français ont été fixés sur les murs, à l'intérieur de la chapelle de Zivido (2). Il nous apprend aussi que tout récemment une moitié de la plaque portant l'inscription de Messire Antoine de Dinteville, baron de Meurville, etc., mort à Milan, le 29 septembre 1515, à la suite de ses blessures reçues à Marignan, vient d'être retrouvée à Milan et déposée au musée national de cette ville.

---

(1) Malheureusement ces fouilles ont dû être recouvertes pour les besoins de l'agriculture.

(2) Ces deux inscriptions ont été publiées dans le *Bulletin monumental* n 1 1888. Voy aussi *Bulletin de la Soc. des antiq. de France* 1886, p. 169 et 1887, p. 245.

Mais là ne s'est pas borné le zèle du nouvel historien de la célèbre bataille. Jaloux de signaler à l'attention des visiteurs de l'église de Zivido le lieu où reposent en paix (et où nous espérons qu'ils reposeront désormais pour toujours), les ossements des combattants, Français et Suisses, tombés dans les journées du 13 et 14 septembre 1515, D. Inganni a fait graver sur la dalle qui ferme l'entrée de l'ossuaire de son église l'inscription suivante : PACI ET MEMORIAE | ILLVSTRIVM | QVI DIMICATI | IN BELLO GALLICO HELVETICO | DIE XIII ET XIV SEPTEMBRIS MDXV | HVIC | GLORIOSE OCCVBVERE.

De plus, sur le tertre qui recouvre le reste des ossements, en dehors et près de l'église, s'élève aussi par les soins de l'abbé Inganni une colonne funéraire dont le piédestal porte cette autre inscription : LA PIETA ITALICA | SOL MEMORE | DELI E LOTTE STRANIERE | NEGLI STORIC RICORDI | QUI | SOTTO IL COMUN SEGNO | D'AMORE E DI PACE | LE OSSA COMPOSE DE FORTI | CHE DALL ELVEZIA | E DA FRANCIA TRATTI | A FAMOSA PUGNA | CADDERO IN QUESTI CAMPI NEI GIORNI XIII E XIV SETTEMBRE MDXV.

Comme on le voit, grâce à la *pieta italica* de l'auteur du livre que nous analysons, le souvenir du grand fait d'armes de Marignan et la mémoire de ses victimes, vainqueurs et vaincus, se trouvent aujourd'hui dignement honorés sur le champ de la bataille même.

Les documents ajoutés en appendice contiennent de précieux renseignements. Nous citerons particulièrement le document A, extrait des archives des anciens notaires de Milan, et qui nous fixe le lieu précis de la bataille. C'est l'acte in extenso du notaire Francesco Besozzo à la date du 19 janvier 1518, par lequel le seigneur Carlo Brivio vend, pour le prix de 5 000 livres, au fondé de pouvoir du roi de France, Sébastien Ferreri, un terrain situé sur le territoire de Zivido, pour l'édification d'une église et d'un monastère de l'ordre des Célestins de la Règle de France, *sub titulo seu nomine Divæ Sanctæ Mariæ Virginis Matris Christi della Victoria in petia infrascriptæ terræ vineæ ubi et in qua ac partibus circunstantibus, fuit de anno 1515 proxime præterito commissum prœlium, seu commissa pugna inter Maiestatem suam, et ejus felicissimum exercitum suum parte una, ac gentes exercitus DD. Maximiliani parte altera*.

Le document E contient l'acte de cession à la date du 16 septembre 1606, au seigneur Carlo Brivio du terrain des églises de S. M. della Vicoria et de S. Eusebio par la curie archiépiscopale de Milan. L'obligation de transporter les corps des victimes à l'église de Zivido et la fondation du service annuel pour le repos de leurs âmes s'y trouvent formellement stipulées avec cette déclaration : *et postquam ossa defunctorum, ut præfertur translata fuerint petiolam prædictam terræ profanamus et profanatam fore et esse declaramus ac ad profanos usus, non tamen sordidos reducimus et reduci concedimus, prout etiam dicta translatione secuta, ut supra... ex cujus fructibus et redditibus celebretur in dicta Eclesia Zividi annuale unum cum illo missarum numero ad ratam dictorum fructuum in perpetuum pro animabus dictorum defunctorum.*

Parmi les planches qui accompagnent l'ouvrage nous devons signaler les cartes topographiques dressées par l'auteur, qui nous permettent de suivre la marche de l'armée française depuis son entrée en Italie par la frontière du Piémont et nous mettent sous les yeux tous les mouvements de la bataille pendant ses deux journées. Citons également le plan des églises et du monastère de la Victoire dont les substructions ont été découvertes par l'auteur.

Nous n'insisterons pas davantage sur le double mérite historique et archéologique de l'ouvrage que le chapelain de Zivido vient de publier sur un sujet si intimement lié à l'un des faits les plus éclatants de notre histoire. Assurément tous les amis de nos souvenirs historiques lui sauront gré de son intéressant travail. Nous ajouterons cependant que par un sentiment de respectueuse reconnaissance, l'ouvrage est dédié d'abord à la mémoire de madame la marquise Brivio, en souvenir des encouragements que l'auteur avait reçus de cette distinguée personne, et en second lieu, à M. le marquis Giacomo Brivio, possesseur de la chapellenie de Zivido, qui a bien voulu par ses généreuses libéralités aider l'auteur dans ses recherches. Tous ceux qui s'intéressent aux travaux de ce genre ne manqueront pas également de remercier M. le marquis Brivio pour la part qui lui revient dans cette importante publication.

Jules de LAURIÈRE.

101 — M. l'abbé HENRY. — **François Bosquet**, intendant de Guyenne et de Languedoc, évêque de Lodève et de Montpellier. Étude sur une administration civile et ecclésiastique au XVII siècle. Paris, Thorin. Un vol. in-8°, 788 pp. 7 fr. 50.

Cette étude complète et développe un travail antérieur du même auteur sur F. Bosquet considéré spécialement comme évêque et sur son rôle de 1654 à 1657 dans l'affaire du jansénisme et dans la question des régales. S'ajoutant à la courte vie anonyme de F. Bosquet, que M. Germain a publiée en 1859 dans les Mémoires de l'Académie de Montpellier, elle nous rend d'une manière très vivante la physionomie, et avec beaucoup d'exactitude la carrière de ce sage administrateur. Bosquet ayant gouverné successivement le temporel et le spirituel de Languedoc, son rôle a une double importance pour l'histoire, et il est utile qu'il ait été mis en lumière d'une façon qui, bien qu'elle puisse comporter peut-être des améliorations de détail, n'en restera pas moins définitive.

L'abbé Henry a successivement étudié la jeunesse de Bosquet, son éducation au collège de Beziers, au Collège de Foix (à Toulouse), sa liai son amicale avec Montchal Henri Sponde, P de Marca et Peiresc, son séjour à Paris, ses demandes pour faire carrière en Italie sous le patro nage des Barberini comme tant d'autres érudits de son temps, ses premiers travaux d'érudition, son rôle comme procureur général en Nor mandie, où il accompagne Séguier chargé de la poursuite des Va-nu-pieds et des révoltes de Normandie en 1635, après la répression de la révolte par Gassion sa nomination, en 1641, comme intendant de Guyenne, l'hostilité des habitants de Montauban et leur soulèvement à la suite de l'édit imposant d'un sou par livre les marchandises vendues, soulève ment auquel Bosquet n'échappe que grâce à un travestissement, le trans fert à Auch du siège de l'intendance, la soumission de Montauban et le pardon que lui accorda Bosquet les réunions des états de Languedoc à Beziers en 1642 et à Montpellier en 1643 l'attitude de Bosquet favorable à Marca dans l'affaire de l'évêché de Conserans, sa propre candidature à l'évêché de Pamiers ses démêles avec son collègue Balthazard, soutenu par les partisans de Gaston d'Orléans, gouverneur de Languedoc la réu nion des états à Montpellier en 1644, la politique de Bosquet favorable aux députés alors écrasés par les vexations des traitants et des *rogneurs de monnaies* à Nimes d'où provient (surtout à Montpellier après la sédition de 1645) une popularité qui finit par inquiéter le gouvernement l'abandon, par Bosquet disgracié, de ses fonctions, à la suite des états de Pézenas de 1646 et des difficultés financières qui les signalent tel est le tableau très complet de la carrière civile de F Bosquet qui ne remplit pas moins de dix chapitres

Les douze suivants qui terminent le volume, nous donnent une vue d'ensemble non moins exacte de la carrière ecclésiastique de Bosquet Après sa retraite de l'intendance et son retour à Paris il obtient l'évêché de Lodève qu'abandonnait le protestant converti Plantavit de la Pause La situation des paroisses telle que nous la dépeint l'auteur était fort triste Bosquet s'employa à l'améliorer, tout en continuant à s'occuper des affaires politiques, soit de sa province même, soit des régions voisines C'est ainsi qu'il contribua à faire supprimer l'édit de Béziers, à rétablir la paix après les troubles de Provence, qu'il soutint à la Cour les états de Languedoc contre le parlement de Toulouse Puis vint sa mission à Rome, à la suite de l'affaire des cinq propositions, où il voulut maintenir à la foi l'intégrité de la doctrine et la dignité des évêques jansénistes Son influence en cour de Rome finit par obtenir un bref condamnant explicitement « la doctrine de Jansénius contenue dans son livre », en même temps il réussissait à terminer les différends entre le Saint Siège et Pierre de Marca, dont le livre *De Concordia Sacerdotii et Imperii* avait été vivement attaqué par le Saint-Office, et à qui on voulait refuser l'expédition des bulles pour l'archevêché de Toulouse où il avait été promu, et que Bosquet obtint qu'on en gratifierait. Dans la question des réguliers et dans celle de la régale, le rôle de Bosquet ne fut pas moins important. Les dernières pages sont consacrées à l'administration diocésaine de Bosquet : visites pastorales, conférences ecclésiastiques, construction de l'évêché, institution du séminaire et installation des Oratoriens pour y professer, ordonnances pour le maintien de la discipline, mesures de tolérance à l'égard des protestants, création de trois paroisses. M. l'abbé Henry n'oublie rien de ce qui peut intéresser, non seulement la biographie de son héros, mais aussi l'histoire régionale et locale. Le chapitre XXII donne, avec un résumé des traits généraux du caractère de Bosquet, le tableau de sa vie édifiante et de sa mort pieuse.

On n'a que des éloges à faire à M. Henry pour la partie purement biographique de son livre. Il précise et sur bien des points renouvelle l'état de nos connaissances sur la question. On pourrait pourtant regretter l'ordre purement chronologique qu'il a suivi. Peut-être aurait-il donné une idée plus nette de la carrière complexe de Bosquet en groupant les diverses actions de sa carrière si bien remplie. Il aurait fallu développer davantage ce qui est dit de Bosquet comme érudit, insister plus longtemps sur ses rapports avec Peiresc, Marca, Sponde et Montchal ; peut-être n'aurait-il pas été impossible de retrouver des traces de leurs correspondances et d'en publier au moins un choix, car on ne connaîtra jamais assez ce groupe de savants qui a eu tant d'influence sur les destinées générales de l'érudition. Il manque aussi un chapitre bibliographique donnant avec exactitude l'indication de toutes les sources et (ce qu'on ne trouve presque nulle part et que je voudrais qu'on mît partout) une table des documents cités. Ces pages de bibliographie remplaceraient avec utilité des endroits qui font longueur dans ce livre : le chapitre trop abrégé et non absolument juste sur les débuts du jansénisme, des *excursus* superficiels sur la politique de Richelieu, des considérations générales oiseuses sur l'état des mœurs, et des réflexions écrites dans un style dont l'agrément ne fait pas oublier la prolixité. En somme, le travail de M. Henry est un livre plein de recherches et de renseignements nouveaux, à qui il n'a manqué qu'un peu plus d'art pour être tout à fait un bon livre.

Léon-G. PÉLISSIER.

---

102 — **La Réforme et la politique française en Europe** jusqu'à la paix de Westphalie, par le vicomte DE MEAUX. Paris, Perrin et Cie, 1889. 2 vol. in-8° de VII-569 et de 691 pages.

M. le vicomte de Meaux a fait paraître, il y a dix ans, une intéressante histoire des luttes religieuses en France qu'il complète aujourd'hui par une histoire des luttes religieuses en Europe.

Tel est du moins le vrai sujet des deux volumes qu'il a intitulés *La Réforme et la Politique française en Europe*.

La politique française ne tient en effet dans cet ouvrage qu'une place très secondaire. Au quatrième et dernier livre seulement elle se montre au premier rang. Partout ailleurs, surtout dans l'histoire du xvi° siècle, elle ne perce que de loin en loin, au milieu du récit des luttes locales entre le protestantisme et le catholicisme. Celles-ci au contraire sont toujours racontées pour leur compte et avec force détails.

L'œuvre de M. de Meaux comprend quatre parties.

La première est consacrée aux États protestants depuis la Réforme jusqu'à la mort d'Henri IV : l'Angleterre, les États scandinaves, les Pays-Bas et l'Allemagne protestante.

Bien que l'auteur en donne une raison, on s'étonne de ne voir apparaître Luther et les débuts de la Réforme protestante qu'à la fin d'un livre destiné tout entier à exposer les progrès du protestantisme.

La deuxième partie forme le pendant de la première. Elle retrace l'histoire religieuse des États catholiques de 1520 à 1610 : l'Allemagne catholique, la Pologne, l'Espagne et l'Italie. Elle se termine sur un tableau de l'Europe au xvi° siècle.

Avec le livre III nous revenons à la France. Trois chapitres, dont les deux premiers, *La Renaissance catholique en France sous Louis XIII* et *Les Relations de l'Église et de l'État*, sont au nombre des plus remarquables de l'ouvrage, nous édifient pleinement sur la situation, les ressources, les forces et les moyens d'action des deux croyances dans notre pays.

Le quatrième livre enfin nous montre catholiques et protestants aux prises dans toute l'Europe de 1610 à 1648. Il se ferme par des considérations générales sur la paix de Westphalie comparée au grand dessein d'Henri IV, qui caractérisent la politique du xvii° siècle, de même que le chapitre final du tome premier avait résumé et jugé celle du xvi°.

Nous sommes, on le voit par cette courte analyse, en présence d'une œuvre considérable, d'une de ces synthèses devant lesquelles reculent souvent, avec raison, la plupart des historiens contemporains. N'est-il pas impossible d'étudier directement et sur les sources un pareil nombre de questions ? N'est-il pas dangereux de se promener à travers tous les États de l'Europe et de dire son mot sur les points les plus controversés, de l'histoire de chacun ? Oui, sans doute, dans la plupart des cas.

Mais l'histoire de la Réforme et des luttes qui en sont sorties a été si étudiée, on y a consacré tant et tant de dissertations, de monographies, d'œuvres générales, catholiques et protestants ont tellement disputé sur chacun des moindres incidents de ces douloureuses querelles, qu'il ne reste à présent qu'un nombre bien minime de questions qui ne se trouvent quelque part traitées et éclaircies.

Un ouvrage d'ensemble est dès lors légitime, à la seule condition qu'il présente les qualités inhérentes au genre : c'est-à-dire qu'il soit au courant, dominé par des vues générales et justes, écrit avec méthode et talent.

Aucune de ces qualités ne manque au travail de M. de Meaux.

S'il ne donne de renseignements vraiment nouveaux sur aucun point particulier, en revanche il apporte sur tous le dernier mot de la science il suppose un nombre considérable de lectures en des langues très diverses, il se réfère sur chaque question à l'ouvrage capital.

L'esprit est le même d'un bout à l'autre. Aux yeux de M. de Meaux la politique religieuse d'Henri IV était la bonne, la seule bonne, pour l'État et pour l'Église. Il montre par les faits que nulle part la violence n'a profité au catholicisme. Il est toujours équitable et modéré : bien qu'il écrive et pense en catholique, son impartialité ne se dément à l'égard de personne.

Enfin l'intérêt du récit se soutient d'un bout à l'autre de l'ouvrage.

Voilà donc dans toute la force du terme un livre utile et bien fait il doit être recommandé à tous ceux qui, ayant besoin de s'éclairer sur ces questions, les plus importantes qui aient agité l'Europe moderne, n'ont ni le temps, ni les moyens de consulter les cent ou cent cinquante volumes français, allemands et anglais auxquels il leur faudrait recourir, M. de Meaux l'a fait pour eux : c'est un rare service.

Alfred BAUDRILLART

---

103 — A. P. LEMERCIER — **Étude littéraire et morale sur les poésies de Jean Vauquelin de la Fresnaye** Hachette

Nous sommes de ceux qui pensent qu'il y a « soixante et trois manières » de composer un livre, dont la meilleure et la moins commune est encore d'en faire à sa guise et selon son humeur. M. Lemercier a mêlé la biographie de Vauquelin à l'analyse de ses œuvres : nous ne l'en blâmerons point.

Ce procédé n'est pas toujours d'un heureux emploi. Sainte-Beuve, qui le mit à la mode eut parfois le tort de l'appliquer avec même rigueur aux grands et aux moyens génies. C'est à ces derniers qu'il convient surtout. Car ceux dont la force créatrice est puissante donnent à leur œuvre assez de vitalité pour qu'elle subsiste indépendamment d'eux et s'explique par elle-même.

On se passerait donc au besoin de la biographie de Corneille, de Racine ou de Lamartine, celle d'un Vauquelin est nécessaire pour mettre en valeur ses poésies, où il cherche pour sa vie de père de famille et de magistrat un épanouissement, cela d'ailleurs par un irrésistible instinct, car même dans ses œuvres de circonstance on devine le poète de vocation.

Certes ses défauts sont visibles, ce sont ceux du temps. Mais il les rachète par ses qualités propres, que M. Lemercier montre bien. On rouvera dans les Foresteries, les Idillies et les Pastorales des inconvenances et des gaillardises, mais d'aimables gentillesses aussi, et parfois des vers d'une naïveté rude et franche qui surprend; dans l'Art poétique, des traductions serviles, des imitations banales et dès ce temps-là conventionnelles, comme celle du Tableau des quatre âges, mais parmi tout ce fatras, des idées neuves et surtout le sens, sinon le don de la haute poésie. On remarquera dans la versification des recherches misérables qui font penser aux vers équivoques ou rapportés des Cretin, des Meschinot et des Molinet, mais en même temps cet amour de la forme pittoresque et plastique et du vers « artiste » que professe l'école moderne. Est-ce Vauquelin ou Théophile Gautier qui nous promet « diverses petites images et gravures en la semblance de celles qu'on grave aux lapis, aux gemmes et calcédoines » ?

Gardons-nous toutefois de donner Vauquelin de la Fresnaye pour un ancêtre des Parnassiens. Car loin de s'abstraire dans un monde poétique où n'arriverait point l'écho de la réalité, il prend une part active à la vie de son temps, et son originalité principale est d'être un poète provincial, national et chrétien.

Paris ne le garde pas. Il y connaît les jeunes poètes de la Pléiade, puis, poussé « d'un beau printans » s'en va chercher à Angers, à Poitiers la poésie qui fleurissait alors en province, comme elle y refleurira peut-être bientôt. Son mariage l'attache au sol de Normandie, ses fonctions dans le bailliage de Caen le mêlent aux affaires et lui font sentir plus directement les épreuves de la France.

L'amour de la paix, l'horreur de la guerre civile ou étrangère lui inspirent des vers qu'on ne lit pas sans émotion, même quand on n'est point comme M. Lemercier « aux marches de Lorraine ». Il chérit sa langue maternelle, il la défend dans son Art poétique, et lorsqu'il inaugure l'Université de Caen, il fait son discours en français pour « apprivoiser nostre langage en nos écoles ».

Il obéit aux mêmes sentiments quand il évite de rompre, ainsi que fit Ronsard, avec la tradition du moyen âge chrétien. Moins enthousiaste que lui pour le merveilleux païen, il va tout droit à l'encontre des théories de Boileau en faisant des vœux pour un théâtre neuf, antique à la vérité par la forme, mais chrétien par les sujets et par l'esprit, et, de peur de méchef, il appelle à son aide les défenseurs naturels de la foi les évêques.

Tel est Vauquelin. M. Lemercier nous a donné son portrait d'un crayon rapide, mais fidèle. Il n'est pas homme à s'attarder aux citations et aux renvois. Je sais d'excellentes personnes qui ne lui pardonneront pas de terminer la liste de ses sources par deux *et cœtera*. Sa thèse n'apparaît pas assise sur un soubassement vaste et massif de notes et de références, mais elle offre des lignes élégantes et d'une harmonieuse simplicité.

S'il ne s'est pas imposé un plan géométrique, c'est qu'il a voulu ménager des ouvertures à sa verve personnelle. Il s'échappe parfois en des effusions où ses sentiments s'expriment avec une ingenuité savante qui a du charme, et ce n'est pas de là que naissent ses pages les moins heureuses. Alors il a presque l'air d'un poète qui se serait déguisé en critique. S'il a par aventure des vers en ses cartons, qu'il les publie sans attendre cinquante ans comme Vauquelin.

A. DAVID-SAUVAGEOT.

---

104 — Profils étrangers par M. Victor CHERBULIEZ, de l'Académie française. 1 vol. in-12 de 356 pages. Hachette.

Dans le livre de M. Cherbuliez il est question de philosophes, de politiques, d'illuminés, de diplomates, d'historiens, de missionnaires et de poètes. Le lecteur a donc un choix très varié et chacun peut trouver un article à sa convenance : les *politiques* des conjectures sur les projets de M. Crispi, des réflexions sur l'avenir de l'Allemagne après la mort du *grand chancelier*. Les esprits moins graves liront avec intérêt quelques détails sur la vie romanesque de Louis II de Bavière ; ceux qui se préoccupent des missions africaines verront quels furent les efforts d'un écossais Robert Moffat (1) pour évangéliser un peuple voisin du Cap les Bétchouanas.

On goûtera particulièrement dans le livre de M. Cherbuliez la finesse avec laquelle l'auteur analyse l'âme des personnages. Une de ses meilleures études est celle de Gordon. On serait tenté de se représenter le héros de Khartoum comme un homme tout d'une pièce. M. Cherbuliez nous détrompe et montre au contraire la complexité de ce caractère. Il offrait « le bizarre assemblage d'un bon sens ironique qui n'était dupe de rien et d'un illuminé qui cherche dans sa Bible les règles de son devoir. » Il croyait que Dieu causait avec Gordon et lui donnait des ordres ; alors coûte que coûte il les exécutait en faisant taire les objections de sa

(1) Mort en 1883.

raison. « *M. Confort me dit*, peut-on lire dans une lettre de Gordon, *vous vous portez bien, allez-vous-en ; mais M. Quelqu'un me répond : Ne tâchez pas de deviner les secrets de l'avenir...., faites ce que vous jugerez bon pour ouvrir le pays jusqu'aux deux lacs de l'Équateur. Faites-cela... en aveugle et par acte de foi.* »

Un personnage que M. Cherbuliez ne juge pas avec assez de sévérité est Guillaume de Humboldt, le frère du naturaliste. Ce diplomate avait trouvé une manière singulière de consoler les affligés : l'étrangeté chez lui ne doit pas surprendre, il se montrait original en charité comme en amour (un de ses plus grands plaisirs au commencement de son mariage était d'apprendre le *grec* à sa femme). Lorsqu'il se mêlait de donner des consolations, s'il ne disait pas avec certain philosophe : « Ce monde est un enchaînement de malheurs, la reine Henriette a vu mourir son royal époux sur l'échafaud, Marie Stuart a eu la tête coupée, etc., » sa méthode n'était guère préférable. Une malheureuse femme, Charlotte Diede, l'avait choisi comme confident de ses chagrins. Après des revers de fortune, elle fut obligée de travailler jour et nuit pour gagner son pain. Humboldt lui conseillait de se calmer l'esprit en étudiant l'astronomie. A cette femme qui mourait de faim et vivait à l'étroit dans une mansarde, il décrivait longuement les objets d'art qui ornaient son château de Tegel. M. Cherbuliez déclare éprouver quelque malaise en parcourant la correspondance de Humboldt. Il aurait pu, ce me semble, exprimer plus énergiquement la répulsion qu'on ressent envers un personnage si froid et si naïvement égoïste.

En somme ce livre est une intéressante causerie *à bâtons rompus*. M. Cherbuliez passe en revue les personnages les plus divers et nous transporte successivement en Allemagne, en Angleterre, en Italie, en Afrique et même en Chine.   François ROUSSEAU.

---

105 — **Documents inédits sur les relations de la Serbie avec Napoléon (1809-1814)** publiés par M. Auguste BOPPE. In-8°, 124 pages, Belgrade, 1888.

M. Auguste Boppe qui poursuit avec persévérance et sagacité ses études sur l'histoire des populations slaves de la Péninsule des Balkans, vient de faire paraître dans l'*Otatchbina* (la Patrie) de Belgrade une suite de documents tirés pour le plus grand nombre des Archives du ministère des Affaires étrangères de Paris. Il résulte de ces pièces que le fameux Kara-Georges, chef de la nation serbe insurgée contre les Turcs, voulut en 1809 placer sa patrie sous la protection de l'empereur Napoléon. Par le traité de Schœnbrunn, conclu après Wagram, la France venait d'acquérir les provinces slaves de l'Autriche méridionale, et les limites de l'Empire avaient été portées sur la rive droite de la Save jusqu'à la frontière de Bosnie. Napoléon apparut au peuple serbe comme un libérateur : un envoyé du prince Kara Georges se rendit d'abord à Vienne en 1809, puis à Paris en 1810, pour remettre les destinées de la Serbie entre les mains de l'empereur.

Le capitaine Rado Woucsincis arriva à Paris en 1810 et demanda vainement une audience : la politique impériale était alors de ménager les Turcs : on ne pouvait traiter avec le représentant de ceux que le Sultan considérait comme rebelles. Cependant Champagny, ministre des affaires étrangères, retint à Paris l'envoyé serbe : les événements pouvaient prendre une autre tournure, et alors on eut été heureux de répondre aux vœux des Serbes et surtout de tirer parti de leurs dispositions belliqueuses : en attendant, la cause de la Serbie fut momentanément sacrifiée à des intérêts supérieurs, et l'envoyé serbe fut réduit à attendre que les circonstances permissent d'accorder quelque attention aux propositions dont il était porteur. Il passa ainsi quatre années entières à Paris, rédigeant de curieux mémoires sur l'histoire et les aspirations de ses compatriotes. Champagny lui avait fait offrir une pension : il refusa d'abord avec fierté : « Je suis servien, Monseigneur, et je sais me contenter de peu, spécialement quand il s'agit de servir mon pays : je préfère ses intérêts à tous mes intérêts particuliers et même à toutes les richesses de l'Univers. » — Cependant le besoin se fit sentir et il dut accepter une allocation de 6,000 fr. par an qui lui fut servie jusqu'en 1814.

A la chute de Napoléon les Serbes se virent dans la nécessité d'implorer la protection des Russes qui les abandonnèrent à la vengeance des Turcs au traité de Bukarest. Kara Georges dut s'enfuir en Hongrie : Milosch Obrenovich qui lui succéda à la tête des Serbes fit sa soumission au Sultan.

Les documents que publie M. Boppe sont intéressants par deux côtés : le côté historique que personne ne contestera, et aussi le côté émouvant : on ne peut s'empêcher de s'attacher à ce personnage droit et fier qui vient auprès du grand empereur plaider la cause de sa patrie opprimée : il ne comprend pas que la France a des alliances à ménager, des intérêts de premier ordre à défendre, des entreprises immenses à mener à bonne fin : tout ce qu'il sait c'est que son pays lutte à forces inégales avec les Turcs : or le grand Napoléon est juste et grand : il doit à sa justice et à sa grandeur de prendre le parti des faibles contre les oppresseurs. Malheureusement pour les Serbes, Napoléon ne faisait pas de la politique de sentiment, et le capitaine Woucsincs se consume en démarches inutiles : on n'écoute pas ses représentations, on laisse ses lettres sans réponse, il ne communique avec les ministres que par l'intermédiaire d'un chef de bureau, il mène à Paris une existence obscure oisive toujours aux prises avec les nécessités matérielles, il en est réduit à tendre la main. Voilà à quoi ce brave soldat se résignait, alors qu'il aurait pu rester dans ses montagnes et faire le coup de fusil sur les Turcs. Mais c'est pour son pays qu'il a accepté cette mission, et jamais il ne laisse échapper une plainte.

On voit aussi se dégager de ces correspondances l'enthousiasme que le nom de la France excitait dans les pays slaves. Kara Georges se montre dans ses lettres l'ami de la France, et se déclare prêt à combattre pour elle. S'il ne l'a pas fait lui-même, il a légué cette mission à ses descendants : un Kara Georges a été tué à Orléans en 1870, et un autre, devenu l'allié du prince de Monténégro, a fait dans les rangs de l'armée française la campagne du Tonkin. Ce sont des amis fidèles que ceux qui se montrent prêts à donner leur vie pour nous.

P. PISANI

La Société des anciens textes français publie un curieux traité moral de Philippe de Navarre dont nous connaissons déjà les *Assises de Jérusalem* publiées par le comte Beugnot et les *Gestes des Chiprois* publiés par M. C. Raynaud. Philippe de Navarre qui s'est montré aussi bon juriste que vaillant guerrier et habile diplomate dans ces deux ouvrages, composa dans sa vieillesse le traité *Des IIII tenz d'aage d'ome* ou traité des Quatre âges. C'est une étude morale aussi remarquable par la forme gracieuse et naïve que par la solidité du fond ; dans un très petit volume on y trouve un traité de l'éducation telle qu'on la comprenait au XIII⁰ siècle, un traité *de Officiis* à l'usage des contemporains de saint Louis et un *De Senectute* chrétien.

M. Marcel de Fréville chargé d'établir le texte au moyen des manuscrits de Paris, de Londres et de Metz, y a apporté toute la minutieuse conscience et la savante érudition que demandait un tel travail. Un glossaire rend le texte intelligible aux profanes et une préface de quelques pages fournit une fort intéressante notice sur Philippe de Navarre et ses œuvres.

La publication de M. de Fréville fait honneur au grand savoir de l'auteur et on est charmé de trouver dans un savant une érudition aussi aimable.

P.

CHRONIQUE

98. Le numéro d'avril-juin de la *Revue des études grecques* vient de paraître. Il contient un chapitre inédit du cinquième volume de l'*Histoire de l'art dans l'antiquité* de MM. PERROT et CHIPIEZ. Ce chapitre est consacré à l'étude des rapports de la Perse et de la Grèce. — Un mémoire de M. E. BA-

Brlon sur les *Monnaies d'or d'Athènes*. L'auteur prouve que deux fois seulement et dans des conditions exceptionnelles Athènes transgressa l'usage grec en vertu duquel la frappe des monnaies d'or était réservée aux rois et aux généraux à la tête de leurs armées. — Un mémoire de M. Ch. Huit sur *Les Épistolographes grecs*. Ces pages sont la préface du mémoire lu par lui à l'Académie des sciences morales et politiques sur les lettres de Platon. — Une note du D. Iconomopoulos sur les *Jeux gymniques de Panopolis*. — Signalons encore les corrections de M. Théod. Reinach au fragment du *Contre Athénagore* publié dans le mémoire précédent, les *Inscriptions d'Égypte* recueillies par M. A. H. Sayce et une note de M. S. Reinach sur une *inscription archaïque de Noisum*. La chronique est toujours fort intéressante, surtout le *Bulletin archéologique* et le *Bulletin épigraphique*.

SOCIÉTÉ NATIONALE DES ANTIQUAIRES DE FRANCE

Séance du 17 juillet. — M. Ulysse Robert lit une note dans laquelle il se propose de démontrer que la souscription pontificale dans les bulles de Calixte II a été généralement tracée par la main des chanceliers ou bibliothécaires (Grisogone, Hugues et Aimery) qui se sont succédé de 1119 à 1124. Ces fonctionnaires auraient ainsi eu dans ce cas particulier un rôle analogue à celui des secrétaires de la main à la chancellerie royale au XVII et au XVIII siècle. Il établit aussi que les dates n'ont pas été écrites par les chanceliers ou bibliothécaires mais par des scribes ordinaires. — M. Babelon annonce à la Société que le Sénat et la Chambre des députés viennent de voter la somme de 180.000 francs destinée à l'acquisition par le Cabinet des médailles de 1.131 monnaies mérovingiennes choisies dans la collection de feu M. de Ponton d'Amécourt. — M. l'abbé Thédenat continue la lecture du mémoire de M. l'abbé Douais sur la vie de saint Germier évêque de Toulouse au VII siècle. M. l'abbé Duchesne présente quelques observations qui sont renvoyées à la Commission des impressions.

Séance du 24 juillet. — M. Saglio communique à la Société un fer à gaufrer acquis par le Musée du Louvre. Ce fer est aux armes du pape Innocent VIII mort en 1492. — M. Courajod fait part de ses observations sur l'influence de l'art franco-flamand, surtout flamand, en Espagne au XIV siècle; il en conclut, en citant de nombreux exemples à l'appui de sa thèse, qu'il n'y a pas eu d'art espagnol proprement dit, mais un art flamand qui a pénétré dans ce pays. M. Durrieu fait connaître qu'Alphonse d'Aragon a eu pour peintre entre 1440 et 1442 le fils d'un célèbre miniaturiste français, Jacquemart d'Hesdin, auteur d'un certain nombre d'œuvres indiscutables, conservées notamment dans des manuscrits de la Bibliothèque royale de Belgique (manuscrits 9002 et 9025) et dans un manuscrit de la Bibliothèque nationale de Paris (*Les Merveilles du monde* manuscrit fr. 2819). M. Lefort pense que Dalmau, un artiste dont M. Courajod a prononcé le nom, pourrait bien être Portugais. M. le baron de Geymuller dit qu'il a été amené par ses études au même résultat que M. Courajod; il serait seulement disposé à voir une influence rhénane dans les clochers à jour de la cathédrale de Burgos. M. Courajod continue la série de ses observations sur l'internationalisme de l'Art de la Renaissance.

Henri Thédenat

Le Gérant : E. Thorin

BULLETIN CRITIQUE

SOMMAIRE. — 106. Bréal et Person. Grammaire latine élémentaire. L. — 107. Joseph Wilpert. Principienfragen der christlichen archäologie. P. — 108. Baron J. de Baye. Études archéologiques. *Robert Mowat.* — 109. Paulin Paris. Études sur François I, roi de France. *Roger Peyre.* — 110. A. Laugel. Henri de Rohan, 1579-1638. T. de L. — 111. Goumy. La France du centenaire. L. de Poncins. Les cahiers de 89. St. de Lansac de Laborie. — Chronique. — Société nationale des Antiquaires de France. — Académie des Inscriptions et Belles-Lettres.

106. — Bréal et Person. **Grammaire latine élémentaire**, Paris, Hachette, 1888, in-12, vii-272 pp.

Pline le jeune était tout heureux d'écrire à un de ses amis que l'année avait été féconde en poètes. L'année a été féconde en grammaires latines : je ne sais si nous avons lieu de nous en féliciter. M. Bréal s'excuse bien un peu d'ajouter un nouveau fruit à cette production si riche. Mais son ami M. Person avait commencé le travail interrompu par la mort, et M. Bréal s'est cru obligé au nom de l'amitié de continuer et d'achever l'œuvre. Dans quel esprit, c'est ce que la préface, un peu vague, essaie de nous dire.

M. Bréal proteste d'abord contre la surcharge des règles inutiles. « On ne trouvera pas ici, dit-il, une quantité de tours d'un emploi assez rare, qui grossissent beaucoup d'ouvrages élémentaires, comme si *Interest mea Caesaris* ou *Populabundus agros* étaient des points fondamentaux de la langue latine. » C'est très juste. Il est à craindre cependant que M. Bréal, par esprit de simplification, n'ait écourté certaines théories et donné, faute d'explications plus abondantes, des règles inexactes ou tout à fait erronées. Ainsi, page 6, M. Bréal veut expliquer le rhotacisme et part d'une erreur, la prononciation douce de l*s* latine entre voyelles présentée comme un fait *constant*. P. 3, il aurait fallu faire remarquer que les signes *i, j, u, v* dédoublés par les modernes « pour plus de clarté », ont été dédoublés surtout parce qu'ils représentent maintenant des sons très différents ; au contraire, *i* unique, *u* unique pouvaient servir sans inconvénient en latin à représenter le même son dans deux positions différentes. *i, u* en position de voyelles, *i, u* en position de consonnes, de même que nous les confondons nous-mêmes en écrivant *jour* et *oui, ami* et *charrier*. Mais on voit dans quel détail il fallait entrer pour rendre la chose intelligible, et M. Bréal a peur des détails. C'est à la même crainte d'en dire trop long qu'on doit sans doute attribuer la confusion des sens de *causa* (qui ne peut guère se traduire par *à cause de*) et de *gratia* (p. 155), de *in domo* et de *domo* suivis du génitif (p. 204); la formule trop absolue et incomplète du n. 210 (p. 223), le vague des règles n° 140 (p. 168 « Il est mieux » est une véritable inexactitude, dans certains cas l'emploi de l'adjectif est *absolument obligatoire*) n° 243, § 3 (il fallait indiquer le cas précis dans lequel le subjonctif est *obligatoire* et celui dans lequel il est *possible*, et ne pas se contenter de dire « Ordinairement ») n° 220 § 3 (la vraie différence du génitif et de l'ablatif de qualité est indiquée par M. L. Havet *Gr. lat.*, n° 323 et 324), n° 249, § 4 (« habituellement » lire « toujours en bonne prose (1) »), l'explication insuffisante et inexacte des différences de formes -*uol*, -*uel*- dans *uolo* (qui ne sont pas une « irrégularité »), *sum, es*, etc., dans *esse* (pp. 152, 153). Pour ce dernier point, je ne puis m'empêcher de remarquer qu'il est bien délicat de s'engager dans une explication des formes de *sum* quand on s'adresse à des enfants et à de tout jeunes gens. C'est supposer connue la théorie fondamentale des différentes formes de la racine indo-européenne, sans parler des perturbations analogiques subies par le paradigme primitif. M. Bréal ici a manqué à son principe de prudence en donnant un abrégé d'explication il a encore trop expliqué. La linguistique est d'ailleurs une science sérieuse et difficile, peu propre à être servie en rognures aux jeunes enfants. Dieu nous garde de la linguistique amusante à l'usage des enfants et des gens du monde !

Une autre théorie de la préface, c'est qu'en matière de disposition on ne doit pas innover. La division en morphologie et syntaxe est sacrée « L'élève, en repassant ce qu'il sait, se retrouvera d'autant plus aisément dans sa grammaire, que chaque chose y sera en sa place naturelle. » La question est de savoir quelle est la « place naturelle ». Je ne suis pas très convaincu de l'excellence de l'ordre traditionnel. Il a d'abord un premier inconvénient c'est que c'est un ordre qu'on ne suit pas. M. Bréal en convient lui-même « La grammaire n'est pas destinée à être apprise rigoureusement chapitre par chapitre. » Non seulement on ne suit pas cet ordre dans l'enseignement, mais on ne le suit

(1) M. B. ne fait nulle part la distinction du latin familier, du latin classique et du latin non classique. Elle est pourtant capitale dans un livre qui s'adresse aux classes car on suppose que les élèves font des thèmes. Elle eût de plus en beaucoup de cas servi à préciser certaines remarques celles qui concernent l'emploi de l'infinitif futur après *spero* etc. (p. 173) de l'ablatif de durée (p. 207) etc. Les adverbes « ordinairement » « quelque fois » « assez rarement » reviennent trop souvent. C'est une qualité pour un livre scolaire d'être dogmatique

pas dans le livre J'en prends à témoin M. Bréal qui fait précéder les paradigmes des déclinaisons d'un article intitulé « valeur des cas », petite syntaxe des cas en raccourci qui, pp. 39 et 40, donne des notions sur l'emploi du comparatif et du superlatif, et plus loin sur l'emploi des démonstratifs (p. 51), du relatif (p. 56), etc., qui, p. 63, présente la formule générale de l'emploi de *suus* et renvoie pour le détail à la syntaxe. C'est donc adopter, en protestant du contraire, le parti radical de M. Louis Havet et sa division en deux cours : élémentaire et supérieur. Mais c'est aussi prouver de la manière la plus éloquente combien les deux ordres de faits sont inséparables. Il n'existe entre eux qu'une distinction virtuelle. Trop souvent on l'oublie, non seulement quand il s'agit des éléments, mais surtout quand il s'agit de recherches scientifiques et d'études supérieures, comme si la morphologie et la syntaxe pouvaient être séparées, comme si elles n'étaient pas l'envers et l'endroit d'une même étoffe. Le sujet parlant ne fait pas de la phonétique ou de la morphologie pour le plaisir de faire de la phonétique et de la morphologie. Il en fait pour s'exprimer. Et c'est ainsi que les faits complexes et variés que nous comprenons sous la désignation générale de syntaxe s'imposent en même temps et du même coup à l'attention de l'observateur. Unir l'étude des formes à celle de leur usage, c'est donner à l'enfant l'idée la plus juste et la plus claire du langage. Les séparer, c'est imposer à son intelligence l'effort de saisir un plan compliqué bâti sur des idées abstraites. Sa mémoire est toute locale : il retrouvera la règle parce qu'il se souviendra qu'elle est au haut de la page vers le premier tiers du livre, et non parce qu'elle est dans tel paragraphe de tel chapitre de telle partie. A ce point de vue, nos discussions sur l'ordre à adopter sont à peu près inutiles (1).

Puisque j'ai mentionné la grammaire de M. Louis Havet, serait-elle visée par la p. VI de la préface de M. Bréal : « Combien les études latines seraient en meilleur état chez nous si au lieu de restaurer, par amour du changement, d'anciens rudiments, etc. » ? M. L. Havet se réclamait de Lhomond, comme M. Bréal de Burnouf. Il serait assez piquant de voir à la librairie Hachette se livrer une bataille de grammaires. Quoi qu'il en soit, je crains que M. Bréal n'ait trop emprunté aux « anciens rudiments », notamment la fameuse théorie du sous-

(1) A propos de la disposition des matières quelques critiques. Il aurait été avantageux de placer l'emploi du réfléchi indirect (p. 241) à la suite des autres emplois du réfléchi (pp. 191 et suiv.) et de supprimer les expressions restrictives « sauf ces deux cas » « hormis ces deux cas » des pp. 191 et 193. p. 180 il me semble qu'il y a l'irréel dans les deux cas des alinéas 3 et 4, il faudra donc supprimer l'alinéa 3 ou plutôt le remplacer par un alinéa visant le potentiel auquel l'auteur fait sans doute allusion, p. 223 la remarque du n° 210 ne correspond pas par son contenu au titre de la règle.

entendu, débris erratique d'un système qui a eu son heure et même des siècles de gloire, le système du P. Sanchez. On peut aussi ranger dans la même catégorie les explications par la *clarté* (p. 191 et suiv.) Les Latins n'avaient nullement peur de l'équivoque et faisaient à leurs auditeurs l'honneur de les supposer beaucoup plus intelligents que ne l'ont cru bien des grammairiens (1).

Je n'ai parlé jusqu'ici que de la préface de M. Bréal, mais à propos de la préface, j'ai signalé bien des inexactitudes du texte. Il me reste à indiquer, avant de terminer ce trop long article, les critiques de détail qui ne sont pas venues encore sous ma plume. P. 3, quand M. Bréal parle de l'assimilation de *c* et *t* devant *i*, il devrait ajouter qu'il ne peu en être question pour l'époque classique (2). P. 76, dans *amasti*, etc., il y a syncope d'une *syllabe* (3). P. 97, il est inexact de dire que l'*a* de *amāre* appartient à la « désinence ». P. 162, la règle *Deus amat uirum bonum illique fauet* est une erreur « des anciens rudiments ». P. 182, *spectaturi ludos*, où *spectaturi* est adjectif n'est pas d'une bonne langue. P. 185, l'emploi de *an* comme particule introduisant une interrogation indirecte simple est peu correct au point de vue de la syntaxe classique. P. 190 *inuicem* dans le sens de *inter se* est de même une incorrection. P. 204, la phrase citée du *pro Archia*, § 4, *celebri quondam urbe et copiosa*, comme exemple de « la règle ordinaire » est évidemment une inadvertance ; cf. l'éd. Thomas, p. 27. P. 214, la règle exacte concernant l'emploi de *unus* avec un génitif partitif est donnée par M. Riemann, *Synt. lat.*, p. 214. il vaudrait mieux supprimer l'exemple *unus militum* pour éviter une question compliquée. Même page, *ingenium* pris absolument ne peut avoir le sens actuel du mot français « génie ». P. 219, *Tunc temporis* est une incorrection de la langue vulgaire. P. 237, on ne peut donner de règles claires sur l'emploi des pronoms démonstratifs *hic*, *ille*, *iste* qu'en les rapprochant de la notion des trois personnes ; l'explication donnée de *iste* est tout à fait fantaisiste. Je dois ajouter l'omission très regrettable de la syntaxe des conjonctions *quod*, *quia*, *antequam*, *postquam*, *prius quam* et *potius quam*.

S'il est vrai qu'une langue se compose de minuties et que la tâche du grammairien est, toute conception générale mise à part, d'être avant tout exact, on jugera peut-être que cette liste, sans doute incomplète, des petites inexactitudes de détail est un peu longue pour un petit livre d'enseignement. L.

(1) Cf. Riemann *Synt. lat.* p. 21 rem. VIII, cf. p. 79 rem. II.
(2) Seelmann *Die Aussprache des Latein* pp. 321-333.
(3) *Mém. Soc. Ling.*, VI, 39. Il ne peut y avoir une contraction de *a + i* en *a* cf. *terræ*.

107 — **Principienfragen der christlichen Archäologie**, mit besonderer Berücksichtigung der « Forschungen » von Schultze, Hasenclever und Achelis, erörtert von Joseph Wilpert. Un vol. gr. in-8°, 100 pag., 2 planches. Fribourg, Herder, 1889.

C'est une constatation que tout le monde a pu faire, que les théologiens allemands contemporains, ceux-là même qui ont fait faire le plus de progrès à la science de l'antiquité ecclésiastique par l'étude patiente et sagace de l'ancienne littérature chrétienne, ont ignoré et affecté d'ignorer l'archéologie chrétienne. Je ne sache, pour ces trente dernières années, qu'un homme qui ait essayé de faire entrer dans la théologie protestante l'archéologie, M. Piper, avec son *Introduction à la théologie monumentale* et quelques autres moindres essais.

Par ailleurs la *Roma Sotterranea*, les *Inscriptiones christianæ*, le *Bulletino*, pour ne citer que les œuvres du maître, n'ont point conquis droit de cité à Iena ni à Leipzig : les œuvres de « l'école romaine » appartiennent à la littérature guelfe.

Cela leur vaut même d'être attaquées de temps à autre par des Gibelins obscurs : M. Hasenclever, pasteur à Braunschweig, M. Schultze, *docent* à Leipzig, M. Achelis, et dans quel esprit ! On a ici même (*Bulletin Critique*, 1881, p. 203) rendu compte des *Archäologische Studien* de M. Schultze et caractérisé cet esprit « trop pressé de conclure, de dire du nouveau, de produire un système protestant opposé à l'exégèse catholique des archéologues les plus autorisés ». M. Schultze voyait dans le type du Bon Pasteur une façon d'Hermès Psychopompe, M. Hasenclever retrouve dans la représentation de l'Adoration des Mages Déméter Kourotrophos entourée de prêtres d'Eleusis ! A ses yeux la « prétendue » représentation de Jonas « doit dépendre de quelque vieille légende locale analogue à la légende grecque d'Andromède ». Si l'on représente sur un sarcophage la guérison de l'aveugle-né c'est que ce sarcophage est celui d'un oculiste ! Le poisson sur une inscription funéraire signifie que le défunt était un marin ou un pêcheur !

M. Wilpert a réfuté rapidement les interprétations de M. Hasenclever et consacré une plus longue étude au symbole du poisson pour réfuter M. Achelis. Cette réfutation est faite pour déblayer un terrain sur lequel M. Wilpert a, nous le savons, l'intention de construire : mais elle ne laisse pas d'avoir en elle-même un vif intérêt, même pour qui a lu l'introduction au deuxième volume des *Inscriptiones christianæ*, à laquelle la seconde partie doit beaucoup. On ne perd jamais son temps à défendre les idées justes. Je ne ferais de réserve que sur le ton de la polémique. « Il manque à mes adversaires — conclut M. Wilpert — avant tout, le sérieux scientifique. Schultze traite les monuments en dilettante,

Hasenclever remplace les connaissances par la fantaisie, Achelis tombe dans la caricature, etc. » M. Wilpert, pour un peu, nous ferait croire que ces trois messieurs ne valaient pas la peine d'être si bien réfutés ! Son livre n'en est pas moins une œuvre très vigoureuse et très distinguée.

P.

---

108 — BARON J. DE BAYE. **Études archéologiques.** Époque des invasions barbares, industrie anglo-saxonne. Paris, Nillson, 1889, gr. in-4 de 133 pages et 17 planches.

L'histoire des sciences archéologiques est encore à faire, mais dès à présent on peut constater qu'au lieu de sortir l'une de l'autre par un enchaînement logique, elles se sont succédé dans une alternance capricieuse d'enjambées en avant et de sauts en arrière au bout desquels les lacunes ont fini cependant par se combler tant bien que mal. L'étude des antiquités classiques était depuis longtemps en possession à peu près exclusive de la faveur des savants lorsque l'archéologie dite druidique ou celtique a commencé à faire parler d'elle, peu après, l'archéologie médiévale a fait, sans transition son entrée en scène : est venu alors, par un brusque retour en arrière, le tour de l'archéologie préhistorique, puis celui de l'archéologie gallo-romaine, et enfin celui de l'archéologique franque et burgonde. Celle-ci, pour être tard venue, n'en a pas moins pris de rapides développements et fait de surprenants progrès. La vaste exploration des sépultures barbares inaugurée en Normandie par l'abbé Cochet, poursuivie en Picardie, en Bourgogne, en Suisse par les Pilloy, les Moreau, les Baudot, les Bonstetten a servi d'enseignement à M. de Baye quand il s'est donné la tâche de fouiller la Champagne. Mais le jeune archéologue n'est pas seulement un chercheur heureux, il a visité les musées et les collections particulières en France, en Italie, en Allemagne, en Angleterre. Ainsi préparé, il se trouve en possession des matériaux nécessaires pour synthétiser dans un tableau d'ensemble tout ce qui a été écrit sur l'art et sur l'industrie des peuples barbares. Nous nous plaisons à en voir le prélude dans les deux ouvrages qu'il vient de publier coup sur coup, de celui qui traite des Lombards (1) nous ne dirons rien, car après le compte rendu qu'en a fait M. de Barthélemy (2) il doit être actuellement entre les mains de tous ceux qu'intéresse l'antiquité barbare dans ses rapports avec notre histoire et notre civilisation ; ici nous nous occuperons seulement de son étude sur l'industrie des envahisseurs angles et saxons.

(1) *Études archéologiques. Époque des invasions barbares. Industrie longobarde.* Paris, Nillson, 1888.
(2) *Revue critique*, 3-10 septembre 1888, p. 154-156.

Malgré la multiplicité des publications que les trouvailles d'antiquités ont fait éclore en Angleterre et sur lesquelles M. de Baye fournit d'utiles indications bibliographiques, en vain chercherait-on parmi elles un ouvrage donnant même sommairement, la notion générale de l'art anglo-saxon, c'est l'objectif principal qu'il vise en livrant au public le résultat de ses recherches. Un précis ethnographique et chronologique des établissements jutes, angles et saxons en Bretagne sert d'introduction et démontre pourquoi il n'y a point de différences appréciables dans l'industrie de ces peuples si prochement apparentés qu'on peut les regarder comme les essaims d'une même ruche venus se fusionner en une agglomération sensiblement homogène sur la terre conquise.

L'auteur entre ensuite dans la description raisonnée des objets composant le mobilier funéraire en éclairant constamment la discussion, non seulement par la comparaison des objets similaires trouvés sur le continent, mais par le rapprochement des textes de chroniqueurs et d'historiens. On éprouve une singulière satisfaction à vérifier par les preuves matérielles qu'il présente la sûreté et l'exactitude des informations que nous leur devons, tellement que l'on pourrait procéder à l'inventaire d'une sépulture franque ou saxonne en suivant ligne à ligne tel ou tel paragraphe du *De Moribus Germanorum* de Tacite, tout y est prévu : l'abondance des javelots courts et des boucliers, l'absence des casques, des cuirasses, des arcs et des flèches, la rareté des épées, la sobriété des objets de parure. Pourquoi cette rareté de certaines armes, des épées, par exemple ? Les explications qui ont été proposées, tout en différant l'une de l'autre, ont du moins le mérite de ne pas s'exclure réciproquement : cette arme plus appropriée que la lance à l'action du cavalier, était réservée au petit nombre de guerriers pouvant prétendre, par leur rang ou leur fortune, à combattre à cheval : porter l'épée était donc un signe de noblesse ; elle était en même temps un insigne de l'autorité militaire conférée par le roi, à qui elle devait faire retour à la mort du titulaire, d'après la loi de Canut, à moins qu'elle ne fût un don assez précieux par son ornementation pour être transmise par héritage. On connaît plusieurs exemples de legs d'épées à poignée d'argent, entre autres celles du roi Offa, d'Aethelstan, d'Ulfcytel de Wulfric, d'Aethelric. L'épée avait donc, de toutes manières, moins de chances d'enfouissement que la lance du fantassin. Plus loin, M. de Baye constate que la pointe de lance à douille cylindrique fermée est d'origine danoise, tandis que la douille ouverte sur les côtés caractérise la lance anglo-saxonne ainsi que la lance franque : la remarque est intéressante.

Après les chapitres consacrés aux armes, il passe aux fibules et les classe d'après leur forme, suivant qu'elles sont à rayons, en S, ornithomorphes, cruciformes, à tête carrée, cupelliformes annulaires, circulaires, ces dernières étaient exclusivement reservées aux femmes, si l'on s'en tient à leur ressemblance avec celle de la reine Ultragotha, femme de Childebert représentée par une curieuse sculpture de l'eglise Saint-Germain-des-Prés à Paris

Quelques uns de ces bijoux constituent de beaux specimens de l'orfevrerie cloisonnée que les Barbares ont partout substituée à l'émaillerie romaine et à laquelle on attribue une origine orientale par la voie scythique. L'auteur signale les *girdle-hangers* pendeloques de bronze en forme de plaques triangulaires ajourées, trouvées par paires à la ceinture des squelettes de femmes dans les districts occupés par les Angles, les nécropoles du continent n'ont rien donné de semblable. Il décrit non moins soigneusement les colliers et perles de verre, les boules de cristal, les boucles d'oreilles, les epingles à cheveux, les peignes, les boucles de ceinture, le briquet, les seaux ou baquets, les vases de verre, notamment les types à *goderons en larmes* d'usage inconnu, enfin les poteries et les sépultures

Au total le mobilier des Saxons présente une grande analogie avec celui des Francs, surtout dans les armes, independamment des ornements et des autres parures qui aident a distinguer ce qui est franc de ce qui est saxon, la poterie est sans doute ce qui differencie le plus ces deux éléments ethniques

La transcription correcte des noms propres ou des mots étrangers — et ils sont en nombre considérable — exigeait une grande attention, l'auteur y a scrupuleusement veillé. très peu de fautes d'impression lui ont echappé, qu'il me permette d'ajouter à son *Erratum* celles que j'ai relevées de ci de là sans toutefois les chercher p 37, *Œthelred, Œthelstan*, lire *Æthelred, Æthelstan* p 61 *Brighampton*, lire *Brighthampton* p 105 ΓPOPINE, lire ΠPOΠINE

Autres observations du moment que les passages de Suidas et de Pachymère relatifs à l'angon étaient textuellement reproduits, il fallait également donner en grec et non en traduction latine, celui d'Agathias Celui d'Eustathe a été omis, le lecteur n'est même pas averti de son existence

A la page 5 on voit en vignette le fac simile d'une monnaie mercienne portant la legende ✝OFFAREX en deux lignes au-dessus, un signe que M de Baye prend pour une tête humaine rudimentairement figurée par une espèce de T à branches courbes et retombantes Avec la meilleure volonté du monde je cherche en vain cette tête ou quelque chose qui m'en donne l'idée je n'aperçois qu'un signe ressemblant à s'y meprendre à un *m* oncial ∽ comme on le rencontre frequemment sur les monnaies byzantines dès la fin du vi siecle Les deux arceaux de cette lettre sont intérieurement pointés dans le même style que les quartiers de la croisette initiale ou les cantons de la lettre finale X. Mais ce qui me paraît caractéristique, c'est d'abord le trait horizontal qui surmonte ce *m*, à la manière des lettres employées comme sigles abréviatives; c'est ensuite son isolement dans le champ de la pièce. N'en ayant vu aucun exemplaire et ne voulant pas m'engager incidemment dans une dissertation hors de proportion avec un article analytique, je n'examinerai pas si le signe en question placé comme une lettre en vedette, M̄ doit être traité en sigle pouvant signifier quelque chose comme *moneta*, ou *Mercia* : c'est d'ailleurs affaire aux numismatistes anglais. Il me suffit d'exposer mes réserves sur le rapprochement fait entre une douteuse effigie monétaire et d'imparfaites représentations de la tête humaine sur des fibules anglo-saxonnes.

Pour me résumer, il me reste à dire que le livre de M. de Baye, illustré de 150 figures exécutées d'après ses propres dessins, est un répertoire riche en observations neuves, en faits inédits ou peu connus en France; nos archéologues y trouveront ample matière à comparaison avec leurs découvertes locales. C'est aussi un instrument d'initiation semé d'aperçus généraux, parfaitement adaptés au but que l'auteur s'est proposé; il nous paraît appelé à rendre de véritables services à la science des antiquités barbares.

Robert MOWAT

109. — PAULIN PARIS. — **Études sur François premier, roi de France**, sur sa vie privée et son règne, publiées d'après le manuscrit de l'auteur et accompagnées d'une préface par Gaston PARIS de l'Institut. Paris, Léon Techener, 2 vol. in-8°, 1885.

Il n'est jamais trop tard pour parler de certains livres. Lorsqu'un ouvrage ne doit pas son succès à l'actualité, lorsque le talent de l'auteur est au-dessus de la mode, lorsqu'on y trouve enfin des leçons toujours utiles, il est toujours à propos d'en entretenir le public.

Une noble indignation a souvent inspiré la poésie. M. Paulin Paris a prouvé qu'elle pouvait inspirer aussi l'érudition et la critique historique. On comprend en effet que cet esprit très fin, très judicieux, que ce cœur très français ait été plus qu'un autre saisi de colère en présence des inventions à la fois grotesques et odieuses, grossières et puériles par lesquelles V. Hugo a travesti l'histoire d'un prince qui fut l'un des plus grands souverains de son temps et fit jouer à la France un rôle glorieux. Il faut faire en effet remonter la première idée des *Études sur François Ier*, à l'année 1832, date de la représentation du *Roi s'amuse*, la plus grave erreur peut-être du grand poète. La lecture des chapitres relatifs à la première partie du XVIᵉ siècle dans l'*Histoire de France* de Michelet confirma Paulin Paris dans son projet. Lorsque Michelet s'occupa de François Ier, il était déjà sur la pente qui devait l'entraîner à tant d'écarts et rendre ses dernières œuvres tout à fait indignes des premières. On y voyait cet historien inégal, mais qui avait montré d'abord tant de pénétration et même un véritable esprit critique, faire preuve d'une crédulité presque naïve pour tout ce qui pouvait être contraire aux personnes royales, et amplifier avec une satisfaction visible, les anecdotes scandaleuses que lui donnaient des documents plus ou moins suspects.

Ce n'est cependant qu'après la mort de M. P. Paris que ses études sur François Ier ont été publiées et il y travaillait encore dans les derniers jours de sa laborieuse vie. Jusque-là certaines parties seulement avaient paru dans divers recueils. Dans l'introduction dont M. Gaston Paris a fait précéder l'ouvrage, il expose en des termes justement émus l'esprit qui y a présidé. Nous ne pouvons mieux faire que de le laisser parler :

« Ce n'est pas une histoire de François Ier que mon père a prétendu écrire. Il a choisi dans la vie privée et publique du prince quelques traits qui l'intéressaient particulièrement, ceux surtout qui avaient été le plus défigurés par les historiens ordinaires. Des parties entières du règne sont absolument passées sous silence, tandis que d'autres sont étudiées dans le plus grand détail ; le livre ne prétend nullement à être un tableau complet et suivi. Cela, si je ne me fais pas illusion, ne nuit aucunement au charme de l'ouvrage ; il présente une série d'études détachées, très différentes de sujet, d'étendue, de caractère et de ton, qui se font lire l'une après l'autre avec un plaisir varié. Le long chapitre sur le connétable de Bourbon est un morceau capital d'histoire sévère et documentaire, tandis que les premiers chapitres nous offrent de piquants tableaux de genre et qu'ailleurs la discussion vive et même parfois railleuse, les rapprochements littéraires, les fines réflexions de l'homme du monde viennent diversifier l'intérêt. Partout on retrouvera la fraîcheur d'impression, le naturel aisé du style, la grâce de l'esprit, toutes ces qualités qui brillent dans tant de pages écrites de la même main, et qu'on s'étonnera qu'elle ait aussi entièrement conservées en songeant qu'elle a tracé les dernières lignes après une vie de quatre-vingts ans. »

« Mon père aurait été sensible au succès de lecture que son livre ne peut, me semble-t-il, manquer d'obtenir ; mais il aurait été bien plus touché s'il avait pu être le témoin du triomphe de ce qu'il regardait comme le bon droit et la vérité. Il a écrit l'histoire aussi impartialement qu'il a pu, mais il n'était pas en son pouvoir de l'écrire froidement. Il avait pour la « douce France » d'autrefois des sentiments qu'il avait peine à contenir et qui parfois éclataient malgré lui ; c'étaient ceux qu'il portait dans la vie de famille, c'étaient ceux qu'il avait eu pour sa mère et jamais fils ne fut plus tendre et plus respectueux. »

Tous ceux qui ont lu ces deux volumes reconnaîtront que l'impartialité du critique est ici d'accord avec la piété filiale.

Il ne faudrait pas croire cependant que ces légendes dénigrantes aient été introduites dans l'histoire de nos rois par des écrivains systématiquement hostiles à la royauté française et aient une origine récente.

On s'aperçoit bien vite, d'après le livre même de M. P. Paris, que les traditions les plus calomnieuses ont été transmises et amplifiées par des auteurs qui écrivaient pour la cour de France, que dis-je! par des historiographes officiels payés par le roi pour écrire l'histoire de ses ancêtres. Nous ne parlons pas seulement de Varillas, pour qui l'histoire semble n'être trop souvent qu'un recueil d'aventures galantes et d'anecdotes amusantes ou soi-disant telles, mais même de Mézeray.

M. P. Paris excelle à démêler l'origine et à montrer la vanité de tous ces commérages. Il y a là des sujets qui nous semblent traités d'une manière définitive. Le *Connétable de Bourbon* est une œuvre magistrale, quoique inachevée. Après avoir examiné et discuté tous les témoignages, avec autant de science que de perspicacité, l'auteur indique très bien pourquoi dès l'origine les crimes du Connétable de Bourbon ont été atténués, avec le consentement plus ou moins explicite de François Iᵉʳ lui-même. Dès 1526, au traité de Madrid il y avait eu en effet, officiellement du moins, une réconciliation complète. La défense de parler du duc de Bourbon, religieusement observée par tous ceux qui tenaient à conserver les bonnes grâces de la cour, eut pour effet de laisser le champ libre à ceux dont l'intérêt était de justifier ou du moins d'excuser le grand conspirateur. M. P. Paris explique par la date de la publication (1527) le silence souvent remarqué du *Loyal Serviteur* sur l'entrevue de Bayard mourant et du Connétable. Depuis lors la puissance croissante de la maison de Bourbon et à plus forte raison l'avènement de cette maison sur le trône de France laissèrent s'accréditer de plus en plus une manière de présenter les faits telle, que le traître qui voulait démembrer sa patrie et la détruire, rien que pour s'y tailler une principauté, fut presque considéré comme une victime de l'injustice royale. La réhabilitation de François Iᵉʳ et de sa mère Louise de Savoie nous paraît décisive sur ce point.

Nous aurions voulu cependant qu'un historien aussi autorisé nous eût fait connaître son avis motivé sur d'autres faits où il semble difficile de disculper le roi : la défection de Doria, le siège et la bataille de Pavie, la conduite du roi prisonnier à Madrid lorsqu'il conserve la dignité royale au lieu de se résigner à une abdication qui ne laissait plus entre les mains de l'empereur qu'un simple gentilhomme. Mais, quelle que soit l'opinion que l'on se forme sur ces diverses questions, c'est là un simple regret et non une critique, car M. P. Paris n'a nullement prétendu nous présenter une histoire suivie du règne, ni une apologie complète du roi.

D'ailleurs que d'heureuses rencontres dans ces deux volumes, en dehors de ce que le titre même des chapitres semble annoncer! Nous y apprenons par exemple (p. 70, t. I) que lorsque Martin Du Bellay écrivait la phrase souvent citée depuis, sur les seigneurs qui se rendaient à l'entrevue du camp du drap d'or, « y portaient leurs moulins leurs forests et leurs prez sur leurs épaules, » il ne faisait que répeter le passage d'une moralité représentée en 1515 « Sottye, sermon moralité « et farce, dit le *Journal d'un bourgeois de Paris*, dont la moralité « contenait des seigneurs qui portaient le drap d'or à Credo et empor- « taient leurs terres sur leurs épaules, avec autres choses morales et « bonnes remonstrations » Nous y voyons aussi la preuve (t I, p 55) que le quinquina était connu dès le XVIe siècle et avait été employé pour combattre une maladie de Charles-Quint Mais les citations les plus précieuses de l'ouvrage sont peut être celles des vers composés par François Ier et diverses personnes de la cour telles que Mme de Châteaubriand ou la duchesse d'Étampes et qui montrent à quel point le goût des lettres était alors répandu dans la noblesse Il y a là des pièces inédites à côté d'autres pièces déjà publiées, mais peu connues qui sont du plus grand intérêt Ce livre, d'une lecture suivie si intéressante, et en même temps si plein de faits, aurait dû être accompagné d'une table alphabétique permettant de mieux profiter de tout ce qu'il contient (1)

R PEYRE

---

110 — HENRI DE ROHAN **Son rôle politique et militaire sous Louis XIII** (1579 1638) par Auguste LAUGEL Paris Firmin Didot, 1889, grand in-8° de VII 443 p

M Laugel raconte dans sa courte préface que lorsqu'il entreprit ses premières études historiques, il fut très encouragé à les poursuivre par M de Loménie dont « l'indulgente, délicate et chaleureuse amitié » lui a été si précieuse pendant tant d'années L'excellent critique attira l'attention de son jeune confrère sur Henri de Rohan « le personnage l'avait séduit il avait commencé à réunir quelques notes sur son sujet et à s'éclairer sur les documents originaux qui le concernent, un de ses auditeurs du Collège de France, à la suite de leçons où il avait parlé de Rohan, lui avait apporté et donné un cahier manuscrit, d'une écriture ancienne, renfermant des copies de lettres assez nombreuses du duc de Rohan et de son frère Soubise, à leur mère Catherine de Parthenay, des lettres à la même de Marguerite de Béthune, duchesse de Rohan, de sa fille, qui devint la duchesse de Rohan-Chabot L'authenticité de toutes ces copies est assez prouvée par leur style et par leur contenu j'ai

---

(1) Signalons aussi une erreur On a confondu (p 80) la date de la mort de Marguerite de France, fille de François I avec celle de son mariage Elle mourut en 1574, et non le 9 juillet 1559 qui est le jour où elle épousa Philibert Emmanuel duc de Savoie dans la chambre même de son frère Henri II qui mortellement blessé devait succomber le lendemain

eu, en outre, l'occasion de les comparer avec un certain nombre de lettres originales qui ont été acquises par M. le duc d'Aumale, et qui sont conservées dans ses précieuses archives. Quand M. de Loménie se sentit atteint de la maladie qui devait l'emporter, il me demanda un jour de venir le voir et me donna ce cahier de copies en me disant qu'il ne pourrait pas s'en servir et qu'il avait plaisir à le laisser entre mes mains. Il y ajouta toutes les notes, indications de sources, de manuscrits, qu'il avait réunies sur Henri de Rohan. Cet adieu littéraire, si solennel, et qui précéda de si peu le dernier adieu, est toujours dans mon esprit, je n'ai jamais tourné les pages de ce cahier manuscrit sans revoir la main amaigrie qui me le tendait, *jam pallida morte futura*, sans entendre cette voix pénétrée et comme chargée d'une tristesse infinie. » M. Laugel fait suivre ces touchantes lignes de considérations élevées sur le rôle de l'histoire, laquelle n'est pas un simple tableau mais aussi une leçon. Je ne reproduirai pas ces considérations, mais je citerai un autre passage de la préface qui dit en peu de mots bien des choses sur le livre dont je vais m'occuper. « J'ai été bien des fois tenté d'abandonner le travail que j'offre aujourd'hui au public, tant les difficultés en sont grandes et variées ; ce que je viens de dire (au sujet de M. de Loménie) fera peut-être mieux comprendre pourquoi j'y suis toujours revenu. Je ne me suis pas laissé rebuter par la pauvreté relative des matériaux. Les archives de la maison de Rohan ont été livrées aux flammes, pendant la Révolution Française ; j'ai fouillé tous les dépôts publics, je n'ai pas oublié ceux de Venise ni le *Public record office* de Londres. Rohan a écrit beaucoup de lettres, mais il n'en reste qu'une très faible partie ; il en reste assez, heureusement, pour permettre de juger l'homme, de le comprendre, de le mettre dans sa vraie lumière. »

M. Laugel a très bien exposé le rôle politique et militaire que joua le duc de Rohan sous Louis XIII. Son livre possède des qualités de fond et de forme auxquelles nous sommes heureux de rendre hommage (1)

---

(1) En ce qui regarde la forme, on remarquera ce portrait de la mère du duc de Rohan (p. 20) « Le mariage (avec René de Rohan) fut conclu et célébré le 15 août 1575. Catherine n'avait que vingt et un ans. Elle avait eu la forte éducation que recevaient les grandes dames au XVIᵉ siècle. Elle aimait les lettres et cultivait les mathématiques. Si peu éprise qu'elle pût être de son premier mari elle avait composé une élégie sur sa fin malheureuse. Elle avait fait jouer à vingt ans à la Rochelle une tragédie, *Holopherne*, le rôle de Judith ayant toujours échauffé les têtes Huguenotes. L'humeur bizarre et rêveuse qu'elle devait montrer plus tard n'était sans doute pas encore très développée, on se la figure pourtant déjà quittant un problème mathématique pour composer quelques stances, lisant un peu au hasard, l'Évangile et les philosophes anciens et mêlant les soins de la maternité à ceux de la politique » Signalons une phrase de belle allure (p. 173) sur Soubise se retirant à la Rochelle « La Rochelle était bien son aire de refuge,

De la première à la dernière page, depuis la notice sur la maison de Rohan, « une des plus illustres de la Bretagne » qui « se perd dans la nuit des temps » et est mentionnée « dans les romans de la Table ronde », jusqu'au jugement sur Rohan (p. 362 à 366), jugement favorable, mais en somme équitable, tout est à louer dans cette monographie, fruit des plus laborieuses recherches fécondées par une heureuse sagacité, un remarquable sens critique. Soit que l'auteur raconte, soit qu'il apprécie, son lecteur peut le suivre en toute confiance, en toute sécurité (1). Ce qui distingue le *Rohan* de M. Laugel des précédents ouvrages consacrés à ce grand personnage, c'est l'abondance des renseignements nouveaux fournis par le zélé biographe (2). Non seulement tous les imprimés, même les plus rares plaquettes du XVII° siècle, ont été soigneusement consultés, mais encore, sans parler de la correspondance proprement dite de Rohan et de sa famille, déjà indiquée (3), nous pouvons citer divers importants documents inédits tels que *Discours des choses advenues en la ville de Lion, pendant que M. de Soubise y a commandé* (Bibl. Nat. f. f. 20,783), *Journal du voyage de Rohan en divers pays de l'Europe* de 1598 à 1600 (ms. 170 de la collection Godefroy à la bibliothèque de l'Institut) (4), *Mémoire de la duchesse de Rohan*

c'était la place de sûreté par excellence, ouverte sur la mer, Venise de l'ouest, fière de ses flottes, de son Sénat, habituée à l'indépendance, etc. » Voir de fines observations sur le *prince* de Balzac (p. 250) et un émouvant récit de la mort et des funérailles de Rohan (p. 359-361).

(1) M. Laugel me paraît pourtant un peu trop rude pour le duc d'Épernon (p. 49) quand il le dépeint en ces deux mots « d'âme dure et perverse ». C'est une exécution sommaire plutôt qu'un jugement.

(2) Ces renseignements ne concernent pas tous Rohan. Voici par exemple (p. 71) une indication relative au duc de Candalle (c'est ainsi que Rohan écrit ce nom) « La date de la conversion publique de Candale est fixée par une lettre de Anne de Rohan, sœur du duc de Rohan, à la duchesse de la Trémoille, le 12 janvier 1616, le fils du duc d'Épernon fit, à cette époque « la cène à Nérac »

(3) Parmi les *pièces justificatives* (385-440), on trouve trente-huit lettres de Rohan à sa mère (27 novembre 1630-28 avril 1632) écrites d'Italie et de Suisse, vingt-cinq lettres de Benjamin de Soubise à sa mère (8 décembre 1630-14 septembre 1631), écrites toutes « Au Bourguet », dix lettres à la même de Marguerite de Bethune, duchesse de Rohan, et de sa fille Marguerite de Rohan, enfin vingt et une lettres en italien adressées de la ville de Coire et de divers autres lieux (1631-1635) par Rohan aux Vénitiens Scaramelli et Rosso.

(4) M. Laugel dit, par inadvertance, Bibliothèque Mazarine. Relevons ici quelques autres peccadilles : *Daumazan* pour *Damazan* (p. 71), *Le Mas au duché d'Albret* pour le *Mas d'Agenais* (p. 71), *Collonges* pour *Cologes* (p. 72), *Pouyanne* pour *Poyanne* (p. 94), *Montheurt* pour *Monheur* (pp. 112 et 122), Pont de *Louzières* pour pont de *Lauzières* (p. 185). La note sur Benjamin Priolo (p. 313) pourrait être plus précise. M. Laugel n'a connu ni ma publication des lettres de Priolo (*Archives historiques de la Saintonge*), ni la thèse spéciale de M. Normand (*De Benjamini Prioli vita et scriptis*, Lyon, 1883).

Marguerite de Béthune Sully, écrit en 1645 (Bibl nat, f f 15, 373), *Entreprise de Sommières, escripte par M de Saint Blancard,* 5 juillet 1625 (Bib Nat, f f 4, 102) *Le siège de Mas d'Azil et ce qui s est passé en Foix durant les derniers troubles de l année 1625 escrit par M de Saint Blancard* (Ibid), *Relation du voyage du duc de Rohan dans le pays de Foix et du soulèvement du colloque de Foix, décrite par mandement du duc de Rohan* (Bib Nat, collection Dupuy, vol 160), *Discours écrit par le duc de Rohan concernant les affaires générales de la Chrétienté* (Public Record Office), *Registre des despesches de la cour de l année* 1633, c'est-à-dire des lettres écrites et reçues pendant cette année par le duc de Rohan (Bib Nat, n° 4, 1065), etc

Sur le sujet principal de son livre, la vie de Rohan, M Laugel est inattaquable il est là établi le plus fortement du monde, comme sur un roc de toute solidité On ne peut lui adresser quelques objections qu'en abordant des points secondaires, accessoires Je contesterai, par exemple, cette assertion (p 14) à propos des *Mémoires de la vie de Jean de Parthenay-l'Archevêque, sieur de Soubise,* édités par Jules Bonnet (Paris, 1879) « Mémoires qui, suivant toute apparence, ont été rédigés par le mathématicien François Viète, qui fut le précepteur et l'ami de Catherine de Parthenay » Malgré l'affirmation de M Laugel, il est permis de douter de l'attribution de paternité faite à l'illustre Viète ce n'est là qu'une simple conjecture et, en bibliographie, une conjecture ne compte pas — De même (p 251), si Mme de Rohan a été « accusée d'être l'auteur d'une très cruelle et amère satire intitulée *Apologie pour le roi Henri IV,* etc (1596), cette accusation n'a jamais été prouvée et, par conséquent, reste sans valeur — Je me permettrai de douter encore, — et très fort — du mot rapporté (p 171) et qui a été prêté à Ledisguières par l'auteur des *Mémoires de Pontis,* lequel auteur est dépourvu de toute autorité, comme on a jadis essayé de le démontrer (1) « Il faut que la Rochelle prenne le fort Louis ou que le fort Louis prenne la Rochelle »

Ce ne sont là que des bagatelles, d'imperceptibles grains de poussière sur un durable monument qui est digne d'être rapproché à divers égards, et c'est là certainement l'éloge que l'auteur peut trouver le plus flatteur de cet autre monument, plus considérable — que l'on appelle *l Histoire des princes de Condé*   T de L

(1) *De la valeur des memoires de Pontis au point de vue historique* à la suite de *Quelques notes sur Jean Guiton le maire de la Rochelle* (Paris 1863, p 25-32) Un recommandable erudit M Roman a l'intention de réhabiliter les mémoires de Pontis quant à leur véracité il aura fort à faire et l'auteur de la brochure qui vient d'être citée peut dire à ce compatriote de Bayard qu'il attend sa réfutation *sans peur et sans reproche*

111 — E. GOUMY **La France du Centenaire**, Paris, Hachette, 1 vol. in-16 de II-388 p.

Léon DE PONCINS **Les Cahiers de 89 ou les vrais principes libéraux**, 2 edit., Paris, Alphonse Picard, 1 vol in 8 de XIV-475 p.

Il n'y a presque pas de livres qu'on ne puisse lire, et, en tous cas, qu'on ne lise en se plaçant à des points de vue très différents, mais ce qui fait peut-être la plus grande originalité du livre de M. Goumy sur la *France du Centenaire*, c'est qu'on ne peut le bien goûter que si on se place à différents points de vue, si on n'isole pas l'une de l'autre les deux parties qui le composent, si on tâche enfin d'oublier ses propres préférences pour tel ou tel des sujets qui y sont abordés. De là, n'allez pas conclure que la lecture de cet ouvrage soit très malaisée, ou plus fatigante que celle des *Cahiers de* 89, dont M. de Poncins vient de nous donner la deuxième édition.

Assurément certains chapitres du livre de M. Goumy, même pris à part, paraîtront excellents. Prévost-Paradol n'a montré ni avec une plus pressante évidence, ni avec une aussi sobre vigueur, « comment 89 tourna tout de suite en crise tragique », il serait difficile, je ne dis pas de prouver (la démonstration est faite depuis longtemps dans l'esprit de quiconque a appris l'histoire de la Révolution ailleurs que dans Michelet et dans Thiers), mais de rappeler en moins de mots qu'en 1792 la guerre étrangère « fut délibérément voulue, provoquée et déclarée par les chefs élus de ce Tiers-Etat que la Constitution de 91 avait fait rois, » et que le danger de cette guerre fut décuplé, délibérément encore, je pense, par le procès et la mort de Louis XVI. Toutefois le lecteur qui s'attacherait à la succession des événements, fût-ce seulement des événements intérieurs, ne s'expliquerait guère certaines disproportions ni certaines lacunes, quelque historien, ami de la mesure, trouvera bien sèches les réflexions sur le 18 brumaire et un peu longs les détails sur l'avènement de la monarchie de Juillet, que le nom de M. de Martignac et de ses collègues ne soit pas prononcé, nul ne s'en étonnera, puisqu'ils ont été trop entravés pour avoir pu laisser une trace de leur passage, mais tout le monde ne comprendra peut-être pas aussi bien le silence sur le ministère Casimir Périer, car M. Goumy sait fort bien que l'influence en dépassa la durée, et que ce ministère constitue une des « phases » dont il se propose de développer l'enchaînement devant nous.

N'envisagez maintenant que ce qu'on pourrait appeler le côté moral et humain de ce résumé de notre histoire de cent ans, les portraits, les jugements sur les acteurs de la tragédie et de la comédie qui se sont succédé ou mélangées en France depuis 1789, le dessin de la figure de

Napoléon Ier vous paraîtra sommaire, surtout par comparaison et quand vous aurez vu que Louis XVIII et Charles X sont peints avec une sûreté de main et même avec une finesse qui n'est cependant pas la qualité maîtresse de M. Goumy, vous chicanerez peut-être sur l'épithète de « dévot » appliquée à Robespierre, et la « candeur de sa foi à la guillotine » (p. 44) pourra vous laisser des doutes ; plus sûrement, le souvenir d'une page fameuse des *Origines de la France contemporaine* s'imposera à vous quand vous lirez ces lignes : « La Convention, jusqu'au 31 mai, a cherché ou attendu des chefs. Ce jour-là elle a trouvé des maîtres ; et quels maîtres ? les massacreurs. Elle sera désormais entre leurs mains comme un homme fou de peur entre les mains d'un fou furieux. Muette, inerte, retenant son souffle, elle fera tout ce qu'ils voudront, n'ayant plus qu'une ambition, celle de vivre. Eux, prendront leurs ébats, en gens pressés de dévorer leur règne d'un moment, et étaleront, sans vergogne, la saturnale des fous, des cabotins et des chenapans. » Rappelez-vous que la *France du centenaire* est autre chose que l'analyse psychologique des « héros » de notre histoire, et alors les réminiscences comme les faiblesses ou les exagérations de crayon que je viens de signaler n'auront pour vous qu'une importance secondaire, l'importance qui est la leur. M. Goumy, parce qu'il a voulu voir de haut, a vu d'un peu plus loin ; c'est volontairement aussi, et parce qu'il voulait avant tout « faire voir » nettement, qu'il a grossi certains traits, qu'il en a simplifié d'autres, et, si quelques-unes de ses peintures ne sont pas très personnelles, c'est qu'entraîné par sa verve passionnée, il exprime les choses dans le langage qui lui a permis à lui-même de se les représenter avec la clarté la plus vive.

Dans l'étude de la France actuelle, qui forme la seconde partie, M. Goumy arrive à s'animer encore davantage : par moments, non seulement l'indignation, mais une véritable colère semblent couper son souffle et le style devient haletant. A propos du suffrage universel, de « l'aristocratie de la démocratie », de la liberté, les vérités s'accumulent en même temps que les coups de verge se mettent à pleuvoir. Je n'ai pas à insister sur ces pages, grâce auxquelles le livre mériterait de devenir le bréviaire des hommes politiques : malheureusement, il n'y a guère d'hommes politiques qui éprouvent le besoin de lire dans un bréviaire.

Deux mots, en terminant, sur la réédition des *Cahiers de 89*. Pourquoi l'auteur, dans son Introduction, « considérablement augmentée », insiste-t-il aussi longuement (p. xxi à xxix) sur l'appui prêté par la royauté au peuple, pour dissiper une erreur qui, dit-il plus loin et un peu tard, « n'a pas besoin d'être combattue » (p. xxxi)? Un parallèle entre saint Vincent de Paul et les laïcisateurs de l'Assistance publique était il indispensable ? Était-ce plus nécessaire de distribuer, et avec une pareille banalité, aux ouvrages de M. de Beaucourt sur Charles VII et de M. de Meaux sur les luttes religieuses au xvi° siècle des éloges inégalement justifiés ? M. de Poncins garde néanmoins le mérite d'avoir, dans son livre mal fait, donné le premier des renseignements précis sur l'ensemble des cahiers de 89.

St. DE LANZAC DE LABORIE.

CHRONIQUE

99. Le troisième fascicule de la *Revue des Religions* contient la suite des articles du R. P. VAN DEN GHEYN sur *La science des religions à l'Université de Leyde* — de l'abbé de BROGLIE sur *Les Origines de l'islamisme* — de l'abbé PEISSON sur *Le Musée Guimet et l'enseignement officiel des religions en Europe* — enfin un article de l'abbé PETITOT sur *La Théogonie des Américains du nord-ouest canadien*. — La *Revue* paraîtra désormais tous les deux mois. Une chronique fort bien faite donne toutes les nouvelles relatives aux études historiques sur les religions.

100. Voici les principaux articles parus dans les derniers numéros des *Annales de philosophie chrétienne*. Le libre arbitre par J. GARDAIR — L'Union de l'âme et du corps les faits qui la manifestent, par F. DUQUESNOY — Pensées sur l'histoire de Ch. CHARAUX — Commentaire sur la question LXXIX, p. 1 de la *Somme* art. 10 et 11 par Mgr ROTELLI — Le Principe de finalité par l'abbé de BROGLIE — Détermination des causes créées par DOMET DE VORGES — La Notion du moi par Cl. PIAT — L'Unité des forces physiques par J. BULLIOT — Les Premiers principes métaphysiques de la science et de la nature d'après Kant par G. LÉCHALAS — La Philosophie dans l'Imitation par A. DECAROLE — Les Causes finales par DOMET DE VORGES — Doctrines philosophiques et théories physiologiques contemporaines sur la vie par L. MAISONNEUVE — Le Platonisme au moyen âge par Ch. HUIT — L'Unité des forces physiques par E. VICAIRE — Psychologie de Lucrèce par É. BOUISSON — L'Accord du libre arbitre avec la prescience de Dieu par J. GARDAIR — Le Principe de raison suffisante et l'existence de Dieu par l'abbé de BROGLIE — L'Âme spirituelle dans le corps sensibilité et volonté libre par F. DUQUESNOY.

101. Récemment a paru le premier fascicule d'une publication périodique intitulée *Annales de l'enseignement supérieur de Grenoble* des fascicules analogues paraîtront trois fois par an. La publication nouvelle émane de l'initiative et est placée sous la direction des Facultés de Droit, des Sciences et des Lettres et de l'École de Médecine de Grenoble. Les fondateurs de cette revue se sont proposé de donner « une manifestation nouvelle de l'activité scientifique du corps professoral Grenoblois, et de constituer en même temps comme un signe matériel et visible de la solidarité qui unit les divers ordres d'enseignement. »

Voici parmi les articles du premier fascicule l'indication de ceux qui portant sur des sujets historiques littéraires ou juridiques, se recommandent plus particulièrement à l'attention de nos lecteurs.

E. BEAUDOUIN. La recommandation et la justice seigneuriale.

R. JAY. L'article 419 du Code pénal et les syndicats professionnels.

E. DUGIT. Oreste et Hamlet.

102. *La liturgie romaine dans la numismatique.* — Sous ce titre qui paraît, à première vue, associer deux choses bien étrangères l'une à l'autre, M. W. Frœhner a publié le tirage à part d'un mémoire érudit et curieux paru dans l'*Annuaire de la Société de numismatique*, année 1889. Depuis longtemps la curiosité de M. Frœhner était excitée par la légende absolument contraire aux règles de l'épigraphie des médailles, d'une pièce frappée à l'occasion de l'entrée à Lyon, le 15 mars 1499, de Louis XII et d'Anne de Bretagne, mariés depuis deux mois :

† FELICE LVDOVICO REGNANTE DVODECIMO CESARE ALTERO GAVDET OMNIS NACIO

† LVGDVN RE PVBLICA GAVDETE BIS ANNA REGNANTE BENIGNE SIC FVI CONFLATA 1499

M. Frœhner finit par découvrir, ce dont personne ne s'était avisé, que cette légende est métrique, du même rhythme que l'hymne *Victimae paschali* et se compose de deux quatrains :

1. *Felice Ludovico*
regnante duodecimo
Cesare altero
gaudet omnis nacio

2. *Lugdun)ensi republica*
gaudente bis Anna
regnante benigne
sic fui conflata

Non seulement le rythme, mais la pensée et les expressions sont empruntées à des chants liturgiques. Une fois sur la voie, M. Frœhner étendit ses recherches. Sur une pièce frappée sous le règne de Charles VII, il releva une légende métrique également empruntée à une ancienne hymne liturgique :

Hora nona dominus Iesus expiravit
« *Heli* » *clamans animam patri commendavit*
Latus eius lancea miles perforavit
Terra tunc contremuit et sol obscuravit

Le magdelon d'or et quelques billons de René d'Anjou, comte de Provence (1434-80) ainsi que l'angelot d'or d'Henri VII roi d'Angleterre (1485-1509), portent le vers *O crux ave spes unica* emprunté à l'hymne *Vexilla regis prodeunt*. Sur un écu d'argent de Charles Quint, duc de Milan, on lit *Te Deum laudamus*. Sur les pièces d'or de Ferdinand et Isabelle, ou de Louis de Hongrie et Marie d'Autriche, on a gravé ces paroles empruntées à l'évangile de la messe de mariage : *quod Deus coniunxit homo non separet*. A partir de saint Louis jusqu'à la Révolution, la plupart des monnaies d'or françaises ont pour légende les mots *Christus vincit, Christus regnat, Christus imperat,* paroles qui faisaient partie des *Laudes*, c'est-à-dire des acclamations solennelles que l'on chantait à la grand'messe de Pâques et qui remontent aux premiers siècles du christianisme. Saint Louis, créant le mouton d'or, mit autour de l'agneau pascal ces paroles de saint Jean (I. 29) introduites dans la liturgie : *Agnus Dei qui tollis peccata mundi, miserere nobis,* etc. M. Frœhner dresse, à la fin de son mémoire, une liste qu'il ne donne pas comme complète, des légendes monétaires empruntées aux Écritures. Les *Psaumes* en ont fourni 46, les *Proverbes*, 2, le livre de la *Sagesse* 1, *Isaïe* 1, les évangiles de *saint Mathieu* 5, de *saint Luc* 7, de *saint Jean* 3, les épîtres aux *Romains* 1, aux *Corinthiens* 2, aux *Galates* 1, aux *Éphésiens* 1, à *Timothée*, 1, l'*Apocalypse* 4.

H. T.

SOCIÉTÉ NATIONALE DES ANTIQUAIRES DE FRANCE

Séance du 31 juillet. — M. POL NICARD présente le dessin d'une mosaïque romaine trouvée en Suisse a Oberweningen par M. le pasteur Leenhard de Schofhordorf et représentant des animaux et des oiseaux. Elle est signée *Abbilius fecit*. — M. LETAILLE présente l'estampage d'une inscription bilingue latine et néopunique, donnée au Musée du Louvre par M. Poulle, président de la Société archéologique de Constantine. Cette inscription provient de Aïn Beida (Algérie). — M. E. BABELON fait une communication sur des monnaies de l'Afrique et de l'Espagne romaines. Ce sont des monnaies de Cirta, de Babba et des incertaines d'Espagne. Sur l'une de ces dernières on avait lu le nom de ville Vagaxa. — M. Babelon démontre que ce nom propre est un nom d'homme et que la prétendue ville de Vagaxa est à rejeter dans le domaine de la géographie légendaire. — M. R. Mowat présente le croquis d'une fibule en or conservée au Musée de Turin, sur laquelle est gravée une inscription qui prouve que Constantin I a porté le titre de *Herculius Caesar*. — M. l'abbé THÉDENAT achève la lecture du mémoire de M. l'abbé Douais sur la vie de saint Germier, évêque de Toulouse au VII siècle. — M. l'abbé THÉDENAT communique la restitution d'une inscription métrique trouvée à Apt (Vaucluse).

ACADÉMIE DES INSCRIPTIONS ET BELLES-LETTRES

Séance du 12 juillet. — M. l'abbé DUCHESNE lit un mémoire sur un recueil de *Vies des papes* conservé dans un manuscrit de Saint-Gilles.

Dans la première partie du recueil qui correspond à la fin du XI° siècle et au commencement du XII°, le texte de ces notices pontificales est tout entier de la main du cardinal Pandulphe, un des partisans de l'antipape Anaclet II, quoique jusqu'à présent on l'ait attribué au cardinal Pierre de Pise. Il a seulement été remanié ça et là par Pierre Guillaume, bibliothécaire de Saint-Gilles. Tout ce qui concerne les forces militaires y est longuement traité et les anecdotes piquantes ou mêmes drolatiques y abondent. — Au nom de la Commission du prix Bordier, M. Barbier de Meynard, président, annonce que la question sur les *Sources de Tacite*, mise au concours pour cette année, est prorogée à l'année prochaine. — M. HÉRON DE VILLEFOSSE présente à l'Académie de la part de M. Ad. Démy, la plaque de bronze doré découverte à Narbonne au mois de janvier 1888 au milieu des ruines d'un bain antique dans un champ appartenant à M. Delprat sur la route d'Armissan. C'est un monument épigraphique de la plus haute importance pour l'histoire des institutions romaines en Gaule, il contient en effet un fragment d'une loi relative aux fonctions du flamine d'Auguste à Narbonne et aux honneurs qui devaient lui être rendus dans le *Concilium provinciae Narbonensis*. Cette loi, dont il avait la présidence, dont ce fragment ne contient malheureusement qu'une partie, a dû être faite par l'empereur Auguste lui-même en l'an 27 avant J. C., au moment où il tint à Narbonne la célèbre assemblée d'où sortit toute l'organisation des provinces romaines de la Gaule. M. Ad. Démy habilement secondé par M. J. Letaille, élève de l'École pratique des Hautes-Études, est parvenu à acquérir ce texte important, et avec une générosité qui l'honore, il en a fait don au Musée du Louvre. Jusqu'au moment où elle sera remise au Musée, la plaque de Narbonne sera exposée au Champs-de-Mars dans une des galeries de l'histoire du travail. — M. Edouard NAVILLE présenté à l'Académie par M. Maspéro, décrit sommairement des fouilles qu'il a accomplies dans le grand temple de Bubaste. Ce qui reste de cet édifice a été déblayé entièrement sur une longueur de 200 mètres environ. Les inscriptions qui y ont été trouvées permettent d'en suivre l'histoire pendant plus de trois mille ans, depuis les rois Chéops et Chéfset, constructeurs des pyramides, jusqu'à Ptolémée Épiphane. Les statues sont exécutées dans le style que Mariette attribue aux Hyksos.

HENRI THÉDENAT

Le Gérant E. THORIN

BULLETIN CRITIQUE

SOMMAIRE. 112. GOURD, professeur à l'Université de Genève. Le phénomène, esquisse de philosophie générale. *Eugène Beurlier.* — 113. CHÉNON. Histoire de sainte Sévère en Berry ; étude historique sur le *Defensor civitatis. L. Duchesne.* — 114. J. D. SCHŒPFLIN. Étude biographique par Ch. Pfister. *T. de L.* — 115. VICOMTE DE BROC. La France sous l'ancien régime, 2e partie. *P. Bonnassieux.* — 116. Mes campagnes (NOTES DU COLONEL PION DES LOCHES) ; lettres d'un jeune officier à sa mère (FARÉ) ; la Congrégation. GEOFFROY DE GRANDMAISON. *Pisani.* — CHRONIQUE. — ACADÉMIE DES INSCRIPTIONS ET BELLES-LETTRES.

112. — **Le phénomène**, esquisse de philosophie générale, par J. J. GOURD, professeur à l'Université de Genève. Paris, Félix Alcan, in-8, 443 pages.

Voici un livre fortement pensé et qui donne à penser. On pourra élever contre lui bien des critiques ; à coup sûr, on ne lui reprochera pas de manquer d'originalité. A lui seul, le titre provoque déjà la réflexion. Il promet une esquisse de *philosophie générale* dont l'objet sera le *phénomène.* Mais qu'est-ce que la philosophie générale ? M. Gourd nous l'apprend dans l'Introduction de son ouvrage. La philosophie générale est d'abord une science, c'est-à-dire une étude de réduction et de définition, — de réduction, puisqu'elle s'efforce de ramener à l'unité des abstraits généraux les éléments communs de la réalité concrète ; — de définition, puisque, par la synthèse des abstraits, elle entreprend de redescendre jusqu'à la réalité, et de faire connaître son essence. Mais la philosophie générale est une certaine science, et l'on sait quel est son domaine lorsqu'on est capable de le circonscrire et de le distinguer, d'une part, de celui des sciences particulières, et de l'autre, de celui de la métaphysique. L'ontologie prétend nous renseigner sur le monde ultra-phénoménal, qu'elle se vante d'ailleurs avec Platon, d'avoir l'intuition de l'être lui-même d'où sortent les phénomènes, ou qu'elle déclare cet être inaccessible à la vue directe de la raison. Au contraire la philosophie générale se tient sur le terrain de l'expérience, c'est-à-dire des phénomènes psychiques, car rien ne nous est connu que les faits éclairés par la conscience. Les sciences particulières, de leur côté, s'arrêtent bientôt dans leur œuvre de réduction et de définition ; elles ne poursuivent que des abstraits de moyenne hauteur. Au contraire la philosophie générale recherche les abstraits suprêmes, en un mot « *les dernières diversités* » que nous offrent les phénomènes.

Ces dernières diversités que M. Gourd trouve dans les choses sont celles du *ressemblant et du différent*, du *psychique* et du *physique*, de l'être et du *non être*. Si c'était là le seul résultat de la philosophie générale, on aurait raison de juger qu'elle ne vaut guère la peine qu'on s'en occupe, et que le livre de M. Gourd n'a pas le caractère de nouveauté que nous lui avons reconnu. Aussi bien, le mérite de l'auteur ne consiste pas en la découverte de ces dernières diversités, mais dans l'effort dialectique à l'aide duquel il a tenté de rattacher aux abstraits généraux les principales notions dont traite la métaphysique, et de résoudre de ce point de vue particulier les grands problèmes qu'elle discute. Chacune des diversités donne lieu à une étude spéciale. M. Gourd justifie d'abord la diversité qu'il considère (*Propositions*), puis il établit nettement son sens, montre quel aspect des choses elle nous révèle, par exemple si nous avons affaire aux faces, aux moments, ou aux faits du phénomène (*Dispositions*), enfin il ramène des abstraits inférieurs à l'abstrait supérieur en question (*Applications*).

Nous ne pourrions sans accaparer un numéro tout entier du *Bulletin*, apporter l'analyse détaillée d'un ouvrage où tout est raisonnement serré, discussion minutieuse, argumentation continue, où rien n'est accordé aux ornements du style, à l'harmonie de la phrase, au charme du développement. Nous nous contenterons de suivre pas à pas l'auteur dans sa première étude. Nous espérons ainsi donner une idée suffisante de son dessein, de sa méthode, et des plus importants résultats auxquels il aboutit.

Il s'agit d'abord, nous l'avons dit, de la diversité du ressemblant et du différent. Que le ressemblant et le différent constituent bien une des dernières diversités, il y en a plusieurs preuves. Les sciences particulières qui formulent des lois et définissent des classes, ne peuvent atteindre ce but que parce qu'elles sont fondées sur le ressemblant et le différent. Ensuite l'expérience démontre l'existence de ce double aspect des choses, car sans ressemblant ni différent il n'y aurait pas de pensée. En effet, la pensée enveloppe un rapport, et un rapport ne s'établit pas dans l'identique, du même au même, c'est-à-dire sans différent. D'autre part, la pensée suppose aussi la ressemblance, car il n'y a pas de rapport si les deux termes diffèrent absolument. Enfin l'histoire de la philosophie apporte aussi son témoignage en faveur de l'existence de cette diversité, seulement dans la plupart des systèmes, l'un de ces deux termes est subordonné à l'autre. Dans le *monisme*, c'est le ressemblant qui est subordonné au différent, le différent y est considéré comme le développement de la substance unique, une dans son essence ou dans son existence (*Panthéisme et Matérialisme*). Dans le *pluralisme*, le différent reste subordonné parce qu'on admet une essence unique, sinon une seule substance. Ainsi, dans l'*atomisme* de

Démocrite, il est rapporté au non être, et par conséquent privé de toute valeur positive, ou bien ce qui revient au même il ne porte que sur l'extérieur des choses, sur la situation, sur la forme géométrique, finalement sur la quantité. Dans le *monadisme* de Leibnitz il est considéré comme le développement de la substance identique en son essence. Pour les partisans de la création la diversité est le produit de l'unité agissant hors d'elle même. Les savants eux aussi nous parlent de phénomènes identiques en eux-mêmes, mais différents par leur composition (*Sensations élémentaires, mouvements infinitésimaux de M. Taine, Réalité primitive homogène de Spencer*). Pareillement Platon, saint Thomas, rabaissent le différent en le ramenant au non être et à la matière.

Il faut cependant maintenir l'indépendance du différent par rapport au ressemblant. Comment en effet dériverait-on le premier du second ? Serait ce par combinaison ? Mais, le ressemblant se combinera avec lui même ou avec autre chose. Avec autre chose ? C'est donc que le différent est supposé à l'origine de la combinaison. Avec lui même ? Il faut alors pour que la combinaison puisse avoir lieu qu'il y ait au moins distinction de parties au sein du ressemblant. Au reste cette distinction ne suffirait pas pour réaliser la combinaison d'où sortirait le différent, il faudrait encore que les parties fussent, dans leur nature intime différentes entre elles. En admettant qu'elles sont toutes semblables on admettrait par là même que leurs combinaisons aboutiraient à des résultats semblables. D'ailleurs l'idée même de combinaison est condamnée d'avance à un arrêt dans la fonction qu'on prétend lui attribuer, car la réalité primitive à laquelle correspondent les derniers abstraits, celle qui est donnée en premier lieu, bien que connue seulement en dernier à titre d'abstrait, est placée au dessous de la décomposition, et par conséquent au dessous de la combinaison proposée. — Serait ce par le développement d'un principe qui pousse la réalité à se diversifier ? Pas davantage, car si le différent ne préexiste pas au développement, il ne se trouvera pas après lui. Il est beaucoup plus simple et plus rationnel de dire que le différent est un terme aussi profondément enraciné dans la réalité que le ressemblant dont on voudrait le faire dépendre.

D'autres penseurs ont ramené le ressemblant au différent par défiance de la spéculation pure, et par une confiance exagérée en l'expérience, ils ont placé le différent au sommet des choses, par exemple, Spencer fait naître la conscience de la différence des états psychiques, par exemple encore, les nominalistes ne reconnaissent que la réalité particulière c'est-à-dire le différent. Mais cette seconde tentative est aussi illusoire que la première et pour les mêmes raisons. Il faut donc maintenir la diversité du ressemblant et du différent telle qu'elle a été posée

Voilà donc deux abstraits fondés sur la réalité, et d'égale hauteur. Sont-ils les derniers avant l'abstrait suprême c'est à dire la conscience ? Certainement. Le fondement de cette diversité n'échappe pas à la pensée puisque celle-ci est la conscience du différent et du ressemblant. Il est également au delà de la pensée, puisqu'il faut que les choses soient ressemblantes ou différentes avant d'être connues comme telles. Toutefois le ressemblant et le différent sont réductibles à la conscience, puisque leur opposition n'est pas une contradiction (en effet ils ont un point commun, et le différent n'est qu'un moindre ressemblant) et que, s'ils dépassent la pensée, ils ne dépassent pas la conscience.

En étudiant cette diversité ce sont les *faces* du phénomène que l'on envisage. Qu'est-ce à dire ? Cela signifie qu'il s'agit du double aspect par lequel les choses se manifestent. On ne saurait employer ici le mot de *fait*, car les faits sont des touts achevés. Or, le ressemblant et le différent ont besoin l'un de l'autre, et sont indissolublement unis comme les deux faces de la réalité. Pour que deux *faits* fussent unis il faudrait que l'un fût la cause de l'autre ; mais deux faits reliés par un rapport de causalité sont ressemblants car où serait l'élément commun entre un fait ressemblant et un fait différent ? — Le mot de *moment* ne serait pas plus juste. En effet les moments d'un fait sont distincts et se suffisent, ce qui serait d'autant plus vrai dans le cas présent que le ressemblant et le différent sont opposés. En outre on s'étonnerait tout comme s'il s'agissait de faits proprement dits que ces choses donnassent lieu d'une part à des rapports s'ouvrant à l'infini ainsi que le réclame le ressemblant, d'autre part à des rapports se fermant, ainsi que le réclame le différent. Enfin, pourquoi l'union de ces deux choses, indépendamment d'un lien de causalité ? Non il s'agit bien de faces du phénomène car deux faces peuvent être indissolublement unies sans être l'une cause et l'autre effet ; elles peuvent coexister parce qu'elles sont opposées et non contradictoires. Elles permettent à la pensée de naître puisqu'elles lui offrent le rapport dans lequel elle ne saurait être. Enfin, elles présentent la réalité comme à la fois simple et double.

A cette première diversité du ressemblant et du différent se ramènent celles de l'*actif* et de l'*inactif*, de l'*instable* et du *stable*, de l'*agréable* et du *désagréable*, du *scientifique* et du *non scientifique*, du *causal* et du *non causal*, du *libre* et du *déterminé*, du *fini* et de l'*infini*. — L'*actif* se réduit au différent, car sa condition est la lutte soit pour résister au milieu avec lequel il ne s'accorde pas, soit pour l'attaquer. Au contraire, l'*inactif* revient au ressemblant, car ne trouvant dans son milieu rien d'opposé, rien de discordant, il reste en repos. Comme le ressemblant et le différent, l'*actif* et l'*inactif* sont des opposés et non des contradictoires, comme eux, ils marquent deux faces de la réalité, — et le *mécanisme* et le *dynamisme* sont vrais chacun à leur point de vue.

L'*instable* se ramène à l'*actif*, s'use et dépense sa force dans la lutte contre le ressemblant, l'*inactif*, au contraire, subsiste, car n'ayant pas dépensé de force, il n'a rien perdu. L'*instable* et le *stable* ne sont pas non plus des contradictoires mais des opposés, car pour être instable il faut être, et pour être il faut durer, cette durée ne fût-elle en aucune façon appréciable. En un sens inverse, pour être stable il faut être, et pourrait-on comprendre que l'être ne changeât pas? Comment se soustrairait-il entièrement à l'influence de ce qui change autour de lui? Si donc le ressemblant et le différent sont deux faces de la réalité, il en est de même de l'instable et du stable.

L'*agréable* se ramène à l'*actif* suivant la profonde théorie du plaisir exposée par Aristote, Hamilton et M. F. Bouillier. C'est dire que le plaisir se réduit au différent et que par contre la douleur se réduit à l'*inactif* et au *ressemblant*. Mais n'y a-t-il qu'une simple opposition entre l'agréable et le désagréable? Pour le montrer il suffit de faire remarquer qu'il est possible d'établir des degrés dans l'un et l'autre élément. Or entre les contradictoires, il ne saurait être question de transition. Si donc il est permis de parler de plaisir plus ou moins intense, de douleur plus ou moins pénible, c'est que le plaisir est une moindre douleur et la douleur un moindre plaisir.

Dans la vie intellectuelle, le *scientifique* se ramène au ressemblant, et le *non scientifique* au différent. Car la science cherche à comprendre les réalités individuelles dans l'unité des classes et des lois fondée sur la ressemblance. Le différent échappe donc à la science, mais cet agnosticisme n'entraîne pas la mise du différent hors de l'expérience : le différent se constate s'il ne se comprend pas.

Le *causal* se ramène au ressemblant et le *non causal* au différent. En effet, le non causal c'est l'absolu, c'est-à-dire ce qui est en soi et par soi. Mais cette façon de définir l'absolu est contradictoire : comment l'absolu serait-il à la fois son propre déterminant et son propre déterminé? Serait-ce qu'on peut distinguer en lui la puissance d'être et l'être lui-même. En tous cas, il faudrait que l'un des deux termes fût sans cause. Il faudrait aussi qu'il fût sans effet, car où serait l'effet de l'absolu? Si l'absolu a deux termes et que le second soit l'effet du premier, il resterait toujours un dernier terme sans effet. Et s'il est indivisible, il ne peut, à cause de son indépendance, déterminer hors de lui des existences étrangères. Cela ne signifie pas que l'absolu soit sans relation, car alors il faudrait renoncer à le penser aussi bien qu'à le comprendre. Mais on ne met l'absolu hors de toute relation que parce qu'on identifie le causal avec le relatif, ce qui est faux. Le *causal*, avons-nous dit, se ramène au ressemblant car l'effet n'est que la cause du survivant à elle-même : donc il est semblable à la cause. Dire que l'effet résulte de la cause par une création, c'est admettre l'inintelligible. S'il en est ainsi, si le causal se ramène au ressemblant et au stable, ne doit-il pas se trouver dans toute succession? Suffit-il pour trouver la cause d'un fait de chercher le fait précédent? Certainement, si l'on entend par dernier, le dernier disparu. La difficulté qu'il y a de découvrir les causes n'est que la difficulté de découvrir les faits précédents. Il est donc permis de ramener le causal au stable et au ressemblant, et par conséquent, l'absolu au terme de la série opposée.

Cette conclusion a de l'importance pour la solution du problème de la liberté. La solution libre doit être indépendante de ses motifs, et cela suffit. Mais il faut que cette indépendance soit véritable, et qu'elle affranchisse la volonté non seulement des motifs inférieurs, mais encore des motifs supérieurs. La volition échappera donc à la science puisqu'elle produira du nouveau et que le nouveau n'est pas scientifique. La science commence avec les coordinations, et avec quoi le nouveau se coordonnerait-il? Avec rien d'indiqué d'avance puisqu'il n'est nouveau qu'en tant que les faits connus ne le font pas prévoir. C'est dire que la volition échappe à la causalité, car la causalité suppose deux termes. Distinguerait-on dans la volition le résultat de l'agent? Mais l'agent ne peut être permanent sans compromettre l'indépendance du résultat, et s'il n'est pas permanent comment se distinguerait-il du résultat? D'ailleurs, la question se reporterait aussitôt avec toutes ses difficultés sur l'agent lui-même. Comment pourrait-il être à la fois cause et effet? Il faut donc reconnaître que la volition échappe à la science. Elle échappe également au mérite et au démérite, car provenant d'une source qui n'a de rapport obligé avec rien, aucune mesure ne lui est naturellement applicable. Cette volition libre, il ne faut pas la chercher en dehors du monde de l'expérience, car si la liberté était exclue du monde phénoménal, de quel droit la placerions-nous au delà? Elle est dans la région des phénomènes auxquels elle vient se mêler, et qu'elle dirige dans des sens imprévus. Mais elle ne sort pas pour cela des inaccessibles noumènes. La liberté n'est pas une exception au déterminisme des phénomènes, c'est une des faces de la réalité qui contraint le libre aussi bien que le détermine.

Le *fini* et l'*infini* se ramènent au ressemblant et au différent. Comme eux ils ne sont pas contradictoires : il y a autant de termes ressemblants que de choses concrètes, il y a autant de choses concrètes que de différentielles. L'infini n'est pas une notion mystérieuse, car qu'y a-t-il de mystérieux dans la propriété que possède le ressemblant de se prêter à l'union avec tous les différentiels possibles et même d'en solliciter en quelque sorte toujours de nouveaux? Comme l'absolu, l'infini se trouve dans le phénomène avant d'être projeté au delà. Mais cet *infini* n'est pas l'*indéfini* car ou l'indéfini est fini et seulement fini, ou il est infini et seulement infini. Cette nature mitoyenne qu'on prétend lui assigner est incompréhensible. Pour se prêter à un accroissement illimité, il faut être actuellement illimité. Ce qui est fini, loin d'avoir la possibilité de s'agrandir indéfiniment, ne peut s'agrandir en aucune façon. On invoque l'exemple du nombre qui est actuellement fini et qui a pourtant la puissance de s'accroître à l'infini. Mais cette puissance n'est pas celle du nombre, un nombre ne s'agrandit pas, il fait seulement place à un nombre plus grand. Il s'agissait donc bien de l'infini. Cet infini ne sera pas placé sur la même ligne que l'absolu, la correspondance de l'absolu avec le différent s'y oppose. Au reste, on serait tenté de les réunir en vertu de cette proposition : toute limitation est un conditionnement. Mais c'est là une assertion inacceptable. Loin d'être une diminution de la réalité, la limitation en est la marque évidente. Il suffit, pour le comprendre, de se dégager de la notion mathématique du plus et du moins qui n'a pas affaire ici. D'autre part, l'infini va nécessairement avec le causal, il n'y a pas de raison de s'arrêter dans la série des causes. Si l'on admettait que la causalité se restreint à des séries comprises entre deux termes, ces deux termes étant des absolus, l'un ne devrait rien produire, l'autre n'être produit par rien, ce qui supprimerait la causalité. Mais alors tomberons-nous dans la contradiction du *nombre infini*? Non, car la série des faits de conscience ne se déroule que dans le sens du présent à l'avenir. Les faits passés ne sont plus et il est impossible de prétendre que la suppression de tout arrêt dans l'avenir doive aboutir à la contradiction du nombre infini. Cependant le réel n'est pas donné en séries infinies. Si donc la science par sa correspondance avec le *causal* et le *ressemblant* est vouée à l'*infini* l'harmonie entre elle et le réel n'est-elle pas compromise? Mais la science n'épuise pas tout le réel. Quand le *réel* cesse d'être donné, son élément ressemblant doit cependant persister à condition qu'un nouvel élément différent s'ajoute à lui dans un nouveau fait. Or le réel ne fournit plus d'éléments différents, il faut donc que l'esprit en conçoive et arrive ainsi au pur possible. Ce *différent* élaboré comme un produit n'est pas un véritable différent, il est produit au moyen de qualités déjà formées, en d'autres termes, d'abstraits généraux. De la sorte le *possible* est non seulement postulé mais encore constitué par l'abstrait. L'*infini* ne fait donc pas entrer la science dans un monde nouveau. Et puis il n'y a jamais d'impossibilité à ce que le réel soit donné, on doit se tenir toujours dans le provisoire à son égard. C'est cette incertitude qui, jointe à la difficulté d'observer certaines perceptions pourtant réelles, condamne d'avance toute synthèse totale du monde. Il n'y a donc pas contradiction entre l'attitude que l'on doit prendre pour le réel et celle qui est imposée à la science. De part et d'autre, on ne saurait prétendre au définitif.

Arrêtons-nous ici lecteur, comme nous nous le sommes promis. Aussi bien n'est-il pas vrai que nous avons besoin de nous reconnaître? Où sommes-nous? Que sont tous ces abstraits qui ont passé et repassé devant nos yeux? M. Gourd nous avait annoncé une étude de réduction et de définition, et nous nous attendions bien à le voir nous proposer des notions abstraites de ces *dernières diversités* qu'il trouve dans le phénomène. Mais ne nous semble-t-il pas qu'il doue ses abstractions de puissances et de caractères qui ne sauraient convenir à de simples abstraits? Comment concevoir que le différent agisse par cela seul qu'il est différent? Ne serait-ce pas que M. Gourd sous-entend que l'essence des choses est l'activité, la force? Mais alors nous ne comprenons plus comment la causalité se ramène au différent, c'est-à-dire soit une diversité dérivée? Cette causalité elle-même, ou pour parler comme M. Gourd cet *actif* est-il bien défini lorsqu'on en fait une simple permanence du ressemblant? Il faut avouer que c'est là une notion qui renverse l'idée ordinaire qu'on se fait de la causalité et qui la supprime en ayant l'air de l'expliquer. Si l'actif ne produit rien, pourquoi lui donner ce nom et peut-on appeler production de quelque chose, la permanence du ressemblant qui existait antérieurement? Que dirons-nous encore de la singulière façon dont M. Gourd entend la liberté? Que peut bien être une volition libre qui ne sort d'aucun agent, qui ne relève pas de la causalité? Pourquoi la volition libre échapperait-elle au mérite et au démérite en vertu de son essence même? N'est-ce pas précisément parce qu'elle se soumet librement à sa loi que la volonté acquiert du mérite? Enfin espère-t-on échapper à la contradiction du nombre infini par la belle raison que les faits passés sont passés? Oui ou non, si l'expérience en a été donnée, aurait-on dû arriver à les compter, c'est-à-dire aurait-on dû s'arrêter à un premier fait, ou bien admet-on que ces faits écoulés ont été réellement en nombre infini, c'est-à-dire retombe-t-on dans la contradiction qu'on voulait éviter?

Nos « *pourquoi* » ne finiraient pas si nous avions l'espace suffisant pour les exprimer. Il y a peu de propositions de M. Gourd qui ne provoquent une réserve et n'appellent la discussion. Là est l'originalité de cet ouvrage. C'est que les problèmes qu'agite éternellement la métaphysique y sont posés d'une manière neuve. Et cependant M. Gourd n'a point voulu faire de métaphysique. Il a cru trouver dans le monde de l'expérience tout ce que l'ontologie a considéré jusqu'ici comme son bien. A notre avis, il s'est trompé. Il faut en prendre son parti, le fond des choses échappe à l'intuition. Mais quoi qu'en dise le positivisme, il n'échappe pas entièrement aux conclusions d'un entendement qui, tout en ayant foi en ses principes, se résigne à n'avoir de l'absolu qu'une notion négative, et à postuler les conditions ultra-phénoménales sans lesquelles les phénomènes ne sauraient exister.

Malgré les critiques qu'on ne manquera pas d'opposer aux thèses que soutient M. Gourd, il y aura profit à méditer son livre. Seulement que le lecteur soit averti : il ne devra pas chercher dans cette *Esquisse de philosophie générale*, les plaisirs délicats que procure une exposition littéraire des problèmes philosophiques. M. Gourd pense, écrit et discute d'une façon austère. Mais celui qui parviendra à entendre et à digérer ses opinions, sera amené, sinon à penser comme lui, du moins à mieux se rendre compte des difficultés de la métaphysique et à priser davantage la force de la dialectique et la subtilité.

Eugène BEURLIER.

---

113. — **Histoire de Sainte Sévère-en-Berry**, par Em. CHÉNON, Paris, Larose, 1889, in-8 de XII-518 pages.

Étude historique sur le Defensor civitatis, par Em. CHÉNON, Paris, Larose, 1889, tirage à part de 90 pages in-8.

M. Émile Chénon se compose d'un polytechnicien, d'un jurisconsulte et d'un archéologue. Dans cet ensemble, disons le tout de suite, le polytechnicien est un peu tombé en sous-ordre : il remplit, à l'égard des deux autres personnages, des fonctions subordonnées. On ne voit pas très bien à quoi le jurisconsulte peut l'occuper, mais il est sûrement utile à l'archéologue : c'est lui qui lève les plans, prend les mesures, dresse les cartes topographiques. Et son service n'est pas une sinécure. Le *droit*, pour le savant professeur de Rennes, c'est le devoir, l'étude professionnelle ; mais l'archéologie, c'est la passion.

Heureuse passion, dont profitera grandement l'histoire du Berry, car M. Chénon est un bas-berrichon transplanté en Bretagne, et c'est presque toujours au Berry qu'il consacre ses péchés mignons. Je crois avoir annoncé ici ses deux études sur Chateaumeillant, publiées dans les tomes VII-XV des *Mémoires des Antiquaires du Centre*, deux autres mémoires moins étendus ont été publiés par la Société archéologique (1) d'Ille-et-Vilaine. M. Chénon y a étudié les expéditions et colonies bretonnes en Berry. Voici un ouvrage plus considérable, l'histoire d'une châtellenie berrichonne, dont les origines peuvent remonter jusqu'au x⁰ siècle environ. Comme dans ses précédentes études, mais avec plus de fruit encore, l'auteur a mis ici tout son monde sur pied, tracé des

---

(1) *Mémoires*, 1884 et 1885. *Les Bretons en Bas Berry. Un monastère breton à Châteauroux* (Saint-Gildas-en-Berry).

cartes, dessiné les monuments fouillé les archives de la région, développe l'histoire du château de l'église de la paroisse, de la ville des fiefs, enfin de tout Sainte Sevère-en-Berry, depuis les origines jusqu'à nos jours.

Les origines sont bien obscures. Un château fort du x⁰ siècle construit sur une croupe qui domine la rivière d'Indre contenait une église dédiée à saint Martin, sous le château s'étendait une petite ville avec une autre église, celle-ci sous le vocable de sainte Sevère. Cette sainte est une abbesse du pays de Trèves sœur de l'evêque Modoald, de la première moitié du vii⁰ siècle. Ses reliques furent partiellement transportées en Berry et déposées dans l'église en question, où elles devinrent bientôt l'objet d'une grande vénération. On ne sait à quelle époque s'opéra la translation mais il est sûr que l'endroit s'appelait déjà Sainte Sevère en 1068 et ce nom suppose une possession ancienne. Naturellement on voulut que la sainte eût visité de son vivant les lieux où ses restes etaient entourés de si grands honneurs, et l'on rattacha son souvenir à celui d'un monastère disparu situé dans la vallée et qui portait le nom de Sainte Gemme. Ceci n'est qu'une tradition locale qui paraît supposer l'identification entre sainte Gemme et sainte Sevère, personnes pourtant bien distinctes. Il y aurait peut-être lieu de creuser cette question de vocables un peu plus que M. Chénon n'a cru devoir le faire.

Des origines, l'auteur passe à l'histoire féodale. Je ne le suivrai pas dans son long récit le détail de ces choses locales n'étant pas de mon ressort. Il m'a semblé pourtant en parcourant ces pages, que M. Chenon nous donne ici un excellent modèle de la façon dont on doit traiter l'histoire des localités particulières. Un intérêt plus vif s'attache aux dernières pages notamment à celles qui traitent de la période revolutionnaire. La châtelaine de Sainte Sevère n'avait pas émigré et son chartrier s'est conservé quant au curé, très ardent patriote il traversa les mauvais jours sans que l'on puisse démontrer qu'il ait adhéré au schisme constitutionnel. Il parvint à sauver les reliques de la patronne, rétablit le culte dès que cela fut possible, et rédigea des notes historiques qui ont été fort utiles à M. Chenon.

Actuellement l'établissement féodal a tout à fait disparu bien que les propriétaires du château soient encore les mêmes qu'avant la Révolution l'église Sainte-Sévère a été détruite mais on en a construit une nouvelle où les reliques de la sainte sont encore l'objet d'un grand pèlerinage. L'auteur le décrit avec émotion ce n'est pas seulement en archéologue qu'il l'a suivi, c'est surtout en chrétien.

Revenons au jurisconsulte, qui vient d'étudier avec non moins de competence la question du *Defensor civitatis*, dans une série d'articles de la *Nouvelle revue historique du droit*. Les documents qu'il met en œuvre ne sont pas nouveaux, et bien d'autres savants ont déjà parlé de ce fonctionnaire des derniers temps de l'empire romain. Mais personne n'avait classé avec autant de méthode les textes qui le concernent. M. Chénon a soigneusement distingué les temps et les lieux, suivi les vicissitudes de l'institution depuis sa première apparition en 364 jusqu'à sa disparition dans l'Orient byzantin et dans la France mérovingienne. Je lui sais un gré tout particulier d'avoir traité à fond des rapports du *Defensor civitatis* avec les autorités locales, les triumvirs, le curateur, l'évêque surtout. Désormais il ne sera plus permis d'affirmer que les évêques ont cumulé cette fonction avec celles du ministère ecclésiastique. Quand je dis que ce ne sera plus permis, je n'entends pas prophétiser qu'on ne le fera plus.

Le travail de M. Chenon eût été utilement complété par une étude sur les *défenseurs* de l'Église contemporains des précédents et de fonctions analogues. Qu'il me permette de lui suggérer ce petit supplément.

L. DUCHESNE

---

114. — JEAN-DANIEL SCHŒPFLIN. **Étude biographique** par CH. PFISTER, professeur à la Faculté des lettres de Nancy. Paris et Nancy, Berger-Levrault, 1888, grand in-8 de 135 pages.

Excellente monographie, pleine de choses, et de choses bien dites aussi la lecture en est-elle aussi agréable que profitable. M. Pfister invoque, dès le début, en faveur du savant dont il glorifie la laborieuse et noble vie, ces lignes de Gœthe retraçant dans *Vérité et Poésie* ses souvenirs d'élève à l'ancienne Université de Strasbourg : « Schœpflin, sans que je l'aie fréquenté, a eu sur moi une influence considérable, car les hommes éminents, nos contemporains, peuvent être comparés à des étoiles de première grandeur vers lesquelles notre œil se dirige tant qu'elles sont au-dessus de l'horizon ; on se sent fortifié lorsqu'il vous est donné de contempler une telle perfection. » L'homme honoré d'un tel éloge — en supposant même l'éloge poétiquement exagéré — méritait d'avoir un biographe tel que M. Pfister.

Le savant professeur de Nancy raconte avec autant d'exactitude que de sympathie la vie de J.-D. Schœpflin, né dans le margraviat de Bade-Deurlach, à Sulzbourg, le 6 septembre 1644 (1), mort à Strasbourg le

---

(1) Sa mère Anne Marguerite Bardolle était de Colmar. Schœpflin se rattachait donc par ses parents au pays de Bade et à l'Alsace ; il aimait l'une et l'autre contrée, dit M. Pfister (p. 5) et il prouva son affection en écrivant la plus remarquable histoire de Bade et la plus remarquable histoire de l'Alsace.

7 août 1771. Il analyse et apprécie avec non moins d'exactitude et non moins de sympathie les nombreux travaux du grand érudit, depuis la dissertation sur une inscription de l'empereur Auguste (Bâle, 1711 in-4) jusqu'aux *Vindiciae typographicae* (Strasbourg 1760 1 vol in-4) et l'*Historia Zaringo Badensis* (Carlsruhe, 1763-1766, 7 vol in-4). Mais l'ouvrage dont il s'occupe le plus et qu'il vante le plus, c'est l'*Alsatia illustrata* (Colmar, 1751-1761, 2 vol in folio). On n'a jamais mieux rendu justice à cette œuvre magistrale.

Signalons en courant, quelques passages particulièrement intéressants sur le meilleur des professeurs de Schœpflin, Christophe Iselin qui occupait à Bâle la chaire d'éloquence et d'histoire et qui fut associé correspondant de l'Académie des Inscriptions (pp. 5-6), sur la femme du futur historien de l'Alsace, Suzanne Dorothée Decker, qui appartenait à la grande famille des imprimeurs de Colmar (p. 7) (1), sur les visites faites à Paris par Schœpflin à Dom B. de Montfaucon, dont il reçut le plus charmant accueil et à plusieurs autres de nos célèbres érudits (p. 41-42), sur ses recherches à la Bibliothèque du Roi (p. 43) (2), sur son voyage en Italie et principalement sur son séjour à Rome (p. 45-48), sur ses devanciers dans les travaux historiques relatifs à l'Alsace (p. 81-84), sur son adversaire dans la question des Celtes, Simon Pelloutier (p. 85), sur ses relations avec l'épigraphiste Seguier, de Nîmes (p. 115), sur son musée et sa bibliothèque (p. 117-120). Quelques notes doivent être louées d'une façon spéciale, par exemple celle de la page 3, qui renferme la complète énumération (p. 3-4) des notices déjà consacrées à l'éminent historien (on aimerait à trouver semblables indications en tête de toutes les monographies). Mentionnons encore, à l'appendice, de curieuses lettres inédites de Schœpflin, au nombre de sept, extraites de la Bibliothèque Nationale et adressées à l'abbé Bignon, à Dom de Montfaucon, au président Bouhier.

M. Pfister, après avoir rappelé que Schœpflin laissa tous ses livres à la ville de Strasbourg et que ce fut là un des legs les plus considérables

---

(1) Voltaire qui, comme on le sait, était un riche capitaliste, prêta le 27 décembre 1753 à Schœpflin et à sa femme la somme de 12 000 livres, laquelle devait être restituée sans intérêt le 1 octobre 1755. Le docte historien rendit à son créancier générosité pour générosité en lui fournissant de précieux renseignements pour les *Annales de l'empire* que l'auteur de la *Henriade* rédigeait à Strasbourg (1753) après avoir été chassé de la cour de Frédéric II moins doucement que Platon ne voulait chasser les poètes de sa république.

(2) Il écrivait plus tard au sujet de cet établissement : « Si je n'avais pas à travailler sur ma chère Alsace je voudrais vivre à Paris auprès de ces manuscrits. On pourrait se rendre si utile au monde savant. Ce trésor n'est en vérité pas assez visité par les Parisiens. » M. Pfister remarque (p. 43) que c'est là « comme un cri du cœur » et que Schœpflin « ne pouvait parler des manuscrits qu'avec amour ».

qui aient jamais enrichi la bibliothèque municipale de la capitale de l'Alsace (1) ajoute (p. 125) avec une patriotique douleur que nous partageons de toute notre âme (2) : « Dans la nuit du 24 août 1870, tous ces manuscrits, tous ces livres ont été la proie des flammes ; toutes ces inscriptions et ces anciennes statues, qui nous racontaient le passé lointain de notre Alsace furent brisées en menus morceaux et détruites. La municipalité et l'administration de la bibliothèque ont devant l'histoire la très grave responsabilité de n'avoir pris aucune précaution. Pas un des manuscrits n'a quitté son rayon, pas un seul incunable n'a été mis en sûreté. Mais la municipalité et l'administration ont une excuse : elles ne pouvaient croire qu'une nation, même ennemie, même en temps de guerre, chercherait à briser les grands dépôts de livres et les belles cathédrales. Or on a visé sciemment la tour du Temple neuf comme un peu plus tard on tira avec précaution sur l'admirable flèche gothique l'ornement de notre cité strasbourgeoise. Tous les historiens allemands et français ont maudit le Calife Omar, qui avait détruit, dit-on, la bibliothèque d'Alexandrie mais l'histoire d'Omar n'est qu'une légende. Que le général qui a bombardé Strasbourg garde donc seul la gloire d'avoir anéanti volontairement une des plus riches bibliothèques du monde. »

T. DE L.

115. — **La France sous l'ancien régime,** 2ᵉ partie : *Les Usages et les Mœurs* par le vicomte de Broc. Paris, libr. Plon, 1889. 1 vol. in-8 de 548 pages.

Le *Bulletin critique* a signalé dans son numéro du 15 juin 1888 la publication de la première partie de *la France sous l'ancien régime*. Tout en rendant hommage aux efforts et à l'impartialité de l'auteur, nous avions dû constater certaines imperfections, surtout en fait de critique et de bibliographie. Nous exprimions timidement l'espoir, si l'œuvre admettait un nouveau volume, que le second serait plus sérieusement préparé que le premier ne l'avait été. Cet espoir, nous le reconnaissons volontiers, n'a pas été trompé.

La seconde partie du livre de M. de Broc est, en effet, mieux traitée que la première. Nous n'avons pas l'illusion de croire avoir contribué

---

(1) Cette bibliothèque avant la maudite guerre de 1870 ne contenait pas moins de 2.400 manuscrits et de 400.000 imprimés. Le musée archéologique annexé à la bibliothèque renfermait de nombreux objets antiques de haute valeur dont plusieurs avaient été recueillis par Schœpflin.

(2) Qu'il nous soit permis de rappeler que, voilà plus de dix-huit ans déjà, nous nous associâmes avec l'élan de la plus vive indignation aux vigoureuses protestations de M. Rodolphe Reuss, l'auteur du célèbre morceau sur les *Bibliothèques publiques de Strasbourg incendiées le 24 août* 1870. Voir le *Bulletin* d'Aubry, n. du 15 octobre 1871, p. 563-564.

le moins du monde par nos critiques à cet heureux résultat. La matière à toucher était seulement plus facile. Au lieu des institutions et du gouvernement de la France au xviii siècle — moins connus peut-être aujourd'hui que les institutions et le gouvernement de la France au xiii siècle — il s'agissait de décrire les usages et les mœurs des Français du xvii et du xviii siècles que tant de mémoires attachants nous ont rendu familiers.

M. de Broc s'est proposé de parcourir ces deux siècles, s'introduisant, dit-il, aux foyers de nos pères, les suivant en voyage à la ville et à la campagne, et s'arrêtant à 1789, époque où finit l'ancienne société française. Il a tenu les promesses de ce programme et fait revivre à nos yeux « le siècle du génie et le siècle de l'esprit ».

Il n'a rien négligé d'important. Il donne d'intéressants détails sur l'éducation et sur la famille. Il décrit la carrière ecclésiastique et celle de la cour, montrant les abus que la première présente et l'oisiveté que comporte la seconde. Il rappelle ce qui marque l'entrée d'une jeune princesse dans la vie de la cour : le fait de mettre désormais du rouge.

Les repas, les soirées, les promenades, etc., sont tour à tour passées par lui en revue.

M. de Broc analyse avec soin les nombreux mémoires du temps et en tire avec à propos les traits les plus intéressants. Il a connu un grand nombre de documents imprimés et peu de bonnes publications lui ont, sauf exceptions, échappé. Quand il parle de quelques châteaux fameux il se préoccupe de savoir ce qu'ils sont devenus et cite leurs propriétaires actuels. Il a de son mieux cherché à être complet. Il a malheureusement négligé les pièces d'archives (1) qui auraient pu lui fournir tant d'éclaircissements (2), au prix de longues recherches il est vrai. Nous lui reprochons moins cependant cette lacune (3) que l'omission de certains ouvrages imprimés qu'il aurait dû citer : parlant du Parc-aux-cerfs il ne mentionne pas les recherches de feu Vatel (consignées dans son dernier ouvrage *M⁻ᵉ du Barry*). Il donne de nouveau des détails sur le Petit-Trianon sans paraître connaître l'existence du livre de

---

(1) Sauf une ou deux exceptions insignifiantes.

(2) Il aurait pu contrôler sur les originaux les renseignements que lui fournissaient les mémoires imprimés. Il dit par exemple à la page 506 que la comtesse de Rochefort alla occuper en 1759 au Luxembourg un logement qui lui imposa environ 80 000 livres de frais et de charges. S'il avait consulté aux Archives nationales le registre O¹ 1059 (pages 36⁹ 364) il aurait vu que le don de ce logement est du 4 octobre 1758 et que le brevet qui fut visé par le marquis de Marigny le 13 octobre suivant ne parle d'aucune charge autre que celle d'occuper en personne ledit appartement.

(3) L'ouvrage tout entier est un livre de seconde main, on ne doit donc rien y chercher de nouveau et d'original.

M. Desjardins. Il avait pourtant dans son premier volume commis déjà la même faute. Il décrit la triste position sociale des comédiens sous l'ancien régime sans viser les *Comédiens hors la loi* de M. Gaston Maugras, etc., etc. A côté de ces lacunes, se trouvent cités des ouvrages tels que le *Dictionnaire* de Larousse !

Il imprime certains mots difficiles à comprendre sans en expliquer le sens. De quel tissu se composent, par exemple, ces vingt aunes de « *doubletterie* » dont il est question à la page 324 ? Nous avons vainement cherché ce mot dans plus d'un dictionnaire.

Il cite inexactement certains passages. Est-il permis d'oublier un de ces vers délicats et galants adressés par Voltaire à Mme de Boufflers :

> Vos yeux sont beaux, mais votre âme est plus belle
> *Vous êtes simple et naturelle*
> Et sans prétendre à rien, etc. ?

Le morceau n'est composé que de six vers ; c'était une raison de plus pour ne pas passer sous silence, à la page 500, le vers qui est ici en italique.

Mais nous ne pouvons nous arrêter à signaler toutes les observations qu'une lecture rapide nous a fait faire, telles encore que « *ser d'eau* » (p. 134, ligne 10) écrit pour serdeau ou que l'étrange note de la page 347 : « *Le mille d'Angleterre représentant 4 kilomètres, la vitesse était donc de sept lieues à l'heure.* » Le mille anglais vaut, on le sait, 1.609 mètres et les sept milles à l'heure que faisait le docteur Rigby correspondent non à sept lieues, comme l'écrit M. de Broc, vitesse tout à fait impossible dans l'espèce, mais à moins de trois (11,263 mètres), ce qui est déjà fort convenable pour une berline à six chevaux.

Malgré ces petites imperfections, le présent volume plaira, nous le croyons, aux gens du monde, s'il n'est pas d'un grand secours pour les érudits.

Il rappellera en tous cas, aux uns comme aux autres, plus d'une anecdote oubliée, plus d'un trait de mœurs curieux et nous devons à ce titre remercier l'auteur de cette publication.

P. BONNASSIEUX

---

116 — **Mes Campagnes** (1792-1815). Notes et correspondance du colonel PION DES LOCHES mises en ordre et publiées par MM. CHIPON et PINGAUD. 1 vol. in-8°, XXVIII-520 p. avec un portrait et une carte. Paris, Didot, 1889.

Lettres d'un jeune officier à sa mère (1803-1814), publiées avec une préface et des notes par H. Fare 1 vol in-8°, 388 p., avec un portrait. Paris, Delagrave, 1889.

Geoffroy de Grandmaison. La Congrégation (1801-1830), avec une préface de M. le comte de Mun. 1 vol. in-8°, xxiv-410 p. Paris, Plon, 1889.

La mode vient à la publication de documents relatifs à l'histoire des premières années de ce siècle : chaque année nous pouvons saluer l'apparition de plusieurs recueils de notes et de lettres de quelque soldat de la Révolution ou du Premier Empire. Seulement, quand ces notes n'ont pas été rédigées en vue de la publication il reste un travail à faire par les éditeurs, et ce travail est souvent fort délicat. Choisir dans une volumineuse correspondance les parties qui forment de véritables documents historiques, éliminer ce qui est inutile, mettre de côté les passages où il n'est question que d'affaires de famille, combler les lacunes en rappelant en quelques lignes les événements que le narrateur n'a pas racontés, et que les contemporains étaient censés connaître, c'est là presque un travail de composition, c'est ce que MM. Chipon et Pingaud ont fait avec les papiers du colonel Pion des Loches. Ayant à leur disposition un journal autographe et environ douze cents lettres, ils en ont tiré les éléments d'un récit suivi qui est fort intéressant à lire. L'auteur n'a pas, il est vrai, eu une carrière très brillante mais c'était un homme plein de jugement et de sangfroid ; ses appréciations sont habituellement très sages. Il faut dire cependant que le colonel Pion, séminariste enrôlé par force, ne fut jamais passionné pour son métier : il sert son pays avec zèle, au point d'arriver aux premiers grades, mais il ne faut pas lui demander les enthousiasmes du capitaine Coignet. Honnête jusqu'au scrupule, le colonel Pion signale avec amertume les malversations et les petitesses dont il est témoin : en général ses impressions sont celles d'un pessimiste et trop souvent son pessimisme est clairvoyant.

M. Fare n'a pas suivi la même méthode pour la publication des lettres de l'adjudant-major Ch. Faré. Nous avons la correspondance complète de Ch. Faré avec sa mère, y compris les lettres de la mère, qui ne sont pas les moins intéressantes car elles nous font pénétrer dans la vie intime des familles bourgeoises pendant la période napoléonienne. La chronologie générale des lettres est établie au moyen de notes historiques très claires et très complètes à la fois, qui font honneur à celui qui les a rédigées. Quant à la préface qui est destinée, il m'a semblé, à faire connaître au lecteur les divers personnages auxquels il sera fait allusion dans les lettres, j'avoue n'y avoir absolument rien compris. L'intention de l'auteur était d'y mettre énormément d'esprit, mais c'est un esprit qui

passe un peu le niveau des intelligences ordinaires. Voici le début :
« J'espère que mon fils Paul sera bon Français ; il ne me déplairait pas qu'en même temps, il se montrât quelque peu Chinois ; j'entends qu'à la religion de la patrie il joignit le culte des ancêtres... » et il y en a soixante pages comme cela, puis commence la correspondance sobre, nette, elégante dans sa simplicité et pleine d'entrain, car Charles Faré était un brave soldat et aussi un joyeux vivant. On le suit à Boulogne, à Ulm, à Vienne, à Iéna, à Wagram, en Portugal, à Moscou, il fait les campagnes de 1813 en Allemagne, de 1814 en France, il est grièvement blessé à Waterloo. Partout il a l'œil perçant, l'épithète juste, le détail topique et ses lettres sont à la fois amusantes et instructives.

Un autre ouvrage qui vient de paraître nous montre un côté tout différent de la société française au début de notre siècle, c'est l'histoire de la Congrégation que M. Geoffroy de Grandmaison a écrite en s'aidant des documents les plus authentiques. C'est un beau et bon livre qui nous montre la restauration de la vie chrétienne dans les classes moyennes et supérieures de la société après la tourmente révolutionnaire. Nous voyons comment de la Congrégation sont sorties les œuvres catholiques qui sont aujourd'hui une des grandes forces sociales. Le comte Albert de Mun l'a dit dans une éloquente préface et les documents le répètent non moins éloquemment. L'étude plus approfondie des documents à même mis M. G. de Grandmaison à même de réduire à néant cette opinion que le titre de membre de la Congrégation fut sous la Restauration le chemin des profits et des honneurs. Un chapitre tout entier est consacré à cette démonstration que M. G. de Grandmaison mène à bonne fin avec la conviction inséparable de toute bonne cause. La démonstration sort des documents, il n'y a pas à le nier. Cependant il ne faut pas oublier que quand on veut trop prouver on ne prouve rien ; l'argumentation eut donc gagné peut-être à être moins agressive et les conclusions eussent paru plus fortes si elles avaient été moins absolues. C'est le seul désir que j'aie à former après avoir lu un livre d'ailleurs fort bien écrit, fort bien composé et tout à fait propre à produire une heureuse impression sur ceux qui le liront.

Cependant pourrai-je adresser une requête à M. G. de Grandmaison. En deux endroits il a l'occasion de parler des Frères des Écoles chrétiennes et il les appelle Frères de la Doctrine chrétienne. Ce n'est là qu'une question de mots, je le sais et personne ne s'y trompe ; on sait bien qu'il n'a pas l'intention de parler des Frères de la Doctrine Chrétienne, ou Doctrinaires, fondés par le Vénérable César de Bus, qui n'existaient plus au moment de son récit, ni des Frères de l'Instruction chrétienne fondés postérieurement à cette date par l'abbé de Lamennais ; mais pourquoi donner aux Frères des Écoles un nom qui n'est pas le leur ? On me dira que c'est la mode, que les journaux boulevardiers, les romanciers, les académiciens en veine de cléricalisme ne manquent jamais le petit morceau à effet sur les bons Frères de la Doctrine Chrétienne. Mais M. de Grandmaison est un écrivain catholique qui devrait savoir combien les gens, et même les gens d'église, tiennent à ne pas être pris pour ce qu'ils ne sont pas. Ils ont un nom dont ils croient pouvoir être fiers, et on les prive d'une jouissance innocente et légitime en ne le leur donnant pas. Je sais que le préjugé existe et qu'il est fort, mais M. de Grandmaison, qui n'a pas peur des préjugés, ne craindra pas, je l'espère, de s'en prendre aussi à celui-là.

P. PISANI.

CHRONIQUE

103. La *Société française d'archéologie* vient de publier le volume qui contient le compte rendu de son LIV° congrès archéologique, tenu en 1887 à Soissons, Laon et Reims. Ce volume comprend d'abord les procès-verbaux des séances, puis les comptes rendus des excursions qui ont été particulièrement intéressantes. Les membres du Congrès ont en effet visité, entre autres monuments remarquables, Saint-Médard de Soissons, Longpont, le château de la Ferté-Milon, plusieurs églises des environs de Laon, les monuments des villes de Soissons, de Laon et de Reims. La partie technique se compose de douze mémoires. 1. ARCHÉOLOGIE PRÉHISTORIQUE, GAULOISE, GALLO-ROMAINE ET MÉROVINGIENNE. — J. PILLOY. *Coup d'œil général sur les découvertes d'antiquités préhistoriques, gauloises, romaines, mérovingiennes et carlovingiennes.* — BRUNEHANT père. *Station des bas niveaux de Pommiers*, silex taillés, différents objets en bronze et en argent, en tout 6,000 pièces. — O. VAUVILLÉ. *Notes sur les fouilles et les objets trouvés dans l'enceinte du camp de Pommiers*, historique des fouilles, silex, poteries, objets en fer, divers, monnaies. Description des retranchements. M. Vauvillé pense que *Pommiers* doit être identifié avec *Noviodunum*. — A. LEROUX. *Découverte d'objets préhistoriques faite à Corbeny*, instruments en silex dont quelques-uns d'une extrême finesse. — J. de BAYE. *Une nouvelle sépulture néolithique*, dalle funéraire ornée d'une figure de femme d'un style extraordinairement barbare, trouvée dans la sépulture du Mas de l'Aveugle, commune de Collorgues, près d'Uzès (Gard). Analogues en Champagne. — MOYEN ÂGE et RENAISSANCE. E. LEFÈVRE PONTALIS. *Étude sur la date de la crypte de Saint-Médard de Soissons*, cette crypte est une construction carlovingienne bâtie vers 830. — Ad. de FLORIVAL. *Les vitraux de la cathédrale de Laon*, magnifiques verrières, œuvres d'artistes inconnus du XIII° siècle. — H. JADART. *L'église d'Asfeld*, remarquable église circulaire du département de l'Aisne, construite en briques et datée de 1683. Plan, 1. renseignements historiques, 2. description du monument et de son mobilier, 3. documents d'archives. — Général WANWERMANS. *Le château de la Ferté-Milon en Valois*, 1. étude historique, 2. le château comme œuvre militaire, 3. étude architecturale, 4. explication des sculptures. Jean Liège fut probablement le principal architecte de ce château. — *Le château de Septmonts*, dessin du baron X. de Bonnault d'Houet. — A. de BARTHÉLEMY. *Carreaux historiés et vernissés*, description et dessins d'une vingtaine de carreaux avec noms de tuiliers, extrait d'un mémoire publié dans le *Bulletin monumental* (1887, p. 252

272). — M. LOUSTEAU, *Une enseigne de pèlerinage de Saint Mathurin de Larchant* : cette enseigne reproduit les principaux traits de la légende de saint Mathurin. — BIBLIOGRAPHIE. — C. de MARSY, *Bibliographie sommaire pour le Congrès de Laon et de Soissons.* Ce volume, un des plus richement illustrés de la collection, renferme quatre-vingt-dix planches ou vignettes.

104. La librairie Hachette vient de commencer la publication par livraisons d'un *Atlas de géographie moderne*, par MM. F. SCHRADER, directeur des travaux cartographiques de la librairie Hachette, F. PRUDENT, chef de bataillon du génie au service géographique de l'armée, E. ANTHOINE, ingénieur chef du service de la carte de France et de la statistique graphique au ministère de l'intérieur. Les livraisons déjà parues (il en paraît une par mois depuis le mois de juin) tiennent tout ce que l'on est en droit d'attendre des auteurs dont la couverture porte les noms. La netteté des cartes et en même temps l'abondance des indications qu'elles contiennent leur permet de soutenir la comparaison avec les meilleures œuvres des cartographes étrangers. Au revers des cartes, des notices accompagnées de nombreuses figures donnent des renseignements précieux sur chaque pays : situation, superficie, population, relief du sol, hydrographie, climat, administration, culte, commerce, industrie, communications, villes principales, géographie historique, etc. L'Atlas renfermera donc, outre les cartes, un véritable traité de géographie. Une table alphabétique des noms, combinée avec un système de renvois, permettra de trouver rapidement indiquées sur les cartes les localités. L'*Atlas* complet se composera de vingt livraisons contenant chacune trois cartes et six pages de notices, au prix de un franc. H. T.

ACADÉMIE DES INSCRIPTIONS ET BELLES-LETTRES

Séance du 19 juillet. — M. WALLON, secrétaire perpétuel, donne lecture d'une lettre faisant part à l'Académie de la mort de M. CHARLES NISARD, membre libre de l'Académie, puis d'un passage des dispositions testamentaires de ce dernier où il déclare ne vouloir sur sa tombe d'autres paroles que celles du prêtre, d'autres prières que celles de l'Église. M. le président prend ensuite la parole pour rappeler à l'Académie la vie laborieuse de M. Nisard, encore bien portant vendredi dernier, et que la mort est venue surprendre la plume à la main dans son cabinet de travail. Il rend hommage en terminant aux qualités de l'homme privé et au mérite de l'homme d'étude à qui ses travaux avaient depuis longtemps assigné une place des plus honorables à l'Académie. — M. WALLON, secrétaire perpétuel, donne lecture de son rapport semestriel sur les travaux des Commissions de publications de l'Académie. — M. CARAPANOS, correspondant de l'Académie, député au Parlement hellénique, expose les résultats des fouilles qu'il vient de faire exécuter sur un terrain acquis par lui dans l'île de Corfou (Corcyre). La direction de ces fouilles avait été, après entente avec M. Foucart, directeur de l'*Ecole française d'Athènes*, confiée à M. Lechat, membre de l'Ecole. Elles ont donné lieu à la découverte de la plus importante collection de terres cuites archaïques qui soit sortie jusqu'ici du sol de la Grèce. Un millier de ces statuettes représente Artemis ou Diane tenant un arc avec une biche à ses côtés. — M. l'abbé DUCHESNE est désigné par l'Académie pour faire une lecture dans la séance publique annuelle des cinq Académies du 25 octobre prochain. — M. HEUZEY présente une série de planches relatives aux fouilles que M. Homolle a exécutées pendant plusieurs années dans l'île de Délos. M. HOMOLLE a surtout exploré le temple et le *téménos* d'Apollon Délien. Les planches permettent surtout de suivre les plans, les essais de restauration, les études sur les différents ordres. L'attention de l'Académie est spécialement appelée sur une série de chapiteaux qui permettent de suivre l'histoire de l'ordre ionique en Grèce depuis l'époque archaïque. — M. HALÉVY commence la lecture d'un travail sur le psaume LXVIII commençant dans la vulgate latine par les mots *Exurgat Deus*. — M. Salomon REINACH lit une note intitulée : *Inscriptions inédites d'Asie mineure recueillies par le général Callier de* 1830 à 1834. M. Salomon Reinach a découvert ces inscriptions dans les papiers du général Ant. Callier, qui a parcouru l'Asie Mineure de 1830 à 1834. Ces inscriptions sont grecques et latines, plusieurs encore inédites, sont intéressantes pour la géographie comparée. L'une d'elles, découverte à Kirgol, dans la vallée du Rhyndacus, fait connaître le bourg d'Alia. D'autres établissent pour la première fois que la ville moderne d'Oushak, centre d'une importante fabrication de tapis, occupe l'emplacement de l'ancienne Téménothyrae qui, sous l'Empire, ajouta à son nom celui de *Flaviopolis*, de même que la ville voisine Grymenothyrae avait sous Hadrien pris le nom de *Trajanopolis*. On avait jusqu'ici placé Témenothyrae beaucoup plus à l'ouest, près du mont Temnos, et on traduisait son nom « *portes du Temnos* ». M. Reinach fait observer que dans la composition de plusieurs noms de villes lydiennes on rencontre le mot *teira* (Thyateira) qui signifie vraisemblablement *ville* ou *forteresse*. La dernière partie du nom de *Thémenothyrae* serait une déformation grecque de ce mot, et *Themenothyrae* signifierait *ville de Teménos*. On voit en effet, par les monnaies de cette ville que Téménos était son héros éponyme.

Séance du 26 juillet. — M. BARBIER DE MEYNARD, président, annonce que M. AMARI, l'un des associés étrangers de l'Académie, vient de mourir à Florence dans un âge avancé. M. Amari a été à la fois un grand citoyen tout dévoué à l'affranchissement de l'Italie et un orientaliste du mérite le plus distingué. Pendant un long exil, réfugié en France, pays qu'il aimait comme une seconde patrie, il s'est occupé de recueillir tous les documents arabes qui se rapportent à l'histoire des musulmans de Sicile. Cet ouvrage et son histoire des *Vêpres siciliennes* sont les œuvres principales de sa vie. Rentré en Italie, il devint ministre de l'instruction publique puis sénateur du royaume. Mais ses fonctions politiques ne l'ont jamais détourné de l'œuvre historique qu'il avait entreprise. Il n'a jamais cessé de recueillir et de traduire les traités, les chartes, les pièces de toute sorte concernant les relations politiques et commerciales de l'Italie avec la Syrie, l'Égypte et l'Afrique du Nord. M. Michel Amari était membre associé de l'Académie depuis 1871, où il avait remplacé l'abbé Peyron de Turin. Il a toujours gardé une reconnaissance profonde à la France pour l'hospitalité et aussi pour l'enseignement qu'elle lui avait si largement accordés. — Mgr le duc d'AUMALE écrit que les galeries du château de Chantilly seront ouvertes aux membres de l'Institut et à leurs familles les mercredis 31 juillet, 7, 14 et 21 août de 2 heures à 4 heures. — L'Académie décide que, de concert avec l'Académie des sciences, elle félicitera l'Empereur du Brésil d'avoir échappé à l'attentat dirigé contre lui. — M. HALÉVY achève la lecture de son mémoire sur le psaume LXVIII qui dans la vulgate latine commence par ces mots *exurgat Deus*. M. Halévy cherche à rétablir l'ordre primitif des versets, ordre qui selon lui donne au sens du psaume une clarté beaucoup plus grande. Ce psaume date des dernières années du règne de Sédécias. La Palestine alors menacée par la famine et par les armées de Nabuchodonosor attendait des secours de Néchao, roi d'Égypte et d'Éthiopie. Mais dans l'école prophétique divisée en deux camps, les partisans de Jérémie préféraient les secours de la Babylonie à ceux de l'Égypte, les partisans du prophète Ananias penchaient au contraire pour l'Égypte. L'auteur du psaume LXVIII appartenait à ce dernier parti, il prédit la chute de Babylone et le retour des captifs. Ce psaume rappelle la scène législative du Sinaï du *Pentateuque* et fait allusion à la bataille d'Hermon du livre de Josué, ces deux écrits existaient donc avant la destruction de Jérusalem, contrairement aux assertions d'une école critique qui considère comme de la pseudo-épigraphie les livres les plus authentiques de la Bible. — M. l'abbé RABOISSON commence la lecture d'un mémoire intitulé : *Étude géographique de l'Assyrie, de Naïri et d'Accad au temps de Samsi Rammân IV*.

HENRI THÉDENAT.

Le Gérant : E. THORIN.

BULLETIN CRITIQUE

SOMMAIRE — 117. BATIFFOL. Studia patristica, *L. Duchesne*. — 118. O. RAYET. Études d'archéologie et d'art, *E. Beurlier*. — 119. GUIDI. Gli Atti apocrifi degli apostoli nei testi copti, arabi ed etiopici, *P.* — 120. H. DE LEYMONT. Mᵐᵉ de Sainte-Beuve et les Ursulines de Paris, 1562-1630, *T. de L.* — 121. PIERRE DE COUBERTIN. L'éducation anglaise, *F. Rousseau*. — CHRONIQUE. — ACADÉMIE DES INSCRIPTIONS ET BELLES-LETTRES.

---

117. — **Studia patristica**. Études d'ancienne littérature chrétienne, publiées par M. l'abbé BATIFFOL, 1ᵉʳ fascicule, 80 pages in-8. Paris, Leroux.

Ce titre est une promesse, et une promesse qui ne peut manquer de trouver ici le meilleur accueil.

Les pages que l'auteur nous donne dans ce premier fascicule contiennent le texte grec de la curieuse légende d'Aseneth, fille de Pentéphrès, et de son mariage avec le beau Joseph. Cette histoire n'a pas, que l'on sache, circulé en Occident avant le XIIIᵉ siècle. C'est d'alors, en effet, que date la version latine ; Vincent de Beauvais est le premier qui s'en soit servi. En Orient, elle était connue depuis plus longtemps. Il en existe un texte grec, et l'on sait qu'elle a été traduite en diverses langues, en syriaque, en éthiopien, en arménien. La version syriaque est datée par le nom de son auteur : Moïse d'Aggel, un lettré du milieu du vɪᵉ siècle. Il fit sa traduction sur un exemplaire appartenant à la bibliothèque épiscopale de Bérée en Syrie (Alep). Cette traduction, la version latine, et quelques fragments du texte grec étaient déjà connus et publiés. M. Batiffol nous donne ici l'édition princeps du texte grec original dans son intégrité. Il la fonde sur quatre manuscrits et aussi sur le témoignage de la version syriaque, témoignage fort précieux par son antiquité (1).

Dans une introduction très érudite l'éditeur expose avec beaucoup de lucidité et de précision le résultat de ses recherches sur les sources du texte, l'origine et le sens de la légende. Je viens de rapporter ses conclusions sur l'histoire du texte ; pour le reste, je vais dire comment je comprends moi-même ce petit écrit et quelle date je lui assignerais. Chemin faisant, j'indiquerai les points sur lesquels je ne suis pas d'accord

---

(1) Quelques détails à corriger : στρατειᾶς pour στρατιᾶς, p. 59, l. 12 ; σκυτόμως pour συντόμως, p. 62, l. 22 ; μυρίες pour μυριάδες, p. 65, l. 1 ; rectifier aussi l'accentuation des mots ἔχει, πατέρ, τριχές.

avec M. Batiffol, pour le moment du moins, car je ne désespère pas de le convertir.

Le mariage de Joseph avec la fille d'un prêtre égyptien (1) n'était guère conforme au droit canonique juif. Il y avait là une grave entorse donnée à la loi de Moïse, en un temps, il est vrai, où elle n'existait pas encore. De sages rabbins s'en scandalisèrent. A force de s'en scandaliser, ils découvrirent une exégèse propre à écarter la difficulté, ou du moins à l'atténuer. Ils imaginèrent que, dans la famille de Pentéphrès, Aseneth n'avait été qu'une fille adoptive : en réalité elle avait eu pour mère Dina, fille de Jacob : elle était le fruit de ses amours illégitimes et passagères avec Sichem, fils d'Hémor, au pays de Chanaan. La Genèse, qui parle (2) de l'enlèvement de Dina, ne dit pas qu'elle ait eu un enfant de cette aventure ; mais cela était supposable. On lui donna donc une fille, Aseneth, que l'on fit transporter en Égypte, aussitôt sa naissance, par un ange ou par un aigle ; sur ce menu détail, la tradition n'est pas d'accord. Aseneth, de cette façon, est israélite par sa mère ; Joseph, en l'épousant, ne se mésallie qu'à demi.

C'est un peu tiré par les cheveux, et le résultat obtenu n'est pas aussi satisfaisant qu'on pourrait le désirer. Rien d'étonnant à ce que même dans le monde talmudiste, cette solution n'ait eu qu'un succès relatif. On ne la rencontre pas avant le VIIe siècle.

La légende grecque publiée par M. Batiffol est née du même cas de conscience, mais envisagé autrement et résolu d'une façon toute différente. Joseph, cela est clair pour notre auteur comme pour les rabbins, ne saurait épouser une égyptienne. Mais, tandis que les rabbins ne voient dans l'égyptienne qu'une femme étrangère à la *race* d'Israël, le légendaire la considère avant tout et même uniquement comme une idolâtre, comme une personne étrangère à la *religion* du vrai Dieu. De cette différence de point de vue naît la diversité des solutions : les rabbins croient tout sauvé par une retouche à la généalogie d'Aseneth, le légendaire grec s'attache à la convertir.

C'est ainsi du moins que j'ai compris ce texte. Je me hâte de dire que mon explication est très différente de celle de M. Batiffol. Suivant lui, nous aurions ici un livre juif, retouché par une main chrétienne. Il faudrait supposer, derrière le texte actuel, une légende primitive, imbue des idées généalogiques des rabbins et développant le thème d'Aseneth, fille de Dina. Cette légende aurait été ensuite adaptée à l'usage des lecteurs chrétiens, par l'adjonction d'un long développement symbolique où Joseph figurerait Jésus-Christ et Aseneth la Virginité chrétienne.

(1) *Gen.* XLI, 45.
(2) *Gen.* XXXIV.

Lecture faite du texte grec, je n'y ai rien vu de tout cela, pas la moindre trace de généalogies rabbiniques, de profession virginale, de christianisme.

En ce qui regarde la généalogie, M. Batiffol est frappé de ce que, au moment où Joseph présente son épouse à Jacob, le vieux patriarche l'embrasse *comme un guerrier échappé aux périls du combat, lorsqu'il rentre dans sa maison* « phrase exquise, dit-il, que nos copistes « grecs ont assez peu comprise pour avoir trouvé bon de la supprimer ». En effet ces mots ne se trouvent que dans la version syriaque. Mais là, si j'ai bien compris les variantes disposées au-dessous du texte à cet endroit (p. 73, l. 9), c'est Jacob qui est embrassé par Aseneth et comparé par le narrateur à *un guerrier échappé*, etc. L'allusion s'évanouit ainsi.

Il y aurait, semble-t-il, plus de fond à faire sur un autre détail. Au moment où Joseph vient pour la première fois chez Pentéphrès, il aperçoit Aseneth et conçoit aussitôt de l'éloignement pour elle : une expérience antérieure (1) l'a mis en garde contre les femmes et leurs artifices. Le chef de la famille le rassure, en lui disant qu'Aseneth est sa fille et qu'elle a les hommes en horreur. Joseph alors se déclare satisfait « Du moment que c'est votre fille et qu'elle est vierge, qu'elle vienne, « car elle est ma sœur, et je l'aime maintenant comme une sœur ». Ceci serait d'après M. Batiffol une trace d'un récit primitif : on révélait, à cet endroit, le secret de la naissance d'Aseneth au pays de Chanaan, dans la famille de Jacob. Cela ne me paraît pas clair. S'il en était ainsi, le roman serait presque fini ; il n'y aurait plus qu'à célébrer le mariage. Or non seulement on ne se marie pas encore, mais Joseph refuse même de se laisser embrasser par Aseneth : il ne parle nullement de l'épouser. S'il la traite de sœur, c'est apparemment parce qu'elle se trouve au point de vue du mariage, dans la même situation que lui, et aussi parce qu'elle est la fille de son hôte : les deux raisons sont indiquées ensemble dans la phrase citée plus haut. Du reste, dans tout ce passage, l'amour fraternel est, sinon opposé au lien conjugal, au moins présenté comme un état inférieur, une sorte de stage. Aseneth étant la fille de la maison et ne cherchant point à séduire les pauvres hommes, Joseph n'exige pas qu'on la mette à la porte, il consent même à un échange de politesses ; mais quant à l'embrasser, non : un Israélite pieux n'embrasse pas les femmes idolâtres.

Voilà le nœud, voilà le lieu de *la scène à faire*, comme dit maintenant la critique dramatique. Il faut convertir Aseneth. L'héroïne fait les pre-

(1) Le Pentéphrès ou Putiphar dont Aseneth est la fille ne doit pas être confondu avec le personnage de même nom chez lequel Joseph avait couru le danger que l'on sait.

miers pas, et quels pas! Pendant huit jours elle jeûne sous le cilice et la cendre, jette par la fenêtre toutes ses idoles domestiques, supporte la colère de ses parents, pleure, se lamente, invoque le dieu de Joseph. Enfin Dieu la prend en pitié. Le matin du huitième jour, un ange lui apparaît, lui fait quitter son appareil de deuil, et lui annonce que sa pénitence a touché le cœur du Très-Haut. Elle est maintenant inscrite au nombre des élus, elle va pouvoir épouser Joseph. Comme gage de cet heureux changement, l'ange lui fait goûter le miel céleste, l'aliment des bienheureux.

Maintenant Joseph peut venir. Il vient en effet, et agrée Aseneth pour sa fiancée ; peu de jours après, la noce est célébrée, l'union des heureux époux ne tarde pas à porter ses premiers fruits. Aseneth donne le jour à Ephraïm et à Manassé.

Le légendaire aurait pu s'en tenir là. Il a préféré donner un acte supplémentaire, en faisant intervenir la jalousie du fils de Pharaon qui veut enlever Aseneth à son époux. Les fils de Jacob se partagent : les uns combattent pour le prince égyptien, les autres pour Joseph. Ceux-ci remportent la victoire, le fils de Pharaon est tué, Pharaon lui-même meurt de chagrin, et Joseph lui succède sur le trône d'Égypte, qu'il partage, bien entendu, avec la belle Aseneth.

Je ne parviens pas à comprendre comment on a pu trouver dans cette histoire, et surtout dans l'épisode de la pénitence d'Aseneth, une glorification symbolique de la virginité chrétienne, un fruit de la veine mystique du v° siècle de notre ère. Est-ce ainsi que procédaient les légendaires du iv° et du v° siècle quand ils s'avisaient de traiter ce sujet? Les voit-on aller par quatre chemins et dissimuler leurs exhortations derrière des mythes symboliques? Non, ils chargent ouvertement contre l'œuvre de chair, en mariage ou hors mariage, sans distinction, avec une fureur qui sent son manichéisme de plus d'une lieue; ou bien ils font exposer à leurs héroïnes les inconvénients de la vie conjugale, les ennuis de la grossesse, les douleurs de l'enfantement, la charge de l'allaitement, les anxiétés de la première éducation, tout cela sans s'apercevoir qu'ils prêchent l'égoïsme sous prétexte d'inculquer un degré supérieur de vertu. Je ne parle pas ici, bien entendu, des auteurs sérieux, des Pères de l'Église, qui savent traiter ce sujet délicat en mettant chaque chose à sa place, mais qui le traitent théoriquement, exposent les principes et s'abstiennent de raconter des histoires apocryphes. Ici l'histoire eût été bien mal choisie, car toute l'intrigue repose sur un empêchement de mariage à supprimer, afin de favoriser l'union de deux personnes, une union qui doit d'après la donnée même, être féconde et non platonique.

Il est vrai qu'Aseneth est appelée vierge, et même (ceci après sa conversion), vierge sainte. Mais il y a encore ici une exigence de situation. C'est déjà beaucoup que Joseph épouse une égyptienne, au moins faut-il qu'elle n'ait point appartenu à un autre. La virginité d'Aseneth restreint la donnée du problème et met en relief l'unique obstacle au mariage, la différence de culte.

Il n'y a donc point ici d'exhortation, même indirecte, à embrasser l'état virginal, tel que le christianisme le connaît et le consacre. Mais peut-on dire que l'esprit religieux qui anime ce curieux récit soit un esprit spécifiquement chrétien? Je ne le crois pas. L'esprit chrétien ne se révèle par aucun trait. Je sais bien que l'histoire est censée se passer quinze siècles avant Jésus-Christ. Mais il en est de même pour d'autres apocryphes: le *Testament des douze patriarches* par exemple, où il est néanmoins question du Christ fils de Dieu et Dieu lui-même, en termes fort peu voilés. Ici, rien de semblable. Même dans le rite de l'initiation d'Aseneth où l'on attendrait et où M. Batiffol a cru reconnaître en effet, des détails inspirés par la liturgie catholique, tout est compatible avec les idées juives, ou plutôt avec les idées communes aux juifs et aux chrétiens des anciens temps. Aseneth se lave, se parfume, mais ce sont des apprêts de toilette; l'ange initiateur n'y intervient pas comme il faudrait qu'il le fît si nous devions le considérer comme une figure de l'évêque conférant les sacrements de baptême et de confirmation. Il fait goûter à Aseneth un rayon du miel céleste, mais ceci est un souvenir de la manne, de la nourriture céleste, du pain des anges et non du *breuvage* de lait et de miel que l'on faisait goûter aux néophytes après leur baptême. Le symbolisme est ici tout différent. On n'entend nullement figurer l'enfance spirituelle, à laquelle convient le régime du lait sucré; on veut dire que la fille égyptienne, malgré son origine païenne, est admise par Dieu dans la société des anges, des élus, qu'elle se trouve désormais, par grâce spéciale, au même rang que Joseph et peut ainsi l'épouser sans difficulté.

Il ne faudrait pourtant pas écarter tout symbolisme. Aseneth est une figure, le type d'une catégorie de personnes. Cela est exprimé très visiblement dans une parole de l'ange, que Joseph répète un peu plus loin: « Tu ne t'appelleras plus Aseneth, tu t'appelleras Ville de refuge, « car en toi se réfugieront des peuples nombreux; ils s'abriteront sous « tes ailes; tes murailles protégeront ceux qui adhèreront au Dieu Très « Haut par la pénitence. » Aseneth est le symbole du prosélyte, qui vient au Dieu d'Israël par la pénitence au sens complet du mot grec μετάνοια. Nous retombons ici dans le cas de conscience, mais il se pose avec beaucoup plus d'ampleur. Il ne s'agit plus du Joseph et de l'Aseneth historiques, mais de la propagande juive et des conditions de l'agrégation des Gentils à la communauté civile et religieuse d'Israël.

En comprenant ce petit livre comme je le comprends, il devient nécessaire de le reporter bien au delà du v° siècle, de lui même, il réclame une place parmi les œuvres littéraires du judaïsme hellénique et propagandiste, contemporain de Jésus-Christ ou même antérieur à lui.

Si donc j'ai le regret de ne pouvoir me ranger au sentiment de M. l'abbé Batiffol sur la date de la légende d'Aseneth, j'ai en revanche le plaisir de constater que le texte édité par lui remonte à une bien plus lointaine antiquité, et prend une signification beaucoup plus haute qu'il ne l'avait cru possible et je le remercie vivement de m'avoir fait connaître une pièce aussi intéressante.

L. DUCHESNE.

---

118. — **Études d'Archéologie et d'Art**, par O. RAYET, ancien membre de l'École française d'Athènes, professeur d'archéologie à la Bibliothèque nationale, réunies et publiées avec une notice biographique sur l'auteur, par Salomon REINACH, ancien membre de l'École française d'Athènes, et illustrée de cinq photogravures et de 112 gravures. Un vol. in-8. Paris, Firmin-Didot.

Le *Bulletin Critique* a déjà payé un juste tribut de regrets au fin et judicieux archéologue si prématurément ravi à la science (1). Grâce au zèle et au savoir de ses amis, son œuvre ne restera pas entièrement inachevée. M. Maxime Collignon a publié et complété son *Histoire de la céramique grecque*, un autre doit, dit-on, terminer son livre sur *Milet et le golfe latmique*. Ce sont là des œuvres de longue haleine, faites pour les savants. M. Salomon Reinach, a réuni les articles écrits pour les gens du monde dans diverses revues et principalement dans la *Gazette des Beaux-Arts*.

O. Rayet était en effet, dans ce recueil, le rédacteur habituel de tous les articles concernant l'antiquité. C'est là que, suivant l'expression de M. S. Reinach, il était « comme le professeur attitré de ceux et celles qui lisent les revues, visitent les expositions, meublent des vitrines et des étagères, mais ne s'astreignent pas à suivre des cours publics ». Dans ses articles de la *Gazette* O. Rayet se garde bien de déployer l'érudition qu'il possédait à un si haut degré, il dit juste ce qu'il faut, et sait, par une remarque sobre et délicatement exprimée, attirer l'attention du lecteur sur le point essentiel. Aucune des nuances de la beauté ne lui échappe, aucun des traits qui caractérisent telle ou telle œuvre d'art n'est oublié par lui. Qu'il est charmant de visiter avec un tel guide la collection des figurines de Tanagra au Musée du Louvre, ou de revoir en ima-

---

(1) Cf. *Bull. Crit.*, 1889, p. 221 et suiv.

gination cette exposition rétrospective de 1878 au Trocadéro, où se trouvaient réunis tant de collections particulières dont quelques unes sont dispersées aujourd'hui.

O. Rayet ne connaissait pas seulement à fond nos collections nationales. Il avait visité et étudié les principaux musées de l'Europe, en particulier le Musée de l'Ermitage impérial de St-Pétersbourg (1) et le Musée de Berlin (2). Il ne manque pas l'occasion de faire part à ces lecteurs de tout ce qu'il a vu et admiré. Mais il n'est pas de ceux qui, selon son expression, « se sont affranchis de cette superstition qu'on appelle le patriotisme. » Toutes les fois qu'il « constate une infériorité de la France vis à vis des autres pays, il ne peut rester maître de lui. » Il se plaint donc amèrement, de ce que le budget de nos musées est si maigre. Il faut lire ses boutades contre la Chambre qui discute centime par centime la somme demandée pour l'achat de quelques chefs d'œuvres. « Qu'importent les musées aux électeurs de Fouilly-aux-Oies, et l'honorable représentant de Fouilly-aux-Oies y met-il jamais les pieds ? Les réunions électorales qui ont épluché ses convictions une à une par le menu ne lui ont jamais demandé ce qu'il pensait de Botticelli ou d'un Lécythe athénien. Et puis quelle somme veut-on ? Cent mille francs pour acheter des objets dont l'entrée au musée ne lui vaudra pas, aux élections prochaines, une voix de plus ! C'est bien cher. »

O. Rayet eût voulu que nos musées fussent richement dotés, que chaque objet fût pourvu d'une étiquette explicative, qu'on publiât de petits guides à bon marché comme ceux qui existent à Londres et à Berlin, en un mot que le musée fût non une suite de salles bien cirées où l'on se promène les jours de pluie, mais un véritable « établissement d'instruction au même titre qu'une université. »

O. Rayet mettait les lecteurs de la *Gazette* au courant des principales découvertes archéologiques ou leur présentait les livres importants qui venaient de paraître. Nous retrouvons ici ses articles sur l'*Athéna Parthenos* découverte à Athènes, sur les ruines de Dodone, les fouilles d'Olympie, de Milet, d'Ilion, de Samothrace etc. Il analyse et critique les ouvrages de M. Chipiez sur l'*Histoire critiques des Origines et de la formation des ordres grecs*, de M. Benndorf sur les *Peintures de vases grecs et siciliens* etc. Entre temps nous rencontrons quelques-unes de ses théories favorites. Je n'en citerai qu'une. La découverte des figurines de Tanagra avait ranimé une querelle ancienne. Là où certains savants aimaient à voir des épisodes de la vie d'outre tombe ou des scènes empruntées aux mythes de Déméter, de Koré et de Dionysos, il voyait volontiers des sujets de genre. « Il était, dit M. S. Reinach, sym

(1) P. 180.
(2) P. 239.

boliste avec passion » Il exagéra même sa doctrine Sa nature ardente l emporta ici, comme dans d autres circonstances, à dépasser quelquefois la juste mesure

Pour résumer en un mot l impression que laisse la lecture des *Études d Archéologie et d Art*, on peut dire qu on y retrouve O Rayet tout entier Nul livre ne peut donner une idée plus exacte de ce qu il pensait et de ce qu il était Ajoutons que la notice publiée par M S Reinach en tête du volume, est d une remarquable vérité Les articles qui sui vent n en sont pour ainsi dire que les pièces justificatives Les nom breuses gravures jointes au volume lui donnent un charme de plus, la plupart sont extraites de la *Gazette des Beaux Arts* et l on sait avec quel soin est illustrée cette publication (1)

E BEURLIER

---

119 — **Gli Atti apocrifi dégli Apostoli Nei testi copti, arabi ed etiopici**, par M Ign GUIDI, professeur à l Université royale de Rome (Extrait du *Giornale della Società Asiatica Italiana*, vol II), Rome, 1888, in 8°, 70 pages.

A dater du concile de Chalcédoine et du schisme de Dioscore, l Église d Égypte, rompant avec le monde grec catholique pour constituer un monde à part et le centre du monophysisme, se crée une littérature ecclésiastique à elle, dans sa langue à elle, c est l âge d or de la litté rature copte, tant en matière de traductions du grec en copte, qu en matière de compositions originales

C est à cet âge d or du v et du vi siècle que M Guidi fait remonter la mise en copte, si je puis dire ainsi, des légendes apostoliques Il ne serait pourtant pas impossible, au moins me semble-t il, que cette mise en copte de certaines de ces légendes remontât plus haut, le caractère originel de ces légendes apostoliques est si géne ralement hérétique, soit ébionite, soit surtout gnostique et manichéen que leur succès littéraire suppose une époque moins éclairée que le ve-vi^e siècle n oublions pas que les Encratites égyptiens de la fin du iiie siècle, les Hiéracites, parlaient « égyptien », et avaient déjà tout une littérature « égyptienne »

M Guidi distingue en copte trois catégories de légendes apostoliques — Les unes traduites du grec *simpliciter*, c est le cas des *Acta Petri*, des *Acta Pauli*, des *Acta Johannis* (Pseudo Prochore) M Guidi penche même à croire que l original grec de ces actes ou *Periodoi* est d origine égyptienne — D autres sont non plus traduites du grec, mais seule-

---

(1) Je signalerai aussi deux notices d O Rayet, sur A de Longpérier et F Lenormand très intéressantes toutes deux

ment imitées ainsi l'on a en copte des *Acta Philippi* imités de la légende Hiérapolitaine grecque, les *Acta Andreae et Bartholomaei* imités des Actes grecs des SS. André et Mathieu, des *Acta Taddaei* imités des Actes grecs des SS. André et Pierre. M. Guidi fait observer que ces sorte d'adaptations sont fréquentes en copte, et que, par exemple, le martyre de saint Pisura, publié par M. Hyvernat, est en partie copié sur le martyre grec de Saint Ignace. — Enfin d'autres légendes apostoliques sont des compositions coptes originales : c'est le cas de la légende de Saint-Simon et de la vierge Théonoë, une très jolie légende locale.

Toute cette littérature copte est passée en arabe, vers le XIII° siècle et, peu s'en faut à la même époque, d'arabe en éthiopien.

M. Guidi a réuni les fragments retrouvés par lui de ces légendes tant en copte qu'en arabe et en éthiopien. Il nous donne ainsi d'importants morceaux des *Actes* des SS. Jacques, Jude, André, Philippe, Pierre, Paul, Jean (*métastasis*), Simon, Paul et André, André et Barthélémy, Jean (*vita*), — traduits en italien. Faire l'éloge de la méthode et de la science d'un des tout premiers orientalistes d'Europe ne me convient pas : je n'ai voulu que signaler aux théologiens la précieuse contribution aux recherches de M. Lipsius, que M. Guidi a écrite pour eux.

P.

---

120. — H. DE LEYMONT. — **Mme de Sainte Beuve et les Ursulines de Paris 1562-1630**. Étude sur l'éducation des femmes en France au XVII° siècle. Lyon, Vitte et Perrussel, 1890 in-8 de XVII-441 p.

« L'établissement de Saint-Cyr, dit M. de Leymont dans les premières lignes de sa remarquable *Introduction*, a marqué l'apogée de l'éducation publique pour les femmes au XVII° siècle ; mais s'il fut une œuvre unique, il ne fut pas une entreprise isolée. Mme de Maintenon devait avoir à diverses époques des imitateurs plus ou moins fidèles, elle a eu des précurseurs qui, pour être moins à l'honneur, n'en ont pas moins été à la peine. Sans remonter, comme elle, aux diaconesses chargées, dans l'Église primitive, de catéchiser et d'instruire les femmes, sans parler des anciens monastères et en particulier de ces grandes écoles de Bénédictines dont M. de Montalembert a retracé les hautes études et les sérieux travaux, Saint-Cyr avait eu, dans les Ursulines et dans Port-Royal, ce qu'on pourrait appeler ses précurseurs immédiats. Les Ursulines sont à la fois les moins connues et les premières en date : c'est à ce double titre que nous leur consacrons cette étude. »

Avant d'étudier les Ursulines et leur système d'éducation dans leur principale maison, celle de Paris, et dans la fondatrice de cette maison,

Mᵐᵉ de Sainte-Beuve l'auteur expose rapidement « ce qu'était en France l'éducation des femmes au moment où ces nouvelles ouvrières mirent la main à l'œuvre », ajoutant qu' « il faut mesurer la grandeur de la tâche pour être juste envers celles qui l'accomplirent » Ce lumineux exposé remplit toute l'*Introduction* et comme tout le reste de l'ouvrage, complète fort bien le travail le plus sérieux que nous possédons sur l'histoire de l'éducation des femmes en France, celui de M. P. Rousselot (1), de même que considéré comme histoire de l'ordre des Ursulines le même ouvrage complète la meilleure monographie qui en ait encore été donnée, celle de Mgr Postel (2)

Pour la plupart des lecteurs comme le dit M. de Leymont (p. xvii) la fondatrice des Ursulines françaises est une inconnue. Aussi n'a-t-il rien négligé pour nous la faire admirablement connaître. Après avoir consulté avec le soin le plus attentif deux recueils, pour ainsi dire fondamentaux, les *Éloges et vies des reynes, princesses et dames illustres en piété* etc. par le R. P. Hilarion de Coste, minime et la *Chronique ursuline* par Mᵐᵉ de Pommereu ursuline au grand couvent de Paris, en religion sœur Sainte Paule et une foule de recueils accessoires, soit du XVII siècle soit de notre temps il a écrit divers chapitres du plus vif intérêt et de la plus rigoureuse exactitude sur la jeunesse de Madeleine Luillier, la dix-huitième des enfants de Jean Luillier, seigneur de Boullencourt, et autres lieux, président en la Chambre des comptes de la ville de Paris (3) et de Renée Nicolai, sur ses relations avec la Ligue, sur la

---

(1) Nous avons perdu à la mort prématurée d'un autre membre de l'Université M. Alphonse Veyries élève de l'École normale supérieure et de l'École française d'Athènes agrégé une étude sur le même sujet qu'il avait choisie pour sa thèse de doctorat et qui eût été excellente. Mon jeune et si distingué compatriote et voisin (il était né à Tonneins en 1858) m'avait fait l'honneur de m'entretenir de son livre pour lequel il avait réuni de très considérables matériaux et auquel il travaillait avec un véritable enthousiasme

(2) *Histoire de sainte Angèle Merici et de tout l'ordre des Ursulines depuis sa fondation jusqu'au pontificat de SS. Léon XIII* Paris 1878 2 vol in-8

(3) M. de Leymont fournit de très abondants détails sur la famille Luillier. Il n'a oublié qu'un seul témoignage relatif à cette vieille famille parisienne celui de Tallemant des Réaux que je n'ai pas manqué d'invoquer dans l'*Avertissement* du fascicule XVI des *Correspondants de Peiresc. Lettres inédites de François Luillier* (Paris librairie Techener 1889 p. 1). Profitons de l'occasion pour relever quelques autres petits torts de l'auteur lequel comme son héroïne n'a que des péchés véniels à se reprocher. Pourquoi donner la forme *Antraygues* (pp. 9, 188) à un nom qui a été toujours écrit *Entrayques* ? Voir *Le chemin de l'Hospital par Robert de Balsac, senechal d'Agenais et de Gascogne* (Montpellier 1887 p. 6) Si l'on estimait que cette observation est trop minutieuse je répondrais que M. de Leymont lui-même attache quelque importance à ces infiniments petits car il s'applaudit (p. 23) d'avoir écrit exactement le nom du P. Gonthery « que quelques historiens appellent le P. Gonthier » A propos de l'Augerville de Berryer, nous lisons (p. 1) « Le

passion inspirée au plus galant de nos rois par la jeune veuve, sur ses clients et sur ses amis, sur ses bienfaits de tout genre à l'égard des Ursulines, sur ses dernières années, sur sa dernière maladie et sa mort. Dans autant d'autres chapitres, l'auteur s'occupe successivement des Ursulines en Italie, en France, à Paris (d'abord préliminaires de la fondation, puis fondation elle-même), de la bulle de Paul V (1), de l'esprit des Ursulines, du couvent du faubourg Saint-Jacques des Ursulines et de Mme de Maintenon, de l'éducation des Ursulines et de l'éducation de Saint-Cyr.

Nous ne pouvons suivre l'attachant biographe dans tous ses récits; nous nous contenterons de signaler quelques points de son livre qui nous ont semblé dignes d'une mention particulière. Indiquons d'abord quelques-unes des rectifications que nous devons à sa scrupuleuse et pénétrante critique. Et d'abord, cette remarque (p. 5) sur la *présidente de Boullencourt*, à recommander aux érudits qui, plus heureux que les sept éditeurs de l'*Estoile* de Jouaust, pourront publier l'indispensable commentaire des récits du grand audiencier de la chancellerie : « les annotateurs du *Journal de l'Estoile* l'ont souvent confondue avec sa belle-fille, Charlotte de Livre, qui avait épousé Nicolas Luillier fils aîné de Jean Luillier de Boullencourt et d'Anne Hennequin. Ils se sont également trompés au sujet de Jean Luillier, prévôt des marchands qu'ils ont cru être le fils de Charlotte de Livre et de Nicolas Luillier. » Voici une autre observation qui atteint à la fois deux historiens et qui forme un piquant coup double (p. 32) : « C'est par erreur que M. Robiquet (*Paris et la Ligue sous le règne de Henri III*) attribue ce mot de Mme de Sainte-Beuve, à la duchesse de Guise, veuve du *Balafré*, à laquelle il a cru devoir appliquer le surnom de *Sainte-Veuve*, surnom qui dans l'Estoile et les autres écrivains du temps, ne désigne jamais que Mme de Sainte-Beuve. C'est par une erreur contraire que Chateaubriand attribue

leader légitimiste conservait avec soin tous les souvenirs du prévôt des marchands (Jean Luillier) dont le portrait ornait son salon » Je n'aime pas ce mot *leader*. Quel besoin avons-nous d'emprunter des mots à la langue anglaise ? Ne sommes-nous donc pas assez riches de notre propre fonds ? Si l'on m'objecte que c'est chose de mode, je déclarerai que les écrivains du mérite de M. de Léymont sont au-dessus de la mode. A *Sublet Desnoyers* (p. 79) substituons *Sublet Des Noyers*. Pourquoi faire précéder ce nom du mot *Monsieur* ? C'est trop de politesse pour un personnage du xviie siècle. En mentionnant (p. 142) M^{ll} de Mazan, on mentionne aussi l'évêque de Carpentras, mais sans nous dire son nom : c'était Horace Caponi.

(1) La bulle de Paul V qui érige le monastère de Sainte-Ursule à Paris est reproduite avec traduction aux *pièces justificatives* (n. 1, p. 403-419). Les documents qui suivent celui-là sont : II *Bref d'Urbain VIII à l'évêque de Paris* (6 novembre 1626) ; III *Lettre de Mme de Brinon aux dames de Saint-Cyr* (novembre 1692) ; IV *Tableau des monastères d'Ursulines existant en France en 1699 et en 1878*.

à Mᵐᵉ de Sainte-Beuve l'apostrophe au duc de Guise à la journée des barricades : « *Bienheureuse les entrailles qui t'ont porté,* etc. » M. de Leymont relève en ces termes un léger anachronisme de Th. Levallée au sujet du brusque éloignement de Mᵐᵉ de Brinon (p. 360) : « le 3 décembre 1688, une lettre de cachet obligeait la supérieure de Saint-Cyr à quitter, sans délai et sans adieux, la maison qu'elle avait tant contribué à établir. C'est par erreur que M. Th. Lavallée donne le 10 décembre comme le jour du départ de Mᵐᵉ de Brinon. Dangeau indique formellement le 3 décembre et son autorité est ici d'autant plus décisive, que son journal, écrit au jour le jour, fut, plus tard, lu et en quelque sorte contrôlé, par Mᵐᵉ de Maintenon à Saint-Cyr. » C'est encore une erreur que combat victorieusement l'habile narrateur, en réhabilitant Mᵐᵉ de Brinon dans de chaleureuses pages dont nous ne citerons qu'un fragment (p. 360-361) : « La simplicité avec laquelle Mᵐᵉ de Brinon accomplit son sacrifice fut héroïque. Exilée à Maubuisson, elle n'y usa de la liberté que lui assurait l'amitié fidèle de la sainte abbesse, la princesse palatine, que pour remplir jusqu'au bout sa mission d'ursuline, en y réorganisant l'enseignement. Pas une plainte ne sortit de ses lèvres, elle garda à Mᵐᵉ de Maintenon toute son amitié, à Saint-Cyr toute sa tendresse, et ne se servit de l'influence qu'elle conservait sur ses anciennes filles que pour les exhorter à la même simplicité et à la même soumission. »

M. de Leymont, tout en aimant et en admirant beaucoup Mᵐᵉ de Sainte-Beuve, ne craint pas de la frapper d'un blâme sévère pour sa conduite pendant les troubles de la Ligue avec laquelle elle pactisa (p. 3o) : « Elle oublia, dans l'ardeur de la lutte, de faire à la charité, voire à la justice, la part nécessaire à laquelle ses adversaires avaient droit. Comme d'autres, *elle s'était jetée dans le feu et elle n'en sortit point sans s'être un peu brûlée.* Ce sera du reste la seule faiblesse que nous aurons à signaler dans la vie de Mᵐᵉ de Sainte-Beuve. Nous n'avons pas cru devoir la passer sous silence. Avec l'illustre historien des *Moines d'Occident* nous pensons qu'un ami et un admirateur sincère doit à la vérité *de ne dissimuler aucune tache, afin d'avoir le droit de ne voiler aucune gloire.* La fondatrice des Ursulines nous donnera, dans la suite, des preuves assez sérieuses de la pureté de sa vertu pour que nous n'hésitions pas à indiquer ici l'*ombre à côté de la lumière.* »

Après avoir montré cette éclatante preuve de son impartialité — ah ! la rare et belle qualité ! — l'auteur porte sur la Ligue un jugement non moins équitable. Le voici (p. 41) : « Nous n'ignorons point que la Ligue sévèrement jugée au xviiᵉ siècle par les écrivains catholiques, compte aujourd'hui parmi eux des apologistes et des admirateurs, mais nous n'en persistons pas moins dans une opinion qui est le fruit d'études consciencieuses. Nous croyons que la Ligue ne fut jamais uniquement catholique, ni absolument légitime, et qu'œuvre d'un parti gagé par une ambition étrangère, elle cherchait moins à servir l'Église qu'à se servir d'elle, s'inquiétant fort peu du sort que ferait à la France la réalisation du plan de monarchie universelle qui était à la fois le rêve de Philippe II et le dernier mot de la Sainte Union. Si elle eût atteint son but, les princes Lorrains, ses chefs *avoués*, se fussent peut-être trouvés ses premières dupes; mais, à coup sûr, l'unité française et l'indépendance pontificale eussent été ses premières victimes. Ce sera l'éternel honneur de Sixte-Quint d'avoir compris à temps, comme il le disait lui-même au cardinal d'Aragon, que *ce n'était point là une guerre de religion, puisque personne ne combattait pour elle, mais une affaire d'État* et d'avoir, en résistant à l'Espagne, maintenu l'équilibre européen. Il ne faut point le méconnaître, en effet, ce qu'il y eut de juste, de conforme au droit national, de vraiment catholique dans la résistance de la France à son roi protestant et au protestantisme n'appartient pas en propre à la Ligue, et, loin d'avoir été soutenu par elle, a été compromis par ses excès et combattu par ses théories. Au fond, et au regard des institutions françaises, l'esprit, les moyens, le but, tout était révolutionnaire dans cette mystérieuse association; mais elle sut habilement dissimuler au début, et il faut encore aujourd'hui y regarder de bien près pour n'y être point trompé. »

A ces considérations si justes, si sages, si patriotiques, si élevées, nous ferons succéder, sans chercher les effets du contraste, un portrait sincèrement tracé de Mme de Sainte-Beuve (p. 48) : « La belle veuve avait fait une impression beaucoup trop vive sur le cœur toujours inflammable d'Henri IV. Bien qu'elle eût atteint sa trente-deuxième année, elle était encore dans tout l'éclat d'une beauté à laquelle la vivacité, et tout ensemble la maturité de son esprit prêtaient de nouveaux agréments. Le portrait reproduit en tête de ce volume, et que les Ursulines *firent tirer à son insu* quelques années plus tard, peut à peine nous donner une idée de la noblesse, de la régularité de ses traits, et surtout de ce charme irrésistible, qui, au témoignage de tous ses contemporains, se dégageait de sa personne (1) « Elle estoit d'une très riche taille, dit le manuscrit déjà

(1) Avouons-le ce portrait n'a rien de séduisant et on a besoin de l'oublier pour songer sans sourire aux entreprises d'Henri IV sur l'invincible vertu de Mme de Sainte-Beuve. Mais ces entreprises doivent-elles être considérées comme incontestables? Dans le récit très délicat que nous en donne l'auteur, lequel marche du pas le plus léger sur ce terrain brûlant, je ne vois invoquer qu'un seul témoignage, celui de la *Chronique ursuline*. Ce n'est vraiment pas assez. Comment Tallemant des Réaux, qui raconte avec tant de complaisance de pareilles aventures, n'a-t-il rien dit d'un incident qui aurait fait tant de bruit à la cour et à la ville? Comment les autres chroni-

cité, d'un grave maintien, d'une humeur égale et d'un visage serein qui monstroit la candeur de son âme. Elle avait le poil blond cendré, les yeux bleus et fort doux, le teint vif et extrêmement délicat et tous les traits du visage forts bien faicts. » Ça et là nous trouvons de nouveaux passages dignes d'une citation, mais de peur de trop allonger un article déjà fort étendu, nous ne ferons qu'indiquer ce qui regarde saint François de Sales (p. 16)(1) Françoise de Bermond (p. 135) Anne du Lac (p. 284 286), le cardinal de Berulle (*passim*). Nous ne pouvons résister à l'envie de reproduire le touchant récit de la mort du fondateur de l'Oratoire français (p. 315). « Le mardi 2 octobre 1629 un peu avant une heure de l'après-midi, le cardinal de Berulle expirait dans la maison des Oratoriens au faubourg St Honoré. Le matin même, le saint prêtre, déjà mourant avait fait un suprême effort pour célébrer une dernière fois les divins mystères. L'*âme toujours debout*, mais le corps foudroyé avant d'arriver au canon de la messe il avait été contraint de laisser achever par un autre le sacrifice commencé, et de recevoir en viatique le Dieu qu'il n'avait pu faire descendre lui-même sur l'autel. Les noms de Jésus et de Marie qu'il avait donnés pour devise et pour blason à l'Oratoire, furent ses dernières paroles ils scellèrent ses lèvres pour l'éternité. »

L'auteur à la fin de son *introduction* parlant de Mme de Sainte Beuve, exprimait ce vœu « Puissions-nous faire vraiment revivre cette physionomie à la fois attrayante et fière, où la grande dame et la sainte se mêlent sans se confondre ! » Pas un des lecteurs de l'étude de M. de Leymont ne pensera que ce vœu n'a pas été parfaitement exaucé

queurs friands de scandales L'Estoile en tête ont ils été non moins discrets? Que penser de cette *conspiration du silence* dans laquelle seraient entrés à la fois les amis et les ennemis du *vert galant*? On ne prête qu'aux riches et je suis fort tenté de croire que l'on a dans ce cas prêté au plus riche des hommes. J'ai eu jadis l'occasion de défendre un autre riche un autre millionnaire François I contre l'accusation d'avoir violé à Manosque les lois de l'hospitalité en attaquant une jeune fille M^{ll} Voland qui n'aurait pu échapper à ses ardentes poursuites que par un moyen extrême elle aurait employé pour se défigurer le soufre enflammé aimant mieux sacrifier sa beauté que sa pudeur à l'hôte trop pressant de son père. La légende du XVIIe siècle n'est pas plus acceptable pour moi que celle du XVIe et François I et Henri IV ont à mon humble avis assez de réelles galanteries à se reprocher pour que par dessus le marché on ne leur en attribue pas encore de fort douteuses ou même d'absolument imaginaires

(1) M de Leymont parle souvent de l'aimable saint et ce sujet l'inspire toujours heureusement. Il a encore de remarquables pages sur le P. Gontery sur Mme Acarie, sur César de Bus sur S. Charles Borromée. A propos de la canonisation de ce patron des Ursulines il dit « La vertu qui sortait de son tombeau venait de leur ouvrir les portes de France »

T. DE L.

121 — Pierre de Coubertin *L'Éducation Anglaise* Hachette, 1 vol in-12 de 326 pages

M. de Coubertin reprend un sujet déjà traité par M. Taine, mais depuis l'année 1869, date de la publication des « Notes sur l'Angleterre, » bien des choses ont changé et il est possible d'écrire sur la matière quelques détails nouveaux. M. de Coubertin ne professe pas une grande admiration pour l'éducation telle qu'on la comprend dans notre pays et s'il nous permet de commencer par des critiques, nous trouvons qu'il abonde un peu trop dans ce lieu commun, répété à satiété « le surmenage la routine de nos programmes la paperasserie administrative etc. » Ce n'est pas que je me fasse l'apologiste de l'*Alma Mater* universitaire je reconnais le système anglais plus favorable au développement physique que celui de nos *boîtes à bachot* ou même que celui de nos lycées. Les élèves d'Eton, d'Harrow, de Wellington vivent en plein air et se font de *doubles muscles* comme Tartarin de Tarascon. Mais si l'on ne semble occupé en France qu'à produire des pédants, en Angleterre d'après les renseignements fournis par M. de Coubertin, l'instruction paraît la partie tout à fait accessoire. Le principal consiste à exceller dans tous les sports. Une école se transforme en un lieu d'entraînement pour la course, le cricket et le canotage.

Lorsque M. Taine étudiait les collèges d'Angleterre il existait un usage barbare, le *fagging*. On astreignait les nouveaux à une domesticité semblable à celle que les rapins imposent aux *juniores* dans les ateliers. Il se produisait des actes de tyrannie et de brutalité. Les grands n'épargnaient pas les coups de poing aux cadets lorsqu'ils ciraient mal leurs bottes ou ne soignaient pas suffisamment leur thé. Le fagging a disparu. Mais les grands conservent une surveillance sur les plus jeunes et sont associés par les directeurs du collège au maintien de la discipline. Ce système semblerait étrange à des Français, ligués tous contre le maître quel qu'il soit.

Les châtiments corporels le fouet infligé à de grands garçons, choqueraient également nos habitudes, mais du moment qu'on n'attache à cette punition aucune idée de déshonneur elle peut être préférée au pensum.

M. de Coubertin pour être un peu enthousiaste n'en rapporte pas moins des détails intéressants et dont on pourrait tirer profit. A ceux qui critiquent le *confortable* des écoles anglaises il prouve qu'une vie agréable pendant l'adolescence n'affaiblit pas l'énergie de ceux qui partent plus tard comme squatters en Australie, officiers dans les Indes, ou industriels en Amérique.

La partie la plus nouvelle du livre concerne les *Écoles catholiques*. Les Jésuites possèdent en Angleterre plusieurs établissements dont les principaux sont Beaumont, situé dans la forêt de Windsor, et Stonyhurts dans le Lancashire. Les oratoriens ont fondé aussi des collèges, mais le système des deux ordres ne se ressemble guère. Les Jésuites pratiquent la méthode préventive, les Oratoriens adoptent les habitudes anglaises de liberté et de confiance réciproque. Le cardinal Neumann s'applaudit des excellents résultats obtenus : les jeunes gens acquièrent ainsi une franchise qui rend la surveillance facile et un sentiment du devoir plus solide et plus profond.

L'enfant responsable de ses actes apprend à devenir un homme. La tentation éprouve alors moins fortement celui que l'éducation fait suivant la devise d'un professeur anglais, « large d'épaules et large d'idées ».

F. ROUSSEAU

CHRONIQUE

105. GAZETTE ARCHÉOLOGIQUE. Année 1889, n°° 1-2. L. HEUZEY. *Vases à figurines de l'île de Chypre.* Étude d'une série de vases (προχόαι) dont le type primitif a pour goulot une figurine de femme appuyant elle-même contre son corps un petit vase à orifice trilobé par où s'écoulait l'eau que l'on versait du grand vase, de telle sorte que, lorsque l'eau coulait, la figurine de femme semblait la verser avec sa cruche. En étudiant toute la série de ces vases, dont quelques-uns présentent, au lieu de la figurine seule, le groupe d'une femme et d'un Eros, l'auteur arrive à cette conclusion que ces sujets se rattachent au cycle d'Aphrodite et procèdent d'un mythe initial dont les céramistes chypriotes avaient conservé un souvenir peut-être inconscient. Figures, planches I II. — T. HOMOLLE et H. P. NÉNOT. *Essai de restitution de l'amphithéâtre de Curion.* Étude du célèbre texte de Pline (H. N. XXXVI, 117-120) contenant la description des deux théâtres construits par Curion. De l'étude du texte les auteurs concluent que le problème doit être ainsi posé : « Juxtaposer deux théâtres antiques de telle façon que l'on puisse, en les faisant pivoter, les mettre à volonté dos à dos ou face à face. Ils devront en outre être construits de telle sorte qu'on puisse très rapidement les ouvrir, les fermer par l'addition ou l'enlèvement des scènes, les réunir enfin pour former l'enceinte continue d'un théâtre. » Canina a donné une solution qui ne résout pas complètement le problème. Son système en effet ne permet ni de mettre les théâtres dos à dos, ni de supprimer les scènes. Homolle et Nénot proposent une autre solution qui semble répondre à toutes les données du problème. Figure, planches III IV. — Baron J. de BAYE. *Le tombeau de Wittislingen au musée national bavarois (Munich).* Ce tombeau renfermait des bijoux aussi remarquables par la perfection artistique que par la richesse de la matière. Baye démontre que ces bijoux sont gothiques et les date de la fin du VII° siècle. Figure, planches V VI. — P. de NOLHAC. *Manuscrits à miniature de la bibliothèque de Pétrarque.* Étude de divers manuscrits de la bibliothèque de Pétrarque, la plus intéressante collection privée du commencement de la Renaissance. Nolhac étudie spécialement deux manuscrits : l'un de la Vaticane (*Vat. lat.* 2193), l'autre de la Bibliothèque nationale de Paris (*Paris, lat.*, 8500). Ils sont, l'un et l'autre, l'œuvre d'un

artiste inconnu sans doute un Italien du nord qui a travaillé en même temps que Simone Martini († à Avignon juillet 1344) ou peu de temps après lui Planches VII VIII. — A. ROMAN Les tombeaux d'Assouan. Description de la necropole d'Assouan et renseignements sur les fouilles qui y ont été faites en 1886-1887 il est permis d'espérer que la suite de cette exploration donnera de la grands résultats et augmentera nos connaissances historiques sur cette région si intéressante d'Assouan et des frontières de la Nubie. H T

ACADÉMIE DES INSCRIPTIONS ET BELLES-LETTRES

Séance du 2 août — M le président, en quelques mots fait l'éloge du baron J de Witte associé étranger de l'Académie depuis l'année 1864 décédé le 29 juillet à l'âge de 82 ans Ses travaux la libéralité avec laquelle il a soutenu plusieurs publications archéologiques ses dons à notre Cabinet des médailles lui donnent des droits à notre reconnaissance « En l'accompagnant hier à sa dernière demeure continue M Barbier de Meynard et en lui adressant les derniers adieux de l'Académie j'ai rendu hommage à cette vie toute de travail et de dévouement scientifique Je n'ai pas besoin de rappeler ici les titres qui assurent à M de Witte une place distinguée dans les rangs de l'érudition française, je dis « française » parce que notre confrère considérait la France comme sa patrie d'adoption Il fut l'ami de Ch Lenormant et collabora avec lui à la publication des *Monuments ceramographiques* il a donné à l'archéologie une méthode plus rigoureuse tout en substituant à la simple description des monuments une interprétation à la fois plus ample et plus précise La *Gazette archeologique*, qu'il fonda avec François Lenormant marque un nouveau progrès dans cette voie Le plan fidèlement suivi par les deux collaborateurs consistait à réunir en un seul corps les monuments figurés de l'antiquite grecque et romaine en choisissant de préférence ceux qui présentaient la plus haute expression des formes plastiques Collaborateur assidu des principales revues de numismatique il a écrit l'histoire des empereurs romains au III siecle excellente contribution à l'histoire des monnaies romaines Pour donner une juste idée de son infatigable activité il faudrait citer toutes les revues tous les recueils périodiques de France et de l'étranger ou il signalait et étudiait les découvertes les plus récentes C'est d'ailleurs à nous qu'il réservait les prémices de ces mémoires Vous savez avec quelle assiduité il assistait à nos séances vous vous rappelez aussi les dons généreux dont il enrichit à plusieurs reprises le Cabinet des médailles M de Witte était de la race des grands seigneurs erudits d'autrefois sa libéralité était sans bornes et son bonheur était de la mettre au service de la science et des savants Notre Compagnie ressentira vivement le nouveau coup qui la frappe elle conservera le meilleur souvenir du confrère bon obligeant dont la modestie égalait le savoir et qui, pendant un quart de siècle a pris une part si attentive à ses travaux » M le president donne ensuite à l'Académie des nouvelles satisfaisantes de la sante du général Faidherbe et de M A Maury qui avait été frappé d'une insolation aux obsèques du baron J de Witte — M MENANT lit une notice sur *un cylindre du Musée britannique* Ce monument est connu depuis 1818 par un dessin de Rich exécuté d'après un original aujourd'hui perdu qui appartient au D Jhone Hine Depuis on a cru retrouver l'original du dessin de Rich dans un cylindre qui fut donne au Musée britannique par M Cobham *commissionner* à Larnaca Suivant M Menant ce cylindre qui a dans son ensemble les caractères des cylindres chaldéens de la même époque renferme plusieurs détails suspects qui doivent le faire considérer comme un monument faux exécuté de nos jours d'après Rich — M BRÉAL lit un mémoire intitulé *Deux prétendus cas d'analogie* Selon la théorie admise depuis quelques an nées par de nombreux linguistes la désinence *ons* dans la première personne du pluriel des verbes français ne peut venir de la terminaison *amus*, car l a n aurait pu devenir o. Cette désinence aurait été empruntée par les diverses conjugaisons à la forme ancienne *nous sons* pour *nous sommes* qui vient elle-même du latin *sumus*. M. Bréal repousse cette théorie pour diverses raisons : 1. L analogie d ordinaire va du régulier à l irrégulier, on comprendrait que la première conjugaison latine eût exercé une influence sur la conjugaison capricieuse et exceptionnelle du verbe *sum*, mais non inversement. 2. On ne voit pas non plus pourquoi ce verbe aurait prêté aux autres une seule forme, celle de la première personne du pluriel, plutôt que celles de la seconde ou de la troisième. 3. Pourquoi cet emprunt aurait-il eu lieu seulement en français et non dans les autres langues romanes. 4. Si une semblable influence avait dû appartenir à un verbe auxiliaire, c eût été au verbe *avoir* plutôt qu au verbe *être*. M. Bréal persiste donc à croire que la désinence *ons* vient de *amus*; il faut voir là une preuve de la possibilité de la transformation de l a latin en o français, transformation qui, d ailleurs, n est pas sans exemple. M. G. Paris refuse d admettre cette transformation : *Fames* a donné *faim*, *ramus* *rains* (en vieux français), *cantamus* n aurait pu donner que *nous chantains*. Il ne faut pas voir dans l explication tirée de l analogie avec *sumus* autre chose qu une hypothèse qui un jour peut être fera place à une meilleure. — M. l abbé Raboisson continue la lecture de son mémoire intitulé *Étude géographique de l Assyrie, de Naïri*, etc. L inscription connue sous le nom du roi Samsi Rammân IV renferme 99 noms de lieux dont 7 seulement ont été identifiés. Une étude comparée des renseignements géographiques fournis par le texte et de l équivalence phonétique des noms anciens et des formes modernes permettent à M. Raboisson de proposer 90 autres identifications. Il insiste particulièrement sur la ville de Karkamis ou Carchemis qui n était pas située, comme on l a cru jusqu à ce jour, sur la rive droite de l Euphrate, mais sur la rive gauche et à une certaine distance du fleuve.

Séance du 9 août. — M. Viollet lit une note intitulée *Les premiers rois par la grâce de Dieu*. Charlemagne s est servi le premier de cette formule, mais sans lui attribuer l idée du droit divin tel qu on l a compris depuis, c est-à-dire supposant le principe d hérédité. Il semblerait plutôt que ce droit divin excluait le principe d hérédité. En effet, un concile de Paris de l an 829 dit : « Aucun roi ne doit dire qu il tient son royaume de ses ancêtres, mais il doit croire humblement qu il le tient de Dieu. » La légitimité venait de ce que le roi élu l était par la volonté de Dieu. De nombreux textes confirment cette doctrine. Hincmar dit que le roi peut être contraint à agir suivant la justice. L histoire de Louis le Débonnaire montre combien alors l empereur lui même avait à compter avec l esprit public sur lequel le sentiment du droit avait la plus grande influence. L idée actuelle du droit divin exprimant l obligation de l hérédité monarchique était donc en décadence pendant le neuvième et le dixième siècle. Aussi Louis le Bègue s intitulait-il *Misericordia Domini Dei nostri et electione populi rex constitutus*. Les carlovingiens tout en se croyant rois par la volonté de Dieu exercèrent un gouvernement tempéré et constitutionnel plutôt que despotique et absolu. — M. Bréal termine la lecture de son mémoire sur *deux prétendus cas d analogie* et repousse la théorie d après laquelle la distinction entre le masculin et le féminin tiendrait à une simple méprise : la désinence *â* appartenant par pur hasard à quelques noms féminins (*mâmâ* mère, *gnâ* femme) aurait été prise pour le suffixe propre à indiquer le féminin. M. Bréal propose ensuite quelques étymologies latines : *caelum*, avant de signifier *ciel*, a eu le sens de *voûte*. C est un dérivé du verbe *caedere* comme *velum* l'est de *vehere*. *Arma* vient du verbe *armare* qui lui-même provient de *armus* épaule. *Rabies* vient du grec ρίμβω qui signifie errer parceque les animaux enragés deviennent fatalement errants. Le mot *rêver* aurait une origine semblable : en effet jusqu'à Ronsard il a eu le sens de *vagabonder*. — M. PAUL MEYER ne peut pas accepter l'étymologie proposée par M. Bréal, pour ce qui concerne le mot français *rêver*.

Séance du 16 août. — M. l'abbé RABOISSON termine la lecture de son mémoire sur la géographie de l'Assyrie d'après l'inscription de Samsi Rammân. Il identifie 48 noms appartenant à l'Arménie qui fut le théâtre de la dernière campagne de Samsi Rammân et s'attache surtout à démontrer qu'il y a lieu d'identifier Sagbita capitale du Makai avec Ecbatane du Nord et Dûr Pap Sukal avec Chouster. — M. Oppert rend hommage à l'érudition de M. l'abbé Raboisson mais ne croit pas pouvoir accepter toutes les identifications qu'il propose. Il pense que la première campagne de Samsi-Rammân a eu pour théâtre non pas l'Azerbeïjan mais l'Arménie, et la quatrième non pas la Susiane mais le cœur de la Mésopotamie. M. Salomon REINACH lit un mémoire sur une *Inscription de l'île de Chypre*. Cette inscription grecque trouvée près de Paphos, faisait partie de la collection de M. Rammeville vendue en 1881. M. Reinach a pu en reconstituer le texte. C'est une dédicace à *Opaon Melanthios* divinité qui doit être assimilée à Apollon. *Melanthios* est comme *Opaon* le nom d'une vieille divinité locale arcadienne dont le nom et le culte furent transférés à Chypre. Ce n'est pas le seul exemple connu des rapports qui ont autrefois existé entre l'Arcadie et Chypre. La ville de Paphos honorait comme son fondateur l'Arcadien Agapénor. M. CLERMONT-GANNEAU fait observer que le texte discuté par M. Reinach a déjà été publié très exactement dans l'ouvrage posthume d'un jeune et regretté savant M. Colonna Ceccaldi. Une autre inscription également publiée par M. Colonna Ceccaldi et dont l'original est au Louvre est dédiée à ce même Opaon Mélanthios dans lequel ce savant avait déjà pressenti un héros dorien colonisateur de Chypre.

Séance du 23 août. — M. LE BLANC lit un mémoire intitulé *Les songes et les visions des martyrs*. Les païens croyaient aux visions nocturnes et en cherchaient le sens. Le Christianisme n'abolit pas cet usage. On trouve dans la littérature chrétienne de nombreux exemples prouvant que ceux qui attendaient le martyre étaient favorisés de brillantes visions. M. Le Blanc établit un parallèle entre les visions racontées par les auteurs païens et celles qui sont mentionnées dans les actes des martyrs, et signale les traits qui leur sont communs. — M. CLERMONT GANNEAU communique quelques observations sur l'emplacement de plusieurs localités de la Palestine. Un acte de donation d'un seigneur d'Arsur en faveur de l'ordre de l'Hôpital daté du mois de juin de l'année 1241 mentionne une île située au lieu *dit les trois ponts*, près de deux ruisseaux descendant d'un village dit de Jorjilra et d'une colline dite *de la fille Colmar*. M. Clermont Ganneau pense que l'île est une presqu'île située au confluent des trois cours d'eau qui forment aujourd'hui le *Nahr-el Audja*. Jorjilra doit être identifiée avec Djeldjoulia et la Colline de la fille de Colmar avec le Tell el Mokhmar. Un second acte de 1261 parle du *lac de Catorie* situé dans la seigneurie d'Asur. C'est le Bahr et. M. RUELLE commence la lecture d'un mémoire intitulé *Damascius. Son traité des premiers principes*.

Séance du 30 août. — M. PAVET DE COURTEILLE lit un mémoire de M. Pau Kiraly, professeur à l'école normale supérieure de Budapest intitulé *l'Écriture hunno-scythique*. L'auteur, après avoir établi que l'écriture hongroise proprement dite a été remplacée dès le règne de Saint-Étienne, par l'écriture latine qui l'a complètement supplantée; dit que nous avons un spécimen de cette ancienne écriture dans le *codex Karacsay* dont il présente la vingt-huitième page en facsimile. Il s'attache ensuite à combattre l'opinion de ceux qui nient l'authenticité du *Code Karacsay*. — M. Geffroy dépose sur le bureau le rapport de M. Gsell, membre de l'École française de Rome, sur les fouilles qu'il a dirigées à Vulci et qui lui ont valu, sur la proposition de l'Académie, la médaille de la Société centrale des architectes de France. M. Geffroy saisit cette occasion pour exprimer la reconnaissance de l'École française de Rome envers S. Exc. le prince Torlonia, qui a bien voulu confier à notre École de Rome la conduite de ces fouilles; la nécropole de Vulci se trouvant dans sa propriété de Musignano. M. Gsell a exploré 500 tombes qu'il décrit en détail et fait connaître les objets qu'il y a découverts. — M. Ruelle achève la lecture de son mémoire intitulé *Damascius, son traité des premiers principes* (περὶ ἀρχῶν). Le manuscrit du neuvième au dixième siècle portant ce titre (Le *Marcianus* 246 de Venise) présente une lacune indiquée par plusieurs feuillets blancs. M. Ruelle ne croit pas, contrairement à l'opinion exprimée par E. Heitz et par d'autres auteurs, qu'il y ait lieu de douter de l'unité de ce texte qui est d'un bout à l'autre l'interprétation du Parménide de Platon. M. Ruelle se propose de publier la partie inédite de ce manuscrit. — M. J. de Morgan lit un mémoire dans lequel il signale à l'Académie l'existence au Caucase et dans l'Arménie d'anneaux monnaies présentant les poids des mesures assyriennes dont l'étalon est, suivant M. Oppert, le sicle de 8 gr. 417 m. Ces anneaux d'abord recueillis en grand nombre par M. de Morgan dans les nécropoles préhistoriques de l'Arménie russe, sont des multiples de ce sicle. Les bracelets trouvés dans le Caucase par M. Chantre et conservés aujourd'hui au Musée de Saint-Germain offrent la même particularité. Il en résulte que ces objets d'un poids déterminé servaient de monnaies et évitaient de recourir aux pesées des lingots dans les paiements. Ils sont antérieurs aux plus anciennes monnaies Lydiennes. Les peuples du Caucase sont donc les premiers inventeurs de la monnaie.

Henri Thédenat.

Le Gérant : E. Thorin.

BULLETIN CRITIQUE

SOMMAIRE. 122. Barbier de Montault. Œuvres complètes, t. I et II. *Léon Palustre*. — 123. J. Gilmore. The fragments of the Persika of Ktesias. *E. Beurlier*. — 124. Welschinger. Le divorce de Napoléon. *H. L.* — 125. Alex. Sorel. La prise de Jeanne d'Arc devant Compiègne. *A. de Barthélemy*. — 126. E. Prarond. Valerandi Varanii de gestis Johannae virginis. *A. de Barthélemy*. — 127. Annuaire des Bibliothèques et des Archives pour 1889. *S. Berger*. — 128. Holder. Inventio sanctae crucis. *L. D.* — 129. Cotteau. Le préhistorique en Europe. *J. M. Bordes*. — Chronique. — Académie des Inscriptions et Belles-Lettres.

122. — Barbier de Montault. **Œuvres complètes,** t. I⁰, *Rome. Inventaires ecclésiastiques.* — T. II, *Rome. Le Vatican.* Poitiers, Blais, in-8.

Quicherat et Longpérier, pour ne citer que deux exemples récents, ont eu la bonne fortune de trouver après leur mort de fidèles disciples qui se sont empressés de classer avec méthode et de réunir en volumes les différentes notes et brochures écloses au cours d'une longue existence. Mais tout le monde ne peut ainsi compter sur la postérité et l'on aurait tort de blâmer les précautions prises, en certains cas, pour atteindre un résultat éminemment désirable. A une époque où les publications périodiques sont devenues si nombreuses, où un auteur, par conséquent, si son activité est tant soit peu grande, ne laisse pas que de disséminer ses travaux, la nécessité s'impose de chercher tardivement à épargner aux gens d'études des recherches parfois longues et difficiles.

Cette manière d'agir présente néanmoins un danger. Poussé par un sentiment de paternité on est trop porté à ne rien négliger et bien des pages se trouvent rééditées sans grande utilité. Telles sont, par exemple, dans les deux volumes qui nous occupent, celles consacrées à la simple énumération des objets exposés soit au Latran (I, 530-48) soit au Vatican (II, 87-158). Les explications qui eussent pu servir d'excuses non seulement sont trop peu nombreuses, mais encore pas toujours exactes. Ainsi on ne peut plus dire que les célèbres tapisseries dont Léon X chargea Raphaël de faire les cartons ont été « exécutées à Arras, par Bernard Wan Orlay (lisez Van Orley) et Michel Coxis (lisez Coxie) » C'est à maître Pierre Van Aelst, tapissier à Bruxelles, que le pape s'adressa et Bernard Van Orley, qui n'était que peintre de son métier, fut seulement adjoint comme conseil et surveillant. Mais les documents se taisent sur le compte de Michel Coxie dont le voyage à Rome n'est pas antérieur à 1531 et qui, par le genre de son talent, se recommandait alors assez peu au choix de Léon X.

Si nous n'approuvons pas la réédition des chapitres relatifs aux galeries facilement ouvertes et souvent étudiées, il n'en est pas de même de ceux qui concernent certaines parties du Vatican demeurées, pour ainsi dire, en dehors des itinéraires habituels et que l'on ne peut visiter sans être accompagné. Mgr B. de M. a le premier publié un catalogue, non seulement du *Musée chrétien* mais encore de la *Salle des tableaux du moyen âge* et il est bien naturel qu'il tienne à conserver le souvenir de son initiative. Nous possédons seulement, grâce à lui, quelques détails sur une foule d'objets intéressants qui ne remplissent pas moins de six vitrines et trente-huit armoires. L'une de ces dernières est réservée aux émaux du moyen âge, pour la plupart sortis des ateliers de Limoges. A côté de plaques d'évangéliaires, de croix, de chandeliers et de pyxides, figurent des châsses, des crosses et des gémellions. On peut étudier là toutes les applications du champlevé, depuis le commencement du xii° siècle jusqu'au milieu du xiv°.

Mgr B. de M. ne s'est pas borné à faire connaître les collections pontificales, il a minutieusement décrit chacune des innombrables pièces du Vatican. C'est un inventaire aussi complet que possible de toutes les fresques qui décorent voûtes et parois. Rien n'a été négligé et l'on ne nous fait grâce ni de la plus petite allégorie ni de la moindre vertu. Pareille énumération, qui est véritablement interminable, finirait par lasser quelque peu si elle ne permettait de constater quelle différence existe entre le génie italien et le génie français, lorsque l'un et l'autre se laissent aller à des personnifications. Ainsi, au Vatican entrevoit-on la *Liberté* sous les traits d'une vulgaire prisonnière qui brise ses chaînes, tandis qu'à Chartres, par exemple, la même vertu prend la figure d'une femme jeune et belle, tout à la fois couronnée comme une reine et nimbée comme une sainte, la main droite armée d'un étendard destiné à rallier les auxiliaires dont elle a besoin pour accomplir sa mission. Le premier attribut se complète par deux couronnes superposées indiquant assez que, sans la liberté, on ne saurait obtenir ni prééminence politique ni prééminence morale.

Le véritable intérêt des deux premiers volumes qui inaugurent les œuvres complètes de Mgr B. de M. consiste dans le groupement d'un certain nombre d'inventaires, propres à nous faire mieux connaître plusieurs grands établissements de Rome. Rien que pour Saint-Louis-des-Français nous n'en comptons pas moins de cinq, sous les dates suivantes : 1525, 1618, 1626, 1649, et 1670. Leur ensemble, avec les commentaires, comprend 163 pages, c'est-à-dire, vu les caractères employés, à peu près la matière d'un gros in-12. Puis viennent différents chapitres qui fournissent les plus amples renseignements sur l'église Saint-Laurent in-Thermis, sur Sainte-Marie Majeure, sur le Latran et ses dépendances. Et tout cela n'empêche pas qu'une place assez large ne soit faite à quelques illustres personnages, tels que le cardinal d'Estouteville, les papes Paul III et Paul IV dont on étale sous nos yeux l'incomparable richesse mobilière. L'inventaire de Paul III, qui est publié en italien, a même donné lieu à une savante dissertation sur *le transport du Saint-Sacrement, quand le pape voyage*. Des textes patiemment recueillis de tous côtés et qui s'éclairent les uns les autres, ont permis de traiter à fond une question qui n'avait, croyons-nous, jamais été abordée jusqu'ici.

On n'ignore pas combien il est parfois difficile d'identifier les noms de lieux que l'on rencontre dans les anciens documents. La négligence des copistes qui ne se sont pas fait faute d'altérer les formes, rend l'esprit on ne peut plus perplexe et nous comprenons que la plus grande prudence doive être observée. Néanmoins, ce n'est pas une raison pour s'abstenir de toute conjecture et Mgr B. de M. est peut-être allé trop loin sous ce rapport dans ses annotations au testament du cardinal Capocci. *Ecclesia Educensis* est certainement pour *ecclesia Eduensis* et les objets indiqués dans les paragraphes 6 et 8 sont légués à l'église d'Autun. De même, au lieu de *ecclesia Bariandrensis*, faut-il lire *ecclesia Breoiandensis* et le testateur a voulu désigner le petit village de Breviandes à 5 kilomètres de Troyes sur la route de Bourgogne.

Mgr B. de M., à la fin de son second volume, reproduit une courte note où il approuve sans restriction les idées récemment émises par M. de Rossi sur l'*Inscription du tombeau d'Hadrien 1er* qui se voit encastrée dans la muraille sous le portique de Saint-Pierre. Cependant il semble bien difficile d'admettre que cette grande dalle de marbre noir ait été gravée à Tours par ordre de Charlemagne. Le célèbre Alcuin dont on invoque la bienfaisante influence n'a été nommé abbé de Saint-Martin qu'en 796 et c'est justement l'année assignée à l'inscription en question. Quelques mois n'ont pu suffire pour former des lapicides, surtout si l'on songe que le terrain était assez mal préparé. N'est-ce pas Alcuin qui, à propos de la transcription des manuscrits, a écrit cette phrase significative : *Cum Turonica quotidie pugno rusticitate?* Il fallut un certain temps et beaucoup de patience pour créer l'école si renommée qui, sous Charlemagne, fit la gloire de Saint Martin. Or, l'art de graver sur la pierre ou le marbre n'est ni moins long ni moins difficile que celui de tracer sur le vélin des lettres élégantes.

Chacun des deux volumes de Mgr B. de M. est suivi d'une table alphabétique très détaillée, ce qui ne laissera, croyons-nous, d'être très apprécié des travailleurs. On trouvera ainsi facilement une foule d'indications sur les sujets les plus variés. Toutefois, à notre avis il manque encore quelque chose. Nous voudrions qu'une table spéciale donnât, en même temps que les titres des chapitres, quelques indications sur les matières principales. Au premier coup d'œil il est impossible de se reconnaître dans les cent-cinquante deux pages consacrées au Latran et l'on ne sait où aller chercher ce qui concerne la *Tabula magna*, le baptistère, le Saint des Saints, la *Scala santa* et le musée. A plus forte raison ignore-t-on la présence de savantes dissertations sur la confrérie du Saint Sacrement, les pénitenciers et les affiliations.

Léon Palustre.

---

123. — **The Fragments of the Persika of Ktésias** edited with introduction and notes by John Gilmore, M. A., un vol. in-8. Londres, Macmillan and Co.

Les anciens avaient une médiocre opinion de Ktésias. Le médecin d'Artaxercès Mnemon était, au dire d'Aristote, digne de peu de foi, e Plutarque ne craint pas de qualifier ses récits de brillants mensonges. Depuis la publication de Charles Muller en 1858, les modernes ne l'avaient pas jugé digne de leur attention. M. Gilmore a pensé qu'il était utile de refaire le travail. Son édition a un double but. Tout d'abord il cherche à reconstituer le plan général de Ktésias. Le résumé des livres I à VI des *Persika* rédigé par Diodore de Sicile (Bibl. Hist. l. II. 1 et suiv.) et celui des livres VII à XXIII, que nous trouvons dans la bibliothèque de Photius, lui servent à classer dans la mesure où cela est possible les fragments textuellement cités par Xénophon, Strabon, Plutarque, Polyen et les autres.

La tâche n'est pas aisée. Plus d'un passage attribué à Ktésias n'est peut-être pas de lui. On a même douté que Diodore, dans le passage que nous venons d'indiquer, ait résumé Ktésias et non un autre écrivain. M. Gilmore ne partage pas ce doute, mais il lui paraît difficile de se prononcer sur l'authenticité de certains fragments. Quand les probabilités ne lui semblent pas en faveur de Ktésias, il cite le fragment en note en se remettant au jugement du lecteur (Cf. pp. 79, 111, 131.) Quant à la question de savoir quelle confiance il faut donner aux récits de l'historien, les dissertations de Baehr et de Ch. Muller sur ce point sont maintenant sans utilité. Les découvertes faites en Assyrie, en Médie et en Perse, ont jeté une lumière nouvelle sur des faits ignorés. Les introductions particulières et les notes de M. Gilmore sont donc du plus grand intérêt, car il est très au courant des progrès de la science.

Duncker, Sayce et Lenormant pensent que Ktésias a inséré dans son histoire de Médie les légendes Perses. M. Gilmore émet des doutes sur ce point. Selon lui Ktésias, pendant son séjour à la cour de Babylone, a eu de fréquentes conversations avec les Babyloniens les plus importants

Ses recherches n'ont pas été profondes. Il avait surtout pour but d'écrire une histoire d'une lecture facile et de discréditer l'œuvre d'Hérodote. Ses recherches ont dû porter principalement sur l'histoire de Sémiramis que nomme ce dernier. Il a exagéré l'importance de cette reine et écrit sur elle un véritable roman, emprunté en grande partie à l'épopée Perse qui chante les exploits d'Ishtar. La durée que Ktésias attribue à l'empire Assyro-Babylonien est, selon toute vraisemblance, due en partie aux données que lui ont fournies les prêtres de Babylone. Les noms qu'il donne comme étant ceux des rois sont souvent ceux de divinités du pays.

Pour l'histoire de Médie comme pour celle d'Assyrie, Ktésias a encadré dans des données prises aux traditions, des détails empruntés aux légendes. La dernière partie qui relate l'histoire des Perses depuis la défaite d'Astyage en 398 av. J.-C., mérite plus de considération. Depuis l'avènement de Darius II elle est notre principale source. Ktésias pour cette partie a puisé dans les chroniques royales, ou a vu les événements qu'il rapporte.

Les dissertations de M. Gilmore et les notes qui accompagnent le texte sont de beaucoup ce qu'il y a de mieux dans le volume. La réputation de Ktésias ne sort guère meilleure de l'épreuve à laquelle l'a soumise son éditeur, mais il a fait lui-même un sérieux travail, qui rendra service aux historiens.   E. BEURLIER.

---

124. — **Le Divorce de Napoléon,** par H. WELSCHINGER, 1 vol. in-12. Paris, Plon, 1889.

Les principaux documents originaux relatifs au divorce de Napoléon étaient jusqu'ici mis obstinément à l'abri de tout regard curieux. Les historiens qui avaient pu les apercevoir s'étaient montrés par trop discrets, ceux qui l'eussent été moins avaient été tenus à distance. M. Welschinger a eu la bonne fortune de trouver aux différentes archives de l'État un accueil plus libéral, et il en fait profiter ses lecteurs. Son livre est fortement documenté, les pièces inédites y sont nombreuses. Ceux dont l'érudition est plus hospitalière que de raison pour les trouvailles d'autrui, trouveront là facilement de quoi se parer de quelques plumes chatoyantes.

Il ressort du travail de M. Welschinger qu'en faveur de la nullité du mariage avec Joséphine, on ne peut plus invoquer qu'un seul motif: le défaut de volonté de l'empereur lui-même. Ce défaut est constaté, cinq ans après le premier mariage, par quatre déclarations écrites, émanant du cardinal Fesch, de Berthier, de Duroc et de Talleyrand, et qui ont tout l'air d'avoir été rédigées sur commande. Talleyrand, l'homme de tant de besognes plus qu'équivoques, parle même assez lestement de la bénédiction que l'empereur « s'était laissé donner quelques jours avant le couronnement », comme s'il ignorait que le premier mariage avait eu lieu la veille même du sacre. Mais ce prétendu défaut de consentement, connu uniquement par les dires du principal intéressé, était une raison pouvant « à peine être invoquée par un mineur surpris et violenté », comme le disait l'abbé Rudemare, promoteur de l'officialité de Paris. Plus on appuyait sur ce motif, plus on faisait ressortir la déloyauté du pseudo-contractant, qui avait trompé et Joséphine, et le pape, et tout le monde en signifiant extérieurement un consentement refusé dans le for intérieur. On préférait donc se rejeter sur de prétendus vices de forme, absence du propre curé et des témoins, et le cardinal Fesch, qui connaissait mieux que personne l'étendue des pouvoirs à lui accordés par le pape, en toute connaissance de cause la veille du sacre, eut la faiblesse de se prêter à des allégations sur lesquelles il devait et n'osa pas faire la lumière. Mais ces vices de forme étaient si discutables que, pour éviter toute difficulté du côté de l'archevêque de Vienne, qui devait procéder à la célébration du mariage avec Marie-Louise par procuration, Napoléon voulut expressément que la sentence de l'officialité fît mention du défaut de consentement.

M. Welschinger conclut à l'incompétence de cette officialité diocésaine qui, d'après les usages reçus dans l'Église, ne pouvait connaître d'une cause souveraine.

Le recours au pape n'était empêché que par celui-là même qui devait le provoquer, qui craignait peut-être que Pie VII ne s'expliquât trop clairement sur l'étendue des pouvoirs conférés au cardinal la veille du sacre, et savait bien que, s'il pouvait faire du chef de l'Église son prisonnier, il n'en pourrait faire son valet. De son côté l'officialité procéda en dehors de toutes les règles canoniques si scrupuleusement suivies dans l'annulation des mariages de Louis XII et d'Henri IV. Sans prendre la peine d'interroger les témoins, ni même Joséphine, et dominée beaucoup plus qu'il n'eût été séant par la crainte de l'impérieux sollicitateur, elle passa outre à la question de sa propre compétence et rendit à la hâte le service qu'on lui demandait : le 22 décembre 1809 l'instance était portée au tribunal des officiaux, le 9 janvier 1810 la sentence était formulée. On ne met cette précipitation que dans les mauvaises causes. A la place d'hommes faibles mis en face de devoirs plus grands que leur courage, il eut fallu dans cette officialité des esprits de la trempe d'un abbé d'Astros ou d'un M. Emery.

La question du divorce a été mise dans son cadre historique par M. Welschinger. Pour la traiter complètement, il fallait parler du premier mariage civil, du mariage religieux qui précéda le sacre, des négociations de 1809 pour le mariage autrichien, de sa célébration et enfin de ses conséquences. M. Welschinger touche à tous ces points en historien, en canoniste et en philosophe. Historien, il écrit d'après les pièces originales qu'il transcrit, et dont au besoin il donne le *fac-simile* canoniste sinon de profession, du moins d'occasion, il ne dit rien que puissent reprendre les experts en procédure ecclésiastique philosophe enfin, il étudie les causes et les effets, et s'applique à montrer que si trop souvent la force prime le droit, le droit a contre la force de justes et terribles retours.

L'ouvrage de M. Welschinger, aussi utile qu'intéressant, est appelé à devenir classique sur la question. H. L.

---

125. — **La prise de Jeanne d'Arc devant Compiègne** et l'histoire des sièges de la même ville sous Charles VI et Charles VII, par Alex. Sorel. Paris, A. Picard, 1889, in-8 de 386 p.

126. — **Valerandi Varanii de gestis Joannae virginis Franciae egregiae bellatricis**, poème de 1516, publié par E. Prarond. Paris, A. Picard, 1889, in-12 de xxx-302 p.

Les publications dont Jeanne d'Arc est le sujet, paraissent de tous côtés les documents d'archives sont recherchés avec un empressement couronné de succès et on recueille ainsi une abondante moisson de faits inédits jusqu'à ce jour, qui ne modifient pas les grandes lignes de l'histoire de Jeanne d'Arc mais révèlent des détails qui la complètent et l'éclaircissent utilement.

M. Alexandre Sorel s'est exclusivement attaché à retracer tout ce qui touche à la capture de Jeanne d'Arc. Il appartenait à un Compiégnois de traiter ce sujet. Le tableau qu'il fait, en s'appuyant sur des sources authentiques et sur la disposition topographique des lieux, est aussi exact qu'émouvant. Pour lui la capture de l'héroïne n'est pas le résultat d'un dessein prémédité et préparé par une trahison payée. La grande renommée de Jeanne comme chef d'armée, l'enthousiasme populaire qui lui attribuait tous les succès, son humeur guerroyante lui faisant dédaigner les politiques et la diplomatie, tout cela gênait certaines ambitions, excitait la jalousie de ceux qui voulaient eux aussi, parvenir. Ces rivalités de militaires, ces ambitions de Cour qui existent de tout temps ne pouvaient être dominées par un roi comme Charles VII, auquel manquaient la décision et l'énergie du commandement. Le roi était né quatre siècles trop tôt, il était fait pour vivre au temps où ce que l'on appelle le *parlementarisme* multiplie les compromis, les mouvements de bascule politique, les concessions à ceux qui crient le plus haut, aux dépens de l'autorité. Dans l'état où était la France sous Charles VII, ce n'était pas ce régime, tout au plus admissible en temps de paix, qu'il fallait. La latitude du roi et celle de ses conseillers, après la capture de Jeanne est, du reste, incompréhensible, elle ne fait pas honneur aux gouvernants d'alors. La veille de la catastrophe de Compiègne tous les yeux étaient fixés sur elle, dès le lendemain elle était oubliée. Quelques échecs avaient affaibli sa popularité, elle gênait des personnages éminents, le roi, sacré, n'avait plus besoin de cette énergique guerrière.

Pour compléter son tableau M. Sorel fait l'histoire de Compiègne depuis 1413, il donne des détails précis sur les différents sièges qu'elle eut à supporter, sur le sort des habitants pendant l'occupation des partis opposés, sur l'administration municipale si compliquée et si pénible dans ces temps. On lira avec un vif intérêt cette étude faite avec autant de soin que de saine critique.

— Mentionnons les trois mille vers que l'Abbevillois Valerandus Varanius, au XVI° siècle, a consacrés à la mémoire de Jeanne d'Arc. Les annotations copieuses de l'éditeur font le principal, je dirai même le seul mérite de cette amplification. M. Prarond a donné de ce poème une édition définitive, sans son travail personnel qui a un véritable mérite, les *Gestes de Jeanne* seraient toujours une curiosité bibliographique peu feuilletée.

A. DE BARTHÉLEMY.

127. — **Annuaire des Bibliothèques et des Archives** pour 1889, publié sous les auspices du ministère de l'Instruction publique. Paris, Hachette, 212 pages in-12.

L'annuaire dont nous annonçons la troisième année est un très grand service rendu aux hommes d'étude. Grâce à M. Ulysse Robert, au dévouement et à la science duquel il est dû, nous avons désormais le pendant du « Petzholdt » des Allemands, nous possédons un guide à travers les bibliothèques de province, qui nous en indique le personnel, les heures d'ouverture et les vacances, et qui nous fait connaître l'état exact de leurs catalogues. Mais ce qui donne à nos yeux encore plus de prix à ce petit volume, c'est qu'il dénote, dans l'administration supérieure, la volonté bien arrêtée de contrôler sérieusement les bibliothèques de nos villes. A cet égard, tout est à faire ou à peu près. Est-il vrai que le ministère de l'Instruction publique soit presque désarmé en présence de fonctionnaires nommés par les mairies seules, et qu'il n'ait même pas le pouvoir d'exiger une réponse à ses communications et à ses plus simples demandes de renseignements? On s'en aperçoit en lisant l'annuaire de M. Robert, ou plutôt en voyageant l'annuaire à la main, car trop souvent l'annuaire nous trompe, et ce n'est pas la faute de son rédacteur. Les bibliothécaires dédaignent d'avertir l'administration des changements dans leurs jours et leurs heures et de l'informer de détails qui auraient leur grand intérêt pour les voyageurs studieux, des vacances de Pâques en particulier. Par malheur, un grand nombre de bibliothèques se ferment juste au moment où les savants sont libres de les visiter. Au moins faudrait il leur épargner des déplacements inutiles, mais *de minimis non curat bibliothecarius*. Grâce à ces négligences, on ne peut encore se confier sans réserve à l'Annuaire des Bibliothèques (1). Le plus grand nombre de nos bibliothécaires de province sont des hommes d'une parfaite bienveillance, plusieurs sont des gens instruits ou même des savants distingués, mais dans combien de bibliothèques n'avons nous pas été témoin de choses lamentables ou grotesques ? Heureusement, l'État n'est pas sans recours contre les villes et sans contrôle sur leurs serviteurs. Les manuscrits de nos provinces sont presque tous biens nationaux et les villes ne les détiennent qu'à titre de prêt et sous la condition de les bien administrer. Le gouvernement, qui connaît son devoir, a nommé un inspecteur général aussi énergique qu'entendu ; il a fait cataloguer les manuscrits des départements par les hommes les plus compétents, et ce travail est poussé avec une activité de bon augure. On sait aujourd'hui quels trésors possèdent nos provinces et les étrangers en prendront sans doute plus souvent le chemin. Mais il faut que nous soyons assurés qu'ils n'y trouveront pas la porte fermée et qu'ils n'y prendront pas une fâcheuse opinion de nous.

S. B.

128. — **Inventio sanctae crucis**. *Actorum Cyriaci pars 1 latine et graece, Ymnus antiquus de sancta Cruce, testimonia inventae sanctae Crucis conlegit et digessit* Alfred Holder (Leipzig Teubner, 1890, in 18 de 56 pages).

Dans ce tout petit volume M. Holder nous donne le texte latin et le texte grec de la légende de l'Invention de la vraie Croix. Pour le texte grec, il ne fait que rééditer l'édition Gretser ; pour le latin, il reproduit la teneur du très ancien manuscrit de Paris (*Parisinus* 2769, du vi° ou du vii° siècle) en y joignant les variantes de quelques autres. Un appendice contient l'hymne *Crux tua Christe*, déjà publiée par Mone,

(1) Voici quelques corrections sur lesquelles nous attirons l'attention de M. Robert pour qu'il puisse les contrôler.
Avignon Fermée du 15 août au 30 septembre et des Rameaux à la Quasimodo. *Clermont* Boulevard de Lafayette (et non boulevard de la Pyramide) Ouverte de midi à cinq heures et en hiver de sept à dix heures, fermée du 25 août au 25 (et non au 15) octobre. *Marseille* Fermée du Jeudi saint à la Quasimodo. *Moulins* Supprimez les heures du soir. *Orléans* Fermée du Vendredi saint à la Quasimodo. *Tours* Overture de midi à six heures d'avril à septembre.

les passages des auteurs du iv° siècle, du v° et du vi°, où il est question de la découverte de la vraie Croix. Le principal est ici le texte latin de la légende : il eût été difficile d'y apporter plus de soin. L'antiquité du manuscrit de Paris est bien d'accord avec la faveur spéciale dont ce récit fabuleux fut l'objet dans la Gaule mérovingienne. J'ai marqué dans mon livre sur les *Origines du culte chrétien*, p. 264, que la fête de la Croix, le 3 mai, est une fête d'origine gallicane. A Jérusalem dans l'empire byzantin et à Rome, c'est le 14 septembre qui était considéré comme l'anniversaire de l'Invention de la Croix. La solennité du 3 mai n'a pu être suggérée que par la légende, qui se termine en effet par une exhortation à la célébrer. L. D.

129 — **Le préhistorique en Europe, Congrès, Musées, Excursions,** par G. COTTEAU, correspondant de l'Institut. Baillière et fils, 1889 in-12, 313 p., 87 figures.

« C'est toujours plaisir de voir les choses escriptes par ceux qui ont essayé comme il les fault conduire, » disait Martin du Bellay. Les éditeurs de la rue Hautefeuille pensaient de même quand ils ont demandé à MM. de Quatrefages, Gaudry, Fouqué, Velain, Perrier, Brouardel et autres savants spécialistes de faire un peu de vulgarisation pour ceux qui, désireux de ne pas rester étrangers au mouvement scientifique, n'ont ni le temps, ni la facilité de recourir aux sources.

Toutes les sciences physiques, chimiques, naturelles et médicales sont comprises dans le cadre de cette bibliothèque; on y aborde même le préhistorique, car, après le travail de M. de Baye consacré presque exclusivement à la période néolithique dans les grottes du Petit Morin, M. Cotteau nous parle surtout de la science préhistorique à l'étranger.

Ce savant géologue ayant assisté à la plupart des congrès internationaux d'anthropologie et d'archéologie préhistorique a pensé en relisant ses notes qu'il ne serait pas sans profit pour la science de rappeler et de grouper des souvenirs qui marquent une époque particulière, assurément des plus fécondes dans l'histoire de l'archéologie préhistorique.

Ce livre est un excellent résumé de l'histoire des congrès de Neufchâtel (1866), de Paris (1867), de Norwich (1868), de Copenhague (1869), de Bologne (1871), de Bruxelles (1882), de Stockholm (1874), de Buda-pesth (1876) et de Lisbonne (1880). Il peut également servir de guide dans les collections et les musées que l'auteur a visités; au besoin les excursionnistes y trouveront d'excellents renseignements. C'est en somme un travail intéressant, on pourrait lui reprocher de ressembler un peu trop à un carnet de voyage. J.-M. BORDES.

CHRONIQUE

106 BULLETIN MONUMENTAL VI série t IV, n 6 J DURAND *Monuments figurés du moyen age exécutés d après des textes liturgiques* Etude érudite et d un très grand intérêt Je dois malheureusement me contenter d en recommander la lecture car par la multiplicité des détails elle échappe a l analyse — A de DION *L architecture romane* Dion critique la définition qu Anthyme Saint Paul a donnée de l architecture romane dans son compte rendu du livre de Corroyer sur *l architecture romane* « L architecture romane est l architecture romaine épurée complétée et épanouie » — M de FAYOLLE *Notes sur l Exposition rétrospective de Barcelone* Presque tous les exposants principaux sont catalans aussi l Exposition a un caractère surtout régional Description et critique des objets exposés les plus digne de fixer l attention Quatre planches

Tome V n 1 G A PRÉVOST *Le château de Canteleu près Rouen et ses propriétaires depuis le XVII siècle* Ce château par ses dimensions et surtout par son grand caractère peut prendre place parmi les plus beaux qui datent du milieu du XVII siècle — ANTHYME SAINT PAUL *L architecture romane* Réponse à A de Dion A Saint-Paul explique et complète sa définition et critique de nouveau Corroyer — L PALUSTRE *Decouvertes en Berry* 1 Découverte non loin de l abbaye de Fontgombaud dans une tombe d une lame de plomb sur laquelle est gravée l epitaphe d un moine contenant des expressions tout a fait nouvelles au XII siècle 2 Exploration à Déols près Chateauroux d une tombe du XIII siècle conservant les restes de Pierre II de Chauvigny archevêque de Bourges déposé en 1234 On a trouvé dans la sépulture les debris d une crosse en ivoire du XII siecle et une belle plaque de gant ornée de pierreries 3 Epitaphe de saint Genou Ce texte apprend que le saint fut envoyé en mission en Gaule par le pape saint Sixte c est-a dire entre 257 et 259 Pour la date de cette épitaphe on peut hesiter entre la fin du X siècle et le milieu du XI la première date semble plus probable Cette pierre fut découverte en démolissant le grand autel de l eglise Saint Genou entres Loches et Chateauroux Trois planches figures — Baron J de BAYE *Les bijoux francs et la fibule anglo saxonne de Marilles (Brabant)* Pl — L abbé A BOUILLÉ *La Vierge et la Trinité statue en pierre dans l eglise de Gaillon (Seine et Oise)* Curieuse Vierge du XVI siècle tenant de la main gauche l enfant Jésus et de la droite le Père Éternel et la Colombe dans une gloire L abbé ne connait pas d autres exemples de cette manière quelque peu hérétique de représenter la T S Vierge Figure — L abbé PORÉE *Guide archeologique pour les excursions du Congrès de 1889 a Évreux* — L abbé P *Une inscription dans l église de Dunes (Landes)* Fragment d inscription récemment mis au jour, que P date du VII au X siècle H T

107 REVUE ARCHÉOLOGIQUE 3 série t XIII janvier février 1879 R CAGNAT *Le camp et le praetorium de la III légion Auguste a Lambèse* (suite) 4 *Le practorium* 5 Autres édifices du camp Figures planches I et II — S REINACH *Les Gaulois dans l art antique et le sarcophage de la Vigne Ammendola* (suite) Recherches des statues antiques rappelant le Gaulois du sarcophage de la vigne Ammendola six statues du monument votif élevé par Attale sur l Acropole d Athènes représentent incontestablement des Galates Autres statues analogues conservées dans des musées ou dans des collections particulières Figures — E LE BLANT *De quelques monuments relatifs à la*

suite des affaires criminelles. Série de monuments (peintures murales, miniatures, ivoires, marbres sculptés) représentant des magistrats ou leurs agents dans l'exercice de leurs fonctions. Figures, planche III. — E. POTTIER, *Oenochoé du Louvre signée par le peintre Amasis.* On ne connaît que sept œuvres d'Amasis; c'est un contemporain et un émule d'Exékias. Le Cabinet des médailles possède une autre œuvre du même artiste. Sur cette dernière, le peintre a personnifié le culte ancien et primitif des Attiques en représentant face à face Poseidon et Athéné. Sur l'oenochoé du Louvre il a marqué l'introduction d'un culte nouveau, celui d'Héraclès amené et présenté au plus ancien possesseur de l'Acropole Poseidon, par sa protectrice Athéné et par l'introducteur ordinaire des ambassades divines Hermès. Figures, planche IV. — M. DELOCHE, *Étude sur quelques cachets et anneaux de l'époque mérovingienne.* Figures. — P. MONCEAUX, *Fastes éponymiques de la ligue thessalienne. Tages et stratèges fédéraux* (fin). 4. La ligue thessalienne sous les empereurs romains, d'Auguste à Caligula. Les stratèges fédéraux d'Auguste à Hadrien. Résumé de l'histoire de la ligue thessalienne : 1. période de la fondation à l'intervention macédonienne; 2. période de Philippe II à la conquête romaine; 3. période de Flaminius à Auguste; 4. période d'Auguste à Hadrien. Tableau des fastes éponymiques de la ligue thessalienne. — A. LEBÈGUE, *Bas relief mithriaque de Pesaro.* Plaque de verre représentant un sacrifice à Mithra. Le monument est peut-être bon, mais l'inscription dont on l'a surchargé est fausse. — J. BAILLET, *La stèle de Menschieh.* Cette inscription trouvée à Menschieh (Ptolemaïs) fait connaître la construction dans cette ville d'un temple à Esculape sous le règne de Trajan, et se termine par un péan en l'honneur d'Esculape dans le goût alexandrin. — D. MALLET, *Les inscriptions de Naucratis.* Mallet expose les théories contradictoires de MM. Petrie et Gardner et de M. Hirschfeld, les premiers reculant la fondation de Naucratis jusqu'au VII° siècle, le second s'en tenant au témoignage d'Hérodote et attribuant la fondation au règne d'Amasis (570). (*A suivre.*) — R. CAGNAT, *Revue des publications épigraphiques relatives à l'antiquité romaine.* Figures.

Mars-avril. E. LE BLANT, *De quelques monuments antiques relatifs à la suite des affaires criminelles* (suite). Figures. — M. DE VOGÜÉ, *Note sur les nécropoles de Carthage.* Fouilles exécutées par le P. Delattre à Carthage. 1. Nécropole de Byrsa, sépultures à incinération, fait nouveau dans les nécropoles phéniciennes. 2. Nécropole de Gamart ou Qamart, cimetière de la colonie juive établie à Carthage sous la domination romaine. Description des sépultures et des nombreux objets mis au jour. Figures, planches V-VIII. — S. REINACH, *Les Gaulois dans l'art antique et le sarcophage de la Vigne Amendola* (suite). Fig., planche IX. — D. MALLET, *Les inscriptions de Naucratis* (suite). Mallet incline vers l'opinion d'Hirschfeld tout en croyant qu'on peut admettre l'existence d'un établissement grec à Naucratis avant Amasis. — PH. BERGER, *Sur les monnaies de Micipsa et sur les attributions de quelques autres monnaies des princes numides.* Nombreuses attributions rectifiées, nouvelle méthode de classement. Figures. — V. J. VAILLANT, *Le nouveau cippe romain de Boulogne-sur-Mer.* Épitaphe sur laquelle figure le nom d'un Domitianus, trierarque de la flotte de Boulogne. — A. BLANCHET, *Tessères antiques théâtrales et autres.* État de la question, bibliographie du sujet, catalogue descriptif. 1. Tessères avec légendes et chiffres. a) Noms de divinités. Figures. — E. DROUIN, *L'ère de Vezdegerd et le calendrier perse* (suite). — H. GAIDOZ, *Projet d'inventaire de nos musées d'archéologie gallo-romaine.* Supplément à la première liste des catalogues des musées provinciaux. — R. CAGNAT, *Revue des publications épigraphiques relatives à l'antiquité romaine.*

Mai-Juin. V. WAILLE, *Note sur le Prométhée du Musée de Cherchell.* Waille attribue à Prométhée une tête dont l'attribution était restée jusqu'ici incertaine, et croit qu'elle ornait à l'extérieur le palais de Juba. Planches X-XI. — G. P., *Portraits antiques de l'époque grecque en Égypte*. Description des peintures égyptiennes exposées rue de Rennes, 44. Il est à désirer que le Louvre achète cette collection qui est à vendre. Planche XII-XIII. — DELOCHE, *Études sur quelques cachets et anneaux de l'époque mérovingienne* (suite). Figures. — S. REINACH, *Les Gaulois dans l'art antique et le sarcophage de la Vigne Amendola* (Fin). Les représentations des Gaulois dans l'art antique paraissent dériver de deux sources principales : une delphique dont nous ne savons presque rien, une pergaménienne que nous connaissons en partie. L'art romain n'a rien innové dans la représentation des peuples celtiques ; il s'en est tenu à la *vulgate* fixée à l'époque alexandrine, sorte de tradition iconographique qui se perpétua jusqu'aux derniers jours de l'Empire. — E. DROUIN, *L'ère de Vezdegerd et le calendrier perse* (suite). — A. BLANCHET, *Tessères antiques théâtrales et autres*. Suite du catalogue descriptif des tessères avec légende et chiffre. *b*) Noms d'hommes. — J. GUILLEMAUD, *Les inscriptions gauloises. Nouvel essai d'interprétation* (suite). Inscriptions de la France. 1. Inscriptions commémoratives. Inscriptions de Nîmes, d'Alleins, de Saint-Remy. — R. CAGNAT, *Revue des publications épigraphiques relatives à l'antiquité romaine*.

H. T.

108. La Société d'art et d'histoire du diocèse de Liège vient de publier (Liège, Demarteau) la deuxième série de ses *Conférences*. Cette série correspond à la présente année. Elle est entièrement consacrée à la célébration du centenaire de la Révolution, et comprend les études suivantes :

La fin de la nationalité liégeoise, par M. Am. de Ryckel.

La Révolution française à Liège et les beaux-arts, par M. Jules Helbig.

Destruction de la cathédrale de Saint-Lambert par la Révolution française, par M. Gustave Francotte.

Un type de révolutionnaire liégeois Jean-Nicolas Bassenge, par Ferdinand Gonne.

La Révolution française à Liège et les classes populaires, par M. Joseph Demarteau.

En tête figure une ouverture de M. G. Kurth, le savant professeur de l'Université de Liège, intitulée *Le bilan de la Révolution française*. Je parlais tout à l'heure de célébration. Il suffit de citer les premiers mots de M. Kurth pour donner une idée de la piété dont s'inspirent les officiants : « Si quelque « naufragé de la finance invitait ses victimes à célébrer avec lui l'anniver- « saire du jour où il les a délivrées de leur superflu et même de leur néces- « saire ». La même verve règne dans tout le discours. « Je ne veux pas « qu'on réduise ma fracture quand le chirurgien s'appelle Marat et ma « migraine me devient chère quand je vois l'instrument que Robespierre « avance pour la guérir ». — Je crois bien. Mais ce discours et les intéressantes études qui lui font suite n'auraient guère perdu à attendre quatre ou cinq ans. On n'a rien gardé pour le centenaire de 1793, de 1794, de 1795. C'est à cette dernière date que les révolutionnaires *liégeois* mirent le sceau à leurs criminelles folies en détruisant méthodiquement la vieille cathédrale de Saint-Lambert. Le malheureux 89 est ici chargé de tous les péchés d'Israël ; il est daubé à la fois pour les vices de l'ancien régime, pour la philosophie du XVIII siècle, la Terreur et tout ce qui s'est fait de travers en France et ailleurs jusqu'à la présente année. — Cette objection chronologique ne m'empêche pas d'être au fond de l'avis de ces messieurs et de rendre hommage à l'éloquence que M. Kurth déploie dans son invective, d'autant plus qu'il ne confond pas la « douce France, être tendrement aimé » avec le corps médical qui compta Marat et Robespierre parmi ses membres les plus distingués.

109. M. A. Marignan a publié récemment, chez l'éditeur Picard, une traduction de l'ouvrage de M. Ch. Lamprecht intitulé *Études sur l'état économique de la France pendant la première partie du moyen âge*.

110. Nous devons à M. Samuel Berger deux nouvelles contributions à l'histoire de la Bible au moyen âge.

1. *Le palimpseste de Fleury*. Paris, Fischbacher, broch. de 45 pages. M. Berger décrit et publie un certain nombre de feuillets palimpsestes qui figurent dans le ms. 6400 G de la Bibliothèque nationale. Ils contiennent des fragments importants des Actes, de l'Apocalypse et des Épîtres catholiques, dans une version latine différente de la Vulgate et de provenance africaine. L'écriture est du VII° siècle environ.

2. *Les bibles provençales et vaudoises*, extrait de la *Romania*, t. XVIII. Description des manuscrits du Nouveau Testament en provençal ou en vaudois; recherches approfondies sur l'origine de ces manuscrits. L'un des deux provençaux que l'on connaît a sûrement été à l'usage de la secte albigeoise; tous les autres ont eu des Vaudois pour propriétaires.

111. M. A. de la Borderie vient de publier, au nom de la Société archéologique du Finistère, la première livraison du *Cartulaire de Landevenec*. Cette livraison comprend la vie de saint Guénolé, avec quelques pièces annexes et les chartes de l'abbaye de Landevenec. Le commentaire paraîtra dans une livraison subséquente.

112. Il arrive assez souvent que des ecclésiastiques studieux et disposant de quelques loisirs viennent me demander ce qu'ils pourraient bien en faire. Je leur conseille d'écrire la vie des saints. On ne saurait trop la lire, et pour qu'elle soit lue, il faut qu'on l'écrive sans cesse, en s'attachant à la mettre au courant de la science et de la littérature. Le sujet est assez riche pour qu'on y fasse un choix: on peut négliger les saints dont il ne reste que des histoires fabuleuses ou contentieuses, réserver les pères du désert pour le temps où il redeviendra opportun de les imiter, et s'attacher de préférence à des personnages plus faciles à connaître et plus rapprochés de nous. On n'imagine pas ce que l'on peut tirer de l'hagiographie. Avez-vous lu l'article sur sainte Catherine de Sienne que M. Gebhardt vient de publier dans la *Revue des Deux Mondes?* — Oui n'est ce pas? Eh bien *vade et fac similiter*. — Je n'ai pas eu besoin de donner un tel conseil à M. l'abbé France, curé de Lannion. Il a vu tout de suite que les *Monuments originaux de l'histoire de saint Yves* publiés récemment par M. de la Borderie, M. l'abbé Daniel et autres savants bretons ne formaient pas un livre à la portée du grand public, et qu'il y avait lieu d'en extraire une étude biographique sur le saint prêtre trécorois. Son travail intitulé *Saint Yves, étude sur sa vie et son temps* (Saint-Brieuc, Prud'homme) sera lu avec intérêt par tout le monde, surtout par les Bretons et les avocats.

113. Si l'on ne veut pas discréditer l'institution des prix Monthyon il faut se hâter d'en décerner un à M. Salomon Reinach. Le bon Samaritain est dépassé, et de beaucoup. Attelé à de grandes publications qui absorberaient un homme ordinaire, il ne laisse guère passer d'année, disons mieux, de saison, sans se signaler par quelque bienfait littéraire. Un savant vient-il à mourir, laissant son œuvre inachevée? M. S. Reinach recueille les notes, les ébauches, les épreuves, complète, continue, parachève. Quelques mois après, le livre est sur pied, peut-être meilleur qu'il ne fût sorti

des mains du défunt. Par surcroît vous avez votre notice biographique et bibliographique où rien ne manque. Ce sera un plaisir de mourir tant que M. S. Reinach sera de ce monde. Et s'il soigne ainsi les morts que ne fait-il pas pour les vivants ? Rien n'égale sa joie quand il peut découvrir un moyen d'assister les pauvres travailleurs, surtout ceux de province qu'il soupçonne de n'avoir pas sous la main les livres coûteux, les publications illustrées dont on dispose à Paris. On ne m'étonnerait guère en m'annonçant que les professeurs de lycées, collèges et autres écoles secondaires méditent de lui élever une statue. S'il en est ainsi, qu'ils se hâtent, sous peine d'être devancés par leurs disciples. Le *Manuel de philologie* s'adressait aux maîtres; voici le tour des élèves auxquels est destiné l'excellent et élégant petit livre intitulé *Minerva, introduction à l'étude des classiques scolaires grecs et latins par le D James Gow, principal du collège de Nottingham, ouvrage adapté aux besoins des écoles françaises par Salomon Reinach* (Hachette, 1890). Quand nous étions au collège, avions-nous en un joli volume « des notions de paléographie et de critique des textes, un précis des institutions politiques de la Grèce et de Rome, un chapitre sur le théâtre » ? Heureux écoliers d'à présent ! Comme nos successeurs seront savants !

114. L'*Atlas historique de la France* publié chez Hachette par M. A. Longnon en est à sa troisième livraison dont la dernière carte correspond à l'année 1380, date de la mort de Charles V. Nous avons rendu compte du premier fascicule de cette belle publication; pour le moment nous ne pouvons que constater qu'elle est en bonne voie, tout en nous réservant de l'apprécier avec détail quand elle sera terminée.

115. M. E. Muhlbacher vient de terminer sa réédition des *Regestes de l'empire carolingien* (751-918) qui forment la première partie des *Regesta imperii J. F. Bohmer* (Innsbruck, Wagner, in-4 de CVIII-788 pages).

116. Dans le *Neues Archiv* XV, 1 M. Gundlach publie une étude intéressante sur la collection des privilèges de l'église de Vienne. Cette collection dont les manuscrits actuellement existants ne contiennent que des fragments, provient des archives de la métropole dauphinoise, où elle se trouvait encore au siècle dernier; elle a été publiée en entier par Jean du Boys dans le deuxième appendice (*laevum oxyston* de sa *Bibliotheca Floriacensis*) (1605) et par Jean Lelièvre, *Histoire de l'antiquité de Vienne* (1623). Elle comprend trente lettres pontificales échelonnées sur un espace de mille ans, depuis le deuxième siècle jusqu'au douzième. Les plus anciennes sont celles du pape Pie I à l'évêque Just de Vienne; la dernière est de Calixte II. La plupart de ces lettres avaient été reconnues apocryphes; quelques-unes cependant sont encore cataloguées parmi les authentiques dans la deuxième édition des *Regesta pontificum*; en voici les numéros 2549, 2563, 2693, 3544, 5350, 5421, 6596, 6822. M. Gundlach démontre que tout a été fabriqué par un même faussaire, à l'instigation de l'archevêque Guy, en vue de soutenir diverses prétentions du siège de Vienne. Guy devint pape en 1119 et prit le nom de Calixte II. Cette circonstance n'arrêta pas le cours des falsifications. Une dernière lettre pontificale fut fabriquée sous son propre nom (J. 6822).

L. DUCHESNE

117. Dans l'*Academy* 21 septembre, le docteur Lightfoot, évêque de Durham, exprime l'idée tout à fait neuve que le Canon de Muratori a été traduit non sur un texte grec en prose comme beaucoup l'ont pensé, mais sur un texte versifié. Cette ancienne liste des Écritures aurait donc eu d'abord une forme semblable à celle des catalogues métriques d'Amphilochius et de saint Grégoire de Nazianze. L'illustre auteur émet en même temps, mais

avec beaucoup de réserve une conjecture sur l'auteur de cet écrit anonyme : ce serait saint Hippolyte de Rome.

118. M. G. Kurth publie dans les *Bulletins de l'Académie royale de Belgique*, t. XVIII, n. 8, une étude sur le *Gesta regum Francorum*, compilation historique rédigée en 727 en Neustrie. Il pense que l'auteur écrivait à Saint-Denis et qu'il était originaire des environs de Laon ou de Soissons.

119. M. de Rossi vient de publier en une fois et avec un retard de deux ans tous les numéros de son *Bullettino* de 1887 (?). Ce recueil n'a plus de périodique que le nom. Peu importe après tout, puisqu'il ne contient que de bonnes choses. Dans le présent fascicule ces bonnes choses sont fort diverses, pas toutes inédites, ce qui gâte un peu le charme. Je signalerai en particulier l'étude sur un fragment de l'éloge métrique des Martyrs grecs *Olim sacrilegam* etc. ; ce morceau de marbre offre quelques détails qui permettent de fixer au sixième siècle la rédaction du petit poème. On l'a trouvé en perçant la nouvelle rue Cavour, en face de S. Maria di Monti, avec quelques épitaphes provenant du même cimetière, celui d'Hippolyte sur la voie Appienne. Au nombre de ces épitaphes j'en vois une (p. 70) que M. de Rossi restitue de façon à lui faire mentionner la fille du patrice Narsès : FILIA Q(uon\D(am) viri excellentissimi pATRICI NARsetis. Je croirais plutôt qu'il s'agit de la fille d'un officier ou employé de Narsès, car le patrice était eunuque. Dans un autre mémoire M. de Rossi signale un texte de Benoît du Mont-Soracte qui attribue à Narsès la fondation du sanctuaire *Ad aquas Salvias*. Remarquons aussi une étude fort intéressante sur les antiquités religieuses de Blera dans la Tuscie romaine ; un autre sur une cloche provenant de la même région et qui porte une inscription du VIII° siècle environ, la plus ancienne inscription de cloche que l'on connaisse ; enfin plusieurs notes sur diverses découvertes faites au cimetière de Priscille. — L. D.

120. On a signalé ici même (*Bulletin Critique* 15 mars 1889) la belle édition des Septante que l'Université de Cambridge a entreprise et dont elle a confié le soin à M. Swete. Le second volume n'est pas encore prêt, mais M. Swete en a détaché les Psaumes pour nous les donner tout de suite à part. Le texte est celui du *Vaticanus*. Les variantes données sont celles du *Sinaiticus*, de l'*Alexandrinus*, du psautier greco-latin de Vérone (VI° siècle), du psautier pourpre de Zurich, enfin des fragments de psautier sur papyrus du British museum (VI ou VII° siècle ?). Il va sans dire que la méthode de l'éditeur est toujours la même et que c'est le même soin critique et typographique dans l'exécution. — P.

121. M. Marius Barroux, archiviste aux archives de la Seine, vient de publier treize actes notariés relatifs à Pascal et à sa famille (1). On n'en connaissait qu'un jusqu'à présent, le testament de Pascal édité par M. Faugère. Ceux-ci se rapportent principalement au règlement de la succession d'Étienne Pascal, au partage de ses biens entre Blaise, Jacqueline et Gilberte, et à la donation d'une rente de quinze cents livres faite par Blaise à l'abbaye de Port-Royal. Ces actes montrent qu'au moins au temps où Pascal « était encore trop du monde et même dans la vanité et les amusements » il n'était pas détaché plus que de raison des biens temporels et que bien qu'il eût une certaine fortune elle suffisait à peine à son train de vie. — A. B.

122. La librairie Klincksieck publie une édition de l'*Aululaire* par M. Blanchard (1888. XII-82 pages in 8°). M. B. a amélioré le texte reçu en France depuis l'édition Benoist ; il se rapproche plus des manuscrits que ne le font les

---

(1) Bulletin du Comité des travaux historiques et scientifiques. Leroux, 1889.

éditeurs allemands. On doit regretter que le double commentaire métrique (et non *critique* comme l'annonce le titre) et explicatif soit si insignifiant.

L.

123. *Bulletino della commissione archeologica comunale di Roma*, fascicule 9 (septembre). — Important mémoire de M. R. Lanciani où plusieurs points de la topographie antique du Quirinal sont définitivement tirés au clair. — Épitaphe mentionnant le lieu appelé *Mica aurea* dans la région transtibérine. Commentaire de M. G. Gatti. Cette dénomination n'apparaît pas avant le VIII siècle; au X siècle elle sert à désigner la situation de l'église S. Côme (S. Cosimato) ce qui donne une détermination exacte, cette église étant encore debout. D'après M. Gatti, l'expression *mica aurea* indiquerait dans ce texte funéraire le lieu de la sépulture, et comme il s'agit d'un endroit compris dans l'enceinte d'Aurélien, nous aurions ici un exemple de sépulture *intra muros*. Ceci est douteux : la pierre n'a pas été trouvée en place et les mots *mica aurea* peuvent tout aussi bien désigner le domicile des défunts que le lieu de leur sépulture.

L. D.

124. *Analecta Bollandiana*, VIII, 3. — Trois textes intéressants pour l'histoire hagiographique du centre de la France : 1. la translation à Figeac et les miracles de saint Vivien de Saintes, nouvel exemple de reliques volées qui néanmoins font des miracles au profit des ravisseurs ; 2. les miracles de sainte Valérie de Limoges ; 3. la vie de S. Amant de Boixe, diocèse d'Angoulême, pièce diffuse et de peu de valeur historique, rédigée plus de quatre cents ans après la mort du saint solitaire, probablement par Hugues, évêque d'Angoulême. — Deux rédactions du récit de l'apparition de saint Michel à Choné, près de l'ancienne Colosses ; l'une d'elles plus ancienne que l'autre est anonyme, la seconde est de Métaphraste. Ces textes grecs sont édités avec le plus grand soin par M. Max Bonnet qui doit faire de cette histoire le sujet d'une thèse latine.

125. *Zeitschrift für katholische Theologie*, XIII, 4. — Article du P. Stephan Beisset sur l'histoire des péricopes évangéliques en Allemagne du IX au XIII siècle.

ACADÉMIE DES INSCRIPTIONS ET BELLES LETTRES

Séance du 6 septembre. — M. WALLON, secrétaire perpétuel, lit une lettre annonçant à l'Académie la mort de M. Gustave WEIL, correspondant étranger, professeur de langues orientales à l'Université d'Heidelberg. M. BARBIER DE MEYNARD, président, rappelle à cette occasion à l'Académie les nombreux travaux relatifs aux études orientales publiés par M. Gustave Weil, entre autres une histoire des kalifes, son principal ouvrage, rédigée d'après des documents arabes inédits. — L'Académie décide qu'il y a lieu de déclarer vacantes les deux places d'associés étrangers qui étaient occupées par M. Michel AMARI et par M. le baron de VITTE. Ces deux élections auront lieu prochainement. — M. DELISLE lit une note intitulée *Fragments d'un registre des enquêteurs de saint Louis*. Ces fragments lui ont été envoyés par M. Alfred Richard, archiviste du département de la Vienne, qui les a retrouvés sur les couvertures de trois exemplaires de la *Chrestomathie grecque avec lexique grec français* publiée en 1823 par M. Victor Le Clerc à la librairie Delalain. Les douze pages provenant de cette découverte augmentent le nombre des fragments connus des enquêtes ordonnées par saint Louis sur l'administration des officiers royaux que conservent la Bibliothèque nationale et les Archives. Ils sont de l'année 1247 ou 1248 et se rapportent à Compiègne, Péronne, Saint Quentin, Senlis et autres localités du territoire qui forma plus tard la Picardie. On y trouve des réclamations de personnes lésées par les usuriers juifs et demandant au trésor qui a confisqué les biens de ces derniers de les dédommager en leur restituant les sommes illégalement perçues par les Juifs. Ces mêmes documents renferment une liste de Juifs et de Juives expulsés de Saint-Quentin en 1245. Les feuillets de parchemin ont dû être employés en 1823 ou en 1824 par les relieurs des ouvrages classiques de la librairie Delalain; les trois volumes dont M. Richard a trouvé les couvertures à Poitiers ne doivent pas être les seuls exemplaires de la chrestomathie de 1823 qu'on ait revêtus de parchemin de même provenance. M. Delisle espère que les libraires et bibliothèques possédant des exemplaires cartonnés de cette chrestomathie ou d'autres classiques publiés vers la même époque par la librairie Delalain pourront trouver de nouveaux fragments des registres des enquêteurs de Saint-Louis. — M. RUELLE termine sa lecture intitulée *Damascius et son traité des premiers principes*.

Séance du 13 septembre. — M. J. MENANT lit un mémoire sur la *Situation de la ville héléenne de Karkémis en Asie Mineure*. Cette ville occupait l'emplacement où se trouve aujourd'hui le tumulus de Kalaat Jérablus, sur la rive droite de l'Euphrate, à six heures de marche de la citadelle de Biredjek. Il en cherche la preuve dans les renseignements géographiques fournis par les inscriptions où Teglat-Pal Asar et Assur Nazir-Abal ont raconté leurs expéditions et pour lesquelles il propose de nouvelles interprétations. — M. ALOISS HEISS lit un mémoire intitulé *Une lettre inédite et autographe de don Carlos fils de Philippe II* (1545-1568). Cette lettre, datée du 18 février 1567, est adressée à l'ambassadeur d'Espagne à Rome. Le prince y sollicite le don de deux reliques de N.-S. J. C. conservées à Rome et demande en outre que chaque jour on célèbre des messes à son intention. Il espérait ainsi pouvoir, grâce à une guérison miraculeuse, contracter avec Anne d'Autriche un mariage auquel s'opposait la faiblesse de sa constitution. M. Heiss en terminant présente à l'Académie les photographies de deux portraits de don Carlos et une médaille frappée à son effigie. — M. CASATI présente plusieurs spécimens des antiquités étrusques récemment mises au jour dans les fouilles d'Orvieto, Chius et Pérouse; ce sont des bijoux ornés de granulations d'une grande finesse, des pendants d'oreilles, des spirales, des anneaux d'or, des broches, plusieurs petits objets de bronze finement ciselés, une tête de statuette, l'anse d'une situle, deux *aes rude* monnaie primitive des Étrusques trouvés à Orvieto, enfin deux monnaies d'argent de Populonia dans lesquelles M. Casati voit le modèle du denier et du sesterce romains. M. Casati lit ensuite et commente une inscription étrusque découverte à Véies dans les fouilles exécutées pour le compte de S. M. dom Pedro empereur du Brésil. — M. TH. REINACH communique une meilleure lecture d'une inscription funéraire juive en latin et en hébreu conservée au Musée de Narbonne (Chandelier à sept branches). *Ic requiescunt in pace benememori tres filii domini Paragori de filio condam domini Sapaudi, id est Justus Matrona et Dulciorella qui vixserunt Justus annos XXX Matrona annos XX Dulciorella annos VIII. Paix sur Israel* (1) *Obierunt anno secundo domini Egicani regis*. Le roi Visigoth Egica ou Egiza étant monté sur le trône en 687 l'épitaphe est de l'année 688 après J. C. Cette inscription offre des noms hébreux intéressants. *Paragorus* (en grec παρήγορος) est la traduction du nom hébreu *Menahem* qui signifie *consolateur*; le nom *Justus* est la traduction du mot *Caddiq* qui a le même sens ou une transcription approximative du nom *Joseph*, *Dulciorella* est la traduc-

---

(1) Ces trois mots sont en langue hébraïque.

tion de *Noemi Sapaudus* est peut être l'ethnique de *Sapaudia* (Savoie), quant à *Matrona* c'est un nom romain.

Séance du 20 septembre. — M. Menant rappelle que, à la séance du 2 août, il a fait une communication sur un cylindre chaldéen en pierre dure conservé depuis 1880 au Musée britannique et portant le nom du roi Urkham qui régnait 20 siècles avant J.-C. Il a démontré que ce cylindre était une copie jusqu'à présent considérée à tort comme un original. Un détail de ce cylindre (le pied du trône taillé en pied de biche) ne permettait pas en effet d'attribuer au monument la date reculée qu'il faudrait assigner à l'inscription. Pour cette raison M. Menant avait émis l'opinion que le monument était l'œuvre d'un faussaire qui s'était guidé sur des dessins inexacts, publiés en 1820. M. Cobham qui a donné ce monument au Musée britannique, écrit qu'il l'a reçu directement de la succession de John Hine le premier possesseur et que ce monument ne peut pas par conséquent, avoir été gravé en 1820. M. Menant maintient qu'il ne peut pas être comme le dit l'inscription du temps du roi Urkham. Tout ce qu'il peut concéder c'est que la fabrication remonte à une époque ancienne peut-être même au second empire Chaldéen. — M. Terrien de Lacouperie lit un mémoire intitulé *Une monnaie bilingue à légende bactro-chinoise du premier siècle avant notre ère*. Ce spécimen, unique jusqu'ici représente un monnayage émis par le roi grec de Bactriane Hermaeus et le roi des Yueh-Ti lorsque ces deux peuples se trouvèrent en contact vers les années 40 à 30 avant J.-C. L'inscription en caractères indo-bactriens est contrôlée par celle d'autres monnayages du même roi, tandis que l'inscription chinoise rappelle celles de certaines monnaies chinoises du troisième siècle avant notre ère dont les Yueh-Ti eurent connaissance et qu'ils imitèrent alors qu'ils étaient établis vers les frontières nord-ouest du royaume du milieu. — M. Oppert communique un petit baril en argile portant une inscription cunéiforme d'où on avait tiré un argument contre sa théorie sur le système métrologique Chaldéen. M. Oppert trouve que ce monument ne contredit pas sa théorie mais prouve seulement que le système métrologique des Assyriens était à base centésimale et celui des Chaldéens à base sexagésimale. — M. Bréal est désigné pour lire à la prochaine séance trimestrielle de l'Académie son mémoire sur quelques prétendus cas d'analogie en linguistique.

Séance du 27 septembre. — M. Wallon secrétaire perpétuel lit une lettre du ministre des Affaires étrangères transmettant à l'Académie douze inscriptions grecques trouvées à Maronea par notre consul de France à Andrinople. Ces inscriptions sont remises à M. Henri Weil qui constate que la plupart d'entre elles contiennent des noms propres dont l'un est celui l'empereur Hadrien. — M. Joachim Menant lit en seconde lecture son mémoire sur l'emplacement de l'antique ville de Karkémis. — M. Siméon Luce lit un mémoire intitulé *Les jeux ou divertissements populaires au XIV° siècle d'après une ordonnance de Charles V*. Pendant les deux premiers tiers de la guerre de Cent ans les succès remportés par les Anglais furent dus à la supériorité de leur infanterie et à l'habileté de leurs archers. Cette supériorité était telle que Bertrand du Guesclin et Clisson déclaraient, en conseil du roi, que les armées françaises devaient s'en tenir à la défensive. Elle avait pour cause principale les édits d'Édouard III interdisant à ses soldats sous les peines les plus sévères d'autres jeux que celui de l'arc. Aussi à l'exemple d'Édouard III Charles V, par une ordonnance du 13 avril 1369 proscrivit sous peine de mort, l'usage des jeux et distractions autres que l'exercice de l'arc et de l'arbalète. Ce document complété par d'autres nous fait connaître bon nombre de jeux usités à cette époque les dés très en honneur chez les nobles qui s'y ruinaient et aussi dans les campagnes où les enjeux les plus ordinaires étaient des poules des canards et des lapins Les jeux de table (dames et échecs) étaient très répandu Le jeu de paume était aussi pratiqué ouvertement un peu partout Les jeux de quilles et de boules avaient également leurs fidèles Le jeu du palais les jeux de bille ou billard continuèrent à être très en faveur malgré l ordonnance royale La Soule ou Choule était une des distractions préférées de l'époque. Elle donnait lieu a de véritables assauts à certaines fête de l année, notamment à la Chandeleur à Noel et à Carême prenant Elle se jouait entre hommes du même lieu ou entre habitants de paroisse voisines Le jeu consistait à pousser avec le pied une balle ou un ballon quelquefois le pied était remplacé par une crosse ou par un bâton recourbé Le Polo le Mail le Hocquet, la Truie, le Goret et autres jeux de ballon fort en honneur en ce moment dérivent du jeu de Soule Les cartes étaient inconnues On trouve encore sous Charles V le jeu de Haumus dans lequel on se lançait une sorte de coiffure la partie de barres, le jeu des bouchers le jeu du chat et « au plus près du couteau » sur lesquels on n a pas de détails la croix au pilet l épée a deux mains le jeu de pair et impair le picron ou petits bâtons la lutte corps a corps L ordonnance de Charles V ne fit pas tomber ces différents divertissements en désuétude malgré la rigueur de la peine édictée, mais elle donna un développement considérable à l exercice du tir à l arc et à l arbalète, qui déjà était populaire dans bien des provinces elle fut un acheminement vers l institution des francs archers et de l infanterie permanente dont Charles VII tira de si grands avantages

HENRI THÉDENAT

Le Gerant E THORIN

BULLETIN CRITIQUE

SOMMAIRE. 130. M. Vernes. Précis d'histoire juive depuis son origine jusqu'à l'époque persane. *H. Lesêtre.* — 131. Duc de Noailles. Cent ans de république aux États-Unis. *A. Baudrillart.* — 132. G. Bapst. Histoire des joyaux de la couronne de France. *E. Babelon.* — 133. Omont. Catalogue des manuscrits grecs de Fontainebleau sous François I et Henri II. *L. Duchesne.* — 134. F. Plessis. Traité de métrique grecque et latine. *P. Lejay.* — 135. S. Reinach. Antiquités nationales. Description raisonnée du musée de Saint-Germain. *Bordes.* — 136. Bouillet. L'église Sainte Foy (Eure) et ses vitraux. *J. de Laurière.* — Chronique. — Académie des Inscriptions et Belles-Lettres.

130 — **Précis d'Histoire juive, depuis son origine jusqu'à l'époque persane,** par Maurice Vernes. Hachette, 1889, in-12, 828 pages.

Si les neuf dixièmes de la littérature latine avaient péri, et qu'il ne restât entre nos mains que des fragments plus ou moins étendus et des résumés, nous pourrions encore, à l'aide de ces précieux restes, nous faire une idée de ce qu'ont été l'histoire et l'activité littéraire des anciens Romains. Mais imaginons qu'un critique vienne nous dire un jour : « Toutes ces grandes œuvres, si admirées jusqu'ici, et dont on a cru devoir faire honneur à l'époque d'Auguste et aux deux siècles qui ont suivi, sont tout simplement le produit des grandes écoles fondées par Alcuin à Paris et à Aix-la-Chapelle. Il y avait là des écrivains de premier ordre qui, sous le pseudonyme d'anciens personnages réputés poètes, philosophes ou historiens, ont composé de haute imagination les ouvrages que nous appelons classiques. Nous leur devons des morceaux poétiques écrits sous les noms d'Horace, de Virgile ou d'Ovide, des spéculations philosophiques attribuées à un consul nommé Cicéron, des discours politiques et des œuvres oratoires qui portent la même signature, mais qui sont évidemment d'une toute autre main, des résumés historiques et des récits épisodiques qui se réclament des noms de César, grand batailleur et joyeux viveur, qui ont sans doute d'autres soucis que celui d'écrire, de Tite Live, qui n'est pas autrement connu, de Tacite, qui pourrait bien n'être qu'un vieil empereur bibliomane, du IIIe siècle, etc., etc. » La thèse ne serait pas dépourvue d'originalité. Elle témoignerait même de la part du critique d'un certain souci d'entretenir la bonne humeur de ses lecteurs. Ce fut, on s'en souvient, le paradoxe soutenu jadis par le P. Hardouin de bonne mémoire, et l'on sait l'épigramme qu'il lui avait mérité.

Semblable est le cas de M. Vernes et de son *Précis.* M. Vernes a lu et relu les travaux des oracles en exégèse biblique, MM. Kuenen, Reuss et Wellhausen, il a compulsé les documents A, B, C, D, E du Pentateuque devenu Hexateuque avec les années; il s'est abreuvé à la source A, à la source B et à la source C, d'où découlent les Livres des Rois; il n'a éprouvé qu'une satisfaction relative, et même n'a trouvé là que « le plus pénible et le plus fastidieux des exercices. » Songez donc! Prendre un livre comme la Bible, écrire chaque paragraphe, souvent chaque verset, sur une feuille volante, confier au souffle intelligent mais capricieux de la critique le soin d'éparpiller le tout, se mettre ensuite à reconstituer le livre en assignant à chaque parcelle sa place, sa date et son auteur, c'est un labeur auquel répugne l'esprit français. M. Renan lui-même, dans son *Histoire du peuple d'Israël*, a cru devoir couper au plus court et se contenter d'à peu-près superficiels, quitte à encourir les malédictions des maîtres d'outre-Rhin. Quant à M. Vernes, il est épouvanté de voir où va la science de l'Isagogique, menacée de devenir un rebutant casse-tête (p. 4). Il a cent fois raison!

Son système à lui est très reposant pour les têtes endolories, et remarquable par son ingénieuse simplicité. Les écrits bibliques « sont sans doute l'œuvre des grandes écoles théologiques qui florissaient à Jérusalem de 400 à 200 avant notre ère (p. 8). Ce timide « sans doute » n'a qu'un rôle euphonique, car la proposition que nous venons de citer n'est rien moins qu'un principe que l'auteur ne prouve pas, mais qu'il applique imperturbablement d'un bout à l'autre de son *Précis*. La conception de la littérature biblique nous ramène donc tout droit à l'hypothèse facétieuse des classiques composés dans l'école palatine d'Alcuin. N'allez point dire qu'il y a entre les différentes parties de la Bible des dissemblances énormes de fond, de genre, de forme, de langage, qu'une telle variété est inexplicable dans les produits d'écoles où règnent les mêmes influences littéraires et doctrinales, et que tant de chefs-d'œuvre n'ont pu éclore dans un cercle aussi étroit. N'ajoutez pas que ces scribes merveilleux font preuve, dans les histoires fantaisistes qu'on leur fait élaborer, de connaissances ethnographiques, géographiques, linguistiques, archéologiques qui ne sont pas de leur temps; et que, dans des romans si postérieurs aux faits qu'ils évoquent, ils restent en parfait accord avec les données des monuments exhumés en Égypte et en Assyrie. N'insinuez pas que dans une question de cette nature, il serait peut-être sage de prendre l'avis de ces vieux scribes eux-mêmes, et de rechercher si, au lieu d'avoir fait de la pseudépigraphie, ils ne seraient pas simplement les transcripteurs d'ouvrages regardés par eux comme indubitablement antérieurs. Ne demandez pas non plus pourquoi, dans les polémiques si vives qui, deux ou trois cents ans plus tard, mettaient aux prises les juifs et les chrétiens, ces derniers n'ont jamais songé à accuser leurs adversaires d'avoir fabriqué dans leurs écoles des annales et des prophéties absolument apocryphes. M. Vernes explique tout par la « puissance créatrice » du génie hébraïque (p. 775), et ne veut entendre parler à aucun prix du « primitivisme d'ouvrages conçus dans un milieu naïf, tout près encore de la nature » (p. 781). Tous ces écrits sont du III° ou IV° siècle : voilà la loi et elle porte avec elle une évidence qui dispense de toute preuve. Ceux qui n'ont pas l'intuition de cette évidence trouveront peut-être que le principe posé par M. Vernes a des allures singulièrement « tendentieuses » pour nous servir d'un élégant qualificatif de M. Renan.

Que dire maintenant de cette autre règle formulée par l'auteur du *Précis* : « L'époque de composition des livres bibliques sera fixée dans les conditions les plus sûres, si l'on part de la date relativement moderne pour laquelle l'existence des œuvres est incontestable, et si, à partir de cette date, on remonte le cours des siècles en recherchant des circonstances propres à la confection de chaque écrit en particulier ? » (p. 7). C'est ce que M. Vernes appelle la méthode *régressive*. Mais pourquoi dans ce retour en arrière s'arrête-t-il invariablement à la première étape? Pourquoi s'interdire de rechercher si les temps antérieurs ne présenteraient pas des circonstances encore plus propres à la confection de chaque écrit? La logique le réclamerait. Le Livre de Job, par exemple, est rapporté par M. Vernes au III° siècle avant notre ère : époque où « l'horizon des juifs embrassait un cercle de plus en plus étendu » (p. 816). L'horizon embrassé par Jérémie, par Isaïe, par les contemporains de Salomon était donc si étroit? Il y a là un parti pris qu'on peut appeler « scientifique » tant qu'on voudra, mais où l'on a le droit de trouver plus d'arbitraire que de raison. L'école à laquelle appartient M. Vernes en arrive d'ailleurs à se cantonner de plus en plus dans un cercle vicieux devenu l'*ultima ratio* de l'exégèse dite « rationaliste ». Tel fait est inadmissible parce qu'aucun livre authentique n'en parle : tel livre n'est pas authentique parce qu'il parle de faits inadmissibles. Décréter ainsi *a priori* l'impossibilité de faits présentés comme historiques, n'est-ce pas fonder toutes ces déductions sur un *postulatum* à tout le moins contestable?

Si M. Vernes en convenait, il en serait réduit à se taire. Mais le moyen de garder le silence et de priver le public de toutes les idées neuves contenues dans le *Précis* quand « l'ensemble des propositions de la critique moderne offre un caractère conventionnel, qui ne permet de les accepter que sous bénéfice d'inventaire », quand il est avéré que chaque exégète « a procédé par tâtonnements » et « d'une façon absolument arbitraire, en se laissant visiblement guider par le caprice ou par des préférences personnelles »[1] (p. 759).

M. Vernes a donc tenu aussi à proposer son petit système meilleur que tous les précédents. Mais il a vraiment joué de malheur. A peine avait-il fini d'écrire, que se dressait plus fort, c'est-à-dire plus neuf que lui. Dans la *Revue des Deux-Mondes* (1) M. E. Havet commençait ses révélations sur la *Modernité des prophètes*, et prétendait démontrer que tous les écrivains connus sous ce nom sont de la période macchabéenne, et racontent l'histoire du second siècle avant notre ère. Voilà M. Vernes dépassé de plusieurs longueurs. Heureusement, sa méthode regressive lui permettra un jour ou l'autre de reprendre toute son avance. Il va de soi qu'après la démonstration triomphante de M. Havet, il faut faire descendre notablement « la date relativement moderne pour laquelle l'existence des œuvres est incontestable. » Nous rappelons à M. Vernes l'école des rabbins de Jabneh et celle de Tibériade, assez florissantes après la prise de Jérusalem par Titus. Pourquoi la littérature biblique ne serait-elle pas sortie de là ? Avec cette hypothèse, on expliquerait ce que Daniel dit du quatrième empire, celui des Romains ; on comprendrait aussi qu'à une époque où ont apparu tant de prétendus messies, les idées messianiques aient un si grand développement dans la Bible, etc., etc. Déjà certains critiques mieux avisés font écrire le Livre de Judith sous Trajan et celui de Tobie sous Hadrien. Que M. Vernes se hâte donc de prendre position en arrière de sa première ligne, s'il veut conserver à sa méthode regressive le parfum de sa nouveauté.

H. LESÊTRE.

---

131. — **Cent ans de République aux États-Unis**, par le duc de NOAILLES. Paris, Calmann-Lévy, 1889, 1 vol. in-8 de 475 pages.

Nous nous souvenons qu'un jour, à l'étranger, un savant qui comparait devant nous l'état intellectuel de son pays et du nôtre, s'émerveillait des labeurs littéraires de notre aristocratie. Que de ducs écrivains, s'écriait-il ! Le duc d'Aumale, le duc de Broglie, le duc de Noailles, le duc de la Trémoille ! sans compter nombre de *seigneurs* de moindre importance ! Ah ! si notre aristocratie travaillait comme la vôtre, nous n'aurions pas pour elle un si parfait mépris. » Et il ajoutait assez irrévérencieusement : « Chez nous, l'aristocratie est la classe *la plus bête* de la nation. » Quel était ce pays ? Nous ne le dirons pas, de peur de nous attirer quelque ennui s'il nous prenait jamais fantaisie d'y retourner.

M. le duc de Noailles en achevant l'ouvrage dont il publiait il y a trois ans la première partie, a donné un nouveau lustre au nom glorieux qu'il porte et à cette noblesse laborieuse dont il est l'honneur.

Quel esprit domine cette grande œuvre d'histoire politique, nous l'avons

(1) 1 août 1889 et numéros suivants.

dit ici même (1), et il n'y a pas lieu de le répéter aujourd'hui. Trois rouages essentiels du mécanisme politique des États-Unis restaient à étudier, et un grand problème à résoudre. Comment les Américains comprennent-ils le rôle du chef de l'État ? Comment ont-ils fait du pouvoir judiciaire le régulateur suprême de la Constitution ? Comment tout pouvoir chez eux émane-t-il du peuple ? Bref, le pouvoir exécutif, le pouvoir judiciaire, les élections, tels étaient les sujets que l'auteur devait encore aborder et qu'il a effectivement traités avec une précision technique qui ne laisse rien à désirer.

Le tableau qu'il fait de ces institutions n'est, il faut bien le dire, ni flatteur, ni rassurant. Il en ressort très clairement que la République démocratique est une forme de gouvernement un peu plus barbare et un peu plus grossière que toutes les autres, ce qui ne veut pas dire qu'on puisse l'éviter en certains temps et en certains lieux. Quand on voit ce que sont là-bas les élections, source de tout pouvoir, quand on s'est édifié sur les politiciens et leurs fraudes éhontées, on ressent je ne sais quel attrait pour le régime des castes et on se prend de passion pour les fonctions héréditaires de quelque nature qu'elles soient.

Comment, avec de pareils vices constitutifs, la République des États-Unis reste-t-elle pourtant un gouvernement fort et une grande nation ? C'est le problème singulièrement curieux que M. le duc de Noailles s'est appliqué à résoudre. Il l'a fait avec autant d'habileté que de pénétration. La raison principale en est, dit-il, dans ce fait qu'aux États-Unis, à part les socialistes, *il n'y a pas de gauche*, c'est-à-dire de parti avancé qui remette sans cesse en question les principes fondamentaux de l'État et de la société. Il n'y a que des conservateurs au vrai sens du mot. De même qu'en Angleterre wighs et tories, en Amérique républicains et démocrates, veulent à peu près la même chose. Au fond, dans les crises politiques, législatives ou présidentielles, il n'y a guère en jeu que des questions de personnes, les luttes de parti n'en sont que plus scandaleuses, mais elles en sont aussi moins funestes. Ajoutez à cela dans l'ordre économique la richesse du fonds national et dans l'ordre moral la persistance de l'esprit religieux, de toutes les forces sociales incontestablement la plus grande, et vous comprendrez que les États-Unis subsistent et prospèrent dans des conditions où telle autre puissance, la France par exemple, eût sombré cent fois.

Conclusion : si rapide que soit la pente sur laquelle nous glissons, cherchons à nous retenir autant que nous pourrons et n'imitons que le moins possible *la République sœur*.

Il serait superflu de louer M. le duc de Noailles de l'esprit d'impartia-

---

(1) *Bulletin critique*, 15 août 1886.

lité, de la parfaite connaissance du sujet et du talent d'exposition dont il a fait preuve. On a lu le premier volume *de Cent ans de République aux États-Unis*, il suffira de dire que le second ne le cède en rien au premier.

Alfred BAUDRILLART

---

132 — **Histoire des joyaux de la couronne de France**, d'après des documents inédits, par Germain BAPST. Un vol. in-8 illustré, de 715 pages, Paris. Hachette, 1889.

Circonstance qui se présente trop rarement pour n'être pas signalée dès l'abord, l'ouvrage de M. Bapst est à la fois un livre d'érudition et un livre d'actualité. S'il est écrit d'après des documents d'archives et à moitié rempli de pièces justificatives, les événements politiques auxquels furent mêlés les diamants de la couronne pendant ce siècle jusqu'au jour récent où le gouvernement décida d'en vendre une partie font qu'il s'y rencontre des pages de polémique empreintes d'une certaine vivacité. Ce double caractère ne fait que rehausser l'intérêt du livre. Tout en demeurant fidèle aux règles de la courtoisie, M. Bapst défend son opinion avec conviction : qui pourrait l'en blâmer ? son œuvre est, d'ailleurs, un véritable acte de piété filiale, car ses ancêtres ont été depuis cent cinquante ans mêlés à l'histoire des joyaux de la couronne et pendant neuf générations ils se sont transmis le titre de « Joaillier du roi et de la couronne ». M. Germain Bapst ne s'est pas contenté de refuser son concours à la destruction de la collection nationale dont ses pères furent les gardiens héréditaires, il a voulu faire mieux encore et s'est décidé à écrire l'histoire même de cette incomparable collection. Nul n'y était mieux préparé que lui, et c'est pour rendre hommage à la noblesse des sentiments qui l'ont inspiré autant qu'à l'érudition dont il a fait preuve que l'Académie française lui a tout récemment décerné l'une de ses plus hautes récompenses.

Créé par François Iᵉʳ, le trésor de la couronne a son premier inventaire daté du 15 juin 1530. A partir de ce moment, il n'est pas une pierre précieuse, un bijou, un diamant dont nous ne puissions suivre l'histoire presque toujours pleine de charme et d'attrait piquant. Chacune des pages du livre de M. Bapst nous révèle, appuyées sur des documents d'archives ou des papiers de famille, les péripéties souvent singulières de cette histoire. L'une de ces gemmes est mêlée à la restitution de Calais à la France, d'autres sont employées par Henri IV pour faire face à des embarras financiers ; la collection entière forme un curieux épisode de l'histoire de la Révolution et, qui le croirait ? elle est pour quelque chose dans la victoire de Marengo. Bref, les souvenirs qui se rattachent à ces précieux monuments, les cérémonies dans lesquelles ils ont figurés, les personnages qui les ont portés, en faisaient de véritables reliques nationales, abstraction faite de leur valeur intrinsèque ou de leur mérite artistique, et pour ma part, je ne puis qu'approuver M. Bapst quand il proteste contre la vente aux enchères du mois de mai 1887.

A quelque chose malheur est bon, puisque c'est cette aliénation même qui nous a valu cette histoire dont nous signalerons les plus intéressants chapitres. Voici, entre autres, celui qui concerne *le Sancy* ce célèbre diamant acheté par Henri IV à Nicolas Harlay de Sancy, M. Bapst renverse la légende, pourtant devenue si populaire, d'après laquelle *le Sancy* aurait appartenu à Charles le Téméraire qui l'aurait perdu à la bataille de Granson ou à celle de Morat. La vérité c'est qu'avant d'appartenir à Harlay de Sancy, ce joyau n'a pas d'histoire. Il passa plus tard en la possession de Jacques I, de Charles Ier et fut porté par Henriette-Marie de France fille de Henri IV. Enfin il revint à la couronne de France et fut légué avec le *Miroir de Portugal* et seize autres beaux diamants à Louis XIV par Mazarin ce sont là « les dix huit Mazarins » ceux qui subsistaient encore furent vendus en 1887, sans même, paraît-il que les experts se fussent préoccupés de les reconnaître et de les désigner. M. Bapst tance assez vigoureusement cette ignorance et cette précipitation si l'on a cru bon et utile de vendre, du moins eût-il été profitable à la vente elle-même qu'elle fût faite en connaissance de cause. Il paraît que c'est « par méprise sinon par mégarde » que le fameux rubis d'Anne de Bretagne « la côte de Bretagne », a été épargné et qu'il nous est donné de l'admirer encore dans la galerie d'Apollon au musée du Louvre.

Nous ne ferons que signaler l'histoire du « miroir de Portugal », de « l'A romain », de « l'Œuf de Naples », du « Régent », ce géant des diamants de l'Inde à l'acquisition duquel Saint-Simon se glorifie d'avoir contribué, du fameux collier de la reine Marie Antoinette qui, par parenthèse, n'a jamais fait partie du trésor de l'État. Le vol célèbre du garde-meuble en 1792 retient longtemps M. Bapst qui produit à ce sujet de nombreux éclaircissements restés ignorés jusqu'à ce jour. Enfin le dernier livre est consacré à l'histoire des diamants de la couronne depuis la Terreur jusqu'à 1887. Pour ne rien omettre d'important j'ajouterai que des recherches d'archives fort étendues ont permis à M. Bapst de donner la biographie des joailliers de la couronne et de ceux du roi, et de signaler les œuvres qui ont illustré chacun d'eux.

Il est une question de droit fort délicate que M. Bapst est amené à traiter à diverses reprises au cours de son livre et que nous devons signaler sans chercher à la résoudre d'une manière absolue c'est celle de la propriété de l'État et de la propriété personnelle du souverain. Dans l'ancien régime dit M. Bapst « la propriété des joyaux de la couronne reste à la France c'est-à-dire à l'État le souverain ne peut jamais les aliéner, et les reines ne les portent que comme souveraines et doivent les rapporter lorsque le roi leur époux meurt », de sorte qu'en aliénant les joyaux de la couronne le Gouvernement a fait récemment ce que n'aurait jamais osé faire Louis XIV lui-même. Cette doctrine qui paraît prétendre que le roi ne pouvait rien posséder par lui-même et en propre me semble un peu excessive, et il ne serait pas difficile, je crois, de trouver dans l'histoire des deux derniers siècles, des exemples de dérogation au principe absolu formulé par M. Bapst sans qu'on puisse incriminer les intentions des souverains. Voici un épisode emprunté au livre même de M. Bapst et qui se rattache directement à ce difficile problème de droit. En 1808, Napoléon crut bien agir en pensant que les camées antiques ayant été exécutés, pour la plupart, dans le but de servir à l'ornementation de bijoux, il était logique de leur rendre leur destination première. En conséquence il rendit un décret pour faire monter en parures quatre vingt-deux des camées antiques du Cabinet des médailles qui furent enlevés de la collection nationale et figurèrent parmi les bijoux des Tuileries. M. Bapst trouve très légitime l'acte de Napoléon, mais plus tard, en 1814, lors du départ précipité de Louis XVIII pour Gand, il arriva que vingt-quatre de ces camées furent égarés : peut-être, dit M. Bapst, le roi les a-t-il emportés avec ses diamants personnels « les considérant comme sa propriété particulière, et sont-ils aujourd'hui entre les mains des héritiers du comte de Chambord. Si ce fait était prouvé, l'État devrait en réclamer la réintégration à la Bibliothèque nationale, car il n'y a pas de prescription pour les objets appartenant à cet établissement, et peut-être arriverait-on à un résultat aussi satisfaisant que celui qu'a obtenu M. Léopold Delisle, par sa persévérance et sa science irréfutable dans la réintégration des manuscrits de lord Ashburnham ». Quelque regrettable que soit la disparition de ces vingt-quatre camées, nous croyons que même eussent-ils suivi Louis XVIII à Gand, il serait difficile de souscrire au jugement de M. Bapst vis-à-vis de ce prince. Le premier acte à blâmer et que M. Bapst trouve cependant tout naturel, c'est, selon nous, le décret de Napoléon, car sans ce décret les vingt-quatre camées disparus seraient encore sous les vitrines du Cabinet des médailles.

E. BABELON.

133 — **Catalogues des manuscrits grecs de Fontainebleau sous François Ier et Henri II**, publiés et annotés par Henri OMONT. Paris (Imprimerie nationale), dépôt chez Picard, 1889, in-f° de XXXIV-464 pages.

Pour dire ce qu'il y a dans ce volume, ou du moins ce qu'il importe que l'on sache de son contenu, il suffirait d'en reproduire le titre, si

M. Omont n'avait pas joint à son édition des catalogues une introduction où il fait l'histoire du fonds grec de la bibliothèque royale de Fontainebleau. Cette introduction est rédigée avec la précision et l'érudition à laquelle l'auteur a depuis longtemps habitué le public. Elle représente d'ailleurs tout l'intérêt du volume. Les catalogues en eux-mêmes n'en ont absolument aucun et l'on s'étonnera de les voir publiés avec un tel luxe. Il faut croire ou que le service des impressions gratuites a de l'argent de reste, ou que l'Imprimerie nationale a travaillé en vue de l'Exposition. Mais cette seconde hypothèse n'est guère admissible, vu la date tardive à laquelle paraît l'ouvrage. Du reste, les caractères dont on a fait usage ayant été gravés en 1550, pour le Nouveau Testament de Robert Etienne, ils doivent être suffisamment connus. Reste la première hypothèse : elle est vraiment consolante pour les personnes qui s'intéressent au budget des impressions gratuites.   L. D.

---

134. — F. PLESSIS. **Traité de métrique grecque et latine.** Paris, Klincksieck, 1889, x-336 pp. in-12.

Ce traité ne fera pas double emploi avec le cours de métrique de M. Louis Havet récemment publié par M. Duvau. Le cours de M. Havet était avant tout élémentaire et s'adressait à un public ignorant à peu près complètement les éléments de la science. Ainsi s'expliquent sa brièveté, son caractère net et précis, l'absence de toute question litigieuse et de toute référence aux ouvrages modernes, la prépondérance donnée à la métrique grecque. Il était donc possible d'écrire un traité qui complétât les notions premières puisées dans le livre de M. Havet. C'est ce qu'a fait, plus ou moins inconsciemment, M. Plessis. Trois caractères frappent à la lecture de son livre : l'étude des menus détails, l'emploi constant de la statistique, la place largement accordée aux mètres latins.

Parmi les *minima* dont M. Plessis s'inquiète avec sollicitude, je signalerai l'agencement des césures. C'est un des principaux facteurs de l'harmonie du vers ; aussi M. Plessis a-t-il porté dans cette analyse délicate le goût et le sens exquis de la poésie dont il a fait preuve ailleurs. Parfois on est tenté de trouver qu'il est allé trop loin. Voici comme il décompose le vers de Virgile, *Aen.* I, 12 (p. 70) :

Vrbs // antiqua / fuit /// Tyrii // tenuere / coloni

il y a une césure, plus ou moins importante, entre chaque mot. Quand on écrit le vers sur le papier on les voit sans peine. Étaient-elles toutes réelles, c'est-à-dire existaient-elles pour l'oreille, c'est ce dont je me permettrai de douter. Une chose est certaine cependant, c'est que le vers antique exigeait en géneral *plusieurs* cesures, de valeur differente. Nous ne devons pas juger du débit des anciens, des Latins surtout par le nôtre «Une phrase latine, avec ses longues pesantes avec ses initiales methodiquement marquées avec ses aigues toujours penultièmes ou antepénultièmes, etait moins un fil tenu qu'un chapelet à gros grains, formé de masses un peu lourdes, ni trop petites ni trop grandes uniformes *équilibrées distinctes et disjointes* Nous autres Parisiens nous dévidons dix ou quinze syllabes d'un trait (1).» A la lenteur de la prononciation, devait correspondre dans la facture du vers la presence de cesures secondaires assez nombreuses Mais pour la même raison, on aurait tort d'étendre ce principe au grec (2) C'est une suite encore inaperçue, je crois, de la difference des deux langues au point de vue de l'unité linguistique en grec l'unité est l'incise, en latin c'est le mot comme l'a très bien mis en lumière l'article de M. Havet dont je viens de citer quelques lignes Cette difference est féconde en consequences de toute sorte

Un autre point sur lequel je serais en desaccord plus complet avec M Plessis est le rapport des cesures à la ponctuation. Je ne crois pas que la penthemimère soit tellement preponderante qu'on doive debiter le vers de Virgile *Aen*, IV, 653, comme le note M Plessis (p 71)

Vixi et quem dederat /// cursum // fortuna peregi

Les n° 86 et 87 semblent sur cette question être en contradiction l'un avec l'autre Je n'accepterai pas davantage la lecture (Verg, *Aen*, I 11 p 73)

Impulerit // Tantae /// ne animis // caelestibus irae

En revanche, la lecture des vv IV, 20 et I 17 de l'Eneide me paraît tout à fait certaine (pp 76 et 77)

La statistique aurait pu nous renseigner sur cette question des cesures J'aurais eté curieux de savoir si Virgile, par exemple préférait la forme $3 + (1 + 2)$, ou la forme $(2 + 1) + (1 + 2)$ (p 69) En démontrant qu'une structure est preférée, on en aurait prouvé l'existence Ces considera

---

(1) L Havet *Mém Soc Ling* VI 14
(2) Dans le v 126 du chant IV de l'Odyssée je rejetterais par conséquent la première césure qu'y introduit M Plessis (p 72) En général on doit tenir grand compte de la difference des deux langues Ainsi dans *Buc* VIII 9 M Plessis met une césure de *force moyenne* après o avec raison car dans la langue latine l'emploi de o est *emphatique* En grec au contraire ou il est usuel dans la conversation son omission constitue une figure de rhétorique Des lors il n'y aurait pas de raison de placer une césure dans un vers grec après l'interjection

tions sur les césures perdraient beaucoup de leur force au contraire, si l'on démontrait l'indifférence des poètes à l'égard de la distribution des césures secondaires.

En faisant souvent appel à la statistique, M. Plessis a pu préciser bien des points litigieux. Les esprits superficiels traitent facilement cette méthode de pédantisme ou lui réservent l'inepte qualification de germanisme, comme si la science et la méthode étaient le propre d'une nationalité. La statistique, en métrique et en grammaire, est le seul moyen de se renseigner exactement. C'est grâce à ce moyen de recherche que M. Landgraf a pu faire ses belles découvertes et démontrer d'une manière irréfutable que Pollion est l'auteur du *Bellum Africanum* et le réviseur du VIII livre du *Bellum Gallicum* et des trois livres du *Bellum civile*(1). M. Plessis a fait aussi un usage très instructif de la statistique. Sur bien des points, les résultats auxquels il est arrivé lui appartiennent en propre, car il a complété les travaux de ses devanciers. Il n'est pas indifférent de savoir que Claudien a une élision par 18 vers tandis que tous les autres poètes latins en ont au moins une par 8 vers (Virgile une par 2 vers) et que l'hexamètre des distiques de Rutilius Namatianus compte une élision par 10 vers à la différence des autres poètes élégiaques qui admettent au moins une élision par 7 vers 1/2 (Catulle 1 par 2 vers 1/2). C'est ainsi que les tableaux patiemment dressés de M. Plessis sont une importante contribution à la critique littéraire et sont plus significatifs pour qui sait s'en servir, que les amplifications creuses des rhéteurs.

Comme je le remarquais en commençant et comme on l'a pu voir par ce que j'ai cité du livre de M. Plessis, les mètres latins ont été étudiés avec prédilection. C'est certainement la partie la plus abondamment traitée comme dans le livre de M. Havet la première place est réservée aux mètres grecs. Ainsi les deux ouvrages se complètent heureusement (2). De même les cinq appendices (je ne puis me résigner à dire *excursus*) sont consacrés à des questions de métrique latine. Je sais à M. Plessis un gré tout particulier de détruire la loi de Meineke au nom de laquelle on faisait subir au texte d'Horace un genre de supplice renouvelé des Grecs. Heureusement cette bizarrerie commence à passer de mode. Dans une prochaine édition, M. Plessis pourra consacrer un appendice aux mots qui ont une place fixe dans le vers. On sait aujourd'hui que *abiectus* dans le pentamètre et l'hexamètre coïncide avec le 2e pied et le 3e temps fort

---

(1) G. Landgraf *Untersuchungen zu Caesar u. seinen Fortsetzern insbesondere ueber Autorschaft u. Komposition des Bellum Alexandrinum und Africanum* Erlangen 1888.

(2) Le chapitre consacré aux mètres lyriques était volontairement écourté dans le livre de M. Havet on trouvera dans celui de M. Plessis tous les renseignements possibles.

que *abnuo* est placé habituellement au 1ᵉʳ pied par Virgile et les poètes épiques, ses imitateurs, que *omnino ex toto, in totum*, se placent au 2ᵉ pied ; que *trans* forme souvent le 1ᵉʳ temps fort et plus généralement depuis Virgile le 4ᵉ temps faible, que *ultra* préposition est scande *ultra ultra* n'étant ainsi placé que depuis Horace (comme adverbe depuis Virgile) ; que *usque*, placé dans Plaute de manière à faire élision et à être élidé, est dans l'hexamètre ordinairement au 4ᵉ temps fort, dans le pentamètre exclusivement au 2ᵉ temps fort du 2ᵉ hémistiche (1), etc.

Dans ce compte rendu, j'ai presque fait un parallèle constant entre les livres de M. Havet et de M. Plessis. C'est que le cours de M. Havet est d'un usage familier à tous nos lecteurs ; pour faire connaître celui de M. Plessis je n'avais guère qu'à noter les différences. On a vu que l'un ne dispense pas de l'autre. Je ne conseillerais guère l'étude du livre de M. Plessis à qui ne posséderait pas le cours de M. Havet ; l'appareil scientifique et les recherches de détail pourraient effrayer et fatiguer un débutant. Mais il faut avoir lu les deux traités. Ces livres, avec quelques autres parus dans ces dernières années, marquent la fin ou plutôt le commencement d'une époque. Les temps où les philologues français servaient chez l'étranger sont passés. Jacob a quitté Laban, emmenant Rachel avec lui. Il faut espérer que le goût de ces études restera dans notre pays, comme le dit M. Plessis dans son excellent avant-propos : « Ne pas s'y intéresser est la marque d'un esprit qui n'est pas tout entier à la passion de la littérature et de la poésie, et qui cherche en celle-ci autre chose qu'elle-même (2). »

Paul LEJAY

---

(1) *Archiv für lateinische Lexikographie u. Grammatik* IV 560 579, 144, 147, 253-254 258 V 449 450.

(2) Quelques observations de détail. Page 3 les mots « élévation de la voix » sont équivoques pour désigner la nature du temps fort ; bien des personnes avant de lire la page 35 où il est question d'intensité croiront qu'il s'agit d'acuité. — Page 12 M. Plessis devrait avertir à l'encontre d'une erreur assez commune que *anacruse* n'est pas un mot grec, il a été inventé par les modernes. — Page 28 n. 36 je ne suis pas de l'avis de M. Plessis sur l'emploi des mots grecs par les poètes latins ; il est possible qu'il y ait eu là « un effet artistique qui offrait un grand charme aux oreilles latines ». Mais je n'en ferais pas honneur aux Latins ; j'y verrais plutôt une conséquence de leur barbarie en matière d'art ; ils croyaient être distingués en parlant grec ; en latin ils faisaient de la poésie grecque comme nos industriels font de l'orfèvrerie Renaissance. — M. Plessis est fier à juste titre du « soin scrupuleux avec lequel ont été corrigées les épreuves » ; une faute d'impression, bien légère, lui a échappé page 41, n. 1 2 alinéa, l. 1, lire le § 51 et non 52.

135. — **Antiquités nationales Description raisonnée du Musée de Saint-Germain-en-Laye** — 1 Époque des alluvions et des cavernes, par Salomon Reinach in 8°, 322 p 136 gravures Didot, 1889

Voici un travail dont on ne saurait dire trop de bien parce qu'il est sérieusement fait et qu'il comble une véritable lacune. Sans doute c'est un resumé de la préhistoire, mais il diffère essentiellement de tous ceux qui, pour le malheur de cette branche de l'archéologie, ont vu le jour depuis quarante ans, et dans lesquels la science a moins de place que l'imagination, l'esprit de parti, les affirmations gratuites, les conclusions monstrueuses ou grotesques.

L'auteur est un archéologue classique, mais il n'est inféodé à aucune école le point de vue auquel il se place est strictement scientifique « Parce que l'archéologie préhistorique touche à de hautes et délicates controverses, honneur qu'elle partage avec la philosophie et l'histoire des religions ce n'est pas une raison pour qu'on ne l'aborde pas avec la même liberté d'esprit que les autres sciences D'une manière générale il me semble que dans cet ordre d'études on a fait prématurément abus des synthèses, des affirmations gratuites ou autorisées par un trop petit nombre de faits aussi me suis-je souvent abstenu de conclure, après avoir exposé de mon mieux les arguments en conflit, dans la pensée qu'une conclusion, quelle qu'elle fût n'aurait pour l'instant aucun caractère scientifique » Voilà qui va contrarier bien des gens, mais cela ne tourmente guère notre auteur qui ose écrire encore « L'archéologie préhistorique dispose d'un nombre immense de faits *bruts*, mais les faits bien constatés, rigoureusement établis, sont encore rares Si l'on voulait s'en tenir, dans l'exposé de cette science, aux sablières, aux cavernes et aux autres stations qui ont été méthodiquement explorées, en négligeant les trouvailles dues au hasard, à des ouvriers ignorants ou à des amateurs peu dignes de confiance, on écrirait un petit livre où l'on serait très sobre de conclusions. »

Ces dispositions d'esprit n'ont pas empêché M Reinach de lire, la plume à la main, à peu près tout ce qui a été publié sur le préhistorique Il s'est merveilleusement assimilé les idées et les faits et la façon synthétique dont il les expose dispense le lecteur d'un triage long et pénible dans une science encore faite de détails

La partie bibliographique de ce manuel rendra de grands services aux spécialistes c'est presque une nouveauté dans les travaux de ce genre, mais c'est assurément ce qu'il y a de plus utile

L'auteur prévoit le reproche que vont lui adresser quelques critiques incorrigibles, les desseins sont réduits à une trop petite échelle, ce reproche est mérité. Son manuel n'en reste pas moins le meilleur que nous ayons pour guider les travailleurs dans les bibliothèques, aussi bien que les visiteurs dans la première salle du Musée de Saint-Germain.

J.-M. BORDES.

---

136 — **L'Eglise Sainte Foy (Eure) et ses vitraux.** Etude historique et archéologique, par M. l'abbé A. BOUILLET, professeur au Petit Séminaire de Paris. 1 vol. in-8 de XI-162 p. contenant 17 héliogravures hors texte et de nombreuses figures dans le texte. — Paris, Picard.

On sait que les reliques de sainte Foy, martyrisée à Agen, sa patrie, au IIIe siècle, furent transportées au IXe siècle de cette ville où elles étaient en grande vénération à la florissante abbaye de Conques, en Aquitaine. Plus tard, vers 1034, Roger I de Tosny, seigneur normand, revenant de la guerre contre les Maures et du pèlerinage de Saint Jacques de Compostelle, se rendit à Conques pour y visiter le tombeau de sainte Foy. Il obtint, rapporta dans son pays des reliques de la sainte et construisit sous son patronage l'église et le monastère de Châtillon, aujourd'hui dans le département de l'Eure. Il aurait construit en même temps et tout près de ce monastère une église sous l'invocation de la sainte martyre. C'est alors qu'on vit apparaître pour la première fois le nom de la ville de Conches et il n'est pas invraisemblable d'admettre avec M. Bouillet que le pieux fondateur ait donné à la ville naissante le nom de la localité d'où il avait rapporté les reliques qui devaient protéger la nouvelle cité. Quoi qu'il en soit, l'église actuelle, renouvelée aux XVe et XVIe siècles, est un édifice particulièrement remarquable par les magnifiques verrières qui décorent ses fenêtres et qui constituent une des œuvres les plus magistrales de cet art éminemment français.

Grâce aux travaux de feu de Linas et de MM. Darcel et E. Molinier, les œuvres d'orfèvrerie qui se rattachent au culte de sainte Foy et composent le célèbre trésor de Conques sont connues de tous les archéologues et appréciateurs des œuvres d'art du moyen âge. Nous devons nous féliciter aujourd'hui du beau volume que M. Bouillet vient de consacrer à l'étude de l'église de Conches et de ses vitraux, monuments inspirés également à une époque plus récente par le même culte (1).

Les deux premiers chapitres de l'ouvrage de M. Bouillet comprennent l'histoire et la description de l'église. Nous ne suivrons pas l'auteur dans

---

(1) Le travail de M. Bouillet avait déjà été publié dans le *Bulletin Monumental* de 1888, n. 2 et 3. Mais dans le volume dont nous rendons compte il a été considérablement augmenté par l'auteur.

la complète et méthodique analyse des membres de cette construction où domine le style dit ogival de la fin du xve siècle avec mélanges de caractères de la Renaissance au commencement du xvie siècle. Rappelons seulement quelques grandes lignes de l'ensemble. En plan c'est une nef avec une abside à sept pans et deux bas-côtés à fond plat, sans transept. L'abside et les deux travées de la nef qui la précèdent forment le chœur. Ce chœur et les bas côtés sont voûtés. Le reste de la nef jusqu'à la hauteur de la voûte en pierres du chœur est couvert d'une voûte en bois qui, provisoire dans le principe semble passée à l'état de définitif, du moins M. B. en exprime la crainte. Deux tours carrées à la façade. Celle du Nord appartient à la Renaissance et est restée inachevée. La tour de l'Est est surmontée d'une flèche qui, remarquable par son élégance et sa hauteur, signale au loin l'église et la ville de Conches à l'attention des voyageurs. Mais cette flèche est moderne et reproduit à peu près exactement l'ancienne qui menaçait ruine, ayant offert elle-même cette particularité de s'être écroulée pendant un violent orage dans la nuit du 9 au 10 mars 1842 avant d'être entièrement achevée. De longues fenêtres à meneaux trilobés ajourent les sept pans de l'abside et les sept travées des bas côtés sont aussi percées de quatorze fenêtres à claires-voies.

C'est à l'étude des verrières de ces vingt et une fenêtres que la partie capitale du volume de M. B. est consacrée. En premier lieu les verrières de l'abside contiennent chacune six sujets superposés. Les trois premiers en commençant par le haut représentent des scènes de la vie du Sauveur, les quatrième et cinquième des épisodes de la vie et de la mort de sainte Foy et les derniers en bas les donataires et leurs saints patrons, en tout quarante deux sujets. Viennent ensuite les quatorze verrières des collatéraux représentant des scènes de l'Ancien et du Nouveau Testament plus des sujets symboliques et allégoriques, le sacrifice de Melchisédeck, la Manne, la Cène, le Pressoir mystique, le triomphe de la Vierge, etc.

M. B. décrit toutes ces représentations dans leurs vivifiants détails. Il transcrit les légendes explicatives et rimées qui les accompagnent, nous donne en gravure et explique les armoiries des donateurs, ce qui lui permet pour un grand nombre de verrières de fixer leur date. Cette partie de l'ouvrage est d'un intérêt des plus attachants. A cet intérêt s'ajoute encore celui des belles photographies qui accompagnent les descriptions et auxquelles il faut joindre aussi les reproductions de cinq estampes anciennes dont l'auteur a su tirer le plus heureux parti pour le développement de son sujet.

Ces belles compositions avaient déjà attiré l'attention de divers érudits et exercé leur sagacité à la recherche de leurs auteurs. Au siècle dernier, Pierre-le-Vieil, dans son traité *L'art de la peinture sur verre et de la vitrerie* inclinait à faire honneur de ces œuvres à Engrand Le Prince qui aurait commandé ses cartons à des artistes allemands, en Allemagne. A la suite de la découverte de l'inscription ALDEGREVERS HO ANNO DNI XX faite en 1855 sur l'un des vitraux du chœur, un savant de ce siècle, Ch. Lenormant, voulut attribuer toutes les verrières de cette série au peintre allemand de ce nom qui les aurait composées à l'âge de dix-huit ans, époque à laquelle on sait qu'il abandonna la peinture pour la gravure, et cette opinion ne fit que trop rapidement son chemin.

M. B. examine ces opinions et il se refuse à y souscrire. Entre autres raisons il invoque l'objection judicieuse de l'auteur de *La Renaissance en France* qui ne peut admettre « que pour un ouvrage de cette impor- « tance et que l'on avait à cœur d'avoir aussi parfait que possible on se « soit adressé à un jeune homme de dix-huit ans habitant une contrée « fort éloignée de Conches. » Quant à l'assertion de Pierre-le-Vieil, elle a été contestée. Pourquoi d'ailleurs aller chercher des peintres à l'é- tranger? Il y avait en France, à cette époque, dit avec juste raison M. B. des maîtres habiles dont on connaît les œuvres et les noms. Les Le Prince pour ne citer qu'eux avaient fait leurs preuves et étaient en pleine possession de leur talent. » N'était-ce pas aussi le temps où, plus loin, Jean de Molles, Mahiet Evrard, Robert Pinaigrier, Jean Cou- sin révélaient la puissance de leur talent aux cathédrales d'Auch et d'Amiens, aux églises de Saint-Gervais et de Saint-Etienne-du-Mont à Paris?

Toutefois M. B. ne saurait nier dans les vitraux du chœur de Conches une influence étrangère venue d'Allemagne. L'examen des œuvres gra- vées d'Albert Durer lui en fournit la preuve. M. B. peut affirmer que sur vingt et un sujets relatifs à la vie du Christ quinze présentent des traces de copies ou au moins d'imitation de la *Grande Passion*, de la *Petite Passion*, de la *Vie de la Vierge*. A l'appui de son dire il donne le fac- similé de la gravure d'Albert Durer, les *Adieux de J. C. à sa mère* qu'il rapproche du même sujet figuré à la deuxième fenêtre. A la cinquième un tableau est emprunté à la gravure du *Maître à l'Etoile* de Dick Van Staren, daté de 1524. Deux gravures de Hans Sebald Beham dont M. B. repro- duit aussi le fac-similé ont fourni des détails au sujet de la décollation de sainte Foy. Ces comparaisons pourraient encore être poussées plus loin. Si l'inspiration est la même, le dessin s'est transformé, a perdu la roideur des modèles, a revêtu la douceur, la netteté et les autres carac- tères du style français. Si l'on ne peut indiquer des noms d'auteurs, les verrières de Conches nous mettent en présence d'une école florissante établie au centre même de la Normandie contemporaine ou à peu près de celle de Beauvais et « dont malheureusement le lieu d'installation, comme croit pouvoir l'affirmer M. Palustre, est encore à trouver. » *La Renaissance en France.* Normandie-Introduction.

Mais à quelle date précise les attribuer? — M. B. n'a pas la prétention d'avoir résolu le problème. Il nous indique des points de repère fournis par les déductions de ses comparaisons et aussi par l'intervention ou l'absence de certains procédés techniques, comme l'émaillage qui, peu antérieur à 1530 ou 1540 n'apparait guère dans les verrières de Conches. Ce serait donc à une période comprise entre les environs de 1530 à 1540 qu'il faudrait attribuer les vitraux du chœur.

Quant à ceux des bas-côtés dont quelques-uns présentent les dates de 1552 et de 1553 M. B. y voit des œuvres de peintres français, ce qui du reste n'a jamais été contesté. L'imitation d'œuvres étrangères s'y manifeste aussi parfois comme dans le splendide *Triomphe de la Vierge* qui offre la plus grande analogie avec la gravure du même sujet donnée dans l'édition du *Livre d'Heures* de Jeoffroy Tory, publiée en 1542 par Ollivier Mallard. La légende explicative du vitrail est même extraite de celle beaucoup plus longue de la gravure, dont M. B. a soin de reproduire le fac simile.

N'oublions pas de dire aussi que l'ouvrage est accompagné d'un appendice d'intéressantes pièces justificatives et d'utiles renseignements.

Comme les lecteurs du travail de M. B. le reconnaîtront, l'auteur s'est attaché à l'accomplissement de son œuvre avec tout le zèle et le soin de l'érudit le plus consciencieux qui ne recule devant aucune recherche et s'il n'apporte pas toujours une preuve nouvelle pour établir une précision il ne faut pas lui savoir mauvais gré de la prudence avec laquelle il se contente de se tenir sur la voie des solutions que d'autres, espère-t-il, parviendront à trouver et que nous espérons qu'il trouvera lui-même. Quoiqu'il en soit ce volume n'en est pas moins destiné à occuper une place des plus importantes parmi les monographies de nos monuments nationaux. Puisse son auteur avoir de nombreux imitateurs non seulement sur le sol de la Normandie si riche en merveilles monumentales et artistiques, mais encore dans le reste de la France!

J. DE LAURIERE.

CHRONIQUE

126 BULLETIN MONUMENTAL. An. 1889 n. 2. Comte de MARSY. *L'archéologie monumentale au salon de 1889.* Catalogue des dessins d'architecture représentant des monuments de Paris, des départements et de l'étranger. L'auteur est heureux de constater que, d'année en année, les travaux de ce genre

sont plus nombreux au salon. — H. JADART. *Les inscriptions du prieuré de Binson Marne*. Épitaphe d Ursina (v siècle) pierre de l autel de Sainte-Posenne (1069) épitaphe de Thiébaut des Loges (XIII siècle) épitaphe des XIV et XV siècles Inscriptions de 1758 et de 1886 (Planches) — Comte de MARSY. *Discours prononcé a l ouverture du congrès archéologique d Evreux le 3 juillet 1889*. Intéressante excursion archéologique à travers l exposition universelle. — L. BRUGUIER ROURE. *Découvertes et travaux archéologiques dans le Gard*. Rapport de l inspecteur du département au directeur de la société française d archéologie. Réunion de faits intéressants et récits d excursions archéologiques (Planches) A suivre. — L'abbé SAUVAGE. *Une inscription découverte à la Cathédrale de Rouen*. Découverte dans la Cathédrale de Rouen d une épitaphe composée de 10 vers et pouvant remonter au XII ou au XI ou même au X siècle. Le défunt qui s ap pelait Radufus (Raoul) est comblé de louanges. On ne sait pas qui il est S inclinerait à croire que c est l épitaphe d un bailli ou d un maire de la ville de Rouen.

127. REVUE ARCHÉOLOGIQUE. Année 1889 juillet août. M. DELOCHE. *Étude sur quelques cachets et anneaux de l époque mérovingiennes*. Suite (Figures). — M. V. J. VAILLANT. *Quelques verreries Romaines de Boulogne sur mer*. Découverte dans la nécropole dite *Le Vieil Aire* ou *Le Vieil cimetière de Saint Martin* de nombreux vases en verre deux vases en forme de Janus bifrons et une tête de femme grotesque sont surtout dignes d être signalés (Figures planches XIV-XV). — PHILIPPE BERGER. *Inscriptions céramiques de la nécropole punique d Hadrumète*. Cette nécropole a été découverte en 1884. Elle a fourni des fragments céramiques qui ont permis de reconnaître le caractère funéraire des inscriptions phéniciennes peintes sur les poteries. P. B. donne la lecture et la traduction de ces inscriptions (Plans figures) A suivre. — E. DROUIN. *L ere de Yezdegerd et le calendrier perse*. Suite. — P. MONCEAUX et V. LALOUX. *Restauration des frontons d Olympie*. M. et L. restaurent ces frontons d après les fragments retrouvés et d après la description de Pausanias. Le fronton oriental exécuté par Péonios (d après la tradition) représente les préparatifs de la course de chars où vont lutter Pélops et Œnomaos. Le fronton occidental qu on attribuait à Alcamène représentait le combat des Centaures et des Lapithes aux noces de Pirithoos (Planches XVI XVII XVII XVIII XIX XX). — J. A. BLANCHET. *Tessères antiques théâtrales et autres*. Suite. 3. Tessères avec représentations d édifices. 4. Tessères pouvant se rapporter à des jeux. II. Tessères avec chiffres latins et grecs. (A suivre). — S. REINACH. *Chronique d Orient*. — BUHOT DE KERSERS. *Statistique monumentale du département du Cher*. Fin. R. CAGNAT. *Revue des publications épigraphiques relatives à l antiquité romaine*.

Septembre octobre. J. de MORGAN. *Note sur l usage du système pondéral assyrien dans l Arménie russe à l époque préhistorique* (Figures). — M. P. DU CHATELLIER. *Le trésor de Saint Pabu canton de Ploudalmezeau (Finistère)*. Découverte d un coffret en bois contenant de dix à onze moyens et petits bronzes allant de l avènement de Valérien II (260 ap. J. C.) à l année 360 environ. L enfouissement dut avoir lieu vers le milieu du IV siècle sous Constance II. Près du coffret on a découvert trois vases en argent. D. signale ensuite la découverte a Lanrivoaré commune voisine de deux bracelets en or pesant 44 et 36 grammes et à Pont l Abbé (Finistère) de quelques centaines de petits bronzes allant de Balbin (238 ap. J. C.) à Crispus (326 ap. J. C.) (Figures). C. — MAUSS. *Note pour faire suite au tracé du plan de la mosquée d Omar publié en juin juillet 1888*. — PHILIPPE BERGER. *Inscriptions céramiques de la nécropole d Hadrumète*. Fin. Suite du déchiffrement et de la traduction des inscriptions Utilité historique et philologique de ces petits textes — E Drouin *L ère de Yezdegerd et le calendrier perse* Fin — A Blanchet *Tessères antiques théâtrales et autres* Fin III Tessères portant seulement des chiffres IV Tessères portant seulement des types ou des légendes (Figures) — R de la Blanchère *L art provincial dans l Afrique romaine* Cet art est un art d imitation avec un cachet très personnel et persistance sous toutes les influences de son caractère propre — G Bapst, *Le tombeau de Saint Quentin* Le tombeau décoré par saint Eloi a complètement disparu — A Baux *Note sur la métallurgie du cuivre en Sardaigne* — Nécrologie Discours prononcé par M Barbier de Meynard sur la tombe du baron Jean de Witte H T

128 Kiepert vient de publier à Berlin la carte de la Gaule réduite a 1/1 000 000 il y a marqué les routes suivies par César pendant son expédition Cette nouvelle carte facilitera beaucoup aux professeurs l étude et l'enseignement de notre histoire nationale

ACADÉMIE DES INSCRIPTIONS ET BELLES LETTRES

Séance du 4 octobre — M Barbier de Meynard président rappelle à l'Académie la grande perte qu elle vient de faire dans la personne du général Faidherbe Egalement versé dans la linguistique, l ethnographie et l épigraphie le général Faidherbe était du nombre des membres les plus éminents de l Académie par l université de son savoir Les dialectes berbères avaient particulièrement attiré son attention pendant son gouvernement du Sénégal et il avait pu reconstituer la grammaire et le dictionnaire de quatre de ces dialectes — Dans une communication précédente M Viollet avait signalé une tradition remontant au droit romain et maintenue jusqu aux vi et vii siècles donnant au peuple un droit d'intervention dans la loi Cette théorie ayant été contestée M Viollet cite ses sources Capiton cité par Aulu Gelle (X 20) Julianus inséré dans le Digeste de Justinien promulgué en 533 (*Dig* I, iii 32) Isidore de Séville (*Etym* v 10) Toutefois M Viollet concède à M Deloche que c est une notion purement théorique et qui à l époque où écrivaient ces auteurs n avait aucun résultat pratique — M Menant achève la seconde lecture de son mémoire sur l emplacement de l ancienne ville de Karkemis — M de la Blanchère directeur du service des antiquités et des arts de la Régence de Tunis lit un rapport sur les fouilles de *Bulla regia* (Hammam Derradji) aux environs de Souk el Arba dirigées par le D Carton médecin militaire Ces fouilles ont donné lieu à la découverte d une nécropole et d un grand nombre d objets bronzes pierres gravées lampes qui figurent actuellement à l Exposition de l Esplanade des Invalides et sont destinés au musée Alaoui au Bardo — M Leitner directeur de l institut oriental de Woking (Grande Bretagne) communique à l Académie les observations qu il a faites pendant ses voyages, sur la langue, les mœurs et la religion des Hunza peuple semi barbare du Pamir Peu accessibles à la civilisation, ces peuples professent extérieurement l islamisme en réalité leur religion se rattache à celle des Haschischin et ils croient à l incarnation présente de la divinité dans un prince de Bombay Leur langue se compose de mots dont chacun exprime tout un groupe d'idées et ne pourrait être traduit dans notre langue que par une périphrase — La séance publique annuelle de l Académie est fixée au vendredi 22 novembre

Séance du 11 octobre — M A de Barthélemy lit un mémoire intitulé *Les cités alliées et libres de la Gaule d après les monnaies* Après la conquête les Romains avaient accordé a un certain nombre de peuples une situation privilégiée et en même temps le titre de cité libre alliée ou fédérée qui exprimait cette situation Pline nous a laissé une liste de ces cités, liste qu on a beaucoup augmentée à l'aide des inscriptions. Personne jusqu'ici n'a remarqué que les cités libres ou fédérées avaient seules le droit de frapper monnaie. Il faut donc ranger parmi ces cités toutes celles qui ont émis des monnaies. — M. Th. Reinach fait une communication sur trois balles de fronde avec inscription grecque dont deux sont conservées au Musée de Saint-Germain, l'autre fait partie de la collection Schlumberger. Sur cette dernière M. A. de Longpérier avait lu ΒΑΒΥΡΣΑ, nom d'une ville d'Arménie, et avait conclu que cette balle avait appartenu à des frondeurs arméniens mercenaires de Mithridate en l'an 88 avant J.-C. En comparant cette balle à celle du musée de Saint-Germain M. Th. Reinach a reconnu qu'il fallait lire ΒΑΒΥΡΤΑ, génitif du nom d'homme ΒΑΒΥΡΤΑΣ connu par plusieurs inscriptions. Ces monuments n'ont donc rien d'arménien. On a aussi prétendu qu'il avait existé en Arménie une ville du nom de Carthage. Cette opinion repose uniquement sur une mauvaise interprétation des textes allégués à l'appui.

Séance du 18 octobre. — M. BARBIER DE MEYNARD président prévient l'Académie que la séance du vendredi 25 courant aura lieu le mercredi 23 à cause de la séance publique annuelle des cinq Académies et que celle du 1 novembre aura lieu le 30 octobre à cause de la Toussaint. — L'Académie procède à la nomination de deux commissions chargées de proposer les sujets à mettre au concours pour les prix ordinaire de 1892 Bordier et Delalande Guérineau. *Prix ordinaire* (études d'antiquité classique) MM. GIRARD HEUZEY WEIL HÉRON DE VILLEFOSSE. — Pour les *prix Bordin et Delalande Guérineau* (études du moyen âge) MM. DELISLE HAURAU MEYER et LUCE. — M. PERROT lit une nouvelle note de M. Victor WAILLE professeur à l'École supérieure des lettres d'Alger sur les fouilles qu'il dirige depuis plusieurs années à Cherchell (*Julia Caesarea*). Les dernières fouilles ont plus particulièrement pour objet le *Palais des Thermes*. Le déblaiement de ce vaste édifice est aujourd'hui terminé. Deux nouvelles salles situées à l'ouest de la grande salle centrale y ont été récemment découvertes, dans l'une d'elles on a trouvé une belle statue de marbre qui est peut-être une Cérès, une tête casquée qui rappelle les têtes d'amazones et plusieurs fragments d'inscription, dont l'un contient le nom de Trajan. Tous ces monuments vont trouver place dans le musée de Cherchell. M. Waille en terminant cette relation rend hommage au zèle avec lequel le conseil municipal et l'autorité militaire ont prêté leur concours aux explorateurs. M. G. Perrot termine cette communication en exprimant le vœu qu'on prenne les mesures nécessaires pour conserver ces ruines et les autres monuments antiques de l'Algérie dont beaucoup ont péri par notre faute. — L'Académie désigne M. SIMÉON LUCE pour faire une lecture dans sa séance publique annuelle du 22 novembre prochain. — M. G. BÉNÉDITE membre de la mission archéologique du Caire lit un rapport sur la mission épigraphique au Sinaï que lui a confiée l'Académie des inscriptions. Il en a rapporté 950 textes pour la plupart inédits. La région du nord figure dans ce nombre pour 150 textes. Les autres inscriptions proviennent du Feiran et du Mukatteb. M. Bénédite fait observer que contrairement à l'opinion généralement admise la provenance de ces textes n'implique nullement qu'ils aient été gravés à l'occasion de pèlerinages et par des pèlerins, ils peuvent aussi avoir eu pour auteurs de simples voyageurs, enfin les quelques symboles chrétiens qu'on y rencontre paraissent être antérieurs ou ultérieurs et n'ont rien de commun avec les inscriptions dans lesquelles ils figurent et auxquelles on a voulu les rattacher. M. Renan félicite M. Bénédite de la façon dont il a accompli sa mission et émet le vœu qu'elle lui soit continuée.

HENRI THÉDENAT

Le Gérant E. THORIN

TABLE ALPHABETIQUE

A

	Art	Pag
Allègre Le code civil commenté à l'usage du clergé (BOUDINHON)	14	32
Alessandro d'Ancona L'Italia alla fine del secolo XVI (T DE L)	95	386
Amiaud (Arthur) La légende syriaque de saint Alexis (L DUCHESNE)	74	263
Arbois de Jubainville (H d) Cours de littérature celtique (G DOTTIN)	81	294
Arbois de Jubainville (H d) Les premiers habitants de l'Europe d'après les écrivains de l'antiquité et les travaux des linguistes (J VAN DEN GHEYN)	80	291

B

	Art	Pag
Bapst (Germain) Histoire des joyaux de la couronne de France (BABELON)	132	506
Barbier de Montault Œuvres complètes t I et II (LÉON PALUSTRE)	122	481
Batiffol (P) Studia patristica (L DUCHESNE)	117	461
Baye (baron J de) Études archéologiques (R MOWAT)	108	426
Beaudouin (Ed) La participation des hommes libres au jugement dans le droit franc (P FOURNIER)	99	401
Beauriez (I de) Une fille de France et sa correspondance inédite (A BAUDRILLART)	42	143
Beaussire (E), Les principes du droit (H BAUDRILLART)	17	48
Blanc Saint Hilaire Les Euskariens ou Basques (N P)	44	148
Boislille (A de) Mémoires de Saint-Simon t VI (IN GOLD)	31	93
Boppe (A), Correspondance inédite sur les relations de la Serbie avec Napoléon (1809 1814) (PISANI)	105	417
Boppe (A), Documents inédits du comte d'Avaux (M)	48	154
Borderie (de la) Histoire de Bretagne (L DUCHESNE)	67	226
Bouillier (P) Nouvelles études de psychologie et de morale (E PERRARD)	32	94
Bouillet (A) L'église Sainte-Foy (Eure) et ses vitraux (DE LAURIÈRE)	136	514
Bourges (G de) Le comte de Vergennes (P BONNASSIEUX)	63	216
Boys (E du) Les correspondants de l'abbé Nicaise lettres inédites de Spanheim (A FABRE)	35	105
Bréal et Person Grammaire latine élémentaire (L)	106	421
Broc (vicomte de) La France sous l'ancien régime (P BONNASSIEUX)	115	453
Broglie (E de) Mabillon et la Société de Saint Germain des Prés (A PÉRATÉ)	29	89

C

	Art	Pag
Carré (H) L'enseignement secondaire à Troyes (LALLEMAND)	52	167
Carré (H) Le Parlement de Bretagne après la Ligue (E CHÉNON)	5	126
Chabrier (A) Les orateurs politiques de la France (H BERNIER)	37	126
Chénon (E) Etude sur l'histoire des alleux en France (G BLONDEL)	71	242
Chénon (E) Histoire de Sainte Sévère en Berry (L DUCHESNE)	113	449
Chénon (E) Etude historique sur le *Defensor civitatis* (L DUCHESNE)	113	449
Cherbuliez (Victor) Profils étrangers (F ROUSSEAU)	104	416
Cotteau Le préhistorique en Europe (J M BORDES)	129	490
Coubertin (P de) L'éducation anglaise (F ROUSSEAU)	121	475
Couvreur Le microscope et ses applications (J M BORDES)	15	34
Cozza-Luzi Nova P P Bibliothecæ t IX (A TOUGARD)	21	64

TABLE ALPHABÉTIQUE

	Art	Pag
Curzon (H de) La maison du Temple de Paris (LE FEVRE PONTALIS)	57	183
Concours decennal des sciences philosophiques en Belgique (E B)	70	241

D

	Art	Pag
Dampierre (marquis de) La Saintonge et les seigneurs de Plessac Le duc d Epernon (T DE L)	77	271
Davidsohn (R) Philipp II August von Frankreich und Ingeborg (J GUIRAUD)	26	84
Delaporte (P -V) L art poétique de Boileau commenté par Boileau et ses contemporains (H MARGIVAL)	40	133
Delisle (Leopold) Mémoire sur les opérations financières des Templiers (T DE L)	83	296
Desdevises du Dezert Don Carlos d Aragon (R PEYRE)	97	393
Desjardins (P) Esquisses et impressions (A BAUDRILLART)	24	72
Dollinger (Von) Akademische Vortrage (B)	64	211
Dubarat V) La commanderie et l hopital d Ordian (R P)	43	148
Dumont et Jules Chapelain (Albert) Les céramiques de la Grece propre (E BEURLIER)	66	221
Duruy (V) Histoire des Grecs t II et III (E B)	41	141
Duverger L atheisme et le code social (L LESCŒUR)	23	70

E

	Art	Pag
Ezzra (Abbot) Critical essays (S B)	93	376

F

	Art	Pag
Fabre (A) Les ennemis de Chapelain (E PERRARD)	63	208
Fabre (Joseph) Procès de réhabilitation de Jeanne d Arc (G LEFEVRE PONTALIS)	47	150
Faré Lettre d un jeune officier a sa mère (1803 1814) (PISANI)	116	455
Forbes (S J) L eglise catholique en Angleterre au XVI siecle (L LESCŒUR)	13	32

G

	Art	Pag
Geoffroy de Grandmaison La congrégation (PISANI)	116	456
Geymuller (H de) Les du Cerceau (L PALUSTRE)	58	186
Gilmore The fragments of the Persika of Ktésias (E BEURLIER)	123	484
Goessling (D F) L isagage d Hadrien (P BATIFFOL)	1	1
Gontaut Biron (Cte de) Ambassade en Turquie de Jean de Gontaut-Biron (P PISANI)	27	80
« «	69	234
Goumy La France du centenaire (STANISLAS DE LANZAC DE LABORIE)	111	436
Gourd Le phénomène (E BEURLIER)	113	441
Grad (Ch) L Alsace le pays et ses habitants (A J)	98	396
Green Histoire du peuple anglais trad A Monod (ERSTRAETE)	39	131
Grimaux (Ed) Lavoisier (BONNASSIEUX)	78	274
Guibert (L) Le Graduel de la bibliothèque de Limoges (E MISSET)	25	81
Guidi (Ign) Gli atti apocrifi degli Apostoli (P)	119	468
Guyot Géographie comparée (BORDES)	2	2

H

	Art	Pag
Hausoullier La Grece Athènes et ses environs (E B)	54	177
Heinrich Histoire de la littérature allemande (L LESCŒUR)	91	374
Hément (F) L origine des êtres vivants (J M BORDES)	73	261
Henry François Bosquet intendant de Guyenne (L G PÉLISSIER)	101	410
Hochschild (Baron) Désirée reine de Suede et de Norwège A BAUDRILLART)	33	95
Holder (Alfred) Inventio sanctae crucis (L DUCHESNE)	128	489
Houssaye (Henry) 1814 (H WELSCHINGER)	6	8

I

	Art	Pag
Ihering L esprit du droit romain dans diverses phases de son développement (P -L LUCAS)	10	23
Inganni (R), Origine et vi

	Art	Pag
ceude delle capella espiatoria francese a Zividio (J DE LAURIÈRE)	100	406

J

	Art	Pag
Jadart Jeanne d'Arc à Reims (G LEFÈVRE PONTALIS)	46	150
Joubert (A) Histoire de la baronnie de Craon (T DE L)	56	182

L

	Art	Pag
Laffleur de Kermaingant L'ambassade de France en Angleterre sous Henri IV (G LEFÈVRE PONTALIS)	68	231
Lallemand Essai sur l'histoire de l'éducation dans l'ancien oratoire de France (AI LAIN)	51	165
Larrieu Gui Patin 1601-1672 (PISANI)	86	310
Laugel (A) Henri de Rohan son rôle politique et militaire sous Louis XIII (1579-1638) (T DE L)	110	432
Lavocat Procès des frères et de l'ordre du Temple (H G)	87	313
Lebarcq (J) Histoire critique de la prédication de Bossuet (ROUSSELOT)	72	246
Lechevallier Une correspondance littéraire au XVIII siècle (FABRE)	90	361
Lemaitre (J) Impressions de théâtre 1 2 3 séries (G AUDIAT)	79	281
Ledieu (Alcius) Deux années d'invasion en Picardie (C DE MARSY)	89	315
Ledieu (Alcius) La vallée du Liger (C DE MARSY)	88	315
Lemercier Etude littéraire et morale sur les poésies de Jean Vauquelin de la Fresnaye	103	414
Lenient La comédie en France au XVIII siècle (G AUDIAT)	96	389
Lestrange Inventaire et vente des biens meubles de G de Lestrange (TOUGARD)	82	295
Leymont (de) Mme de Sainte Beuve et les Ursulines de Paris 1562 1630 (T DE L)	120	469
Lipsius Theologischer Jahresbericht (P B)	19	55
Lyon (G) L'idéalisme en Angleterre (E BEURLIER)	7	10

M

	Art	Pag
Maxe Werly Etat actuel de la numismatique rémoise (DE BARTHELEMY)	92	375
Maxe Werly Etude du tracé de la chaussée romaine entre Ariola et Fines (H THÉDENAT)	49	155
Meaux (Vicomte de) la reforme et la politique française (A BAUDRILLART)	102	412
Mommsen et Marquardt Manuel des antiquités romaines t I le droit public romain traduit par P P Girard De l'organisation financière chez les Romains traduit par A Vigié (H THÉDENAT)	34	101
Muntz (E) Histoire de l'art pendant la Renaissance (A BOUILLET)	36	121

N

	Art	Pag
Noë (G de la) Les formes du terrain (J M BORDES)	3	3
Noailles (duc de) Cent ans de république aux Etats Unis (A BAUDRILLART)	131	504
Nordenskiold La seconde expédition suédoise au Groenland (J M BORDES)	4	3

O

	Art	Pag
Omont (Henri) Catalogue des manuscrits grecs de Fontainebleau sous François I et Henri II (L D)	133	508

P

	Art	Pag
Pange (M de) Le patriotisme français en Lorraine avant Jeanne d'Arc (A BAUDRILLART)	75	266
Pastor (L) Histoire des papes depuis la fin du moyen âge (P F)	28	88
Paulin Paris Etudes sur François I roi de France (R PEYRE)	109	429
Pfister (Ch) Jean Daniel Schoepflin (T DE L)	114	451
Picavet (E) Traduction de la critique de la raison pure de Kant (E B)	9	22
Pion des Loches Mes campagnes 1792-1815 (PISANI)	116	455
Plessis (P) Traité de métrique grecque et latine (LE JAY)	134	509
Poiret (J) Essai sur l'élo-		

	Art	Pag
quence judiciaire à Rome (E PERRARD)	11	26
Poncins (L de) Les cahiers de 89 (LANZAC DE LABORIE)	111	436
Port (Célestin) La Vendée angevine (P BONASSIEUX)	22	65
Prarond, Valerandi Varanii de gestis Joannæ virginis (de BARTHÉLEMY)	126	487
Prou, Catalogue des monnaies mérovingiennes d Autun (MAXE WERLY)	55	181
Prudhomme, Histoire de Grenoble (B D)	30	92

R

	Art	Pag
Ranke (de) Histoire de France t V (A BAUDRILLART)	59	190
Rayet Etudes d archéologie et d art (E BEURLIER)	118	466
Reinach (Salomon) Antiquités nationales description raisonnée du musée de Saint-Germain en Laye (J M BORDES)	135	518
Robert (U) Annuaire des bibliothèques et des archives (S B)	127	488
Rousset (L) La conquête de l Algérie (H WEISCHINGER)	60	196
Rousset (L) De Paris a Constantinople (G SCHLUMBERGER)	53	175

S

	Art	Pag
Sicard Les deux maitres de l enfance le prêtre et l instituteur (L LESCŒUR)	8	21
Sickel (Von) Liber diurnus romanorum pontificum (L DUCHESNE)	61	201
Sicotière (de la) Louis de Frotté et les insurrections normandes (H WELSCHINGER)	84	301
Sorel (A) La maison de Jeanne d Arc a Domrémy (G LEFEVRE PONTALIS)	45	150
Sorel (A) La prise de Jeanne d Arc devant Compiègne (de BARTHÉLEMY)	125	487
Supfle Geschichte des deutschen Kultureinflusses auf Frankreich (J FIRMERY)	62	206

T

	Art	Pag
Tamizey de Larroque Lettres inédites de Ph Fortin de la Hoguette (G AUDIAT)	12	27
Thureau Dangin (P) Histoire de la monarchie de juillet t V (A BAUDRILLART)	85	306
Tixeront Les origines de l église d Edesse (L DUCHESNE)	16	41
Vernes (Maurice) Précis d histoire juive depuis son origine jusqu à l époque persane (LESÊTRE)	130	501
Valois (N) Etude historique sur le conseil du roi (H G)	18	53
Vandal (A) Une ambassade française en Orient sous Louis XV (F ROUSSEAU)	50	161
Vogüé (M de) Villars d après sa correspondance (F ROUSSEAU)	76	268
Vuy (J) Adhémar Fabri prince evêque de Genève (A PERATÉ)	38	131

W

	Art	Pag
Wilpert (J) Principienfragen des christlichen archäologie (P)	107	425
Welschinger (H) Le divorce de Napoléon (H L)	124	485
Westphal (A) Les sources du Pentateuque (LOISY)	20	61
Wordsworth Novum Testamentum (S BERGER)	94	381

TABLE METHODIQUE

EXÉGÈSE PATROLOGIE THÉOLOGIE LITURGIE

	Art	Pag
Abbot (Ezra) Critical essays (S B)	93	376
Batiffol (l abbé P) Studia patristica (L DUCHESNE)	177	461
Cozza Luzi Novæ P P Bibliothecæ t IX (A T DUG RD)	21	64
Goessling (D Friedrich) Isagoge d Hadrien (P BATIFFOL)	1	1
Guibert (L) Le graduel de la bibliothèque de Limoges (E MISSET)	25	81
Guidi (Ign) Gli atti apocrifi degli Apostoli nei testi copti arabi ed etiopici (P)	119	468

	Art	Pag
Lipsius Theologischer Jahresbericht t VII (P B)	19	55
Westphal (A) Les sources du Pentateuque (A LOISY)	20	61
Wordsworth Novum testamentum (S BERGER)	94	381

PHILOSOPHIE

	Art	Pag
Bouillier (F) Nouvelles études de psychologie et de morale (E P)	32	94
Gourd Le phénomène (E BEURLIER)	112	441
Hément (F) L'origine des êtres vivants (J M BORDES)	73	261
Lyon (G) L'idéalisme en Angleterre au XVIII siècle (E BEURLIER)	7	10
Picavet (E) Traduction de la critique de la raison pure de Kant (E B)	9	22
Supfle (T) Geschichte des deutschen Kultureinflusses auf Frankreich (J FIRMERY)	62	206
Concours décennal des sciences philosophiques en Belgique (E B)	70	241

DROIT — INSTITUTIONS

	Art	Pag
Allègre Le code civil commenté a l'usage du clergé (BOUDINHON)	14	32
Beaudouin (Ed) La participation des hommes libres au jugement dans le droit franc (P FOURNIER)	99	401
Beaussire (E) Les principes du droit (H BAUDRILLART)	17	48
Chénon, Etude historique sur le *Defensor civitatis* (L DUCHESNE)	113	449
Chénon (E) Etude sur l'histoire des alleux en France (P BLONDEL)	71	242
Duverger L'athéisme et le code civil (L LESCŒUR)	23	70
Ihering L'esprit du droit romain dans les diverses phases de son développement traduit par O de Meulenaere (P LOUIS LUCAS)	10	23
Mommsen et **Marquardt** Manuel des antiq romaines t I Le droit public romain traduit par P F GIRARD De l'organisation financière chez les Romains traduit par A Vigié (H THÉDENAT)	34	101
Valois (N) Etude historique sur le conseil du roi (H G)	18	53

LITTÉRATURE ET PHILOLOGIE

	Art	Pag
Arbois de Jubainville (J d) Cours de Littérature celtique (P DOTTIN)	81	294
Boislille (A de) Mémoires de Saint Simon t VI (INGOLD)	31	93
Bréal et **Person** Grammaire latine élémentaire (L)	106	421
Chabrier (A) Les orateurs politiques de la France (H BERNIER)	37	126
Delaporte (P V) L'art poétique de Boileau commenté par Boileau et ses contemporains (E MARGIVAL)	40	133
Desjardins (P) Esquisses et impressions (A BAUDRILLART)	24	72
Fabre (A) Les ennemis de Chapelain (E PERRARD)	63	208
Gilmore The fragments of the Persika of Ktésias (E BEURLIER)	123	484
Heinrich Histoire de la littérature allemande (L LESCŒUR)	91	374
Lebarcq (J) Histoire critique de la prédication de Bossuet (ROUSSELOT)	72	246
Lechevallier Une corresp littéraire au XVIII siècle (FABRE)	90	361
Lemaître (Jules) Impressions de théâtre 1 2 3 séries (P AUDIAT)	79	281
Lemercier Etude littéraire et morale sur les poésies de Jean de Vauquelin de la Fresnaye (DAVID SAUVAGEOT)	103	414
Lenient La comédie en France au XVIII siècle (G AUDIAT)	96	389
Omont (Henri) Catalogue des manuscrits grecs de Fontainebleau sous François I et Henri II (L D)	133	508
Plessis (F) Traité de métrique grecque et latine (LE JAY)	134	509
Poiret (J) Essai sur l'éloquence judiciaire a Rome (E PERRARD)	11	26

HISTOIRE DE L'ÉGLISE — HAGIOGRAPHIE

	Art	Pag
Amiaud (Arthur) La légende syriaque de saint Alexis (L DUCHESNE)	74	263
Forbes (S J) L'Eglise catholique en Angleterre au XVI siècle (L LESCŒUR)	13	32

	Art	Pag
Geoffroy de Grandmaison, La Congrégation (PISANI)	116	456
Holder (Alfred) Inventio sanctæ crucis (L DUCHESNE)	128	489
Meaux (V' de) La réforme et la politique française (A BAUDRILLART)	102	412
Pastor (L) Histoire des Papes depuis la fin du moyen âge, traduit par P REYNAUD (P F)	28	88
Sickel Liber Diurnus romanorum pontificum (L DUCHESNE)	61	201
Tixeront Les origines de l'église d'Édesse (L DUCHESNE)	16	41

HISTOIRE

	Art	Pag
Ancona (Alessandro d') L'Italia fine del secolo XVI (T DE L)	95	386
Boppe (A) Documents inédits sur les relations de la Serbie avec Napoléon (1809-1814) (PISANI)	105	41
Borderie (A de la) Histoire de Bretagne (L DUCHESNE)	67	226
Broc (vicomte de) La France sous l'ancien régime (P BONNASSIEUX)	115	453
Carré (H) Le Parlement de Bretagne après la Ligue (E CHÉNON)	5	6
Davidsohn (R) Philipp II August von Frankreich und Ingeborg (R. GUITAUD)	26	84
Delisle (Léopold) Mémoire sur les opérations financières des Templiers (T DE L)	83	296
Duruy (Victor) Histoire des Grecs, t II et III (E B)	41	141
Gontaut Biron (Cte de) Ambassade en Turquie de Jean Gontaut Biron (P PISANI)	27	86
Gontaut Biron (C^t de) Ambassades de Turquie de J de Gontaut Biron (P PISANI)	69	234
Goumy La France du Centenaire (ST DE LANZAC DE LABORIE)	111	436
Green Hist du peuple anglais trad A MONOD (VERSTRAETE)	39	131
Houssaye (Henry) 1814 (H WELSCHINGER)	6	8
Laffleur de Kermaingant L'ambassade de France en Angleterre sous Henri IV (G LEFEVRE PONTALIS)	68	231
Laugel (Auguste) Henri de Rohan son rôle politique et militaire sous Louis XIII 1579 1638 (T DE L)	110	432
Ledieu (Alcius) Deux années d'invasion en Picardie 1635 1636 (Cte DE MARSY)	89	315
Lavocat Procès des frères et de l'ordre du Temple (H G)	87	313
Noailles (duc de), Cent ans de République aux États-Unis (A BAUDRILLART)	132	504
Pange (M de) Le patriotisme français en Lorraine antérieurement à Jeanne d'Arc (A BAUDRILLAT)	75	266
Paulin Paris Études sur François I roi de France (R. PEYRE)	109	429
Poncins (Léon de) Les cahiers de 89 (ST DE LANZAC DE LABORIE)	111	436
Port (Célestin) La Vendée angevine (P BONNASSIEUX)	22	65
Ranke (Léopold de) Hist de France t V (ALFRED BAUDRILLART)	59	190
Rousset La conquête de l'Algérie (H WELSCHINGER)	60	196
Sicotière (L de la) Louis de Frotté et les insurrections normandes (H WELSCHINGER)	84	301
Thureau Dangin (Paul) Histoire de la monarchie de juillet t V (A BAUDRILLART)	85	306
Vandal (A) Une ambassade française en Orient sous Louis XV (F ROUSSEAU)	50	161
Vernes (Maurice) Précis d'histoire juive depuis son origine jusqu'à l'époque persane (LESÈTRE)	130	501
Welschinger (H) Le divorce de Napoléon (H L)	124	485

BIOGRAPHIES — MONOGRAPHIES

	Art	Pag
Blanc Saint Hilaire Les Euskariens ou Basques (B P)	44	148
Bourges (G de) Le comte de Vergennes (P BONNASSIEUX)	65	216
Broglie (E de) Mabillon et la société de Saint-Germain-des-Prés (A PÉRATÉ)	29	89
Chénon Histoire de Sainte Sévère en Berry (L DUCHESNE)	113	449
Curzon (H de) La maison du Temple de Paris (E LEFÈVRE PONTALIS)	57	183
Dampierre (M de) La Saintonge et les seigneurs de Plassac Le duc d'Epernon (T DE L)	77	271
Desdevisse du Dezert Don Carlos d'Aragon (R PEYRE) 7	97	393

	Art	Pag
Dubarat (V.) La commanderie et l'hôpital d'Ordiap (R. P.)	43	148
Fabre (Joseph) Procès de réhabilitation de Jeanne d'Arc (G. LEFÈVRE PONTALIS)	47	150
Faré (H.) Lettres d'un jeune officier à sa mère (1803-1814) (PISANI)	116	455
Geymuller (H. de) Les Du Cerceau (L. PALUSTRE)	58	186
Grad (Ch.) L'Alsace, le pays et ses habitants (A. I.)	98	396
Grimaux (Ed.) Lavoisier (BONNASSIEUX)	78	274
Henry (l'abbé) François Bosquet intendant de Guyenne (L. G. PÉLISSIER)	101	410
Hochschild Desirée reine de Suède et de Norwège (A. BAUDRILLART)	33	95
Inganni (Raffaele) Origine e vicende della capella espiatoria francesce a Zividio (J. DE LAURIÈRE)	100	406
Jadart Jeanne d'Arc à Reims (G. LEFÈVRE PONTALIS)	46	150
Joubert (A.) Histoire de la baronnie de Craon (T. DE L.)	56	182
Larrieu Gui Patin 1601-1672 (PISANI)	86	310
Ledieu (Alcius) La vallée du Liger et ses environs (C⁺ DE MARSY)	88	315
Leymont (De) Mme de Sainte-Beuve et les Ursulines de Paris 1562-1630 (T. DE L.)	120	469
Pfister (Ch.), Jean Daniel Schœpflin (T. DE L.)	114	451
Pion des Loches colonel) Mes campagnes 1792-1815 (PISANI)	116	455
Prarond Valerandi Varanii de gestis Joannæ virginis Franciæ egregiæ bellatricis (A. DE BARTHÉLEMY)	126	487

PÉDAGOGIE

	Art	Pag
Caré (H.) L'enseignement secondaire à Troyes (LALLEMAND)	52	167
Coubertin (P. de) L'éducation anglaise (F. ROUSSEAU)	121	475
Lallemand (P.) Essai sur l'histoire de l'éducation dans l'ancien oratoire de France (ALLAIN)	51	165
Sicard Les deux maîtres de l'enfance le prêtre et l'instituteur (L. LESCŒUR)	8	21

SCIENCES — GÉOGRAPHIE — VOYAGES

	Art	Pag
D'Arbois de Jubainville (H.) Les premiers habitants de l'Europe d'après les écrivains de l'antiquité et les travaux des linguistes (J. VAN DEN GHEYN)	80	291
Cotteau Le préhistorique en Europe (J. M. BORDES)	129	490
Couvreur Le Microscope et ses applications (J.-M. FORBES)	15	34
Guyot Géographie comparée (BORDES)	2	2
Noë (G. de la) Les formes du terrain (J. M. BORDES)	3	3
Nordenskiöld La seconde expédition suédoise au Groënland (BORDES)	4	3
Rousset (L.) De Paris à Constantinople (P. SCHLUMBERGER)	53	175

RECUEILS ÉPISTOLAIRES

	Art	Pag
Beauriez (L.) Une fille de France et sa correspondance inédite (A. BAUDRILLART)	42	143
Boppe (A.) Correspondance inédite du comte d'Avaux (M.)	48	154
Boys (E. du) Les correspondants de l'abbé Nicaise Lettres inédites de Spanheim (A. FABRE)	35	104
Tamizey de Larroque (Ph.) Lettres inédites de Ph. Fortin de la Hoguette (G. AUDIAT)	12	27

MÉLANGES — BIBLIOGRAPHIE

	Art	Pag
Barbier de Montault Œuvres complètes t. I et II (LÉON PALUSTRE)	122	481
Cherbuliez (Victor), Profils étrangers (F. ROUSSEAU)	104	416
Döllinger (Von) Akademische Vorträge (B.)	64	211
Robert (Ulysse) Annuaire des bibliothèques et des archives (S. B.)	127	488
Prudhomme, Histoire de Grenoble (R. D.)	30	92
Sorel (A.) La maison de Jeanne d'Arc à Domrémy (G. LEFÈVRE PONTALIS)	45	150
Sorel (A.) la prise de Jeanne d'Arc devant Compiègne (DE BARTHÉLEMY)	125	487
Vogüé (Mis de) Villars d'après sa correspondance (F. ROUSSEAU)	6	268
Vuy (J.), Adhémar Fabri		

	Art	Pag		Art	Pag
prince évêque de Genève (ANDRÉ PÉRATÉ)	38	131	**Maxe Werly** (L) Etat actuel de la numismatique rémoise (A DE BARTHÉLEMY)	92	375

ARCHÉOLOGIE — BEAUX ARTS

	Art	Pag		Art	Pag
Bapst (Germain) Histoire des joyaux de la couronne de France (BABELON)	132	506	**Maxe Werly** (L) Etude du tracé de la chaussée romaine entre Ariola et Fines (H THÉDENAT)	49	255
Baye (Baron J de) Etudes archéologiques (B MOWAT)	108	426	**Muntz** (E) Histoire de l art pendant la Renaissance (A BOUILLET)	36	121
Bouillet (A) L église Ste Foy (Eure) et ses vitraux (DE LAURIERE)	136	514	**Prou** Catalogue des monnaies mérovingiennes d Autun (MAXE WERLY)	55	181
Dumont (Jules) et **Chaplain** (Albert) Les céramiques de la Grèce propre (E BEURLIER)	66	221	**Rayet** (O) Etudes d archéologie et d art (C BEURLIER)	118	466
Haussoullier La Grèce Athènes et ses environs (E B)	54	17	**Reinach** (Salomon) Antiquités nationales description raisonnée du Musée de St-Germain en Laye (J -M BORDES)	135	513
Lestrange Inventaire et vente des biens meubles de Guillaume de Lestrange (TOUGARD)	82	295	**Wilpert** (J) Principienfragen der christlichen archaologie (P)	107	425

CHRONIQUE

Pages 15 36 56 76 95 115 135 156 177, 197 218 236, 254 278 298 318, 378, 398, 419 438 458 476 491

SOCIETE NATIONALE DES ANTIQUAIRES DE FRANCE

Séances du 28 novembre p 38 — des 5 12, 19 26 décembre p 78 — des 9 16 23 janvier p 98 — des 30 janvier 6 et 13 février p 118 — du 21 février p 119 — des 28 février et 6 mars p 138 — des 13 et 20 mars p 158 — des 27 mars 3 et 7 avril p 179 — des 17 24 avril 1 8 15 22 29 mai 5 juin p 257 — du 12 juin p 279 — des 18 26 juin 3 10 juillet p 399 , — du 17 juillet p 420 — du 24 juillet p 420 — du 31 juillet p 439

ACADEMIE DES INSCRIPTIONS ET BELLES LETTRES

Séances du 26 octobre p 19 — du 2 novembre, p 20 — du 9 novembre p 38, — du 16 novembre p 39 — du 23 novembre p 78 — du 30 novembre p 79, — du 7 décembre p 80 du 14 décembre p 98 — des 21 28 décembre 4 janvier p 99 — des 11 et 18 janvier p 119 — du 25 janvier p 120 — des 1 et 8 février p 139 — du 15 février p 140 — du 22 février p 158 — du 1er mars p 159 — du 8 mars p 179 — du 15 mars p 180 — du 22 mars p 198 — du 29 mars p 200 — des 5 et 12 avril p 239 — du 17 avril p 240 — des 26 avril 3 mai p 258 — des 10 17 mai p 259 — du 24 mai p 279 — du 31 mai p 299 — du 7 juin p 300 — du 14 juin p 319 — du 21 juin p 320 — — du 28 juin p 380 — du 5 juillet p 400 — du 12 juillet p 440 — des 17 24 juillet p 420 — du 19 juillet p 459 — du 26 juillet p 460 — du 2 août p 477 — du 9 août p 478 — des 16 23 30 août p 479 — du 6 septembre p 497 — du 13 septembre p 498 — des 20 27 septembre, p 499

PUBLICATIONS NOUVELLES

Pages 40, 59, 80 100, 160 180, 200

www.ingramcontent.com/pod-product-compliance
Lightning Source LLC
Chambersburg PA
CBHW080919180426
43192CB00040B/2455